Droemer
Knaur

Die Geschichte einer Rock-Legende

The Rolling Stones

von Philip Norman

Droemer Knaur

Übersetzt aus dem Englischen von Uschi Gnade
unter Mitarbeit von Michael Eckhoff und Tina Reifferscheid

CIP-Kurztitelaufnahme der Deutschen Bibliothek
Norman, Philip:
The Rolling Stones : d. Geschichte e. Rock-Legende /
von Philip Norman. [Übers. aus d. Engl. von Uschi Gnade
unter Mitarb. von Michael Eckhoff u. Tina Reifferscheid]. –
München : Droemer Knaur, 1984.
Einheitssacht.: The Rolling Stones ⟨dt.⟩
ISBN 3-426-26141-3

Titel der englischen Ausgabe: »The Rolling Stones«
Umschlaggestaltung: Wolfgang Lauter, München
Umschlagfotos: Fotoagentur Marion Schweitzer
Gesamtherstellung: Appl, Wemding
Printed in Germany
ISBN 3-426-26141-3

Inhalt

PROLOG

»God Speed the Rolling Stones«

Das John F. Kennedy-Stadion in Philadelphia ist aus rötlichem Stein gebaut, und die Mauern zieren Türmchen, schießschartenartige Fenster und unregelmäßige Zinnen, die an ein britisches Fort im Indien des neunzehnten Jahrhunderts erinnern. An diesem Tag, dem 25. September 1981, erweckt es den Eindruck einer Festung, die längst von Rebellen überrannt und eingenommen worden ist. Von außen ist alles gespenstisch still. Eine bleiche Sonne brennt auf Maschendrahtzäune herunter, auf die schmucklosen Betonzufahrten und auf die weißen Helme der mißtrauischen Polizisten, die hier Posten bezogen haben, um den gewaltigen Wagenpark zu bewachen, der das JFK-Stadion in einem Umkreis von etwa fünf Quadratmeilen umgibt. Altersschwache Benzinschlucker, grellbunte Dodge Pick-ups und alte VW-Busse, auf die zwischen andere abbröselnde Graffiti »Philly or bust« eingeritzt ist, stehen Reihe an Reihe, Karree neben Karree und liefern verdrossen ihre letzten Farbpigmente der Hitze aus. Die Jugend Amerikas ist wieder in Bewegung und läßt, wie es ihr zur Gewohnheit geworden ist, bunte Halden von Einwickelpapier, Flaschen, Dosen, Grillhähnchenkartons und platt getretenen Pappbechern zurück.

Aus nächster Nähe kann man ein stetiges Brausen aus dem JFK-Stadion vernehmen. Es klingt, als würden gewaltige Mengen nasser Kiesel unter einer Flut brodeln, die die roten Zinnen und Festungsmauern kaum noch unter Kontrolle halten können. An diesem Nachmittag geben die Rolling Stones das erste Konzert ihrer Tournee durch Amerika und Europa, die sie anläßlich ihres zwanzigjährigen Bestehens unternehmen. Neunzigtausend Menschen warten darauf, die größte Rock'n'Roll-Band auf Erden wieder willkommen heißen zu können.

Die Eingänge des Stadions führen in lange, Gotik imitierende Kreuzgänge, die von Ständen gesäumt sind, an denen man T-Shirts, Sweatshirts und andere Waren erstehen kann, deren Verkauf die Stones an den Schauplätzen ihrer Geburtstagstournee gestattet haben. T-Shirts, die wie an neapolitanischen Wäscheleinen aufgehängt sind, tragen den Namen der Stones in Gold, Rot und Schwarz im Drucktyp der mittleren siebziger Jahre. Auf der Rückseite bäumt sich ein Pappdrache über Nordamerika auf; seine prallen roten Lippen sind geteilt und enthüllen eine lasziv heraushängende Zunge. Die Sweatshirts kosten zwölf Dollar fünfzig das Stück, die T-Shirts zehn Dollar fünfzig. Fast alle Jungen und Mädchen im dichten Getümmel auf den unteren Plätzen tragen ein T-Shirt oder ein Sweatshirt, haben ein Poster oder tragen Anstecker, Abzeichen oder Bügelflecken, die mit demselben unverwechselbaren Mund und der geifernd heraushängenden Zunge bedruckt sind. An verschiedenen Stellen sind zwischen den Säulen Bereiche mit Seilen abgetrennt; dort stehen reihenweise Tragbahren für die Opfer, die es geben wird, wenn der Besitzer dieses Mundes sich schließlich zeigt.

Schmutzige Treppen führen über noch nicht fertiggestellte Quergeschosse aus Beton auf die Terrassen, wo die Leute fünfzehn Dollar gezahlt haben, um die Rolling Stones aus nicht weniger als vierhundert

Folgende Seiten:
Die Rolling Stones am Beginn ihrer Karriere in den frühen sechziger Jahren. Foto: Marion Schweitzer

Tin Pan
Club
anted a
LICENCE
open
AM TILL 3 PM
30PM TILL 11PM
PM TILL 10·30PM
HMENTS AT THE BAR

Metern Entfernung sehen zu dürfen. Es ist, als tauche man plötzlich in das Gedränge in der Innenstadt von Kalkutta ein. Jungen und Mädchen stehen dicht an dicht auf niedrigen Steinstufen, ein gewaltiges brodelndes Gebilde aus blauem Jeansstoff und brauner Haut, so weit das Auge blicken kann. Viele sind bereits angetrunken, andere hat das Marihuana, das man heutzutage in Amerika praktisch öffentlich rauchen kann, in einen komaähnlichen Zustand versetzt. Die Aufmerksamkeit aller ist auf die hintere Kurve des Stadions gerichtet, in der eine Bühne steht, die in Rosa, Purpur und Zartgelb gehalten ist. Sie steht zwischen zwei Gerüsttürmen, die scheinbar von Bündeln vielfarbiger Luftballons an ihrem Platz gehalten werden. Am Himmel wimmelt es von kleinen Flugzeugen, die nicht zu entziffernde Botschaften im Schlepptau haben oder Berichte an die Rundfunksender der Umgebung funken. Von Zeit zu Zeit stößt ein Polizeihubschrauber herunter und wirft einen Schatten wie eine gewaltige Biene auf die hemdlose Menge, die in der prallen Sonne sitzt. Gewohnheiten, die vor fünfzehn Jahren noch als Eigenheiten der Stones galten, haben sich durch ihre zahllosen Nachahmer zu altehrwürdigen Traditionen entwickelt. Längst ist es eine Selbstverständlichkeit, daß keine Rockgruppe, die wahre Größe anstrebt, ihren Auftritt zur angekündigten Zeit beginnt. Von der größten Rock'n'Roll-Band auf Erden erwartet man deshalb natürlich Verspätung in einem heroischen Ausmaß. Die Menge im JFK-Stadion wartet bereits seit vier Stunden, der Gnade der Sonne und der Hot dog-Verkäufer ausgeliefert, und bis auf zwei obskure »Vorgruppen« und gelegentliche Plattenmusik über die Lautsprecheranlage ist ihr keine Unterhaltung geboten worden. Die Zeit der Wacht wird nicht nur geduldig hingenommen, sondern mit einer Begeisterung, die von allem losgelöst scheint, was man bisher gesehen oder gehört hat. Dies ist die erste Generation Jugendlicher, für die Nostalgie von größerer Bedeutung ist als Hoffnung. Nostalgische Gefühle für eine Vergangenheit, die sie nie auch nur kannten, und für eine Jugend, die sie selbst nie gekostet haben, lassen sie fast schon vollkommen glücklich sein, während eine langweilige Stunde nach der anderen zäh verrinnt. Genau das muß auch das Gefühl in Woodstock oder im Hyde Park gewesen sein, damals, als die Jugend die Welt regierte und so oft unter der strahlenden, seltsam duftenden Sonne der sechziger Jahre in ekstatischer Erregung zusammenströmte.

Die Bühne, die die Stones durch Amerika – und anschließend durch Europa – begleiten wird, duckt sich in die hintere Biegung des Stadions unter den regenbogenfarbenen Bündeln von Luftballons. Die gut zwanzig Meter hohen Seitenteile sind ein Strudel aus blaßblauen und blaßgelben japanischen Designformen, die Mick Jaggers Mund darstellen und die amerikanische Flagge, die anstelle der Streifen ein Zickzackmuster aufweist. Der mittlere Bühnenbereich gleicht einer rosa-violetten Schürze, deren Bänder ausgerollt sind und zwei purpurne Laufstege bilden, die fast bis zu den ersten Zuschauerreihen reichen. Über der Laufplanke zur Linken hängt eine Kirschpflückergondel an ihrem zehn Meter langen Ausleger dicht neben dem gut bewachten Gerüst.
Wenn von der Bühne bisher auch noch keine Musik zu hören ist, so zeigt sich auf ihr doch vielfältiges Leben. Über die breite Rampe, die vom VIP-Bereich hinter der Bühne herüberführt, eilen unaufhörlich Gestalten auf die Bühne, die saubere Handtücher, Trinkwasser, Gitarren, Zigarettenstangen und Kartons mit langstieligen Nelken herbeitragen. Die fünf Stones auf die Bühne zu bringen, ist ein Unternehmen, an dem etwa hundert Mann beteiligt sind, sowohl auf als auch hinter der Bühne; sie laufen hin und her und vermitteln eine Atmosphäre geschäftiger Eile, was den Beginn des Konzerts jedoch nicht näher zu rücken scheint. Aus den schwarzen Verstärkertürmen dröhnen gewaltige Böen nicht genutzter Energie, während ein Techniker noch einmal den Computer überprüft, der das Tonsystem steuert. Es besteht immer die Gefahr, daß ein Taxiunternehmen der Umgebung dieselbe Frequenz benutzen könnte und sich später plötzlich ein um viele Watt verstärkter Funkspruch in *Jumpin' Jack Flash* mischt.
Im Bereich hinter der Bühne und auf der unbesetzten Zuschauertribüne dahinter warten rund zweihundert Journalisten und Fotografen darauf, Berichte über die größte Rock'n'Roll-Band auf Erden an Zeitungen, Zeitschriften, Rundfunk- und Fernsehsender in ganz Amerika, Europa, Australien und Japan weiterleiten zu können. Zwar sind seit der Zeit, als ihr berüchtigter Ruhm auf seinem Gipfel stand,

fünfzehn Jahre vergangen, doch die Rolling Stones haben nichts von ihrem Ruf eingebüßt, der noch immer jeden Puls schneller schlagen läßt, wie wenig man auch ihren Namen inzwischen noch mit Sex, Drogen und ungesittetem Benehmen in Verbindung bringen kann. Das Interesse der Presse ist natürlich dadurch gewachsen, daß auf dieser Tournee das zwanzigste Jahr des Bestehens der Stones anbrechen wird. Und daß die Gruppe, die einst als eine Gefahr für Gesundheit und Moral verschrien war, schon lange zu einer Institution geworden ist und – so unglaublich das auch erscheinen mag – daß Mick Jagger auf die Vierzig zugeht.

Von einer Gruppe, deren zwei führende Mitglieder in der Vergangenheit, dank der Presseberichte über sie, einmal im Gefängnis gelandet sind, kann man wahrscheinlich nicht erwarten, daß sie die Journalisten mit reinster naiver Gutwilligkeit behandelt. Aber die Verzögerungen, Frustrationen und ausgemachten Erniedrigungen, die Reporter und Fotografen erdulden müssen, die über eine Tournee der Stones berichten wollen, sind fast schon zu einer Art Kunst entwickelt worden. In Philadelphia sind die Berichterstatter in einen offenen Schuppen eingepfercht, der an das Camp auf Blood Island erinnert. Während ihrer langen, unbequemen Wartezeit, die sie ohne jede Erfrischung überstehen müssen, werden alle paar Minuten irgendwelche neuen Manöver ersonnen, um sie in Scharen an einen anderen Ort zu treiben, der noch weiter von der Stelle entfernt ist, an der sie gern wären, und es wird einiges dafür getan, ihre Selbstachtung gänzlich in Luft aufzulösen.

Während der vergangenen fünf Minuten ist als neueste Schikane eine lange, niedrige Barriere aus Metallkoffern errichtet worden, die den Bereich hinter der Bühne quer durchteilt, und erbarmungslos finden sich die Presseleute auf der uninteressanten Seite dieser Absperrung wieder. Über diese Barriere beugt sich auf halber Strecke ein untersetzter, graubärtiger Mann, dessen kahler Kopf zur Hälfte zwischen seine breiten Schultern gesunken zu sein scheint, sei es aus angeborener Vorsicht oder aus gewohnheitsmäßiger Demut. Mit der Glut russischer Hausfrauen an der Theke eines Fleischerladens drängt sich vor ihm ein halbes Dutzend Fotografen und Korrespondenten, die versuchen, den Blick der Augen hinter der dunklen Sonnenbrille auf sich zu ziehen.

Dieser Mann ist Paul Wasserman, der wichtigste amerikanische PR-Mann der Stones. Gerade teilt er einem Reporter mit, daß der einzige vorgesehene Aussichtspunkt für Reporter die in weiter Ferne gelegene Pressekabine des Stadions ist. Nur Fotografen werden ganz zu Anfang des Auftritts der Stones für wenige heilige Minuten in den abgesperrten Bereich vor der Bühne gelassen werden. Die Pressevertreter von anderen Kontinenten nehmen diese Erklärung resigniert hin. Die Vertreter der amerikanischen Presse diskutieren den Punkt wutentbrannt. Einer nach dem anderen werfen sie sich vor Paul Wasserman in den Staub, um ihn anzuflehen, ihn zu beschwatzen, ihn zurechtzuweisen, ja selbst ihn zu bedrohen. Der PR-Mann, den nichts mehr erschrekken kann als seine eigenen Klienten, starrt mit der unbeteiligten Gleichgültigkeit eines Verkäufers hinter dem Wurstschalter des Kaufhauses Gum durch seine dunkle Brille.

Die andere auffallende Gestalt hinter der Bühne ist eine riesengroße Schwarze, die einen französischen Matrosenanzug trägt und ihre Haare wie nach alter Stammessitte in dicht geflochtenen Zöpfchen um ihr Gesicht baumeln hat. Es ist Paul Wassermans Assistentin Alvinia Bridges. Wenn sich Paul Wasserman von Zeit zu Zeit durch das Flehen eines Journalisten erweichen läßt, weist er Alvinia Bridges an, ein selbsthaftendes seidenes Pressezeichen gegen ein anderes auszutauschen, das den Anschein erweckt, dem ersten weit überlegen zu sein – was es jedoch nicht ist. Auf dem neuen Aufkleber steht GAST. In diesem sogenannten VIP-Bereich ergeht es einem »Gast« der Rolling Stones hinsichtlich der Menschenrechte keineswegs besser als einem Journalisten. Es bleibt nicht unbemerkt, daß Wasserman und seine Assistentin gelbe Erkennungsmarken aus Metall tragen, die ihnen wie wenigen anderen freien Zugang zu dem Tunnel ermöglichen, durch den gewöhnlich die Baseballmannschaften das Spielfeld betreten. Die Vermutung wird laut, daß sich irgendwo am Ende dieses Tunnels hinter dem Arm eines

Folgende Seiten:
Vor dem Comeback Anfang der achtziger Jahre. Foto: Photo Selection

schwarzen Leibwächters die Stones und ihre wirklichen Gäste und VIPs versammelt haben.
Die schweren Metalltore des Parkplatzes außerhalb des Stadions schwingen in diesem Augenblick zur Seite. Eine Kolonne von rund dreißig Jugendlichen, schwarz und weiß gemischt, durchquert in zackigem Marschschritt und die Arme schwenkend den Bereich hinter der Bühne. Sie tragen uniforme gelbe T-Shirts und ausgelatschte Schuhe. Es sind die Sicherheitswachen, die mit der Aufgabe betraut worden sind, die Bühne und deren nähere Umgebung während des Auftritts der Stones gegen Angriffe zu bewachen. Die Kolonne teilt sich in zwei Hälften, schwenkt rechts, hält an und rührt sich, um die knappen Anweisungen ihres Anführers entgegenzunehmen. Dann zerstreuen sie sich unter der Bühne, tauchen im abgesperrten Bereich wieder auf und blicken die murrende Menge um sich herum mit den geduldigen und verständigen Mienen von Cromagnon-Menschen an.
Die Stones hatten derartige »Sicherheitsvorkehrungen« bereits eingeführt, als andere Rockstars von ihren Fans noch nichts anderes als Umarmungen oder Küsse fürchteten. Inzwischen hat sich die Welt verändert: Kaum zehn Monate ist es her, daß Mick Jaggers alter Freund und Rivale John Lennon in New York von einem Jungen, der eine Langspielplatte unter dem Arm trug, niedergeschossen worden ist. Jagger, der sich eine ungeheuer viel größere Zahl von Feinden herangezüchtet hat, lebt angeblich ständig in der Panik, hinterrücks ermordet zu werden. Das ist der Grund, warum im JFK-Stadion jugendliche Schlägertypen in gelben T-Shirts finster auf ein gutmütiges, zahlendes Publikum herunterstieren. Das ist auch der Grund, warum hünenhafte Schwarze mit ihren massigen Körpern Durchgänge versperren; der Grund, warum riesige Weiße in zerknitterten Safarijacken ergeben in ihre Walkie-Talkies flüstern oder auf Miniaturmotorrädern hin und her brausen. Es ist der Grund, warum unter einer dünnen Schicht, dünn wie die Haut eines Luftballons, die dem Ganzen oberflächlich den Charakter einer sorglosen Gartenparty verleihen soll, die nackte Paranoia wütet.
Außer den deutlich erkennbaren und den mehr getarnten Sicherheitsposten gibt es noch einen Wachtposten mit Sonderauftrag, der allein in dem Treppenaufgang steht, durch den die Stones schließlich die Bühne betreten werden. Es ist ein bärtiger junger Mann, der weit über der Zweimetermarke liegt. Er ist wie für eine Sportveranstaltung im College gekleidet – marineblaues Sweatshirt, Shorts und weiße Turnschuhe. Auf dem Kopf trägt er eine blaue Baseballmütze, die die goldumkränzte Inschrift TULSA POLICE trägt. Seine Kleidung weist ihn als freundlichen Sportkameraden aus, den Kumpel aus dem Umkleideraum. Doch sein Gesicht, das durch eine Sonnenbrille so unpersönlich ist wie das einer Heuschrecke, verspricht jedem, der versuchen sollte, diesen Treppenaufgang unberechtigterweise zu erklimmen, etwas ziemlich anderes. Eine vollkommenere Heraufbeschwörung der Töte-oder-du-wirst-getötet-Industrie könnte man sich nicht wünschen, die – wie ausgerechnet Mick Jagger uns in Erinnerung ruft – nichts anderes als »only Rock'n'Roll« ist.
Der wirkliche VIP-Bereich ist ein kleiner transportabler Garten, der von rosa und violetten japanischen Wandschirmen umgeben ist und, so hofft man, alles enthält, was die größte Rock'n'Roll-Band auf Erden während ihrer Zusammenkünfte und Konferenzen vor den Konzerten zufrieden stimmt. Es gibt Topfpalmen und Blumenkörbe und schläfrig wirkende Papageien in Käfigen und als höheren ästhetischen Reiz ganze Reihen von Kabuki-Masken, die, auf Pfähle gesteckt, die kleine Anlage umsäumen. Auf jeder Seite des Gartens steht ein rosa- und purpurfarbener Wohnwagen mit Bars und den ständig frischen Imbißbanketten, ohne die man von einem Rolling Stone nicht erwarten kann, daß er auch nur zehn Minuten lang seine Rolle durchhält. Etwa ein Dutzend äußerst privilegierte, hochgradig nervöse Menschen sitzen an Tischen unter Sonnenschirmen oder stehen auf dem künstlichen Gras und halten immer wieder über ihre Schultern hinweg nach allen Richtungen hin Ausschau.
Am hinteren Ende des Gartens schreitet Mick Jagger mit zackigen Bewegungen auf und ab. Er trägt eine grellgelbe gesteppte Skijacke und zieht seine Knie in einem regelmäßigen Rhythmus an, den ein Sportlehrer ihm auferlegt haben könnte. Dann bleibt er stehen, spreizt die Beine, beugt seinen Rumpf, berührt mit den Händen seine Zehen und läßt abwechselnd seine Schulterblätter kreisen. Dieses Aufwärmen ist vor den voraussichtlich zwei

Stunden auf der Bühne unerläßlich, die mindestens einem Dauerlauf von zwanzig Meilen gleichkommen werden. Jagger betreibt diese Übungen mit halb geschlossenen Augen und zählt wie ein austrainierter Athlet, dessen Leben in den vergangenen Wochen fast ausschließlich unermüdlichen Fitneßübungen gewidmet war, jede Übung murmelnd mit.

Aus der Ferne sieht er geradezu unglaublich unverändert aus. Er hat dieselbe zugleich jungen- und mädchenhafte Frisur; dieselbe Figur wie früher, so unerwartet klein und zierlich, wenn man bedenkt, wie viele zügellose Phantasien sie ausgelöst hat. Irgendwie hat Mick Jagger es geschafft, mit fast vierzig noch den Körper eines schlaksigen, selbstbewußten Sechzehnjährigen zu haben. Während seiner Beuge- und Streckübungen rutscht Jaggers knappes rotes T-Shirt aus den weißen Knickerbockern, wie seine Kleidungsstücke früher oder später immer auseinandergefallen sind. Das gibt einen flüchtigen Blick auf den Oberkörper frei, der, wie Cecil Beaton einmal bemerkte, so geschmeidig, zart und unbehaart ist wie der eines Eunuchen. Der Brustkorb, der zu sehen ist, die Rippen und der kleine, knospende Nabel weisen keinen Millimeter Fett auf, und nicht einmal der Ansatz eines Bauchs ist zu erkennen. Das einzige, was sich verändert hat, ist das Gesicht. Früher putzte sich Jagger wie eine Tunte mit Rouge und Silber heraus, ehe er die Bühne betrat. Jetzt legt er nur noch gewöhnlichen orangefarbenen Puder auf, um die Falten um seine Augen und die tiefen Furchen zu überdecken, die über beide Wangen nach unten laufen. Die Lippen, die immer wie feuchte Polster der Lust aufgeworfen waren, wirken unter der Deckschicht des Puders schmaler und blasser. Was wir sehen, ist kein junger Gott, sondern ein alter Profi, der sich bereitmacht, die bekannte Nummer ein weiteres Mal hinzulegen.

Fast vierzig Jahre alt, unerreicht in der Kunst seiner Auftritte und reicher, als er selbst es sich je hätte träumen lassen, richtet Mick Jagger weiterhin sein größtes Augenmerk darauf, alle äußeren und sichtbaren Male seiner unermeßlichen Berühmtheit abzuleugnen. Seine beste Waffe gegenüber einer feindlichen Welt war es schon immer, in seinem Privatleben die größtmögliche Antithese zu der Persönlichkeit zu verkörpern, die er in der Öffentlichkeit darstellt: entwaffnend und verblüffend bescheiden, sogar schüchtern. So gibt er sich noch heute vor einer Welt, die ihn bewundernd beäugt. Und so tritt er sogar im JFK-Stadion auf, umgeben von seinen Angestellten, Ratgebern, Bediensteten und Höflingen, während die ersten neunzigtausend von vielen Millionen, die darauf warten, ihn zu sehen, ihn zu hören und ihn in ihre Träume zu holen, schon in Hörweite sind. Er ist zurückhaltend, in sich selbst versunken, ruhig und anspruchslos. Diese Eigenschaften legen sich als ein so absoluter Bann über den Garten, wie ihn der Sonnenkönig in Versailles ausübte.

Er spricht mit einer angenehmen, ruhigen, akzentfreien Stimme, die nichts mit jener Stimme zu tun hat, die er auf der Bühne und bei Pressekonferenzen einsetzt. Wenn er lächelt, was häufig vorkommt, löst sich sein ganzes Gesicht in Grübchen auf, und in einem der vorderen Zähne rechts oben ist ein winziger Diamant zu erkennen, der wie Rauhreif glitzert. Man fühlt sich von ihm ins Vertrauen gezogen, bis man die Ironie bemerkt, die nie aus den großen, schmalen, ewig doppeldeutigen Augen weicht.

Der Multimillionär mit seiner Villa in New York und seinem französischen Schloß frönt genüßlich Sparmaßnahmen. Die Kniebundhosen, die er während der gesamten Tournee tragen wird, sind ein Standardartikel amerikanischer Football-Ausrüstungen, kreidiges Rehleder mit einem starren Keil, der die auffälligen Hosenlätze früherer Zeiten ersetzt. »Fünfzehn Dollar eine«, sagt Jagger mit ungekünsteltem Stolz. »In der Canal Street kriegt man sie. Ich hab' auch die dazu passenden Knieschützer. Die brauch' ich, wenn's richtig losgeht.« Seine Sprache ist betont einfach; vermutlich gibt es keinen schlichteren Menschen auf Erden.

Jedenfalls ist in der Nähe kein schlichter wirkender Mensch zu sehen. In gewisser Weise macht ihn seine Kleidung einem Kammersteward auf einem Schiff des achtzehnten Jahrhunderts ähnlich, der sich mit gar nicht selbstbewußten Körperverrenkungen auf seinen ewig jugendlichen Beruf vorbereitet. Nur die fühlbare ehrfürchtige Bewunderung, die ihn umschließt, verdirbt das Bild – und die Leute, die immer wieder neben ihm auftauchen und ihm Fragen ins Ohr flüstern. Paul Wasserman, der PR-Mann, Bill Graham, der Tourneeveranstalter, Alan Dunn, das Faktotum des Monarchen, unterbrechen in regelmäßigen Abständen das, was als entscheidende Phase psychischer und physischer Lockerungsübungen erscheinen könnte. Unterbrochen werden sie regelmäßig auch von einem stämmigen Engländer mit einem Boxergesicht und lichtem Haar, der einen verknitterten, grünen chinesischen Kittel trägt. Es ist Jim Callaghan, der Sicherheitschef der Stones und mächtigste Mann auf dieser Tournee – bis auf einen. Selbst Jim Callaghans Macht ist auf die Autorität beschränkt, mit der er nein sagen kann. Auf dieser Tournee der Rolling Stones hat nur ein Mensch die unwiderrufliche Macht, ja zu sagen. Sein Name ist Michael Philip Jagger.

Zwei der vier übrigen Stones, Bill Wyman und Charlie Watts, warten ebenfalls in diesem Garten. Jeder von ihnen ist Mittelpunkt einer kleinen, übersprudelnd heiteren Gruppe. Früher mag das Tourneegeschehen für einen Rolling Stone eine endlose Abfolge von Sex, Drogen und irren Geschichten gewesen sein. Doch davon ist nur wenig mehr als eine unablässige Cocktailparty übriggeblieben.
Zumindest Bill Wyman wirkt mit diesem Umstand zufrieden. Der bleiche, mürrische, zweitrangige Stone früherer Zeiten hat sich in einen gepflegten, ruhigen, ordentlichen Mann in einem konservativ geschnittenen gelben Anzug verwandelt, und durch sein dunkles – beziehungsweise durch sein eindeutig dunkel getöntes – Haar schlingt sich ein blaues Halstuch. Auch Bill Wyman hat mit vierundvierzig noch die Figur eines Rockstars der sechziger Jahre, dünn wie ein Streichholz, mit einer Handvoll Hintern und einem Rücken, der unter den Achseln so schmal ist wie in der Taille. Mit seiner gemessenen, etwas gezierten Cockneystimme erzählt er von dem Computer, den er als offizieller Archivar der Stones benutzt, um alles Material zu speichern, das ihre letzten zwanzig Jahre betrifft. Immer wieder hört man das Wort »Diskette«. Bill Wyman, wie er auf den Bühnenauftritt wartet, könnte Sinnbild des angenehmen Lebens eines von anderen mitgezogenen Millionenstars sein. Er hat nichts weiter zu tun als zu trinken, zu rauchen, zu plaudern und geduldig abzuwarten, bis die gigantischen, wohlwollenden Mächte, die sich um ihn kümmern, ihn aufheben und wenige Meter entfernt wieder absetzen.

Im Gegensatz dazu geht Charlie Watts unruhig und die Hände tief in die Taschen seiner grauen Hose geschoben auf und ab. Mit vierzig ist sein Haar inzwischen ganz ergraut, und auf dem Hinterkopf hat er eine kahle Stelle. Charlie hat allerdings auch nie wirklich jung ausgesehen. Auf seinem Gesicht steht eine Miene, die im Rücken der anderen Stones stets zwischen den Becken des Schlagzeugs auszumachen gewesen ist – ein Ausdruck sanftmütiger Verdrossenheit und Resignation. Mick amüsiert sich besonders darüber, daß Charlie bis zu diesem Tag nicht an sein Pech glauben kann, in der größten Rock'n' Roll-Band auf Erden mitzuspielen, und daß er, wo immer er sich gerade mit den anderen Stones aufhält, in der beständigen Hoffnung lebt, man könnte ihm gestatten, mit dem nächsten Flugzeug nach Hause zu fliegen.
Viele Jahre ist es her, daß die Stones ihrem Publikum als schlichte Gitarrengruppe gegenüberstanden. Sowohl in den Studios als auch auf ihren Tourneen beschäftigen sie zahlreiche Aushilfsmusiker, von denen manche in der Musikszene für ihre vergeblichen Anstrengungen berühmt sind, auf der Bühne und auch sonst ein echter Stone sein zu wollen. Für das Konzert in Philadelphia sind als Begleitung zwei Keyboardspieler engagiert worden. Einer von ihnen ist Ian McLagen, ein irgendwie heimatloser Mann in einem Jackett aus den sechziger Jahren. Der andere ist ein kräftiger Schotte mit langem Kinn und grauen Haaren. Er heißt Ian Stewart und trägt ohne sichtlichen Groll die Erinnerung mit sich, einmal ebensosehr ein Rolling Stone gewesen zu sein wie Mick Jagger. »Stew« war es, den ihr erster Manager feuerte, weil er »zu normal« aussah. Als ihr treuer Roadie und Session-Pianist ist er auch kompromißlos so geblieben – und dadurch ein Teil jenes festen inneren Bandes der Normalität, das Charlie Watts verkörpert und das die Stones während ihres eine Generation langen Bestehens immer wieder irgendwie zusammengehalten hat.
Dieser Teil der Rolling Stones ist immer pünktlich und gewissenhaft. Charlie sieht auf seine Armbanduhr und zieht eine klägliche Grimasse. »Halb fünf«, sagt er. »Wir hätten um Viertel nach zwei anfangen sollen. Ich *hasse* es, die Leute warten zu lassen.«
Im Tunnel für die Baseballspieler rührt sich etwas, und das kündigt an, daß den beiden letzten Stones

die Ausreden ausgegangen sind, mit denen sie ihre Ankunft noch länger hätten hinausschieben können. Erst betritt ein etwa sechzehnjähriges Mädchen den Garten, das ein langes schwarzes Ballkleid trägt und über die Schultern ein schwarzes Häkeltuch geworfen hat. Wie eine Amtsinsignie hält sie eine halbleere Flasche Southern Comfort in der Hand. Ihr folgt Ronnie Wood, ein Wesen, das von dem zottigen, schwarzen Haar und dem käseweißen, spitzen Gesicht bis hin zu den spindeldürren Beinen in hochhackigen, zinnoberroten Stiefeln und mit seiner fast pflichtbewußten Fröhlichkeit ein verhätschelter Zögling der Rockszene ist. Als Leadgitarrist der Stones überlebt »Woody« in der Nische, in der Brian Jones und Mick Taylor es nicht geschafft haben, was ihm hauptsächlich deshalb gelingen dürfte, weil er von Kopf bis Fuß diese leicht erkennbare Parodie eines Rockstars ist. Wie üblich hat er seinen Freund und Verbündeten Keith Richard im Schlepptau. Keith folgt wenige Schritte hinter ihm.

Selbst am hellichten Tage gelingt es ihm, einen schreckeneinflößenden Anblick zu bieten. Seine Haut ist leichenblaß, als sei sein ganzes Blut in seinem langen Kampf gegen das Heroin tatsächlich aus ihm herausgepumpt worden. Die Augen unter dem fettigen, zurückgekämmten Haar sind heimtückische schwarze Kleckse. Sein Mund ist eine Grimasse aus schlechten Zähnen, und das unbewegliche Grinsen gleicht dem eines Totenschädels. Unter seiner brustfreien Weste ist er nackt, die rissigen Jeans hat er in knöchelhohe Stiefel gesteckt, und dazu trägt er einen ausgefransten weißen Seidenschal, den er sich mehrfach um den Hals geschlungen hat. Sein Gang ist so schwankend und unsicher, als sei er gerade erst einem Vampirsarg entstiegen. Ungeachtet seines verwahrlosten Äußeren und der Aura selbstmörderischer Dekadenz geht etwas seltsam Lebendiges, das sich nicht unterkriegen läßt, von Keith Richard aus. Gemessen an seinen eigenen gespenstischen Maßstäben erscheint er als ein zufriedener, vergleichsweise sogar gesunder Mann.

Während er durch den Garten wankt, öffnet er mit den Zähnen eine Bierflasche. Er torkelt auf einen aus der kleinen Gruppe zu, die sich um Bill Wyman gebildet hat, schlingt seine leichenblassen Arme um noch einen anderen und sagt: »Warum machen die alle einen solchen Wirbel um eine Handvoll alt gewordener Verrückter, die auf Tournee gehen?« Der Vampir spricht in dem versoffen-lockenden Ton eines Theaterdirektors früherer Zeiten.

Er nimmt einen großen Schluck aus seiner Bierflasche und folgt Woody die Stufen zu dem Wohnwagen auf der rechten Seite hinauf, dann verschwindet er durch eine purpurne Tür, die die Aufschrift »Tuning« trägt. Jagger am anderen Ende des Gartens hat seine Anwesenheit noch nicht zur Kenntnis genommen. Offensichtlich handelt es sich um einen jener Tage, an denen Mick und Keith für jeden deutlich zeigen, daß sie nichts miteinander gemeinsam haben.

Es dauert nicht lange, bis Bill Wyman seine Zigarette ausdrückt, seine gelben Manschetten zurechtzupft und auf den Wohnwagen an der gegenüberliegenden Seite zugeht. »Es hat was von den Vorbereitungen für einen Familienausflug ans Meer«, sagt er. »Jeder muß vorher noch mal Pipi machen.«

Endlich sind die Stones soweit. Ein ungeheurer animalischer Instinkt läßt das Stadion den Augenblick ihres Auftretens vorausahnen, bevor noch die kleine

Mick Jagger. Welttournee 1981/82. Foto: Photo Selection

Gruppe aus blonden Frauen, Geschäftsleuten und Vertretern von Plattenfirmen durch den Spielertunnel, den VIP-Bereich, aus dem die Fotografen inzwischen verscheucht worden sind, und dann durch den engen Treppenaufgang zu ihren Vorzugsplätzen auf der Bühne geführt worden ist. Der zwei Meter zehn große Riese von der Tulsa Police tritt respektvoll zur Seite. Das Dröhnen geht jetzt in ein Tosen über. Die Stones treten aus dem Tunnelausgang hervor.

Die größte Rock'n'Roll-Band auf Erden – sie sind ja so klein und schmächtig – wirkt eher wie die letzte winzige Herde einer fast ausgestorbenen Gazellenart. Wie immer kommt Jagger als erster; er macht in seiner gelben Jacke und seinen Knickerbockern eine letzte Kniebeuge. Keith' Erscheinen, der mit zwei Gitarren unter den Armen und einer langen, schlaff herunterhängenden Zigarette im Mund hinter Mick Jagger auf die Bühne stakst, löst in der Ferne einen Schrei aus, in dem der verzweifelte Wunsch nach brüderlicher Nähe mitschwingt:

»He-e-e-e-ey ... *Keith!*«

Die fünf kleinen Gestalten fliehen vor der unüberschaubaren Menschenmenge in die Sicherheit ihrer gigantischen Kulisse. Neunzigtausend sind es, die jetzt von Männern, die alt genug sind, um ihre Väter sein zu können, das Geheimnis unbekümmerter und nicht zu bändigender Jugend erfahren wollen.

Keith Richard war es, der die Stones 1977 fast auffliegen ließ. Und Keith war es auch, der sie überredete, 1981 doch noch einmal auf Tournee zu gehen. Ohne ihn wären die anderen vier noch immer selbstzufrieden mit ihrem Reichtum, ihren Millionärshobbys und ihrer grenzenlosen Willensfreiheit beschäftigt. Keith ist der Stone, der am meisten zu fürchten hat, wenn er nichts Bestimmtes zu tun hat. Daher hat er Anfang 1981 in unregelmäßigen Abständen Charlie Watts, den englischen Gutsbesitzer und Experten für antikes Silber, und Bill Wyman, den Fotografen, Komponisten und Freund Marc Chagalls, aufgesucht und ihnen vorgeschlagen, daß sie sich wieder in Teenager-Rockstars zurückverwandeln sollten. Am eifrigsten bemühte er sich jedoch um seinen Jugendfreund, der zeitweise eher wie ein Liebhaber wirkte, manchmal auch Ähnlichkeit mit einer nörgelnden Ehefrau haben konnte und doch immer der unersetzliche entgegengesetzte Pol ihrer unzerstörbaren Partnerschaft blieb. Keith mußte seine gesamten Überredungskünste einsetzen, um Mick aus einem Leben herauszulocken, das auf Seidenwolken zwischen New York, der Karibik und dem Loiretal schwebte und das er gern als dasjenige »eines dilettantischen Engländers« bezeichnet.

Jagger will eigentlich nie auf Tournee gehen. In den vergangenen Jahren hat es ihn zunehmend mehr Mühsalen gekostet, seinen Körper zu der Kondition hochzupeitschen, die Voraussetzung für einen Jagger-Auftritt ist. Die bloße Erwähnung einer weiteren Tournee reichte aus, um den wohlbekannten Ausdruck verächtlicher Zurückweisung auf sein Gesicht treten zu lassen: »Doch nicht schon wieder *diese* alte Geschichte!« Oder er wartete mit einem jener Sinnsprüche auf, die er sich für jede Pressekonferenz sorgsam zurechtlegt. »Bühnenauftritte sind wie Sex. Es kann Spaß machen, aber man will es nicht immer tun.«

Was ihn schließlich zustimmen ließ, war weniger Keith' Enthusiasmus als vielmehr das Zahlenwerk, das der österreichische Prinz vorlegte, der Jaggers persönliche Finanzen wie auch die finanziellen Angelegenheiten der Stones regelt. Jagger hat eine überzeugende Art, darauf zu beharren, daß er sich nichts aus Geld mache. Seine engen Freunde – und ganz sicher seine Exfrau – sind in demselben Maß davon überzeugt, daß er sich aus nichts anderem etwas macht.

Doch konnte die Gruppe, die die Stilrichtung der Popmusik in den sechziger Jahren und der ersten Hälfte der siebziger Jahre bestimmt hatte, trotz ihres immensen Ruhms nicht sicher sein, daß man sie in den achtziger Jahren nicht in einem Maß verlachen würde, das einer Vernichtung gleichkommen mußte. Außerdem hatten sie fast ein Jahrzehnt lang keinen bedeutsamen Erfolg mehr zu verbuchen gehabt. Sie hatten nur weiterhin die Tretmühle der monströsen Tourneen und der monströsen Einnahmen getreten, während sich die Popmusik ihrer radikalsten Veränderung unterzog, seit sie selbst ihre radikalste Veränderung gewesen waren. Aus dem Punk Rock war New Wave geworden, und der New Wave hatte sich in Two Tone und die New Romantics aufgespalten. Jede dieser Richtungen war ein

Schlag von neuen jungen Musikern gegen das verkrustete und zynische Rock-Establishment gewesen, das die Stones personifizierten. Gemeinsam hatten sie ein Kraftfeld der Verachtung gegen den ganzen Glamour und Dünkel der alten Rockszene errichtet, und beides hatten die Stones nicht nur erfunden, sondern auch zum höchsten Ausdruck gebracht.

Im Sommer 1981 war ein neues Album der Rolling Stones bei ihrem eigenen Plattenlabel erschienen – wie bisher fast jedes Jahr. Der Titel lautete *Tattoo You,* und es handelte sich wie bei dem Vorläufer, *Emotional Rescue,* um einen vagen Hieb aus der Ecke des verstockten männlichen Chauvinismus. Aber auf *Tattoo You* war ein Song enthalten, *Start Me Up,* der von einer so fauchend pubertären Stimme gesungen wurde, daß man hätte glauben können, das vergangene Jahrzehnt hätte es nie gegeben. Die Stimme war mit klaren Gitarrenakkorden voll düsterer, träger Schadenfreude unterlegt. In dem allgemeinen Trend einer hochtechnisierten Akustik nahm sich der Song aus wie eine Höhlenmalerei, die von einem primitiven Feuer beleuchtet wird. Und alles Neue, was auf der Woge des Zeitgeschmacks mitschwamm, konnte dieses steinzeitliche Knurren nicht zudecken. Zum ersten Mal seit dem Erscheinen von *Angie* im Jahr 1973 lagen die Stones wieder an der Spitze der amerikanischen Single-Hitparade.

Ein vertrautes seismographisches Beben, das etwa in der Mitte zwischen Freude und Entsetzen lag, erschütterte im August die Vereinigten Staaten, als bestätigt wurde, daß die Rolling Stones im Lauf des Oktober, November und Dezember in sechsundzwanzig Städten Konzerte geben würden. Die zurückliegenden Jahre hatten die Erinnerungen an die Exzesse, ob sie nun ausgelebt wurden oder pure Phantasie waren, die die wilden jungen Stones über den Mittleren Westen hatten hereinbrechen lassen, nicht auslöschen können. Und selbst heute noch läßt die Erinnerung an diese Exzesse Eltern erbleichen, Hotelangestellte zusammenzucken und Sheriffs nach Generalstabskarten greifen, wenn nur der

Keith Richard. Welttournee 1981/82. Foto: Photo Selection

Bill Wyman. Welttournee 1981/82. Foto: Photo Selection

Name fällt, mit dem sich das alles verbindet. Ob Konzerthalle oder Freilichtbühne, an beiden Orten sind die Stones gleichermaßen gefürchtet. In New York ist es zum Beispiel Tradition geworden, den Schauplatz ihres letzten Konzerts, das stets den Höhepunkt der Tournee bildet, so lange wie möglich geheimzuhalten, damit der Ort nicht vorzeitig vom Publikum umlagert und Stein für Stein auseinandergenommen wird.

Diesmal war die Wirkung dieses Schauers, der Nordamerika den Rücken hinunterlief, noch größer als 1978, 1975 und selbst 1972. Innerhalb von vierundzwanzig Stunden nach Ankündigung der Tournee hatten sich fast dreieinhalb Millionen Menschen für Eintrittskarten angestellt. Die Sportstadien und Konzerthallen, die sich längst geschlagen gegeben und den von den Stones geforderten Prozentsatz an den Kasseneinnahmen akzeptiert hatten, würden diesmal rund fünfzehn Millionen Dollar einnehmen. Dazu kamen die Gewinne aus dem Verkauf »autorisierter« Waren wie T-Shirts, Buttons, Sticker und Poster. Hinzu kamen außerdem die Gewinne aus der Vergabe von Fernseh-, Video- und Filmrechten, ganz zu schweigen von den Plattenverkäufen. Und schließlich war da noch die völlig unvorhergesehene Dividende aus dem Abkommen mit der Jovan Perfumes Inc. Die Abmachung lief darauf hinaus, daß die Firma auf die Eintrittskarten für die Konzerte ihren Namen – und nur ihren Namen – über den der Stones drucken lassen durfte. Mit zu erwartenden Gesamteinnahmen in Höhe von vierzig Millionen Dollar brutto brachten die »alten Männer des Rock«, wie ein Kritiker sie nannte, die größte Geldlawine ins Rollen, die die Musikindustrie je gesehen hatte.

Die Lawine rollte mit vollendeter Kunstfertigkeit weiter, während die Stones sieben Wochen lang auf einer abgelegenen Farm, der ein Musikstudio angeschlossen war, im ländlichen Massachusetts probten. Es wurde angekündigt, daß sie hofften, zusätzlich zu ihren Terminen in den großen Hallen spontane, nicht angekündigte Auftritte in »kleinen Clubs« geben zu können, die am Weg ihrer Tourneestrecke lagen. Sie waren die reichen, angesehenen Superstars, doch sie wollten wieder den Kontakt zu jenem Publikum und zu jenen Lokalitäten finden, wo sie das erste Mal Fuß gefaßt und ihren ersten Ruhm errungen hatten. Während der folgenden drei Monate versammelten sich in ganz Amerika Gruppen von Jugendlichen in den Musikkneipen nahe den Auftrittsorten und sahen sich hingerissen um in der Hoffnung, vielleicht an einem der Abende einem Rolling Stone zu begegnen.

Unterdessen gingen Mick und Keith das Jagger/Richard-Songbook durch und riefen sich die Texte und Grundakkorde der annähernd hundert Titel ins Gedächtnis zurück. In den Zeiten zwischen den Proben trainierte Mick mit Hanteln und Gewichten, spielte Squash, machte mit seinem schwarzen Leibwächter Karateübungen und lief täglich mehr als zehn Kilometer durch die herbstlichen Wälder. Er rief keineswegs Entsetzen in der Umgebung hervor, sondern man sah seinen Aufenthalt nur positiv und als Segen an. Eine Kirche im nahen Dorf North Brookfield verschob die Buchstaben auf ihrem Anschlagbrett, bis dort GOTT SEI MIT DEN ROLLING STONES zu lesen stand.

Der größte Teil der Publicity vor der Tournee drehte sich wie immer um Mick. Geschichten über seine neu erwachte Leidenschaft für Fitneßtraining kamen in Umlauf; und es wurde über seine anscheinend glückliche Beziehung mit dem Modell Jerry Hall berichtet. Auch die immerwährende Möglichkeit, daß er in einem Film mitspielen könnte, wurde wieder aufgegriffen – würde es Werner Herzogs »Fitzcarraldo« sein oder »Annie«? Mick gelingt es, solche Geschichten selbst dann in Umlauf zu halten, wenn er achtzehn Monate hintereinander überhaupt nichts tut. Doch es bestand auch ein wachsendes Interesse an Keith, wie eine Titelgeschichte des *Rolling Stone* zeigte. »Das menschliche Riff« bekam hier, wenn auch spät, die Würdigung, die ihm gebührt – als wahre Seele und wichtigste Antriebsfeder der Stones und auch als der unverbesserliche böse Bube unter ihnen. Was den Reiz eines Interviews mit Keith ausmacht, ist, daß er – selbst wenn man ihn über Heroin oder seinen Bruch mit Anita Pallenberg und Anitas schreckliches Abrutschen befragt – offen antwortet.

Ein letzter kleiner Skandal fehlte noch, um die gewaltige Explosion zu zünden. Anfang September machten sich in der kleinen Stadt Worcester in Massachusetts dreihundert Menschen verstohlen auf den Weg zu einem Club, der Sir Morgan's Cave hieß, um dort eine Gruppe zu hören, deren Identität sich nur halbwegs ihrem Pseudonym entnehmen ließ – Little Boy Blue and the Cockroaches. Die dreihundert waren unter dem Eid strikter Verschwiegenheit von einem Radiosender der Umgebung ausgewählt worden, und alles wäre glatt verlaufen, wenn nicht ein konkurrierender Sender Wind von der Verschwörung bekommen und in zehnminütigen Abständen verkündet hätte, die Rolling Stones würden in Worcester spielen. Augenblicklich brachen elftausend Menschen über Sir Morgan's Cave herein. Ein Aufstand ließ sich nur abwenden, indem man alle Türen des Clubs weit aufriß. Ihren ersten öffentlichen Auftritt in den achtziger Jahren gaben die Stones eingekeilt und schweißgebadet; Mick Jagger, der sich das Hemd ausgezogen hatte, dampfte wie ein Hürdenläufer und grinste wie ein achtjähriger Schuljunge aus Kent.

Am folgenden Tag gab ein Dutzend weiterer kleiner Städte im Norden von Massachusetts vorsorglich Verfügungen heraus, die die Stones aus allen Clubs, Bars und Billardhallen in ihrem Bezirk verbannten. Über Nacht hatten der dilettantische Engländer, der Silberexperte, der Freund Chagalls und die beiden alternden Plutokraten sich wieder in Gesetzlose, Vagabunden und Unruhestifter verwandelt. Jetzt waren sie soweit, wieder auf Tournee gehen zu können.

Über die blauen Weiten des JFK-Stadions rollen gewaltige Baßnoten, die die Zeit um fünfzehn Jahre zurückdrehen. Der Song heißt *Under My Thumb* und ist von der LP *Aftermath,* die 1966 erschienen ist. Die Stones beginnen ihren Angriff auf die achtziger Jahre, indem sie fast bis zu ihren Anfängen zurückgehen.

Die Welt mag sich seit 1966 bis zur Unkenntlichkeit verändert haben, doch die Stimme, die aus den gewaltigen Lautsprechern weht, hat sich nicht verändert und ist auch um keinen einzigen Tag gealtert. Es ist die Stimme, die ungeachtet der Welterfahrenheit ihres Besitzers immer noch Gefühle kindlich-chauvinistischen Triumphs über ein Mädchen äußern kann, das sie zum Pechvogel gemacht hat: Fast

Ron Wood und Keith Richard. Welttournee 1981/82. Foto: Photo Selection

ist es gar keine Stimme, sondern eher ein Fauchen oder vielleicht ein Schmollen, das hörbar gemacht wird. Die Stimme ist so sehr die alte, daß man vergißt, wie überraschend der Song ursprünglich war – mit der unterschwelligen melodischen Strömung, die Brian Jones ihm mit seinem afrikanischen Xylophon gab.
Hinter der Bühne stehen Reporter, die verzweifelt nach oben starren und sich bemühen, die Quelle des Donners zu Gesicht zu bekommen, der ihnen über Charlie Watts' kahle Stelle hinweg entgegenrollt. Paul Wasserman, der PR-Mann, greift nach seiner Aktentasche mit den Abzeichen, die den Weg ebnen, winkt die ersten auserwählten Fotografen heran und gibt ihnen den Weg vor die Bühne frei. Jeder hat nur fünf Minuten Zeit und muß in einem genau festgelegten Winkel von siebzig Grad nach oben knipsen. Sollte ein Fotograf die Zeit überschreiten, die ihm zugestanden wurde, oder sich in anderer Hinsicht regelwidrig verhalten, dann wird ein Mann namens Jerry Pompini seine Kamera mit einem langen, metallenen Zauberstab berühren, mit dem man auch ein störrisches Rind zur Herde zurücktreiben könnte; dieses Instrument zerstört augenblicklich den Film in der Kamera.
Andere, die in Hubschraubern und Sportflugzeugen über dem Stadion kreisen, richten ihre Teleobjektive nach unten und stellen sie auf die Gestalt scharf, die sich jetzt aus ihrem gelben Jackett geschält hat und über flache rosa Stufen nach unten stolziert, bis sie am Rande eines wogenden Menschenmeeres steht. So winzig und konturlos diese Gestalt auch ist – sie hat die entferntesten ihrer Zuschauer entflammt und in dieselbe Raserei gestürzt wie diejenigen, die sich direkt vor ihren Füßen winden. Niemand außer Mick Jagger hat jemals so unfehlbar über eine derart gewaltige Entfernung seine sexuelle Ausstrahlung einsetzen können. Dieses mädchenhafte Zurückwerfen seines Kopfes ist eine Herausforderung, die unparteiisch an alle neunzigtausend gerichtet ist. Dieser stolzierende Gang mit schwingenden Ellbogen verbreitet seine Anzüglichkeit über die gesamte Ausdehnung von Köpfen, Armen und wehenden Fahnen. Selbst auf Tribünen, die einen knappen Kilometer entfernt sind, können alle das trotzige Funkeln auf seinem Gesicht und das Schmollen auf seinen Lippen erkennen.
Als die erste gewaltige Beifallswoge, in die sich jubelnde Schreie und Pfiffe mischen, das Stadion überrollt, verbeugt sich Jagger wie ein altmodischer Maestro auf dem Podium und wirft dann seinen Kopf zurück, so daß sich die Sehnenstränge an seinem Hals abzeichnen. »Good aftahnoon, JFK«, sagt er mit seiner berühmten Stimme, die eine Mischung aus englischem Lord, Laufbursche mit Cockneyakzent und Negermami aus den Südstaaten ist. »Are you feelin' awright? Yeah ... Nett, mal wieder hier in Philadelphia zu sein ...« Und mit dem Anschein der Begeisterung sieht er Keith an und tippelt auf den Zehen rückwärts wie ein kleiner Junge, der unsäglich aufgeregt ist. »Okay – we're gonna 'ave a good time.«
Das erste halbe Dutzend Songs braucht keine Ankündigung. Schon immer ist es einem wie ein Wunder erschienen, daß die Stones im Gegensatz zu den Beatles ihre frühen Songs nie bis hin zum Gedächtnisverlust verabscheut haben, sondern stets bereit waren, »Oldies« zu spielen, und zwar liebevoll und unverändert. Die Begeisterung, die jedem dieser Songs entgegenschlägt, gilt zugleich auch dem Zeitalter, das mit ihnen heraufbeschworen wird. *Under My Thumb* bringt vage Erinnerungen an Courrèges-Stiefel, Op-art-Kleider, Boutiquen und Bistros bei Kerzenschein mit sich. *You Can't Always Get What You Want* verkörpert den Chelsea Drugstore, jene neonerleuchtete Spielerei aus Glas, mit der es direkt im Anschluß an Jaggers Ausbleiben zu Ende war. Ein Song, der an heutigen Maßstäben gemessen harmlos und unschuldig geworden ist, hat noch immer einen Hauch seiner ehemals lässig zur Schau gestellten Verruchtheit. Ein aufgeregtes Murmeln erhebt sich, als Jagger lauthals zu dem »Na-na, nana-na-na-na« ansetzt, das so viele Skandale und Verbote ausgelöst hat. Wird er es wirklich wagen, *Let's Spend the Night Together* zu singen?
Die Kraft, die noch vor drei Jahren als selbstverständlich hingenommen wurde, erscheint jetzt plötzlich als phänomenal. Die Kraft ist an die Stelle der Exzesse getreten, wie auch die gezierte Kleidung den praktischen Sportsachen das Feld geräumt hat. Es gibt Momente, in denen Jagger mit seinen weißen Kniebundhosen und Knieschützern nicht wie ein Rockstar, sondern eher wie ein Leibeserzieher aussieht, der seine riesige Klasse ermahnt, seinem

Beispiel zu folgen. Jeder einzelne Song ist ein Stück Zirkeltraining und vollgepackt mit sämtlichen Posen, die er je eingenommen hat. In einem einzigen Vers kann er vom Schlägertyp zum empfindsamen Ästheten werden, sich von der keifenden alten Vettel in ein strahlendes Tingeltangelmädchen verwandeln. Innerhalb einer Textzeile kann er marschieren, stolzieren, schlendern, tänzeln, knien, flehen, sich überschlagen und plötzlich in der Luft schweben wie Nurejew, der er so gern wäre. Und während der ganzen Zeit singt dieselbe unfreundliche, noch nicht flügge Stimme davon, auf Frauen Jagd zu machen oder von ihnen gejagt zu werden.

Links und rechts im Hintergrund der Show, die Jagger abzieht, spielt die größte Rock'n'Roll-Band auf Erden wie Anfänger, die gerade am Preßlufthammer angelernt werden. Die siebenwöchigen Intensivproben haben Keith und Woody nur halbwegs mit dem zusammengestellten Programm vertraut machen können; auch hat ihr Erscheinen vor den hingerissenen Blicken der neunzigtausend Zuschauer ihnen anscheinend nicht das Gefühl vermitteln können, daß es hier auf irgend etwas ankommt. Beide bewegen sich ohne Beziehung zum anderen auf dem zartlila Mittelteil der Bühne herum und hacken auf ihre Gitarren ein, als stünde ausschließlich zur Debatte, wer von ihnen das ausdruckslosere metallische Klirren erzeugen könnte. Die beiden Keyboards im Hintergrund, die standhaft das Tempo halten, dienen lediglich als Erinnerungshilfe daran, was hier *nicht* geschieht. Die Stones sind noch heute in erster Linie das, was Brian Jones konzipiert hat – eine »Zweigitarrengruppe«, deren hypnotisierende Wirkung nie einem trickreichen, egozentrischen Solisten zuzuschreiben war. Es ist kein Zufall, daß bei den Stones die flüchtigste, unsicherste – und sogar gefährlichste – Rolle immer die des Leadgitarristen gewesen ist. Und Woody füllt diese Rolle eher mit seinem Temperament als aufgrund eines echten Talentes. Er kann sich nämlich dareinfinden, daß alles, was er spielt, nichts weiter als ausgefeilte Variation einer Oberstimme ist. Der typische Sound der Rolling Stones kommt von den Akkorden her. Es sind jene Akkorde, die nur Keith Richard zustande bringen kann, und nur er kann sie mit jener teuflischen Raffinesse anschlagen, die den Song tief ins Gehirn

Charlie Watts. Welttournee 1981/82. Foto: Photo Selection

der Zuhörer eintauchen läßt, noch bevor Mick auch nur den Mund aufgemacht hat.
Woody in seinem roten Lederblouson und den Stiefeln eines Strichjungen ist wie gewöhnlich wie ein Kobold aufgelegt und vollführt, soweit ihm seine Gitarre Spielraum dazu läßt, ausgelassene Luftsprünge. Er macht einen Satz nach hinten, um Bill Wyman, dem stoischen Bassisten, einen Rippenstoß zu versetzen; dann hüpft er hoch, um einen Blick auf Charlie Watts zu werfen, der zwischen seinen Bekken und Trommeln und den silbern eingefaßten Teilen seines Schlagzeugs arbeitet wie ein Schmied. Keith ist inzwischen an der linken Bühnenseite angelangt und hat die untergehende Sonne im Rücken. Sein Blick ist auf seinen wild zuckenden, weißen Arm gesenkt, und mit seinen schmuddeligen Haaren wirkt er, als könne er nach wie vor nicht fassen, was er da eigentlich tut. Mehr als allem anderen ähnelt er einer verhärmten Putzfrau, die halbherzig Socken schrubbt. Das Intro zu *Miss You* beginnt und haucht sein Leben in einem fünfsaitigen Akkord

aus, bei dem kaum zwei Finger wach gewesen zu sein scheinen.
Das Publikum des Rockkonzerts verzeiht nahezu grenzenlos. Es fordert nicht mehr, als auch nur die vageste Annäherung an seine Träume zu sehen und zu hören, die ihm die illusionsreiche Tontechnik der Studioaufnahmen eingegeben hat. Nach etwa vierzig Minuten grandios zusammengeschusterter Intros und hoffnungslos verhedderter Solos breitet sich im JFK-Stadion langsam die Erkenntnis aus, daß sich die Rolling Stones – mit Ausnahme von Mick Jagger – nicht gerade besonders abmühen. Der Beifall wogt zwar immer noch – was bleibt auch anderes übrig. Doch es ist ein abebbendes Wogen. Jagger läßt erkennen, daß er das voller Unbehagen wahrnimmt. »Aw-*right!*« schreit er, die glühende Reaktion des Rockstars auf glühende Ovationen, von denen bisher nichts zu entdecken ist. »Aw-*ri-ight!*« Mehrfach erkundigt er sich besorgt: »Könnt ihr mich da hinten auch hören?« Das könnte ein Teenager, ein völlig unerfahrener Anfänger, zu seinem Publikum im Gemeindehaus einer Kirche sagen. »Okay – Shadoobie!« Das Intro setzt mit halsbrecherischer Geschwindigkeit ein, stolpert dann und überschlägt sich mit einem Knall in verstümmeltes, verwaschenes Brausen. Jagger wirft einen Blick hinter sich und begräbt dann für einen Moment sein Gesicht in den Händen.
Dann – als seien die Namen nicht längst schon jedem bekannt – stellt er der Reihe nach alle Mitglieder der Band vor. »... am Schlagzeug Mistah Charlie Watts!« Mick macht es Spaß, immer so zu tun, als sei Charlie der große Star auf der Bühne. Bill Wyman in seinem gelben Anzug hat sich zwar bisher noch nicht bemüßigt gefühlt, die Zigarette aus dem Mund zu nehmen, doch bekommt er besonderen Applaus. Er hat gerade seine erste Filmmusik geschrieben, und eine Solo-Single von ihm ist gegenwärtig in den britischen und amerikanischen Hitparaden plaziert. Es ist ein witziger Song, der auf dem schlechten Französisch basiert, das Bill in den letzten zehn Jahren in seiner Villa, in deren Nachbarschaft Chagall wohnt, gesprochen hat. »Si, si, je suis un rock star«, sagt Jagger nachsichtig – denn er spricht die fremde Sprache selbstverständlich makellos. Seine Nachsicht erstreckt sich jedoch nicht so weit, Bill die Nummer hier spielen zu lassen.
Black Cadillac klappt besser, eine lange verchromte Version des Blues, den Keith und Mick vor zwanzig Jahren in kleinen Seitenstraßen von Surrey entdeckten. *Twenty Flight Rock* ist das absolute Chaos – aber immerhin interessant. Trotz all ihrer unbestrittenen Beinamen hat sich die größte Rock'n'Roll-Band auf Erden kaum jemals am echten Baß-schlagenden Rock'n'Roll der fünfziger Jahre versucht. Jagger spielt Rhythmus-Gitarre, wie er es seit den späten sechziger Jahren bei Studio-Sessions getan hat. Manche Menschen, die näher mit den Stones zu tun haben, sehen das als äußerst verräterisch an. Trotz seiner meisterlichen Beherrschung des eigenen, einzigartigen und unnachahmlichen Milieus ist es immer so erschienen, als wolle Mick nichts lieber als ein *echter* Musiker sein – wie Keith.
Und umgekehrt ist es so, daß die Stones früher in Keith eine echte Alternative zu ihrem Sänger hatten. In den Zeiten von *Come On* kann man Keith hören, ehe Tabak und Schlimmeres die vollkommene Stimmlage eines engelhaften englischen Chorknaben verdarben. Es gibt private, nicht veröffentlichte Aufnahmen mit Keith, die einen Hinweis darauf geben, was die Band durch Jaggers Vorherrschaft und die eigentümliche, unerwartete Zurückhaltung von Keith' Seite verloren hat. Auf immer und ewig verloren, wie es jetzt scheint. Seine Darbietung seines Songs *Little T and A* von *Tattoo You* ist ein solches Chaos aus dröhnenden Akkorden und Stahlwollesilben, daß Jagger tatsächlich die Bühne verläßt und hinter Charlie Watts' Schlagzeug verschwindet; dort ist diskret ein Harnglas aufgestellt. Das Stadion dagegen erhebt weniger Einwände als in der vorangegangenen halben Stunde. Mick ist ein Idol, aber Keith ist ein Held. Von seinem heruntergekommenen Kopf bis hin zu seinen heruntergekommenen Stiefeln und mitsamt seinem ganzen heruntergekommenen Leben lieben sie ihn.
Im abgesperrten Bereich hinter der Bühne hat sich die Lage ein wenig entspannt. Die Presseleute und diejenigen, die sich als Pressevertreter ausgegeben haben, stehen jetzt unbelästigt unter der rückwärtigen Bühnenbegrenzung und blicken begierig zu dem Lärm hinauf. Manche drücken ihre Geistesverwandtschaft mit den Stones, mit ihrer ungebändigten Wildheit, durch selbstbewußte, rasende kleine Solotänze aus. Das Intro zu *Start Me Up* wirkt dann

wie eine plötzliche Warnung vor einem Luftangriff. Eine Reihe von Sicherheitswächtern, darunter auch der einschüchternde Zweimetermann von der Tulsa Police, bewegt sich in schräger Formation nach vorn und stößt alle überzähligen Zuschauer wieder zurück auf die leere Tribüne hinter dem Geschehen. Vier gleich aussehende, gelbe Minibusse mit geschwärzten Scheiben sind unter der Bühnenrampe vorgefahren, ihre Türen sind ganz zur Seite geschoben. Wieder einmal greifen unterschwellige Panik und Paranoia um sich. Nur noch eine Stunde bleibt bis zum Abgang der Stones.

In dieser letzten Stunde werden durchgehend jene verschlagenen Zweiminutenklassiker gebracht, deren Anfangsakkorde, selbst wenn man sie in einer noch so modernen Disko hört, das gesamte Publikum nach wie vor in einen wilden Boogie ausbrechen lassen. *Street Fighting Man* aus den guten alten, militanten achtundsechziger Zeiten; *Honky Tonk Women* mit der scheppernden Kuhglocke aus dem Hyde Park von 1969. *Tumbling Dice* und *Brown Sugar:* Sex in einer Spielerhöhle und ein Schleckermäulchen. Um die Erinnerungen an die verbündete Entrüstung zweier Länder wieder aufzurühren, hat Jagger sich in ein weites Gewand aus der britischen und der amerikanischen Flagge gehüllt. »... Ah laid a divorc-ay in New York Cit-a-ay ...« Der Unterschied ist, daß ihn an diesem Tag seine zehnjährige Tochter Jade aus der Kulisse beobachtet. »Ah just can't get that drinkin' off ma-ah mind ...« Jade wirkt gelangweilt, doch sie bemüht sich, das nicht zu zeigen. Sie verhält sich, wie es sich für eine Zehnjährige bei einem formellen Anlaß der Erwachsenen gehört.

Das Tosen im Stadion nimmt an Lautstärke zu, während es mit Golden Oldies weitergeht: Aus der Ferne sind Sirenen zu hören, in die sich das Geräusch der Martinshörner mischt. Hinter der Bühne herrscht Alarmstufe sechs. Etwa ein Dutzend Wachtposten tauchen unter den Verstrebungen der Bühne hindurch, um ihren Kollegen an der vorderen Absperrungslinie Verstärkung zu bringen. Vier von ihnen tragen einen Jungen fort, dem es gelungen ist, die Sperre zu überklettern. Der Junge dürfte etwa vierzehn Jahre alt sein, und er sieht so heruntergekommen und erschöpft aus, als sei er gerade aus der Brandung von Malibu gerettet worden. Die Wächter tragen ihn davon, indem sie ihm Arme, Beine und die Luftröhre einschnüren.

Das Finale – wie kann es anders sein – bildet *Jumpin' Jack Flash.* Die Hymne der Stones als Teufelsboten, die heimtückische schwarze Mitternacht der sonnigen sechziger Jahre, beschwört ihre tanzenden Dämonen selbst an einem bedeckten Nachmittag in der Nähe von Philadelphia herauf. Jagger kennt immer noch genug vom Blues, um zu wissen, daß man von einer Masche, die zieht, nicht wieder abgeht. Diese Version dauert volle zwanzig Minuten, und er wirbelt und tänzelt die beiden Laufplanken hinunter. Dann sprintet er zu dem Gerüst rechts neben der Bühne zurück, klettert in die Gondel des Kirschenpflückers, wird in die Höhe gehoben, und der Ausleger fährt aus, bis Mick zehn Meter über der Menge schwebt; er ist immer noch in der gekrümmten Haltung einer Hexe und singt: »Jumpin' Jack Flash, it's a gas ... Jumpin' Jack Flash, it's a gas ...« Nie hat es im Rock'n'Roll einen seltsameren Anblick gegeben und auch niemanden, der sich weiter von seinen Ursprüngen entfernt hat als diese Gestalt in den Kniebundhosen, die losgelöst vor einem blau-gelben japanischen Wandgemälde schwebt und mit einem Zehntausend-Watt-Flüstern wiederholt: »It's a gas«, während sie die Gesichter unter sich mit langstieligen Nelken bewirft.

Eine Zugabe noch – ein hingerotztes *Satisfaction* –, und alles ist vorüber. Die Stones fliehen, in weiße Handtücher gewickelt, zu ihren Minibussen, die für sie unter der Bühne bereitstehen. Der Beifall, der hinter ihnen erschallt, hat eine unverkennbar vorwurfsvolle Färbung. Jade und Jerry Hall sitzen bereits im vordersten Fahrzeug, als Jagger dort eintrifft. Draußen im Stadion sagt seine Stimme weiterhin zustimmend und ermahnend: »Aw-*right! Aw-ri-i-ight!*« Das Mikrophon, in das er spricht, ist drahtlos. Er hat keinerlei Absicht, die Bühne noch einmal zu betreten.

Das massive Eingangstor des Geländes schwingt zurück. Die Wagenkolonne holpert in Staubwolken hinaus. Hinter den Luftballons werden Kracher und Raketen eines Zwölftausend-Dollar-Feuerwerks in den enttäuschten Himmel geschossen. Bühnenhelfer stürzen sich auf den transportablen Garten, lassen ihn flach zusammenfallen wie ein Kartenhaus, rollen das künstliche Gras ein und packen selbst die

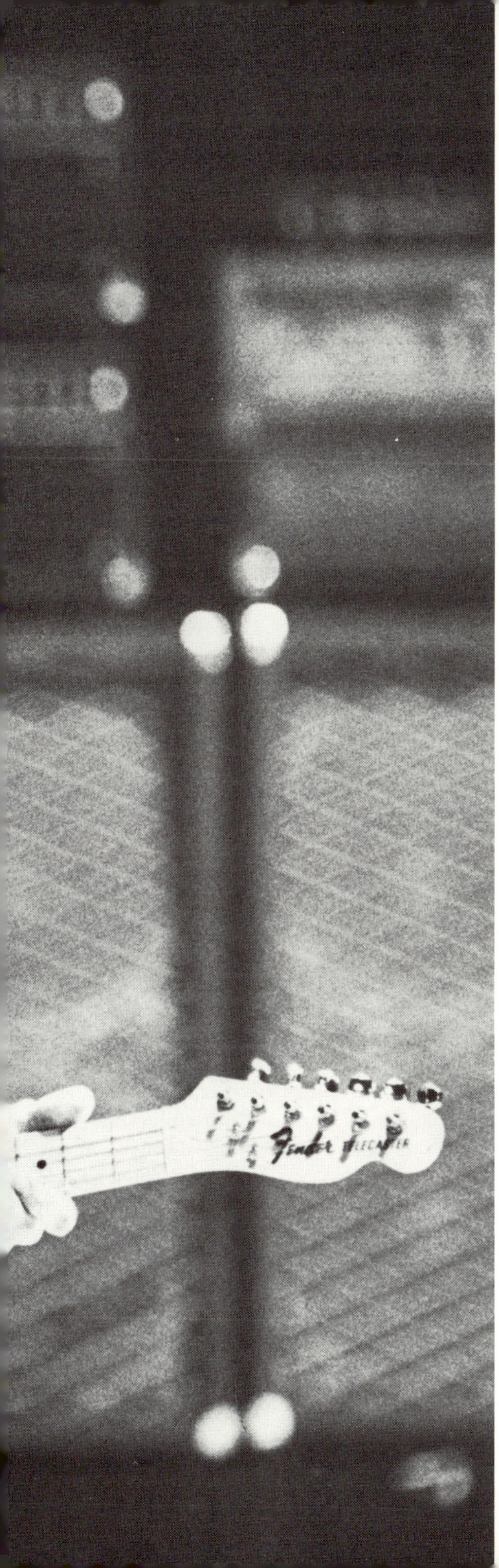

durchnäßten T-Shirts und Handtücher, die Jagger in unbekümmerten Zeiten ins Publikum geworfen hätte, in ihre Körbe.

Die *New York Times* spricht für alle, wenn sie den Auftritt der Stones mit dem einer »Teenage-Garagenband« vergleicht. Nicht einmal die Zeitschrift *Rolling Stone* mit all ihren Sonderprivilegien kann so tun, als seien der Auftritt im JFK-Stadion und ein zweiter am darauffolgenden Tage mehr als ein quälendes Stimmen von Instrumenten gewesen. Das *Time Magazine,* das wie gewöhnlich die Metaphern durcheinanderbringt, bezeichnet die Tournee als »a floating World's Series«, die darauf kalkuliert sei, das Publikum mit einem leeren Spektakel abzuspeisen, statt das aufregende Ereignis zu bieten, für das bereits Millionen an Fünfzehn-Dollar-Plätzen bezahlt worden sind. Die »beträchtliche finanzielle Beteiligung« von Jovan Perfumes Inc. wird sarkastisch erwähnt – ein Hauch von Billigduft, der an die Stelle dessen getreten ist, was einst nur unbändig und schweflig roch. »Jedem, der Interesse daran haben sollte, dem gesellschaftlichen Druck zu widerstehen, wenn die Stones in seiner Stadt auftreten«, fährt *Time* bissig fort, »bieten wir als kostenlose Dienstleistung folgende Gründe dafür an ...«

Im Amherst Marriott Hotel in der Nähe von Buffalo, NY, nimmt ein Vertreter des Geschäftsführers den Hörer des Telefons ab, das in dem in Braun, Scharlachrot und Orange gehaltenen Foyer mit der Jahrmarktsbeleuchtung soeben zu läuten begonnen hat. Wie abgesprochen ist am anderen Ende der Moderator der morgendlichen Rundfunksendung, die im Bereich Buffalo die höchsten Einschaltquoten hat. Er bittet seinen Kontaktmann im Marriott, dranzubleiben; dann wendet er sich im Tonfall einer aufregenden Verschwörung an sein Publikum, das zu dieser Rush-hour gefangen in seinen Autos sitzt:
»Okay – und gleich geht es weiter mit einer Direktverbindung zum Hotel ... ich kann nur sagen, daß es in der Umgebung von Buffalo liegt ... in dem die Rolling Stones gestern am späten Abend abge-

Plötzlich hatte Keith Richard den alten Sound wiedergefunden. Foto: Marion Schweitzer

stiegen sind. Ich werde mit unserem Kontaktmann dort sprechen, der natürlich anonym bleibt – Sicherheitsmaßnahmen, alles klar? –, und er wird sich mit uns unterhalten, live, und einfach erzählen, was sich so an Neuem tut ... äh ... im Hotel der Stones. Hallo ... Hallo, hier meldet sich die Rush Hour Show. Spreche ich mit dem Hotel der Rolling Stones?«

»Ja, hallo«, antwortet der Manager.

»Hallo, guten Morgen ... und Sie sprechen also aus dem Hotel, in dem die Stones wohnen.«

»Ja.«

»Sind gestern nacht erst reichlich spät gekommen, was?«

»Ja, sie sind reichlich spät gekommen.«

»Und bis jetzt halten sie sich noch in ihren Zimmern auf?«

»Ja – alle sind noch in ihren Zimmern.«

»Und keiner hat sich bis jetzt draußen gezeigt?«

»Nein.«

»Also alles ganz ruhig, und sie sind in ihren Zimmern. Auch von dort nichts zu hören, was?«

»Nein, alles ist ganz ruhig.«

Eine Pause: fühlbare Enttäuschung.

»Völlig ruhig?«

»Ja.«

»Keine kreischenden Groupies – nichts in der Art?«

»Nein.«

»Die Stones können also wieder bei Ihnen unterkommen?«

»Ja, gewiß.«

Buffalo ist der Ort, der der kanadischen Grenze am nächsten liegt und den die Stones noch ungehindert aufsuchen können, seit Keith Richard 1977 wegen Heroinschmuggel in Toronto verhaftet worden ist und Mick Jagger die männliche Hauptrolle in einem erotischen Skandal um die Ehefrau des Premierministers gespielt hat. Das war die Meldung, auf die hin die Welt sie abgeschrieben hatte: älter aussehende Männer, die aus der Mode gekommen waren und dennoch weiterhin versuchten, dem Begriff »Persona non grata« neue Erklärungen hinzuzufügen.

In Buffalo ist das Hauptmerkmal des Herbstes ein geschirrtuchgrauer Himmel, der trotz seiner vorgetäuschten Stille Regengüsse und Stürme von ungewöhnlichster Heftigkeit bereithält. Ein solcher Himmel hängt auch an diesem Tag über Buffalo, während PKWs, Pick-ups und mit Aufklebern bepflasterte Minibusse an größeren Einheiten und einzelnen Posten von Polizisten mit breitkrempigen Hüten vorbei die kanadische Grenze überqueren und sich im Regendunst auf zahlreichen Umgehungsstraßen den Niagarafällen nähern.

Hinter dem Amherst Marriott stehen auf einem fast leeren Parkplatz ganz unschuldig die vier gelben Kleinbusse, die drei Tage zuvor das JFK-Stadion fluchtartig verlassen haben. Neben dem ersten Wagen kauert ein halbes Dutzend Jungen auf der Raseneinfassung. Sie starren zu den Fenstern im obersten Stockwerk hinauf, deren braune, rote und orangefarbene Vorhänge noch vorgezogen sind. Einer der Jungen, jedesmal derselbe, kommt von Zeit zu Zeit näher, formt mit seinen Händen einen Trichter und plärrt: »Jetzt komm schon raus, Jagger!«

Im Rich-Stadion, fünfundzwanzig Meilen entfernt, fegt der gleichbleibend sechzig Stundenkilometer starke Wind die leeren Verkaufsstände um. Doch am westlichen Ende des Stadions nimmt die rosapurpurne Bühne der Stones bereits Gestalt an. Wie Matrosen auf einem Ostindienfahrer, der Kap Horn umschifft, müssen sich die Bühnenbauer bei ihrer Arbeit festklammern. Gegen Mittag hat der Wind den Turm auf der rechten Seite fast nach hinten gekippt, und die japanischen Seitenwände sind in farblose Fetzen zerrissen. Dennoch steht außer Frage, daß das Nachmittagskonzert stattfindet. Auf jede der Eintrittskarten für fünfzehn Dollar ist unter dem Namen der Stones und dem von Jovan Perfumes der aufmunternde Hinweis gedruckt, daß das Konzert bei jedem Wetter stattfindet.

Die Windstärke würde eine Sturmwarnung rechtfertigen, während sich das Rich-Stadion mit einer fünfundsechzigtausendköpfigen Menschenmenge füllt. Das kanadische Kontingent versammelt sich mit rot-weißen Nationalfahnen um die Bühne; in dieser dichten Masse wirken die altmodischen Hippiefrisuren der Kanadier aus der Ferne wie ein Lager von Qualitätsdünger. Die Vorgruppe spielt fast unhörbar, während Luftballons und orangefarbene Frisbees auf den launischen Windböen tanzen. Im Hintergrund, in einem Bogengang mit leeren Verkaufsständen, stehen die Fotografen Schlange, um gegen den Wind in Paul Wassermans Ohr zu plärren. Seine schwarze Assistentin Alvinia, die heute wie eine zu groß geratene Holländerpuppe Karo und Ohrenschützer trägt, trippelt zwischen Klappstühlen herum und tauscht bedeutungslose Pressekarten gegen gleichermaßen bedeutungslose Gästekarten aus. Wasserman, mit hochgestelltem Mantelkragen, schüttelt unentwegt seinen russischen Wurstverkäuferkopf. Die Stones sind diesmal noch ferner als im JFK-Stadion; sie haben sich mit ihren ausladenden Imbißtafeln und ihren Bars unter den nichtüberdachten Zuschauertribünen verschanzt. Wenn die Presse sie sieht, dann nur in den Sekunden, in denen sie über eine Ziehbrücke auf die Bühne sprinten. So groß und bedeutend die Stones auch sein mögen – ihre dienstbaren Geister erzählen ihnen doch nicht immer alles. Bis zu diesem Augenblick hatten sie eindeutig keine Ahnung davon, daß ein Sturm im Anzug ist.

Der Wind trifft als ersten Jagger; er packt das Mikrophon in Jaggers Hand und wirbelt es nach oben und schlägt es mit solcher Kraft gegen Jaggers Mund, daß sich der Diamant im oberen Schneidezahn lockert. Die anderen, weniger munter und geschützt gekleidet, kämpfen sich ihren Weg in den Applaus frei und drücken ihre Gitarren an sich wie gefährdete Regenschirme. Die Hosensäume flattern ihnen wie verrückt um die Absätze.

Under My Thumb geht los, wie es nach diesem Computer-Countdown nicht anders sein kann: Swinging London am Tag des Jüngsten Gerichts. Jaggers Stimme dringt nur fetzenweise durch die zitternden Sturmböen. »... under ma thumb ... gurl ... just changed her ways ...« Die Bühne bietet ihnen keinen Schutz gegen die von vorn anprallenden Böen. Die zerschlissenen Seitendraperien flattern wie verrückt. Woody ist es zu windig, um seine Scherze zu treiben, und Bill ist es zu windig für eine Zigarette im Mund. Sie können nichts weiter tun als dastehen. Sie können ihr Publikum nicht hören und sich selbst auch kaum. Der Wind schluckt die immensen Kilowattmengen und trägt sie gemeinsam mit den Luftballons und Frisbeescheiben davon, nach oben, über die Begrenzung des Stadions hinweg und weiter fort, um sie schließlich in den

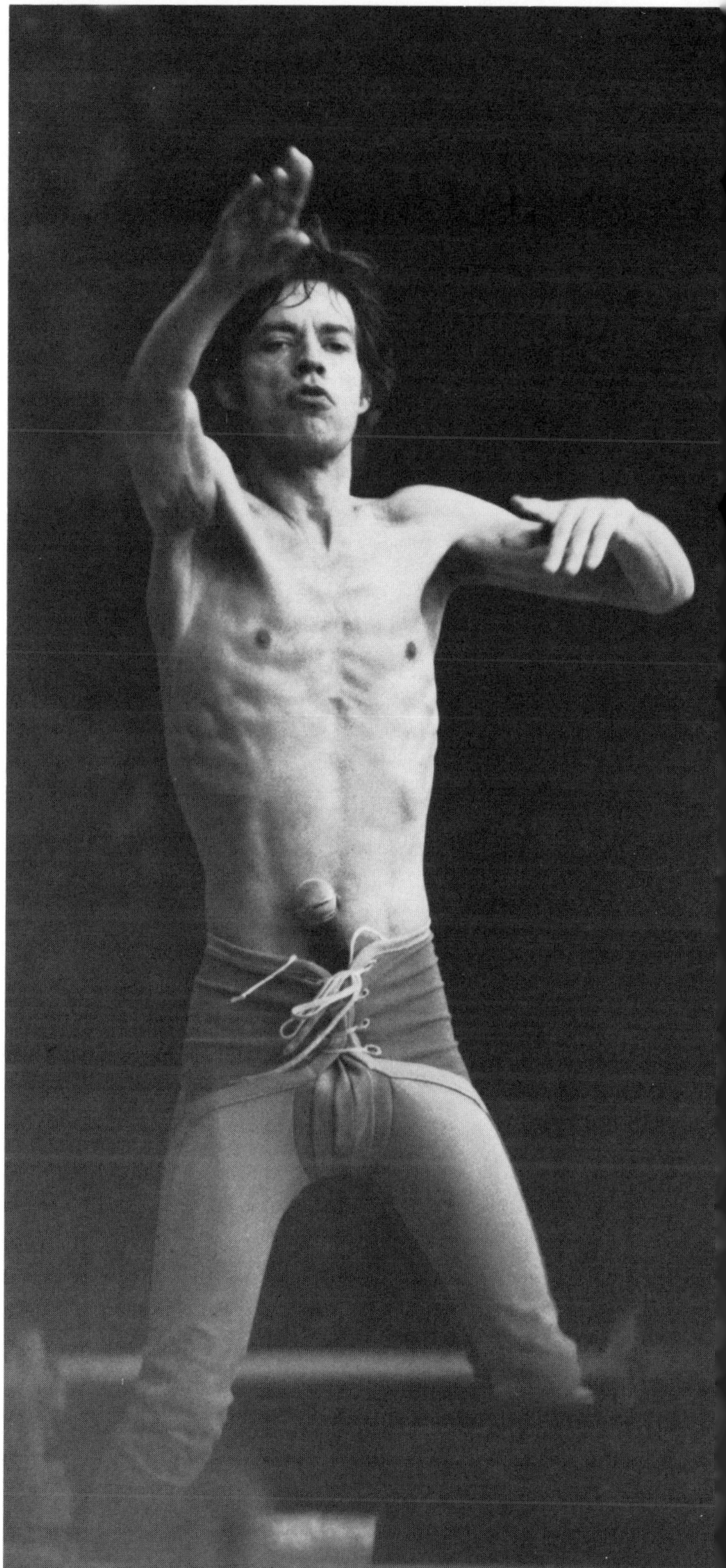

»I can't get no ...« Foto: Photo Selection

Nebeln und dem weißen Tosen, das wie immer über den Niagarafällen schwebt, untergehen zu lassen.
Und trotz alledem haben die fünf zerbrechlichen kleinen Gestalten, die Überbleibsel einer gefährdeten Spezies, die durch ihre zur Hälfte heruntergerissene Kulisse nach allen Seiten hin bloßgestellt sind, plötzlich begonnen, wie die Rolling Stones der alten Zeiten zu spielen. Auf der Höhe dieses unglaublichen Sturms spielen sie wieder wie jene Band ungestümer Jugendlicher, die ganze Kinos in Trümmer sinken lassen oder eine halbe Million Hippies in ihren Bann schlagen konnte; wie jene Band, die ihr Publikum durch ein Aufflackern dieser unergründlichen Laune im gleichen enormen Ausmaß verletzen und enttäuschen konnte. Sie spielen mit einer Percussion von beseelter Zügellosigkeit, die die Helme der Polizisten zerschmettert; und darunter liegt ein Baß, der den kleinen Mädchen die Röcke hochhebt. Ihre Musik ist ein herzloses Herz, eine verschlagene Stimme und ein dünner nackter Arm, der eine Gitarre wie bleiches Treibholz bearbeitet, während das Licht wieder in die blutunterlaufenen Augen des Vampirs zurückströmt. »Das menschliche Riff« ist endlich erwacht. Die größte Rock'n'Roll-Band auf Erden ist wieder im Geschäft. Die Rolling Stones gehen ihrem Publikum wieder ins Blut.
Plötzlich scheint auch die weitläufige rosa Bühne mit ihren zwei Laufstegen für Mick Jagger zu klein zu sein. Er tänzelt nach links, schwingt die Beine wie eine Tambourmajorin und winkt den zwanzigtausend, die in dieser Kurve sitzen, spöttisch und doch unwiderstehlich zu. Dann sprintet er zur Laufplanke an der rechten Seite, springt mit einem Satz auf das Gerüst, klettert zwei Meter hoch, bleibt dort hängen und beugt sich so weit vor, wie seine Fingerspitzen ihn halten können. Ehe das Rich-Stadion nach seiner Hand greifen kann, springt er herunter, überschlägt sich, stolziert an den vorderen Bühnenrand und bleibt dort seitlich in seiner vom Sturm geblähten gelben Skijacke stehen, während sein Körper zu jeder Silbe den Takt gibt. »Yuh can't always *git* what yuh want. No, Yuh can't always *git* what yuh wa-hant ...«
»Okay«, sagt seine Stimme gegen den Beifall, den der Wind schluckt. »Good aftahnoon, Buffalo ... Yeah ... Schön, wieder hier zu sein. We're gonny 'ave a good time, awright? *Aw-ri-i-ight!*«

ERSTER TEIL

1
»I was schooled with a strap right across my back«

Wenn ein Schwarzer allein und mittellos war, hat er den Blues gespielt. Mit einem Dach über dem Kopf, ganz gleich, wie leck es auch sein mochte, hat er Rhythm and Blues gespielt. Der Unterschied ist ebenso groß wie der zwischen dem Land und der Stadt, zwischen den Baumwollfeldern im Süden und den Ghettos im Osten, zwischen dem Fatalismus des Alters und dem Ungestüm aufstrebender Jugend. Es ist der Unterschied zwischen einer Gitarre, die ihre Tongewalt nur aus ihrem eigenen klagenden Hall bezieht, und einer Gitarre, die kriegerisch verstärkt ist und der mit der Klinge eines Schnappmessers oder einem zersplitterten Flaschenhals schrille, langgezogene Töne entlockt werden. Es ist der Unterschied zwischen einer öden, staubigen Mittagsstunde und einer pulsierenden, vergnügungssüchtigen Nacht.

Während der Blues zurückreicht bis in eine nur noch vage bekannte Welt von Arbeitstrupps und Gefängniszellen, lassen sich Entstehungsort und -zeit des Rhythm and Blues ziemlich genau festmachen. Er ist während und direkt nach dem Zweiten Weltkrieg aufgekommen, als die Schwarzen Amerikas von der Kriegsmaschinerie ihres Landes aus ihren alten Lebensgewohnheiten herausgerissen und in unbekannte neue hineingezwungen wurden. Sein Thema waren neu erforschte Straßen und unvertraute Gassen; Neonlichter, Soda mit süßem Sirup und Benzindämpfe; man hörte den alten, schläfrigen Zwölftakt-Blues heraus, der mit Erstaunen, Begeisterung – und manchmal auch mit Wut – auf die vielfältigen Reize des Großstadtlebens reagierte.

Heute gibt es kostspielig illustrierte Bücher, die uns mit dem goldenen Nachkriegszeitalter des R & B vertraut machen wollen. Wir finden in ihnen Fotografien von Muddy Waters, Jimmy Reed, Otis Rush oder T-Bone Walker, wie sie in einer tropischen Nacht der vierziger Jahre – gekleidet in weiße Hemden und riesige Gabardinehosen, schwitzend über Gitarren mit perlmuttbelegten Griffbrettern gebeugt – in schwere Silbermikrophone singen, in Clubs, Gesellschaftsräumen und Spelunken. Hier findet man auch die Reklameplakate – meistens vom Apollo Theatre in Harlem –, auf denen ein junger B. B. King, Bo Diddley oder Fats Domino in gesetztem Smoking mit zierlicher Frackschleife abgebildet ist, mit einem Lächeln, das eine angestrengt beruhigende Höflichkeit ausdrückt.

Das Lächeln eines Rhythm & Blues-Künstlers um das Jahr 1949 war das Lächeln einer Person, die jeden Augenblick damit rechnen mußte, zusammengeschlagen zu werden. Der Blues – seit den zwanziger Jahren als »rassische« oder »zu spezielle« Musik gebrandmarkt – war im allgemeinen zu esoterisch gewesen, um von den Weißen verstanden zu werden. Der Rhythm and Blues hingegen mit seiner auffallenden Kleidung, seinen kühnen Saxophonen und seiner nicht unterdrückten Sexualität schien die lästerlichste Bedrohung für eine ehrbare – was heißen soll: eine durch und durch weiße – Gesellschaft darzustellen. Er war als liederlich, gottlos, wahnsinnig und kinderverderbend verschrien. Mitglieder einer weißen Volksjustiz überfielen und verheerten die Clubs, in denen er gespielt wurde; die Musiker wurden angegriffen und in gar nicht wenigen Fällen gelyncht. Bis etwa 1956 war jede Bluesband, die durch ihr eigenes Land reiste, eine Band auf der Flucht.

Während der gesamten vierziger und fünfziger Jahre, ihrer kreativsten Phase, blieb diese Musikrichtung isoliert und unterdrückt. Zwar tauchten häufig R & B-Songs in der amerikanischen Hitparade auf, doch das waren gesäuberte Versionen, die von klinisch weißen Schmalzsängern und Tanzkapellen ihrer anstößig erscheinenden Stellen und ihres sexuellen Gehalts beraubt worden waren. Zum Beispiel wurde *Roll With Me, Henry,* eine unzweideutig sexuelle Aufforderung, zu *Dance With Me, Henry,* einer Aufforderung zum Foxtrott. Die Originalinterpreten waren bis auf wenige Ausnahmen der Masse der Schallplattenkäufer unbekannt. Sie konnten nur in schwarzen Clubs auftreten, Platten nur bei unbedeutenden Kleinfirmen aufnehmen, die in schwarzer Hand waren, und die wurden dann auch nur von einer Handvoll Sender gespielt, die ebenfalls in schwarzer Hand waren. Als Bo Diddley 1958 zum ersten Mal im Fernsehen auftreten durfte, war vorher vereinbart worden, daß er seinen musikalischen Vortrag mit keinerlei Bewegung begleiten durfte. Während die Kamera lief, vergaß Diddley sein Versprechen und legte einen schlurrenden *Pas seul* hin, wofür sein gesamtes Honorar einbehalten wurde.
»Helft mit, die amerikanische Jugend zu retten!« – so lautete ein Anti-R & B-Pamphlet der frühen fünfziger Jahre. »Lassen Sie Ihre Kinder diese Niggerplatten weder kaufen noch hören. Die geplärrten, idiotischen Worte und die rohe, primitive Musik untergraben die Moral unserer weißen amerikanischen Jugend...«
Falls sich jemals eine Prophezeiung bewahrheitet hat, dann diese.

Die Reise von der Beale Street in Memphis nach Bexley im tiefsten Kent und zum Spielplatz der Maypole-Kleinkinderschule ist weiter, als je ein Bluessänger sich hätte vorstellen können. Dort rief an einem sonnigen Tag im Jahre 1950 Ken Llewellyn eine Gruppe seiner Lieblingsschüler zusammen, um ein Foto zu machen. Die Jungen, die sich versammelten, waren die klügsten und lebhaftesten aus Mr. Llewellyns Klasse. Darunter waren Robert Wallis, John Spinks und Michael Jagger, und beim letzten war es am unwahrscheinlichsten, daß er stillhalten würde, um sich fotografieren zu lassen. Die anderen schlangen ihre Arme um seine Schultern, seinen Hals und seine Taille und hielten ihn fest. Alle trugen sie kurze Flanellhosen, die elastischen Schulgürtel mit Schnellverschluß – typische englische Schuljungen, die in den warmen, sicheren, unveränderlichen Himmel der fünfziger Jahre hinauflachen.
Die Grafschaft Kent beginnt südöstlich der Themse in London mit einer Reihe von Vororten, die kaum voneinander zu unterscheiden sind. Die Eisenbahnbrücken hier tragen Namen, die Synonymen für Langeweile und Anstand gleichen – Bexley, Bromley, Beckenham, Dartford, Sidcup, Sevenoaks und so weiter. Man muß weit in den verlotterten Zügen reisen und viele Eisenbahnbrücken überqueren, um das zu entdecken, was immer noch »der Garten Englands« genannt wird und sich durch seine Apfelbaumhaine, Hopfenfelder und Trockenhäuser auszeichnet. Kent ist eine große, bestürzend uneinheitliche Grafschaft, die zugleich die öden Hafenviertel um Chatham und Rochester und den Regentschaftsprunk der Royal Turnbridge Wells umfaßt; sie reicht von der mittelalterlichen Majestät der Kathedrale von Canterbury bis zu den öden Stränden von Margate und Broadstairs, wo Charles Dickens *Bleak House* geschrieben hat. Irgendwo in dieser ausgedehnten Landschaft liegt das Feld, in dem Mr. Pickwick seinen Hut verloren hat, während er ein Militärmanöver beobachtete: eine bukolische Landschaft, von der Alfred Jingle dichtet, daß es in ihr »Äpfel, Hopfen, Kirschen, Frauen« gibt. Vom Zugfenster aus sieht man sie nicht. Man sieht nur »Einkaufszentren«, Straßen mit gedrungenen Häuserzeilen, Bahnhöfe, in denen nur die Bummelzüge des Pendlerverkehrs anhalten und deren Namen unlesbar vorbeiziehen, vorüberhuschende Gesichter, die hoffnungsvoll wieder den Schienenstrang hinuntersehen in Richtung des Londoner Hauptbahnhofs.
Der unromantischste aller Vororte der Grafschaft Kent ist Dartford, dreißig Minuten von Victoria Station entfernt. Und in diesem Vorort hat am 7. Dezember 1940 Basil Joseph Jagger Eva Scutts geheiratet. Der Bräutigam war ein schmächtiger, stiller Mann, dessen drahtige Gestalt seinen Beruf als Leibeserzieher verriet. Die Braut war eine hübsche junge Frau mit einem offenen Lächeln und jener Ausstrahlung einer vornehmen Herkunft, die

manchmal mit einer gewissen Fremdartigkeit einhergeht. Eva war auch tatsächlich in Australien geboren und im frühen Teenageralter mit ihrer Familie nach England ausgewandert. Der Brautführer war Basils zur Überschwenglichkeit neigender Bruder Albert. Anschließend gab es für fünfzig Gäste einen Empfang in der Coneybeare Hall.

Basil – seine Familie und seine Freunde nennen ihn Joe – war mehr als ein Gymnastiklehrer in weißem Trikot und Turnschuhen, der die Schulkinder der Gegend dazu ermahnte, ihre Knie zu heben und mit den Armen zu schwingen. Folgerichtig bekam er später einen Lehrauftrag in Leibeserziehung am Strawberry Hill College in Twickenham. Horace Walpoles prächtige Villa, eine Nachahmung des gotischen Stils, war – und ist auch noch – die Kernzelle dieser Lehrerbildungsstätte, die von einem katholischen Orden geleitet wird, den Vincentinern, und Lehrer für katholische Schulen auf der ganzen Welt ausbildet. Joe Jaggers Aufgabe bestand darin, eine Einführung in die Leibeserziehung zu geben, die verständlich und einfach genug war, daß man sie auch an Studenten des Priesterseminars oder an Missionskinder in der Wildnis Afrikas oder Asiens weitergeben konnte.

Außerdem hatte er einen Lehrauftrag bei dem gerade im Aufbau begriffenen British Sports Council. Sein besonderes Fach war Basketball, eine amerikanische Sportart, die Mitte der fünfziger Jahre in England noch nicht allzu verbreitet war. Joe Jagger gehört zu den Pionieren der englischen Basketball-Bewegung, und er ist der Autor eines Buches, das nach wie vor als Standardwerk gilt und 1962 bei Faber and Faber veröffentlicht wurde.

Seine Frau Eva war ein lebhaftes, energisches Wesen, und mit ihrer Lebhaftigkeit scheint sie in der Beziehung manchmal fast zur Dominierenden geworden zu sein. Eva hatte sich insgeheim immer ihrer australischen Herkunft geschämt, da man in England damit eine gewisse Grobheit und Unkultur verband. Die Heirat mit Joe, dessen sozialer Status eindeutig höher war als der ihre und der auch gebildeter war als sie, bestärkte sie in ihrer unverrückbaren Absicht, sich als jedem »wahren Briten« ebenbürtig zu erweisen. Ihr kleines Haus in der Denver Road in Dartford wurde von Eva gescheuert, bis sein makelloser Zustand es mit dem Haus eines jeden Nachbarn aufnehmen konnte. Als jung verheiratetes Paar wurde Joes und Evas gesamtes Leben von Überlegungen bestimmt, die sich darum drehten, was diese ewig wachsamen Nachbarn denken könnten.

Ihr erster Sohn, Michael Philip, wurde am 26. Juli 1943 geboren. In den Schlachten des Zweiten Weltkrieges war das Glück längst zugunsten der Alliierten umgeschlagen, doch England war nach wie vor eine Festung, in der das Leben von Vorkehrungen gegen Luftangriffe, weißbehelmten Aufsehern, Kleidungsmarken und Schlangen vor den Metzgerläden bestimmt wurde. Obwohl die Königliche Englische Luftwaffe allnächtlich mit riesigen Einsatzgeschwadern Hamburg und Essen bombardierte, erfolgten immer noch Angriffe der Deutschen Luftwaffe auf London. In den Vororten, die zur Grafschaft Kent gehörten, hörte man das ferne Donnern und sah man die Blitze am Horizont, wenn das arme alte Eastend es wieder mal vom Himmel abbekam.

Michael Jagger war ein Kind von absolut durchschnittlicher Schönheit, mit Pausbäckchen, arglosen Augen und Haaren, die einen leichten Stich ins Rötliche hatten. Als Kleinkind war er liebenswert und gehorsam, wenngleich er auch einen Hang zu ungestümen Launen hatte, die manchmal über jede Grenze hinausschießen konnten. Seine Mutter erinnert sich, daß er während eines Ferienaufenthalts am Meer einmal am Strand entlangmarschiert ist und absichtlich die Sandburgen aller anderen Kinder zertrampelt hat, die ihm im Weg waren. Seine Herrschaft als umhegtes Einzelkind dauerte bis 1947, als Eva seinen Bruder Christopher zur Welt brachte.

Das häusliche Leben der Jagger-Brüder war durch den peniblen Hausfrauenstolz ihrer Mutter und die Hingabe ihres Vaters an die Körperertüchtigung geprägt. Ihren Nachbarn in der Denver Road war es ein gewohnter Anblick, den kleinen Garten hinter dem Haus der Jaggers übersät mit Sportutensilien zu sehen. Hanteln zum Gewichtheben, Krickettorstäbe und Zielscheiben zum Bogenschießen. Andere Kinder, die von Mike oder Chris zum Tee eingeladen wurden, ließen sich leicht durch die schulmeisterliche Haushaltsführung einschüchtern, zu der ein Tischgebet vor den Mahlzeiten und ein festgelegtes System von Tadeln und Strafen bei schlechtem Benehmen gehörten. Dreißig Jahre später beobachtet der Rockstar und Millionär mit Erstaunen, wie milde Joe Jagger als Großvater ist. »Es wundert mich, was er Jade alles durchgehen läßt. Hätte ich mich als Kind genauso benommen, hätte ich mir Prügel zugezogen oder zur Strafe etwas Unangenehmes erledigen müssen.«

Mikes überragendes sportliches Können zeichnete sich schon früh in der Maypole-Kinderschule ab und später auch an der Wentworth-Schule, an die auch sein Lehrer aus der Maypole-Schule, Ken Llewellyn, ein ausgebürgter Waliser, übergewechselt war. Mr. Llewellyn erinnert sich gern an ihn als einen Schüler in einer herausragenden Grundschulklasse, dessen Aufstieg an die Oberschule und die Universität gesichert zu sein schien. »Es war eine Freude, diese Jungen zu unterrichten. Sie waren voller Leben und stellten alle nur möglichen Fragen. Ich habe auch Sport mit ihnen getrieben. Es sah damals schon so aus, als sei Mike ein brauchbarer Krikketspieler. Wenn ich mich an ihn erinnere, dann daran, wie er mit zwei aufgeschürften Knien und einem breiten Lächeln im Gesicht von Schulhof hereingerannt kommt.«

John Spinks wohnte im Heather Drive in Dartford, nicht weit entfernt von den Jaggers in der Denver Road. Er spielte mit Mike in dem Sandkasten, der zwischen den Häusern der beiden Familien lag. Wenn Mike versehentlich mit seiner Hand im Stacheldraht hängenblieb, war es John Spinks, der ihn gelassen wieder befreite. In Johns Augen war Mike zeitweise fast übertrieben folgsam. »Ich dachte immer, er sei eine Art Muttersöhnchen. Er hat *alles* getan, was man ihm zu Hause gesagt hat. Wirklich, er war einfach ein Wischiwaschicharakter, wie aus Gummi. Er konnte sich nach allen Richtungen biegen, bloß um keinen Ärger zu bekommen.«

Sein anderer Freund aus diesen frühen Zeiten, Robert Wallis, erinnert sich daran, daß Mike sogar schon als kleiner Junge eine seltsame Abwesenheit ausgestrahlt hat – als sei er mit wesentlich wichtigeren Angelegenheiten beschäftigt als mit ihren gemeinsamen Schülerspielen. Joe Jagger war zu dieser Zeit auch als Ratgeber für eine Fernsehsendung tätig, die sich Seeing Sport nannte und dazu gedacht war, körperliche Ertüchtigung bei Kindern zu fördern. Einmal in der Woche nahm er seinen ältesten Sohn mit in das Fernsehstudio, um mit ihm seine Ratschläge für die Leichtathletik und zum Beispiel das Zelten zu demonstrieren. »Mike wird euch jetzt zeigen, wie man Feuer macht«, sagte dann die untergelegte Stimme. Oder: »Hier seht ihr Mike, wie er gerade ins Zelt klettert.« »Dadurch war er schon eine Art Star«, sagt Robert Wallis. »Er hatte immer noch andere Interessen neben denen, die wir als Gruppe hatten. Er hat uns das Gefühl gegeben, daß er lieber sonstwo gewesen wäre als zusammen mit uns und daß ihn viel heißere Dinge interessierten.«

Robert, John und Mike machten gemeinsam eine ausgezeichnete Abschlußprüfung, die sie mühelos bestanden, wie Ken Llewellyn es vorausgesagt hatte. Diese entscheidende Prüfung bestimmte darüber, ob sie eine umfassende Allgemeinbildung an einer »modernen höheren Schule« erhalten würden oder die weitaus größeren Privilegien des altsprachlichen Gymnasiums von Dartford für sich beanspruchen konnten. Eva Jagger hatte allen Grund, stolz zu sein auf ihren Sohn in seiner schmucken neuen Schuluniform mit dem goldverzierten, kastanienbraunen Blazer und der dazu passenden Mütze.

Das altsprachliche Gymnasium von Dartford war in den frühen fünfziger Jahren, als Mike Jagger dort eingeschult wurde, mit fast allen Merkmalen einer englischen Adelsschule behaftet – Lehrer in Roben, Hauscaptains, Verbindungen, zeremonielle Feiern zum Jahresabschluß und, entscheidender als alles andere, ausufernde Sportveranstaltungen. Die Schulzeitung, *The Dartfordian*, bezeugt, daß es an der Schule um die klassische Gelehrsamkeit gut bestellt war und sie alljährlich einen ungewöhnlich hohen Prozentsatz der angenommenen Bewerber an den altehrwürdigen englischen Universitäten stellte. Besonderes Gewicht im Lehrplan wurde auch auf die Vorbereitung auf die Kadettenzeit gelegt, um den Schock der zweijährigen Militärdienstpflicht zu mildern, die jedem der Jungen bevorstand, ehe er endgültig seinen Berufsweg einschlagen konnte.

Im Gymnasium von Dartford löste sich Mike Jaggers vielversprechende Begabung – sowie auch sein überschwenglicher Enthusiasmus – auf mysteriöse Weise in nichts auf. Von der ersten bis zur fünften Klasse rutschte er gerade noch überall durch und tat gerade so viel, daß er sich keinen Ärger einhandelte. Einigen Lehrern, in deren Fächern er offensichtlich begabt war, erschien das als übliche Provokation.

Typische englische Schuljungen der frühen fünfziger Jahre. Rechts außen steht Mick Jagger.

Sein Sprachlehrer, Dr. Bennett, verabscheute seine Gleichgültigkeit ganz besonders, denn ausgezeichnet durch seine ungewöhnlichen Fähigkeiten zur Nachahmung, hatte er alle Fähigkeiten, ein erstklassiger Fremdsprachler zu werden. »Es gab einen Anlaß, bei dem ich mich sehr streng und ernst mit ihm über seine Haltung unterhalten habe«, sagt Dr. Bennett. »Dabei war er so vorsätzlich beleidigend, daß ich ihn einfach niedergeschlagen habe.«

Mikes Apathie erstreckte sich sogar auf den Sport. Das Interesse am Kricket schien er zu verlieren, nachdem er entdeckt hatte, daß er nicht der unschlagbare Ballmann war, für den er sich in Wentworth noch gehalten hatte. Die einzige Sportart, die er weiterhin regelmäßig betrieb, war Basketball, das Spezialgebiet seines Vaters. Joe Jagger war es auch, der diese Sportart am altsprachlichen Gymnasium von Dartford einführte und auch beim Training der Basketball-Spieler mithalf, in deren Vereinigung Mike Ehrenvorsitzender war. »Ich glaube, daß er es deshalb besonders mochte, weil es ein amerikanisches Spiel war«, sagt Robert Wallis. »Mike war derjenige, der beim Spiel *echte* amerikanische Basketball-Stiefel trug, während wir anderen nur Turnschuhe anhatten.«

Von seinem vierzehnten Lebensjahr an schien sich in seinem Äußeren seine nachlässige und aufsässige Haltung widerzuspiegeln. Der pausbäckige, lachende Schuljunge aus Ken Llewellyns Klasse war zu einem Jugendlichen herangewachsen; seine magere Gestalt, die fast schon ausgemergelt wirkte, erzeugte bei seinen Lehrern durchweg Widerwillen, wie auch sein Gesicht mit den schläfrigen Augen und der Stupsnase; doch auf die größte Abneigung stießen seine vollen, üppigen Lippen, die seinem Gesichtsausdruck etwas gaben, was als eine ständige Grimasse des Hohns oder der schieren Unverschämtheit ausgelegt wurde.

Als er in die höheren Schulklassen aufrückte, begann er die Kleidungsvorschriften zu mißachten. Anstelle der vorgeschriebenen schwarzen Schnürschuhe trug er in der Schule französische Mokassins. Den Blazer ersetzte er durch ein schwarzes Teddy-Boy-Jackett, das mit Goldfäden durchwoben war,

und zu Dr. Bennetts Verdruß trug er es sogar an dem Jahrestag, mit dem der Gründer der Schule geehrt wurde.
In der nahe gelegenen Mädchenschule wurde schon damals viel über ihn geredet, und hinsichtlich seiner Attraktivität teilten sich die Meinungen in zwei Lager. Gemessen an den herkömmlichen Schönheitsmaßstäben hatte er nicht die geringsten Chancen. Dennoch sahen sich gerade unter den Mädchen, die ihn als »häßlich« oder als »Knirps« abtaten, nach der Schule, wenn sie in Schwärmen beisammenstanden, manche nach ihm um und unternahmen kühne Versuche, ihn anzusprechen – er schien nämlich keinerlei Interesse daran zu haben, mit ihnen zu reden. Es artete fast in einen Wettstreit aus, seine spöttische Reserviertheit zu durchdringen und jenes rare Lächeln hervorzulocken, das das mürrische Gesicht aufbrechen und ihn wieder aussehen lassen konnte wie den glücklichen Schuljungen, der einmal die Sonne angelacht hatte.

1955 brach über England jene Seuche herein, die sich Rock'n'Roll nannte. Bill Haley and the Comets marschierten mit *Rock Around the Clock, See You Later Alligator, Everybody Razzle Dazzle* und *Giddy-Up-A-Ding-Dong* in die schläfrige britische Hitparade ein. Die reglementierten Teenager Englands erwachten von dem Klang eines dröhnenden Saxophons, einer klatschenden, wirbelnden Baßgitarre und einer Stimme, die nicht gurrte, sondern zuckte und ruckte und hüpfte und Schluckauf hatte. Was Haley spielte, war nichts anderes als der Rhythm & Blues der Schwarzen, den er seines Bisses und seiner Schärfe beraubt und mit dem Takt des Swing oder der Country and Western Songs kostümiert hatte. Der Ausdruck »Rock and Roll« war schwarzer Slang für wüstes Vögeln. Selbst in Amerika war diese ursprüngliche Bedeutung des Ausdrucks kaum bekannt. In England sah man in der Musik nichts weiter als den aufregendsten Lärm, der jemals die Geschlechtsdrüsen der Heranwachsenden erregt hatte. Als Haley and the Comets 1956 eine England-Tournee unternahmen, hinterließen sie eine Spur aus zertrümmerten Konzertsälen und kleingeschlagenen Kinositzen. Zum ersten Mal wurde Musik zu einem Streitpunkt zwischen den Jugendlichen, die diesen zügellosen neuen Lärm bewunderten, und ihren Eltern, die ihn verabscheuten und danach trachteten, mit allen erdenklichen Mitteln gegen ihn vorzugehen.
Wenige Monate zuvor war bei der britischen Plattenfirma Decca eine Platte herausgekommen, der es, obwohl sie ruhiger als Haleys fröhliches Geschnatter war, bestimmt sein sollte, das Leben vieler auf Dauer zu verändern. Die Platte – eine von der neuen »Langspiel«-Sorte – hieß *New Orleans Joys* und war von der Chris Barber Jazz Band.
Mit fünfundzwanzig leitete Barber Englands kommerziell erfolgreichste Dixieland-Band. Dennoch blieb er vorwiegend ein Archivar, der sich mit Hingabe darum bemühte, Quellen und Stilrichtungen am Leben zu erhalten, die anderenfalls in dem damaligen »Trad«-Boom wahrscheinlich übersehen worden wären. Auf seiner LP *New Orleans Joys* waren unter anderem zwei Bluesnummern, die im »Skiffle«-Stil gespielt wurden, der sich in den Jahren der Depression entwickelt hatte, als die Musiker sich oft mit Instrumenten begnügen mußten, die aus Haushaltsutensilien zusammengebastelt worden waren. Die Songs *Rock Island Line* und *John Henry* wurden von einer Baßgitarre, einem Waschbrett und einem Banjo begleitet. Das Banjo spielte ein Ire namens Tony Donegan, der sich zu Ehren des amerikanischen Bluessängers Lonnie Johnson den Namen Lonnie zugelegt hatte.
Die beiden Songs, deren Neuaufnahmen 1956 auf den Markt kamen, hielten sich erstaunlich lange in den britischen Top ten. Haley und seine Gruppe mit ihren Jacketts im Schottenkaro und ihren Fliegen hatten durch den Reiz des Fremdartigen Erfolg. Donegan dagegen mit seinem nasalen Winseln, dem Kurzhaarschnitt des Ex-Soldaten und seinen umfunktionierten weltlichen Haushaltsgeräten erzeugte vergleichbar aufregende Töne, die aber jeder nachmachen konnte. Innerhalb von Tagen nach Lonnie Donegans Fernsehauftritt, schossen im ganzen Land neugebildete »Skiffle«-Gruppen wie Pilze aus dem Boden. Zum Zentrum dieser neuen Richtung wurde der Londoner Stadtteil Soho. In dessen Jazzkeller und in die düsteren Nischen der neuerlich wieder in Mode gekommenen Kaffeehäuser stürzten sich die Talentsucher der Plattenfirmen in ihrem hektischen Bemühen, einen »Ersatz« für Lonnie Donegan zu finden. Zum ersten Mal

wurde dem musikalischen Talent im Vergleich zum äußeren Erscheinungsbild nur zweitrangige Bedeutung zugemessen. Wenn er nur lange genug in Kaffeebars wie Heaven and Hell, The Gyre and Gimble oder The 21's herumsaß, konnte jeder Junge, der Gitarre spielte und ein Hemd im Schottenkaro mit hochgestelltem Kragen trug, die berechtigte Hoffnung haben, auf den ruhmreichen Pfad zu gelangen, den Lonnie Donegan oder »Englands Rock'n'Roller Nummer eins«, Tommy Steele, gegangen waren.
In den Wohnzimmern der Vororte und Kleinstädte ganz Englands kauerten Jungen zusammen, mit ihren Sperrholzgitarren, den Waschbrettern ihrer Mütter und Bässen aus Teekisten und Draht, und mühten sich ab, die Bluessongs zu lernen, die durch Donegan und seine Nachfolger bekanntgeworden waren. Sie waren dankbar für die leichten Akkorde und das plätschernde Zeitmaß, und dabei blieb ihnen vollkommen verschlossen, daß Texte, wie sie Woody Guthrie und Huddie Leadbetter geschrieben hatten, aufrührerische politische Traktate waren; daß *Midnight Special* das Klagelied eines baumwollpflückenden Sklaven war, der Selbstmord begehen wollte, oder daß Lonnie Johnsons kläglich süßes *Careless Love* ein Song über Syphilis war, der mit einem Mord endete.

Eva Jagger erinnert sich, daß ihr älterer Sohn schon als ganz kleiner Junge zu Hause vor dem Radio gestanden hat und zur Musik Worte sang, die er sich selbst ausgedacht hatte. Lateinamerikanische Rhythmen schien er besonders zu mögen, denn er begleitete sie mit Schwällen spanisch klingender Nonsens-Laute. Als er mit zehn Jahren Joe und Eva zu einem spanischen Fest begleitete, stellte er sich mit einem Strohsombrero für einen Schnappschuß in Pose und spielte dazu auf einer Spielzeuggitarre. Mit dem keck nach hinten geschobenen Sombrero und der im Flamenco-Stil geschwungenen Gitarre war seine Pose sogar damals schon von selbstbewußter Theatralik.
Die fieberhafte Begeisterung für den Skiffle machte vor dem altsprachlichen Gymnasium in Dartford ebensowenig halt wie vor den meisten anderen englischen Schulen. Zwei Freunde von Mike, Bob Beckwith und Alan Etherington, legten sich Gitarren zu und begannen gemeinsam zu üben. Mike besaß zwar ebenfalls eine Gitarre, doch er schloß sich keiner der Skiffle-Gruppen an, die sich ad hoc in den Klassenzimmern bildeten und in den Schulpausen auf den Pulten hockten, um gemeinsam drauflos zuspielen.
Er machte sich nie besonders viel aus Bill Haley oder aus Elvis Presley, nachdem dieses freche Wunderwesen im goldenen Anzug Haley in der Rolle des Verderbers der englischen Jugend abgelöst hatte. Es ist kein Zufall, daß er erstmals für Little Richard zum bewundernden Fan wurde, den echten schwarzen Rock'n'Roll-Star, dessen Rhythm and Blues-Wurzeln jetzt durch ein Wahnsinnsgeschrei, riesige Stoffmengen und eine Aura sexueller Zweideutigkeit, die damals von den wenigsten wahrgenommen wurde, verschleiert waren.
Natürlich erlag auch er wie die meisten anderen dem Charme von Buddy Holly and the Crickets. Holly wird von unzähligen Gitarren-Halbgöttern nachgesagt, er sei der erste gewesen, der ihnen den Weg vom Skiffle zum Rock'n'Roll gewiesen habe, und das durch einfache, aber einfallsreiche Akkordfolgen in g und e. Wie die enormen Mengen seiner Veröffentlichungen zeigen, war er ein stilistisches Chamäleon, das im Texas Rockabilly und im schwarzen Rhythm and Blues gleichermaßen zu Hause war. Da er wenig später sterben sollte, blieb die England-Tournee im Winter 1958 seine einzige. Mike Jagger ging mit einem Schulkameraden, Dick Taylor, ins Holly-Konzert im Granada-Kino in Woolich. An jenem Abend spielte Buddy Holly eine der esoterischeren Nummern aus seinem Repertoire – einen Song mit dem Titel *Not Fade Away,* dessen zögernden Stakkato-Rhythmus der Bluesstar Bo Diddley komponiert hatte. Dick Taylor erinnert sich daran, welch starken Eindruck gerade dieser Song auf Mike Jagger machte. Dick Taylor, ein schmächtiger, liebenswürdiger Junge, Sohn eines Klempners aus dem nahe gelegenen Bexleyheath, konnte größere Erfolge als die meisten anderen verbuchen, wenn es darum ging, Jaggers Reserviertheit zu durchdringen. Denn Dick wußte von einer amerikanischen Musik, die weitaus exotischer und aufregender war als Elvis und Little Richard. Was Dick Taylor gefiel, war der *echte* Blues – die kratzigen und verschwommenen Originalentwürfe, aus denen die Rock'n'Roll-Industrie einen oberflächlichen Ab-

klatsch gemacht hatte. Bei Dick Taylor hörte Mike Jagger Muddy Waters, Jimmy Reed und Howlin' Wolf, die Größen des städtischen Blues mit ihren herzzerreißenden Stimmen, die wie ein Ruf oder eine Antwort das virtuose Gitarrenspiel begleiteten, das den Blick durch die Spitzenvorhänge auf die Vororte Kents ausdehnen konnte bis zu den gewundenen Schluchten neben der Seeuferstraße Chicagos. Damals entwickelte sich Mikes tiefe Leidenschaft für den Blues.

Der Reiz der Musik bestand nicht zuletzt darin, daß sie nicht erhältlich war. Es war schon kompliziert genug, solche Musik überhaupt zu hören. In den Schallplattengeschäften von Dartford oder von Bexleyheath gab es keine Bluesplatten zu kaufen. Wie für alle wahrhaft lohnenden Dinge war dazu eine Fahrt nach London nötig. Mike und Dick verbrachten die Samstagnachmittage in den Jazzplattenläden der Charing Cross Road. Sie blätterten die Bluesimporte durch, deren Cover von der Reise durch die kulturellen Hemisphären bereits Eselsohren und Fingerabdrücke bekommen hatten. Allein schon die Namen der Plattenfirmen waren aufregend – nicht so langweilig wie die der britischen Decca oder Phillips, sie hießen Okeh und Crown und Chess und Sue und Xtra und Imperial und Delmark und Ace of Clubs.

War es schon schwierig genug, Blues zu hören, so war es praktisch unmöglich, ihn live zu sehen. Zwar traten berühmte Bluessänger wie Big Bill Broonzy in den sechziger Jahren auch in England auf, doch die Nachricht von ihrem Kommen sickerte nie bis Dartford durch. Das einzige, was dem geheimen Bluesklüngel des Gymnasiums von Dartford vergönnt war, war der Film Jazz on a Summer's Day, ein Dokumentarbericht über das amerikanische Newport Jazz Festival. Kurz vor Ende des Films betrat ein schlaksiger junger Schwarzer die Bühne, der mit spöttischem Grinsen sang und eine rote Gitarre spielte, die ihm fast bis zu den Knie hinunterhing und die er unablässig in einem wilden Rhythmus bewegte. Für Mike Jagger, Dick Taylor und zahllose andere britische Jugendliche war das die erste qualvoll-verlockende Begegnung mit Chuck Berry. Im Film endet sein Auftritt damit, daß Berry einem Hagel von Blitzlichtern ausweicht, die Fotografen wutentbrannt nach ihm geworfen haben, weil der »reine« Jazz eine derartige Unterbrechung erfahren mußte.

Seinen ersten Versuch, Blues zu singen, unternahm Mike Jagger in einem Haus im Wentworth Drive in Dartford, in dem ein Junge namens David Soames wohnte. David bemühte sich, gemeinsam mit Mike Turner, ebenfalls ein ehemaliger Schüler der Grundschule von Wentworth, eine Rhythm and Blues-Gruppe aufzuziehen. Beide kamen sie sehr schnell zu dem Schluß, daß Mike Jaggers Gesang weitaus zu seltsam war und er sich nicht als Sänger für ihre Gruppe eignete. Ohne zu grollen, nahm er diese Entscheidung hin, und anschließend auf dem Heimweg besprach er mit Mike Turner die bevorstehenden Prüfungen in der Schule.

Dick Taylor besaß ein gebrauchtes Schlagzeug, was ihm die Möglichkeit gab, bei verschiedenen kleinen Amateurgruppen mitzuspielen, die andernfalls einen Überhang an Gitarristen gehabt hätten. Im letzten Schuljahr übte er regelmäßig mit Bob Beckwith, Alan Etherington und Mike Jagger. Sie taten es bei ihm oder im Haus von Etherington. Man konnte die drei kaum als Gruppe bezeichnen, denn sie hatten keine Anlage – nur über die Musiktruhe der Etheringtons konnten sie ihre Gitarren verstärken –, und Mike Jagger, ihr Sänger, weigerte sich, ebenfalls Gitarre zu spielen, was eigentlich üblich war. Er stand oder saß bloß da und sang. Dabei war er schüchtern, bis ihm seine Fähigkeiten als Mime zu Hilfe kamen. »Soweit ich mich erinnere, war der erste Song, den ich von ihm gehört habe, Richie Valens' *La Bamba«,* erzählt Taylor. »Mike stieß einfach einen Wortschwall hervor, der ausgesprochen spanisch klang. Er hat die Worte einfach erfunden, während er sang.«

Die Gruppe nannte sich Little Boy Blue and the Blue Boys, um jeden Irrtum hinsichtlich ihrer musikalischen Absicht auszuschließen. Vom Beginn bis zum Ende ihrer zweijährigen Geschichte spielten Little Boy Blue and the Blue Boys vor keinem anderen Publikum als Dick Taylors Mutter. »Sie fand Mike von Anfang an toll«, sagte Taylor. »Sie hat ihm immer gesagt, er hätte etwas Besonderes.«

Ihr Repertoire beschränkte sich auf die kostbare Sammlung von Blues-Importplatten, die Dick Taylor zusammengetragen hatte – Howlin' Wolfs *Smokestack Lightning,* Jimmy Reeds *Shame, Shame,*

Die Basketballmannschaft der Dartford Grammar School. Ganz rechts in der hinteren Reihe steht Mick Jagger

Shame, Don und Bobs *Good Morning Little Schoolgirl,* Dale Hawkins' *Susie Q,* Ike and Tina Turners *I Think It's Going to Turn Out Fine.* »Wir sind nie auch nur auf die Idee gekommen, vor anderen Menschen zu spielen«, sagt Dick Taylor. »Wir dachten, wir seien die einzigen Menschen in England, die jemals Rhythm and Blues gehört hatten.«

Nach »Jazz on a Summer's Day« beherrschte Chuck Berry ihre Gedanken. Mike Jagger war derjenige, der herausfand, daß man Platten von Berry beziehen konnte, indem man direkt an die Plattenfirma Chess in Chicago schrieb. Berrys Stimme, die scharf und klar klang und befremdlich weiß, hatte eine Tonhöhe, die seiner eigenen nicht unähnlich war. Während er *Sweet Little Sixteen* oder *Reelin' and Rockin'* mitsang, spürte er plötzlich etwas, das über das Nuscheln eines Imitators hinausging. Zudem bot Chuck Berry den ersten Hinweis darauf, daß Rhythm and Blues ein Ausdruck der Jugend sein konnte. Jeder Song von Chuck Berry war ein Roman in Miniaturform über das Leben amerikanischer Teenager, in dem es nur so wimmelte von Markennamen bekannter Autofabrikate, kessen Schulmädchen und von anarchistischen Aufforderungen, die Schule dranzugeben, um nur noch mit schnellen Wagen zu fahren, zu singen und zu tanzen.

Die Gruppe übte bei Alan Etherington – wegen der Musiktruhe – oder in Dick Taylors Schlafzimmer in Bexleyheath, wo alle um ein großes, altmodisches Tonband auf dem Bett herumsaßen. Dick erinnert sich an den aufregenden Moment, als Mike zum ersten Mal wieder zu den Proben auftauchte, nachdem er sich in einer Turnstunde in der Schule versehentlich ein Stück von der Zunge abgebissen hatte. »Er hatte schreckliche Angst, es könnte sich auf seinen Gesang auswirken. Wir versicherten ihm ständig, daß das nichts machen würde. Doch er schien ein bißchen zu lispeln, und seine Stimme klang von da an bluesartiger.«

Zwar waren bei Mike zu Hause Freunde willkommen, doch das Haus bot sich für Little Boy Blue and the Blue Boys nicht als ein Ort zum Üben an. Eva Jagger wollte sie keineswegs entmutigen. Sie sagte ihnen, sie habe nichts gegen ihre Musik – es sei nur wegen der Nachbarn, die etwas gegen den Lärm haben könnten. Joe Jaggers Hauptsorge galt wie immer der sportlichen Fitneß seines Sohnes. Einmal rief er ihm nach, als er mit Dick Taylor fortging: »Michael, vergiß das Gewichtheben nicht.« Mike kam gehorsam zurück, ging in den Garten und trainierte gewissenhaft eine Viertelstunde mit den Hanteln.

Er hatte seine Prüfungen in der Schule in sieben Fächern bestanden. In Englisch, Geschichte und Französisch hatte er sich für fortgeschrittene Kurse qualifiziert. Trotz der deutlichen Mißbilligung des Direktors wurde er Präfekt. Der Schulvorsteher, Mr. Hudson, hatte ihm nie ganz verziehen, daß er der Anführer dessen gewesen war, was als ein organisierter Aufstand der unteren Schulklassen gegen den Kadettenunterricht in der Schule erschienen war.

Er machte den zweijährigen Leistungskurs mit, ohne zu wissen, wofür er arbeitete, abgesehen von der vagen Vorstellung, daß Journalismus ihn eventuell interessieren könnte. Eine Weile spielte er zwischendurch auch mit der Idee, Discjockey bei einem Rundfunksender zu werden. Joe Meek, der Produzent einer Londoner Plattenfirma, forderte zu dieser Zeit Möchtegern-Discjockeys auf, Probebänder einzuschicken. Robert Wallis erinnert sich, Meeks Adresse aus einer Zeitung herausgeschrieben und sie an Mike weitergegeben zu haben. Doch dieses Vorhaben verlief im Sand, und es scheint, als sei er von elterlicher Seite davon abgehalten worden.

In den Leistungskursen Englisch und Geschichte fielen seine Abschlußprüfungen nur mittelmäßig aus, aber das spielte zu diesem Zeitpunkt keine Rolle mehr. Er hatte sich zu dieser Zeit bereits einen Platz in der London School of Economics in Aldwych, W. 1, gesichert. Dort hatte er sich zu einem zweijährigen Kurs auf einem Gebiet angemeldet, das sich mit seinen Fähigkeiten und seiner Unentschiedenheit am besten vereinbaren ließ. »Ich wollte mich zwar mit Kunst befassen, aber ich dachte, daß ich mich eigentlich mit Wissenschaft befassen sollte«, sagt er heute. »Wirtschaft schien auf halbem Weg zwischen beidem zu liegen.«

So kam es, daß sich Mike Jagger ab März des Jahres 1961 mit seinem gestreiften Studentenschal allmorgendlich auf dem Bahnhof von Dartford unter die Geschäftsleute mischte. Und sein Blick war einer Zukunft zugewandt, die nach wie vor nur wenig abseits vom Pendelverkehr zur Victoria Station zu liegen schien.

Jeden Morgen kam Dick Taylor mit dem grünen Bus von Kent an derselben schmalen, gekrümmten Gestalt vorbei, die sich widerwillig den langen Hügel zum Sidcup Art College hinaufschleppte. Ob Sommer oder Winter – Keith Richard trug die gleichen engen Bluejeans, die immer gleichen Schuhe, eine blaue Jacke und das lila Hemd, dem er nie eine Ruhepause oder eine Wäsche zu gönnen schien. Im Sommer brachte er es ebenso gut fertig, durchgefroren zu wirken, wie im Winter. Sein runder Kopf betonte die abstehenden Ohren, seine Nase war gerötet, und um den Mund hatte er pubertäre Pickel. In der einen Hand hielt er eine Player's Weights-Zigarette, in der anderen seinen einzigen Besitz, seine Gitarre. Dick Taylor wußte, daß ihm wieder ein Tag vernachlässigter Studien und Rock'n' Roll in den Waschräumen des Colleges bevorstand. Gitarren und die Liebe zu ihnen gehören zu Keith' frühesten Erinnerungen. Der Vater seiner Mutter, Theodore Augustus Dupree – die Familie stammte von Hugenotten von den Kanalinseln ab –, hatte in den dreißiger Jahren eine kleine semiprofessionelle Tanzkapelle geleitet. Zu den Instrumenten, die er spielte, zählten Saxophon, Geige und Gitarre. Die Gitarre steht noch immer in Großvater Gus' Haus, in einer Ecke des Wohnzimmers. Keith erinnert sich, wie aufgeregt er als kleiner Junge jedesmal war, wenn er sich dieser Gitarre näherte und seine Hände leicht über die ungestimmten Saiten streichen ließ.

»Er war ein toller Kerl, mein Großvater Gus. Als ich klein war, hat er gegen schlechtes Geld in einer Schneiderwerkstatt gearbeitet – er hat immer kleine Stücke Filz aus der Tasche gezogen und sie uns gezeigt. Bis in die sechziger Jahre hat er Musik gemacht – er ist mit einer Countryband über die amerikanischen Luftwaffenstützpunkte gezogen. Dann hat er einen Job als Hausmeister bekommen, an der High Gate School, an der Yehudi Menuhins Sohn Schüler war. Schließlich hat mein Großvater Menuhin persönlich kennengelernt; die beiden haben sogar mal kurz zusammen auf ihren Geigen gekratzt. Er war ein richtiger Rumtreiber!«

Bert Richards, Keith' Vater, war ein vollkommen anderer Mensch, ruhig und vorsichtig und von einer Zurückhaltung, die – wie sein Sohn heute glaubt – hauptsächlich eine Folge von Überarbeitung und Erschöpfung war. Bert Richards arbeitete als Aufseher in der Glühbirnenfabrik Osram in Hammersmith. Täglich stand er um fünf Uhr morgens auf und kam abends nicht vor achtzehn Uhr nach Hause. »Dann hat er etwas gegessen, zwei Stunden lang ferngesehen, und danach ist er immer völlig abgeschlafft ins Bett gegangen«, sagt Keith. »Es muß ihn entsetzt haben, daß er einen solchen Strolch wie mich zum Sohn hatte.«

Der Junge, der im Dezember 1943 geboren wurde, wuchs folglich vor allem in der Obhut seiner Mutter Doris auf, einer fröhlichen, warmherzigen Frau, die die Liebe der Duprees zur Musik und zu romantischen Ideen geerbt hatte. Keith erinnert sich, daß ständig amerikanische Big Bands aus dem Radio zu hören waren, wenn Doris ihre Hausarbeiten erledigte. Als Keith in die Schule kam und anfangs so ängstlich und aufgeregt war, daß er den Weg nicht gehen konnte, trug Doris ihn liebevoll auf den Armen zur Schule. Von seiner frühesten Kindheit an ermutigte sie ihn, ganz das zu tun und ganz so zu sein, wie er selbst es wollte.

In seiner Kindheit war Keith mit einer wunderbaren Sopranstimme gesegnet, die so gut war, daß sie eines Tages sogar in der Westminster Abbey erklang. »Nur drei von uns, in unseren weißen Chorhemden, waren so gut, daß sie das Halleluja singen durften. Damals war ich ein Star – ich kam mit dem Bus nach London, um in der Albert Hall an dem Gesangswettbewerb der Schulen teilzunehmen. Damals habe ich, wie mir scheint, das erste Mal zu spüren bekommen, was Showbusineß bedeutet: als ich in den Stimmbruch kam und sie mich im Chor nicht mehr haben wollten. Plötzlich hieß es: ›Du brauchst nicht mehr anzurufen, wir melden uns schon bei dir.‹ Ich glaube, das war der Zeitpunkt, zu dem ich aufgehört habe, ein guter Junge zu sein, und ein Rumtreiber geworden bin.«

Doris und Bert Richards wohnten in der Chastillian Road in Dartford, nur ein oder zwei Straßen von den Jaggers in der Denver Road entfernt. Keith war in die Wentworth-Kinderschule gegangen und von Ken Llewellyn unterrichtet worden. Auch Mike Jagger hatte er im Gedrängel und im Geschrei des Kinderspielplatzes kurz kennengelernt. Jagger, der dauernd behauptet, sich an nichts Vergangenes mehr zu erinnern, weiß aber auch heute noch ganz genau, was für einen starken Eindruck Keith damals auf ihn gemacht hat. »Ich habe ihn gefragt, was er machen will, wenn er groß ist. Er hat gesagt, daß er ein Cowboy wie Roy Rogers werden und Gitarre spielen wolle. Roy Rogers hat mich nicht besonders beeindruckt, aber das mit der Gitarre hat mich wirklich interessiert.«

Ihre erste Bekanntschaft war nur kurzlebig. Doris und Bert zogen bald darauf aus der Chastillian Road in ein Haus am anderen Ende von Dartford. Danach nahm Keith Richards' Entwicklung eine solche Richtung, daß Joe und Eva Jagger ihn sich nicht mehr als Spielkameraden ihres Sohnes gewünscht hätten. Die Richards lebten in einer Doppelhaushälfte in Temple Hill Estate, Spielman Road Nr. 6. Die Siedlung war neu und entlang einer Schotterstraße hochgezogen worden. Dort gab es keine Ablenkungen und keine Abwechslung. Bert Richards stand wie bisher um fünf Uhr morgens auf, um bei Osram zu arbeiten. Doris arbeitete halbtags in einer Bäckerei in Dartford. Und Keith, der zwischen der Gleichgültigkeit seines Vaters und der allzu großen Nachsicht seiner Mutter stand, begann sich ganz entschieden zu seinem Nachteil zu verändern.

Nicht, daß es ihm an Fähigkeiten gefehlt hätte – auch nicht am Talent. Ken Llewellyn erinnert sich, daß er ein ausgesprochen gescheiter Junge sein konnte, der vor allem mit Worten gewandt umzugehen verstand. Er liebte Kricket, Schwimmen und – erstaunlicherweise – Tennis. Und zudem war er gutmütig und offen und so übermütig, daß selbst die Lehrer ihm nie böse sein konnten.

Was er allerdings nicht konnte, war, sich irgendeiner Disziplin zu unterwerfen. Diese Zügellosigkeit rührte teilweise daher, daß er frei herumstrolchte, und teilweise von der Verzärtelung durch seine gutmütige Mutter. Doris hatte nichts dagegen, wenn er seine Hausaufgaben nicht machte, sich vor seinen Streifzügen nicht abmeldete oder – was immer häufiger geschah – gar nicht erst in der Schule auftauchte. Stets ließ sie ihm Geld zu Hause liegen, damit er sich zum Mittag »fish and chips« kaufen konnte. Und selbst wenn er die Essensreste mitsamt dem Einwickelpapier ins Spülbecken warf, räumte Doris klaglos hinter ihm her.

Als er dreizehn war, verzweifelten seine Lehrer an seiner Erziehung. Man beschloß, ihn sofort auf die Dartford Technical School zu schicken, und sein Vater hoffte, daß sein Sohn sich hier dreinfinden würde, ein nützliches Handwerk zu erlernen.

Nun jedoch stand dem schon lange leidenden Bert Richards eine weitere Plage ins Haus. »Jedesmal wenn der arme Kerl abends heimkam«, sagt Keith, »saß ich mit meiner Gitarre oben auf der Treppe und habe gespielt und den Rhythmus an die Wand getrommelt. Er hat sich damals wirklich prima verhalten. Er hat nur gemurrt: ›Hör mit dem verdammten Krach auf.‹ «

Für zwei Pfund von ihrem Lohn in der Bäckerei hatte Doris Keith seine erste Gitarre gekauft. »Ich habe nie gewußt, was für ein Fabrikat es war«, sagt Keith. »Der Name war übermalt worden.« Die einzige Bedingung, die Doris mit dem Geschenk verband, war, daß er lernen sollte, *ordentlich* zu spielen. Darin hatte Großvater Gus sie unterstützt. Bald darauf gab sie ihm wieder Geld, damit er sich im Co-op-Laden von Dartford einen Plattenspieler kaufen konnte. So konnte er lernen, indem er sich die Skiffle- und Rock'n' Roll-Hits anhörte.

Es war die Zeit des englischen Rock'n' Roll – eines Tommy Steele und Terry Dene – und der nachgespielten amerikanischen Songs, die ein Plattenlabel mit dem Namen Embassy auflegte, das es nur bei Woolworth zu kaufen gab. Die Embassy-Platten waren das erste, was Keith Richards nachzuspielen versuchte, wozu er sich im Haus in der Spielman Road oben auf die Treppe setzte. »Ich habe mich immer zum Üben oben auf die Treppe gesetzt. Da hatte man das beste Echo – außer im Bad.«

Schnell merkte er, daß das, was den englischen Rock'n' Roll so blechern und verfälscht klingen ließ, weniger am Gesang als an der Begleitung lag – die Gitarren wurden von gelangweilten Studiomusikern gespielt und klangen entsprechend selbstzufrieden und leer. Also war es viel klüger, die vollen sechs Shilling und vier Pence für die amerikanische Originalversion zusammenzukratzen, auf der die Gitarren schrillten und echoten wie aus einem anderen Universum. Keith' nächstes Idol, nach seinem Großvater Gus, war Scottie Moore, der Gitarrist, der für Elvis Presley spielte. Er hält noch heute Moores Solo auf Presleys Aufnahme *You're Right, I'm Left, She's Gone* für das Aufregendste, was je auf eine Schallplatte gepreßt worden ist. »Ich bin nie dahintergekommen, wie er es gespielt hat, bis heute nicht. Es ist so wunderbar gespielt, daß ich es fast gar nicht mehr wissen *will.*«

Die Gitarre und das Leben unter den Teddy-Boys von Dartford wurden zur endgültig unwiderstehlichen Versuchung, die Schule zu schwänzen. 1958 wurde er deswegen von der Technikerschule verwiesen. Ein wohlwollender Lehrer erklärte ihm, daß die Kunstschule in Sidcup ihm vielleicht eine allerletzte Chance geben würde.

Der Name Sidcup Art College klingt viel großartiger, als die Schule in Wirklichkeit ist. Dabei bestand sie tatsächlich nur, um jenen eine letzte Chance zu geben, deren ruhmlose Schullaufbahn ihnen nichts anderes mehr übrigließ als das, was damals »Gebrauchskunst« genannt wurde. Die Kunstschule von Sidcup wies eine bemerkenswerte Ähnlichkeit mit derjenigen in Liverpools Hope Street auf, in die – ebenfalls 1958 – ein vergleichbarer Gewohnheitsschwänzer namens John Lennon aufgenommen wurde.

An der Kunstschule lernte Keith erstmals den authentischen Blues kennen, der nie auf dem Woolworth-Embassy-Label eingefangen worden war. Eine Gruppe von Studenten – darunter Dick Taylor – traf sich regelmäßig in einem leeren Raum neben dem Büro des Rektors und spielte zwischen den Reißbrettern und den Farbtöpfen Songs von Little Walter und Big Bill Broonzy. Von einem dieser Mitschüler erwarb Keith seine erste elektrische Gitarre. Er tauschte sie in einem eiligen Handel auf dem Schulklo gegen einen Stapel Platten ein.

In Dick Taylors Augen brachte der unverbesserliche Keith Richards hauptsächlich eine Ablenkung von der Beschäftigung mit der Gebrauchsgrafik. »Wenn ich an Keith und an unsere Zeit im College denke, denke ich an brennende Mülltonnen. Wir haben uns die Waschlösungen für die Siebdruckstoffe besorgt, sie in die Mülltonnen geschmissen und dann ein Streichholz hinterher. Die Mülltonnen sind mit einem irren Knall explodiert.«

»Wir haben damals alle Aufputschmittel geschluckt – gar nicht so sehr, um high zu werden, sondern um ohne Schlaf wach bleiben zu können. Wir haben uns dieses Zeugs zum Inhalieren gekauft, Nostrilene, weil Benzedrine drin waren, und wir haben sogar die Pillen genommen, die Mädchen für ihre Tage kriegen. Gegenüber war ein kleiner Park mit einem Vogelhaus, in dem es auch einen Kakadu gab. Wir haben ihn Cocky, der Kakadu genannt. Keith hat ihn oft mit Aufputschtabletten gefüttert, bis er auf seiner Stange herumgewankt ist. Wenn uns langweilig war, sind wir immer rübergegangen und haben Cocky, dem Kakadu einen Aufputscher gegeben.«

Eines Morgens geriet Keith auf seiner Zugfahrt von Dartford nach Sidcup zufällig in denselben Waggon wie Mike Jagger, der auf dem Weg zur Victoria Station und zur London School of Economics war. Sie erinnerten sich vage aneinander – von der Wentworth-Schule her und weil sie sich später noch einmal getroffen hatten, als Mike bei einem Ferienjob vor der Bücherei von Dartford Eis verkaufte. Ihre Begegnung hätte ebenso folgenlos verlaufen können wie die vorangegangenen, wenn Mike nicht unter seinem Arm einen Stapel der Blues-Importplatten gehabt hätte, die er sich per Post aus Amerika bestellt hatte. Keith bemerkte die geheiligten Namen von Chuck Berry und Little Walter, und reichlich ungläubig fragte er den Studenten mit dem gestreiften Schal, ob *er* diese Art von Musik etwa auch möge.

Im weiteren Verlauf ihres Gesprächs stellten sie fest, daß sie beide Dick Taylor kannten. Dick hatte Keith gegenüber bereits erwähnt, daß er mit einer Gruppe probte, die darauf eingeschworen war, nichts außer Blues und Rhythm and Blues zu spielen. Als der Zug in Sidcup hielt, war es schon fast abgemacht, daß Keith Richard vorbeikommen sollte, um versuchsweise mit Little Boy Blue and the Blue Boys zu proben.

Was er mitbrachte, war seine mittelprächtige Hofner-Gitarre und, in den Augen der anderen, eine verblüffende Virtuosität. Zu Hause auf der Treppe hatte er fast alle Intros und Solos Chuck Berrys zu meistern gelernt, selbst die metallische Sturzflut von Noten, die den Berry-Klassiker *Johnny B. Good* durchzieht. Er verstand, daß für das, was sich wie zwei Gitarren im Gleichklang anhört, mehr erforderlich ist als nur die Fähigkeit, die Noten schnell zu spielen. »Wie Keith gespielt hat, war einfach großartig – nicht nur eine geschickte Fingerübung«, sagt Dick Taylor. »Als er reinkam, glaubte man etwas zu spüren, das die Band zusammenhalten konnte.«

Dennoch brachte der Neuzugang Little Boy Blue and the Blue Boys nicht weiter. Sie übten wie bisher, Dick Taylors Mutter blieb ihr einziger Zuschauer. Sie hatten immer noch keinen Schimmer davon, daß es sich beim Rhythm and Blues um ein Geheimnis handelte, das jeder in England kannte, nicht nur sie selbst. Ihr einziger »öffentlicher Auftritt« fand statt, als sie für einen Schnappschuß vor der Hintertür des Hauses der Taylors spielten. Das Foto zeigt Dick und Keith, die mit ihren Gitarren den typischen Entengang Chuck Berrys nachmachen, und Mike Jagger in seiner hochgeschlossenen Studentenjacke, der vor einem Hintergrund aus Abflußrohren und dem Edelputz des Siedlungshäuschens eine dramatische Pose einnimmt.

Es war eine Zeit, in der die Musik Freundschaften zwischen Menschen schmiedete, die wegen ihrer diametralen Gegensätzlichkeit anders wahrscheinlich nie zusammengefunden hätten. Drei Jahre zuvor war das in Liverpool zwischen dem zynischen, überall Ärger erregenden John Lennon und dem vorsichtigen, konservativen Paul McCartney geschehen, und jetzt geschah es, als Keith Richards, der »Ted« aus dem Reihenhaus am falschen Ende von Dartford, sich mit Mike Jagger, dem Wirtschaftsstudenten aus der mittelständischen Denver Road, zusammentat.

Zwar war die Wirtschaftsschule 1961 noch nicht die Brutstätte politischer Aktivitäten, die sie später werden sollte, doch unter den Studenten gehörte ein milder Radikalismus ebenso zur Etikette wie ein »bohemienhaftes« Äußeres. Bei Mike Jagger war es aber schon etwas mehr als nur Äußerliches wie seine neue Lederkrawatte und die »salopp« gestrickte Wolljacke. Ausgerüstet mit neuen Wörtern wie »Kapitalismus« und »Proletariat« schien er seine gute Erziehung abschütteln zu wollen und in die Klasse abzugleiten, die seine Mutter so sehr verabscheute. Auch ließ er sich in der London School of Economics nicht mehr »Mike« nennen – der Name schien jetzt einen Anstrich von Bürgerlichkeit und Sport-

wagen zu haben. »Mike« Jagger sollte nur noch in der Erinnerung seiner frühesten Freunde existieren. »Mick« Jagger war es, der jetzt mit Keith Richards durch die Gegend zog, breites Cockney sprach und von Keith eine gewisse chaotische Gleichgültigkeit und Rücksichtslosigkeit übernahm, wie sie in den Straßen bestimmter Viertel zum Alltag gehörten.
Die Mimikry war jedoch nicht ganz einseitig. Keith wurde mit der Zeit nachdenklicher, zurückhaltender und manchmal sogar schüchtern. Es war, als konfrontiere jeder den anderen mit einer Rolle, nach der er selbst sich schon immer gesehnt, die er aber bisher nie zu spielen gewagt hatte. Dick Taylor fiel dieser Austausch von persönlichen Eigenheiten auf. »Es gab Tage, an denen Mick Keith war. Aber es gab auch andere Tage, an denen Keith sich ganz wie Mick verhielt. Man wußte nie, was als nächstes dran war.
Doch von diesem Moment an sind Mick und Keith zusammengeblieben. Ganz gleich, wer neu zu der Band stieß oder wer absprang – für Mick und Keith änderte das nichts.«

Wenn Alexis Korner und seine Frau Bobbie in ihrer Wohnung in der Moscow Road in Bayswater zu Bett gingen, achteten sie stets sorgsam darauf, das Fenster zu ihrer kleinen Küche angelehnt zu lassen. An das Fenster hatten sie einen Tisch so nahe herangerückt, daß ein später oder unerwarteter Gast die Wohnung betreten konnte, indem er sich durch den Fensterspalt auf die Tischfläche gleiten ließ. Wenn Alexis und Bobbie am nächsten Morgen aufstanden, konnte es vorkommen, daß unter diesem Tisch friedlich vier oder fünf schlafende Gestalten lagen, an den Beinen des Herds lehnten oder es sich zwischen den Freßnäpfen der vielen Katzen der Korners bequem machten.
Bei den Schläfern handelte es sich jedesmal um amerikanische Bluesmusiker auf Tournee, denen Alexis und Bobbie Korner in einem sonst verwirrend fremden Land Unterschlupf und Gastfreundschaft gewährten. Big Bill Broonzy, Muddy Waters, T-Bone Walker, die Gitarrengrößen, die sich Mick Jagger und Keith Richards so häufig unter dem windigen, rauhen Himmel von Chicago vorstellten, saßen oft kaum zwanzig Meilen von Dartford entfernt in dieser kleinen Küche in Bayswater und aßen Schweinsfüße nach Art der Südstaaten, deren Zubereitung Bobbie Korner einmal gelernt hatte. Ihre Tochter Sappho saß ganz selbstverständlich zwischen den großen schwarzen Männern, die ständig mit den Füßen scharrten und rote Tücher um ihre Köpfe gebunden hatten, um die Lockenwickler zu verbergen, die sie in ihrem unentwegten Bemühen trugen, das Haar zu glätten.
Alexis Korner hat tatsächlich so kosmopolitische Vorfahren, wie der Klang seines Namens es verheißt. Sein Vater, ein früherer Kavallerieoffizier, war Österreicher, seine Mutter griechisch-türkischer Abstammung. Er selbst kam in Paris zur Welt und verbrachte seine frühe Kindheit in der Schweiz und in Nordafrika. Seine dunkle Haut, sein stark gewelltes Haar und seine heisere, vibrierende Stimme, die den Dialekt der westlichen Vororte Londons nur einem Zufall verdankt, ließen mehr als nur einen Hauch Marokkos erkennen.
Sein Vater war eine autokratische, undurchschaubare Gestalt, die vage mit der Hochfinanz und – wie Alexis glaubte – internationaler Spionage in Verbindung stand. »Ich weiß, daß er in den zwanziger Jahren viel Geld verloren hat, als der Goldpreis in England gesunken ist; er konnte sich danach seinen gewohnten Lebensstil nicht mehr leisten. Außerdem heißt es, daß er irgend etwas mit dem Skandal um den Sinowjew-Brief zu tun hatte. Ich bin sicher, daß er sich die Dankbarkeit der englischen Regierung durch etwas ziemlich Herausragendes errungen hat. Als 1939 der Krieg ausbrach, lebten wir in England. Mein Vater hätte damit rechnen müssen, als Verbündeter des Feindes interniert zu werden. Statt dessen bekam er seine Einbürgerungspapiere als britischer Untertan praktisch über Nacht.«
Eines Samstags im Jahre 1940 machte sich Alexis, damals ein Schüler der St. Paul's School, auf den Weg von der Wohnung in Ealing zu dem nahe gelegenen Markt in Sheperd's Bush, um einem unter den Jungen verbreiteten Zeitvertreib nachzugehen, Waren von den Verkaufsständen zu stehlen. Unter der Ausbeute, die er an jenem Morgen machte, war eine Platte des Bluespianisten Jimmy Yancey. »Von dem Moment an gab es für mich nur noch eines. Ich wollte auf einem Klavier Boogie-Woogie spielen.«
Als er es zu Hause auf dem Familienpiano versuchte,

stürzte sein Vater wütend ins Zimmer und schlug den Klavierdeckel zu. Ebensowenig gefiel es ihm, als Alexis mit seiner ersten Gitarre nach Hause kam. »Mein Vater hat immer gesagt, eine Gitarre sei ein ›Fraueninstrument‹. Gitarren konnte er sich nur mit rosa Bändern geschmückt in Operetten vorstellen.«

Der zweijährige Militärdienst erlöste ihn von den elterlichen Vorurteilen. Alexis diente bei der britischen Armee in Westdeutschland und wurde – abgesehen davon, daß er schon in der Fußballmannschaft seines Regiments spielte – stundenweise Ansager beim Armeerundfunk. Dadurch konnte er sich nicht nur an der Musik satt hören, die für die britischen Truppen gespielt wurde, sondern auch an den wesentlich aufregenderen Sachen, die der AFN, The American Forces Network, ausstrahlte. Wie die jungen Deutschen, die heimlich AFN hörten, bereits wußten, brachte der Sender das Beste an Jazz und Swing und sogar gewisse Richtungen schwarzer Musik, die Zivilisten zu Hause in den Staaten nie zu hören bekamen. So konnte der Blues in den NATO-Stützpunkten Wurzeln schlagen und sich später von dort auf die Clubs ausbreiten, die zumeist zwischen pornographischen Buchläden, Strip-Kneipen und Kellerspelunken lagen, in denen Schlammschlachten stattfanden.

Zurück in London arbeitete Alexis in der Spedition, die dem griechischen Zweig der Familie seiner Mutter gehörte, und natürlich fühlte er sich von den Ideen der sogenannten jüngeren Generation der Nachkriegszeit angezogen, die in den Kellern von Soho herumlungerte und gierig auf Politik und traditionellen Jazz war. »Wir waren elitär – und *hochgradig* politisch. Es waren die Zeiten, in denen wir uns ganz ernsthaft darüber unterhielten, einen ›vierten Stand‹ zu begründen. Danach sollte es die Oberschicht geben, den Mittelstand, die Arbeiterklasse und uns. So kamen wir auf den Blues. Wenn wir einen Song von Leadbelly oder Woody Guthrie hörten, wußten wir, daß ihnen ein machtvoller politischer Protest zugrunde lag.«

Die bedeutendsten Jazz-Bandleader dieser Zeit taten alles Erdenkliche, um das breitere Dixieland-Publikum mit dem Blues bekannt zu machen. Der Trompeter Humphrey Lyttelton, ein ehemaliger Eton-Schüler und Anhänger des Königshauses, hatte

Alexis Korner, der »Vater der Rolling Stones«, starb im Januar 1984. Foto: Marion Schweitzer

Big Bill Broonzy schon 1953 nach England gebracht. Ken Colyer, einer der größten Jazz- und Folk-Puristen, stellte einige der größten amerikanischen Bluesmusiker in seinem Club in London, dem Studio 51, ganz in der Nähe des Leicester Square vor.

Der leidenschaftlichste und konsequenteste Verfechter des Blues war jedoch Chris Barber, in Korners Worten der einzige, »der nicht große Worte machte, sondern auch Geld in sein Anliegen steckte«, den Blues am Leben zu erhalten. In den frühen fünfziger Jahren war Barber der Motor der National Jazz League gewesen. Das Unternehmen blühte und gedieh und nahm genügend Geld ein, um sich in Soho einen eigenen Club kaufen zu können, das Marquee in der Wardour Street.

Während Lonnie Donegans Wehrdienstzeit spielte Alexis Korner das Banjo in Barbers Band. Als Donegan zurückkam und *Rock Island Line* ein Hit wurde, stand Korner an der richtigen Stelle, um erfolgreich an dem allgemeinen Skiffle-Boom teilnehmen zu können – wenn er es nur gewollt hätte. Fast wäre er auch einer anderen erfolgreichen Skiffle-Gruppe beigetreten, den Vipers, die in der 2 I's Kaffeebar von einem damals noch unbekannten Vertreter der Firma EMI namens George Martin unter Vertrag genommen worden waren. Statt dessen jedoch gründete er eine eigene Gruppe und machte nur bei seiner ersten Plattenaufnahme mit dem Wort »Skiffle« ein Zugeständnis an den kommerziellen Druck von außen. Anschließend sollte die Gruppe nur noch als Alexis Korner's Blues Incorporated bekannt werden.

Die erste Band in England, die nichts anderes als Blues spielte, war eine merkwürdige Verbindung von glühender Phantasie und sehr unterschiedlichen Menschen, die im Grunde wenig miteinander gemein hatten. Das bedeutendste Mitglied nach Korner selbst war Cyril Davis aus South Harrow, ein Virtuose auf der »Bluesharp« (Mundharmonika) und auf der zwölfsaitigen Gitarre, dem jeder Moment seines Daseins dadurch getrübt wurde, nicht als Schwarzer geboren worden zu sein. Das Saxophon spielte Dick Heckstall-Smith, ein bärtiger Marxist mit Leninmütze. Den Kontrabaß bediente der zukünftige Meister der Baßgitarre, Jack Bruce. Der Schlagzeuger Andy Hoogenboom hatte nicht immer Zeit für die Gruppe, und dann setzte Korner jedesmal einen Jungen mit traurigem Gesicht ein, von dem er wußte, daß er wechselweise Jazz-Schlagzeug spielte und Gebrauchsgrafik in London studierte. Der Junge hieß Charlie Watts. »Ich bin in Soho öfters auf Charlie gestoßen, und seine Art zu spielen, hat mir immer gefallen. Ich fragte ihn: ›Wenn ich jemals eine Bluesgruppe bilde, würdest du dann als Schlagzeuger mitmachen?‹ «

Von Anfang an hatte Korner den Plan, einen eigenen Club zu eröffnen, wie es Ken Colyer und andere Musiker getan hatten, um ihre eigene Musik gegen den Hohn und die Feindseligkeiten der Anhänger gegnerischer Richtungen zu schützen. Damals konnte man in Soho einen Keller oder das Hinterzimmer einer Kneipe für wenige Shilling am Abend mieten. Alexis Korners erstes derartiges Wagnis, großartig als The London Blues and Barrelhouse Club etikettiert, bestand darin, daß er einen Raum in der Kneipe Round House in der Wardour Street mietete. Allerdings war die Gruppe hier nicht immer zu finden, denn Streitigkeiten zwischen Korner und Cyril Davis führten mehrfach dazu, daß einer von ihnen aus dem Saal rauschte und in einem gegnerischen Club wie dem Troubadour in der Brompton Road spielte, wo Alexis auch zum erstenmal Charlie Watts begegnete.

Eines Abends gegen Ende des Jahres 1961 spielte Alexis in der Stadthalle des Kurortes Cheltenham in Gloucestershire. Nach dem Auftritt blieb jemand aus dem Publikum zurück und unterhielt sich mit Alexis sehr ernsthaft über Blues und Bluesmusiker. Es war ein kleiner breit gebauter Junge in einem makellosen italienischen Anzug. Sein Gesicht mit den riesigen, fast babyblauen Augen und dem großen lebhaften Mund blieb für immer in Korners Erinnerung haften. Der Junge sagte, sein Name sei Brian Jones. Er sei selbst Musiker und spiele Saxophon in einer Gruppe des Ortes, die sich Ramrods nenne. Was er eigentlich wolle, erklärte er Alexis, sei, bei einer Gruppe wie Blues Incorporated Slide-Gitarre zu spielen. Alexis sagte – wie er es immer tat –, falls er, Brian Jones, einmal nach London kommen sollte, könne er gern auf dem Küchenfußboden der Korners schlafen.

Im März 1962 hatte Alexis Korner es satt, gegen die Vorurteile des Jazzpublikums in Soho anzukämpfen, und er entschloß sich auszuprobieren, wie ein neuer Bluesclub in dem westlich von London gelegenen Vorort laufen würde, in dem er selbst wohnte, in Ealing. Er fand einen kleinen Raum unter dem ABC Teashop, direkt gegenüber der Ealing Broadway Station. Die erste Session am 17. März wurde mit einer Kleinanzeige im *New Musical Express* angekündigt.

Zwanzig Meilen entfernt, in Kent, löste diese Kleinanzeige erstauntes Aufsehen bei einer bis zur Selbstzerstörung bescheidenen Gruppe aus, die sich Little Boy Blue and the Blue Boys nannte und immer noch nicht die leiseste Ahnung davon hatte, daß irgend jemand in ganz England ihre musikalische Besessenheit teilen könnte. Am Samstag darauf zwängte sich die ganze Gruppe in den Riley »Pathfinder« von Alan Etheringtons Vater und machte sich auf den Weg nach Ealing, um die kaum vorstellbare Möglichkeit zu erforschen, daß es andere Menschen gab, die den Blues spielten, und das vor einem Publikum und auch noch für Geld.

2

»Well, the joint was rockin'...«

Es geschah wirklich, in einem schäbigen Keller zwischen einer Bäckerei und einem Juwelierladen: Ihre Geheimmusik, die wie Schmuggelware gehandelten Songs von Muddy Waters, Otis Spann und den Chicago Bluesmen, wurde von der merkwürdigsten Gruppe von Männern, die man sich nur denken konnte, aus unfaßbarer Ferne in ohrenbetäubende Nähe geholt. Blues Incorporated traten, wie es sich für Jazzmusiker gehörte, mit fast professionellem Ernst auf. Alexis Korner, mit Lockenhaar und Schnurrbart, saß in gepflegtem weißem Hemd und Krawatte auf einem Stuhl und nahm mit seiner spanischen Gitarre den Vordergrund ein. Neben ihm stand Cyril Davis und spielte mit einer solchen Inbrunst auf seiner Bluesharp, daß seine Bügelfaltenhose flatterte. Ähnlich förmlich standen die Zuhörer um die winzige, leicht zurückgesetzte Bühne herum und hielten Biergläser in der Hand. Als »Squirrel« sein Mundharmonikaspiel beendete, das Instrument von seinen Lippen nahm und sich die schweißüberströmte Stirn abwischte, erhielt er kurz höflichen Beifall wie ein Redner bei einem Abstinenzlerverein.

Der unmittelbare Erfolg des Clubs in Ealing bewies Alexis, was er schon immer vermutet hatte – daß der Blues seine hingebungsvollsten Anhänger aus irgendwelchen Gründen in den westlichen Vororten Londons fand. Nach dem zweiten oder dritten Abend in Ealing ereignete sich etwas noch Erfreulicheres. Alexis war mit Blues Incorporated nicht zuletzt deshalb aus Soho herausgegangen, um den Feindseligkeiten der traditionellen Jazzanhänger zu entkommen. Jetzt gingen in genau den Clubs, die ihn abgewiesen hatten, die Geschäfte zurück, denn ein zunehmend größerer Teil ihrer Kundschaft unternahm Samstag abends die lange, mühselige Reise hinaus nach Ealing. Selbst die puristische National Jazz League konnte nicht länger über die kommerziellen Möglichkeiten hinwegsehen, die sich darin andeuteten. Harold Pendleton, der Manager des Marquee Club, der der National Jazz League gehörte, fuhr nach Ealing hinaus, um sich Blues Incorporated anzuhören, und anschließend bot er Korner – den er vorher noch bei jeder Gelegenheit herabgesetzt hatte – ein festes Engagement im Marquee an. Korner sollte dort jeden Donnerstag spielen.

Zu dieser Zeit hatte die Gruppe noch keinen festen Sänger. »Ich habe gesungen – oder auch Squirrel«, erzählte Korner. »Aber wir haben nicht wirklich an Worte geglaubt. Wir waren *Instrumentalisten*. Der Text lief nur so mit.«

Fest stand, daß sich jeden Samstagabend unter dem Publikum viele junge Männer befanden, die nur darauf warteten, die Welt ihrer künstlichen Kaminfeuer und Instant-Kakaomarken gegen die Welt der Bluessänger mit ihren Wellblechhütten und ihren Tanzpalastköniginnen eintauschen zu können. Jeder, der Lust hatte, bei Blues Incorporated mitzusingen, durfte es probieren, auch wenn Alexis aus langer Erfahrung wußte, daß das Ergebnis im allgemeinen schauderhaft war.

Dann tauchte eines Abends ein großer Junge mit flachsblondem Haar und mit einem rosa Gesicht auf und sang mit einer Stimme, die so schwarz und unverformt war, als sei in dem engen Kellerraum die Beale Street eingefangen. Der Name des Jungen war »Long« John Baldry. Er wurde der erste groß angekündigte Sänger der Blues Incorporated, die je-

den Samstag mit ihm im Ealing Club auftrat und donnerstags im Marquee.
Wenige Tage nach der ersten Session in Ealing erhielt Alexis Korner einen Brief mit dem Poststempel Dartford. In dem Umschlag steckten ein kleines Tonband und ein Brief, den ein gewisser Mick Jagger geschrieben hatte. Er bat Korner, seine Meinung zu einer kleinen Gruppe namens Little Boy Blue and the Blue Boys zu äußern. Die beigefügten Aufnahmen waren *Reelin' and Rockin'*, *Bright Lights Big City* und *Around and Around*. Das Band ging später verloren. Korner kann sich nur noch daran erinnern, daß es sich »einfach schrecklich« anhörte.
Dennoch erfüllte das Band seinen Zweck mehr als genug, es hatte Little Boy Blue bei einem etablierten Musiker bekannt gemacht, der für seine ungewöhnliche Freundlichkeit gegenüber musikalischen Anfängern berühmt war. Mick Jagger erhielt dasselbe Angebot wie jeder, der nach Ealing kam, nämlich sich mit Blues Incorporated auf die Bühne zu stellen und mitzusingen. So kam es, daß Jagger am darauffolgenden Samstag seinen ganzen Mut zusammennahm, auf die kleine Bühne trat und zum allerersten Mal öffentlich sang.
In seinem weißen Popelinehemd, der lose gebundenen Krawatte und der bohemienhaften Strickjacke sah er dabei von Kopf bis Fuß wie ein typischer Wirtschaftsstudent aus, und er warf nervöse Blicke hinter sich, als die Würdenträger der Blues Incorporated ansetzten, die – für sie – lächerlich simplen Akkorde von Chuck Berrys *Around and Around* anzustimmen. Mick Jagger selbst kann sich nur verschwommen daran erinnern, angetrunken dortgestanden zu haben. Er traf die richtigen Töne nicht, vergaß den Text und war vor Schrecken halb gelähmt. »Was mir an ihm aufgefallen ist, war nicht sein Gesang«, erzählte Alexis Korner. »Es war die Art, wie er sein Haar zurückwarf. Er hatte so kurze Haare wie alle anderen. Aber für einen kleinen Jungen in einer Wolljacke schüttelte er seine Haare ziemlich *übertrieben.*« Nach dem Song trat absolute Stille ein. Dann ertönte – zum ungeheuren Erstaunen des Sängers – eine Salve von Beifall. Selbst der unwirsche »Squirrel« Davis hielt es für angebracht, jemandem zu applaudieren, den die Liebe zum Blues so weit über die Schwelle der Angst und Verlegenheit tragen konnte. Die Tatsache, daß er Chuck Berrys Stil Ton für Ton kopiert hatte, war ein weiterer Beweis dafür, daß er ein wahrer Anhänger des Blues war.
Als Mick Jagger das nächste Mal für Alexis Korner sang, erhielt er dafür ein Honorar von fünfzehn Shilling plus Bier. Innerhalb eines Monats war er zur zweiten Besetzung des Vokalparts bei Blues Incorporated geworden, und wenn Long John Baldry nicht verfügbar war, sang er für die gleiche bescheidene Gage für Korner.
Den Jungen aus Dartford, Mick, Keith, Alan und Dick, wurde es zur Gewohnheit, Alexis samstags in seiner Wohnung in Bayswater aufzusuchen und ein paar Stunden mit den Korners zu verbringen, ehe sie sich gemeinsam auf den Weg nach Ealing machten. Bobbie Korner setzte ihnen Tee vor, während Alexis ihnen Geschichten darüber erzählte, was Muddy oder Broonzy in ebendieser Küche gesagt hatten – daß Big Bill nie die Namen anderer Musiker richtig aussprechen konnte (Fats Waller nannte er immer »Fat Wallace«) oder daß T-Bone Walker, den der Alkohol und die ungewohnte Umgebung durcheinandergebracht hatten, einmal ernsthaft fragte: »Ist das hier Paris in Frankreich?«
Die beiden Korners hatten Jagger aus dieser Zeit als ruhig und höflich in Erinnerung, wenn auch mit politischen Anmaßungen behaftet, die Alexis manchmal erbosten. »Eines Tages sprachen wir über den Blues, und Mick sagte: ›Warum spielst du die Musik unserer Arbeiterklasse?‹ Ich sagte: ›Mick – du studierst *Wirtschaft!* Gibt es etwas Mittelständischeres?‹ «
Keith dagegen war von Anfang an freundlich und offen. »Er hat am Küchentisch gesessen und sich *stundenlang* mit Bobbie unterhalten. Ich kann mich erinnern, wie sehr er es liebte zu reden. Als Musiker kannte ich ihn damals eigentlich noch nicht – ich wußte nur, daß er in dieser Gruppe in Dartford Gitarre spielte. Er hat sich nie als Musiker gegeben. Er schien sich einfach nur in Micks Nähe wohl zu fühlen.«
Zu der Zeit stellte sich bei den gastfreundlichen Korners ein weiterer junger Besucher ein, der regelmäßig auf ihrem Küchenfußboden schlief. Es war der Junge, mit dem Alexis in Cheltenham geredet hatte. Doch Alexis war nicht klar gewesen, wie sehr er mit dieser kleinen Ermutigung die glühende

Sehnsucht des Jungen, in London zu leben und Blues zu spielen, entflammt hatte. So kam es, daß das Küchenfenster in der Moscow Road spätnachts nach oben geschoben wurde. Eine kaum zu erkennende Gestalt rollte sich seitlich auf den Tisch und von dort aus auf den Fußboden. Wie vor ihm Muddy Waters und Big Bill Broonzy, schlief Brian Jones zwischen den Freßnäpfen der Katzen, an die Füße des Elektroherdes gelehnt.

Die Hatherley Road in Cheltenham liegt unmittelbar am Rand des selbstgefällig eleganten Gloucestershire-Kurbezirks, mit dem die Engländer für alle Zeiten pensionierte Offiziere und Colleges für junge Damen der Gesellschaft verbinden werden. Die Hatherley Road ist eine lange Vorstadtstraße mit gleichförmigen Häusern aus den dreißiger Jahren, von denen jedes einzelne ein Erkerfenster, einen gepflegten kleinen Rasen und ein schmiedeeisernes Tor besitzt. Ab und zu kann man hinter einer der einheitlichen Garagen die Terrassen des exklusiven Bezirks von Cheltenham und dahinter die zarten grünen Cotswolds sehen, die sich nach Wales ziehen.

Unter seinen Kollegen bei Dowty and Co., der Fabrik für Luftfahrttechnik in Cheltenham, bestand kein Zweifel daran, daß Lewis Jones ein Waliser war. Er war klein gewachsen, hielt sich gerade und hatte ein rauhes Auftreten, und er besaß in dem gleichen Maße die unbeugsamen Tugenden der Waliser, wie er auch ihre eindeutigen Fehler besaß. Mit anderen Worten – er war ehrbar, anständig, arbeitswillig, religiös, konservativ und denen gegenüber, die weniger willensstark waren als er selbst, war er von puritanischer Intoleranz. Wie vielen seiner Landsleute ging ihm der Fortschritt des zwanzigsten Jahrhunderts nahezu grundsätzlich gegen den Strich. »Die Zeiten ändern sich, aber *ich* ändere mich nicht«, pflegte er zu sagen und fügte noch ein von Herzen kommendes »Gott sei Dank!« hinzu.

Ein Waliser ist es sich fast schuldig, musikalisch zu sein. Lewis Jones spielte mehrere Jahre lang in der Kirche seiner Gemeinde die Orgel, bis seine Abneigung gegen die kleinkarierte Kirchenpolitik ihn veranlaßte, von diesem Amt zurückzutreten. Seine Frau Luisa – ebenfalls eine Waliserin – besaß ein ausgeprägtes Talent und ergänzte Lewis' Einkommen bei Dowty, indem sie den Schulkindern der Umgebung Klavierstunden gab.

Ihr erstes Kind, Brian Lewis Hopkin Jones, wurde am 28. Februar 1942 geboren. Von den beiden Töchtern, die darauf folgten, sollte nur eine – Barbara, geboren 1946, – überleben. Der Tod seiner anderen kleinen Schwester brachte den zweijährigen Brian völlig durcheinander. Er glaubte, seine Eltern hätten sie fortgegeben, und noch lange danach lebte er in der Angst, das gleiche könne auch ihm zustoßen.

Nach Aussage seines Vaters war er ein durch und durch normaler, glücklicher kleiner Junge, und, abgesehen von ein paar Kinderkrankheiten und einer Kehlkopfdiphtherie, die ihm eine Anfälligkeit für Asthma und chronische Bronchitis eintrug, war er auch gesund. In der ersten Schule, die er besuchte, Dean Close, arbeitete er gut mit, hatte Freude am Sport – vor allem an Kricket und Badminton – und wurde ein ausgezeichneter Schwimmer und Taucher. Seeluft war jedoch schlecht für sein Asthma; ein einziger Tag am Strand warf ihn erbärmlich keuchend und schnaufend aufs Bett. Wie seine Eltern besaß Brian Jones ein großes musikalisches Talent. Als er sechs Jahre alt war, begann Luisa, ihm Klavierstunden zu geben; später übte er Blockflöte und Klarinette. Zwar konnte er Noten lesen, doch lernte er die Blasinstrumente nur nach Gehör und Gefühl und entlockte ihnen die Töne auf eine Weise, die er selbst nicht ganz begriff. Schon sehr früh war sein Talent so deutlich zu erkennen, daß Lewis Jones glaubte, Brian könne eine Karriere als klassischer Musiker vorausbestimmt sein. Die spätere Verzerrung dieser Hoffnung hat Mr. Jones seinem Sohn nie verziehen.

Wie seine Eltern gehofft hatten, bestand er die Aufnahmeprüfung für die höhere Schule mühelos und wurde in das altsprachliche Gymnasium Cheltenhams eingeschult, das im exklusiven Promenadenbezirk lag, in dem die pensionierten Generäle wohnten und wo auch das College für die jungen Damen der Gesellschaft untergebracht war.

Dieser exklusive Hort war dem altsprachlichen Gymnasium von Cheltenham sogar direkt benachbart, und die jungen Damen lösten bei den Schülern der höheren Klassen täglich unerreichbare Phantasievorstellungen aus, wenn sie in der großen Pause

laut kichernd und lachend aus dem Gebäude strömten.
Brians Schullaufbahn begann vielversprechend. Er bekam gute Noten, vor allem in Sprachen und Naturwissenschaften, zeichnete sich im Kricket und im Schwimmen durch besondere Leistungen aus und wurde als Klarinettist in das Schulorchester aufgenommen. »Und dann, ganz plötzlich«, sagt Lewis Jones finster, »wurde er ganz anders. Er fing an, gegen alles zu rebellieren – in erster Linie gegen mich.«
Erster Anlaß von Lewis Jones' Kummer war, daß Brian keine klassischen Stücke mehr auf dem Klavier und auf der Klarinette übte, aber statt dessen anfing, die Art von Musik zu hören, die sein Vater verabscheute. Mit dreizehn entdeckte Brian den Jazz und mit vierzehn die Musik Charlie Parkers. Der Neger mit dem immensen Übergewicht und dem Babygesicht, der ein Saxophon mit der betörenden Süße einer Nachtigall singen lassen konnte, wurde zu Brians Idol, das alles andere in den Schatten stellte. Er verkaufte die Klarinette, die seine Eltern ihm geschenkt hatten, und von dem Geld erstand er ein gebrauchtes Alt-Saxophon. Zum Entsetzen seiner Eltern dröhnte wenige Tage später ein erstes zittriges Saxophon-Solo durch das ruhige Haus in der Hatherley Road.
Brian beherrschte das Instrument bald so gut, daß er bei den Gruppen aus der Umgebung die traditionellen Jazznummern von Chris Barber und Humphrey Lyttelton mitspielen konnte. Auch in Cheltenham gab es ein Bohemien-Viertel, das seinen Mittelpunkt in engster Nachbarschaft der Kunstschule hatte, in Kaffeebars wie dem Aztec, dem Patio und dem Waikiki oder in Kneipen wie dem Wheatsheaf Inn in Lackhampton, in dem der 66 Jazz Club tagte, und natürlich war Brian Jones auch hier dabei.
Inzwischen war er in der Schule als ein Störenfried verrufen, der es fertigbrachte, durch sein in Sanftheit gekleidetes, unglaubliches Betragen eine ganze Klasse in Lager aufzuspalten. Ein Schulkamerad, Peter Watson, erinnert sich daran, daß Brian sogar in Fußballstiefeln zum Unterricht gekommen ist und, nach dem Grund gefragt, behauptete, sie seien bequemer als normale Schuhe. »Brian sagte auch, es sei langweilig, in den Pausen die vorgeschriebene Milch zu trinken, und fing damit an, statt dessen dunkles Bier zu trinken. Tatsächlich wurde es eine weitverbreitete Mode, Bier statt Milch zu trinken.«
Seit unvordenklichen Zeiten war es Sitte, daß die ganze Klasse sich in den Pausen am Fenster drängte und sehnsüchtige Blicke auf die jungen Damen warf, die auf dem Rasen spielten. Daß Brian Jones zu den wenigen auserwählten Schülern gehörte, deren sexuelle Abenteuer über Küsse und »Petting« hinausgingen, war nur allzu gut bekannt. Es war ebenfalls bekannt, daß er über die Präservative spottete, die andere Jungen symbolisch in ihren Brieftaschen bei sich trugen. »Ungesattelt« sei es am besten, darauf bestand er, und dabei lächelte er lasziv und doch auch so schelmisch, daß niemand wußte, ob man ihm glauben solle.
Endlich von seiner Glaubwürdigkeit überzeugt war man, als 1958 eine vierzehnjährige Schülerin der Mädchenschule schwanger wurde und Brian Jones als Vater angab. Diese Neuigkeit löste in Cheltenham einen Skandal aus und tauchte sogar in den weniger sensationshungrigen überregionalen Sonntagszeitungen auf als spottheischender Widerspruch zu dem selbsterwählten Image der Stadt als Badeort für gesetzte Leute. Für Lewis und Luisa Jones war dies eine Zeit, über die sie auch heute noch nur mit Mühe reden können. Das Baby wurde geboren, aber zur Adoption freigegeben. Nachdem er eine solche Schande über sich und die Familie gebracht hatte, blieb den Eltern nur die Hoffnung, daß Brian seine Lektion ein für allemal gelernt hatte.
Der Skandal führte zu seinem vorzeitigen Abgang von der Schule, obwohl er sich in neun Fächern für Leistungskurse und in Physik und Chemie für Hochleistungskurse qualifiziert hatte. Während der folgenden achtzehn Monate arbeitete er abwechselnd als Verkäufer, als Kohlenträger und als Anlernling im Architekturbüro des Stadtrates. Eine jungenhafte Leidenschaft für Busse führte dazu, daß er eine kurze Karriere als Schaffner und Fahrer bei der Stadt begann. Er spielte weiterhin in verschiedenen »Trad«-Bands das Alt-Saxophon, dann in einer Rock'n' Roll-Combo, die sich The Ramrods nannte und einen gewissen Lokalruhm genoß, bis ihr Sänger in die Flitterwochen verschwand und an einem Kartoffelchip erstickte.
1961 schwängerte Brian ein zweites Mädchen. Sie

Die »original Rolling Stones«, noch mit Ian Stewart (links außen).

hieß Pat Andrews und hatte Brian in der Aztec-Kaffeebar kennengelernt, als er gerade mal wieder keine Arbeit hatte. Er war inzwischen zu Hause ausgezogen und wohnte mit seinem Freund Dick Hattrell in einer Wohnung in der Nähe der Kunstschule. Diesmal schien er zu akzeptieren, daß ihm keine andere Wahl blieb, als das Mädchen, dem er das Kind angehängt hatte, zu heiraten: Pat jedenfalls hielt seine Absichten für ehrlich. Nachdem das Baby geboren war, besuchte er sie im Krankenhaus und brachte ihr einen riesigen Blumenstrauß mit. Um ihn kaufen zu können, hatte er einige seiner kostbaren Platten zu Geld gemacht. Auf sein Drängen hin wurde das Baby Julian getauft – nach dem Jazzmusiker Julian »Cannonball« Adderly.

Brian heiratete Pat Andrews nicht. Statt dessen brach er kurz nach seinem Gespräch mit Alexis Korner nach London auf, um eine Stelle anzunehmen, die sein Vater bei einer Firma für Optikerbedarf für ihn gefunden hatte. Sein Freund Dick Hattrell begleitete ihn. Lewis und Luisa Jones hörten nichts mehr von ihrem Sohn, bis er es zu nationaler Bekanntheit gebracht hatte. Er schrieb weiterhin an Pat Andrews und versicherte ihr, daß er sie immer noch liebe und sie und das Baby bald nachholen wolle. Pat wurde immer unruhiger, seit sie erfahren hatte, daß er in London mehrere Freundinnen hatte. 1961 endlich nahm sie eines Tages Julian Mark auf den Arm, und mit einer einzigen Pfundnote in der Handtasche verließ sie mit dem Fernbus Cheltenham, um den Vater ihres Kindes aufzuspüren.

Sogar seinen Namen hatte er in Cheltenham zurückgelassen. Es war nicht Brian Jones, sondern »Elmo Lewis«, der seinen ersten Gastauftritt bei Blues Incorporated in Ealing gab. Auch das Instrument hatte er gewechselt – statt eines Alt-Saxophons spielte er jetzt eine elektrische Gitarre, eine funkelnagelneue Gibson. Das Geld hatte er zur Hälfte zusammengespart, zur anderen Hälfte gestohlen, und mit der bei ihm schon bekannten Mischung aus Intuition, Willenskraft und Begeisterung hatte er das Instrument zu beherrschen gelernt.

Man kann sich keinen größeren Gegensatz vorstellen als den zwischen den älteren Bluesmusikern, die eher wie bierselige Trinker aussahen, und dem Jungen, der in seinem eleganten italienischen Anzug zu Alexis auf die Bühne trat und einen Finger steif auf die perlenbesetzten Bünde seiner funkelnden neuen Gibson gelegt hatte. Sein Debüt gab er mit dem Elmore James-Klassiker *Dust My Blues*. In seinem Wohn-Schlaf-Zimmer in West-London hatte er sich beigebracht, die Nummer genauso zu spielen, wie James es tat – mit metallischen »Rutschern«. Er fuhr mit dem Metallplättchen über den Gitarrenhals, um jede Note in die Länge zu ziehen und ihr eine zornige, sarkastische Zweitstimme zu geben. Das plötzliche Auftauchen von Pat Andrews und dem Baby Julian hatte die Verwandlung von Elmore in Elmo nur vorübergehend unterbrochen.

Alexis erinnert sich, daß Brian Jones' Bühnenauftritt schon damals eine unterschwellige, aber unverkennbare aggressive Färbung hatte. Die Tatsache, daß er auf der Bühne vollkommen still stand, verstärkte bei allen, die kamen, das Gefühl einer Provokation, obwohl er die Lider versonnen gesenkt hielt und die Lippen in jungfräulicher Versonnenheit spitzte. »Er hatte längst gelernt, wie man ein Publikum *ködert,* ehe Mick auch nur auf den Gedanken dazu kam. Man muß gesehen haben, wie seine jungen Zuschauer reagierten, wenn Brian ein Tambourin nahm und es nur einmal kurz vor ihren Gesichtern schüttelte.«

Selbst die Korners, seine besten Freunde in London, wußten bis auf das, was er versehentlich preisgab, so gut wie nichts über Brian. Er erwähnte sein Elternhaus und seine Familie mit keinem Wort, und nur unter größten Qualen nahm er das gräßliche Wort »Cheltenham« in den Mund. Seinen Ersatzeltern Alexis und Bobbie wurde mit der Zeit klar, daß hinter Brians dringlichem Wunsch, berühmt zu werden, ganz gleich mit welchen Mitteln, eine unglaublich tief gehende Enttäuschung und Unzufriedenheit steckte.

Inzwischen hatte er seine Stelle als Anlernling bei der Optikerfirma aufgegeben und arbeitete als Verkäufer für Elektrogeräte im Kaufhaus Whiteley's im Queensway, eine Ecke von der Wohnung der Korners in der Moscow Road entfernt. Alexis sah ihn manchmal nach der Arbeit, wenn er über die Straße ging, um ein Mädchen zu treffen, das ihn vorwurfsvoll im Eingang von Mac Fisheries Laden erwartete. Pat Andrews und das Baby waren zwar in Brians winzige Wohnung in Notting Hill eingezogen, doch sahen sie jetzt ebenso wenig von ihm, wie Pat von ihm in Cheltenham gesehen hatte. Schließlich war sie gezwungen, eine Teilzeitbeschäftigung anzunehmen, um das Kind ernähren zu können, das Brian inzwischen kaum noch als das seine ansah.

Bei den Korners und im Ealing Club gab er sich als Junggeselle, den nur Kleider und die Gründung einer Bluesgruppe interessierten, die die Welt im Sturm erobern würde. Jedesmal wenn er im Ealing Club auftauchte, schien er einen neuen Anzug, ein neues Hemd und eine neue Freundin mit Hochfrisur zu haben, die ihn anhimmelte und ihm getreulich folgte. Das Geld für diesen Lebensstil kam nur allzuoft aus Pat Andrews winziger Lohntüte, und des öfteren war es auch aus der Ladenkasse der Elektroabteilung bei Whiteley's gestohlen.

Er entging der Bestrafung immer mit knapper Not. Was ihn über Wasser hielt, war sein Glaube an seine Bestimmung und seine Art, jemanden anzuschauen, als könnte er kein Wässerchen trüben. Wenn Brian jemanden mit seinen großen Babyaugen fixierte und mit seiner zarten, lispelnden, durch eine gute Kinderstube gebildeten Stimme sprach, konnte man sich unmöglich vorstellen, welche Verheerungen sich schon hinter seinem Rücken angesammelt hatten. »Er hatte eine ganz eigene Art zu sprechen«, erzählte Alexis Korner. »Es war eine wunderbare Mischung aus guten Manieren und Grobheit.«

Während er dem Anschein nach noch mit Pat, Julian und Dick Hattrell zusammenwohnte, brachte er es fertig, ein fast nomadenhaftes Leben in und um London zu führen. Er reiste von Stadt zu Stadt, kundschaftete die Musikkneipen aus und setzte sich, in der Hoffnung, Musiker für eine eigene Band zu finden, überall mit den Gruppen zusammen. Zu den Orten, an denen er regelmäßig auftauchte, gehörte Guildford. Dort spielte er im Wooden Bridge Hotel mit einer zusammengewürfelten Band, die sich Rhode Island Red and the Roosters nannte und einen blassen und – wie es damals schien – absolut hoffnungslosen Gitarristen namens Eric Clapton begleitete.

In Oxford, einer Stadt, die auf Katakomben von Jazz- und Bluesclubs gebaut zu sein schien, freundete er sich mit einem Studenten namens Paul Pond an, der der Bandleader der Bluesgruppe Thunder Odin's Big Secret war. Aus Paul Pond sollte Paul Jones werden, der Sänger der Manfred Mann Group. »Brian war damals ganz *entsetzlich* zurechtgemacht«, erinnert sich Jones. »Italienisches Jackett, schicke Schuhe und nie auch nur ein einziges Haar, das nicht an der richtigen Stelle lag. Wenn er nach Oxford kam, hat er immer auf meiner Couch geschlafen. Ich erinnere mich, daß ich eines Morgens wach geworden bin und ein entsetzliches Keuchen und Schnaufen aus dem Nebenzimmer gehört habe. Brian lag auf dem Sofa und konnte kaum noch atmen. Er brachte mühsam heraus, daß er einen Asthmaanfall hätte und sein Inhalationsgerät auf der Party vergessen hatte, auf der wir am Vorabend gewesen waren. Ich mußte mich auf mein Fahrrad schwingen und das Ding sofort holen.«

Nachdem er mehrfach mit Thunder Odin's Big Secret zusammengekommen war, entschied Brian, daß »P. P. Pond« der Bluespartner war, den er brauchte. Die beiden bespielten ein Band, das Alexis Korner so sehr beeindruckte, daß er sie als »Pausengruppe« für den Ealing Club engagierte. So kam es, daß P. P. Pond, von Elmo Lewis auf der Gitarre begleitet, gerade *Dust My Blues* sang, als Mick Jagger, Keith Richards und Dick Taylor gemeinsam den Club betraten.

Vor allem bei Keith löste das augenblicklich eine Art Heldenverehrung aus, die noch von seinem Hang, Namen zu verwechseln, verstärkt wurde. »Das ist Elmore James«, flüsterte er den anderen immer wieder zu. »Er ist es, Mann – er ist es wirklich! Verdammt, das ist der echte Elmore James!« Später saßen sie bei vielen Bieren die halbe Nacht mit »Elmo Lewis«, alias Brian Jones, zusammen, und redeten über Blues. Den Jungen aus Dartford erschien er wie eine verkrachte Existenz. Er war nur ein Jahr älter als Mick und Keith, doch bereits jetzt ein Halbprofi und – wie sich herausstellte – auch schon Vater. Keith erinnert sich, daß Brians schmächtiger Körper aus nächster Nähe auf den kurzen, kräftigen Beinen breiter zu werden schien. »Er war wie ein kleiner walisischer Bulle«, sagt Keith. »Er war breit gebaut, und er wirkte sehr zäh.«

Dieses erste Gespräch beschränkte sich auf einen Austausch von Meinungen. Brian, der sich hauptsächlich für den vom Jazz beeinflußten Blues interessierte, hatte Chuck Berry noch nicht entdeckt. Er hörte aufmerksam zu, als Keith ihm von Berry und Jimmy Reed erzählte. Gleichzeitig gab er deutlich zu verstehen, daß seine Ziele weitaus höher gesteckt waren, als neben dem Stuhl als Alexis Korners Ersatzsänger aufzutreten, und daß er auch mehr als ein rotnasiger, pickeliger Gitarrist werden wollte, dessen bisher einziger öffentlicher Auftritt im Garten eines Reihenhauses in Bexleyheath stattgefunden hatte.

Die Partnerschaft zwischen Elmo Lewis und P. P. Pond überdauerte nur dieses eine Engagement. Paul Pond ging wieder nach Oxford, um dort erneut sein Studium aufzunehmen und auf das Schicksal zu warten, das ihn an die Seite von Manfred Mann bringen sollte. Wieder auf der Suche nach Partnern, gab Elmo Lewis eine Anzeige in *Jazz News,* dem Informationsblatt der Clubs von Soho auf, in der Interessenten großzügig eingeladen wurden, im Hinterzimmer einer Kneipe in der Berwick Street, die sich Bricklayer's Arms nannte, probezuspielen.

Der erste Bewerber, Ian Stewart, erschien auf einem Rennrad und schien alles andere als der Bluespianist zu sein, für den er sich ausgab. Untersetzt, muskulös, das kampflustig vorspringende Kinn vorgereckt, betrat er in einer kurzen Lederhose den Proberaum. In der Hand hielt er ein Stück Schweinepastete, das er sich zum Mittagessen gekauft hatte. Als er sich jedoch ans Klavier gesetzt hatte, lösten sich alle von derartigen Äußerlichkeiten herrührenden Bedenken sofort auf. Mit einem stämmigen Bein die Pedale bearbeitend, konnte er mit seinem *Bye Bye Blackbird* selbst die nikotinvergilbten Klaviertasten ihr Dasein vergessen lassen und ihnen den hektischen, blechernen Klang der Ragtime- und Barrelhouse-Ära entlocken. Anschließend lehnte er sich zurück, holte seine Pastete heraus und begann unbekümmert zu essen.

»Stew« wurde gemeinsam mit dem ebenfalls angeworbenen Sologitarristen Geoff Bradford zum Kern von Brians Gruppe. Im Lauf der nächsten Tage schneiten auch Mick Jagger, Keith Richard und Dick Taylor herein. Stew kannte sie aus dem Ealing Club, doch hielt er keinen von ihnen für einen Musiker von seiner oder Bradfords Klasse. Seine besondere Aufmerksamkeit erregte nur Keith. »Ich glaube,

Keith war damals sehr verschüchtert. Mick hatte sich mit Brian angefreundet, und das schien bei Keith Nervosität und Unbehagen auszulösen.«

Zwischen Geoff Bradford, einem reinen Bluesgitarristen, der den Stil eines Muddy Waters spielte, und Keith, dem Chuck Berry-Anhänger, kam es bald zu Auseinandersetzungen. Bradford lehnte es überheblich ab, irgend etwas mit diesem »Rock'n' Roll-Quatsch« wie *Roll Over Beethoven* und *Sweet Little Sixteen* zu tun zu haben, und nach wiederholten heftigen Wortwechseln verließ er den Raum, um nie mehr zurückzukehren. Doch zu diesem Zeitpunkt hatten Elmo Lewis, die drei Jungen aus Dartford und Stew schon genügend Gemeinsamkeiten entdeckt, um zusammen weiterzumachen.

Dreimal wöchentlich probten sie im Hinterzimmer von Bricklayer's Arms, obwohl diese Embryogruppe, die auch noch immer ohne Namen war, keinerlei Aussichten auf einen Auftritt hatte. »Um sieben sollte es losgehen, und um Punkt sieben waren wir alle da«, sagt Ian Stewart. »Der einzige, auf den man sich nie verlassen konnte, war Brian. Es konnte vorkommen, daß er plötzlich für ein paar Tage verschwand, und wenn er wieder auftauchte, wollte er sofort eine Probe ansetzen. Ich habe Brian nie wirklich getraut – vor allem auch deshalb, weil er uns immer gesagt hat, daß wir ihm trauen könnten.«

Der zuverlässige Stew hatte eine feste Ganztagsstelle in der Versandabteilung der Imperial Chemical Industries am Buckingham Gate. Sein erster Eindruck von Mick und Keith war, daß sie fast schon wie Landstreicher aussahen, ziemlich am Ende, heruntergekommen und heißhungrig. Mick hatte kein Geld außer seiner Studentenbeihilfe und sieben Pfund wöchentlich; dazu kamen die wenigen Shilling, die er einnahm, wenn er mit Alexis sang. Keith, dem der Rausschmiß aus dem Sidcup Art College unmittelbar bevorstand, war ganz auf die Almosen seiner Mutter angewiesen. »Sie machten beide den Eindruck, als würden sie gemeinsam verhungern. Aber Mick war immer noch besser dran. Es kam immer wieder vor, daß er Keith allein ließ und in ein etwas besseres Café ging. Mick hatte immer schon ein liebevolles Verhältnis zu seinem Magen.«

Der erste Funke von Originalität in der Gruppe wurde durch ein spontanes Wechselspiel zwischen Brian auf seiner Gibson und Keith auf seiner Hofner entzündet. Sie spielten nicht »Lead«-Gitarre und untergeordnete »Rhythmus«-Gitarre, sondern ein Duett, bei dem sich beide in ihren Soli übertreffen wollten. Der eine ging im Zickzack die Baßnoten hinunter, während der andere die Höhen erklomm. Das Entstehen dieser »Zwei-Gitarren-Band« schien unendlich aufregendere Aussichten zu versprechen, als sie von dem dürren Wirtschaftsstudenten zu erhoffen waren, der geduldig dasaß und wartete, daß er singen durfte. Schon damals war es in dem Trio Mick, Keith und Brian so, daß der dritte unerbittlich abgemeldet war, wenn sich zwei von ihnen zusammentaten.

Ihre Musik war bis in die Kneipe hinein zu hören, und eines Abends traf sie auf verständnisvolle Ohren. Später in der Bar kam ein Mann mittleren Alters auf sie zu und wies sich mit einer Visitenkarte als »David Norris, Künstleragentur, Cockfosters« aus. Er sagte ihnen, daß ihm das, was er gehört hatte, gefallen habe und daß er ihnen Engagements auf Bällen und in Tanzsälen verschaffen könnte – vielleicht sogar auf Militärstützpunkten auf dem europäischen Festland –, unter der Voraussetzung, daß sie sich anständige Instrumente und Bühnenanzüge besorgten. Mr. Norris handelte sich mit diesem Angebot eine entschiedene Absage ein. Alle fünf hatten gelobt, ihre Musik nie kommerziell zu »verramschen«, auch dann nicht, wenn das bedeuten sollte, daß sie nie auch nur ein einziges Engagement bekommen sollten.

Der einzig wahre Stern am Blueshimmel blieb Alexis Korner. Im Sommer 1962 schien es, als würde Korners kometenhafte Karriere Mick Jagger hinter sich zurücklassen. Blues Incorporated hatte das erste Angebot für eine überregionale Sendung im Jazzclub des Unterhaltungsprogramms von BBC bekommen. Die Sache hatte jedoch zwei Haken. Der erste war, daß der Auftritt für BBC am 12. Juli sich mit Korners Donnerstags-Engagement im Marquee überschnitt; der zweite war, daß die BBC in ihrer typischen Sparsamkeitswut nur für fünf Musiker zahlen wollte. Folglich mußte Korner auf denjenigen in seiner Formation verzichten, der am ehesten zu entbehren war – auf den Sänger.

Jagger machte es nichts aus, fallengelassen zu werden. Im Gegenteil: Er konnte es kaum erwarten, daß

Korner diese Chance wahrnahm, einem landesweiten Publikum den Blues nahezubringen. Es wurde vereinbart, daß Korners erster Sänger draußen in Ealing, Long John Baldry, im Marquee einspringen sollte. Der Manager des Marquee, Harold Pendleton, erklärte sich einverstanden, als Pausenband der Gruppe eine Chance zu geben, die im Bricklayer's Arms geprobt hatte, wenn auch anscheinend mit so wenig Zukunftshoffnung, daß sie sich bisher noch keinen Namen zugelegt hatte. Immerhin war das Engagement so bedeutend, daß in den *Jazz News* vom 11. Juli ein Absatz darüber stand.

> Mick Jagger, Rhythm and Blues-Sänger, kommt morgen abend mit einer Rhythm & Blues-Gruppe ins Marquee, während die Blues Inc. im Jazz Club auftritt.
>
> Sie nennen sich »The Rolling Stones« (»Ich hoffe, man hält uns nicht für eine Rock'n' Roll-Gruppe«, sagt Mick) und spielen in folgender Besetzung: Jagger (Gesang), Keith Richards, Elmo Lewis (Gitarre), Dick Taylor (Baß), »Stew« (Klavier) und Mick Avery (Schlagzeug).

Den Namen hatte Brian ausgesucht zu Ehren des Muddy Waters-Songs *Rolling Stone*. Ian Stewart brachte schwere Einwände gegen ihn vor. »›The Rolling Stones‹ – ich habe gesagt, daß ich das einfach schrecklich finde! Es klang wie der Name einer irischen Kapelle oder nach Leuten, die lieber im Savoy auftreten sollten.« Der Schlagzeuger Mick Avery schien ebenfalls seine Zweifel zu haben, doch gestand er zu – ebenso wie die anderen –, daß Brian, der die Gruppe gegründet hatte, sie nennen konnte, wie er wollte.

So kam es, daß die sechs Rolling Stones am 12. Juli 1962 ihrem ersten Publikum gegenüberstanden. Die genau festgelegte Liste von Songtiteln war auf einer Seite von Ian Stewarts Taschenkalender notiert. Mick trug einen Pullover, Brian eine Cordjacke und Keith einen dunklen Anzug, aus dem er längst herausgewachsen war. Sein Hemdkragen und seine Manschetten schauten hervor, wie bei dem engelhaften Chorknaben, der er früher einmal gewesen war. Hinter ihnen warfen sich Dick Taylor, Ian Stewart und Mick Avery unheilverkündende Blicke zu. »Man konnte hören, wie die Leute sagten: ›Rolling Stones ... Rolling *Stones*...‹ «, erinnert sich Dick Taylor. »›Ach ... Rock'n' Roll, na ja ...‹ Noch bevor wir auch nur eine Note gespielt hatten, konnten wir schon die Feindseligkeit spüren.«

Großbritannien im Jahr 1962, das war eine Nation, deren erstes Interesse es immer noch war, sich von 1939 zu erholen. Die einzige Generation, die zählte, war die, die den Krieg und seine kaum weniger unangenehmen Nachwirkungen überlebt hatte, angespornt durch den tiefen Glauben, daß die Butter eines Tages nicht mehr rationiert sein und man irgendwann keine Marken mehr benötigen würde, um Kleider oder Schokolade zu kaufen. Diese Wunder waren eingetroffen – und noch viel mehr. In den britischen Haushalten gab es jetzt, ebenso wie in den amerikanischen, die man auf der Kinoleinwand sehen konnte, Fernsehgeräte, Waschmaschinen und Garagen, in denen Wagen mit Heckflossen standen. Es gab Transistorradios und Cocktailschränkchen. Und man konnte Harold Macmillan, dem Premierminister seit der Suez-Krise, glauben, wenn er dem Land sagte: »So gut hast du es noch nie gehabt.« In erster Linie wegen dieses mächtigen Aberglaubens blieb die Regierung fest in Händen eines älteren Herrn, dem sein weißer Haarkranz und der schlaff herunterhängende Schnurrbart das Aussehen eines verbrauchten, aber selbstzufriedenen Seelöwen verliehen.

Das Jahrzehnt, das sich 1962 immer noch nicht klar definiert hatte, war eigentlich schon 1955 angebrochen, als erste Anzeichen einer problematischen neuen Spezies erstmals zu erkennen gewesen waren: des »Teenagers«. Es handelte sich dabei jedoch um eine Spezies, die während der nächsten fünf Jahre kaum Einfluß auf das Leben in Großbritannien nehmen sollte. Denn schließlich entsprangen diese »Teenager« fast ausschließlich dem, was nach wie vor abfällig als die »Arbeiterklasse« abgetan wurde. Rock'n'Roll-Musik, Skiffle, lange Haare und Kaffeebars wurden in einem Atemzug als ein Ausfluß der proletarischen Unterschicht verdammt. »Pop«, der verbesserte Rock-Sound, rangierte nicht wesentlich höher auf der gesellschaftlichen Stufenleiter. Der erfolgreichste englische Vertreter dieser Musikrichtung, Cliff Richard, konnte nur überleben, weil

er die verwahrloste Aura des »Rockers« gegen die des herkömmlichen Showbusineß-Stars eingetauscht hatte.
Die Veränderung nahte, in diesem Augenblick, in einem klapprigen Transporter, der aus dem bisher unbeachteten Liverpool auf dem Weg nach London war. Im Juni 1962 ließ der Boß einer unbekannten Plattenfirma, der Parlophone, vier junge Musiker aus Liverpool, die bis dahin von allen führenden Plattenfirmen abgewiesen worden waren, probespielen. Ihre erste Platte – die mit Mühe aus einem exzentrischen und nicht kommerziellen Repertoire ausgewählt worden war – sollte erst im folgenden Oktober erscheinen. Die Platte hieß *Love Me Do,* die Gruppe The Beatles.

Die dringlichste Frage, die sich den Rolling Stones im Oktober 1962 stellte, war, ob sie auch die kommende Woche überleben würden. Dabei spielte es kaum eine Rolle, daß ihr Debüt im Marquee Club besser gelaufen war, als es vorher einer von ihnen zu hoffen gewagt hätte. Für das reine Jazz- und Bluespublikum des Clubs war allein schon der Anblick von Dick Taylors Baßgitarre ein Grund, sie zu verwünschen. Aber es waren auch eine ganze Reihe von »Mods« aus Wembley und Sheperd's Bush dagewesen, die Chuck Berry und Bo Diddley ebenso verehrten wie Keith, und die hatten – wie es sich für »Mods« gehörte – die Mißbilligung der Jazzfans lautstark übertönt. Das aber machte die neue Gruppe bei Harold Pendleton, der das Marquee für die National Jazz League leitete, nur noch unbeliebter. Seit ihrem Auftritt in seinem Club hatte sich Pendleton keine Gelegenheit entgehen lassen, seiner Feindseligkeit gegenüber ihrer Musik, ihrer Kleidung, ihrer Einstellung und – so erschien es Ian Stewart – dem geradezu perversen Fehlgriff bei der Namensgebung Ausdruck zu verleihen.
Neue Engagements bot Harold Pendleton ihnen nur, wenn er sie als Lückenbüßer für andere Bands brauchte, die nicht erschienen waren. Oft rief er, nachdem er die Gruppe bereits engagiert hatte, bei Brian Jones an und sagte, daß er sie doch nicht haben wolle. An den Abenden, an denen sie es tatsächlich schafften, im Marquee aufzutreten, machte sich Pendleton voller Sarkasmus über die Band lustig. Zielscheibe seines Spotts war häufig der schlaksige, schüchterne Keith Richard mit seinem fadenscheinigen schwarzen Anzug und seinem pickeligen Gesicht, der auf der Gitarre die Chuck Berry-Motive spielte, die Pendleton so laut vernehmlich und vernichtend niedermachte.
Die Kränkungen, die Pendleton und die Jazzanhänger ihnen ständig zufügten, bewogen Brian Jones in seiner Eigenschaft als Bandleader dazu, einen langen, hochtrabenden Brief an *Jazz News* zu verfassen, eine Klage über »den pseudointellektuellen Snobismus, von dem die Jazzszene bedauerlicherweise befallen ist ... Es muß jedem einleuchten«, fuhr Brian gewichtig fort, »daß der Rock'n' Roll dem Rhythm and Blues viel enger verwandt ist als letzterer dem Jazz, und zwar insofern, als der Rock eine unmittelbare Verwandlung des Rhythm and Blues ist, wogegen es sich beim Jazz um schwarze Musik auf einer anderen Ebene handelt, intellektuell zwar höher stehend, aber von geringerer emotionaler Intensität ...«
Einen Vorwurf konnte Harold Pendleton den Rolling Stones allerdings zu Recht machen. Obwohl sie mehr als genug Gitarristen und sogar einen Sänger hatten, der kein Instrument spielte, war es ihnen bisher nicht gelungen, einen Schlagzeuger dazu zu überreden, sich ihnen anzuschließen. Denn während sich im Grunde genommen jeder eine Gitarre kaufen und darauf herumzupfen konnte, verlieh ein Schlagzeuger, der das gewaltige Kapital von fünfzig Pfund und mehr investieren mußte, einer Gruppe augenblicklich etwas Professionelles und den Anstrich von Dauerhaftigkeit. Mick Avery, der am ersten Abend im Marquee mit ihnen gespielt hatte, war nur eingesprungen, um ihnen einen Gefallen zu tun. Alle Schlagzeuger, die sie danach ausprobiert hatten, kamen von Jazzbands und waren nicht in der Lage oder nicht gewillt, sich den typischen Background-Beat des Rhythm and Blues anzueignen. Die einzige Ausnahme war Charlie Watts, der manchmal mit Blues Incorporated auftrat, aber auch mit einer Band aus Soho spielte, die sich Blues By Six nannte. Obwohl Charlie vom Jazz kam, gab er ihnen immer genau das, was sie wollten, auch wenn sein langes Gesicht dabei immer eine mürrische Miene trug. Doch anscheinend ging es ihm so gut, daß ihm der Gedanke, sich den Rolling Stones endgültig anzuschließen, nicht kam. »Damals hatten wir

alle eine gewisse Ehrfurcht vor Charlie«, sagt Keith. »Wir dachten, er sei viel zu teuer für uns.«
Brian Jones' Doppelleben als widerwilliger Familienvater und vogelfreier Londoner Junggeselle bekam im Spätsommer einen neuen Aspekt, als er, Mick Jagger und Keith Richard gemeinsam eine Wohnung in Edith Grove in Chelsea mieteten. Die drei teilten sich zwei Zimmer in einem baufälligen Haus, das regelmäßig unter dem Lärm der Lastwagen, die durch die Fulham Road donnerten, erzitterte. Selbst an den Maßstäben der Billigunterkünfte Londons gemessen, war die Wohnung heruntergekommen. Die feuchten Tapeten schälten sich von den Wänden, die Möbel waren abgenutzt, die Vorhänge schmutzig, und die kahlen Glühbirnen folgten ausschließlich dem Willen eines einzigen Münzstromzählers. Das Bad im Treppenhaus teilten sie sich mit den Mietern der Wohnung unter ihnen. Wer es nach Einbruch der Dunkelheit aufsuchte, nahm sich einen Vorrat an Zeitungspapier, Streichhölzer und eine Kerze mit. Keith sprach einmal davon, sich einen Revolver kaufen zu wollen, damit er dort sitzen und auf die Ratten schießen könne.
Die minimale Miete wurde von Mick Jaggers Studentenbeihilfe und Brians Lohn als Verkäufer bei Whiteley's bezahlt. Keith brachte es fertig – von einem kurzen Intermezzo als Aushilfsbriefträger vor Weihnachten abgesehen –, sich mit keiner anderen Beschäftigung zu belasten als mit seinem Gitarrespiel. Sein Beitrag zu ihrem gemeinsamen Haushalt bestand in den Essenspaketen, die seine Mutter aus Dartford schickte. Außerdem erschien Doris Richards einmal wöchentlich in der Wohnung und holte Berge von schmutziger Unterwäsche und Hemden zum Waschen ab.
Um die Miete leichter zahlen zu können, nahmen sie einen vierten Mitbewohner auf – einen jungen Drucker, den sie nur unter »Phelge« kannten. »Er gehörte zu der Sorte von Verrückten, die man damals in Chelsea traf«, erzählt Keith. »Man kam durch die Haustür, und oben auf der Treppe stand Phelge mit seiner Unterhose auf dem Kopf.«
Für Mick bot die Wohnung in Edith Grove eine Gelegenheit, die häuslichen Zwänge loszuwerden und die Vorwürfe seiner Mutter, die sie ihm ständig machte, weil er angeblich seine ganzen Chancen vertat. Dennoch blieb er in erster Linie ein Wirtschaftsstudent, der genau wußte, daß er eines Tages den Blues aufgeben mußte, um für seinen Abschluß zu arbeiten. Selbst wenn sie im Marquee oder bei einem der häufigen Feste in Chelsea die ganze Nacht lang aufblieben, machte er sich am nächsten Morgen auf den Weg nach Aldwych zu seinen Vorlesungen. Und wenn der Einfluß seines Vaters auch nachließ, so brach er dennoch nicht ganz mit der Gewohnheit, sich sportlich fit zu halten. Der matte, bleiche Jüngling, der in Chelsea herumlungerte, erschien regelmäßig zu den Fußballspielen der Zweiten Elf der London School of Economics.
Keith, der ohne Job und so gut wie ohne Geld war, verbrachte die Tage meistens in der Wohnung, und das nur in Gesellschaft des Münzautomaten und seiner Gitarre. Brian hatte zu Anfang noch den Job bei Whiteley's und, wie man vermutete, ein zweites Zuhause bei Pat Andrews und dem Baby. Mit dem Job bei Whiteley's war es aus, als er bei einem Griff in die Ladenkasse ertappt wurde. Und auch sein Kontakt zu Pat und dem Baby war weitgehend abgebrochen – nur sein Freund Dick Hattrell ließ sich noch regelmäßig sehen. Jetzt hatte auch Brian nichts mehr zu tun, und er saß den ganzen Tag mit Keith in der Wohnung herum. Er übte mit ihm die Gitarrenduos und allein auf der Mundharmonika, die er auch schon fast perfekt beherrschte. Dann planten die beiden die Beschaffung ihrer nächsten Mahlzeit. Brian brachte Keith den Trick bei, den er in Oxford gelernt hatte, sich am Morgen nach Trinkgelagen in der Nachbarschaft in die Wohnungen einzuschleichen, alle leeren Bierflaschen einzusammeln und sie in eine Kneipe oder einen Laden zurückzubringen, um das Pfand zu kassieren.
Kleine Geldbeträge liefen auch durch Auftritte ein, die Brian an Plätzen arrangiert hatte, die er auf seinen Reisen in die Umgebung von London ausgekundschaftet hatte. Meistens handelte es sich dabei um Tanzveranstaltungen, die an Wochenenden in den Gemeindehäusern oder Turnhallen der Vororte abgehalten wurden. Das Honorar – selten mehr als zwei Pfund am Abend – wurde von Brian in Empfang genommen und dann unter den anderen fünf »aufgeteilt«. Was die anderen nicht wußten, da Brian es nicht für erwähnenswert hielt, war, daß er als ihr Bandleader und – dafür gab er sich aus – Manager und Agent jedesmal noch zusätzlich Geld kassierte.

In jener Zeit war er den anderen immer um ein paar winzige Prozente voraus.
Einen ihrer regelmäßigen Auftrittstermine hatten sie in der St. Mary's-Gemeindehalle in der Hotheley Road in Richmond, wo sie abwechselnd mit einer Gruppe aus Sheperd's Bush spielten, die sich The High Numbers nannte und aus der später The Who wurden. Ein weiterer regelmäßiger Treffpunkt war ein baufälliger hölzerner Tanzschuppen auf der Eel Pie Island auf der Themse bei Twickenham, die man zu Fuß über eine Brücke erreichen konnte, wofür eine Gebühr von sechs Pennies erhoben wurde. Sie fuhren mit öffentlichen Verkehrsmitteln hinaus, mit dem Bus oder mit der U-Bahn, und jedesmal begleitete sie Dick Hattrell, von dem es schien, als könne Brian ihn zu fast allem überreden. Hattrell spielte die Rolle des Roadie, bis er London verließ, um eine Zeitlang als Soldat im Heer zu dienen.
Im Marquee ließ Harold Pendleton seinem Sarkasmus noch immer freien Lauf. Selbst Cyril Davis, der die Stones erst gemocht hatte, schloß sich jetzt den Jazzern an, die gegen sie waren, und strich sie abrupt von einer Liste, die von seiner eigenen Band angeführt wurde. Damals kannte niemand Keith Richards gut genug, um die Warnsignale zu erkennen. Eines Abends im Spätherbst, nachdem er genau über etwas nachgedacht hatte, das Harold Pendleton zu ihm gesagt hatte, nahm Keith seine Gitarre, hob sie hoch wie ein Höhlenbewohner seine Keule und schlug sie Pendleton auf den Kopf.
Danach war natürlich eine Zeitlang an einen Auftritt im Marquee nicht mehr zu denken. Noch weniger Hoffnung bestand auf einen Auftritt in Ken Colyers Studio 51 oder Giorgio Gomelskys Piccadilly Club, in dem sie einen katastrophalen Reinfall erlebt hatten. Daher beschlossen die Rolling Stones, das zu tun, was Alexis Korner getan hatte, als Snobismus und Vorurteile das Fortbestehen der Blues Incorporated bedroht hatten. Sie beschlossen, einen eigenen Club zu gründen und sich eine eigene Anhängerschaft aufzubauen.
Es war ein wandernder Club, der Samstag abends oder Sonntag nachmittags in einer Reihe von Lokalen in Sutton, Richmond, Putney und Twickenham aufmachte. Jeder Auftritt auf dieser Strecke wurde mit demselben lakonischen Plakat angekündigt: »Rhythm & Blues mit den Rolling Stones. Eintritt vier Shilling«. Zum Glück besaß Ian Stewart nicht nur sein Rennrad, sondern auch einen Transporter, und so konnte er sie und ihre Anlage auch zu Kneipen in Orten befördern, die noch weiter entfernt lagen, etwa in Windsor, Guildford und Maidenhead. Stew erwies sich als unentbehrlich, wenn es darum ging, die Instrumente und Verstärker auszuladen, obwohl er nicht immer die Chance bekam, selbst mitzuspielen. »Wenn es in der Kneipe kein Klavier gab, habe ich es mir einfach im Wagen bequem gemacht und geschlafen. Schließlich mußte ich am nächsten Morgen aufstehen und arbeiten gehen.«
Das Fehlen eines festen Schlagzeugers war nach wie vor ärgerlich. Mick Avery, der meistens mit ihnen auftrat, hatte nicht viel Gefühl für Rhythm and Blues. Carlo Little von Cyril Davis' Gruppe, den sie wesentlich besser fanden, hatte nicht selten dringende außerplanmäßige Termine mit Screaming Lord Sutch and The Savages. Da sie nicht an Charlie Watts herantreten wollten, begnügten sie sich widerwillig mit einem Jungen, der Tony Chapman hieß und in etlichen halbprofessionellen Rock'n' Roll-Gruppen gespielt hatte. Doch Chapman, er war Handelsreisender, ließ mehr Termine platzen, als er einhielt.
Kurz vor Weihnachten erlebten sie einen weiteren Rückschlag. Dick Taylor, ihr Baßgitarrist, verkündete, daß er die Band verlassen werde, um am Royal College of Art zu studieren. Die anderen fragten Tony Chapman, ob er nicht einen Baßgitarristen kenne, der Arbeit suche. Chapman sagte, da gebe es durchaus jemanden, mit dem er früher in einer Popgruppe gespielt habe, die sich The Cliftons nannte. Es wurde vereinbart, daß Tony Chapmans Freund zum Probespielen kommen sollte, und an einem kalten, verschneiten Dezembertag traf er sich mit Brian, Keith und Mick an ihrem alten Treffpunkt in Chelsea, dem Hinterzimmer des Bricklayer's Arms.

Bill Perks hatte seinen Familiennamen immer gehaßt und sich gewünscht, ihn in einen Namen umändern zu können, der sich besser mit seinem Charakter und seinen Vorstellungen vertrug. Er wußte, daß sein Großvater vor fünfzig Jahren das gleiche getan hatte, als er begonnen hatte, illegale Faustkämpfe zu bestreiten. »Als er dann älter wurde und Brieftauben züchtete, hat er weiterhin einen falschen Namen benutzt«, erinnert sich der Mann, der sich in Bill Wyman verwandelt hat. »Er hat seine Tauben immer unter dem Namen Jackson zum Start gemeldet.«

Der Sohn, der William und Kathleen Perks am 24. Oktober 1936 geboren wurde, ließ im ersten Viertel seines Lebens kaum Anzeichen von dem erkennen, was schließlich seine Bestimmung werden sollte. Als Kind war er versonnen, beständig, ruhig und recht fromm. Seine Mutter erinnert sich daran, daß er in seinem Schlafzimmer in der Blenheim Road in Penge oft Stunden damit verbracht hat, in der Bibel zu lesen. Im Beckenham-Gymnasium, das er besuchte, war er gut in Kunst und Mathematik, und er erwies sich auch als brauchbarer Leichtathlet. Die klare Präzision seines Denkens und sein ungeheures Gedächtnis hätten ihn für eine vielversprechende Universitätskarriere qualifiziert, wenn er auch nur ein Jahrzehnt später auf die Welt gekommen wäre. Aber im frostigen Nachkriegsengland, das vom Klassendenken beherrscht wurde, konnte ein intelligenter Junge aus der Arbeiterschicht nicht mehr erhoffen als ein ehrbares Angestelltendasein. Sein Vater, ein Maurer, der bei jedem Wetter im Freien arbeitete, war begeistert von der Vorstellung, daß Bill einen »gemütlichen Bürojob« bekommen könnte.

Seine erste Anstellung fand er bei City Tote, einer Buchmacherfirma im Londoner Westend. Dann wurde er zu einem zweijährigen Wehrdienst als Büroangestellter bei der Königlichen Luftwaffe »einberufen«. Einen Teil dieser Zeit verbrachte er in Westdeutschland auf einem Luftwaffenstützpunkt bei Bremen. Bei dem Gedanken an seine Militärzeit erinnert er sich hauptsächlich daran, fast erfroren zu sein, an das rituelle Anmalen der Kasernenöfen, die nicht heizten, und daran, im AFN zum ersten Mal in seinem Leben Rock'n' Roll gehört zu haben. Er erinnert sich auch daran, einen Soldaten namens Lee Wyman besonders gemocht zu haben, ohne sich damals dessen bewußt zu sein, daß das, was ihn so ansprach, der Nachname war.

Als er nach seiner Entlassung vom Militär eine Stelle als Lagerverwalter bei einer Maschinenbaufirma in Streatham, Süd-London annahm, hatte er sich in Gedanken schon in Bill Wyman verwandelt. Er organisierte das Lager mit penibler Sorgfalt, katalogisierte die Bestände und hielt die Bestandshöhe mit einem durchdachten System aus Etiketten und farbigen Bändchen jederzeit sicher fest. 1959 heiratete er ein Mädchen namens Diane, die er in Beckenham beim Tanzen kennengelernt hatte, und zog mit ihr in eine Wohnung über einer Autowerkstatt in Penge.

Seine erste Gitarre, die er sich während seines Wehrdienstes gekauft hatte, war ein spanisches Modell und so schlampig hergestellt, daß er kaum die Saiten drücken konnte. In den folgenden ein, zwei Jahren spielte er mit Gruppen, die aus Soldaten und Zivilisten bunt zusammengewürfelt waren. »Ich war nie ein besonders guter Gitarrist. Die Akkorde sind mir nie gut gelungen. Deshalb bin ich auf die Baßgitarre umgestiegen, sobald es so was bei uns gab.«

Im Dezember 1962 war er bereits ein Halbprofi, der regelmäßig bei The Cliftons den Baß spielte und gelegentlich auch in Bühnenshows auftrat, die der große Impresario des Pop, Larry Parnes, veranstaltete. Er war schon so weit aufgestiegen, daß er Parnes' Entdeckung, Dickie Pride, begleiten durfte, einen winzigen Jungen, der damals als »Großbritanniens Little Richard« etikettiert wurde. »Wir mußten Bühnen-Make-up tragen ... und alle die gleichen Anzüge. Ganz schreckliche Dinger. Man wußte immer, daß sie schon von jemand anderem abgelegt worden waren.«

Folglich hatte Bill Wyman keine großen Hoffnungen und Erwartungen, als er sich im Bricklayer's Arms die Gruppe ansah, mit der Tony Chapman ein Probespielen für ihn vereinbart hatte. Sein erster Gedanke war – von den Ressentiments seiner Arbeiterherkunft durchsetzt –, daß sie abstoßend »bohemienhaft« und »affig« wirkten. Die anderen fanden ihrerseits auch keinen direkten Draht zu dem Neuankömmling mit den eingefallenen Wangen, der nicht lächelte, sieben Jahre älter war als Mick und Keith und dessen reserviertes Verhalten die Überlegenheit eines Musikers durchscheinen ließ, der bereits Dickie Pride begleitet hatte. Was ihn jedoch begehrenswert machte, war seine einfach großartige Anlage. Außer seiner Baßgitarre schleppte er *zwei* riesige schwarzgoldene Verstärker an. Bereits der Verstärker, den er leichthin als seinen »überzähligen Ersatz« bezeichnete, war ein Vox 850 und größer als alles, was Keith Richard jemals außerhalb ei-

nes Schaufensters gesehen hatte. Er stöpselte seinen Baß an, deutete auf den 850er und sagte: »Einer von euch kann seine Gitarre an den anschließen.«
»Ich war nicht sicher – ich dachte, ich probiere es einfach mal eine Zeit mit ihnen«, sagt Bill Wyman, »obwohl ich fand, daß sie zu verlottert aussahen. Kurz darauf entschieden sie, daß sie Tony Chapman als Schlagzeuger loswerden und Charlie Watts holen wollten. Tony ist zu mir gekommen und hat gesagt: ›So, Bill, das war's also. Jetzt können wir selbst eine neue Gruppe aufmachen.‹ Darauf habe ich gesagt: ›Nein ... Ich glaube, ich bin richtig, da wo ich bin.‹ Ich denke, das war eine weise Entscheidung.«
Anfangs schien der Versuch gar nicht so weise zu sein. Bill Wymans Einstieg bei den Rolling Stones fiel in eine Zeit schwerer Schneefälle in England, die zunehmend schlimmer wurden und es ihnen bis auf wenige Ausnahmen unmöglich machten, ihre Auftrittstermine in den Vorstädten einzuhalten. Wenn es ihnen dennoch gelang, den Auftrittsort zu erreichen, spielten sie vor einer katastrophal kleinen Zuhörermenge. Selbst ihrer größeren Gefolgschaft auf der Eel Pie Island schien es zu widerstreben, sich der Brücke über die rasch zufrierende Themse anzuvertrauen. Wyman hockte mit einer Zigarette im Mundwinkel auf seinem Verstärker und bereute seine Torheit, Larry Parnes' Bühnenshows gegen bohemienhafte Typen wie seine neuen Mitspieler ausgetauscht zu haben, die, während sie spielten, noch nicht einmal aufstanden, sondern auf Stühlen oder Hockern im Halbkreis hinter ihrem Sänger saßen, der wie wild seinen Kopf hin und her warf.
Es stellte sich heraus, daß es der schlimmste Winter seit mehr als hundert Jahren in Großbritannien war. Das ganze Land verwandelte sich in eine konturlose weiße Ebene, über die eine unablässige Kälte fegte, die Milch in cremefarbenen Granit verwandelte und Bierflaschen explodieren ließ. Von Dezember bis Mitte Februar war das Wetter das einzige Gesprächsthema – abgesehen von einem kleinen Skandal, der kurz nach Weihnachten aus Carlisle berichtet wurde, als eine Gruppe, die sich The Beatles nannte, bei einer Tanzveranstaltung konservativer Jugendlicher hinausgeworfen wurde – wegen der unglaublichen und gröblichen Geschmacklosigkeit, in schwarzen Lederjacken erschienen zu sein.
In der Wohnung in Edith Grove waren jetzt alle Wasserleitungen eingefroren. Mick, Keith, Brian und Phelge konnten sich weder waschen noch die Spülung der Toiletten in Gang setzen. Die winzigen Heizöfen, die sie besaßen, waren gegen die beißende Kälte so gut wie machtlos. Für Bill Wyman, den etablierten, verheirateten Mann, war der Grad der Verwahrlosung kaum zu fassen. »Sie haben nicht gekocht – sondern sich nur von Schweinepasteten und löslichem Kaffee ernährt«, sagt Bill. »Und von meinem Geld habe ich jede Menge damit durchgebracht, daß ich es an ihre verrückte Stromuhr verfütterte.«
Ihre Diät bestand hauptsächlich aus Kartoffeln und Eiern, die Brian und Keith in den Lebensmittelgeschäften auf der Fulham Road klauten, und aus altbackenem Brot, das sie aus Partyresten der anderen Mieter des Hauses retteten. Wenn Bill Wyman vorbeikam, brachte er sowohl Lebensmittel und Zigaretten als auch Shillingstücke für ihre gefräßige Uhr mit. Von Ian Stewart bekamen sie einmal wöchentlich einen Vorrat an Sechs-Shilling-Essensmarken, die er den figurbewußten Sekretärinnen in seinem Büro für einen Shilling das Stück abkaufte.
Keith erinnert sich, daß es sich für sie an vielen Tagen nicht einmal lohnte, aus dem Bett aufzustehen. »Wir hatten keine Auftritte. Nichts zu tun. Stundenlang haben wir uns nur gegenseitig Grimassen geschnitten. Darin war Brian immer der Beste. Er konnte eine besonders gräßliche Fratze machen, indem er die Haut in den Augenwinkeln herunterzog und zwei Finger in die Nasenlöcher bohrte.«
Selbst als alle Wasserleitungen in der Wohnung eingefroren waren, gelang es Brian trotzdem noch auf irgendeine Weise, sich täglich die Haare zu waschen, und irgendwo trieb er auch immer einen Shilling auf, um sie in Form zu fönen. Bei all seinen Ansprüchen schien er dennoch am leichtesten von ihnen mit den widrigen Lebensumständen fertig zu werden. Als ein frostiger Mittag nach dem anderen vor ihren schmutzigen, vereisten Fenstern verdämmerte, teilte selbst Keith nicht mehr Brians tiefe Zuversicht, daß man das, was erforderlich war, um nicht zu erfrieren und nicht zu verhungern, immer borgen, betteln oder stehlen konnte.
Als unerwarteter Glücksfall erwies sich das plötzliche Wiederauftauchen von Hattrell. Er war gerade erst aus dem Heer entlassen worden, hatte noch sei-

ne Abfindung von achtzig Pfund in der Tasche und tat bereitwillig wie eh und je alles, was Brian ihm sagte. Innerhalb einer Woche hatte Brian jeden Penny von Hattrells Geld für Essen, Getränke und sogar für eine neue Gitarre konfisziert. Auf Brians Anweisung hin zog Hattrell seinen Armeeparka aus und gab ihn dem zitternden Keith. Gehorsam folgte er ihnen zum nächsten Hamburger-Imbiß, drückte ihnen weiteres Geld in die Hand, und auf Brians Befehl hin wartete er geduldig draußen im Schnee, bis sie wieder herauskamen. Als Dick Hattrells Geld zu Ende ging, ließ auch die Begeisterung nach, mit der er in der Wohnung begrüßt wurde. Eines Abends, er lag schon im Bett, drohte Brian, ihn mit dem Stromkabel einer Gitarre zu elektrisieren. Entsetzt floh Hattrell, nur mit einer Unterhose bekleidet, hinaus in den Schnee. »Er hat sich so sehr vor Brian gefürchtet, daß er eine Stunde lang nicht zurückgekommen ist«, erzählt Keith. »Als sie ihn endlich wieder reingeholt haben, war er blau gefroren.«

Zu Beginn des Jahres 1963 lag Großbritannien nach wie vor unter einer festen Schneedecke. Dörfer, Städte und selbst ganze Grafschaften waren von der Außenwelt abgeschnitten, die meisten Verkehrsmittel lahmgelegt, alle Sportveranstaltungen wurden abgesagt, und die gesamte Nation kauerte vor dem warmen Blau der Fernsehschirme. Am 12. Januar setzte die samstagabendliche Popshow Thank Your Lucky Stars ihrem eingeschneiten Riesenpublikum das Spektakel dieser verrückten neuen Popgruppe, der Beatles, vor, die mit ihren fransigen Mop-Haarschnitten und ihren Stehkragenanzügen geradezu fremdartig wirkten. Sie stellten ihre neue Platte *Please Please Me* nicht mit finsterem Gesichtsausdruck und gezierten Tänzelschritten vor, wie Cliff Richards Shadows sie ihrem Publikum boten, sondern hopsten einfach albern herum und grinsten einander und die Kamera an. Den Zuschauern über einundzwanzig erschien dieses Zwischenspiel nichts weiter als reichlich komisch zu sein. Doch auf Millionen britischer Teenager, die sich durch so viel mehr als nur die Kälte eingeengt fühlten, übte dieser lebenshungrige »Whoa yeah«-Chor eine gänzlich andere Wirkung aus. Am 16. Januar stand *Please Please Me* in der Hitparade des *Melody Maker* an erster Stelle.

Die Beatles waren jetzt regelmäßig im Saturday Club, dem Unterhaltungsprogramm von BBC zu hören, der ihre »Live«-Auftritte in einem entlegenen Kellerclub in Liverpool, der sich The Cavern nannte, übertrug. Der größte Teil ihres Repertoires waren Rhythm and Blues-Songs, die sie von Importplatten kopiert hatten, die von Stewarts transatlantischen Schiffen aus Amerika nach Liverpool mitgebracht worden waren. Brian und Keith, die sich in ihrer Wohnung in Edith Grove unter ihren Decken verkrochen hatten und den Saturday Club hörten, wunderten sich, bei der verstaubten BBC Songs von Chuck Berry und Bo Diddley zu hören, wenn sie auch durch einen starken Liverpooler Akzent und ein fast schon hörbares Grinsen entstellt waren.

Da es vom Saturday Club hieß, daß für ihn auch Gruppen engagiert wurden, die noch keine Platte herausgebracht hatten, ließ Brian einen seiner hochgestochenen Briefe an die BBC los, in dem er darum bat, die Stones vorspielen zu lassen. Vierzehn Tage später erhielten sie die Aufforderung, sich in einem Proberaum der BBC einzufinden. Ehe sie sich auf den Weg machten, wusch sich Brian die Haare und fönte sie zu einem »Beatles-Schnitt«, der dichter und ein größerer Blickfang war als die Haare der Beatles. »Damit hat er sogar uns leicht schokkiert«, sagt Keith. »Mit den Haaren vor seinen Augen hat er wie ein Bernhardiner ausgesehen. Wir haben ihm gesagt, daß er aufpassen soll, damit er nicht alles umrennt.«

Bei dem Probespielen waren der Produzent der Show und ihr Moderator, Brian Matthew, anwesend, ein früherer Radiosprecher mit einer markanten Stimme, der die Musiker, die im Saturday Club auftraten, schlimmstenfalls mit unberechenbarem Jähzorn und bestenfalls mit milder Herablassung behandelte. Zudem gründete sich das musikalische Urteil beider Männer auf den engstirnigen Vorurteilen einer Rundfunkgesellschaft, die jahrelang sogar den Ausdruck »Hot Jazz« als sexuelle Anspielung angesehen und aus ihren Sendungen verbannt hatte. »Der Produzent hat uns irgendwann geschrieben«, erzählt Bill Wyman. »Er sagte, daß wir ihnen als Gruppe gefallen hätten, aber daß sie uns nicht nehmen könnten, weil ›der Sänger zu schwarz klingt‹.«

Wyman wußte noch immer nicht genau, warum er

bei den Stones blieb, vor allem jetzt, nachdem sein Freund Tony Chapman gegangen war. Das Tauwetter im ganzen Land und die damit einhergehende Besserung der Lage, die es wieder zuließ, Termine in den Vororten wahrzunehmen, machte ihnen nur noch bewußter, wie sehr sie einen festen Schlagzeuger brauchten, selbst wenn er so unzuverlässig sein sollte, wie Chapman es gewesen war. Brian schlug vor, Carlo Little zu holen, den Schlagzeuger, der mit Cyril Davis spielte. Doch für Mick, Keith und Ian Stewart gab es nur einen möglichen Kandidaten. »Eines Abends sahen wir uns nur gegenseitig an, und dann war es abgemacht«, sagt Stew. »Wir sind zu Charlie Watts gegangen und haben gesagt: ›Schluß mit dem Rumgemache. Du gehörst jetzt zu uns.‹ «

Der Junge mit dem langen, schmalen, ausdrucksstarken Gesicht in seinem Mod-Anzug mit Weste entstammte einer völlig anderen sozialen Schicht. Charlie Watts war ein echter Londoner, in unmittelbarer Nähe von Bow Bells geboren, und wie viele Cockneys wirkte er älter, als er war. Sein Vater arbeitete in der King's Cross Station als Paketbote bei der britischen Eisenbahn. Seine Mutter war früher Fabrikarbeiterin gewesen. Die Familie wohnte in einem Haus in Islington, im Norden Londons, das bei aller notwendigen Bescheidenheit von dem gründlichen Ordnungssinn von Charles senior regiert wurde. »Mein Vater hat mich all meine Bücher in braunes Papier einschlagen lassen«, erzählt Charlie, »... sogar meine Buffalo Bill-Jahrbücher.« Er liebte diese Jahresbände mit dem Farbfoto William F. Codys, in denen die unglaublichsten Geschichten aus einem Wilden Westen berichtet wurden, die damals Charlie Watts' größte Leidenschaft waren – und es auch heute noch sind.

Mit einundzwanzig schien Charlie eine vielversprechende berufliche Karriere eingeschlagen zu haben. Seit seinem Abgang vom Harrow Art College hatte er für die Werbeagentur Charles Hobson and Gray in der Regent Street Schriftbilder und Layouts entworfen. Die Stelle war gut und brachte – für die damalige Zeit – auch ziemlich viel Geld ein. Charlie wollte sie unter keinen Umständen aufs Spiel setzen, nicht einmal für seinen geliebten Jazz. Er hatte auch wirklich damit aufgehört, mit Blues Incorporated zu spielen, da er fürchtete, daß die vielen langen Nächte ihm tagsüber seine ruhige Zeichnerhand beeinträchtigen könnten.

Den Stones ging es zum einen darum, daß Charlie Watts ein gutes Schlagzeug besaß und es mit dem unauffälligen Geschick spielte, das jeden Bluessong, der auf wackeligen Füßen stand, wie Zement zusammenhielt. Hinzu kam, daß jeder von ihnen Zuneigung zu ihm gefaßt hatte. Mit Keith, dem schüchternsten und unsichersten Mitglied der Gruppe, schien er am besten zurechtzukommen. Charlie gab sich zwar selbst ausgesprochen elegant, aber Keith' unverbesserliche Zerlumptheit schien etwas an sich zu haben, das ihm sehnsüchtige Bewunderung entlockte. Stundenlang saß er in der Wohnung in Edith Grove und hörte zu, wenn Keith mit Brian Gitarrenduos übte, oder lauschte ihrem angesammelten Wissen über Chuck Berrys B-Seiten. Und nur allzuoft steckte er den nächsten Shilling in die Stromuhr.

Für Charlie bestand das Problem darin, daß er den Jazz über alles liebte und mit diesen notleidenden Studenten keine Möglichkeit sah, seinen Traum zu verwirklichen und nach New York zu fahren, um das Birdland und Charlie Parker zu sehen. Zu dem Zeitpunkt, als die Stones an ihn herantraten, erwog er gleichzeitig das Angebot der weitaus angeseheneren Gruppe Blues By Six, fest bei ihnen mitzuspielen. »Er ist zu mir gekommen, unsicher, was er tun sollte«, erzählte Alexis Korner. »Ich sagte ihm, daß ich glaubte, die Rolling Stones würden langfristig gesehen mehr zuwege bringen als die andere Gruppe.« Mit einem resignierten Achselzucken – seiner berüchtigten Miene, die voller Sanftmut stets mit dem Schlimmsten zu rechnen scheint – stieg Charlie Watts schließlich bei den Rolling Stones ein.

Im ruhigen Richmond an der Themse konnte man Samstag abends Scharen von Jungen im Teenageralter in Cordsamtjacketts und Röhrenhosen sehen, die in Begleitung von vor Kälte zitternden Mädchen mit bleichen Gesichtern und nackten Knien aus dem Bahnhof strömten und sich in einen schmalen Durchgang neben einer viktorianischen Kneipe ergossen. Am Ende der Gasse stand unter einem provisorisch aufgehängten Schild mit der Aufschrift CRAWDADDY CLUB ein junger Mann mit schwarzem Bart, der eine gewisse Ähnlichkeit mit der Comicfigur Captain Kid aufwies. Er bewachte die Tür, die in den verspiegelten »Versammlungsraum« des Lokals führte, und sprach seine Gäste mit einem Akzent an, der exotisch und undefinierbar ausländisch klang. »Irgendwelche Mädchen, die reinwollen ...«, hörte man Giorgio Gomelsky sagen. »Es ist so überfüllt, daß ihr euch auf die Schultern eurer Freunde setzen müßt.«

Giorgio war ein neunundzwanzigjähriger Flüchtling aus Rußland, der in Georgien geboren war, in der Schweiz im Exil gelebt hatte, in Italien und Deutschland aufgewachsen war und jetzt zu den bekanntesten Gestalten der Londoner Jazzszene zählte. In den fünfziger Jahren hatte er für Chris Barber gearbeitet und beim Aufbau der National Jazz League mitgeholfen. Später hatte er auf dem Sportplatz von Richmond das erste der alljährlichen Jazzfestivals dieses Verbandes organisiert. Während seiner Arbeit als Reiseführer, der amerikanische Bluessänger von London aus zu Terminen auf dem europäischen Festland begleitete, die Barbers Organisation für sie vereinbart hatte, entdeckte er für sich den Blues. »Sonny Boy Williamson hat sechs Monate lang bei mir gewohnt. Ich bin gemeinsam mit ihm herumgereist. Wir waren schon in Liverpool, als The Cavern noch ein Club war, in dem nur traditioneller Jazz gespielt wurde.«

In den frühen sechziger Jahren hatte Giorgio seinen Job als Regieassistent beim Film mit der Rolle des Managers eines Jazzclubs im Westend kombiniert: Er war der Leiter des alten Mississippi Room und besuchte gleichzeitig Kurse, um die Schauspielmethoden Stanislawskis zu studieren. Unter seinen Mitstudenten war ein junger Ire namens Ronan O'Rahilly, von dessen Familie es gerüchtweise hieß, ihr gehöre der größte Teil der Grafschaft Cork. Auch O'Rahilly versuchte, in der Londoner Unterhaltungsszene Fuß zu fassen, indem er sich als Manager für Alexis Korners Blues Incorporated betätigte.

Giorgio Gomelskys erster Bluesclub war der Piccadilly, der frühere Cy Laurie-Folkkeller, den er mit minimalem Geldeinsatz aufkaufte. Die Rolling Stones waren nur einmal dort aufgetreten – kurz bevor sie von Harold Pendleton und Cyril Davis aus dem Marquee vertrieben worden waren. Gomelsky war persönlich sehr von ihnen angetan, doch ihre Musik war ihm »ein Greuel«. Wenn man Mick Jaggers jüngeren Bruder Chris mitzählt, waren an jenem Abend nur etwa zwanzig Leute gekommen, um sie zu sehen.

Anfang 1963 wurde der Piccadilly Club geschlossen, und Giorgio brauchte ein neues Lokal, das er mit der einzigen Fünfpfundnote, die er in der Tasche hatte, mieten konnte. Er kannte den Wirt des Bahnhofshotels in der Kew Road in Richmond, und er wußte, daß das Hinterzimmer der Kneipe nicht mehr benutzt wurde, seit die Jazz-Sessions, die dort einmal regelmäßig stattgefunden hatten, irgendwie im Sande verlaufen waren. »Ich habe zu ihm gesagt: ›Laß es mich hier mit dem Blues probieren, nur für einen Abend ...‹« Nach einem Song von Bo Diddley, *Do The Crawdaddy,* nannte sich der Club Crawdaddy. Die Veranstaltungen fanden Sonntag abends zu den Zeiten statt, in denen das Bahnhofslokal eine Ausschanklizenz besaß, von neunzehn Uhr bis zweiundzwanzig Uhr dreißig. Als erste Attraktion war die Dave Hunt Group mit Ray Davies zu sehen – der eines Tages der Sänger der Kinks werden sollte –, die im »Jump Band«-Stil der vierziger Jahre nach Art von Louis Jordan spielte.

Brian Jones hatte Giorgio schon lange damit in den Ohren gelegen, etwas zu tun, um den Rolling Stones zu helfen. »Er hatte einen kleinen Sprachfehler – eine Art Lispeln, das zu seinem Charme beitrug. Er hat mich immer wieder gebeten, mir die Stones anzuhören und ihnen ein paar Auftritte zu verschaffen.«

Nach ihrem ersten katastrophalen Versuch im Piccadilly Club hatte Giorgio die Stones noch einmal gesehen – im Red Lion in Sutton –, und ihm war aufgefallen, daß sie wesentlich besser geworden waren. »Aber was hätte ich tun können? Die Auftritte in Richmond hatte ich bereits an die Dave Hunt Group vergeben. Aber das Wetter sorgte dann doch dafür, daß sie eine Chance bekamen. Dave Hunts Band konnte wegen des Schnees nicht kommen – und ich hatte es sowieso nicht besonders mit dem ›Jump Band‹-Zeug, das Dave spielte. Also habe ich eines Montags Ian Stewart bei der ICI angerufen. Es war so komisch: Wenn man die Stones erreichen wollte, mußte man sich an diese Chemiefirma wenden. Ich habe gesagt: ›Sag allen anderen Bescheid, daß ihr für den nächsten Sonntag gebucht seid.‹«

An diesem ersten Sonntagabend, als die Rolling

Stones anstelle der Dave Hunt Group im Crawdaddy spielten, erschienen entsetzlich wenig Zuhörer. »Ich habe sogar in der Kneipe nebenan versucht, noch ein paar Kunden zusammenzutrommeln«, erzählt Giorgio. »Jeder, der eine Eintrittskarte kaufte, durfte noch jemand anderen umsonst mitbringen.« Giorgio stand persönlich in dem halbleeren Raum und sah sich eine Gruppe an, die sich in den wenigen Wochen seit ihrem Auftritt im Red Lion so verändert hatte, daß sie fast nicht mehr wiederzuerkennen war. Die Veränderung ging im wesentlichen von Brian Jones mit seinem neuen Beatles-Haarschnitt aus, der die Bluesharp in seinen hohlen Händen streichelte und koste und Töne auf ihr hervorbrachte, die sich wie silbriges Gezwitscher in Keith' Gitarre senkten und flink wieder heraushuschten. Eine weitere Neuerung war der Junge in dem feinen dreiteiligen Anzug, der mit der freudigen Miene eines Verurteilten, der seinen elektrischen Stuhl ausprobiert, hinter dem Schlagzeug saß und doch mit einer Unfehlbarkeit und Leichtigkeit spielte, die alle losen Fäden wieder zusammenbrachte und jede Lücke im Spiel der anderen schloß. Alles stimmte, bis auf den Sänger, bei dem gar nichts stimmte, aber das schon fast zwanghaft nicht, angefangen bei dem Pullover, der ihm von einer Schulter rutschte wie ein Nachmittagskleid, bis hin zu dem dicken Klecks von einem Mund, der wie ein Papagei die Worte eines Schwarzen nachzuplappern schien, während die undurchdringlichen Augen die Wandflächen nach seinem Spiegelbild absuchten. An jenem verschneiten Sonntagabend im Hinterzimmer einer Kneipe am Themseufer, in dem leere Flaschen in geflochtenen Körben klirrten und Dart-Pfeile mit dumpfem Laut in Zielscheiben steckenblieben, zeigten die Rolling Stones zum ersten Mal eine gewisse Brillanz.

Innerhalb der folgenden drei Wochen hatten sie eine große Gefolgschaft gewonnen, die sich nur zu einem geringen Teil aus Rhythm and Blues-Anhängern rekrutierte. In Richmond, Twickenham und Surbiton gab es Sonntag abends ohnehin kaum irgendeine Zerstreuung. Und so fanden sich immer größere Scharen im Bahnhofshotel ein, darunter Vertreter aller Teenagerrichtungen, die sich je am Strand von Brighton oder Margate Schlachten geliefert hatten. Es kamen in Zweireihern Mods auf ihren Lambretta-Rollern vorgefahren. Und es kamen Rocker in schwarzer Lederkleidung mit Nieten und Cowboy-Stiefeln. In einheitlichem Polohemden-Look erschienen Kunststudenten und Verkäufer sowie auch wohlerzogene »junge Leute« (im Gegensatz zu den »Teenagern«) aus mittelständischen Familien, die in Putney, Hammersmith und Strand-on-the-Green an der Themse wohnten. »Es ist kaum zu fassen – aber in diesem Club hat es nie eine Schlägerei gegeben«, erzählt Gomelsky. »Das ganze Glas an den Wänden, und kein einziger Spiegel hat einen Sprung abgekriegt.«

Anfangs verhielt sich die Menge im Crawdaddy wie typische Jazzfans, man stand herum und starrte die Stones im Dämmer roter Spotlights an. Eines Abends dann sprang Giorgios junger Assistent Hamish Grimes auf einen Tisch und fing an, herumzuhüpfen und wie ein Derwisch mit den Armen im Takt der Musik um sich zu schlagen. Aus Hamishs spontanem Ausbruch entwickelte sich ein Tanz, der eine Eigentümlichkeit des Crawdaddy Club wurde. In ihn waren zwar Bestandteile des Twist und des Hully-Gully übernommen worden, doch einzigartig an ihm war, daß er von einzelnen männlichen Wesen und sogar auch von männlichen Paaren getanzt werden konnte, die sich in einer seltsamen Krebsscherenumarmung festhielten, wobei jeder nach den Stiefelschäften des anderen faßte. Der Höhepunkt jedes Auftritts der Stones war ein Song von Bo Diddley, entweder *Do the Crawdaddy* oder *Pretty Thing,* und dabei feuerte Giorgio die gesamte dreihundertköpfige Menge an, eine einzige Masse aus Cordsamt, Op-art-Streifen und angestrahlten Hemdkragen zu bilden, die jeweils ganze zwanzig Minuten lang springend, tanzend und kreisend in Bewegung blieb.

Giorgio Gomelsky wurde der erste Manager der Rolling Stones, und das fast nur aufgrund seines eigenen Widerwillens, als etwas derart Bürgerliches angesehen zu werden. »Es war immer eine *Partnerschaft*. Jeden Sonntag habe ich die Einnahmen der Eintrittskarten zu gleichen Teilen mit ihnen geteilt. Sie haben mir geholfen, dem Club ein dauerhaftes Publikum zu sichern. Wir haben beispielsweise nie Geld für Werbung für den Crawdaddy Club ausgegeben. Die Stones und ich haben überall unerlaubt Anschlagzettel angeklebt. Ich habe sie für vier Pfund das Tausend drucken lassen, und die Stones haben im Bad ihrer Wohnung den Leim angerührt.«

Von dem Moment an, als die Stones begannen, Menschenscharen nach Richmond zu locken, begann Giorgio seine Kontaktleute in der Londoner Musikpresse zu drängen, nach Richmond zu kommen und sich einen Auftritt der Stones anzusehen. Außerdem fing er damit an, 35-mm-Filme von ihren Auftritten im Crawdaddy zu drehen, und er sorgte auch dafür, daß sie in einem kleinen Studio in Morden zwei Songs von Bo Diddley aufnehmen konnten. Typisch für seinen Idealismus war dabei, daß er während seiner ganzen Bemühungen, die Stones bekannt zu machen, nie versuchte, sie durch einen Exklusivvertrag an sich zu binden. Er riet ihnen im Gegenteil dazu, immer selbst alle Fäden in der Hand zu behalten. »Immer wieder habe ich ihnen gesagt: ›Wartet. Ihr müßt so gut werden, daß ihr das alles selbst machen könnt und niemanden um etwas zu bitten braucht. Geht nicht das Risiko ein, daß jemand hier reinkommt und euch von sich abhängig macht.‹ «

Giorgio hatte allerdings ein vermeintlich bedeutenderes Projekt im Sinn. Zwei Jahre zuvor, er lebte zu der Zeit in Westdeutschland, hatte er im Hamburger Vergnügungsviertel St. Pauli die Beatles gesehen, die hier noch ganz in schwarzes Leder gekleidet als Rocker auftraten und ein Publikum, das sich aus Huren, Transvestiten und Matrosen zusammensetzte, mit verballhorntem Rhythm and Blues und ihren eigenen primitiven Kompositionen überschütteten. Als er sie jetzt in ihren Stehkragenanzügen sah, wie sie von den Wogen eines immer wilderen Begeisterungstaumels fortgerissen wurden, begriff Giorgio Gomelsky, daß sie mehr waren als nur die größte Pop-Attraktion seit Cliff Richard und den Shadows.

In der kleinen Welt der Londoner Impresarios entstand sehr bald ein Kontakt zwischen Giorgio Gomelsky und dem siebenundzwanzigjährigen Manager der Beatles, Brian Epstein. »Ich war dabei, wenn die Organisatoren von Tanzveranstaltungen Epstein anriefen und ihm fünfzig Pfund für einen Auftritt der Beatles anboten. Er sagte dann: ›Ich weiß nicht ...‹ und schaute in seinen Terminkalender. Daraufhin haben ihm die Veranstalter sechzig Pfund geboten. ›Ich weiß nicht ...‹, hat er dann wieder gesagt. Der Veranstalter hat ihm siebzig Pfund geboten, weil er glaubte, Epstein wolle den Preis in die Höhe treiben. Aber das wollte er eigentlich gar nicht. Er hat nur einfach nicht das richtige Datum in seinem Terminkalender gefunden.«

Giorgio, der sich selbst ja auch als Avantgarde-Regisseur sah, trat an Brian Epstein heran und schlug ihm einen Film vor, der den bislang verkannten Witz und den umwerfenden Charme der Beatles, wie er auf der Bühne unkenntlich blieb, herausbringen sollte. Er arbeitete jetzt an einem Drehbuchentwurf, bei dem ihm Ronan O'Rahilly, der gemeinsam mit ihm Stanislawski studierte, und der Jazzschreiber Peter Clayton behilflich waren. Er selbst kannte die Beatles so gut, daß er sie eines Sonntags nach ihrem Auftritt im ABC-Fernsehstudio in der Nähe von Twickenham, wo die Show Thank Your Lucky Stars aufgenommen wurde, ins Crawdaddy einlud.

Während ihres Auftritts an jenem Abend sahen die Stones zu ihrem Erstaunen, wie alle vier Beatles in teuren Ledermänteln zur Tür hereinkamen und von Giorgio an eine Stelle neben der Bühne geführt wurden, von der aus die Stones besonders gut zu sehen waren. Noch erstaunter aber waren sie, als jene – in ihren Augen ungeheuren – Berühmtheiten nach dem Auftritt auf sie zukamen und ihnen freundschaftlich in ihrem Liverpooler Akzent sagten, ihre Musik sei »fab« und »gear«. Vor allem John Lennon betrachtete Brian Jones geradezu mit einer Art von Heldenverehrung. »Wie du diese Mundharmonika spielst, also echt«, sagte er. »Ich selbst kann gar nicht richtig spielen – ich blase und sauge nur dran rum.«

Dem folgte ein ausgedehntes, herzliches Gespräch. Für die Beatles war es ein bittersüßes Erlebnis, eine Gruppe zu sehen, die ganz so war wie sie selbst einmal, bevor Brian Epstein ihre Musik und ihr Auftreten verharmlost hatte. Die Stones dagegen erkannten in den Beatles Blutsbrüder in Sachen Rhythm and Blues, die nur widerstrebend Chuck Berry aufgegeben hatten, um Originalkompositionen zu spielen, wie sie das Poppublikum in zunehmendem Maß von ihnen forderte. Mick Jagger faszinierte es vor allem, als er erfuhr, daß John Lennon und Paul McCartney bereits mehr als hundert Songs gemeinsam geschrieben hatten und nach dem ersten Top ten-Hit an den Umsätzen ihrer Platten beteiligt worden waren. Eine Zeitlang gab Mick seine Zurückhaltung auf und befragte die Beatles ausführlich, wieviel man mit einem Song verdienen konnte.

Eine Woche darauf gaben die Beatles ihr erstes großes Konzert in London, das in der Royal Albert Hall von der BBC veranstaltet wurde. Die Rolling Stones erhielten Eintrittskarten für die vordersten Plätze und wurden auch in die umkämpfte Garderobe der vier Liverpooler vorgelassen. Nach dem Konzert halfen Giorgio und Brian Jones den beiden Roadmanagern der Beatles, Mal und Neil, die Anlage zu verladen. Einigen Mädchen fiel Brians blonde Haartracht auf, und sie hielten ihn irrtümlich für einen Beatle, drängten sich trotz seiner Proteste um ihn und wollten Autogramme haben.

Giorgio erinnert sich, daß dieser Zwischenfall einen starken Eindruck auf Brian machte. »Als wir die großen Stufen hinuntergingen und hinter der Albert Hall ins Freie traten, war er völlig benommen. ›Das ist genau das, was ich will, Giorgio!‹ hat er immer wieder gesagt. ›*Das* ist es, was ich will.‹ «

Es war zwar sehr nett, die Beatles zu kennen – aber auch das half Giorgio nicht weiter in seinem Bemühen, einflußreiche Leute in London für eine Gruppe zu interessieren, deren zehn Meilen vom Westend entfernter Auftrittsort ebensogut in einer anderen Hemisphäre hätte liegen können. Für die Agenten der Plattenfirmen, die für »Artisten und Repertoire« zuständig waren, verlief die einzig lohnende Reiseroute, wenn nicht nach Soho, dann zweihundert Meilen nach Norden, nach Liverpool, wo sie auf rastloser Suche nach neuen Gruppen mit »Beatles-Image« waren. Mit besonderer Inbrunst wurde diese Suche von der Decca betrieben, deren Leiter der Abteilung »Artisten und Repertoire«, Dick Rowe, Berühmtheit erlangt hatte als »Der Mann, der die Beatles abwies«. Ein Brief von Giorgio Gomelsky, in dem er von einer neuen Bluesgruppe in Surrey berichtete, kam nie bei Dick Rowe an.

Die Stones selbst kannten nur einen Menschen, der mit der Schallplattenindustrie zu tun hatte. Es war ein Schulfreund Ian Stewarts mit Namen Glyn Johns, der in den IBC-Studios am Portland Place arbeitete. Einer ihrer Besitzer war der Dirigent Eric Robinson, und somit hatte IBC sehr wenig mit Popmusik zu tun. Doch Glyn, ein talentierter Techniker, besaß die Erlaubnis, Aufnahmen mit jedem Künstler zu machen, den er für vielversprechend genug hielt. Auf seine Einladung hin kamen die Rolling Stones in die IBC-Studios, und an einem einzigen Abend nahmen sie vier Songs aus ihrem Bühnenrepertoire auf, darunter auch Chuck Berrys *Come On*.

Die Aufregung darüber, in einem richtigen Studio unter der Obhut eines jungen Technikers zu arbeiten, der gleichzeitig ein Fan des Crawdaddy war, ließ bald nach, denn die IBC war im Vergleich zu den großen Plattenfirmen bedeutungslos. Ein Kollege von Glyn kannte jemanden bei Decca – allerdings vom Klassikressort. Alles schien nur weitere vergebliche Mühsal zu sein, die man an eine Welt verschwendete, deren Ohren taub waren für alles bis auf die zweite Single der Beatles, die es auf den ersten Platz der Top ten geschafft hatte, *From Me to You*.

Am 13. April, zu einer Zeit, da die Stones absolut entmutigt waren, zahlte sich Giorgio Gomelskys Drängen bei kleinen und großen Zeitungen endlich aus. Die einmal wöchentlich erscheinende *Richmond and Twickenham Times* widmete dem Bluesclub hinter dem Bahnhofshotel, der den herkömmlichen Jazzclubs in diesem Gebiet die Kunden wegschnappte, eine ganze Seite. »The Rolling Stones« – denn so nannten sie sich selbst neuerdings – wurden dabei fast nur am Rande erwähnt: »Bis auf die im Spotlight zu erkennenden Umrisse der Gruppe auf der Bühne ist der Raum dunkel ... Ein Lichtfleck fällt auf die Tänzer und auf diejenigen, die auf dem Boden kauern, denn Stühle gibt es hier nicht ...«

Wenige Tage darauf gab Peter Jones vom *Record Mirror* Giorgios Beharrlichkeit nach und erklärte sich bereit, seinen Sonntag zu opfern und sich anzusehen, wie Giorgios Gruppe in ihrem Club in Richmond auf der Bühne gefilmt wurde. Jones war ein Journalist, der Fachverstand und einen guten Riecher besaß. Als erster hatte er die Beatles für eine überregionale Musikzeitung interviewt. Er sah sich die Filmaufnahmen mit den Stones an und traf anschließend in der Bar des Bahnhofshotels mit ihnen zusammen. »Sie waren ausgehungert, und sie waren völlig verbittert«, erinnert sich Jones. »Sie sagten mir, daß sich bis jetzt noch niemand auch nur die Mühe gemacht hätte, zehn Meilen aus London her-

auszufahren, um sie zu sehen. Ich versprach ihnen, mein Bestes zu tun, um eine Geschichte über sie im *Record Mirror* bringen zu können.«
Jones stand zu seinem Wort. Er überredete den Starreporter des *Record Mirror,* Norman Jopling, am folgenden Sonntag gemeinsam mit einem Fotografen hinaus nach Richmond zu fahren. Jopling – ein fanatischer Anhänger des Blues und des Soul – war sogar noch tiefer von den Stones beeindruckt, als Peter Jones es gewesen war. »Die Stones hatten den *echten* Rhythm & Blues-Sound drauf, und nicht nur eine schlechte Kopie davon«, erinnert sich Jopling. »Als sie eine Nummer von Bo Diddley spielten, *klang* sie auch nach Bo Diddley. Und die ganze Szene in dem Raum um sie herum war einfach unglaublich.«
Norman Joplings Artikel, der am folgenden Donnerstag im *Record Mirror* erschien, übertraf Giorgios kühnste Hoffnungen:

> Während der Trend zur Trad-Szene allmählich abflaut, seufzen die Veranstalter aller Arten von musikalischer Teenagerunterhaltung erleichtert auf, weil sie etwas gefunden haben, was diesen Platz einnehmen kann. Es ist der Rhythm and Blues; und die Zahl der Rhythm and Blues-Clubs, die plötzlich aus dem Boden geschossen sind, ist einfach phantastisch.
> Im Bahnhofshotel in der Kew Road wälzen sich die Hip-Kids zu der neuen »Dschungelmusik« herum, wie sie es zu den gesetzteren Zeiten des Trad nie gewagt hätten.
> Die Band, nach der sie sich winden, schlängeln und twisten, nennt sich »The Rolling Stones«. Vielleicht habt ihr noch nichts von ihnen gehört – wenn ihr weit von London entfernt lebt, ist das sogar wahrscheinlich.
> Aber bei Gott, das wird sich ändern! Den Stones ist es bestimmt, die größte Gruppe in der Rhythm and Blues-Szene zu werden, falls diese Szene weiterhin aufblüht und gedeiht ...

Hier wurde nun wirklich einmal die Werbetrommel für unbekannte Musiker gerührt – und das in einer Zeitschrift, die von der unzugänglichen kleinen Gemeinde der Agenten und Talentsucher gelesen wurde. Norman Jopling erinnert sich an die augenblickliche Reaktion, die dieser Artikel hervorrief. »Im Westend kam der *Record Mirror* gegen dreizehn Uhr in den Straßenverkauf. Um sechzehn Uhr hatten mich bereits drei Plattenfirmen angerufen und gefragt: ›Wie können wir diese Typen finden?‹ « Jopling gab die gewünschten näheren Angaben weiter, obwohl ihm – wie auch Peter Jones – vollkommen bewußt war, daß es damit um die Selbständigkeit der Gruppe ein für allemal geschehen war.

3

»I belong to you and you belong to me, so come on«

Bereits im Alter von elf Jahren war Andrew Loog Oldham von der unheilbaren Sucht nach »der großen Welt« besessen. Während andere Jungen die *Eagle*-Comics lasen oder untereinander die Etiketten von Zündholzschachteln tauschten, spazierte Andrew Loog Oldham durch die Straßen von Soho und atmete genüßlich die sich vermischenden Gerüche von Kaffee, Salami, Striptease und primitivem Rock'n' Roll ein. So ruhmreich diese Umgebung auch sein mochte – sie verblaßte neben dem Ruhm, den er schon in sich schlummern spürte. Bereits in noch jüngeren Jahren hatte er begonnen, sein Leben als einen einzigartigen epischen Film zu sehen, dessen Star und dessen hingerissenes Publikum er in einer Person verkörperte. »Anders hätte ich es morgens nicht geschafft, in die Schule zu gehen. Jedesmal wenn ich durch die Tore trat, sah ich schon vor meinen Augen den Vorspann abrollen ...«

Der Name, der in späteren Jahren als ein typisches Produkt der Phantasie seines Besitzers erschien, war tatsächlich sein echter Name. Andrew Loog Oldham war der Sohn eines holländisch-amerikanischen Luftwaffenoffiziers, der 1944 über Deutschland abgeschossen wurde und dabei ums Leben kam. Das unehelich geborene Kind erhielt die Namen beider Elternteile. Seine holländische Abstammung zeigte sich in seinem rosa Teint, dem butterfarbenen Haar und den Augen, deren kurzsichtige Blässe Oldham selbst in Momenten größter Dreistigkeit und Überheblichkeit das Aussehen eines lernbegierigen kleinen Jungen verlieh.

In dem Internat, in das seine allein gebliebene Mutter ihn schickte, bekam er schon früh Anschauungsunterricht, was den Zusammenhang von Phantasie und Profit betrifft. Die Schule in Witney, Oxfordshire wurde von einem schneidig auftretenden ehemaligen Offizier geleitet, über dessen häufige Abwesenheit gemunkelt wurde, sie habe mit seiner bedeutenden Arbeit für das Verteidigungsministerium zu tun. Somit war das eigentliche Oberhaupt ein auf Bewährung entlassener Sträfling, der durch das Land zog und kleine Schulen gründete, Gebühren einkassierte, Rechnungen auflaufen ließ und dann spurlos verschwand. Er zeigte Andrew Loog Oldham, daß man mit fast allem davonkam, wenn man nur den Nerv dazu hatte und genügend Stil.

1955 war der rosagesichtige Schuljunge aus Hampstead in der Teenagerszene der berühmten Kaffeebar von Soho, den 2 I's, ein vertrauter Anblick. Norah, der Türsteher, kannte ihn gut und ließ ihn in den Skiffle-Keller ein, ohne ihm den üblichen Shilling abzuverlangen. Sein Geschmack, was seine Pophelden betraf, fiel selbst damals schon aus dem Rahmen – er schätzte Wee Willie Harris, grünhaarig und verhutzelt und Vince Taylor, einen der frühen amerikanischen Rocker, der es später in Frankreich zu Berühmtheit brachte. »Was mich am Rock'n' Roll angezogen hat, war schon immer der Sex ... der Sex, den die meisten Menschen an der Musik gar nicht wahrnehmen. Zum Beispiel bei den Everly Brothers. Zwei Typen mit derselben Art Gesicht. Derselben Art von Haaren. Eigentlich hätten sie gemeinsam ein Mädchen ansingen sollen, aber in Wirklichkeit sangen sie sich gegenseitig an.«

Etwa seit seinem dreizehnten Lebensjahr sah Andrew Loog Oldham sein Leben als eine Art Verschmelzung zweier Filmrollen an, die beide von seinem Leinwandidol gespielt wurden, dem verbindlichen, wenn auch leicht heimtückischen Laurence Harvey. Er wollte Harveys Version des Joe Lampton sein, des unbarmherzigen Helden der Arbeiterklasse in »Der Weg nach oben«. Und ebensosehr der junge jüdische Macher mit dem Jazzjargon, den Harvey in »Espresso Bongo« spielte und der mit seinem italienischen Anzug und seinem verwegenen Schlapphut durch Soho streifte und die Szene nach Möglichkeiten, schnelles Geld zu machen, absuchte.

Mit sechzehn ging er vom Wellinborough College ab – die besten Noten hatte er in Englisch, Religion und, wie er behauptete, im Gewehrschießen –, und augenblicklich machte er sich daran, seinen Platz in der Welt zu erobern, wie es ihm Laurence Harvey gezeigt hatte. Sein erster Coup bestand darin, nach Chelsea zu gehen und in Mary Quants Boutique nach einem wie auch immer gearteten Job zu fragen. Mary Quant und ihr Mann, Alexander Plunkett-Green, amüsierten sich über den blonden Jungen und seine Dreistigkeit. Sie waren bereit, ihn als »Mädchen für alles« einzustellen, zum Teekochen und als Laufjungen.

Seine Anstellung bei Mary Quant fiel in die Zeit, als ihre umwerfend einfachen schwarzweißen Kleider, ihre kurzen Röcke, Seemannskragen und überdimensionalen Schleifen die Haute Couture und das Stadtbild Londons für immer veränderten. In der ersten Ausgabe einer Fachbeilage der bis dahin jede Neuerung ablehnenden *Sunday Times* im Februar 1962 war ein Kleid von Mary Quant abgebildet, das von einem jungen Nachwuchsmodell, Jean Shrimpton, getragen wurde und nicht von einem Gesellschaftsjournalisten gesetzteren Alters, sondern von einem jungen Mann fotografiert worden war, David Bailey, der aus dem Londoner Eastend kam und – was noch dreister war – keinerlei Anstalten machte, das zu überspielen. Dieser ersten »In-Crowd«, wie sie die *Sunday Times* bezeichnete, gehörte natürlich noch kein Andrew Loog Oldham an, aber zufrieden war er dennoch. »Ich war dort, wo ich sein wollte – unter den Stars.«

Zu diesem Zeitpunkt bestand seine einzige Chance, selbst Starruhm zu erlangen, wie sein geistiges Drehbuch es ihm vorschrieb, darin, Popsänger zu werden. Der Umstand, daß er weder singen noch ein Instrument spielen konnte, erschien ihm nicht weiter von Bedeutung. Monatelang wurden die Londoner Agenten und Manager in regelmäßigen Abständen von demselben blonden, bebrillten, unmusikalischen Jungen verfolgt, der sich ihnen unter Pseudonymen wie »Chancery Lane« oder »Sandy Beach« vorstellte.

Mit seiner Arbeit tagsüber für Mary Quant und seinem Nachtjob als Kellner im Flamingo Club in Soho bekam er genug Geld zusammen, um an die französische Riviera ziehen zu können. Dort arbeitete er mehrere Monate lang in Bars an der Strandpromenade und als herumreisender Schaufensterdekorateur. Gemeinsam mit zwei freischaffenden Journalisten heckte er dort auch seinen ersten großen Plan aus, wie man schnell zu Geld kommen konnte. Der Plan bestand darin, eine reiche Erbin zu entführen. Andrew wollte sie unter Betäubungsmittel setzen und in einer Wohnung in Monte Carlo festhalten, während die Journalisten die Geschichte an den *London Daily Express* verkaufen sollten. Sie kamen überein, daß es der Geschichte eine pikante Wendung geben würde, wenn Andrew die Erbin anschließend heiratete. Dazu erklärte er sich gern bereit. Ihr Pech war, daß der Vater des Mädchens Freunde in der Regierung hatte und eine offizielle Verlautbarung herausbrachte, die es allen Zeitungen verbot, über diese Geschichte zu berichten.

Nach seiner Rückkehr nach London verschaffte ihm ein Job bei dem Verlagshaus Leslie Frewin endlich Zutritt in die ruhmreiche Welt der »Public Relations«. Er kündigte bei Frewin, um für eine größere PR-Gesellschaft zu arbeiten, zu deren Klienten auch der Popsänger Mark Wynter gehörte. Wynter mit seinem guten Aussehen, der Fönwelle und seiner auf den vorherrschenden amerikanischen Stil eingeschworenen Geschmacklosigkeit verfolgte einen Kurs, der unausweichlich vom Top-twenty-hit zur anschließenden Vermarktung in irgendwelchen Billigfilmen zu führen schien. Zu Oldhams Aufgaben gehörte es, ihn zu den Dreharbeiten in die Twickenham-Studios zu begleiten, und dazu mußte er mit ihm in einem kleinen Hotel in der Nähe das Schlafzimmer teilen. »Mark ist morgens immer sehr früh aufgestanden und hat sich ins Bad geschlichen, um sich zu waschen und zu rasieren und seine Haare in Ordnung zu bringen. Wenn er aus dem Bad gekommen ist, hat er sich wieder ins Bett gelegt. Kurz darauf hat er sich aufgesetzt und gesagt: ›So, Andrew –

es ist an der Zeit, ins Studio zu gehen.‹ Er war überzeugt davon, daß ich glaubte, er sehe beim Aufwachen immer so aus. Ich fand das großartig, das war echte Imagepflege.«

Die beiden bedeutendsten Pop-Impresarios der frühen sechziger Jahre waren Larry Parnes und Don Arden; jeder von ihnen gab Oldhams PR-Karriere einen kurzen Anstoß. Parnes betätigte sich in seinen Büros in der Cromwell Road als Agent für einen »Stall« von Sängern; die Räume lagen dem Hauptsitz der Pfadfinder gegenüber. Don Arden, eine wahrhaft furchteinflößende Gestalt, rivalisierte mit Larry Parnes in dem Geschäft, Poptourneen zu veranstalten, bei denen alle gerade bekannten Hitinterpreten in einem Paket verkauft wurden. Nachdem er Journalisten dazu eingeladen hatte, sich Kinositze anzusehen, die im Rahmen einer besonders erfolgreichen Tournee mit Rasierklingen aufgeschlitzt und mit weiblichem Urin getränkt worden waren, gehörte Andrew Loog Oldham nicht mehr zu Ardens Mitarbeiterstab.

Zu dieser Zeit war er in den ABC-Fernsehstudios in der Aston Road in Birmingham, in denen die Popshow Thank Your Lucky Stars aufgezeichnet wurde, bereits ein vertrauter Gast. Im Februar 1963 war er als Zuschauer dabei, als die Beatles ihren Song *Please Please Me* zum ersten Mal landesweit vorstellten. Anschließend trat er an Brian Epstein, ihren Manager, heran und bot sich ihm als PR-Mann für Epsteins Firma NEMS Enterprises an. Der Zufall wollte es, daß Brian Epstein sich gerade darauf vorbereitete, zwei weitere Gruppen aus Liverpool zu lancieren – Gerry and the Pacemakers und Billy J. Kramer and the Dakotas. Er engagierte Andrew Loog Oldham für eine monatliche Pauschale von fünfundzwanzig Pfund.

Dieser Abmachung stand in gewisser Hinsicht Tony Barrow im Weg, ein Liverpooler, der in London lebte und bereits Pressenotizen über die Beatles und den Text für das Cover ihrer ersten LP schrieb. Brian Epstein ordnete an, daß Barrow sich künftig auf das Schreiben von Werbezetteln beschränken sollte, während Oldham – der inzwischen seine eigene PR-Firma hatte – sich irgendwelche Geschichten einfallen lassen mußte, die geeignet waren, daß die Zeitungen sie aufgriffen. Die Beatles, die Epstein mit rasender Eifersucht bewachte, blieben seiner Reichweite entzogen. Seine Arbeit bei NEMS diente weitgehend der Promotion von Gerry Marsden und Billy J. Kramer, die beide in ausgelatschten Schuhen und zu kurzen billigen Mänteln ihr erfolgreiches Vorrücken in die Top twenties erwarteten.

Seine Reisen nach Norden trugen ihm zwar nur Kältefrösteln und keinen Ruhm ein, doch brachten sie ihn einen großen Schritt weiter. In Manchester lernte er Tony Calder kennen, einen jungen Agenten, der sich um ortsansässige Gruppen wie die Hollies und Wayne Fontana and the Mindbenders kümmerte. Die Gruppen aus Manchester profitierten langsam davon, daß London inzwischen vom »Mersey Sound« besessen war. Auch Tony Calder gab Oldham einen Auftrag als PR-Mann für seine Firma Kennedy Street Enterprises. »Es kam mir vor wie Flohhüpfen. Liverpool hatte ich bereits mit Epstein und NEMS abgegrast. Jetzt hatte ich auch noch Manchester in der Hand.«

Ein PR-Auftrag des amerikanischen Plattenproduzenten Phil Spector Anfang 1962 änderte grundlegend Andrew Loog Oldhams Vorstellungen davon, wie er sein nach wie vor nicht klar umrissenes Schicksal in die Hand nehmen konnte. Bis dahin hatten es in der Popmusik nur die Musiker zu Ruhm gebracht – als erstes die Sänger, dann die Stargitarristen und schließlich auch die Gruppen. Den »A & R-Männern«, die schließlich auch die Aufnahmen der größten Hits arrangierten und überwachten, kam weder Ruhm noch Ansehen, noch Ehre zu. Phil Spector war der erste A & R-Mann, der ebenso berühmt wurde wie die Künstler, die er aufnahm – dafür, daß er jede dreiminütige Aufnahme in seinem individuellen und unverwechselbaren Stil der labyrinthischen Mehrspur-Effekte und der höhlenartigen Echos »produzierte«: Spectors »Klangmauer«.

Phil Spector wurde die Personifizierung all dessen, was Andrew Loog Oldham sein wollte. Er verkörperte den Halbweltler, der in Limousinen mit dunkelgetönten Scheiben herumfuhr und von häßlichen Leibwächtern mit Beulen unter den Achseln ihrer Jacketts beschützt wurde. Als Spector in London war, heftete Andrew Loog Oldham sich an seine Fersen und befragte ihn unterwürfig nach dem Geheimnis seines Erfolges. Anstelle der erhofften technischen Hinweise gab Phil Spector ihm einen Ratschlag, der Oldham zu diesem Zeitpunkt ziemlich enttäuschte. Falls Oldham je eine geeignete Gruppe finden sollte, mit der er Aufnahmen machen wolle, solle er dafür sorgen, riet Spector, daß die Gruppe dazu unter keinen Umständen das Studio der Plattenfirma benutze. Statt dessen solle er sein Geld in eine Aufnahme in einem unabhängigen Studio investieren und die Bänder anschließend verkaufen oder gegen Bezahlung verleihen.

Im April 1963 lagen die Beatles mit *From Me to You* in allen Hitlisten auf dem ersten Platz. An zweiter Stelle lagen Gerry and the Pacemakers mit *How Do You Do It?* Andrew Loog Oldham hatte seinen Pauschalvertrag bei NEMS Enterprises verloren und sah sich nach etwas anderem um, womit er sich monatlich fünfundzwanzig Pfund verdienen könnte. Er stattete dem Büro des *Record Mirror* einen Besuch ab – dort ließ er sich häufig blicken, um sich Tips zu holen – und fand Peter Jones vor, der ihm enthusiastisch von einer unbekannten Bluesgruppe vorschwärmte, deren Schicksal Jopling gerade mit einem lobpreisenden Artikel in neue Bahnen lenken wollte. Während Andrew Loog Oldham ihm zuhörte, verblaßten vor seinem inneren Auge der Popsänger und der PR-Mann; eine völlig neue Projektion seiner selbst nahm auf der Leinwand seines Lebensfilms Gestalt an.

Gleich am nächsten Sonntag fuhr er hinaus nach Richmond. In dem engen Durchgang neben dem Bahnhofshotel begegneten ihm ein Junge und ein Mädchen, die in die Dämmerung dieses warmen Frühlingsabends hinaustraten. Weder Mick Jagger noch seine Freundin Chrissie Shrimpton bemerkten Andrew Loog Oldham – aus dem einfachen Grund, daß sie einen wütenden Streit miteinander hatten.

Im Crawdaddy spielte sich an jenem Abend alles andere ab als das wüste Spektakel, das Norman Jopling beschrieben hatte. Giorgio Gomelsky hatte in die Schweiz reisen müssen, weil sein Vater gestorben war. Ohne Giorgio aber, der alles ankurbelte, herrschte im Club eine apathische Stimmung. Die Stones hatten sogar ihre alte Gewohnheit aus puristischen Jazztagen wieder angenommen, im Sitzen zu spielen. In einem Halbkreis hatten sie sich Barhocker aufgestellt. »Niemand hat sich produziert«, sagt Oldham. »Es war wie in alten Bluestagen ... ›Hier bin ich, und das ist es, was ich spiele.‹ Trotz allem wußte ich, daß das, was ich vor mir sah, Sex war. Das hatte ich dem ganzen Zuschauerrudel voraus.«

Er trat an Brian Jones, den Bandleader, heran. Und er erinnert sich, mit welcher Entschlossenheit Brians schmächtige Gestalt sich ihm in den Weg stellte, bevor er Mick oder Keith ähnliche Vorschläge unterbreiten konnte. »Brian hat wirklich sonderbar ausgesehen – mit diesem großen Kopf, dem breiten Oberkörper und den kurzen Beinen. Aber er hatte eine unglaublich starke Ausstrahlung. Er konnte einen dazu bringen, nur noch seinen Kopf und seinen Hals zu sehen.«

Während eines kurzen Gesprächs stellte sich heraus, daß die Stones trotz ihrer großen Anhängerschar nur für drei Termine fest gebucht waren – im Crawdaddy, auf der Eel Pie Island und in Ken Colyers Club Studio 51. Die Pläne, die Giorgio Gomelsky mit ihnen hatte – der Spielfilm und dergleichen –, klangen weitaus weniger handfest, wenn Giorgio nicht persönlich dabei war und alles erklärte. Als er von Giorgio erfuhr, war das für Andrew Loog Oldham ein weiterer Grund, blitzschnell zu handeln.

An Ort und Stelle bot er sich den Rolling Stones als Manager an. So gut hatte er sich mit seinen neunzehn Jahren noch nie verkauft, es war eine gekonnte Mischung aus Unverschämtheit und Intuition. Er trat ihnen gegenüber als das große Tier aus London auf und dennoch auch als einer ihresgleichen, der so wie sie die ehrbare Gesellschaft verachtete, und er bedachte die älteren Spießer mit den verschiedensten Kraftausdrücken. Selbst der vorsichtige Bill Wyman war gegen seinen Willen beeindruckt. »Andrew hat so geredet wie wir, und er war auch so wie wir angezogen. Ihn schien das zu interessieren, was auch unser Anliegen war – der Blues und wie man ihn in England bekannter machen konnte.«

Trotz seines großartigen Geredes war sich Oldham bewußt, daß er nicht in der Lage war, eigenständig eine Popgruppe zu managen. Als PR-Mann konnte er immer auf dem Sprung sein und die Schreibtische und Telefone anderer benutzen. Als Manager aber würde er so lange ohne Bedeutung bleiben, wie er nicht Beziehungen zu den richtigen Tourneeveranstaltern, Talentsuchern und Plattenfirmen hatte. Er entschied, daß ihm keine Alternative blieb. Er mußte sein Geheimnis teilen.

Seine erste Wahl war sein früherer PR-Klient Epstein. Oldham bot ihm fünfzig Prozent von allen Geschäften mit den Rolling Stones an und wollte dafür den Büroraum und die Einrichtungen zur Verfügung gestellt bekommen, die er brauchte, um sie groß herauszubringen. Doch Brian Epstein, der mit den Beatles und seinen anderen Mersey-Gruppen genug zu tun hatte, ließ die Gelegenheit aus.

Nach dieser Absage trat Oldham an Eric Easton heran, einen alteingesessenen Londoner Agenten, der so durchschnittliche Künstler wie Bert Weedon, Julie Grant und die Kneipenklavierspielerin »Mrs. Mills« vertrat. Easton hatte früher elektrische Orgel gespielt, war kahlköpfig und ruhig, und als Vertreter einer verlotterten Rhythm and Blues-Band schien er denkbar ungeeignet zu sein. Nichtsdestoweniger erklärte er sich einverstanden, Andrew Loog Oldham am kommenden Wochenende nach Richmond zu begleiten, obwohl das bedeutete, daß er seine liebste Fernsehsendung verpaßte, Sunday Night at the London Palladium.

Eric Easton sah die Stones, zuckte ein-, zweimal erschrocken zusammen, doch er bewies genügend Scharfsinn, zu erkennen, was für einen Fund Oldham gemacht hatte. Seine einzige Bedingung bestand darin, daß Mick Jagger durch einen Sänger ersetzt werden sollte, der *wirklich* singen konnte. Als Brian Jones als Bandleader zu dem Gespräch hinzugezogen wurde, schien er durchaus damit einverstanden zu sein, Jagger abzuschieben. Doch Oldham – aus Gründen, die ihm selbst nicht ganz klar waren – bestand darauf, daß Jagger bleiben müsse.

Als Giorgio Gomelsky Anfang Mai aus der Schweiz zurückkehrte, mußte er erfahren, daß die Stones einen Exklusivvertrag mit Andrew Loog Oldham und Eric Easton abgeschlossen hatten. Brian Jones, der Giorgio die Neuigkeiten eröffnete, behauptete mysteriöserweise, Oldham sei ein früherer Schulfreund. Tatsächlich war es so, daß Brian den Vertrag im Namen aller unterzeichnet und zusätzlich noch ein privates Geschäft mit Oldham und Easton abgeschlossen hatte, das ihm wöchentlich fünf Pfund mehr einbrachte als den anderen.

Die Gestalt, die 1962 in der britischen Popmusikszene am wenigsten beneidet wurde, war Dick Rowe von der Decca, »Der Mann, der die Beatles abwies«. Dabei half es ihm wenig, wenn er sich immer wieder sagte – und Rowe tat das auch –, daß diese Entscheidung zu jenem Zeitpunkt vollkommen vernünftig erschien. Bei dem zweimaligen Probespielen, erst in London, dann in Liverpool, war nichts herausgekommen, was irgend etwas Bemerkenswertes an diesem Quartett von jugendlichen Exzentrikern gezeigt hätte; sie sangen *Besame Mucho, Your Feet's Too Big* und andere Nummern, die in nichts zur gerade gängigen Teenagermode paßten. Daher ließ Dick Rowe die Beatles im Januar 1962 ziehen und nahm statt dessen eine Gruppe mit einem alles in allem reizvolleren und kommerzielleren Namen unter Vertrag, Brian Poole and the Tremeloes.

Zehn Monate später war Dick Rowe Tag für Tag mit seiner katastrophalen Entscheidung konfrontiert. Die Beatles waren auf dem Gebiet der Teenagerunterhaltung das Größte geworden, was es seit Elvis Presley gegeben hatte. Dick Rowe hatte sie durch seine Finger schlüpfen und in die wartenden Klauen des tödlichen Rivalen der Decca laufen lassen, der EMI.

Zwanzig Jahre lang hatten diese beiden gewaltigen Konzerne die Herrschaft über die englische Unterhaltungsmusik gehabt und fünfundneunzig Prozent aller Schallplatten unter ihren verschiedenen Labels produziert, und gleichzeitig hatten sie Radioapparate und Plattenspieler – ja, sogar die Nadeln – hergestellt, die erforderlich waren, damit man ihre Produkte auch hören konnte. Die Decca schien derjenige von beiden Konzernen zu sein, der sich entschiedener der Unterhaltung verschrieben hatte. Das blaue Label der Decca und ihre weißen Fabrikgebäude in Wimbledon waren Synonyme für das Zeitalter des Kurbel-Grammophons. Decca führte die erste Langspielplatte in Großbritannien ein, als EMI fast noch ausschließlich eine Elektrofirma war, die Fernsehapparate, Phonoschränke und Waffensysteme für das damalige Heeresministerium herstellte.

Die Decca war die Schöpfung – und auch der Besitz – von Sir Edward Lewis, einem hageren, weißhaarigen Mann, der selbst an jenen Tagen, an denen die hohen Dividenden ausgeschüttet wurden, nur selten lächelte. In Sir Edwards Augen war auf Schallplatten gepreßte Musik ein Gebrauchsgegenstand, der sich kaum von Seife oder Sicherheitsnadeln unterschied, und sie behagte ihm nur, wenn sie mit freudigen Ereignissen an der Börse harmonisierte, die Sir Edward Lewis der liebste Platz auf Erden war. »Ich weiß nur von einem Menschen, der ihn zum Lachen bringen konnte«, erzählt Dick Rowe. »Das war Tommy Cooper. Wenn Sir Edward jemals das Büro früher verließ, dann konnte man sicher sein, daß an diesem Abend Tommy Cooper im Fernsehen auftrat.«

Die Vorherrschaft der Decca als Plattenfirma endete 1954 mit dem Auftauchen Sir Joseph Lockwoods, eines erfolgreichen Müllereibesitzers, der den Vorsitz über die EMI übernahm. Augenblicklich gelang es Lockwood, den Abstieg der EMI aufzuhalten. Er legte die Produktion von Radioapparaten still und investierte gerade noch rechtzeitig vor dem ersten Boom der Popmusik in ein neues Schallplattenpreßwerk. Sir Edward seinerseits faßte Lockwoods Erfolg als persönliche Beleidigung auf und äußerte sich nur noch gehässig über ihn. Er tröstete sich halbwegs mit der Tatsache, daß Lockwood im Gegensatz zu ihm keinen bedeutenden Anteil an seiner Firma besaß und daher »nur ein Angestellter« war.

Dank Dick Rowes Fehlentscheidung hatte Lockwood jetzt den ganz großen Preis davongetragen. Nicht nur die Beatles, sondern auch alle anderen Gruppen aus dem Norden und ihr neuer münzenklingender Sound schienen von EMI vereinnahmt worden zu sein. Nach dem belachenswerten Irrtum, der ihrem unseligen A & R-Chef unterlaufen war, wollte niemand mehr zur Decca. »Es war schon so schlimm«, berichtet ein früherer Angestellter, »daß die gesamte A & R-Abteilung auf die Straße gerannt ist, wenn ein Junge mit einer Gitarre am Albert Embankment entlanggelaufen ist, um ihn raufzuholen.« Rowes einziger Trost bestand darin, daß keine Gruppe, wie »groß« sie im Moment auch sein mochte, länger als sechs Monate einen Anreiz für die britischen Teenager darstellen konnte. Die Beatles waren ihm zwar durch die Lappen gegangen, aber seine Chancen, die *nächsten* Beatles zu finden, waren nicht schlechter als die der Konkurrenz. Diesem Ziel galt jetzt die ganze Hingabe von Rowes gesamter A & R-Abteilung. Wie alle anderen Plattenfirmen hatte auch die Decca ein Team von Talentsuchern nach Liverpool geschickt, um die Mersey-Sound-Clubs und Tanzpaläste zu durchkämmen. Der Umstand, daß der Heimatort der Beatles ein Seehafen war, hatte eine gewaltige Wirkung auf die überhitzten Köpfe der A & R-Leute. Die Suche nach den nächsten Beatles wurde auf andere Seehäfen ausgeweitet – Cardiff, Bristol und Southampton. Dick Rowe selbst zog es mit reuiger Faszination nach Liverpool. In der ersten Maiwoche des Jahres 1963 war er wieder dort, denn er hoffte, bei einem Nachwuchswettbewerb in der Philharmonic Hall, bei dem er als Jurymitglied dabei war, die nächsten Beatles zu finden. Was sein Unbehagen noch wachsen ließ, war, daß der bereits existierende Beatle George Harrison der Jury ebenfalls angehörte. Rowe erklärte George mit bemühter Leichtigkeit, er könne sich immer noch selbst in den Hintern treten. Zwar soll John Lennon gesagt haben, er hoffe, der Decca-Mann werde sich dabei selbst tottreten, doch George schien keine Feindseligkeit gegen Rowe zu hegen. »Er hat mir sogar versichert, ich hätte recht gehabt, die Beatles abzulehnen«, sagt Dick Rowe, »denn bei dem Probespielen seien sie wirklich schlecht gewesen.«

Als der erste Teil des Nachwuchswettbewerbes über die Bühne gegangen war, hatten sich die neuen Beatles immer noch nicht gezeigt. George Harrison bemerkte zu Dick Rowe, daß es in London eine Gruppe gebe, die es wert sein könnte, sie unter Vertrag zu nehmen; eine Gruppe, die sich The Rolling Stones nenne und jeden Sonntagabend im Bahnhofshotel in Richmond spiele ... Als George sich wieder umdrehte, stellte er fest, daß er Selbstgespräche führte. Dick Rowes Stuhl war leer.

Noch heute erinnert sich Rowe daran, daß die Sonne auf seiner Fahrt durch Richmond, nach der überstürzten Abreise aus Liverpool, tief am Himmel stand und so rot und warm war wie ein Vorzeichen der Erlösung. »Das Sonnenlicht war so grell, daß ich fast nichts mehr gesehen habe, als ich in den Club kam. Nur Scharen von Jungen. Ich habe nirgendwo Mädchen gesehen. Scharen von Jungen, die auf ihren Fußballen auf und nieder hüpften.« Unangekündigt – und im sonntagabendlichen Gedränge des Crawdaddy unbemerkt – stand Dick Rowe da und sah sich die sechs Gestalten an, die seinen Ruf retten sollten.

Trotz seiner Erregung zwang er sich, das A&R-Protokoll einzuhalten. »*Nie* hätte ich eine Gruppe, die mich interessierte, direkt angesprochen. *Immer* nur ihren Agenten oder Manager. Einen Manager der Stones konnte ich im ganzen Club nicht ausfindig machen. Am nächsten Morgen war ich um acht Uhr im Büro und habe der Reihe nach alle großen Agenturen angerufen. Niemand, mit dem ich sprach, schien bisher von den Rolling Stones gehört zu haben. Schließlich sagte jemand: ›Probier es doch bei Eric Easton.‹ Natürlich kannte ich Eric. Nachdem ich ihn erst einmal erreicht hatte, war das ganze Geschäft innerhalb weniger Tage abgewickelt.«
Ehe die Stones ihren Vertrag mit der Decca unterzeichnen konnten, mußte noch eine kleine Schwierigkeit aus dem Weg geräumt werden. Das Band mit den fünf Songs, das sie mit Glyn Johns in den IBC-Studios aufgenommen hatten, war nach wie vor im Besitz von IBC und konnte somit als vorrangige Aufnahmegenehmigung ausgelegt werden. Eric Easton riet den Stones, sich persönlich an IBC zu wenden und zu sagen, sie seien inzwischen auseinandergegangen und wollten das Band als ein Souvenir zurückkaufen. In aller Arglosigkeit erklärte sich IBC einverstanden, das Band für den Preis herauszugeben, den es an Studiozeit gekostet hatte: 109 Pfund. Eric Easton gab ihnen das Geld aus seiner Bürokasse für Kleinausgaben. Es dauerte keine Woche, bis Easton und Dick Rowe unterschrieben, was der A & R-Chef der Decca für einen ordentlichen Zweijahresvertrag hielt. Wenn sich in diesem Vertrag etwas Ungewöhnliches zeigte, dann, nach Rowes Erachten, die Großzügigkeit von seiten der Decca. Als Brian Epstein die Beatles bei der EMI untergebracht hatte, war er nach vielen vorangegangenen Ablehnungen dazu gezwungen worden, den jämmerlichen Satz von einem alten Penny Gewinn pro beidseitig bespielter Platte zu akzeptieren, und dieser Satz sollte jährlich um einen Viertelpenny gesteigert werden. Rowe empfand es daher fast als Ehrensache, den Rolling Stones, obwohl sie noch so unbekannt und unerprobt waren, die übliche Gewinnbeteiligung von fünf Prozent des Einzelhandelspreises von jeder verkauften Platte anzubieten.
Bis dahin hatte es Dick Rowe bei diesem Geschäft mit so einem angenehmen und verbindlichen Zeitgenossen wie Eric Easton zu tun gehabt. Das gewohnte Vorgehen, Geschäfte stillschweigend über die Köpfe von unerfahrenen Jungens hinweg abzuschließen, wurde jetzt durch Eastons neunzehnjährigen Partner grob durchbrochen. Noch ehe er die Decca auch nur betreten hatte, ließ Andrew Loog Oldham den imaginären Filmprojektor in seinem Kopf wieder anlaufen und sich eine neue Version seiner Person vorführen. »Ich hatte mich entschlossen, ein mieser, großkotziger kleiner Scheißer zu werden.« Bei seiner ersten Zusammenkunft mit dem Manager der Decca, Bill Townsley, setzte sich Oldham, ohne dazu aufgefordert worden zu sein, und legte die Füße betont lässig auf Townsleys Schreibtisch.
Dick Rowe starrte den blonden Jugendlichen nur noch entgeistert an, als der seine genialen Abmachungen mit Eric Easton über die möglichen Termine für die ersten Plattenaufnahmen der Stones in den Studios der Decca in West Hampstead und über den Produzenten der Decca, der die Aufnahmen leiten sollte, mit Bestimmtheit zu Fall brachte. Oldham entgegnete, die Stones würden die Studios der Decca nicht in Anspruch nehmen, und während Rowe ihn noch sprachlos ansah, fügte er hinzu, daß sie auch keinen Produzenten bräuchten. Sie hätten bereits einen, und dessen Name lautete Andrew Loog Oldham.
Oldham hatte nie den Ratschlag vergessen, der ihm in dem geheimnisvollen Dunkel von Phil Spectors Limousine erteilt worden war. Dieser Ratschlag bestand schlicht darin, daß das gesamte Material, das in den Studios einer Plattenfirma aufgenommen wurde, bei der Plattenfirma verblieb, die somit auch das Copyright daran hatte. Wenn die Platte der Stones in einem unabhängigen Studio aufgenommen wurde, konnte die Decca zwar die Matrize zur Herstellung der Schallplatten ausleihen, das Copyright würde bei Oldham verbleiben, und gleichzeitig konnte er die Decca somit jeder Kontrolle darüber berauben, was überhaupt aufgenommen wurde. Einen solchen Handel hatte in der gesamten Geschichte der englischen Schallplattenindustrie noch niemand vorgeschlagen. Es besagt etwas über das Ausmaß der Verzweiflung bei Decca, daß Oldhams Bedingungen akzeptiert wurden.
Die Sonnenbrille, durch die Andrew Loog Oldham seine verstimmten neuen Vertragspartner mit Milde

betrachtete, war ebenfalls eine List, die er von Phil Spector gelernt hatte. Auf dem Bildschirm vor seinem geistigen Auge sah er sich bereits als Englands Spector – als einen Unternehmer, der ebenso viel Ruhm und Ehre auf sich häufte wie jeder Künstler in seiner Obhut. So kam es, daß Andrew Loog Oldham, der noch nie einen Fuß in ein Aufnahmestudio gesetzt hatte, Dick Rowe und der Decca verkündete, die erste Single der Rolling Stones werde ausschließlich unter seiner Leitung aufgenommen.

Es war allerdings wirklich eine simple Angelegenheit, bei Olympic Sound gleich in der Nähe der Baker Street zu einem Gebührensatz von fünf Pfund pro Stunde ein Studio zu mieten. Dort traf Andrew Loog Oldham am 10. Mai 1963 mit den sechs Stones zusammen – unter den leicht verwirrten Augen des einzigen Toningenieurs des Studios, Roger Savage, dessen Dienste im Preis enthalten waren.

Oldham hatte die Stones angewiesen, die fünf Nummern aus ihrem Repertoire auszuwählen, die sie selbst als ihre besten ansahen. Er wollte dann entscheiden, welche Nummer auf die A-Seite und welche auf die B-Seite der Single kommen sollte. Diese Entscheidung zu treffen, erwies sich als mühseliger, als er erwartet hatte. Die besten Bühnennummern der Stones waren *Roll Over Beethoven, Dust My Blues* und *Roadrunner* – alles gängige Rhythm and Blues-Nummern, die inzwischen durch andere Gruppen so weite Verbreitung gefunden hatten, daß sie in den Plattenverkaufslisten nicht zugkräftig genug sein würden.

Die Wahl für die A-Seite fiel schließlich auf *Come On,* den Chuck Berry-Song, den sie bereits in den IBC-Studios aufgenommen hatten. Der größte Vorteil dieser Nummer lag darin, daß die wenigsten englischen Chuck Berry-Fans die Originalversion mit ihrem untypisch übellaunigen Text, ihren seltsamen Rumbaanklängen und dem gezierten Duett zwischen einem Jungen und einem Mädchen kannten. Die B-Seite – die weniger kommerziell sein durfte – war ebenfalls ein Song, der bereits bei IBC aufgenommen worden war, Willie Dixons *I Want to Be Loved.*

Etwa drei Stunden lang arbeiteten die Stones daran, eine aufpolierte Fassung von *Come On* zustande zu bringen, die noch an ihren besten Stellen für alle Zeit verrät, wie unbehaglich ihnen bei Kompromissen zumute war. Chuck Berrys böser Rumba wurde auf Gitarren und Baß reduziert, die im Tempo schnell tapsender Füße durch das »whoa whoa« der Mundharmonika eilten. Entsprechend nahm Mick Jaggers Stimme dem Text auch seine Erbitterung über klapprige Autos und mißglückte Telefonverbindungen. Während Chuck Berry »some stupid jerk« sang, hielt Jagger es für klüger, »some stupid guy« zu singen. Trotz eines Wechsels der Tonart, der es zuließ, daß ein großer Teil des Songs wiederholt werden konnte, dauerte die fertige Fassung kaum länger als eindreiviertel Minuten ...

Der »Produzent« Andrew Loog Oldham beschränkte sich darauf, die Uhr des Studios im Auge zu behalten und sich zu grämen, daß wieder eine Stunde vergangen war und sie weitere fünf Pfund ausgegeben hatten. Es war kurz vor achtzehn Uhr, als die letzte Aufnahme gemacht worden war. Oldham war nicht gewillt, weitere fünf Pfund auszugeben, und er sagte, die letzte Aufnahme sei gut genug, und mit diesen Worten verließ er das Studio. »Und was ist mit dem Mischen?« fragte der Toningenieur betroffen. Englands vermeintlichem Phil Spector war nicht klar gewesen, daß nach der Aufnahme eines Songs die einzelnen Stimm- und Instrumentalspuren »gemischt« wurden, um zwischen ihnen ein Gleichgewicht herzustellen. »Sie besorgen das«, erklärte Oldham leichthin. »Ich komme morgen früh vorbei und hole die Aufnahmen ab.«

Selbst nach dem Mischen lag das Ergebnis noch eindeutig unter dem schon sehr bescheidenen Standard einer Pop-Single von 1963. Dementsprechend äußerte sich Dick Rowe, und die Stones stimmten ihm zu. Sie waren jetzt ebenso versessen darauf wie Rowe, daß die Single unter der Aufsicht erfahrener Fachleute in den Studios der Decca aufgenommen wurde. Dort wurden schließlich sowohl *Come On* als auch *I Want to Be Loved* auf ein technisches Niveau gebracht, das die Musiker und den A&R-Mann zufriedenstellte. Man hatte beschlossen, die Platte am 7. Juni auf den Markt zu bringen.

Die Stones waren jetzt »bei Decca erscheinende Künstler«, und sie waren in Gesellschaft einer glanzvollen Schar von Talenten, zu denen Buddy Holly, Little Richard, Tommy Steele, Duane Eddy und Bobby Vee zählten. Zwar arbeitete Eric Easton schon an ihrer zukünftigen Karriere, doch änderte

sich trotz alledem nicht viel an ihren äußeren Lebensumständen. Sie spielten weiterhin für dasselbe wenige Geld wie zuvor und in denselben Clubs wie zuvor – Giorgios Crawdaddy, dem Marquee und Ken Colyers Studio 51. Selbst die letztgenannte frühere Heimstatt der Folk-Puristen war jetzt jeden Sonntagnachmittag so vollgestopft, daß die Mädchen die Toiletten nur erreichen konnten, indem sie sich hochheben und über die Köpfe der Leute hinweg weiterreichen ließen.
Eines Sonntags war das Gedränge im Studio 51 so groß, daß ein Mädchen namens Shirley Arnold in Ohnmacht fiel. Unter den besorgten Blicken der Stones und ihres jungen Managers wurde sie in die Garderobe der Band gebracht. Shirley war ein leidenschaftlicher Bluesfan, und sie war damals mit einem Mitglied einer anderen Rhythm and Blues-Gruppe, der Downliner Sect, befreundet. Sie kam mit Oldham ins Gespräch, der ihr schon nach wenigen Minuten die Aufgabe anbot, den Fanclub der Stones zu organisieren, der sich noch im embryonalen Gründungsstadium befand. »Ich sagte, daß ich es ja mal probieren könnte. Andrew drückte mir auf der Stelle dreihundert Postanweisungen in die Hand, mit denen sich ebenso viele Mädchen für den Club hatten vormerken lassen, und sagte: ›Okay, dann mach mal.‹ «
In der Zwischenzeit bereitete die Decca den Stapellauf ihrer neuen Errungenschaft mit der Glut und Inbrunst eines öffentlichen Amtes am Freitagnachmittag vor. Die Werbestrategie der Decca kam – wie auch alles andere – direkt aus dem Büro ihres Oberhauptes. Sir Edward Lewis »glaubte« nicht an Publicity-Arbeit. Seiner Erfahrung nach ließen sich größere Gewinne aus Künstlern herausschlagen, deren Privatleben im dunkeln blieb. Das hatte sich anscheinend am Fall des Bandleaders Ted Heath bestätigt, dessen einigermaßen großes amerikanisches Publikum seinen Tod kaum zur Kenntnis genommen und es der Decca so ermöglicht hatte, weiterhin Aufnahmen mit Heath' Band zu machen, als dirigiere er sie noch immer selbst.
Wie Andrew Loog Oldham aus seinen Monaten als PR-Mann wußte, gab es nur ein sicheres Mittel, die Erstlings-Single einer unbekannten Gruppe in den englischen Top Twenty unterzubringen. Die Gruppe mußte in der allgemein beliebten Samstagabend-Popshow Thank Your Lucky Stars im ABC-Fernsehstudio auftreten.
Es schien ein ausgemachter Glücksfall zu sein, daß Brian Matthew, der Moderator von Thank Your Lucky Stars – sowie auch des ebenso einflußreichen Samstagsclubs des Unterhaltungssenders der BBC –, ebenfalls zu Eric Eastons Kunden zählte. Leider hatte Metthew bis zu diesem Zeitpunkt ablehnend auf die Rolling Stones reagiert; ihm mißfielen Mick Jaggers Gesangsstil und das verlotterte Aussehen der Gruppe. Um einen Auftritt in Thank Your Lucky Stars zu bekommen, mußten sich die Stones dem Vorbild beugen, das durch die Beatles allen Popgruppen gesetzt worden war. Sie mußten zueinander passende Anzüge tragen und ordentlich und sauber und freundlich aussehen.
Die Entrüstung, die die Stones anfangs gegenüber diesem Ansinnen empfanden, wurde durch ihre Ungeduld gedämpft, endlich vor den Fernsehkameras zu stehen. So ließen sie sich also Brian Matthew und seinem Produzenten Philip Jones in einer einheitlichen Ausstattung vorführen, deren Carnaby-Schick einer Gruppe von Chorknaben wahrscheinlich besser gestanden hätte. Die Jacketts, sogenannte »Arschabfrierer«, waren dezent gemustert, bis oben zuzuknöpfen und hatten kleine Samtkrägelchen. Dazu kamen Stehbundhemden, schmale Krawatten und Beatles-Stiefel mit hohen Absätzen. Diese Ausstattung war von Eric Easton finanziert – und ausgesucht – worden, und sie erntete beifälliges Nicken bei allen außer denen, die sich in sie hineinzwängen und -knöpfen mußten. Dennoch war der Auftritt diese Erniedrigung wert. Die Stones wurden für den 7. Juni, den Tag des Erscheinens ihrer Single, für Thank Your Lucky Stars gebucht.
Auch damit waren die Umänderungen noch nicht abgeschlossen. Keith Richards, dem dies ewig ein Rätsel bleiben wird, sagte man, er solle das »s« am Ende seines Nachnamens streichen, um ihn »poppiger klingen zu lassen« – wie bei Cliff Richard. Ian Stewart, der Pianist, Chauffeur und Lieferant von Essensmarken der Stones, wurde aus der Bühnenformation gestrichen. Sechs Personen waren zuviel für eine Gruppe, hatte Andrew Loog Oldham beschlossen. Außerdem sah Stew mit seinem kurzen Haar, seinen fleischigen Armen und seinem kampflustigen, vernünftigen Gesicht »zu normal« aus für

das, was Oldhams innerer Filmprojektor bereits abzuspielen begann.
»Sie haben es mir nicht gerade nett beigebracht«, sagt Stewart. »Eines Tages bin ich an unserem Treffpunkt aufgetaucht und mußte feststellen, daß die anderen Anzüge für die Bühne hatten, aber für mich kein Anzug da war. Keiner von ihnen hat mir gegenüber auch nur ein Wort darüber verloren – bis auf Brian. ›Du bist nach wie vor ein vollwertiges Mitglied unserer Gruppe, Stew‹, hat er immer wieder zu mir gesagt. ›Du bekommst weiterhin deinen Anteil von einem Sechstel, das verspreche ich dir.‹ «
Die Stones ließen Stew allerdings nicht mit der an Gedächtnisverlust grenzenden Endgültigkeit fallen, mit der die Beatles ihren ersten Schlagzeuger, Pete Best, fallengelassen hatten. Oldham bat ihn, ihr »Roadie« zu bleiben, ihr Fahrer, Lastesel und gelegentlich eingesetzter Pianist. Stew willigte ein, obwohl sein Stolz verletzt war. »Ich dachte: ›Danach kann ich mich bei der ICI nicht mehr sehen lassen. Also kann ich ebensogut bei ihnen bleiben und mir die Welt anschauen.‹ «

Thank Your Lucky Stars bot den britischen Teenagern am 7. Juni 1963 das gewohnte Schauspiel von Schallplattenplaybacks, zu denen die Musiker Gesang und Instrumentenspiel mimten, wenn auch nicht immer ganz akkurat. Die Bühnenausstattung ließ die Künstler winzig erscheinen, und ihre Musik ging zur Hälfte in den vorproduzierten weiblichen Schreien unter. Die Attraktion des Abends war Helen Shapiro, eine Sechzehnjährige, die auf vierzig zurechtgemacht worden war und mit toupiertem Haar und gebauschten Petticoats auftrat. The Viscounts, ein englisches Trio, sangen ihre Version des neuen amerikanischen Hits *Who Put the Bomb?* Zwei Discjockeys, Pete Murray und Jimmy Henney, gaben mit der dämlichen Gleichgültigkeit von Männern Ende der Dreißig ihr Urteil über neue Singles ab. Dabei wurden sie von einem Mädchen namens Janice unterstützt, dessen immer gleiche Wertung: »I'll give it five« – oder im Birmingham Dialekt »Oi'll give eet foive« – ein landesweites Schlagwort geworden war. Brian Matthew kündigte jede Nummer in einem Pullover mit V-Ausschnitt an, und so sehr er sich auch bemühte, sich sprachlich dem Niveau seines Publikums anzupassen, konnte er doch nicht verhehlen, daß seine Stimme die eines Nachrichtensprechers der BBC war.
Die Stones kamen ganz zum Schluß, und man würdigte sie nur mit einer schlichten Bühnenausstattung, die mit ausgeschnittenen Spielkartenfiguren dekoriert war. Mick stand auf einem niedrigen Sokkel direkt hinter Brian und Bill. Keith, der auf einem Hocker saß, und Charlie hinter seinem Schlagzeug sah man nur im Profil. Ihr »Spot« dauerte alles in allem kaum eineinhalb Minuten. Während die Kameras vor- und zurückfuhren und das vorproduzierte Kreischen um sie herum aufbrauste, bemühten sich die Rolling Stones in ihren Samtkragenanzügen, so gut sie konnten – und wie sie es nie wieder versuchen sollten –, wie eine konventionelle Popgruppe auszusehen.
Als die Aufzeichnung der Sendung am folgenden Wochenende im Fernsehen übertragen wurde, waren diese eineinhalb Minuten für viele Zuschauer schon genug. Anschließend wurde die Telefonzentrale des ABC-Fernsehstudios in Birmingham von Anrufern belagert, die dagegen protestierten, daß eine derart »schmutzige« Gruppe in Lucky Stars aufgetreten war. Und man hoffe, daß sie nie wieder eingeladen werde.

Die ersten Besprechungen von *Come On* in der Musikpresse in der Spalte »Neuerscheinungen« waren bestenfalls lauwarm. *Record Mirror,* der die enthusiastischste Besprechung brachte, empfahl »eine kommerzielle Gruppe mit Blueseinschlag, die gewisse Chancen auf die unteren Plätze der Hitlisten hat«. Bei den Pop-orientierten Zeitschriften *Disc* und *New Musical Express* hatten sich die Stones mit *Come On* zwischen zwei Stühle gesetzt, denn es war weder Mersey-Sound noch eine importierte amerikanische Ballade. Wenn die Single, was nur allzu selten vorkam, im Radio gespielt wurde, klang sie dünn und blutleer. Einen Monat nach ihrem Erscheinen stand sie in der Hitliste des *New Musical Express* auf dem sechsundzwanzigsten Platz, und somit rangierte sie nur einen Platz höher als der Beatles-Hit *From Me to You,* der fast drei Monate vorher auf den Markt gekommen war.
Die einzige Publicity von Bedeutung, abgesehen von Thank Your Lucky Stars, war Giorgio Gomelskys Gutmütigkeit zu verdanken. Giorgio trug den

Stones nicht nach, daß er von ihnen einfach ausmanövriert worden war. Er hatte sie seinen Freunden in der Fleet Street weiterhin enthusiastisch ans Herz gelegt. Patrick Doncaster, der etwas ältliche Popkolumnist des *Daily Mirror,* ließ sich nach einiger Zeit dazu überreden, nach Richmond hinauszufahren und über den Crawdaddy Club, die Stones und eine andere neue junge Gruppe zu berichten, die Yardbirds, die Giorgio jetzt unter seine Fittiche genommen hatte.

Doncasters ganzseitiger Bericht im *Mirror* vom 13. Juni beschrieb die Szene nur zu gut. Die Ind Coope-Brauerei – der bisher nicht bewußt geworden war, welche Lustbarkeiten sich auf ihrem Grund abspielten – wies Giorgio Gomelsky postwendend aus dem Hinterzimmer des Bahnhofshotels aus. Anschließend kam der Crawdaddy Club auf dem Sportplatz von Richmond im Freien zusammen. Die Stones, die Yardbirds, Cyril Davis und Long John Baldry spielten vor bis zu tausend promenierenden Zuschauern auf einem Rugbyplatz vor der Haupttribüne.

Inzwischen arbeitete Eric Easton daran, die Stones auf jenen Pfad zu führen, der einer aufstrebenden »Beat«-Gruppe bestimmt war – auf die öde Großbritannien-Tournee, die sie als Bestandteil eines »Pop-Paketes« unternehmen sollten. Da sich die Stones nur sehr schlecht in den Hitlisten plaziert hatten, war es eine gewisse Leistung von Easton, sie bei einer landesweiten Tournee unterzubringen. Sie begann am 29. September. Der Reißer der Tournee waren Amerikas berühmte Everly Brothers, und neben ihnen trat auch der Rhythm and Blues-Held der Stones, Bo Diddley, auf.

Diese Aussichten waren so verlockend, daß Mick Jagger endlich doch zu einem Schluß kam, welche Richtung sein Leben nehmen sollte. Auch nachdem die Stones von der Decca unter Vertrag genommen worden waren, hatte er weiterhin zwischen der Musik und der London School of Economics geschwankt und sich alle Möglichkeiten so lange offengelassen, daß die anderen Stones kaum weniger erbost waren als Joe und Eva Jagger und ihm sogar damit drohten, ihn als Sänger fallenzulassen, wenn er sich nicht die Zeit freihielt, um mit ihnen auf Tournee zu gehen. So kam es, daß Mick Jagger zur Verwaltung der LSE ging und ankündigte, daß er sein Wirtschaftsstudium nicht abschließen werde. Zu seinem Erstaunen und seiner Erleichterung legte man ihm keine Hindernisse in den Weg. »Der Mann in der Immatrikulationsverwaltung hat gesagt, ich könne später ja wiederkommen, wenn ich wieder Lust hätte. Es ging erstaunlich leicht.«

Am 12. August traten die Stones zum letzten Mal auf »heimischem Boden« in Richmond auf. Sie spielten mit Acker Bilk, Cyril Davis und Long John Baldry für das National Jazz and Blues Festival, dessen Sponsor die *Evening News* war. Das blieb für eine Zeit von fast zwei Monaten, die ihnen wesentlich länger vorkommen sollte, nahezu ihr einziger Auftritt in London. Eric Eastons Strategie sah als nächsten Schritt vor, daß er ihren Zeitplan fast Abend für Abend mit einmaligen Auftritten in den Tanzpalästen der abgelegenen Städte im Osten Englands, wie Wisbech, Soham, Whittlesey und King's Lynn, vollpfropfte. Während dieses ungewöhnlich feuchten Sommers hatte sich in vielen Teilen Englands das Interesse hauptsächlich auf die neuesten Entwicklungen im Skandal um John Profumo, ein Kabinettsmitglied der Konservativen, und Christine Keeler, seine zweiundzwanzigjährige Geliebte, konzentriert. Die schauerlichen Presseberichte zu diesem Skandal hatten enthüllt, daß das Establishment der Londoner Konservativen Beziehungen zu einer Unterwelt aus Callgirls, Zuhältern in Mayfair, erpresserischen Bodenspekulanten und sogar – selbst das wurde vermutet – zu russischen Spionen unterhielt. Fürs erste hatte Großbritannien damit die Mißbilligung seiner abtrünnigen Jugend hintangestellt, um statt dessen in aller Ruhe darüber nachsinnen zu können, daß ältere Regierungsmitglieder wahrscheinlich in aller Öffentlichkeit Fellatio betrieben hatten; daß »bis zu acht« Richter des Hohen Gerichtshofes an ein und derselben Sexorgie beteiligt gewesen waren; daß bei einem Abendessen der Londoner Gesellschaft ein anderer bedeutender Politiker nackt und maskiert am Tisch erschienen war und sich einen Zettel umgehängt hatte, auf dem zu lesen stand: »Falls meine Dienste Ihnen nicht zusagen, peitschen Sie mich.«

Wenn man sich Profumo, Christine Keeler, Stephen Ward und Mandy Rice-Davies ansah, mußten einem die Beschäftigungen der Teenager sogar erfreulich anständig erscheinen. Eine kommerzielle Lon-

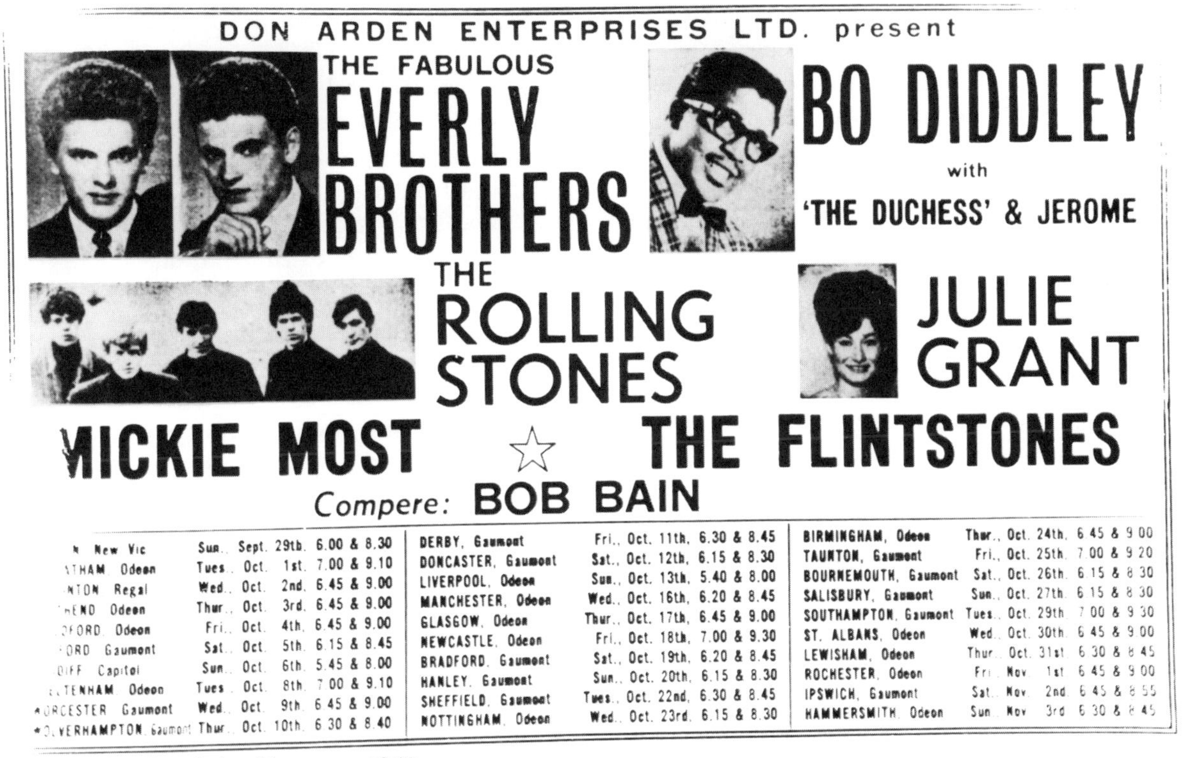

Die Zeit der »Pop-Paket-Tourneen« 1963.

doner Fernsehgesellschaft, Associated-Rediffusion, bemühte sich sogar ernstlich, hinter die exakte Natur dieser Beschäftigung zu kommen, denn sie plante eine neue Wochenend-Popshow, mit der sie Thank Your Lucky Stars ausbooten wollte. Die Show sollte sich Ready, Steady, Go nennen, und – was bisher noch nicht dagewesen war – durch diese Show sollten Leute führen, die im selben Alter waren wie das Publikum. Der Produzent, Elkan Allan, stellte jedem, der sich um den Job bewarb, dieselbe Testfrage: »Wofür interessieren sich deiner Meinung nach die jungen Menschen in diesem Land am meisten?« Ein Mädchen, das Cathy McGowan hieß, wurde engagiert, weil sie schlicht antwortete: »Kleider.«

Es lag an der Kleidung des Publikums – das nicht wie bisher in solchen Shows auf feste Sitzplätze verwiesen war, sondern sich in einem großen Studio mit hoher Decke auf mehreren Ebenen drängte –, daß Ready, Steady, Go als repräsentativ für einen neuen Popstil galt, eine Mode, die fast ebenso schnell wechselte, wie der Sound in den Top ten. Weite Hosen und knallenge Jeans, Lederjacken und Op-art-Kleider, die Quant-Haarschnitte der Mädchen und die Beatles-Frisuren der Jungen drängten sich um Cathy McGowan und zwischen den bewußt nicht verborgenen Aufnahmegeräten. Die Atmosphäre war die einer Party in der King's Road, deren Teilnehmer eher zufällig zusammengekommen zu sein schienen. Eine Atmosphäre, die von dem Slogan dieser Freitagabend-Show deutlich herausgekehrt wurde: »Hier beginnt das Wochenende«. Millionen wurde das Gefühl gegeben, daß sie alle demselben Club angehörten, der unglaublich »in« war, und die einzige Voraussetzung zur Mitgliedschaft bestand darin, daß man unter einundzwanzig war.

Zu ihrem großen Kummer verbrachten die Stones ebendiese Freitagabende in Ian Stewarts Transporter auf dem Weg durch das Eastend nach Herfordshire, Bedfordshire oder zu den Marschen von Cambridgeshire. Am schlimmsten setzte ihnen dabei der Gedanke zu, daß die Beatles, die doch aus dem Norden kamen, die Stars des neuen London waren, wogegen sie diese Verbannung in die Provinz erdulden mußten. Den Beifahrersitz in Stews Transporter beanspruchte Bill Wyman immer für sich, um der Reiseübelkeit vorzubeugen, von der er behauptete, seit seiner Kindheit an ihr zu leiden. Die anderen brauchten Jahre, um zu merken, daß Bill sich auf diese Weise nur den bequemsten Sitz im Wagen sichern wollte.

Die Rathäuser und Ballsäle von Whittlesey, Soham und Wisbech waren so ziemlich der größtmögliche Kontrast zu Ready, Steady, Go: große, zugige Gewölbe in städtischen Backsteinbauten, in denen sich Jungen mit Haartollen aus den fünfziger Jahren und Mädchen in Twinsets und abstehenden Petticoats drängten. Das Rhythm and Blues-Repertoire der Stones wurde mit Verwunderung, wenn nicht gar mit offener Ablehnung aufgenommen. Die Reaktion war besser, wenn sie es mit amerikanischen Songs im Pop-Soul-Idiom versuchten – etwa *Poison Ivy* von Lieber und Stoller und Arthur Alexanders *You Better Move On*. Selbst bei den seltenen Gelegenheiten, wenn sie doch jemand dazu aufforderte, weigerten sie sich standhaft, *Come On* zu spielen.

Irgendwann zwischen Whittlesey, Cambridgeshire und der Tournee mit den Everly Brothers zogen sie Eric Eastons kleingemusterte Jacketts endgültig aus. Es war eine behutsame Rebellion, die – erstaunlicherweise – von Charlie Watts angeführt wurde, der als erster seinen Bühnenanzug »zufällig« in irgendeiner Garderobe liegenließ. Keith Richard machte seinen Anzug durch mehrere Lagen Whiskey- und Schokoladeflecken untragbar. Das Gruppenbild, das für das Tourneeplakat aufgenommen wurde, zeigt sie wieder in Cordsamthosen und Polohemden. Sie stehen nicht weit von der Wohnung in Edith Grove entfernt auf einem Pier an der Themse. Eine kurze Tournee-Ankündigung im *New Musical Express* begann wie folgt: »Es ist die Gruppe, die ihre lässige Kleidung den Anzügen vorzieht und die sich manchmal gar nicht erst die Mühe macht, sich umzuziehen, ehe sie auf die Bühne geht ...«

Die Tournee, die am 29. September im New Victoria-Kino in London eröffnet wurde, bot eine seltsame Mischung von Musik, die ihr Veranstalter – der furchteinflößende Don Arden – selbst zusammengestellt hatte, um alle nur erdenklichen Strömungen des Popmusik hörenden Publikums anzulocken. Die Everly Brothers waren die immer blasser werdende Legende des Rock'n'Roll der fünfziger Jahre. Bo Diddley galt der Starkult des Rhythm and Blues. Die Flintstones waren eine Saxophon-Combo. Julie Grant – ebenfalls bei Eric Easton unter Vertrag – war eine durchschnittliche Balladensängerin. Als sich die Mischung nach einer knappen Woche an den Kassen als nicht besonders durchschlagend erwies, flog Don Arden eilig eine zweite Rock'n' Roll-Legende, Little Richard, ein, um ihn als weiteren Star neben den Everly Brothers auftreten zu lassen.

Für die Stones – die etwa auf einer Ebene mit Julie Grant rangierten – zählte vor allem, daß sie die Ehre hatten, im selben Programm mit ihrem Idol Bo Diddley aufzutreten. Als Zeichen ihres Respekts strichen sie alle Bo Diddley-Nummern aus ihrem Tournee-Repertoire. Bo Diddley fühlte sich nicht nur von dieser Hommage seiner fünf zotteligen Anhänger geschmeichelt, sondern ihn beeindruckte auch ihr Spiel so sehr, daß Bill Wyman und Charlie Watts ihn später einmal bei einem Auftritt im Saturday Club des Unterhaltungssenders der BBC begleiten durften.

Nach dem Tourneestart in London zog die Tourkarawane weiter in die düstere Hemisphäre jenseits von Watford, die die Engländer vor dem Ausbau des Straßennetzes vage als »der Norden« bezeichnet hatten. »Nur ein paar Meilen draußen, und mir war das alles ganz neu«, sagt Keith. »Nördlicher als in den Norden Londons war ich bis dahin nie gekommen.«

Derby, Nottingham, Sheffield, Birmingham, Manchester, Bradford, Newcastle und zwanzig weitere Städte – alte, bedeutende und sogar schöne Städte, in denen die Städteplaner bis heute noch keinen Schaden angerichtet haben –, sie alle verschwammen ununterscheidbar voneinander zur ersten Erfahrung der Stones »on the road«. Zweimal am Abend Auftritt in einem riesigen alten Art Deco-Kino, einem Gaumont, einem Regal oder einem Odeon. Dunkle Gassen, zerkratzte Bühneneingänge und kalte Hintertreppen. Garderoben, in denen Bierflaschen und altes Einwickelpapier von »fish and chips« herumliegen. Kleiderhaken für die Mäntel, verschmutzte Toiletten, kahle Glühbirnen. Durch staubige Plüschvorhänge ein verstohlener Blick auf das Publikum im Halbdunkel. Manager und ihre Assistenten, mit kurzen Haaren und in Nylonhemden, die abweisend herumlungern. Tonanlagen, die in der Regel nicht besser sind als die beiden Mikrophone, die schon für das Krippenspiel beim letzten Weihnachtsfest verwendet wurden. Vorhänge, die sich teilten, ein Kreischen, als käme es aus den Seelen der Verdammten, und dunkle Plüschfinsternis, die mit den Juwelen grüner Ausgangsschilder besetzt ist.

Wenn Popgruppen in Anzügen aus Kammgarnimitat und mit Hemdrüschen vor der Brust in den Bereich hinter der Bühne kamen, wurden sie von Kinobesitzern, die Krawalle und aufgeschlitzte Sitze fürchteten, nicht selten schief angesehen. »Wenn wir reinkamen«, erzählt Bill Wyman, »hat uns oft irgendein Organisator angeguckt und dann gesagt: ›Jetzt macht schon, geht endlich in eure Garderobe. Ihr habt nur noch zehn Minuten, um euch für den Auftritt umzuziehen.‹ Daraufhin haben wir geantwortet: ›Wir sind fertig für den Auftritt. Wir sind zehn Minuten zu *früh*.‹ «

Die erste Tournee führte sie auch in Städte, die noch von viktorianischem Dunkel ummauert waren und in denen nur indische oder chinesische Restaurants noch spät geöffnet hatten; in denen die Hotels nach Kohl und nach Bierlachen rochen, man die Räume nur mit einer Stromuhr beheizen konnte und das Bettzeug jedem Benutzer ein großes Vermächtnis an Flöhen, Zecken und Krätze vererbte. Dank einer weiteren privaten Abmachung, die er als »Bandleader« der Stones geschlossen hatte, war es Brian möglich, während der Tournee meistens in etwas teureren Hotels als die anderen übernachten zu können.

Am Sonntag, den 13. Oktober, traten Little Richard, die Everly Brothers, Bo Diddley, Julie Grant und die Rolling Stones vor halbleerem Haus im Odeon in Liverpool auf. Am selben Abend waren die Beatles die Stargäste des bunten Abends von ATV, Sunday Night at the London Palladium. Tagsüber hatten ihre Fans das Palladium im wahrsten Sinne des Wortes belagert. Ein Publikum von fünfzehn Millionen sah sich die vier kleinen Gestalten in Stehkragenanzügen an, die mit ihrem breiten Grinsen und den betont gepflegten Haarschöpfen in diesem Moment längst nicht mehr nur ein Spleen der Teenager waren, sondern allmählich zu einem Staatsschatz wurden.

Nicht ohne eine gewisse Nervosität spielten die Stones später im Cavern Club in der Mathew Street, der inzwischen berühmten »Geburtsstätte« der Beatles in Liverpool. Ihre Sorgen erwiesen sich als überflüssig. Das Cavernpublikum, das von Bob Wooler, dem Discjockey des Clubs, noch aufgepeitscht wurde, bereitete den Gästen einen stürmischen Empfang. Nach ihrem Auftritt genossen sie die Stadt, in der man die ganze Nacht etwas anfangen konnte, anfangs in Allan Williams Blue Angel Club, dann mit ein paar ortsansässigen Mädchen, die das Fest damit beschlossen, sie zum Frühstück zu sich nach Hause einzuladen.

Am 16. Oktober verlautete, daß die Beatles an der Royal Command Variety Show 1963 teilnehmen würden, bei der auch die Königinmutter, Prinzessin Margaret und Lord Snowdon anwesend sein würden. Die Fleet Street hatte das ideale Gegengift zu Profumo, der Keeler und der Verderbtheit der oberen Gesellschaftsschichten, dem Dauerthema des ganzen Sommers, gefunden. Von der Fleet Street ermutigt, schluckte Großbritannien die Beatles wie einen Wiederbelebungstrank. Selbst diejenigen, denen ihre Musik zu laut und ihre Haartracht zu lächerlich war, konnten sich dem Reiz ihrer frischen, charmanten Keckheit nicht entziehen, den gewitzten und doch liebenswerten Antworten – die in erster Linie von John Lennon kamen –, in denen die grundlegende Ehrlichkeit der arbeitenden Schichten wieder zur Geltung zu kommen schien.

Den Rolling Stones wie auch allen anderen, die mit den Everly Brothers auf Tournee waren, wurde zunehmend bewußt, daß der Mittelpunkt der Welt fern vom Gaumont-Kino in Bradford war. Auch ein Besuch ihres neunzehnjährigen Co-Managers trug nicht unbedingt dazu bei, ihr Selbstbewußtsein zu stärken. Andrew Loog Oldham kam hereingeschneit, erkundete die Situation, registrierte erschrocken die widrigen äußeren Umstände, wünschte ihnen viel Glück und verschwand wieder. Oldham fuhr direkt nach Liverpool und begab sich in die verheißungsvollere Gesellschaft von John Lennon und Paul McCartney, die beide zur gleichen Zeit ihrer früheren Heimat einen Besuch abstatteten. Anschließend fuhren die drei gemeinsam nach London zurück. »Es war eine total verrückte Fahrt«, erinnert sich Oldham. »Ich weiß nicht, ob wir betrunken oder stoned oder beides waren. John und Paul begannen plötzlich darüber zu sprechen, irgendwie ihr Aussehen zu entstellen, damit ihre Fans sie nie mehr wiedererkennen und nicht mehr verfolgen könnten. Sie sprachen über alle erdenklichen Möglichkeiten, ihre Gesichter zu verstümmeln. ›Wir könnten in einen Großbrand geraten‹, sagte Paul. ›Wir könnten uns spezielle Gummimasken anfertigen lassen, die wie echte Haut aussehen ...‹«

Oldhams größte Sorge mit den Stones war die Suche nach einem Song, den sie als den Nachfolger von *Come On* aufnehmen konnten. Er hatte den gesamten Katalog der amerikanischen Chess and Checker R & B-Labels nach Songs durchforstet, deren Originalversionen nicht allzu bekannt waren und die auch noch nicht von der Schwemme neuer britischer Bluesgruppen entdeckt und in einer neuen Version herausgebracht worden waren. Die Suche war derart erfolglos, daß sich Andrew Loog Oldham, als er mit John und Paul in der Limousine mit den dunkel getönten Scheiben saß, nur um so inbrünstiger wünschte, den Rolling Stones würden die Hits ebenso selbstverständlich aus der Feder fließen wie den Beatles.

Die Wahl fiel schließlich, im Einverständnis mit Dick Rowe von der Decca, auf eine Cover-Version von Costers' *Poison Ivy,* und für die B-Seite entschied man sich für Benny Spellmans *Fortune Teller.* Auf Rowes Vorschlag hin wurde die Aufnahme im Studio einem jüngeren Produzenten der Decca, Michael Barclay, anvertraut. »Es war eine Katastrophe«, erzählt Dick Rowe. »Die Stones hielten Mike für einen spießigen Miesepeter; er hielt sie für verrückt.« Das Ergebnis war eine Version von *Poison Ivy,* die der Decca und den Stones in fast gleichem Maße mißfiel. Die Single wurde im Programm der Neuerscheinungen der Decca angekündigt, doch noch vor ihrem endgültigen Erscheinen wieder daraus gestrichen.

Auch bei einer weiteren langen Diskussions- und Probesession in Ken Colyers Studio 51 in der Great Newport Street kam nichts heraus, wovon sich Andrew Loog Oldham auch nur das geringste versprach. Erbittert überließ er die Stones ihrem Pfusch und ihren Streitigkeiten und trieb sich wieder in den Straßen von Soho herum wie Laurence Harvey in »Espresso Bongo«. Er hoffte – ebenso wie sein Filmidol gehofft hatte –, es könnte sich das eine oder andere aus purem Zufall ergeben.

Und wie durch ein Wunder ergab sich auch etwas. Ein Londoner Taxi hielt neben Oldham an, und heraus sprangen John Lennon und Paul McCartney. Die Beatles waren an diesem Tag im Dorchester Hotel gewesen und vom Variety Club Großbritanniens ausgezeichnet worden. Gemeinsam zogen John und Paul jetzt durch die Stadt, um etwas zu erleben.

»Der Dialog«, sagt Oldham, »ist wirklich genauso verlaufen. ›Hallo Andy. Du wirkst unzufrieden. Was ist los?‹ ›Ach, ich hab' es satt. Die Stones finden einfach keinen Song, den sie aufnehmen könnten.‹ ›Oh – *wir haben* einen Song, der fast fertig ist. Den können die Stones aufnehmen, wenn du magst.‹«

Der Song hieß *I Wanna Be Your Man* und gehörte zu einem ganzen Haufen von Lennon/McCartney-Nummern, die sie für die noch nicht erschienene zweite LP der Beatles geschrieben hatten. Empfindsam wie schon immer für jede neue Moderichtung und als geborene Imitatoren hatten sie ihre eigene zweiminütige Ladung Rhythm and Blues losgelassen. Da die Nummer noch nicht ganz fertig war, fuhren John und Paul mit Oldham ins Studio 51 und gaben dem Song den letzten Feinschliff, während die Stones wartend danebenstanden.

Dieses beiläufige Geschenk der Spitzentexter und erfolgreichsten Musiker der gesamten Popmusikszene verpaßte den lethargischen Stones einen Adrenalinstoß. Es dauerte nur ein, zwei Stunden in den Kingsway Sound-Studios in Holborn, bis sie ihre eigene, vom Chicago Blues beeinflußte Interpretation von *I Wanna Be Your Man* produziert hatten. Anstelle der gefälligen Harmonien der Beatles traten Mick Jaggers herausfordernd ordinäre Stimme und Brian Jones' Slide-Gitarre. Für die B-Seite genügte es, eine zwölftaktige Blues-Instrumentalnummer aufzunehmen, die so spontan improvisiert war, wie es ihrem Titel zukam: *Stoned.* Es war zwar eindeutig ein Plagiat (von Booker T's *Green Onions*), doch gaben sie es als »Original«-Komposition aus. Andrew Loog Oldham gründete eine Firma, die solche kollektiven Produktionen verwalten und die Gewinne aus ihnen zwischen den fünf Stones und ihm selbst aufteilen sollte. Die Gesellschaft erhielt den Namen Nanker Phelge Music, eine Kombination aus Brian Jones' Wort für eine groteske Grimasse und dem Namen ihres Mitbewohners in der Wohnung in Edith Grove, Jimmy Phelge, des Jungen, der in Augenblicken, da niemand damit rechnete, seine Unterhose über den Kopf zog.

I Wanna Be Your Man kam am 1. November heraus. Die Stones waren noch mit den Everly Brothers und Little Richard auf Tournee und traten an diesem Abend im Odeon-Kino in Rochester auf. Zwei Abende später kam die Tournee ins Odeon in Hammersmith. Zu guter Letzt waren die Stones in heimischen Gefilden angelangt. Bob Bain, der die Gruppen ansagte, mußte das Publikum anflehen, nicht ständig: »Wir wollen die Stones« zu schreien, sondern statt dessen: »Wir wollen die Everlys.«

Für das übrige Großbritannien aber konnten nicht einmal Gruppen mit so großen Namen wie die Seachers und die Shadows etwas gegen jene Besessenheit ausrichten, die der Trickkiste der Fleet Street entsprungen war, sich inzwischen jedoch verselbständigt hatte und selbst jeder weiteren Manipulation durch die Presse entzog. Am 4. November bezauberten die Beatles in der Royal Command Variety Show mit ihrem Vorschlag, das blaublütige Publikum, in dem sowohl die Königinmutter als auch Prinzessin Margaret saßen, möge entweder klatschen oder »mit seinen Juwelen klappern«. Am 22. November schafften sie mit ihrer zweiten LP, *With the Beatles,* auf der sie wie feinfühlige Kunststudenten abgebildet waren, den Durchbruch in die oberen und zugleich auch in die unteren gesellschaftlichen Schichten, und es lagen so viele Vorbestellungen für die Platte vor, daß die LP fast augenblicklich sogar in die Hitliste der zwanzig bestverkauften *Singles* aufrückte. Anfang Dezember tauchte auf der Hitliste des *New Musical Express* ein weiterer Lennon/McCartney-Song auf – *I Wanna Be Your Man* von den Rolling Stones auf Platz dreizehn. Einflußreiche Kritiker wie Brian Matthew betonten nachdrücklich, daß ihr Interesse eher den Komponisten des Songs als der Gruppe gelte, die das Glück gehabt hatte, ihn aufzunehmen. »Ist euch eigentlich klar«, fragte Brian Matthew seine BBC-Radiohörer wiederholt, »wie viele der Songs unter den gegenwärtigen Top Ten von den Beatles sind, auch wenn sie nicht von ihnen gesungen werden?«

4

»*Beatle your Rolling Stone hair*«

Wir verdanken diesen intimen Blick hinter die Kulissen einer der letzten überlebenden Wochenschauen Großbritanniens, die sich in besseren Zeiten ausschließlich dem Sport und dem Königshaus widmete, jedoch jetzt, im Jahre 1964, den kühnen Versuch unternimmt, ein lärmendes Geschrei zu ergründen, das in den Ohren der älteren Mitarbeiter heiserer klingt als der Ruf des eigenen Leinwandsymbols, des Pathé-Hahns.

Wir folgen der Kamera, die sich unsicher durch einen dunklen Gang vorwärtstastet, um eine Ecke biegt und, nachdem sich plötzlich eine Tür geöffnet hat, durch sie in die Garderobe der Stones vordringt. Es ist ein, wenn auch noch so unbeholfener, Versuch des Cinema Verité – eine Popgruppe auf Tournee, gefilmt zwischen zwei Auftritten. Die Kamera verharrt zuerst auf Keith Richard, der sich mit einer Zigarette zwischen den Lippen vorbeugt, um einen Hemdkragen zu schließen, der so hoch ist wie der Stehkragen eines herrschaftlichen Beaus. Hinter Keith hält Brian Jones in einem schwarzen Jackett und schneeweißen Jeans seine rautenförmige Gitarre hoch, um zu zeigen, wie kompliziert der Akkord ist, den er gerade greift. Sein Haar ist jetzt wasserstoffblond, und um seine Augen, fast um sein ganzes Gesicht, zeichnet sich eine Aureole aus metallischem Gold ab. Die Kamera schwenkt jetzt zu Mick Jagger, der ein gestreiftes Matrosenhemd trägt. Nicht ohne eine gewisse Hast fährt die Kamera weiter. Auf seinem Gesicht steht ein nicht gerade einladender Ausdruck; dazu kommt, daß er keine Gitarre in Händen hält.

Die von Pathé gefilmte Sequenz des Bühnenauftritts zeigt, wie wenig entwickelt Mick Jaggers Persönlichkeit und sein Auftreten damals noch waren. Sie spielen einen altbekannten Song, den sie schon in jedem Club gesungen haben, Chuck Berrys *Around and Around.* Jagger singt über ein altmodisches Standmikrophon gebeugt und wendet sein Gesicht dabei verschüchtert einer matrosengestreiften Schulter zu. Seine Lippen sind gerade so weit geöffnet, daß sie sich anfeuchten können. Seine Augen wirken verschleiert und abwesend. In regelmäßigen Abständen klatscht er automatisch die Hände über dem Kopf zusammen. Neben ihm hopst Keith Richard herum mit einem zufriedenen, aber irgendwie auch benommenen Grinsen im Gesicht. Weit entfernt auf der anderen Seite steht bewegungslos und provokativ Brian Jones. Das üppige goldene Haar verdeckt seine Augen. Die Kamera macht einen Schnitt zu den Mädchen mit den Beatles-Fransen, die abwechselnd kreischen und sich Taschentücher in den Mund stopfen. Jetzt sehen wir die gesamte Bühne, die leer ist bis auf die Stones, ihre kümmerliche Anlage und einen roten Vorhang als Hintergrundkulisse. Jagger verläßt das Mikrophon und – ein anderes Wort gibt es dafür nicht – watschelt davon wie eine Ente, die Wassertropfen von ihrem Schwanz schüttelt.

Am 6. Januar waren sie wieder auf Tournee, diesmal im Rahmen der von George Cooper veranstalteten »Gruppenszene 1964«. Inzwischen waren sie so groß geworden – man könnte auch sagen, die anderen waren so klein –, daß ihr Name auf den Plakaten ebenso groß ausgedruckt wurde wie der der Ronettes, einer amerikanischen Mädchengruppe, die auf Phil Spectors Plattenlabel Phillies sehr erfolgreich war. Spector hatte seinem eifrigen Nachfolger

Andrew Loog Oldham bereits ein Telegramm geschickt, in dem er ihn ernstlich warnte: »Laßt die Finger von meinen Mädchen.« Wie seither von einzelnen Mitgliedern der Stones und auch der Ronettes bestätigt worden ist, war diese Warnung nutzlos.
Die Kombination von schlanken, geschmeidigen, schwarzen Mädchen und knurrenden, schmutzigen, weißen Jungen erregte einiges Interesse bei der Musikpresse, die einerseits vorweihnachtliche Toleranz übte und in der sich andererseits das Thema Beatles allmählich totlief. Im *New Musical Express* pries Andy Gray unter der Schlagzeile »Mädchen kreischen den Stones zu, Jungen den Ronettes« das »Stimmvolumen und den Bewegungsaufwand« der Show. Grays Besprechung – die für die weitere Tournee volle Häuser garantierte – ist ein typisches Beispiel für die Rockprosa von 1964 und sagt zugleich auch etwas über die jämmerlich kurzen Auftritte aus, die von den Hauptattraktionen solcher Konzerte gegeben wurden:

> Zwei gerammelt volle Häuser begrüßten mit Beifall, Geschrei und wehenden Schals die Jungen aus der Nachbarschaft, die es geschafft haben – die Rolling Stones. Fiebernde Erregung durchströmte den Saal, als Al Paige die Gruppe ankündigte, und schon legten sie los mit *Girls* und machten weiter mit *Come On*. Diese Gruppe unterscheidet sich wahrhaft von anderen – ihre Mitglieder ziehen sich nach Lust und Laune an, vom Hemd bis zur Lederjacke, doch allen gemeinsam sind die langen Haare.
> Der Sänger Mick Jagger zieht gelegentlich eine Mundharmonika heraus und schürt die Erregung, während die drei Gitarren und das Schlagzeug pulsierend im Hintergrund brodeln. Mit *Hey Mona* folgte ein weiterer unwiderstehlicher Rhythm and Blues vor einer ruhigen Nummer, *You better Move On,* die äußerst ansprechend von Brian Jones (sic) gesungen wurde. Und wieder rein ins heiße Getümmel für die zwei letzten Nummern, *Roll Over Beethoven* und *Wanna Be Your Man*. Das Publikum applaudierte und forderte Zugaben ...

Als die Decca am 17. Januar eine EP herausbrachte – eine Langspielplatte die mit fünfundvierzig Umdrehungen abgespielt werden mußte –, verdoppelte sich das allabendliche Pandämonium. Die EP mit einem halben Dutzend Nummern und der vom Cover her billigen Aufmachung war ein erprobter Dreh, wenn man Geld aus einer Gruppe herausholen wollte, deren Erfolg noch keine Gewähr für eine LP voller Länge mit dreizehn Nummern bot. Die erste EP der Stones stand in dieser Pfennigfuchsertradition und brachte die aus dem Programm gestrichene A-Seite *Poison Ivy* sowie schlampige Versionen von Chuck Berrys *Bye Bye Johnny* und Berry Gordys häufig imitiertem *Money*. Die Ausnahme stellte ein Song von Arthur Alexander dar, *You Better Move On,* den Mick Jagger liebevoll, behutsam und nahezu frei von jeder Affektiertheit sang. *You Better Move On* sollte sich solcher Beliebtheit erfreuen, daß diese Nummer die EP kaum eine Woche nach ihrem Erscheinen in die Top ten der Singles-Hitliste aufrücken ließ.
Es stand bereits fest, daß die dritte Single der Stones der Buddy Holly-Song *Not Fade Away* werden sollte – jener Song, den Mick Jagger schon 1957 mit Dick Taylor im Granada von Edmonton gehört hatte, jedoch vollkommen neu arrangiert durch Einkreuzung einer nicht minder bedeutenden Stil-Quelle. Dem sanftmütigen, versonnenen Holly-Song hatte Keith Richard Gitarrenklänge aufgepfropft, die schleppend und abgehackt wirkten und stilistisch von Bo Diddley herrührten. »Wie Keith in der Ecke saß und plötzlich diese Akkorde spielte«, erzählt Andrew Loog Oldham, »war das für mich der erste Song, den die Stones je selbst geschrieben hatten.« Das, was dabei herauskam, wurde in der doppelten Geschwindigkeit des Holly-Originals gespielt, und durch jeden zweiten Vers schnitt sich Brian Jones' grelle Mundharmonika.
Die Aufnahmebedingungen von *Not Fade Away* im Regent Sound Studio Ende Januar 1964 waren so, daß jeder konventionelle A & R-Mann wie Dick Rowe entsetzt gewesen wäre. Oldham und die Stones hatten eine ideale Lösung gefunden, sich den Einmischungen von Rowe oder anderen Decca-Leuten zu entziehen. Sie machten ihre Aufnahmen nachts und begannen erst, wenn alle A & R-Männer längst in ihre Vorstadtvillen die den Baustil der Zeit

König Georgs imitierten, zurückgekehrt waren und in ihrem maßgerechten Nylonbettzeug lagen.
So konnte *Not Fade Away* als der Höhepunkt eines Studio-Saufgelages aufgenommen werden, bei dem die Stones und Oldham Besuch von Phil Spector und zwei Mitgliedern der beliebtesten Gruppe Manchesters hatten, den Hollies. Später kam auch noch der amerikanische Sänger Gene Pitney vorbei und brachte eine Riesenflasche Brandy mit. Auf der endgültigen Fassung von *Not Fade Away* sind die beiden Hollies als Backgroundvocals zu hören, und Phil Spector schüttelt die Maracas, die die Begleitung bestimmen. Spector war es auch, der den Song *Little By Little* für die B-Seite zusammenschusterte, eine Imitation von Jimmy Reeds *Shame, Shame, Shame,* die er mit Mick Jaggers Hilfe innerhalb von Minuten im Korridor beisammenhatte. *Little By Little* wurde als eine simple Jam-Session mit Gitarre, Mundharmonika und Klavier – von Gene Pitney gespielt – und Jaggers Stimme aufgenommen, die, ebenso wie die Maracas, hörbar angesäuselt war. Zwischendurch glitt die Session häufig in reine Albernheiten ab. Jagger äffte aufs übelste Sir Edward Lewis nach, den Vorsitzenden der Decca, und Phil Spector improvisierte ein obszönes Rezitativ unter dem Titel *Andrew's Blues.*
Am 4. Februar stiegen die Beatles auf dem Kennedy-Flughafen in New York aus ihrer BOAC-Maschine und sahen sich einer schreienden und tobenden fünftausendköpfigen Menge gegenüber, die von einem europäischen Virus befallen war, von dem die *New York Post* vorausgesagt hatte, daß er mit Sicherheit nicht auf Amerika übergreifen werde. Als sie vier Abende später in der Ed Sullivan-Show des staatlichen Fernsehsenders NBC auftraten – für die umwerfende Summe von dreitausendfünfhundert Dollar –, sahen laut Schätzung siebzig Millionen oder sechzig Prozent der amerikanischen Fernsehzuschauer ihren Auftritt. Der Moment, in dem Ed Sullivan gönnerhaft mit der Hand winkte, woraufhin die vier kleinen Gestalten in ihren knapp sitzenden, ordentlichen Anzügen und mit säuberlich frisiertem Fransenhaar auftauchten, sollte sich einer gesamten Nation dauerhaft ins Gedächtnis einprägen. Die fremdenfeindliche Wachsamkeit ganz Amerikas schmolz dahin, und was blieb, war eine hingerissene Faszination.
Die Eroberung Amerikas hob die Beatles aus der Planetenbahn des einfachen Pop heraus. Mit ihrem zweiwöchigen Besuch veränderten sie vollkommen unbewußt die gesamte Grundlage der anglo-amerikanischen Beziehungen. Großbritannien war in den Augen Amerikas nicht länger ein pittoresk rückständiges Land, das Scotch Whisky, Shakespeare und lachhaft mittelmäßige Unterhaltung hervorbrachte. Durch die Beatles wurde Großbritannien zur großen New Yorker Mode. Und diejenigen in ihrem Heimatland, die sie einst verdammt und angeprangert hatten, empfahlen sie jetzt als einen unschätzbaren Faktor des Exportaufschwungs. Ihr Name hatte schon fast etwas von einer Beschwörungsformel und sicherte ganz unparteiisch jedem, der ihn heraufbeschwor, die Schlagzeilen der Zeitungen zu. Minister, adelige Vertreter des Oberhauses, Erzbischöfe und selbst Mitglieder des Königshauses sprachen jetzt unentwegt von den Beatles.
Es versteht sich, daß diese Wende nach dem elterlichen Spott des Vorjahres höchst erfreulich für ihr Teenagerpublikum war. Dennoch wirkte die Popmusik dadurch, daß die Begeisterung für die Teenageridole auf einmal von den Müttern und selbst den Großmüttern geteilt wurde, plötzlich reichlich zahm.
Aber niemand hatte eine Mutter oder Großmutter, der die Single gefiel, die am 27. Februar herauskam und von Begeisterung und Ablehnung angefeuert die Top Twenty hinaufkletterte. Das spätnächtliche Zechgelage der Stones mit den Hollies und Phil Spector hatte einen Lärm zustande gebracht, der sich – vom ersten chaotischen Schütteln der Maracas an – als reinstes Hitmaterial und aktueller Antiheroismus erwies und entsprechend verkaufte. Von vielen wird angenommen, daß Phil Spectors Gegenwart bedeutend zu dem weitaus besseren Zusammenspiel der Stones in *Not Fade Away* beigetragen hat – die Gitarren waren prägnanter, die Mundharmonika wilder, das Ganze ein Ansturm, der Ähnlichkeit mit einer »Klangwand« en miniature hatte.
Die englischen Presseleute, deren nikotingelbe Finger jetzt fest auf dem Puls der englischen Teenager lagen, griffen die neue Masche schnell auf – was mit anderen Worten heißen soll, sie verfaßten ihre Berichte unter dem Blickpunkt, den Andrew Loog

Oldham ihnen nahelegte. »Sie sehen aus«, schrieb der *Daily Express,* »wie Jungen, die jede Mutter mit Selbstachtung im Bad einschließen würde. Doch den Rolling Stones – fünf unbändigen Musikmachern, die in London wohnen und Gassenjungenmünder, bleiche Wangen und ungekämmte Haare haben – ist ganz egal, was die Mütter über sie denken ... Denn jetzt, da die Beatles bei allen Altersgruppen ankommen, gelten die Rolling Stones als die neue Stimme der Teens.«

Es wurde zunehmend deutlicher, daß sich die Beatles-Anhänger des letzten Jahres im Vergleich zu den Fans der neuen »Stimme der Teens« geradezu gesetzt benommen hatten.

Bei der dritten Tournee der Stones, die Anfang Februar begann, kam es jeden Abend zu einem Tumult, der über das Kreischen der Mädchen auf den Kinositzen hinausging und auch zu spontanen Schlägereien zwischen den Mods und ihren kleidungsmäßigen Feinden, den Rockern, führen konnte. Andere Gruppen, denen Ähnliches zustieß, drückten ihre kostbaren Gitarren an sich und eilten von der Bühne. Die Rolling Stones dagegen spielten einfach weiter. Vor allem Brian Jones liebte es, wenn er sah, daß sich Ärger zusammenbraute. Er feuerte die Streitenden unterschwellig noch durch ein kurzes, aufstachelndes Schütteln seiner Haare und seines Tamburins an. Dieser kleine Trick Brians zeigte Mick Jagger, wie sich mit geringfügigen aufstachelnden Körperbewegungen die üblichen Schreie zu einem geisterhaften, todverkündenden Geheul hochpeitschen ließen. Auch er begann zu experimentieren, zog sein italienisches Jackett von Cecil Gee aus und ließ es an seinem Zeigefinger baumeln wie die letzte Hülle einer Stripperin.

Ihre Fernsehauftritte in Lucky Stars und Ready, Steady, Go hatten eine Flut von Haßbriefen nach sich gezogen. »Jeder einzelne aus eurem Haufen«, stand in einem typischen Schreiben, »gehört erst mal in die Badewanne, und dann muß das ganze Haar ab. Ich habe nichts gegen Popmusik, wenn sie von einem anständigen, sauberen Jungen wie Cliff Richard gesungen wird, aber ihr seid einfach eine Schande. Mit eurem schmutzigen Äußeren verderbt ihr noch die Jugend des ganzen Landes ...«

Vor allem einer dieser Fernsehauftritte hatte bewirkt, daß die erwachsenen Engländer fast sprachlos vor Ekel zurückgeschreckt waren. Trotz ihrer Mopfransen waren die Beatles immer darauf bedacht gewesen, rasiert und frisiert zu sein. Die Haare der Stones hingegen, ihre Länge, ihre Fülle und ihre absolute Formlosigkeit, ließen die der Beatles im Vergleich anständig und kurz wirken. Seit dem Beginn des viktorianischen Zeitalters hatte man in Großbritannien keine jungen Männer mehr gesehen, deren Haar bis in den Nacken hing, sich über die Hemdkragen wellte und über die Augen und Ohren fiel. Für eine Nation, in der die Erinnerung an das Leben beim Militär noch tief verwurzelt war, bedeutete das Haar der Stones eine fast tollwütige Unreinheit. Tatsächlich erhob sich die Stimme der erwachsenen Engländer auch im Tone ach so vieler Hauptfeldwebel. Der Vorsitzende des nationalen Friseurverbandes erbot sich, der nächsten Popgruppe, die es zu größter Beliebtheit brachte, gratis die Haare zu schneiden, und er fügte hinzu – wobei er anklingen ließ, daß er vom Desinfizieren und Entlausen sprach: »Am schlimmsten sind die Rolling Stones. Einer von ihnen sieht aus, als hätte er einen gelben Mop auf dem Kopf.« Brian Jones war zutiefst beleidigt, besonders deshalb, weil er seine neue goldene Haarpracht inzwischen durchschnittlich *zweimal* täglich wusch und von den Stones nicht gerade liebevoll »Mister Shampoo« genannt wurde. Alle, die die Stones angriffen, sahen sich als Verfechter einer Entwicklung an, die schließlich dazu führen mußte, die widerlichen kleinen Emporkömmlinge in eine ohrenbetäubende Vergessenheit zu verdammen. Viele dieser ehrenwerten Bürger hätten wahrscheinlich geschwiegen, wenn ihnen bewußt gewesen wäre, was Andrew Loog Oldham zu Anfang des Jahres 1964 klar wurde: daß nämlich ihre Teenager-Fangemeinde die Stones nur um so mehr lieben und zu ihnen halten würde, je heftiger die Erwachsenen ihre Idole angriffen und verspotteten.

Die Berichterstattung über die Stones seit dem Frühjahr 1964 bezeugt Andrew Loog Oldhams großartige Erfolge, ihren Namen zu einem Synonym für Zorn, Schmutz, Rebellion und Bedrohlichkeit zu machen. Die Berichterstatter der Zeitungen waren damals im allgemeinen mittleren Alters. Mit Popmusik konnten sie nichts anfangen, und nur zu freudig stürzten sie sich auf die Phrasen, die Oldham ihnen vorsetzte. Fast alle Geschichten begannen ähnlich: »Sie gelten als die häßlichste Gruppe Großbritanniens ...« Andere Geschichten beschrieben die angebliche Angewohnheit der Stones, sich – entnervt von den Fragen der Presseleute – die Finger in die Nase zu stecken und die Haut in den Augenwinkeln herunterzuziehen, um gemeinsam jene Grimasse zu schneiden, die Brian Jones »den Nanker« nannte. Der vielleicht größte Coup, den sich Oldham zu diesem Thema einfallen ließ, war eine Schlagzeile im *Melody Maker:* »Würden Sie zulassen, daß Ihre Tochter mit einem Rolling Stone geht?« Diese Worte wurden in ein fast landesweites Schlagwort abgewandelt, das immer dann zu hören war, wenn die Stones im Fernsehen auftraten. »Würden *Sie* Ihre Tochter einen von denen heiraten lassen?« fragten die Leute einander. Auch: »Mütter werden blaß ...« war häufig zu hören.

Den Fans wurden sie hingestellt wie ein Jahrzehnt eher Elvis Presley – als Rebellen, die sich bei näherem Hinsehen als nette Jungen erwiesen. Keine geringere Autorität als Jimmy Savile vertraute den Lesern seiner Popspalte in der Zeitung *The People* an, daß »man mit diesen Jungen wunderbar lachen kann und sie sich in ihrer Freizeit schick und sauber anziehen«. Oldham sorgte dafür, daß sie alles taten, was die Popfans von ihnen erwarteten. Für Teenagerzeitschriften wie *Rave* und *Fabulous 208* gruppierte er sie als gespenstische Pin-ups in einheitlichen Lederjacken oder ließ sie nach Art der Beatles wie verrückt herumtanzen. Ihre Kleidung – vorwiegend die von Brian Jones – wurde im Übermaß diskutiert. Wie alle anderen Gruppen auch beschrieben sie für den *New Musical Express* ihre »Lebenslinien« und würzten dabei das schlicht Normale mit einer gehörigen Portion Sarkasmus. Dabei schreckten sie selbst vor der üblichen Lüge hinsichtlich ihres Alters nicht zurück. Mick Jagger (geboren »1944«) gab als seine Lieblingsfarben »Rot, Blau, Gelb, Grün, Rosa, Schwarz, Weiß« an und beantwortete die Frage nach seinen Lieblingskleidern mit »die meines Vaters«. Keith Richard gab als sein Geburtsjahr »1944« an, als die Namen seiner Eltern »Boris und Dirt«, als seinen Lieblingsschauspieler »Harold Wilson« und als das, was er nicht mag, »Kopfweh, Hühneraugen, Pickel, Krebs«. Brian Jones (geboren »1944«) gab als Namen seiner Schwester »Haschisch« und als größten Durchbruch in seiner Karriere »den Bruch mit meinen Eltern« an. Bill Wyman zog zwar mehr als die anderen von seinem Alter ab – fünf Jahre –, doch gestand er die Existenz seiner Ehefrau Diane und seines vierjährigen Sohnes Stephen ein. Charlie Watts war der einzige, der in bezug auf sein Alter und seine Hobbys nicht log: »Antike Waffen sammeln und Gipsmodelle anfertigen«.

Die »Stimme der Teens« wurde zunehmend bedrohlicher. Am 27. März berichtet der *Daily Mirror* unter der Schlagzeile »Beatled euren Rolling Stones-Haarschnitt«, daß elf Schüler einer Knabenschule in Coventry von der Schule verwiesen worden waren, weil sie die Frisuren der Rolling Stones imitiert hatten. Der Direktor hatte sich geweigert, sie wieder aufzunehmen, ehe sie nicht mit Haaren zurückkamen, die »so ordentlich geschnitten waren wie die der Beatles«.

Im April 1964 hatten die Stones so viele Wochen hintereinander auf Tournee verbracht, daß Bill Wyman, als er endlich nach Hause zurückkehrte, von seinem Hund für einen Einbrecher gehalten und fast gebissen wurde.

Bill war mit Frau und Sohn aus der Wohnung in Penge in ein kleines Haus in Farnborough gezogen. In der Gruppe war er nach wie vor sichtlich der vernünftige Ältere, der die Genüsse des Starruhms einerseits und andererseits die Notwendigkeit, eine Familie zu ernähren und eine Hypothek abzuzahlen, gegeneinander abwog. Letzteres wurde ihm mit Mühen durch das Geld ermöglicht, das jeder der Stones von Eric Easton ausgezahlt bekam. Denn die erste Gewinnausschüttung der Decca stand noch aus – und aus ihrem Vertrag ließ sich jetzt ersehen, daß sie erst ein Jahr nach dem tatsächlichen Verkaufsbeginn der Platten erfolgen würde. Als Bill sich auf den Heimweg nach Farnborough machte, war er in der Stimmung eines überarbeiteten Handelsreisenden ohne Provisionsansprüche.

Mick, Keith und Brian waren aus der Wohnung in Edith Grove ausgezogen und getrennte Wege gegangen, die zu diesem Zeitpunkt das immerwährend komplizierte Liebesleben Brians diktiert zu haben schien. Er wollte jetzt nichts mehr mit Pat Andrews und dem Baby Julian zu tun haben, denn er hatte sich inzwischen mit einem hübschen jungen Modell namens Linda Lawrence eingelassen. Es war nur eine Frage von Monaten, bis das Unvermeidliche passierte. Auch Linda mußte feststellen, daß sie schwanger war.

Mick und Keith bewohnten jetzt gemeinsam mit Andrew Loog Oldham eine Wohnung in Willesden im Norden Londons. »Wir hatten zwei Zimmer«, sagt Oldham. »Und ein Bad zur gemeinsamen Benutzung. Dort ist es wirklich ruhig zugegangen. In dieser Wohnung war eine Flasche Wein schon etwas ganz Besonderes. Außerdem waren wir alle drei fest vergeben.«

Mick Jagger »ging ganz fest« mit Chrissie Shrimpton, der siebzehnjährigen jüngeren Schwester von Jean Shrimpton, dem berühmten neuen Gesicht aus der *Vogue* und den farbigen Sonntagsbeilagen. Als die Stones vor einem Jahr in einem Keller in Maidenhead gespielt hatten, war Chrissie von einer Freundin angestachelt worden, auf die Bühne zu gehen und Jagger zu fragen, ob er sie küssen würde. Diese Begegnung war symbolisch für den neuen Typ Mädchen der sechziger Jahre, den Chrissie Shrimpton nicht weniger verkörperte, als Mick Jagger schon bald den neuen Typ Mann der sechziger Jahre verkörpern sollte. Er küßte sie, und in einer kurzen Aufwallung der alten Traditionen lud er sie anschließend in ein Kino in Windsor ein.

Chrissies Vater war ein wohlhabender Bauunternehmer in High Wycombe und besaß wenige Meilen außerhalb auf dem Land ein solides Haus und einen Bauernhof. Mr. Shrimpton machte sich anfangs gar nichts aus dem dürren, pickligen Jungen, den seine jüngere Tochter nach Ausflügen in die Musikclubs der Umgebung mit nach Hause brachte. Die Tatsache, daß er Wirtschaft studierte und somit ein etwas höheres Niveau als der übliche Popgruppentyp zu haben schien, beschwichtigte Chrissies Eltern einigermaßen. Zudem erkannte Mr. Shrimpton, der selbst ein Selfmademan war, daß unter dem Haar, den Pickeln und den aufgeworfenen Lippen eine scharfsichtige und berechnende Intelligenz verborgen lag.

Chrissie besaß zwar nicht die kühle, makellose Schönheit ihrer Schwester, doch im Vergleich zu Micks Freundinnen aus Dartford markierte sie in jeder Hinsicht einen Aufstieg. Und trotz ihres elfenhaften Äußeren konnte sie auch energisch und äußerst aufbrausend sein. Die Romanze zwischen den beiden wurde von Anfang an von heftigen Streitereien unterbrochen – manchmal sogar von Handgreiflichkeiten, wenn Chrissie versuchte, Jagger zu schlagen oder ihm das Gesicht zu zerkratzen, und er sich duckte und ihr auswich.

Das änderte nichts daran, daß die beiden oft glücklich verliebt waren, und sie hatten auch Pläne für ihre Heirat geschmiedet, die stattfinden sollte, sobald Mick genug Geld verdiente, um eine Frau ernähren zu können. Das war zu den Zeiten, zu denen er noch vorhatte, sein Wirtschaftsstudium zu beenden und die ehrenwerte Laufbahn eines Geschäftsmannes einzuschlagen, eine Karriere in der Wirtschaft oder – wie er einmal zu Chrissies Vater sagte – vielleicht sogar in der Politik.

Die Shrimptons mit ihrem Haus auf dem Lande bedeuteten für Mick Jagger den ersten Schritt des gesellschaftlichen Aufstiegs vom kleinstädtischen Dartford. Noch mehr Reiz lag in der Verbindung, die durch Chrissies berühmte Schwester mit der Welt des modischen jungen London bestand – David Bailey, Mary Quant, die *Sunday Times,* Whipp's und dergleichen. Zwar besuchte Chrissie selbst nur eine Sekretärinnen-Schule, doch manchmal tauchte ihr Name im Zusammenhang mit Jean in den Zeitschriften auf. Mick, der es bis dahin zu kaum mehr als zu einer Lokalberühmtheit gebracht hatte, malte sich ihre Romanze gern als ein Thema in den Klatschspalten der Zeitungen aus. Daher erwähnte er sie auch, wenn er auf einer Tournee von provinziellen Journalisten interviewt wurde. Er saß auf der kalten Hintertreppe eines Gaumont oder eines ABC im Norden, schniefte, weil sämtliche Stones von einer leichten Grippe heimgesucht wurden, und hielt sich eine Pepsiflasche an die Lippen. »... und diese ganzen Lügen, die über mich und Chrissie Shrimpton geschrieben werden ...«

Inzwischen war nicht mehr zu übersehen, daß er sich von den anderen Stones absonderte. Er trug seinen Fischerpullover, und mit trägen Blicken taxierte er den billigen Anzug dessen, der ihn interviewte, während er die eine oder andere Frage als »zu belanglos, um darüber zu reden« abtat. Wenn sie nicht auf der Bühne standen, schien er am ungeselligsten und isoliertesten zu sein: Er rebellierte noch vehementer gegen seine Herkunft und seine Vergangenheit als Brian Jones. Viele Wochen lang hörten Joe und Eva Jagger in Dartford nichts von ihm. Im Gegensatz dazu hielt Keith den Kontakt mit Doris Richards zu allen Zeiten aufrecht und überschüttete sie mit Geschenken, die ihrem etwas exzentrischen Wesen Freude bereiten sollten. Auch Charlie Watts war ein Muster an kindlicher Zuneigung; er bescherte seiner Mutter zeremoniell jeden Freitagabend Kaffee und Kuchen. Wenn Charlie gleichzeitig auch für seine Freundin Kuchen kaufte, pickte er die Walnuß aus ihrem Stück und drückte sie in das seiner Mutter, damit sie zwei hätte.

Zwei Menschen gab es damals, die mit Mick über seine offensichtliche Ablehnung zweier äußerst netter, wenn auch durch und durch gewöhnlicher Menschen, nämlich seiner Eltern, reden konnten. Eines Abends, als die Beatles und die Stones gemeinsam ausgingen, unterhielt sich Paul McCartney lange mit ihm über dieses Thema. McCartney kam gut mit seinem Vater und überhaupt mit allen Älteren aus, und irgendwie bedrückte es ihn, daß Mick, obwohl viel dagegensprach, verbissen darauf bestand, daß Eltern eine »einzige Last« seien. Eigentlich schien ihm alles eine Last zu sein, und das steckte seinem noch immer unentschiedenen »Image« nicht gerade Glanzlichter auf.

Aber die frühen Tournee-Shows, seine Auftritte im Vorprogramm der großen amerikanischen Stars waren für ein geborenes Schauspielertalent wie Mick Jagger eine endlose Serie von Lektionen in richtigem Bühnenverhalten. Er hatte die Everly Brothers beobachtet, die einander ansangen wie ein gurrender Narziß mit Fönwelle den anderen. Er hatte Little Richard gesehen, eine Größe des Rock'n'Roll, dessen Musik immer seltsam zwischen den Geschlechtern hin und her geschwankt hatte und der jetzt mit vollem Make-up auf die Bühne trat, einschließlich Nagellack. Auf der Tournee mit Little Richard hatte Jagger Lee Curtis, einen Musiker aus Liverpool, gefragt, wo er etwas über die Anwendung von Bühnenschminke lernen könnte. Curtis' Bruder, Joe Flannery, hatte sich daraufhin mit ihm zusammengesetzt und ihm gezeigt, wie man Puder und Rouge auflegt.

Chrissie Shrimpton hatte bemerkt, wie sich bei Jagger langsam ein Bewußtseinswandel vollzog, dahin, daß er mehr sei als nur ein einfaches Mitglied der Stones-Gemeinschaft. Chrissie gegenüber tat er zwar immer noch so, als ob alles nur ein riesiger Spaß sei und der vernünftige Teil seines Ichs sich zurückzöge und sich amüsiere, wenn die Mädchen nach ihm kreischten. Gingen sie jedoch gemeinsam aus und lauerten ihnen Mädchen auf, dann tat Mick zu Chrissies großem Ärger jedesmal so, als gehöre sie nicht zu ihm – er forderte sie sogar auf zu verschwinden. Die Beatles hatten Anhänger verloren, als die Öffentlichkeit erfahren hatte, daß John Lennon verheiratet war. Es war also besser für Micks Image – das sagte jedenfalls Andrew –, wenn er den Eindruck erweckte, keine feste Freundin zu haben.

Chrissie fühlte sich durch Micks augenscheinliche Bereitwilligkeit, sich von Andrew Loog Oldham beherrschen und regieren zu lassen, gedemütigt. So akzeptierte er beispielsweise Oldhams strenge Vorschrift, daß keiner der Stones seine Freundin bei einer Tournee mitnehmen durfte. Micks enge Beziehung zu Oldham rief Kommentare in Chrissies Freundeskreis hervor. Man sah die beiden gemeinsam in Kneipen, in denen sie angeblich in Gespräche über musikalische Strategien vertieft waren. Chrissie Shrimpton, die keinerlei Zweifel an Micks Männlichkeit hegte, wurmte es, als sie von einer Bekannten gefragt wurde: »Schlafen eigentlich Mick und Andrew in ihrer Wohnung im selben Bett?«

Brian Jones lebte jetzt wesentlich komfortabler als seine früheren Wohnungsgenossen. Es war ihm gelungen, sich bei den Eltern seiner Freundin Linda Lawrence in deren Haus in Windsor einzuquartieren. Dieses Arrangement basierte natürlich auf der Vorstellung, Brian habe ernste Absichten. Bevor sich herausstellte, daß das Gegenteil der Fall war, waren die Lawrences in jeder Hinsicht äußerst entgegenkommend. Man erlaubte ihm, jederzeit Mr. Lawrences Wagen zu benutzen. Selbst das Haus wurde Brian zu Ehren in »Rolling Stone« umbenannt. Er schien auch wirklich in Linda verliebt zu sein. Waren sie auf Tournee, dann überschüttete er sie mit einer wahren Flut von Postkarten – an »Linda-Schätzchen« –, und bei seiner Rückkehr kaufte er ihr kostspielige Geschenke. Darunter waren auch ein Pudel und eine Ziege, die Brian oft an die Leine nahm, um mit ihr durch Windsor zu spazieren.

Doch im selben Maß, wie Lindas Schwangerschaft voranschritt, schien seine Leidenschaft für sie nachzulassen. Bald hielt es ihn nicht mehr, und er verzichtete zugunsten einer kleinen Wohnung am Chester Square in South Kensington auf die Gastfreundschaft der Lawrences. Mit der Geburt seines Sohnes war der Entfremdungsprozeß abgeschlossen. Brian brachte selten mehr als Gleichgültigkeit für das Baby auf, dem er in einem Anflug schadenfroher Bosheit jenen Namen gab, den auch sein Kind von Pat Andrews trug – Julian Mark. »Er war so grob zu dem armen Kleinen«, erinnert sich Shirley Arnold, die Sekretärin des Fanclubs der Stones. »Oft hat er ihn ›Matschbirne‹ genannt.«

Die Wohnung direkt unter der von Brian war von einer gegnerischen Rhythm and Blues-Band belegt, den Pretty Things, zu denen inzwischen auch Dick Taylor gehörte, der ursprüngliche Baßgitarrist der Stones. Dick und die anderen gewöhnten sich mit der Zeit an das Rumpeln und Poltern im Stockwerk über ihnen, das verriet, wenn Brian Linda wieder einmal unsanft behandelte.

Das einzige, was für Brian zählte, war, seine lang ersehnte Rolle als Popstar auszuleben. Er genoß es, berühmt zu sein und auf der Straße erkannt zu werden, von Mädchen verfolgt und umlagert zu sein – inzwischen um seiner selbst willen und nicht mehr, weil man ihn mit einem Beatle verwechselte. Er genoß es, Geld zu haben, Mädchen zu haben, Wein zu haben und Kleider zu haben. Er genoß das Nachtleben eines Popstars in »In-Clubs« wie dem Ad Lib, The Establishment, Whipp's und Scotch of St. James's. Er genoß die Großeinkäufe in den Boutiquen in der Carnaby Street. Brian war der Stone, der von der Zeitschrift *Rave* zum bestgekleideten Popstar der Woche ernannt wurde. Er dachte sich nichts dabei, dreißig Guineen für ein französisches Jackett von Cecil Gee auszugeben und einen Zehner für ein Seidenhemd von Just Men. Was er sich nicht kaufte, stahl er sich genüßlich. Sein gestreiftes Hemd, das Jungen in ganz England zu kopieren suchten, nachdem Brian es bei Ready, Steady, Go getragen hatte, hatte er aus dem Schrank eines seiner Hausgenossen von den Pretty Things geklaut.

Die Wochenschau von Pathé, die hinter den Kulissen des ABC-Studios von Hall aufgenommen wurde, zeigt, welch ein meisterlicher Schauspieler Brian nicht nur auf der Bühne, sondern auch dann war, wenn er nicht auf ihr stand. In diesem Film erscheint er unschuldig wie ein Chorknabe, nur darum besorgt, seine Gitarre zu stimmen. Ebenso setzte er sich mit pickligen Provinzjournalisten im Teenageralter zusammen, ein liebenswerter Mensch, der mit dieser zarten, fast weiblichen Stimme sprach und seine Augen unter den goldenen Wimpern ungläubig aufriß, wenn er sich darüber ausließ, wie man sich in dem letzten Hotel, das den Stones die Unterkunft verwehrt hatte, ihnen gegenüber verhalten hatte, obwohl es gerade Brians Auftreten gewesen sein konnte, das den Bannstrahl über sie ausgelöst hatte. »Das Scotch Corner Hotel ... in der Nähe von Darlington ... Oh, ein ganz *entsetzlicher* Ort. So *aggressiv.*«

Wenn die Stones auf ihren Tourneen darauf angewiesen waren, auf engstem Raum miteinander auszukommen, gingen alle Unstimmigkeiten und Zerwürfnisse von Brian aus. Eines Abends standen die anderen als stumme Zuschauer dabei, als Keith mit beiden Fäusten auf ihn losging und schrie: »Wo ist mein Hähnchen, du Schuft?« Brian hatte schon vor dem Auftritt Keith' Portion des letzten Abendessens, das noch aufzutreiben gewesen war, gestohlen und aufgegessen.

Auch weiterhin sah sich Brian als »Leader« der Rolling Stones, und als solcher meinte er auch das Recht zu haben, größere Summen einstreichen und bessere Hotelzimmer für sich beanspruchen zu können – und während der ganzen Zeit ahnte er nicht im geringsten, daß den anderen seine stillschweigenden Verhandlungen und Listen längst bekannt waren.

In jenen hitzigen Tagen des Jahres 1964 begnügten sich die anderen damit, ihrer Verstimmung über »Mister Shampoo« einen vergleichsweise harmlosen Ausdruck zu verleihen. Mick und Keith übten sich in Darstellungen Brians, die seine körperlichen Mängel überspitzten – die zu kurzen Beine, die er durch Schuheinlagen auszugleichen suchte; den kurzen Hals, der bewirkte, daß sein Kinn nie sonderlich bequem auf dem Rollkragen seines Pullovers lag. Die feinsinnigen Streiche, die sie Brian spielten, wurden derber, als sie mit Oldham eine Reise nach Nordirland unternahmen, um dort einen Dokumentarfilm unter der Regie von Peter Whitehead zu drehen, der den Titel »Charlie Is My Darling« tragen sollte. »Brian ist immer ganz aus dem Häuschen geraten, wenn Peter Whiteheads Kamera auf ihn gerichtet war«, erzählt Oldham. »Er hat ewig lange

Monologe vor der Kamera gehalten. ›Warum bin ich Musiker ... Und wer bin ich?‹ Er hat gar nicht gemerkt, daß die anderen ihn zum Narren gehalten haben.«
Was aber niemand ableugnen konnte, war, daß der Drive und die Kraft der Musik der Stones von Brians Gitarrenspiel herrührte. Sein widerlicher Egoismus, seine geradezu amoralische Bereitschaft, jedem zu schaden und alles zu klauen, waren vergessen, sobald er nach seiner Slide-Gitarre griff oder seine Mundharmonika spielte und sich seine Wangen mit jenem schnellen, leichten, tanzenden Atem füllten, der den Sound zusammenhielt.
»Solange er im Studio nach irgendeinem Instrument greifen und eine Melodie aus ihm hervorlocken konnte, war Brian ein bestimmender Faktor der Stones«, sagt Andrew Loog Oldham. »Als er aufgehört hat, Dinge auszuprobieren, und nur noch die Rhythmusgitarre spielte, war er erledigt.«

Der Prozeß, der die Machtstrukturen innerhalb der Stones herausformen sollte, hatte bereits eingesetzt, er verband Mick und Keith immer fester miteinander und drängte Brian am Ende unwiderruflich ins Abseits. Es begann an dem Abend, als Andrew Loog Oldham seine Mitbewohner in der Küche ihrer Erdgeschoßwohnung in Willesden eingeschlossen und gedroht hatte, sie nicht wieder hinauszulassen, bevor sie nicht einen Song geschrieben hatten.
Für Oldham war es eine reine Frage der Bequemlichkeit. Er hatte es satt, Chappels Kataloge der Rhythm and Blues-Songs ständig nach neuem Material durchzuforsten, das sich mit beidem, dem puristischen Gewissen der Stones und der A & R-Abteilung der Decca, in Einklang bringen ließ. Die beiden Singles, die es in die Top twenty geschafft hatten, schienen nur zu bestätigen, was Andrew Loog Oldham ihnen immer nachdrücklicher sagte: »Mit reinem Rhythm and Blues schafft ihr es nicht in die Hitlisten.« Ebensowenig – und das war nur die logische Konsequenz – konnte Oldham der jugendliche Svengali des britischen Pop werden, solange er nur in Katalogen blätterte und sich Probebänder anhörte.
Die Welt der geschriebenen Musik konnte kaum ein Interesse daran haben, daß Andrew Loog Oldham seine Energien einer anderen Richtung zuwandte. Da die Stones ein immer heißerer Tip wurden, waren natürlich große Gewinne bei den Auftrittseinnahmen zu holen, wenn sie einen Song in ihr Repertoire übernahmen. Folglich konnte Oldham fünfzehn Prozent der Einnahmen aus einer Cover-Version der Stones fordern und bekam sie im allgemeinen auch.
Die Notwendigkeit, eine LP mit zwölf Nummern zusammenzubekommen, um Gewinn aus dem Erfolg der Singles schlagen zu können, vergrößerte noch Oldhams Furcht, daß die Stones in akuter Gefahr seien, bald ohne genügend Song-Material dazustehen. Wieder einmal warf er neiderfüllte Blicke auf die Beatles, deren zweites millionenfach verkauftes Album *With The Beatles* zu gut fünfzig Prozent Originalkompositionen enthielt. Auch Mick und Keith, die jedoch keineswegs davon überzeugt waren, daß sie gemeinsam einen Song zusammenbringen könnten, waren von der spontan entstandenen Lennon/McCartney-Komposition *I Wanna Be Your Man* tief beeindruckt gewesen. Als Andrew damals in Willesden die Küchentür hinter ihnen abschloß, einigten sie sich darauf, sie erst einmal nicht einzutreten.
Bei ihren ersten Kompositionsversuchen entstanden Balladen von zähflüssiger Sentimentalität, die völlig ungeeignet für ihr Repertoire oder das irgendeiner anderen Gruppe waren, obwohl Oldham sich unablässig bemühte, eine Verwertungsgesellschaft zu gründen. Die allererste Jagger/Richard-Komposition *It Should Be You* wurde schließlich von einem unbekannten Soulsänger namens George Bean aufgenommen. Etwas größerer Erfolg war einer ihrer anderen frühen Balladen beschieden, *That Girl Belongs To Yesterday,* nachdem sie von Gene Pitney aufgenommen worden war, ihrem ehemaligen Session-Pianisten und Schnapslieferanten. Pitney konnte aber erst dann einen schlecht plazierten Hit damit landen, als der Song drastisch auf seine durchdringende Stimme umgeschrieben worden war, die, wie es hieß, Töne traf, die nur Toningenieure und Hunde hören konnten.
Nur ein Jagger/Richard-Song, *Tell Me,* wurde als gut genug erachtet, um in jenes Album aufgenommen zu werden, das die Decca am 23. April 1964 herausbrachte (wenn auch zwei weitere Nummern den Namen des kollektiven Songwriter-Teams der

Eine kleine Ruhepause auf dem Weg nach oben. Foto: Keystone

Stones, Nanker-Phelge, trugen). *Tell Me* ist insofern eine Kuriosität, als es sich dabei um den schwerfälligen Versuch von Mick und Keith handelt, die Mersey-Beat-Klänge zahlreicher Gruppen aus Liverpool, die die Beatles-Nachfolge angetreten hatten, zu imitieren. Der Versuch der Stones, mit dröhnendem Baßschlagzeug, Moll-Akkorden und abgewürgten Harmonien wie die Beatles zu klingen, ist mehr als befremdlich. Mick Jaggers »whoa yeah« kommt geradezu peinlich heraus, und Keith Richards Diskant ist ein McCartney aus Zigarettenasche und Scheuerlappen.

Die anderen elf Nummern sind ein kriegerisch wildes Memento an die Stones als Rhythm and Blues-Band; sie zeigen sie so, wie sie in Ken Colyers Club oder im Crawdaddy geklungen hatten. Sie waren auf ein winziges, primitiv eingerichtetes Studio beschränkt, und selbst dort wurde ihnen die Aufnahmezeit knapp bemessen. Es blieb ihnen also nicht viel anderes übrig, als das Beste aus ihrem Clubrepertoire herauszuholen und sich dabei, anstelle der Eierkisten an den Wänden des Regent Sound-Studios und anstelle von Andrew Loog Oldhams nervösem Blick auf die Uhr, ein Publikum vorzustellen. »Andrew sagte, wir könnten es uns nicht leisten, irgendeine Nummer nachträglich noch einmal aufzunehmen«, erzählt Bill Wyman.

Die Nummern sind ein zusammengeklaubtes Potpourri aus der Soul- und Blues-Kiste: Chuck Berrys *Carrol,* Bo Diddleys *Hey Mona,* Jimmy Reeds *Honest I Do,* Willi Dicksons *I Just Wanna Make Love To You*. Selbst damit hatten sie immer noch nicht genug Material zusammen und waren gezwungen, eine längere Instrumentalnummer einzuschieben, die die Klänge von *Can I Get A Witness* variierte. Ian Stewart spielt diese Nummer auf der elektronischen Orgel, unterbrochen von Einlagen von Keith und Brian. Das Album enthält sogar eine komödiantische Nummer, *Walk In The Dark,* in der Jagger geschickt den stieläugigen Schabernack eines Rufus Thomas nachmacht. Der Jagger dieses ersten Albums ist nicht mehr als irgendein Sänger einer Band, der einen Schritt zurücktritt, wenn die anderen an der Reihe sind. Doch in jeder Silbe seines

Gesangs sind bereits Anzeichen des kommenden Jagger zu erkennen. Am deutlichsten sind diese aus *I'm A King Bee* herauszuhören, einem langsamen Blues, den glühendheiße sexuelle Warnungen versengen – »I'm a king bee, baby, buzzin' round your hive« –, den Jagger mit einschläfernder Gedehntheit hervorquält, wobei seine Zunge und seine Lippen eine hörbare, fast sogar eine sichtbare Rolle spielen.

Die Plattenhülle war eine Oldhamsche Tour de Force. Schamlos kopierte er sie nach dem berühmten Schwarzweiß-Porträt auf dem Cover von *With The Beatles,* doch gab es einen bedeutenden Unterschied – der Gegenstand heftiger Auseinandersetzungen zwischen Oldham und der Design-Abteilung der Decca war. Selbst auf der epochemachenden Beatles-Hülle standen ein Plattentitel und der Name der Gruppe. Andrew Loog Oldham bestand jedoch darauf, daß die Hülle der Stones-Platte nichts weiter als ein Gruppenfoto zeigen sollte. Die fünf Stones standen nebeneinander und starrten finster aus Schatten heraus, die so dicht waren, daß man die Knöpfe auf ihrer Carnaby Street-Kleidung kaum sehen konnte. Es blieb dem Käufer überlassen zu wissen, wer sie waren, und sich ihre Gesichter näher anzusehen, wenn er Anzeichen animalischer Widerspenstigkeit oder poetische Sensibilität entdecken wollte. Zwanzig Jahre später scheint dieser Blick immer noch zeitgemäß, die Atmosphäre des Bildes noch immer herausfordernd. Die Rückseite der Platte war wieder konventionell gestaltet, mit Songtiteln, Fotografien und einem Text von Oldham, der mit den Worten begann: »Die Rolling Stones sind mehr als nur eine Gruppe. Sie sind ein Lebensstil ...«

Bis zum Tag seines Erscheinens waren hunderttausend Vorbestellungen für das Album eingegangen. Die Beatles – das hob Oldham immer wieder jubilierend hervor – hatten für ihr Debüt-Album *Please Please Me* nur sechstausend Vorbestellungen gehabt. Oldham hatte weiteren Grund zur Freude, als die Rolling Stones auf den Verkaufslisten nach oben kletterten und das Album *With The Beatles,* das gerade am Absteigen war, hinter sich ließen. Es versteht sich von selbst, daß Oldham die Tatsache, daß das Album der Beatles bereits seit dem letzten November in den Hitlisten war, einfach ignorierte. Wohin er auch ging, mit wem er auch sprach – er stieß überall das gleiche Triumphgeheul aus: »Die Stones haben die Beatles geschlagen.«

> London (AP) Amerikaner – wappnet euch.
> Auf den Spuren der Beatles ist jetzt eine zweite Welle von zottelköpfig aussehenden, zornig auftretenden, Gitarre spielenden Briten aufgebrochen.
> Sie nennen sich The Rolling Stones, und sie treffen am Dienstag in New York ein.
> Über die Rolling Stones hat ein Verleumder gesagt:
> »Sie sind schmutziger und verlotterter als die Beatles, und an gewissen Orten sind sie auch beliebter als die Beatles.«
> Mick Jagger sagt:
> »Ich hasse es, morgens aufzustehen. Und hungern tue ich auch nicht besonders gern.«
> Keith Richard:
> »Die Leute halten uns für wild und ungebärdig. Aber das stimmt nicht. Ich würde sagen, das Wichtigste an uns ist, daß wir selbst unsere besten Freunde sind.«
> Vielleicht mehr noch als die anderen liebt Brian Jones es, sich schön zu kleiden. Er formuliert seine Philosophie folgendermaßen:
> »Das kommt echt nur drauf an, wie ich mich fühle. Manchmal trage ich schicke Sachen wie dieses Rüschenhemd. An einem anderen Tag trage ich ganz lässiges Zeug. Ich verbringe einen großen Teil meiner freien Zeit damit, mir Sachen zu kaufen.«
> Dann fügt er hinzu:
> »Sonst kann man ja echt nicht viel tun.«

Zweifel angesichts dieser Reise gab es nicht nur auf amerikanischer Seite. Als die Stones am 6. Juni vom Heathrow Airport abflogen, war ihnen bei dem Gedanken nicht weniger unwohl. Sie wußten nur zu gut, daß die Beatles bei ihrer Ankunft in Amerika vier Monate zuvor bereits seit längerem eine Single an der Spitze der Hot hundred der Zeitschrift *Billboard* plaziert hatten. Die erste US-Single der Stones, *Not Fade Away,* mit der B-Seite *I Wanna Be Your Man,* hatte es seit ihrem Erscheinen Mitte Mai nur mit Mühe in die untersten Ränge der *Billboard*-Liste geschafft. Nur Andrew Loog Oldham bewahrte seine Gelassenheit. Er rief ihnen in Erinnerung, daß die Beatles bis zu ihrem Durchbruch in Amerika zwei Jahre gebraucht hatten und daß ihre ersten drei Singles ein Flop gewesen waren. Oldham glaubte, die Kontakte und den Nerv zu besitzen, die nötig waren, um alles wesentlich schneller ins Rollen bringen zu können.

Die Rolling Stones sollten in Amerika nicht als die Bilderstürmer des Rhythm and Blues herausgebracht werden, sondern – entsprechend dem Titel ihres Debüt-Albums in den USA – als *»England's newest hitmakers«*. Damit hängte man sich ganz offen an die amerikanische Mode für britische Popmusik an, die durch die Beatles ausgelöst worden und inzwischen so groß war, daß die Beatles den Bedarf allein nicht mehr decken konnten. Die Stones folgten bei dieser »britischen Invasion« den Spuren einiger Gruppen, die sie geradezu haßten – Herman's Hermits, Billy J. Kramer, den Searchers. »Jeder, den wir wirklich nicht ausstehen konnten, schien in den Staaten weitaus besser anzukommen als wir«, erinnert sich Bill Wyman. »Er hatte seinen Nummereins-Hit, eine gute Tournee, einen guten Fernsehauftritt. Für uns sahen die Voraussetzungen weniger erfreulich aus. Kein Wunder also, daß wir beim Abflug deprimiert waren.«

Die wenigen Zeitungsberichte, die über ihr Eintreffen in Amerika erschienen, griffen alle dieselbe Zeile der *Associated Press* auf – die auffallendste Gemeinsamkeit der Stones als Gruppe sei ihre kaum zu fassende »Ungepflegtheit«. Nur die *Vogue,* eine Zeitschrift, deren Redaktion damals Diana Freeland unterstand, machte darin eine Ausnahme und brachte ganzseitig David Baileys Porträt von Mick Jagger, der mit großäugiger, schulbubenhafter Liebenswürdigkeit aus seinem kreisrunden Kragen aufsah. »Die neue Sensation der Londoner Szene ist ein ernster junger Mann, der Mick Jagger heißt«, schrieb die *Vogue*. »Für die Engländer haben die Stones einen verderbt beunruhigenden Sex-Appeal, und hierin liegt Jagger weit in Führung vor den anderen Mitgliedern der Gruppe ... Auf Frauen wirkt er faszinierend, für die Männer stellt er eine Bedrohung dar ... reichlich anders als die Beatles und weitaus erschreckender.«

Die Szene, die sich bei der Landung der Stones auf dem Kennedy Airport abspielte, war ein allzu offensichtlicher Versuch, den grandiosen Siegeszug der Beatles, wie er hier vier Monate zuvor begonnen hatte, zu imitieren. Eine Menschenmenge, die eher nach Hunderten als nach Tausenden zählte, stieß reichlich dünne Schreie aus, während eine Mädchenschar in Begleitung von vier englischen Hunden mit Zottelfransen vortrat, um die Ankömmlinge zu begrüßen. Als die Stones das Flughafengebäude betraten, waren die Schreie längst verstummt. Die Beamten der amerikanischen Zoll- und Einwanderungsbehörden sahen sie wie vom Donner gerührt und voller Abscheu an, was darauf schließen ließ, daß sie nicht zur festen Lesergemeinde der *Vogue* gehörten. Während sie zum erstenmal über den synthetischen roten Teppich schritten, schallte ihnen von beiden Seiten ein einziger Schrei entgegen, der sich in allen fünfzig Staaten in sämtlichen Tonlagen des Entsetzens und des Spotts wiederholen sollte: »Verdammt noch mal, warum laßt ihr euch nicht die Haare schneiden?«

Da sie in den USA noch keinen Tophit gelandet hatten, wurden die Stones von ihrem amerikanischen Plattenlabel London so gut wie nicht unterstützt. Es blieb Andrew Loog Oldham überlassen, einen schwachen Abglanz der gefeierten Beatles im Plaza Hotel hervorzuzaubern. So beschwatzte er den *Daily Mirror* in London, am nächsten Tag eine Geschichte zu veröffentlichen, daß sich die Rolling Stones in ihrem – wesentlich weniger luxuriösen – Manhattan Hotel angeblich verbarrikadiert hätten, weil zu befürchten sei, daß ihre weiblichen Fans ihnen mit Nagelscheren Haarsträhnen abschneiden würden. Die Überzeugungskraft dieses Märchens wurde allerdings stark durch ein Foto beeinträchtigt, das eine Agentur von Brian Jones gemacht hatte, der in einem flatternden Seidenhemd und einer ärmellosen Weste über den Broadway schlenderte und dabei nicht mehr Aufsehen erregte als jeder andere Freak, der einem am hellichten Tage in Manhattan über den Weg lief.

Für ihr amerikanisches Fernsehdebüt konnte Oldham den Stones nichts Besseres arrangieren als einen Auftritt bei Les Crane, dessen eher unbekannte Talkshow zeitlich mit den Late Late Movies konkurrierte. Der wie ein Schlafwandler wirkende Talkmaster ließ sich so scharfsinnige Fragen einfallen wie: »Ihr Typen zieht euch alle verschieden an –

wie kommt das?« »Weil jeder von uns ein anderer Mensch ist«, antwortete Mick Jagger mit lispelnder Volksschülerstimme, die er sich für Amerika zugelegt hatte.

Noch Schlimmeres sollte ihnen zwei Nächte später in Los Angeles bevorstehen, als die Stones mit einer Gruppe von Zirkuselefanten, Akrobaten und glitterübersäten Cowboys in Dean Martins Hollywood Palace Show auftraten und dabei Martins ständige Bemühungen über sich ergehen lassen mußten, auf ihre Kosten komisch zu sein. »So lang sind ihre Haare gar nicht«, sagte der Gastgeber mit seiner allgemein beliebten Schnodderstimme. »Die Stirn ist nur einfach kleiner, und die Augenbrauen sitzen höher ...« »Jetzt lauft bloß nicht alle weg«, flehte er sein Publikum im Scherz an, als die Show für Werbespots unterbrochen wurde. »Ihr wollt mich doch nicht etwa mit diesen Rolling Stones allein lassen, oder?« Als er im weiteren Verlauf der Sendung einen Trampolinspringer vorstellte, stichelte Dean Martin: »Das ist der Vater der Rolling Stones. Seit er sein Unglück begriffen hat, versucht er ständig, sich umzubringen.«

Die Popmusikszene der Westküste dagegen empfing sie mit guten Freunden und mit noch besserem Anschauungsunterricht. Als Phil Spectors Schützlinge wurden die Stones hier, wo nach wie vor die bedeutendsten Plattenfirmen der Welt saßen, wie VIPs behandelt. Spector hatte Andrew Loog Oldham bei der *Not Fade Away*-Session geraten, die Stones so schnell wie möglich in ein amerikanisches Aufnahmestudio zu bringen. Zusätzlich zu ihrer Tournee waren sie deshalb für eine Session im RCA-Studio Hollywood gebucht, und später in Chicago wurden sie zu Chess Records eingeladen, in eben die Studios, in denen Chuck Berry, Muddy Waters und praktisch alle anderen Bluesgrößen, die je ihre Vorbilder gewesen waren, ihre Aufnahmen gemacht hatten. Selbst Mick Jagger konnte seine Aufregung kaum überspielen, dem Ort so nahe zu sein, der mit seinem Schachbrett-Logo und seinem Mailorder-Katalog seine Teenagerträume genährt hatte.

Ein guter Freund an der Westküste war Sonny Bono, der bald darauf mit seiner Ehefrau, einer Halbindianerin, als Sonny and Cher berühmt werden sollte; damals allerdings war er noch ein tatkräftiger PR-Mann der Musikbranche. »Sonny hat uns in seiner ausgeflippten Aufmachung vom Flughafen abgeholt – gestreifte Hosen, bunte Tücher und Armreife«, erzählt Andrew Loog Oldham. »Solche Kleider hatten die Stones noch nie gesehen.«

Von der Westküste aus begaben sie sich auf eine Art Tournee, die aber eher eine Serie mehr zufälliger Auftritte für je einen Abend war und die Eric Easton von London aus gebucht hatte – oft ohne zu wissen, um welchen Anlaß oder welchen Veranstalter es sich dabei handelte und wo der Auftrittsort eigentlich lag. Ihr erster amerikanischer Auftritt am 5. Juli in San Bernadino fand in einem altmodischen Popschuppen statt, in dem sie gemeinsam mit Bobby Goldsboro, Bobby Vee und den Chiffons sangen. Die Vorzeichen hier waren günstig. Die Stones spielten ihre Konkurrenten mit Leichtigkeit an die Wand, und die Show endete damit, daß Polizisten mit Sturzhelmen in einer Schutzreihe vor ihnen knieten, um Hunderte von flehentlich ausgestreckten Armen abzuwehren. »Das war eine klare Sache«, erinnert sich Keith. »Die Leute kannten alle Lieder und haben mitgesungen. Am schärfsten war es, als wir *Route 66* gespielt haben – sie haben ›San Bernadino‹ gegrölt wie in einem Fußballstadion.«

Diese Euphorie sollte kurzlebig sein. Beim nächsten Auftritt der Stones – einer »teen fair« in San Antonio, Texas – forderte man sie auf, stehend am Rand eines Wassertanks zu spielen, in dem es von abgerichteten Seehunden nur so wimmelte. In dem Stadion, das zwanzigtausend Leute fassen konnte, waren nur wenige hundert Plätze besetzt. Der *Daily Mirror* berichtete, daß die Stones ausgebuht worden seien – obwohl bei einer Akrobatennummer und einem dressierten Affen im gleichen Programm Zugaben verlangt wurden. Der *Mirror* zitierte die spöttische Bemerkung einer siebzehnjährigen Zuschauerin über »Die Neuen Beatles«: »Alles, was die mehr haben als unsere Schulgruppen, sind Haare.«

In Omaha, Nebraska, wurde die Ankunft der »Neuen Beatles« geradezu grotesk ernst genommen. Die Stones wurden am Flughafen von zwölf Polizisten auf Motorrädern empfangen und mit heulenden Sirenen vor einem Saal mit fünfzehntausend Plätzen abgesetzt, in dem sie von etwa sechshundert Leuten erwartet wurden. »Damals konnten wir es nicht so sehen, aber im Grunde hat uns das alles gutgetan«, sagt Keith. »In England waren wir es ge-

wohnt, auf die Bühne zu kommen, unsere vier Nummern runterzurasseln und wieder zu gehen. Diese erste Tournee in Amerika brachte uns wirklich dazu zu arbeiten. Schließlich mußten wir irgendwie die Lücken füllen.«
Für New York und Los Angeles waren die Stones bereits wilde Erscheinungen gewesen. Aber im Mittleren Westen Amerikas war ihre Wirkung im Jahre 1964 buchstäblich traumatisch. Wohin sie auch kamen – aus den Gesichtern von Polizisten, Sheriffs, Hotelangestellten und Kellnerinnen schlug ihnen ungläubiger Ekel entgegen. »Ich bin in meinem ganzen Leben nie wieder von so vielen Menschen gehaßt worden, die mich nie zuvor gesehen hatten, wie in Nebraska in den sechziger Jahren«, sagt Keith. »Alle haben uns mit Todesverachtung angesehen. Man hat richtig gemerkt, daß sie uns am liebsten grün und blau geschlagen hätten.«

Der größte Lichtblick ihrer Reise sollte ihr Aufnahmetermin in den Chess Studios in Chicago sein. Andrew Loog Oldham war entschlossen, sich diese Gelegenheit, an taufrisches Rhythm and Blues-Material heranzukommen, nicht entgehen zu lassen, und es war ihm wirklich gelungen, einen erstklassigen Soulsong für die Stones zu finden, den sie für ihre nächste Single bei Chess aufnehmen sollten. Die Nummer *It's All Over Now* war für ihren Komponisten Bobby Womack und seine Gruppe, die Valentinos, bereits ein mittlerer Erfolg gewesen. Oldham erfuhr, das Womacks Rechte von seinem Manager verwaltet wurden, einem Buchhalter aus New York namens Allan Klein.
Dabei war den Stones Chicago durch ihren Auftritt in Dean Martins Fernsehshow, die in der vorrangegangenen Woche aufgenommen worden war, gründlich verleidet. Jagger war derart erbost darüber, als Stichwortgeber für billige Pointen mißbraucht worden zu sein, daß er kurz entschlossen Eric Easton in London anrief und ihn zusammenschrie, weil er diesen Auftritt für sie abgemacht hatte. Aber vermutlich hatte Oldham recht, als er sagte, daß die Stones durch die Dean Martin-Show eher noch Fans hinzugewonnen hätten.
Am folgenden Tag trafen sie in den Chess Studios am South Michigan Boulevard ein und traten im selben Moment durch die Tür wie ein Schwarzer mit einem pausbäckigen, freundlichen Gesicht und einem kleinen, orientalisch anmutenden Oberlippenbart. »Das war Muddy Waters«, erzählt Bill Wyman. »Er hat uns geholfen, unsere Sachen reinzutragen.«
Zwei entscheidende Tage, die ihre weitere Entwicklung nachhaltig beeinflußten, verbrachten sie unter Ron Marlos Aufsicht bei Chess. Ron Marlo war ein Toningenieur, der zum Haus gehörte und für einige der besten Nummern verantwortlich war, die Chuck Berry und Bo Diddley je aufgenommen hatten. Was Marlo in den fünfziger Jahren für Berry und Diddley getan hatte, das tat er jetzt für die Rolling Stones: Er schnitt Ungenauigkeiten und Unschärfen in ihrem Spiel zurück und richtete sein Augenmerk ganz auf ihre Eigenheiten, die bisher nicht einmal den Stones selbst in vollem Maße klargeworden waren. Unter Ron Marlo spielten sie zum ersten Mal nicht mehr nur als herumscharrende Rhythmuseinheit nebeneinanderher, sondern in dem aufgelösten Stil, wie er von den Bluesgrößen entwickelt worden war, die gleichzeitig gesungen und die Leadgitarre gespielt hatten. Die ersten Sekunden von *It's All Over Now,* in denen Keith Richards Baßtremolo wie das Bellen eines riesigen Hundes gegen Brian Jones' Country-Pizzikato gerichtet ist, markieren den Anfang der Stones als einer Gruppe, deren Sound unwiderstehlich zum Tanzen zwingt.
Nicht weniger formgebend wirkte die Stimmung des Songs selbst: ein Text über das Ende einer Liebe, den Mick Jagger mit dem triumphierenden, genüßlichen Hohn dessen singt, der endlich von der faden Affäre und ihren ermüdenden, halbseidenen Spielen befreit ist. Als perfekten Kontrapunkt zu dem fangzahnscharfen Klang brachte diese scheinbar noch unreife Stimme die mit vergifteter Feder geschriebenen Sätze heraus und ließ dabei im unklaren – und so würde es auch in Zukunft bleiben –, ob sie als Sieger oder als Opfer sprach. Der Imitator hatte endlich zu sich selbst gefunden.
Während ihrer Session schaute Muddy Waters häufiger herein, um sich mit den Stones zu unterhalten. Ebenso hielten es auch zwei weitere ihrer großen Bluesidole aus Chicago, Willie Dixon und Buddy Guy. Natürlich standen die Bluesveteranen den jungen Briten, die ihren Songs neues Leben verliehen,

mit großem Wohlwollen gegenüber. Später kam sogar noch der große Chuck Berry hinzu, um sie sich anzusehen. Der vielgepriesene Poet des Rock'n'Roll war dabei durchaus nicht dafür bekannt, jungen Musikern seine Gunst zu erweisen. Doch wohl nicht zuletzt wegen der Einnahmen, die die Stones ihm als Komponisten einbrachten, taute er ihnen gegenüber beträchtlich auf. Er lobte nicht nur ihre Version von *Reelin' And Rockin'*, sondern blieb im Studio, um ihnen bei der Arbeit an ihrer Nummer *Down The Road Apiece* für die neue EP zuzusehen. Und schließlich lud er sie noch in seinen Country-Club *Berry Park* ein.

Als die Session abgeschlossen war, beriefen die Stones vor dem Gebäude der Chess euphorisch eine Pressekonferenz ein. Ein paar Dutzend kreischende Mädchen funktionierten den Anlaß zu einem mittleren Aufruhr um, der sich erst dadurch beenden ließ, daß ein älterer Polizeibeamter auf die Stones zuging und fauchte: »Haut sofort ab, oder ich sperre den ganzen verdammten Haufen hier ein.«

Die Stones waren erst ein oder zwei Tage wieder auf Tournee, als Phil Spector in seinem New Yorker Büro den Telefonhörer abhob und aus einem Hotelzimmer in Hershey, Pennsylvania, Mick Jaggers Stimme hörte. »Alles hier«, stöhnte Jagger, »ist so verflucht *braun*!« An diesem Abend traten die Stones in einer Stadt auf, die zu Ehren ihres bedeutendsten Produkts nach diesem benannt und weitgehend in dessen Farbe gestaltet war, des Hershey-Schokoladenriegels. »Die Telefone sind braun«, klagte Jagger, »die Zimmer sind braun, selbst die verdammten Straßen sind braun ...«

Während ihres letzten flauen Abstechers durch Pennsylvania und den Staat New York, trafen erfreuliche Nachrichten aus der Heimat ein. Bei den jährlichen Popularitätswahlen des *Record Mirror* hatten die Stones die Beatles als beliebteste englische Gruppe geschlagen, und Mick Jagger war zum beliebtesten Mitglied aller britischen Gruppen gekürt worden. Nur in der Sparte der besten Single des Jahres blieben die Beatles mit *She Loves You* vorn, knapp vor *Not Fade Away* von den Stones.

Mit dem Erscheinen einer weiteren US-Single, *Tell Me,* und strategisch gekonnter Reklame für ihr Album *England's Newest Hitmakers* schienen die Stones zu guter Letzt doch noch in das Bewußtsein der Teenager Amerikas einzudringen. Die Tournee endete in New York mit einem strahlenden Abschluß, zwei Konzerten in der Carnegie Hall, dem Schauplatz des Triumphs der Beatles sechs Monate zuvor. Beide Konzerte wurden von Murray »the K« Kaufmann veranstaltet, dem einflußreichen New Yorker Discjockey, den John Lennon auf die Stones aufmerksam gemacht hatte (in erster Linie, um den klettenhaften Discjockey, der den Beatles ständig zusetzte, abzuschütteln). Murray »the K« war es zu verdanken, daß beide Konzerte in der Carnegie Hall augenblicklich ausverkauft waren. Beim ersten Konzert kam es unter den Stones-Fans bereits zu Tumulten, ehe auch nur das erste Intro gespielt worden war. Die Polizei untersagte es den Stones daraufhin, das Konzert wie geplant zu beenden. Statt dessen wurden sie gezwungen, in der Pause nach der ersten Hälfte ihres Auftritts zu verschwinden.

Ihre Rückkehr nach London gerade in dem Moment, als Amerika aufmerksam auf sie wurde, erschien allen so falsch wie nur eben möglich. Die Wahrheit war, daß Andrew Loog Oldham es sich nicht mehr leisten konnte, auch nur noch eine Minute länger mit ihnen in New York zu bleiben. Oldham hatte sich bereits ausgerechnet, daß er und die Stones an der gesamten Tournee etwa zehn Shilling pro Person verdienen würden. Seine Geschichte für die englische Presse lautete, daß die Stones wegen eines Konzerttermins zurückkehrten – und dafür mit links tausendfünfhundert Pfund an Flugkosten hinblätterten –, den sie vor Monaten vereinbart hatten, als sie noch nicht berühmt waren. Sie sollten bei der alljährlich stattfindenden Gründungsfeier des Magdalen College in Oxford spielen.

In Heathrow wurden sie von hundert Mädchen und einer Schar von Zeitungsleuten empfangen, die jetzt mehr als nur flüchtiges Interesse bekundeten. Keith zeigte einem Reporter ganz treuherzig seine Schußwaffe, die er in Amerika nach eigenen Angaben »so problemlos wie Karamelbonbons« erstanden hatte. Mick Jagger wurde nicht nur von seiner Freundin Chrissie Shrimpton empfangen, sondern auch mit der Frage, wie er sich vorkomme, in der Sparte der bestangezogenen Popstars im *Record Mirror* an sechster Stelle genannt worden zu sein. »Das ist ein Witz«, erwiderte Jagger, der jetzt wieder mit seinem Cockney-Akzent sprach.

It's All Over Now erschien in England am 26. Juni. Durch einhundertfünfzigtausend Vorbestellungen rückte die Platte in allen Musikzeitschriften sofort in die Top ten auf. Innerhalb einer Woche hatte die Platte die Mersey-Beat-Barriere übersprungen, attackierte den überraschendsten Single-Hit des Sommers, *House of the Rising Sun* von den Animals, und löste ihn schließlich auf seinem Spitzenplatz ab.
Die Organisatoren des Balls im Magdalen College waren daher mehr als erstaunt, als im Verlauf der Open-air-Festlichkeiten bekannt wurde, die Stones seien wie vereinbart erschienen und gerade dabei, ihre Anlage auszuladen. Selbst die Beatles, die sich im allgemeinen genau an vereinbarte Termine hielten, hatten im Vorjahr erst fünfhundert Pfund für einen Auftritt beim Jahrestag des Christ College angenommen und waren dann doch nicht erschienen. Auch das Honorar der Stones war Monate vorher vereinbart worden, als sie noch kaum mehr als Lokalgrößen waren. Nichtsdestoweniger bestanden sie darauf – aus Gründen, die eigentlich nie wirklich geklärt wurden –, ihr Wort zu halten. Zweifellos fiel für sie ins Gewicht, daß der bekannte Bluessänger Howlin' Wolf ebenfalls auf dem Ball auftrat, und zudem wollten sie der zweitgrößten Popattraktion des Abends, Freddy and the Dreamers, nicht den Platz räumen.
Der Schriftsteller John Heilpern gehörte zu den wenigen überzeugten Stones-Anhängern an der Oxford University, die über den mit Flutlicht bestrahlten Rasen des College, auf dem sich die Musik einer Steelband und die Schreie höherer Töchter zu wildem Lärm vermischten, hinübereilten zu dem großen Zelt, in dem die Stones mit sichtlicher Unlust ihre Anlagen aufbauten. »Es hat ihnen allen reichlich gestunken, daß sie spielen mußten«, erinnert sich Heilpern. »Sie waren für eine Stunde gebucht, und sie haben es fertiggebracht, fast vierzig Minuten für das Stimmen ihrer Instrumente zu brauchen. Brian Jones schien sinnlos betrunken zu sein. Dagegen ging von Mick Jagger etwas aus, was ihn als den Bandleader erscheinen ließ. Als er anfing, machten auch die anderen Ernst. Anfangs haben sie sich keine Mühe gegeben; sie wurden ausgepfiffen und ausgebuht, und das bereitete ihnen offensichtlich Vergnügen. Dann waren sie plötzlich voll da.«
Dieser Augenblick signalisierte für John Heilpern und viele andere den Beginn dessen, was eines Tages mit dem Begriff »Gegenkultur« bezeichnet werden sollte. Doch an jenem Abend in Oxford schien es noch so, als sei nur die gesellschaftliche Klassenordnung irgendwie auf den Kopf gestellt worden. Die ruppig auftretenden Jungen aus dem Mittelstand, die amerikanischen Rhythm and Blues spielten, waren offenkundig eine neue Aristokratie, wie umgekehrt die Meute in Dinnerjacketts die vor ihnen auf und nieder hüpfte, Teil eines neuen, selbsternannten Proletariats werden sollte. Der Lärm breitete sich aus, durch die Zeltwände, über den Rasen, auf dem es von jungen Debütantinnen mit ihren Begleitern wimmelte, und schließlich übertönte er die Steelband. Mehr und mehr junge Männer in Frackschößen mit ihren Freundinnen und offenen Champagnerflaschen im Arm kamen herein, um die Stones zu hören und um zu tanzen.

ZWEITER TEIL

5
»*My client has no fleas*«

Das Städtchen Reading in Berkshire weist kaum Besonderes auf. Nur die Biskuitfabrik Huntley & Palmer's und das Gefängnis, in dem einst Oscar Wilde eingekerkert war, überragen gleichermaßen düster die niedrigen Straßenzüge, deren einheitlich rötliche Backsteinhäuser mit den einengenden Proportionen die Handschrift viktorianischer Bauspekulanten verraten. Reading ist der allerletzte Ort in England, in dem man etwas Außergewöhnliches suchen würde. Und dabei zählte in den späten fünfziger Jahren eine bemerkenswert exotische Persönlichkeit zur fünfzigtausendköpfigen Bevölkerung der Stadt. In der Millman Road lebte damals Eva Sacher-Masoch, die Baronin Erisso, mit ihrer kleinen Tochter Marianne.

Die Sacher-Masochs sind ein berühmtes altes österreichisches Geschlecht, dessen Ursprünge sich bis in die Zeit der Regentschaft Karls des Großen zurückverfolgen lassen. Der »Who's who?« des europäischen Adels, der Gotha, belegt über fast neun Jahrhunderte die Bedeutung der Sacher-Masochs in Kriegs- und anderen Künsten, deren Gipfelpunkt zweifellos in den Leistungen jenes Schriftstellers des neunzehnten Jahrhunderts lag, der als erster Demütigung und Schmerz als Erreger sexuellen Genusses beschrieb und die Definition dieser sexuellen Fehlhaltung aus seinem eigenen Namen ableitete: Masochismus.

Evas Kindheit war bestimmt durch ihren Vater, einen österreichischen Grafen der alten Schule, der in den Weltkrieg gezogen war, wie seine Ahnen schon Karl den Großen begleitet hatten – mit einem silbernen Helm, einem Umhang und sieben arabischen Schlachtrössern. Der Graf überlebte, ohne größeren Schaden an Pomp oder Würde zu nehmen. Eva verbrachte ihre Kindheit, umgeben von der Pracht des vergangenen neunzehnten Jahrhunderts, auf die allerdings bereits die ersten Schatten der heraufziehenden Bedrohung durch die Nazis fielen. Als begabte Tänzerin und große Schönheit bekam sie einen Platz in Max Reinhardts Wiener Ensemble. Wäre 1939 nicht der Krieg ausgebrochen, wäre sie vermutlich mit Reinhardt nach Hollywood gegangen und zweifellos ein großer Filmstar geworden.

Statt dessen wollte ihr Schicksal, daß sie die Schrekken der Nazizeit miterlebte. Während dieser Zeit lernte sie Glyn Faithfull kennen, einen Engländer, der sich in Friedenszeiten der Erforschung alter Wörter und Sprachen widmete, und sie verliebte sich in ihn. Als Philologen hatte man Glyn zum britischen Nachrichtendienst eingezogen. Er war als Verbindungsoffizier bei einer Einheit von Titos Partisanen in Jugoslawien eingesetzt, bei der sich auch Evas Bruder Alexander befand. In der Familie heißt es, Glyn Faithfull habe Alexander einmal das Leben gerettet. Aus Dankbarkeit habe er daraufhin den Engländer mit seiner schönen Schwester bekannt gemacht, die selbst im Wiener Widerstand aktiv war und versuchte, österreichische Juden vor der Verschickung durch die Nazis zu bewahren.

Als der Krieg vorüber war, heiratete Glyn Faithfull seine österreichische Baronin, nahm sie mit nach England, wo er einen Lehrstuhl an der Universität von Liverpool erhielt und so seine akademische Karriere wieder aufnahm. Ihr einziges Kind, Marianne, wurde 1947 geboren und wuchs in der äußerst abwechslungsreichen Umgebung von Ormskirk, Lancashire auf.

Mariannes früheste Erinnerungen fallen in ihr sechstes Lebensjahr, als ihre Eltern sich trennten und Eva mit ihr nach Reading zog – in ein winziges Haus, das aber trotzdem kostbare Erinnerungsstücke an ihre österreichische Adelsherkunft enthielt. So besaß die Mutter noch die festlichen Vorlegeplatten für Banketts, wie man sie sich längst nicht mehr leisten konnte, und ledergebundene Bücher aus Privatbibliotheken, die längst aufgelöst worden waren. Dann entdeckte das Kind, daß seine Mutter in einem vollkommen anderen Ton sprach als die Mütter der anderen Mädchen; daß ihre Sprache, ihre Gesten und ihr gesamtes Auftreten eigentlich in eine Welt gehörten, die weit von der Millman Road entfernt lag. »Eva mußte ihren ganzen Körper diesem Haus anpassen«, sagt Marianne. »Sie war in Räumen aufgewachsen, die so groß waren, daß man sie majestätisch durchschreiten konnte. In der Millman Road war kein Zimmer groß genug, um sich frei darin zu bewegen. Deshalb hatte sie sich dazu erzogen, sehr vorsichtig und beherrscht zu sein, um in die kleinen Zimmer zu passen, die wir bewohnten.«

Marianne erinnert sich, wie sehr Eva selbst bei den simpelsten Gelegenheiten ihres Lebens in Reading die »grande dame« war. »Sie ist in die Geschäfte gegangen und hat mit den Leuten gesprochen, als würde sie ihren eigenen Grundbesitz abschreiten. ›Man muß immer huldvoll und milde sein‹, sagte sie. Und daß ich jeden anlächeln muß. Und je ärmer die Leute waren, desto netter mußte ich zu ihnen sein.«

Die mürrischen Ladeninhaber von Reading ließen sich, wenn überhaupt, eher von dem kleinen Mädchen betören, das seiner Mutter mit der Zeit die Einkäufe abnahm und sorgfältig Evas Zeremoniell kopierte: »Ein Pfund Tomaten – aber keine zu großen. Einen schönen Salatkopf . . .«

»Die Millman Road lag nicht in der schlechtesten Gegend von Reading, aber doch in deren Nähe. Es gab eine furchteinflößende Straße, durch die ich gehen mußte, um zu dem Laden zu kommen, in dem ich wilden Wein für meine Mutter gekauft habe. ›Schätzle . . .‹, sagte sie immer, ›geh und hol mir ein bißchen wilden Wein . . .‹«

Die Baronin war nicht nur eine starke, sondern auch eine kultivierte Frau. Schon früh lernte Marianne von ihrer Mutter, Bücher, Malerei und Musik zu lieben. Obwohl sie nur wenig Geld hatten, reiste Eva mit ihr nach Wien, um der Tochter die Heimat der Familie zu zeigen und um mit ihr die großen Museen und Galerien der Stadt zu besuchen. »Meine Mutter hat mich sehr früh auch noch etwas anderes gelehrt. Sie brachte mir bei, daß Schönheit – und ich wußte, daß ich schön war – nichts Passives sein soll, sondern etwas, das man einsetzte, so wie auch sie in früheren Zeiten ihre eigene Schönheit eingesetzt hatte. Auf diesem Gebiet bin ich von einer wahren Kapazität ausgebildet worden.«

Ein katholisches Kloster in Reading, St. Joseph's, war bereit, die Tochter der Baronin während der Woche gegen ein Entgelt, das weitaus unter dem üblichen lag, aufzunehmen. »Als ich zum ersten Mal eine Freundin mit nach Hause brachte, habe ich einen schrecklichen Schock bekommen«, erzählt Marianne. »Mir ist klargeworden, daß mein Zuhause ganz anders ist als das der anderen Mädchen. Und ebenso wurde mir klar, daß meine Mutter ziemlich anders als die anderen Leute ist.«

St. Joseph's wurde von einem Nonnenorden nach mittelalterlich strengen Prinzipien geleitet. Beim Baden mußten die Mädchen lange Hemden tragen, die sie vor der »Sünde«, ihre eigenen nackten Körper zu betrachten, schützen sollten. Marianne als Nicht-Katholikin empfand diese Regeln als unterdrückend und kämpfte gegen sie mit der wachen Neugier, die ihre Mutter in ihr genährt hatte. Zu Hause war keiner der Bücherschränke jemals verschlossen. Marianne und eine Schulfreundin lasen systematisch die ganze Liste jener Bücher, die den Katholiken laut Vorschrift verboten waren.

Marianne war schön und auch klug, und mit sechzehn schien eine überaus vielversprechende Zukunft vor ihr zu liegen. Ihre intellektuelle Begabung – vor allem im Bereich der Sprachen – hätte ihr den Zutritt zu jeder der besten englischen Universitäten ermöglicht. Ihre Theaterbegabung, dazu noch ihr Aussehen und ihre gute Singstimme, ein reiner Mezzosopran, hätten ihr die Türen der besten Theater oder Musikhochschulen geöffnet. »Für meine Mutter und für mich bestand kein Zweifel daran, daß ich eine Bühnenlaufbahn einschlagen würde. Es war nur die Frage, auf welchem Gebiet.«

In der Zwischenzeit lebte Marianne Faithfull, um ihre eigenen Worte zu benutzen, »in einem Gemälde von Renoir – langes blondes Haar, Sonnentage,

Strohhüte mit Bändern ...«. Sie hatte angefangen, halbprofessionell zu singen – Folksongs zu Gitarrenbegleitung in einer Kaffeebar von Reading vor einem Zirkel von Jungen, die aufs College gingen. »Ich hatte gelernt, was Eva mir beigebracht hatte – daß meine Schönheit etwas war, das ich einsetzen mußte. Ich wußte, daß etwas passieren *mußte* – daß mein Aussehen und meine Stimme einfach eine phantastische Kombination waren.«

Mit sechzehn freundete sie sich enger mit John Dunbar an, einem Studenten aus Cambridge, der am Churchill College Malerei studierte. Sie erinnert sich, stundenlang vor der Telefonzelle in der Nähe des Hauses ihrer Mutter gestanden und gewartet zu haben, bis sie mit John sprechen konnte. Sie telefonierten dann, bis Marianne das Geld ausging. Er war der erste Junge, mit dem sie schlief – in ihrer Unschuld glaubte sie, er werde der einzige bleiben. Ihr Leben verlagerte sich von Reading nach Cambridge, wo sie Dunbar im College besuchte, und auch nach London, wo seine Familie wohnte und er viele Freunde in der neuen Popszene hatte.

Im Frühsommer 1964 begleitete Marianne John Dunbar zu einer Party in London, mit der für eine neue Sängerin namens Adrienne Posta geworben werden sollte. Viele »Insider« waren da – zum Beispiel Peter Asher von dem Popduo Peter and Gordon, dessen Schwester, Jane Asher, Paul McCartneys Freundin war. Auch ein alter Freund von John Dunbar war unter den Gästen, dessen Sonnenbrille und Seidenhemd mit den bauschigen Ärmeln es Marianne schwermachten, sich vorzustellen, daß John ihn durch ihr gemeinsames linkes politisches Engagement in Hampstead kennengelernt hatte. So begegnete sie zum ersten Mal Andrew Loog Oldham, während sie gleichzeitig am gegenüberliegenden Ende des lärmerfüllten Raumes erstmals ihren zukünftigen Liebhaber, Förderer und Untergang erblickte, Mick Jagger.

Jaggers Blick war in diesem Moment nur einer von vielen, die auf dem honigblonden Haar und dem Gesicht verweilten, das davon umrahmt wurde, einem Gesicht, in dem eine fast noch jungfräuliche Unschuld friedlich neben einer Art hilfloser Sinnlichkeit existierte, die tief in den großen blauen Augen geschrieben stand und dem Mund, der so zart und verletzlich wirkte wie eine weiche rote Frucht. Marianne war sich durchaus bewußt, daß sie die Aufmerksamkeit aller anwesenden Männer auf sich gezogen hatte. »Ich wußte, daß ich auf dieser Party nichts weiter war als eine schöne Frau, die gegen das Höchstgebot weggehen würde«, erzählt sie. »Ich wußte, daß ich mein Aussehen so einsetzen mußte, wie Eva es gesagt hatte. Ich mußte eine bestimmte Situation schaffen und dafür sorgen, daß *die* Dinge geschahen, von denen *ich* wollte, daß sie geschahen.«

Was geschah, war, daß Andrew Loog Oldham forsch auf sie zustolzierte. Und als er Marianne Faithfull vorgestellt wurde, sagte er: »Mit einem solchen Namen sollten Sie Platten machen.« Der Name in Verbindung mit dem geheimnisvoll schönen Gesicht hatte in Oldhams Kopf einen bestimmten Gedanken in Bewegung gesetzt, ehe Marianne ihm noch sagen konnte, daß sie bereits halbprofessionell sang. Es dauerte buchstäblich nur Minuten, bis Oldham ihr eröffnete, sie könne ein großer Star werden, vorausgesetzt, sie ließe sich von ihm managen.

Wenig später lernte sie Mick Jagger und Keith Richard kennen, doch war sie von ihnen nicht im geringsten beeindruckt. Micks Blässe, sein Gesicht und die aufgesetzte Grobheit in seinem Ton und seinem Auftreten gefielen ihr nicht. Jagger näherte sich allen Mädchen, die er für »high class« hielt, mit dem gleichen Spruch. »'ello, darlin'. Ow yer doin'?« Und ihr erstes kurzes Gespräch endete damit, daß Jagger Marianne in voller Absicht Wein über ihr Kleid goß.

Bald zeigte sich, daß Oldham jedes seiner Worte völlig ernst gemeint hatte. Wenige Tage nach der Party erhielt Marianne ein formelles Vertragsangebot von Oldham, in dem er ihr auch eine Probeaufnahme bei der Plattenfirma der Stones, der Decca, vorschlug. Da sie erst siebzehn war, mußten alle ihre Verträge von ihrer Mutter, der Baronin, gegengezeichnet werden. »Eva hat alles unterschrieben, selbst wenn sie gar nicht wußte, worum es eigentlich ging«, sagt Marianne. »Ihre einzige Bedingung war, daß mich auf Tourneen immer eine Anstandsdame begleiten müsse.«

Natürlich ging es Oldham einmal mehr eigentlich nur darum, daß Andrew Loog Oldhams Geschäfte expandierten. Der Manager der Popgruppe, die ganz

England entrüstet hatte, sah jetzt seine Chance gekommen, mit einer noch größeren Überraschung aufzuwarten. War ein erstaunlicherer Gegensatz zu den zotteligen, bärbeißigen Rolling Stones denkbar als ein Mädchen mit einem süßen Gesicht, das von einer Klosterschule kam, eine weiche weibliche Stimme besaß und dessen Mutter eine österreichische Adelige war? Dazu noch die großartige Idee, es von einer Anstandsdame begleiten zu lassen, und Oldhams Werbekampagne brauchte praktisch keinen weiteren Aufhänger mehr. Für Marianne Faithfulls erste Platte hatte sich Oldham einen Song von Lionel Bart ausgesucht, einem Komponisten von Bühnenmusicals, der damals geradezu vergöttert wurde. Die B-Seite sollte *Greensleeves* werden, jedoch mit leichten Bearbeitungen, die garantieren würden, daß nicht König Heinrich VII., sondern Andrew Loog Oldham als Komponist des Werkes galt.

Das Unglück wollte es, daß Lionel Bart den Song nicht rechtzeitig zu Mariannes erstem Aufnahmetermin lieferte. Oldham blieb nichts anderes übrig, als einen Song bei einem Team zu bestellen, dessen Bemühungen sich bisher auf sentimentale Balladen beschränkt hatten – Mick Jagger und Keith Richard. »Ich sagte ihnen, daß Marianne aus einer Klosterschule kam. Und daß ich einen Song wolle, der rundum von Backsteinmauern umgeben sei, mit hohen Fenstern und *ohne* jeden Sex.«

Paradoxerweise setzten diese festen Vorgaben bei Mick und Keith schöpferische Qualitäten frei, an deren Existenz sie fast schon selbst nicht mehr geglaubt hatten. *As Time Goes By* – das später in *As Tears Go By* umbenannt wurde – war insofern ihr erster *eigener* Song, als er ganz ihr Werk war und einen unverwechselbar eigenwilligen Charakter hatte. Er war einfach, fast zeitlos und mit Anklängen an Tennysons *Lady of Shalott* durchsetzt. Seine Qualität verblüffte niemanden mehr als die beiden Komponisten. Mick Jagger erinnert sich, daß sie sich noch wochenlang die Köpfe darüber zerbrachen, wie dieser Song zustande gekommen war, doch ihre Bemühungen, etwas vergleichbar Gutes zu schreiben, blieben fruchtlos.

Marianne betrat unter ähnlichem Druck die Decca-Studios wie die Stones bei ihrer ersten Aufnahme, und sie sang den Song so verhalten, wie es ihr voller, kräftiger Mezzosopran nur zuließ. Das Ergebnis war das von Oldham gewünschte: eine Klosterschülerin, die zart und verschüchtert sang, wie von hohen Mauern umgeben und ohne jeden Sex. Im August 1964 stand *As Tears Go By* auf Platz neun der Charts. Marianne Faithfull war der neueste britische Star. »*Greensleeves* erobert den Pop«, schrieb der *Daily Mirror.*

Ganz England lag im August 1964 plötzlich unter einer Flutwelle lauter Stimmen und »dröhnender Instrumente«, die von unsicheren Liegeplätzen drei Meilen vor der Küste aus in den Äther gesendet wurden.

Ronan O'Rahilly, der zusammen mit Giorgio Gomelsky Stanislawski studiert hatte, war mit der genialen Idee – um ein Haar – schneller als alle anderen. Seit Jahren hatte die englische Unterhaltungsindustrie davon geträumt, Radiosender für Popmusik im amerikanischen Stil aufzuziehen, doch dem hatte immer das gesetzlich verankerte Monopol der BBC im Wege gestanden. O'Rahillys Trick war es nun, ein Schiff als Rundfunksender auszurüsten und den Sender dann außerhalb der Dreimeilenzone vor der Küste von Essex, die noch zum britischen Herrschaftsbereich gehörte, in Betrieb zu nehmen. »Radio Caroline« stellte sich am Bankfeiertag Ostern 1964 zum ersten Mal vor, und zwar mit einer Platte, die wie ein Echo auf die Unverfrorenheit des neuen Senders klang: *Not Fade Away* von den Rolling Stones. Fast gleichzeitig begann ein Rivalenschiff, Radio Atlanta – das trotz größerer Sabotageakte von seiten der Geldgeber O'Rahillys im selben irischen Hafen ausgestattet worden war – dieselbe berauschende Mischung aus Popmusik, Werbung im amerikanischen Stil und Kurznachrichten auszustrahlen.

Schon nach wenigen Wochen hatten die beiden »Piratensender«, wie man sie augenblicklich nannte, Hunderttausende von Hörern gewonnen. Die offiziellen Versuche, sie mit Hilfe des Rundfunkgesetzes zu verbieten, zeigten nur, daß sie tatsächlich nicht in den Zuständigkeitsbereich des Parlaments fielen. Ferner zeigte sich rasch, daß Radio Caroline und Radio Atlanta offensichtlich genau das Programm boten, das die Hörer wünschten, obwohl die BBC jahrelang auf dem Gegenteil beharrt hatte. Die

Piratensender konnten folglich weitermachen, und ihre Zahl vermehrte sich noch. Bald gab es Radio London, Radio Scotland, Radio Clyde, Radio Sutch, Radio Invicta, Radio City. Die Nordsee war von Schiffen mit Rundfunksendern übersät, deren gegenseitiger Kampf um die Wellenlängen gelegentlich sogar in offene Gewalt ausartete. Bei einem nächtlichen Überfall auf jene nicht mehr benutzte Handelsstation in der Themsemündung, auf der sich Radio City niedergelassen hatte, kam sogar ein Mann ums Leben.
Das gedämpfte Knarren der Spanten der Piratenschiffe und das Stöhnen der nicht selten seekranken jungen Discjockeys sind unauslöschlich mit der Erinnerung an den »Beat Boom« von 1964 verknüpft. Das leichte Schwanken der Klänge, das mit dem Schaukeln des Schiffes einherzugehen schien, machte die Musik, die sich wie Schmugglerware zwischen die Frequenzen der langweiligen seichten Unterhaltung schob, nur noch aufregender.
Jene Tausende »dröhnender Instrumente« – die meistens auf Raten gekauft worden waren – begleiteten Stimmen der verschiedensten Akzente. Nachdem Liverpool es zu Ruhm gebracht hatte, hielten sich jetzt auch andere Bezirkshauptstädte des Landes etwas auf ihren vergleichbar modischen »Sound« zugute. Neben den Mersey-Gruppen (Pacemakers, Searchers, Mojos, All Stars, Chants, Undertakers, Flamingoes) und den Manchester-Gruppen (Hollies, Dakotas, Hermits, Dreamers) gab es auch die Birmingham-Gruppen (Applejacks, Mindbenders, Fortunes), die Tyneside-Gruppen (Animals, Bluechips), schottische Gruppen (Luvvers, Poets) und irische Gruppen (Bachelors, Them). London konnte seine angeknackste Überlegenheit mit Gruppen zurückerobern, die den Rhythm and Blues der Clubs mit der aggressiven Kultur der Mods vermischten (The Who, Small Faces, Kinks). Es gab reine Instrumentalgruppen (Jaywalkers, Blues Inc.) und reine Gesangsgruppen (Four Pennies, Walker Brothers). Es gab Gruppen von anspruchsvollem Ernst (Manfred Mann, Yardbirds) und komische Gruppen (Fourmost, Rockin' Berries, Barron Knights). Kurz und gut, es gab Dutzende, wenn nicht Hunderte von Gruppen. Es war anzunehmen, daß jener Vorstand der Decca, der verkündet hatte, Gitarrengruppen seien demnächst wieder »out«, noch in seinem Büro im Albert Embankment saß und sich selbst in den Hintern zu treten versuchte.
Ganz gleich, ob man dieser oder jener neuen Gruppe, die gerade in Mode war, kurzfristig den Vorzug gab – für einen Popfan stellte sich im Jahre 1964 in Großbritannien nur eine grundlegende Frage: »Bist du Beatles-, oder bist du Stones-Fan?« Und sie wurde mit der herausfordernden Aggressivität gegnerischer Parteien in einem Fußballstadion gestellt. Obwohl die Beantwortung einer ähnlich gearteten Frage bei Fußballanhängern kaum je soviel über den jeweiligen Charakter ausgesagt hätte.
In der Antwort »Beatles« war enthalten, daß derjenige selbst ähnlich liebenswürdig und fröhlich war und an die Macht des Erfolges glaubte, der sich alle zu unterwerfen hätten. Die Antwort »Stones« bedeutete klarer und bündiger, daß derjenige am liebsten ganz Großbritannien kurz und klein geschlagen hätte. Am 24. Juni kam es bei einem Stones-Konzert in den Winter Gardens in Blackpool zu einem Tumult, den siebzig Polizisten nicht in Schach halten konnten. Die Stones selbst wurden heftig attackiert, Spucke regnete auf sie herunter, und den zahllosen ausgestreckten Händen, die nach ihnen griffen, gelang es schließlich, einen Steinway-Konzertflügel von der Bühne zu zerren. Der Journalist Roy Carr – damals selbst Musiker in einer unbekannten Gruppe – erinnert sich daran, Keith Richard beobachtet zu haben, wie er einen übereifrigen Fan überredete, sich von dem Bühnenrand zurückzuziehen, indem er ihm mit sichtlichem Genuß eine Stiefelspitze ins Gesicht bohrte. Anschließend kam Ian Stewart, der Unerschütterliche, in ihre Garderobe und verteilte einzelne Holzsplitter mit den Worten: »Da hast du deine Gitarre ... Und da habt ihr euren Verstärker.«
Aus Angst vor ähnlichen Krawallen wurde das Konzert der Stones am 3. Juli in Belfast abgesagt. Das, was sich Belfast erspart hatte, bekam Holland acht Tage später in doppeltem Ausmaß zu spüren, wo der Stones-Auftritt die totale Zerstörung eines Kinos in Den Haag auslöste. Als sie am nächsten Tag wieder in Manchester eintrafen, um in Ready, Steady, Go aufzutreten, wurde aus ihrem Leihwagen gewaltsam eine Tür herausgerissen. So ging es weiter – in Liverpool, Manchester, Carlisle und Edinburgh. Die zersplitterten Stühle und die Verwüstung der sonsti-

gen Einrichtung drohten sogar den Erfolg ihrer neuen EP *Five By Five* zu beeinträchtigen. Wenn man sich alte Wochenschauen und Fernsehfilme ansieht, kann man sehen, welcher Wandel sich bei Popkonzerten vollzog. Immer mehr Polizei und Saalordner von immer zweifelhafterer Rechtschaffenheit ballten sich vor der Bühne. Immer häufiger kam es zu tollkühnen Versuchen verzweifelter Mädchen, sich auf Mick Jagger zu stürzen. Und immer häufiger wurde wie selbstverständlich Gewalt angewendet, wenn diese Mädchen an den Armen, den Beinen oder sogar an den Haaren gepackt und wieder in die Menge zurückgeworfen wurden.

Der Virus breitete sich selbst auf Teile Europas aus, in denen die Beatles-Manie noch keine Wurzel geschlagen hatte. Am 18. Oktober spielten die Stones – trotz des Versuchs des belgischen Innenministers, sie dem Land fernzuhalten – auf dem Gelände der Weltausstellung in Brüssel vor einem heulenden Meer von Köpfen. Zwei Abende später in Paris wurde das Popkonzert in seiner alten unschuldigen Form, bei der die Zuschauer ergeben auf ihren Plätzen saßen, endgültig zu Grabe getragen. Der Auftritt der Stones im Olympia endete mit Straßenschlachten zwischen Polizisten und Jugendlichen, die auf den Boulevards Amok liefen, Schaufenster einwarfen, Zeitungskioske eintraten und Cafétische umkippten. Der *Daily Mirror* berichtete, daß es zu einhundertundfünfzig Verhaftungen kam.

Am 23. Oktober berichteten die Zeitungen, daß der Bazillus wieder einmal auf dem Weg zum amerikanischen Kontinent sei. Amerika sah seine ärgsten Befürchtungen durch ein Werbefoto bestätigt, das die Stones in größerer Verwahrlosung als je zuvor zeigte: Mick Jagger kratzte sich wie ein Pavian, während Keith Richard ganz in den Anblick vertieft war, der sich ihm unter dem Bund seiner Jeans bot, die er sich von der Taille wegzog. »Die Rolling Stones, die sich seit einer Woche nicht mehr gewaschen haben …«, begann die Bildunterschrift.

Am Kennedy Airport wurden Mädchen, die die Absperrung durchbrachen, von Polizisten, die ihnen wie Footballspieler entgegenstürzten, zu Boden geworfen. Eine von ihnen, die für ein Fernsehinterview herausgegriffen wurde, äußerte sich erstaunlich klar zu der Frage: »Warum gefallen dir die Stones?«

»Weil … Keith so schön ist und weil … sie so häßlich sind, daß sie einfach attraktiv sind.«

Ihr Fernsehauftritt in der Ed Sullivan-Show am 26. Oktober bot Sullivans Publikum, das von einer Küste zur anderen reichte, das interessante Spektakel, wie ein Studio von seinem Publikum vollkommen in Trümmer gelegt wurde. Sullivan gab damals eine Verlautbarung heraus, in der er die Verantwortung für das Engagement der Stones abstritt und beeidete, von ihnen werde er sich nie mehr die Luft verpesten lassen. »Ich kann Ihnen versprechen, daß sie nie mehr in unserer Show auftreten werden … Offen gestanden habe ich die Rolling Stones bis zum Tag vor der Sendung nie gesehen. Sie waren mir von meinen Talentscouts in England empfohlen worden, und ich war selbst schockiert, als ich sie zum ersten Mal sah. Die Dave Clark Five zum Beispiel sind *wirklich* nette Kerle. Das sind Gentlemen, und ihre Auftritte sind eine anständige Sache. Ich habe siebzehn Jahre gebraucht, um diese Show zu dem zu machen, was sie heute ist. Und das lasse ich mir nicht innerhalb von ein paar Wochen wieder zerschlagen.«

Ein weiterer Fernsehmitschnitt zeigt Mick Jagger neben einem völlig verängstigt aussehenden Charlie Watts. Jagger wird interviewt, der Interviewer – wie nicht anders zu erwarten kahlköpfig und mit Fliege – spricht erst herzlich in sein Mikrophon und streckt es Mick dann mit einer Geste entgegen, die zeigt, wie wenig er davon überzeugt ist, daß sein Interviewpartner überhaupt sprechen kann. »Äh, Mick … äh, macht euch denn eure erste Reise in die Staaten Spaß? Entschuldigung, eure *zweite* Reise.«

»Ja, unsere zweite Reise«, erwidert Jagger. »Ja, bis jetzt hat sie uns schon viel Spaß gemacht, ganz besonderen Spaß sogar.« Seine Stimme ist betont höflich und kaum hörbar. Der Interviewer reißt das Mikrophon wieder emsig an sich.

»Aber als ihr das erste Mal hier wart, war doch alles noch ganz anders?«

»Ja, stimmt«, sagt Jagger. Es gelingt ihm, gleichzeitig emphatisch und vollkommen desinteressiert zu wirken. »Als wir das erste Mal hier waren, sind wir sozusagen nur gekommen, damit man uns kennenlernt.« Seine Stimme gleitet in einen Singsang ab und nimmt wie Brians Stimme das leichte Lispeln eines kleinen Jungen an. »Dann fuhren wir wieder zurück, und plötzlich fing es an wie von selbst für uns zu laufen.«

»Und, äh ... wie kam das?«

»Keine Ahnung.« Jagger lächelt sein schüchternes Lächeln und zuckt die Achseln. »So eine Art ... chemische Reaktion.«

An der Westküste traten die Stones zwischen Studio-Sessions bei RCA in Hollywood in einer TAMI-Show (Teenage Music International) auf, die in der Stadthalle von Santa Monica gefilmt wurde und später in Kinos in ganz Amerika gezeigt werden sollte. Die Stones waren als die große Attraktion angekündigt und wurden noch vor Gerry and the Pacemakers, Jan und Dean, Chuck Berry, den Beach Boys, Marvin Gaye und Smokey Robinson and the Miracles genannt. Selbst James Brown, der Großmeister und König aller schwarzen Soulsänger, mußte feststellen, daß sein Name kleiner gedruckt war als der der Stones. »Wir hatten alle schreckliche Angst, gemeinsam mit James Brown aufzutreten«, erzählt Bill Wyman. »Er hat zu jedem gesagt, bei seinem Bühnenauftritt würden sich die Rolling Stones wünschen, nie einen Fuß auf amerikanischen Boden gesetzt zu haben. Wir saßen alle vorher in der Garderobe und haben uns wirklich gefürchtet. Marvin Gaye und Chuck Berry sind zu uns gekommen, und Gaye hat gesagt: ›Ihr seid nervös?‹ Wir haben gesagt: ›Wie gelähmt vor Schrecken‹. Er war wirklich nett. Er hat gesagt: ›Hey, kommt einfach raus, und gebt euer Bestes. Niemand will wissen, ob ihr besser seid als jemand anderer: Die Leute wollen nur wissen, daß ihr ihr selbst seid.‹«

Mit diesem Trost standen sie in den Kulissen und sahen zu, wie »Mr. Dynamite« allen anderen die Show stahl, wie zu erwarten gewesen war; mit seiner rasenden Energie und seinen lustvollen Schreien, kreischend und flehend und unglaublich aufgeplustert, ein schweißglänzendes Energiebündel, das in den wilden Schrittfolgen der eigenen Füße gefangen zu sein schien. Sie sahen sich das wilde Finale mit den endlosen Zugaben an, bei dem Brown schließlich auf den Knien lag und gewaltsam von Leibwächtern in einen Umhang gehüllt und in die Kulissen gezogen wurde, ehe er sich umdrehte, den Umhang abwarf und – zum Takt eines Trommelwirbels – erneut anfing zu singen, zu tanzen und zu schwitzen.

Die Stones rechneten nicht damit, das noch übertreffen zu können. Dennoch lieferten sie dann einen Auftritt, der so beeindruckend war, daß Brown ihnen eine Audienz in seiner Garderobe gewährte, in der er von seinen schwarzen Gefolgsleuten und unzähligen Schuhen für die Bühne und Kübeln mit eisgekühlten Champagnerflaschen umrahmt war. Hier wurde Mick Jagger zum ersten Mal klar, daß ein Musiker gleichzeitig auch ein Monarch und Despot sein konnte. Und wirklich, bei seiner Rückkehr nach London hatte Jagger die entscheidende Lektion seines Lebens gelernt. Zu Chuck Berrys Stimme und Rufus Thomas' Grimassen kamen jetzt noch James Browns Tanzschritte hinzu – und er kopierte sie bis hin zu Browns Tänzeln zum Mikrophon.

»Das waren die Anfänge des Mick Jagger, wie wir ihn alle kennen«, sagt Giorgio Gomelsky. »Nach dieser zweiten Amerikareise hat es begonnen. Als Mick in London aus dem Flugzeug stieg, hatte er schon James Browns Gang angenommen.«

Die Darbietungsweise, mit der die neue Single der Rolling Stones, *Little Red Rooster,* in Ready, Steady, Go vorgestellt wurde, war von einer avantgardistischen Kühnheit, die selbst Samuel Beckett zur Ehre gereicht hätte. Zu Anfang sahen die Zuschauer nichts weiter als einen Mund, dessen mürrische, unverschämte, üppige Lippen nicht zu verkennen waren. »I am the little red rooster«, sang dieses feuchte Orakel, »too lazy to crow for days ...« Eine ganze Strophe lang war nur dieser singende Mund zu sehen, bis die Kamera endlich Mick Jaggers Gesicht und nach und nach auch die anderen Stones hinter ihm zeigte, die unterwürfig und wie in einen Dunstschleier in die schlafwandlerische Begleitung versunken zu sein schienen, deren einzige Ausschmükkung die Rutscher und Glissandos der Slide-Gitarre waren.

Sowohl ihr Co-Manager als auch alle anderen Ratgeber hatten den Stones von ihrer Wahl abgeraten, auf *It's All Over Now* einen unbearbeiteten Blues-Klassiker von Willie Dixon, den Howlin' Wolf als erster aufgenommen hatte, folgen zu lassen. *Little Red Rooster* erwies sich jedoch als ein idealer Griff, um einerseits die Stones als Puristen des Blues hinzustellen und andererseits auch Mick Jaggers Ruf als zunehmend dreisteren Verkünder sexueller Anzüglichkeiten zu begründen. Es war eine Produktion, die instrumental nicht weniger unwiderstehlich und geradezu triebhaft wirkte als von der Gesangsstimme her. Brian Jones' Slide-Gitarre sägte sich von einem leisen Pochen, wie Blut sich durch Arterien bewegt, zu den bebenden, hohen Herztönen hinauf. Selbst Paul Jones, der Jaggers Gesang nicht ausstehen konnte, liebte diese Aufnahme wegen Brians erstaunlicher Leistung auf der Slide-Gitarre.

Jagger wirkte bei seinem Auftritt in Ready, Steady, Go weniger wie ein Popsänger denn wie ein junger Lord, der eher unwillig einem Porträtmaler aus Mayfair Modell steht. Das bestätigte, was die »RSG«-Zuschauer bereits argwöhnten – daß er und die anderen Stones in einer Welt lebten, die wesentlich abgegrenzter und privilegierter war als selbst die Kingsway-Studios von Associated Rediffusion. Diese Tatsache wurde durch »William Hickeys« Kolumne im Londoner *Daily Express* bestätigt, die bis dahin ausschließlich den Gastgeberinnen großer Gesellschaften, Playboys und Debütantinnen der High-Society vorbehalten gewesen war. »Heutzutage kann es nicht mehr schaden, einen Rolling Stone zu kennen«, war in »Hickeys« Kolumne zu lesen, »... in der Tat zählen sie zu ihren besten Freunden kaum flügge Küken aus den oberen Schichten ...«

Robert Fraser, der Kunsthändler aus London, war einer dieser Freunde, wenn wohl auch nicht gerade ein »kaum flügges Küken«. Als Sohn eines schottischen Kaufmanns und Bankiers hatte er in Eton studiert. Später beim Militär hatte er sich als Offizier bei den Mau-Mau-Aufständen in Kenia ausgezeichnet. 1964 genoß er in der Londoner Kunstszene bereits hohes Ansehen, weil er sich schon früh für amerikanische »Pop«-Künstler wie Andy Warhol und Jim Dine eingesetzt hatte. Er war schlank und dunkel; ein nervöser Typ, der einen ausgezeichneten Geschmack mit einer Leidenschaft für alles Neue und einem Faible für die unteren Schichten verband. Diesem Faible kamen die Rolling Stones im Übermaß entgegen.

Fraser hatte sie in Paris nach ihrem Konzert im Olympia kennengelernt, während die Polizei noch die Aufständischen zwischen den Trümmern verheerter Straßencafés auflas. »Ich war zufällig Teddy über den Weg gelaufen, dem Discjockey des Ad Lib, der nur nach Paris gekommen war, um die Stones zu sehen. Sie kannten Teddy natürlich gut, weil er es sehr mit ihrer schwarzen Musik hatte. Durch Teddy habe ich Brian Jones kennengelernt – der mir schon damals sehr paranoid vorkam. Später habe ich sie dann alle zu einer Party in Donald Cammells Studio mitgenommen.«

Cammell, ein amerikanischer Maler und Möchtegern-Filmemacher, sollte ebenfalls eine große Rolle beim sozialen Aufstieg der Stones spielen. Doch an jenem Abend im Jahr 1964 war er nichts weiter als der Gastgeber einer Party, bei der fünf britische Popmusiker die glanzlosesten und weitaus unbekanntesten Gäste waren. »Sie sahen alle sehr häßlich aus, sehr verlottert«, erzählt Robert Fraser. »Mick war ein ungehobelter Banause. Man merkte, daß keiner von ihnen jemals vorher unter solchen Leuten oder auf einer solchen Party gewesen war – ein großes Studio ... gedämpftes Licht, schöne Frauen ... Drogen ...«

Später stellte Fraser sie einem Freund aus Eton vor, Christopher Gibbs, damals ein junger Antiquitätenhändler, dessen Laden in Chelsea in dem Ruf stand, die in den guten Wohngegenden von Mayfair und Belgravia gerade ausgebrochene Manie für marokkanisches Dekor ausgelöst zu haben. Gibbs war ein Neffe des Gouverneurs von Rhodesien, und er war mit Cecil Beaton befreundet, in dessen Tagebüchern er als »ein äußerst kultivierter junger Mann« beschrieben wird. Er war eine einzigartige Mischung aus moderner Geisteshaltung und altmodischer Höflichkeit. Gemeinsam mit Fraser und Cammell führte er die Stones in eine ältere Clique der Metropole ein, deren ausschweifendes Leben die Klatschspalten der Zeitungen während der mittleren und späten fünfziger Jahre gefüllt hatte. Brian, Mick und Keith wurden als moderne Gegenstücke – mit genügend Geld zum Verprassen, was sie nur noch attraktiver machte – mit offenen Armen im »Chelsea Set« willkommen geheißen.

John Lennon mit seiner untrüglichen Begabung für treffende Formulierungen hat das modische junge London von 1964 als eine Art »Raucherclub für Gentlemen« bezeichnet. Die »In-Crowd«, die in Popsongs und Zeitungsberichten sehnsüchtig gefeiert wurde, bestand in Wirklichkeit aus nicht mehr als einem Dutzend Leuten, die wie eine Horde die enge Runde zwischen den spätnächtens geöffneten Clubs im Westend drehte. Aber kein Club war wahrhaft »in«, ehe seine hochgepriesene Dunkelheit nicht das kreidebleiche Gesicht eines Beatle oder eines Rolling Stone preisgeben konnte oder – was der absolute Inbegriff des In-Seins war – die Gesichter eines Beatle und eines Stone, die sich miteinander unterhielten.

Die angeblichen Todfeinde der Top Twenty und bei den Beliebtheitswahlen der Musikpresse waren in ihrem Privatleben sehr gut miteinander befreundet. Die Stones gestanden bereitwillig ein, daß sie ohne George Harrison nie ihren Vertrag mit der Decca bekommen hätten und es ebensowenig ohne Lennon und McCartney je zu einer Hit-Single gebracht hätten. Die Beatles andererseits neideten den Stones die Beharrlichkeit, mit der sie sich geweigert hatten, auf der Bühne Anzüge zu tragen und ein geheucheltes Lächeln aufzusetzen, zu dem man sogar John Lennon gezwungen hatte.

Die Rivalität, die zwischen den Stones und den Beatles als Pop-Stars herrschte, hatte, wenn sie überhaupt etwas bewirkt hatte, die Bande zwischen ihnen nur verstärkt. Die Situation, so berühmt zu sein, daß man ständig Gefahr lief, buchstäblich angefallen zu werden, war für kaum jemand anderen nachzuvollziehen und zu verstehen. Ähnlich verhielt es sich mit dem Geld, von dem man zwar immer genug in der Tasche hatte, während man sich doch gleichzeitig vage darüber im klaren war, nicht halb so reich zu sein, wie andere wahrscheinlich glaubten. Im Dunkel des »Scotch« oder des Ad Lib verglichen die Beatles und die Stones erstmals die Klauseln ihrer Plattenverträge und die jeweiligen Gewinnanteile. Zu ihrem Erstaunen kam dabei heraus, daß die Beatles trotz ihrer internationalen Einnahmen weniger an jeder verkauften Single und jedem verkauften Album verdienten als die Stones.

Robert Fraser war sowohl mit den Beatles als auch mit den Stones befreundet – und er war nur einer ihrer zahlreichen gemeinsamen Freunde. Ein Bekannter Andrew Loog Oldhams, Peter Asher, war der Bruder der Freundin Paul McCartneys, der Schauspielerin Jane Asher. Paul hatte einige Monate lang im Haus der Ashers in der Wimpole Street in einer Mansarde logiert, die mit einem Bett, einem Kleiderschrank, zwei Zeichnungen von Cocteau und einem geheimen Lager an goldenen Schallplatten ausgestattet gewesen war. Paul war auch mit John Dunbar befreundet, dem Freund von Oldhams Schützling Marianne Faithfull – deren Vornehmheit wiederum die Stones in etwas freundlicherem Licht erscheinen ließ. Zu jener Zeit konnte man Mariannes Stimme auf Radio Caroline hören, wo sie mit dem selbstlosen Ton einer königlichen Hoheit zu Spenden für wohltätige Zwecke aufrief.

Die Beatles drehten gerade in einem Zustand hilfloser Fröhlichkeit, den selbst ihr Regisseur Richard Lester nicht als Anzeichen dafür erkannte, daß sie »high« von Marihuana waren, ihren zweiten Spielfilm: »Help!« Bob Dylan, ein neuer aufstrebender amerikanischer Folksänger, hatte sie in New York mit dieser bei amerikanischen Jazz- und Bluesmusikern altbekannten Entspannungsdroge bekannt gemacht. Marihuana war in Großbritannien illegal, und allgemein ging man davon aus – und zwar die Polizei nicht weniger als jeder andere –, daß es mit den Romanen von Sax Rohmer ausgestorben sei. Die kleinen, unförmig gedrehten Zigaretten waren daher nur ein kleines Risiko, und sie wurden von den Beatles an ihre Freunde, die Rolling Stones, weitergereicht wie eine weitere Neuheit nach Hippie-Hosen oder getönten Sonnenbrillen oder Mateus rosé oder Scotch und Cola.

Diese kleinen, durchsichtigen Päckchen, in denen das »Gras« abgepackt war, waren nur eine winzige Welle auf dem Ozean des Rauschgifts, der lange vor dem Jahr 1964 London zum Drogenzentrum der westlichen Welt gemacht hatte. Eingesetzt hatte diese Flut bereits zu viktorianischen Zeiten, als zum Besitzstand des britischen Imperiums auch der chinesische Opiumhandel gehörte und jeder Tabakhändler »Opium-Pastillen« als ein allgemein zugängliches Hustenmittel verkaufte. Rauschzustände bewirkende Substanzen, die andere Länder längst per Gesetz verboten hatten, waren weiterhin in normal erhältlichen britischen Produkten wie Nasentropfen, Magenmitteln und selbst dem »Lachpulver« der Scherzartikelläden enthalten. Großbritannien war das einzige Land, in dem reines Heroin auf Rezept jedes beliebigen Arztes erhältlich war, und man konnte es sogar mit weitaus geringerem Risiko als dem, das man bei Pferdewetten einging, auf der Straße erwerben. »Ich kann mich daran erinnern, Heroinbrummer (Tabletten) für ein Pfund pro Stück gekauft zu haben«, sagt Robert Fraser. »Ein Fläschchen reines Kokain hat fünfzig Pfund gekostet. In ganz Mayfair gab es vernünftige Ärzte, die es einem verschrieben haben.«

»Harte« Drogen waren mit anderen Worten für die oberen Klassen längst etwas Alltägliches gewesen, ehe die Popmusiker begannen, bei Marihuana-Joints zu kichern. Fraser selbst hatte in New Yorker Kreisen der Avantgarde-Kunst bereits Jahre zuvor Gras geraucht. Er war auf dem klassischen Weg zum Heroin übergewechselt – mittels eines »speedball« aus Heroin, der mit dem davon nicht zu unterscheidenden weißen Kokain versetzt war und durch eine eng zusammengerollte neue Ein-Pfund-Note geschnupft wurde. Obwohl er längst von der Sucht geheilt ist, erinnert er sich immer noch an diesen ersten totalen Rausch, der sich so sehr von der Benommenheit, wie sie weiche Drogen verursachen, unterschied. »Das ist eben, was das Heroin ausmacht. Es raubt einem nicht die Orientierung. Es *stabilisiert*. Es ist ein Gefühl, als sei man tagelang durch die Antarktis gewandert – und plötzlich betritt man einen angenehm warmen Raum mit einer Bar.«

Wenn Oldham unter der heulenden Meute stand, kämpfte sich sein Leibwächter Reg – der auch unter dem Namen »Reg, der Schlachter« bekannt war – zu ihm vor, warf behutsam einen Blick über eine Schulter und sprach, soweit ihm das möglich war, mit einem unterschwelligen Drängen in der Stimme. »Rühr dich nicht, Andrew«, warnte dann Reg, der Schlachter. »Direkt hinter dir stehen acht Schlägertypen . . .«

Es war Oldhams neuester Spleen, daß er – wie sie sich schon lange vor ihm Phil Spector engagiert hatte – einen Muskelprotz als Beschützer brauchte, um sich vor dem rechtschaffenen Zorn oder dem mordlüsternen Neid einer Welt zu schützen, auf die er die Rolling Stones losgelassen hatte. So kam es, daß Reg, der Schlachter mit ihm in seinem metallicblauen amerikanischen Chevrolet herumfuhr. Reg, der Schlachter saß ebenso bei sämtlichen Zusammenkünften dabei und deutete durch seine Gegenwart bei den geschäftlichen Verhandlungen eine pikante Möglichkeit an. Die Vorstellung dahinter war die, daß Oldham, falls jemand seine Pläne hintertreiben sollte, sagen könnte: »Hau diesem Typen eine in die Fresse, Reg«, und daraufhin würde Reg aufstehen und dem Typen eine in die Fresse hauen.

»Genaugenommen«, sagt Oldham, »ist es ihm öfter gelungen, mich in Schlägereien zu verwickeln, als mich davor zu bewahren. Zum Beispiel damals, als er hinter mir aufgetaucht ist und gesagt hat: ›Rühr dich nicht. Hinter dir stehen acht Typen . . .‹. ›Reg‹, habe ich daraufhin gesagt. ›Wir sind in einem Konzert. Wir stehen im Publikum. Es stehen *zwangsläufig* acht Menschen hinter mir . . .‹«

Auf der Rückseite des neuen Albums fand sich Oldhams schriftstellerisches Debüt: ein Kommentar, den er im Prosastil seines momentanen literarischen Idols geschrieben hatte, Anthony Burgess, von dessen Roman »A Clockwerk Orange« er geradezu besessen war.

> Es ist der Sommer der Nacht die Augen von London sind geschlossen bis auf zwölf Späher und sechs Typen die voll drauf sind und die Straßen herunterparadieren. Mit Zeitungen bedeckt und grau, die auf den nächsten Tag warten, um sein anrüchiges Gesicht zu verbergen; die sechs sind in eine andere Sphäre gereist, wo die Anteile in acht Monaten oder einem Jahr ausbezahlt werden.
>
> . . . Hier drin ist die neueste Scheibe der Stones. Greift tief in eure Taschen und holt die Beute raus und kauft die Platte mit dem ausgeflippten Zeug und ihren Texten. Wenn du die Mäuse nicht hast, siehst du diesen Blinden, hau ihm eins über den Schädel, klau seine Brieftasche und auf ruckzuck die Beute ist gemacht. Wenn du die Platte einsteckst, ist alles o.k. Wieder eine verkauft.

Das Album selbst war eher eine Routineangelegenheit – vorwiegend Rhythm and Blues, doch es fehlten gewissermaßen die verrückten »Live«-Eigenschaften der vorangegangenen EP. Die Nummern waren in drei verschiedenen Studios aufgenommen worden und wichen auch in ihrer Grundstruktur voneinander ab. Angefangen bei der strengen Disziplin der bei Chess in Chicago aufgenommenen Nummern – wie sie klar in einer Version von Chuck Berrys *Down the Road Apiece,* die Berry selbst abgehört und empfohlen hat, durchklingt – über die gedämpften Soul-Ergüsse, die bei RCA in Hollywood mit Phil Spectors Arrangeur Jack Nietzsche am Klavier aufgenommen worden waren, bis hin zum Eierkisten-Echo der Regent Sound Studios, das in einer schwachen Jagger-Richard-Nummer, *Grown Up Wrong,* zu hören ist. Rundum als Erfolg kann man jedoch die Nummer *Left Off the Hook* von Mick und Keith verbuchen, eine Wohn/Schlafzimmer-Vignette, die von Jaggers höhnischer Unzugänglichkeit für weibliche Listen durchsetzt ist. Auf der Platte war auch ein Song, den Jagger zu einem persönlicheren und gefühlvolleren Monolog ausweitete als alles, was er je selbst für sich geschrieben hatte: Irma Thomas' *Time Is On My Side.*

Oldham kann sich heute nicht mehr erinnern, ob der Trick bewußt oder unbewußt eingesetzt worden war, diese eher absteigende Produktion mit einem Text auf der Plattenhülle zu versehen, der die Leute dazu aufforderte, Blinde niederzuschlagen und ihnen die Brieftasche zu stehlen. Aber die daraufhin folgende Aufregung hatte etwas von einem bewußt eingesetzten Bühneneffekt, denn sie brach erst einen vollen Monat später los, als *The Rolling Stones No. 2* schon in den Plattenläden lag. Dann wurde plötzlich eine Mrs. Gwen Matthews, Vorsitzende des Blindenhilfsverbandes von Bournemouth, zitiert, die gesagt haben sollte: »Sie sind einfach schrecklich. Damit werden den Leuten Flausen in den Kopf gesetzt. Ich schreibe an die Decca und fordere sie auf, die Plattenhülle zu ändern ...«

Innerhalb einer Woche hatte Oldham einen Skandal am Hals, der zum ersten Mal bewirkte, daß sein Name ebenso oft gedruckt erschien wie der der Stones. Der *Daily Telegraph* zitierte, er habe behauptet, diesen anstößigen Absatz nur »zum Spaß im Bad« geschrieben zu haben. Selbst nachdem die Decca diesen Absatz gestrichen hatte, gingen weiterhin Proteste empörter Persönlichkeiten aus dem öffentlichen Leben ein. Im Oberhaus reichte schließlich ein früherer Minister der Konservativen das Gesuch ein, die Oberstaatsanwaltschaft möge untersuchen, was als »eine bewußte Anstiftung zu verbrecherischen Taten« erschien. Ein Sprecher des Innenministeriums erwiderte, dazu sei nicht ausreichend Anlaß gegeben, und er fügte hinzu: »Wenn es dem hochgeborenen Herrn ein Trost ist, möchte ich dazu sagen, daß Nachforschungen, die ich am Wochenende angestellt habe, die Ansicht bestätigen, daß den Texten von Popsongs nicht einmal dann, wenn sie sogar verständlich sind, Beachtung geschenkt wird und daß die Jugendlichen dem Aufdruck der Hülle noch weniger Aufmerksamkeit zuwenden.«

Auf ihrer ersten Tournee durch Australien und den Fernen Osten im Januar des Jahres hatte Oldham sich eindeutig als den sechsten Stone ins Spiel gebracht – wenn nicht gar als den ersten. »Die Jungen und ich«, ließ er sich auf dem Flughafen von Sidney mit gespielt königlichem Sarkasmus vor Vertretern der Presse vernehmen, »waren tief bewegt, als wir auf der Gangway der Linienmaschine, die uns zu diesem fernen Land gebracht hat, standen und von der warmherzigen und wunderbaren Kolonialbevölkerung einen derart kolossalen Empfang bekommen haben.« Die warmherzige Kolonialbevölkerung, dreitausend an der Zahl, riß im selben Moment eine Stacheldrahtabzäunung ein und ein Geländer heraus, das mit Stahlbolzen im Boden befestigt gewesen war.

Die dreißigtägige Tournee durch Australien und Neuseeland brachte die Stones in den Ruf, eine Bedrohung der australischen Stabilität zu sein. Denn während die Zeitungen Schlagzeilen veröffentlichten wie SCHOCKIEREND! WIDERLICHES AUSSEHEN! WIDERLICHE SPRACHE! WIDERLICHE MANIEREN!, waren die Konzerte in Sydney, Melbourne, Brisbane, Perth, Adelaide und Wellington von Hysterie geprägt. Am Ende der Tournee hatten die Stones viele Platten in den australischen Top ten, darunter ihre eher schwächere Version von *Under the Boardwalk* von den Drifters. Ein ungläubiges England hatte mittlerweile Funkbilder von ihnen gesehen, auf denen sie in den heißen Quellen von Auckland badeten, und alle fünf – selbst Keith Richard – genossen offensichtlich die Sonne und die frische Luft.

Am 26. Februar brachte die Decca eine neue Single der Stones heraus, die Andrew Loog Oldham den letzten Zweifel daran nahm, daß er allein mit seiner hypnotischen Willenskraft Hits zustande bringen konnte. Unter dem Druck ihres Managers hatten Mick Jagger und Keith Richard mit *The Last Time* endlich etwas geschrieben, was gut genug war für eine A-Seite. Stilistisch hatte der Song etwas von Bo Diddley. Was ihm allerdings etwas Besonderes gab, war eine viernotige Gitarrenphrase von Keith Richard, die mit einer derart bösartigen, penetranten Beharrlichkeit durch den Text schlitterte, als sei Migräne hörbar gemacht worden.

Acht Tage nach dem Erscheinen war *The Last Time* in England die Nummer eins. Eine Top-Single in den britischen Charts, dazu noch eine Top-LP *und* eine EP *(Five By Five)* – damit durften die Stones rechtschaffen auf eine Ruhepause hoffen. Statt dessen schickten Oldham und Easton sie von neuem auf eine Tournee durch England, von der sie eine weitere EP mitbrachten, *Got Live If You Want It,* bei der ihr IBC-Freund Glyn Johns als Tontechniker fungierte und die zwei von Schreien zerrissene Versionen von *Pain In My Heart* und *Everybody Needs Somebody to Love* enthält. Eine Nummer bestand ausschließlich aus dem Sprechgesang des Publikums: »We want the Stones«. »*Technisch* gesehen war es ein Song«, sagt Oldham. »Daher haben wir uns gedacht, Nanker-Phelge könnte sich die Einnahmen aus der Veröffentlichung eigentlich unter den Nagel reißen.«

Oldhams Ehrgeiz war inzwischen über jede schlichte Fünfergruppe hinausgewachsen. Im Januar 1964 begann er unter seinem eigenen Namen für die Decca Aufnahmen zu machen, als Dirigent des »Andrew Loog Oldham Orchestra«. Regelmäßig wurden in großer Zahl Musiker des Studios zusammengerufen – darunter manchmal auch einzelne Stones –, um Oldhams Orchesterkompositionen einzuspielen wie etwa *Funky and Fleopatra, 365 Rolling Stones* und *Theme For A Mod Summer Night's Ball.*

Nur ein Hindernis stand weiterhin zwischen Oldham und der absoluten Erfüllung seiner Wünsche. Und das war leider Gottes kein Hindernis der Sorte, die Reg, der Schlachter, aus dem Weg räumen konnte, indem er hinging und jemanden zusammenschlug. Nein, die Erfüllung konnte nur in Form eines Briefes kommen, wie ihn Paul McCartney gerade in seinem engen Zimmer in der Wimpole Street von seinen Buchhaltern in Mayfair erhalten hatte. Andrew Loog Oldham hatte sich zwar Großbritanniens Popgruppe und Hitmacher Nummer eins geangelt, aber dennoch war es ihm bisher nicht gelungen, auf die eine oder andere Weise Millionär zu werden.

Zwar hatten die Stones ungefähr eine Million Singles und Alben für die Decca verkauft, doch blieben sie weiterhin Opfer eines Abrechnungssystems, das dem Künstler seine Gewinnanteile erst nach Ablauf eines Jahres zugestand. Decca sah keinen Anlaß, von dieser Praxis abzugehen, obwohl der Zweijahresvertrag mit den Stones im Mai 1965 auslief und etliche andere große Plattenfirmen – darunter die namhafte amerikanische CBS – bereits ihr heftiges Interesse bekundet hatten, sie unter Vertrag zu nehmen.

Und bei der laufenden England-Tournee waren zwar sämtliche siebzig Konzerte ausverkauft, doch reich wurde durch sie trotzdem niemand. Oldham und Eric Easton lagen in einem Rechtsstreit mit ihrem Mitveranstalter, dem Australier Robert Stigwood, der ihnen angeblich nicht den vereinbarten Prozentsatz der Kasseneinnahmen auszahlte. Vor allem Keith war so wütend wegen der zehntausend Pfund, um die es dabei ging, daß er Robert Stigwood in einem Londoner Club den Weg verstellte und – nach den Worten des Journalisten Keith Altham – »ihn kurz und klein schlug. Jedesmal wenn Stigwood versuchte aufzustehen, schlug Keith ihm wieder eine rein. ›Keith‹, sagte ich, ›warum schlägst du denn *immer* noch auf ihn ein?‹ ›Weil er immer wieder aufsteht‹, sagte Keith.«

Auch im »Swinging London« des Sommers 1965 war Andrew Loog Oldham noch immer mit Adleraugen auf jeden erreichbaren Penny aus. Das war auch der Grund, weshalb er in jenem August ins Londoner Hilton Hotel ging, um mit Allen Klein zu frühstücken, einem berühmten Geschäftsmann aus New York. Klein war Sam Cookes Manager und zugleich auch Besitzer jener Gesellschaft, die das Copyright am neuesten Hit der Rolling Stones, *It's All Over Now,* besaß. Oldham hoffte wie üblich, ihm eine Gewinnbeteiligung abschwatzen zu können.

Im Coffeeshop des Hilton – nach dem kurzen Austausch von Höflichkeitsfloskeln über den »besten Kaffee Londons« – stellte Allen Klein Andrew Loog

Oldham eine simple, aber verheerende Frage. »Andrew«, fragte er, »wärst du gerne Millionär?«
Oldham erwiderte, daß er das nur allzu gern wäre.
»Okay«, sagte Klein. »Was willst du als erstes haben?«
»Ich will einen Rolls-Royce«, erwiderte Andrew Loog Oldham.
»Gebongt«, sagte Allen Klein.

Das war der Sommer, in dem die britische Lebensart aufbrach und sich in kaleidoskopischen Varianten, die den Anschein des Brandneuen hatten, wieder zusammensetzte. Überall schien es neue Kleider zu geben, neue Trends, neue Klänge, einen neuen Look und neue Versprechen für die Zukunft. Wesentlich entscheidendere Dinge als nur die Popmusik wurden jetzt nach ihrem Image bewertet. Die landesweite Euphorie erreichte ihren Höhepunkt im Jahr 1965, als fast jedermann sein Image gerade zurechtgerückt zu haben schien.
Harold Wilson hatte die Labour Party nach dreizehnjähriger Verbannung auf die Oppositionsbänke mit einem Slogan, den er der Musik der Teenager entlehnt hatte, wieder an die Macht gebracht (»Let's Go With Labour«). Nach der Regierung des dekadenten Konservatismus hatte er ein Aufblühen der Nation versprochen, das von anständigen, gescheiten jungen Ministern ohne Klassendenken durchgesetzt werden sollte, die »in der Weißglut der technologischen Revolution geschmiedet worden waren«. Harold Wilsons dröhnende Sprachschöpfungen waren so verblüffend erfolgreich gewesen, daß jetzt auch die Konservativen auf ihr Image achteten und sich des überalterten schottischen Grundbesitzers entledigten, der ihr letzter Premierminister gewesen war. Als neuen Parteiführer wählten sie sich einen ehemaligen Realschüler aus dem Mittelstand, dessen Freizeitbeschäftigung nicht das Schießen von Waldhühnern war und der auch keinen Portwein trank, sondern segelte und in der Kirche Orgel spielte. So erstaunlich es der Nachwelt auch erscheinen mag – Edward Heath sollte die Vorstellungen der Jugend ansprechen.
Die Tories, die Heath' Hemd auf den Wahlplakaten eine dunklere Blautönung gaben, waren sich noch nicht darüber im klaren, daß sie mit einem absoluten Könner wetteiferten. Im Mai 1965 wurden auf der Liste derjenigen, die zu Ehren des Geburtstags der Königin geadelt werden sollten – die Liste war von ihrem Premierminister erstellt worden –, alle vier Beatles zu Mitgliedern des höchsten Ordens des britischen Königreiches ernannt. Durch diesen Geniestreich wurden Harold Wilsons sozialistische Regierung und der immer größer werdende Boom des jugendlichen Marktes zu Synonymen. Diejenigen, die befürchtet hatten, die Rückkehr der Labour Party an die Regierung könnte auch eine Rückkehr zu den eingeschränkten Lebensbedingungen der Nachkriegszeit bedeuten, stellten mit Erstaunen fest, daß zu Labour diesmal Op-art-Kleider, Boutiquen in der Carnaby Street und Popstars gehörten, die im Bukkingham Palace herumhüpften wie in einer zusätzlichen Szene von *A Hard Day's Night*.
Während dieses ganzen trügerischen Sommers konnte man von Großbritannien behaupten, daß es nur ein wahrhaft – und unentschuldbar – heimtükkisches Element behauste. Dieser starrköpfige Störenfried der Yeah Yeah-Utopie Harold Wilsons zeigte sich wieder in seiner zersetzenden Art am 22. Juli vor dem Gerichtshof von West Ham in einem Fall, der landesweit Aufsehen und Entrüstung hervorrufen sollte.
Mr. Charles Keeley, der Chef der Francis-Tankstelle in der Romford Road in Stratford, bezeugte, daß am späten Abend des 18. März ein von einem Chauffeur gefahrener Daimler vor seiner Tankstelle vorgefahren sei. Ein »zottelhaariges Ungeheuer« – vor Gericht als Bill Wyman identifiziert – war ausgestiegen und hatte »in einer abstoßenden Sprache« gefragt, ob es die Toilette benutzen dürfe. Mr. Keeley – dessen gesamte Aussage den Eindruck nahelegte, daß er vor seiner Arbeit als Tankwart in einem Kloster gewohnt habe – erwiderte daraufhin, die öffentliche Toilette sei kaputt, und er weigerte sich, den Fremden die Toilette für die Mitarbeiter benutzen zu lassen. Daraufhin, sagte er, seien »acht oder neun Jungen und Mädchen«, darunter Mick Jagger und Brian Jones, aus dem Wagen gestiegen. Jagger habe ihn zur Seite gestoßen und gesagt: »Wir pissen, wohin wir wollen.« Dieser Satz wurde von den anderen aufgegriffen in einer Form, die als »fröhlicher Sprechgesang« beschrieben wurde. Einer der Beteiligten tanzte sogar im Rhythmus der Worte. Jagger, Jones und Wyman, so wurde behauptet, seien dann

über den Hof gegangen und hätten in einer Reihe an die Wand des Gebäudes uriniert.
Sie wurden wegen »Erregung öffentlichen Ärgernisses« angeklagt und zu je drei Pfund Strafe verurteilt. Die Gerichtskosten betrugen fünfzehn Guineen. »Wenn Sie in Ihrem Beruf Außergewöhnliches erreicht haben, heißt das noch lange nicht, daß Sie sich so benehmen können«, sagte der Richter, der den Vorsitz führte, und mußte dabei gegen erregtes Geschrei weiblicher Stimmen von der Zuschauergalerie ansprechen, das exakt das Gegenteil behauptete.
Die Geschichte von der mitternächtlichen Feuerprobe des Charles Keeley wurde in allen überregionalen Zeitungen breitgewalzt. Dazu wurden Fotos der fünf Stones abgedruckt (Keith und Charlie waren als Leumundszeugen erschienen). Die Bilder zeigten sie beim Verlassen des Gerichtsgebäudes, und der Anblick, den sie boten, stand in klarem Gegensatz zur Schlagzeile des *Sunday Express:* »Langhaarige Monster«. Tief begraben unter dem Wortschwall der empörten Zeitungsberichte war kaum noch die bedeutsame Tatsache zu erkennen, daß der ganze »Fall« nicht einmal von der Polizei angezeigt worden war, sondern privat von Mr. Keeley und Mr. Eric Lavenda, einem Kunden der Tankstelle und »früherem Oberaufseher des Dunning Hall-Jugendclubs«. Beide hatten auch darum gebeten, ihre Aussagen dem Gericht schriftlich vorlegen zu dürfen, weil sie Repressalien der Stones-Fans befürchteten.
Die Gabe, mit der Charles Keeleys Tankstellenmauer bedacht worden war, stellt alles in allem eine recht gemäßigte Vergeltungsmaßnahme dar, gemessen an dem, was die Stones selbst von Tankstellenpächtern und vielen anderen zu erleiden hatten, die darauf aus waren, ebenfalls eine Lanze für den öffentlichen Anstand zu brechen. Ganz gleich, wo sie anhielten, und ganz gleich, wie gesittet sie sich auch benahmen – sie wurden von offenen Beleidigungen und willkürlichem Hausverbot in Hotels, Restaurants und Cafés verfolgt. Ein paar verstreut gelegene Raststätten wie der Ram Jam Inn oder das Blue Boar Café verpflegten – wie ihre mit Lebensmittelresten bespritzten Wände bezeugen – insbesondere durchreisende Popgruppen. Wenn keiner dieser Orte zu erreichen war, blieb den Stones keine andere Wahl, als Fernfahrerkneipen und Tankstellenimbisse aufzusuchen, wo sie in unmittelbaren Kontakt mit einer Öffentlichkeit gerieten, die es buchstäblich nach ihrem Blut dürstete.
Einmal wurden sie in einer Raststätte besonders lautstark von allen umliegenden Tischen her angepöbelt. Dennoch gelang es ihnen, ein unappetitliches, überteuertes Frühstück zu verzehren, ohne die geringste Reaktion auf ihre Umgebung zu zeigen. »Als wir aufgestanden sind, um zu gehen«, erzählt Bill Wyman, »haben wir für jeden Anwesenden ein Spiegelei bestellt. Alle diese Leute, die uns beschimpft hatten, bekamen plötzlich jeder ein Spiegelei hingestellt, und es wurde ihnen dazu gesagt, daß die Eier von uns waren. Jetzt kam diese typisch englische Art durch – jeder einzelne hat genickt und uns angelächelt und gesagt: ›Oh ... vielen Dank auch . . .‹ «
Zur gleichen Zeit dämmerte den Streifenwagenbesatzungen der Polizei, daß in riesigen schwarzen Limousinen mit dunkel getönten Scheiben nicht nur Minister des Kabinetts und ausländische Diplomaten herumkutschiert wurden. Etwa seit Mitte 1964 mußten die Stones laufend Polizeikontrollen über sich ergehen lassen, und kleinste Verstöße gegen die Verkehrsregeln wurden schärfstens geahndet und lieferten den Schlagzeilentextern der Schundblätter weitere Beweise für die moralische Zerrüttung Großbritanniens. Als Mick Jagger Ende 1964 wegen dreier solcher Minimalvergehen in Tetenhall, Staffs., vorgeladen wurde, fühlte sich sein Anwalt bemüßigt, ein langes, wortgewandtes Plädoyer zu halten, in dem er sich dafür einsetzte, daß Jaggers Haarlänge nicht als zusätzliche Amtsbeleidigung aufgefaßt werden sollte. »Der Herzog von Malborough hatte längeres Haar als mein Klient, und er hat einige berühmte Schlachten gewonnen. *Sein* Haar war, wie ich glaube, wegen der Läuse gepudert. Mein Klient hat keine Läuse ...«
Auf ihrer Tournee durch Amerika und Kanada im April und Mai 1965 lernten die Stones jene neuen Polizeimethoden kennen, die parallel zum Aufkommen des Pop und der Bürgerrechtsbewegung eilig entwickelt worden waren. Bei ihrem Konzert in Ottawa stand mit ihnen eine fünfzig Mann starke Abwehrkette von Polizisten auf der Bühne und verstellte buchstäblich die Sicht auf die Stones. In London, Ontario, brach die Polizei ihren Auftritt

nach fünfzehn Minuten ab, indem sie die Beleuchtung ausschaltete und den Strom für die Verstärker abstellte. »Es hat uns wegen der Fans leid getan, denen wir keine ordentliche Show bieten konnten«, erzählt Mick Jagger. »Deshalb haben wir wirklich dazu beigetragen, daß sich die Leute gegen die Polizei zusammenrotteten.« »Die groben, rohen Rolling Stones schleudern der Polizei Beleidigungen ins Gesicht!« lautete am nächsten Tag eine Schlagzeile. Hunderte von Anrufen bei Rundfunksendern stellten jedoch klar, wem das Publikum die Schuld an dem entstandenen Kleinholz anlastete.

Es konnte vorkommen, daß sich hinter der Bühne ein stämmiger Polizist Keith oder Brian mit einem Album der Rolling Stones in der Hand näherte und sinngemäß sagte: »Gib mir ein Autogramm, du langhaariger, verweichlichter Perverser, sonst schlage ich dir deinen verdammten Schädel ein.« Andere Polizeibeamte brachten deutlich zum Ausdruck, daß sie die Stones zwar nur als Untermenschen betrachteten, sich aber dennoch durch eine entsprechende Summe bestechen lassen würden. »Das ist uns passiert, als wir zum ersten Mal in der Ed Sullivan-Show aufgetreten sind«, erzählt Bill Wyman. »Hunderte von Mädchen haben draußen geschrien und geplärrt. Die Polizei ist gekommen und hat gesagt, wenn wir beschützt werden wollten, müßten wir sie schmieren. Fast stündlich sind die Polizisten wieder reingekommen und haben gesagt, wir müßten ihnen mehr Geld geben, oder sie würden weggehen.«

Als *The Last Time* auf den achten Platz der Hot Hundred der Zeitschrift *Billboard* gerückt war, konnte natürlich keine Rede davon sein, daß die Stones eigentlich für immer aus der Sullivan-Show verbannt worden waren. Am 2. Mai traten sie erneut in der Sendung auf. Wie der Gastgeber beharrlich gedrängt hatte, sahen sie diesmal sogar etwas gepflegter aus, und sie erklärten sich sogar bereit, sich acht Stunden vor der Übertragung im Studio einsperren zu lassen. Diesmal hatten sie gleich zwei Auftritte. Erst spielten sie *The Last Time,* und dann mußten sie für vier Zugaben noch einmal auf die Bühne. Das hatte es bisher in der Show noch nicht

Nach dem Auftritt der Rolling Stones liegt die Waldbühne in Trümmern. Foto: Ullstein Bilderdienst

gegeben. Sullivan schickte ihnen später ein Telegramm hinterher: »Hunderte von Anrufen von Eltern erhalten, die sich über euch beschweren, aber Tausende von Teenagern, die euch anhimmeln. Viel Glück auf eurer Tournee ...«

Ihr zweiter großer Fernsehauftritt war in Shindig, einer im ganzen Land beliebten Show, deren Moderator der britische Auswanderer Jack Good war. »Howlin' Wolf war aus Südkalifornien oder sonstwo gekommen, um in Shindig mit uns zusammen aufzutreten«, sagt Keith. »Ich werde nie vergessen, wie Jack Good mit dieser äußerst englischen Stimme gerufen hat: ›Äh ... Howlin', könntest du das noch mal machen?‹ ›Äh, ... Mr. Wolf‹.«

Es geschah auf dem Abstecher der Tournee nach Süden – in einem kleinen Motel in Clearwater, Florida –, daß Keith Mick Jagger ein Gitarrenriff vorspielte, von dem er glaubte, es könnte sich als Thema für einen Lückenfüller auf der nächsten Stones-LP eignen. »Ich bin mitten in der Nacht wach geworden, habe mir das Motiv ausgedacht und es gleich auf eine Kassette aufgenommen. Am nächsten Morgen fand ich immer noch, daß es ziemlich gut klingt. Ich habe es Mick vorgespielt und gesagt: ›Die Worte, die dazu passen, sind: I can't get no satisfaction.‹ Das war nichts weiter als ein Arbeitstitel. Es hätte ebensogut ›untie Millie's Caught Her Left Tit in the Mangle‹ heißen können. Für mich war es nichts weiter als ein kleines Riff, ein Thema, das sich für einen Lückenfüller eignete. Ich hätte nie geglaubt, daß es kommerziell sein und sich als Single verkaufen lassen könnte.«

Als Jagger bereits dabei war, einen Text zu schreiben und diesen »Aufhänger« weiterzuentwickeln, ließ sich Keith noch immer nicht davon überzeugen, daß er eine Eingebung für eine neue A-Seite der Stones gehabt hatte. »Ich glaube, Keith kam es zu einfach vor ... Nichts weiter als ein albernes kleines Riff«, erzählt Jagger. »Er fürchtete auch, es könne nach Folk-Rock klingen. Als wir *Satisfaction* gemacht haben, hatten wir unsere einzigen wirklichen Unstimmigkeiten.«

Sie nahmen den Song probeweise auf Band auf, erst in den Chess Studios in Chicago, dann bei RCA in Hollywood unter der Leitung von Dave Hassinger und in dem stimulierenden Bewußtsein, gerade erst knapp dem Tod entgangen zu sein, als ihre Limousine fast zermalmt worden wäre. Nach dem Long Beach-Konzert hatten zehntausend Fans die Absperrungen durchbrochen und sich um die schwarzen Chryslers der Wagenkolonne der Stones geschart. Mehrere Minuten lang waren die Wagen unter Leibern begraben gewesen, hatten sich Hände und Gesichter gegen die Scheiben gepreßt, bis es der Polizei gelungen war, den Weg freizumachen.

Bei RCA arbeitete Keith sein »albernes kleines Riff« noch etwas weiter aus und ließ es jetzt durch einen Gibson-Verzerrer laufen, der jede Note mit dem Firnis einer bedrohlichen Schwärze von Tinte oder Ebenholz überzog. Nach Dave Hassingers Arbeit am Mischpult kam das Ergebnis allen Beteiligten – außer Keith – als das Beste vor, was die Stones je in einem Studio zustande gebracht hatten. Keith stritt immer noch mit Mick, denn er behauptete, daß *(I Can't Get No) Satisfaction* zu schwach für eine A-Seite sei und die Leute das Motiv für eine Kopie von *Dancing in the Street* von Martha and the Vandellas halten würden.

Ein Beweis für diese internen Uneinigkeiten ist die Tatsache, daß die Single in Amerika im Mai herauskam, volle drei Monate vor ihrem Erscheinen in England. Innerhalb von zwei Wochen rückte sie auf der *Billboard*-Hitliste sechzig Plätze vor, von Platz vierundsechzig auf Platz vier. Am 25. Juni war *(I Can't Get No) Satisfaction* der erste Nummer-eins-Hit der Stones in Amerika.

Der Song wurde sogleich Zielscheibe skandalwütiger Attacken aus der Erwachsenenwelt, wie es das selbst in den frühen Tagen der Anti-Rock'n'Roll-Kreuzzüge noch nicht gegeben hatte. Bis dahin hatte sich die moralische Entrüstung, die der Popmusik entgegenschlug, gegen das angeblich »Suggestive« gewendet – gegen die Anspielungen und Zweideutigkeiten, über die kein Songtexter hinauszugehen und die wenigsten Hörer unter den Teenagern hinauszudenken gewagt hätten. Jetzt aber tauschte erstmals ein Popsong das Vokabular jugendlicher Schwärmereien gegen das Vokabular des Sex aus. Seit man sich nicht mehr im Morgengrauen auf dem Paradeplatz traf, um sich zu duellieren, gab es nur noch eine universal anerkannte Quelle der »Befriedigung«, der »Satisfaction«.

Es ist anzunehmen, daß noch kein Lied in der Geschichte der Menschheit durch seinen Titel so berühmt-berüchtigt geworden ist. Die wenigsten Leute begriffen – und bis heute hat sich das kaum geändert –, daß das Lied *(I Can't Get No) Satisfaction* nicht von Sex handelt (oder, wie viele glaubten, von männlicher Masturbation). Es war eine Reaktion Mick Jaggers auf das Tourneeleben in Amerika, auf das Eingepferchtsein in Motelzimmern und auf die endlosen Fahrten auf den Highways von einem Bundesstaat zum anderen. Nicht die Promiskuität oder das Spielen mit sich selbst und auch nicht die Unmöglichkeit, an Tankstellenwände zu pinkeln, waren es, was keine Befriedigung verschaffte. Es waren Fernsehleute, die Werbung für Reinigungsmittel machten, Stimmen in Autoradios, die »nutzlose Informationen« verbreiteten, und die wirbelnde Leere im Kopf vom »drivin' round the world – doin' this and signin' that – and tryin' to make some girl« (die einzige offen auf Sexualität bezogene Textstelle). *Satisfaction* war ein Bluessong im Popidiom. Eine Hymne des Hasses auf eine Welt, die nicht unterdrückt, sondern schmeichelt; eine Wehklage über das Gefühl der Leere, die derjenige empfindet, der zuviel hat. Und jeder im Übermaß verhätschelte Teenager des Westens hätte den Zorn des gegen seinen Willen Verwöhnten augenblicklich heraushören können.

Doch eine derartige Auslegung des Songs kam 1965 niemandem in den Sinn. Was *Satisfaction* an die Spitze der englischen und amerikanischen Hitlisten brachte, waren die Gitarrenphrase, die wegen ihrer gutturalen Böswilligkeit noch heute das bekannteste Intro der Popmusik ist, und die Stimme, die von einem gekünstelten Gurren zu einem erbosten Schnauben ansteigt, in dem alle Perversionen, die der Text gar nicht enthält, deutlich werden und geradezu voreinander zu prunken scheinen.

Und zu diesem giftigen Ton – und dem Aufschrei, den er in den Zeitungen auslöste – muß man sich das schwarzweiße Fernsehbild vom Auftritt der Stones in der Ed Sullivan-Show vorstellen, wo sie ihr *Satisfaction* sangen. Sullivans Zensoren hatten angeordnet, daß die Stelle »tryin' to make some girl« von einem Piepston überdeckt werden müsse; als hätte diese groteske Tonkaskade den Anblick Mick Jaggers, der in seinem kuschelweichen Pullover, seinen karierten Hosen und mit weit aufgerissenen Augen von seiner Selbstverstümmelung sang, läutern können.

6
»*Everybody's got something to hide*«

1964, kurz nachdem die Beatles Amerika erobert hatten, empfing Brian Epstein einen Besucher, der diesen eleganten, zum Untergang verurteilten jungen Mann beträchtlich belustigte. Allen Klein, der Geschäftsmann aus New York, nutzte eine Reise nach London, um Epstein aufzusuchen und ihm seinen Klienten Sam Cooke für das Vorprogramm der nächsten Beatles-Tournee in Amerika anzubieten. Schon bald stellte sich jedoch heraus, daß Mr. Klein weitaus Größeres vorhatte. Im Verlauf dieser Zusammenkunft brachte er in seinem rauhen New Jersey-Akzent einen empörenden Vorschlag vor, der letztlich darauf hinauslief, daß er, Allen Klein, anstelle von Epstein die Finanzen der Beatles in die Hand nehmen wollte.

Brian Epstein berührte daraufhin mit seiner übergründlich manikürten Hand nachlässig seinen Seidenschal und lächelte über dieses absurde Ansinnen.

Es kam nicht selten vor, daß Leute, die sich mit Allen Klein auf Geschäfte einließen, auf diese herablassend gönnerhafte Weise lächelten. Nur allzuleicht lachte man über die kleine, gedrungene Gestalt, die soviel von einem Stehaufmännchen hatte und zu den wichtigsten Besprechungen in Jeans, ausgelatschten Schuhen und nicht allzu sauberen Rollkragenpullovern erschien. Man konnte sich auch über das pausbäckige Gesicht amüsieren, das von einer zurückgekämmten, fettigen Haartolle gekrönt wurde und in ein Kinn auslief, das bereits doppelt vorhanden war und dessen dritte Ausgabe sich bereits ankündigte. Man konnte auch – und dazu wurde man eindeutig ermutigt – über den hämischen, schiefen Mund und die dunkelbraunen Knopfaugen lächeln, die trotz des starren Blicks ständig von einer Seite zur anderen huschten, als läsen sie die Spalten eines unsichtbaren Kassenberichts.

Kurz gesagt, Allen Kleins Äußeres paßte ebenso wenig zu seinem Ruf, wie auch die leuchtenden Augen und die fröhlichen Streifen der Piranhas täuschend sind. Und wie jeder bezeugen kann, der je mit Klein in Verhandlungen stand oder einen jener Rechtsstreite mit ihm überlebt hat, mit denen er routinemäßig durchzusetzen pflegte, was sein Herz begehrte, sind die Piranhas, was die Höflichkeit angeht, im Vergleich zu ihm wahre Engel.

Vieles im Verhalten von Allen Klein läßt sich daraus erklären, daß er in seiner frühen Kindheit die Härten und die Lieblosigkeiten eines Lebens erfahren hat, das Dickens' Feder hätte entstammen können. Er wurde 1932 in Newark, New Jersey, als Sohn eines koscheren Metzgers geboren. Seine Mutter starb, als er noch klein war, und sein Vater, der sich dem Laden und der Familie nicht gleichzeitig gewachsen sah, vertraute ihn und seine beiden Schwestern der Pflege des hebräischen Waisenhauses an. Allen verlebte dort zehn Jahre und wuchs unter Bedingungen auf, die man nur als streng orthodox bezeichnen kann. Noch heute kann er sämtliche hebräischen Gebete auswendig aufsagen, und wenn er in irgendeiner Zeitung als »jüdischer Geschäftsmann« tituliert wird, ruft er den entsprechenden Journalisten an und erkundigt sich mit Würde: »Warum müssen Sie eigentlich meine Religionszugehörigkeit erwähnen?«

Doch selbst die zahlreichen Anwärter auf den Titel des ärgsten Feindes Allen Kleins würden ihm ganz bestimmt nicht das eine abstreiten, was er sich selbst zugute hält – sein erstaunliches Arbeitspensum. Diese Tugend, hart arbeiten zu können, wurde ihm schon von frühester Kindheit eingehämmert. Sein Studium des Rechnungswesens am lutheranischen Uppsala-College, das auf vier Jahre angelegt war, schloß er bereits nach drei Jahren ab und zahlte dabei seine Studiengebühren noch selbst von den Einnahmen aus zwei Halbtagsstellen, die er gleichzeitig hatte. Während des Unterrichts fiel er häufig vor Erschöpfung vornüber auf die Bank, doch selbst im Halbschlaf, in dem er sich eigentlich ständig befand, war er im Kopfrechnen immer noch schneller als alle anderen Studenten, und er rasselte die Antworten herunter, ohne den Kopf erst von seinen Armen zu heben.

Nach seiner Abschlußprüfung am Uppsala-College machte Klein zum erstenmal in seinem Leben Urlaub – in Miami. Dort lernte er ein Mädchen namens Betty kennen, eine Studentin der politischen Wissenschaften, und er beschloß an Ort und Stelle, sie zu heiraten. Den Heiratsantrag machte er ihr mit seiner typischen Abruptheit. »Als ich sie zum erstenmal nach Hause brachte, habe ich ihr gesagt, ich würde ihr nie weh tun«, erinnert er sich. »Sie hat daraufhin angefangen zu weinen. ›Sag bloß nicht, daß du mich liebst ...‹, hat sie gesagt. ›Sag bloß nicht, daß du mich heiraten willst ...‹ «

1958 wurden sie getraut. Kleins Einkommen als Anfänger in einem Buchführungsbetrieb in New York betrug 182,50 Dollar monatlich. Eine unsympathische Stiefmutter hatte ihn aus dem Hause seines Vaters verbannt, und von da an sah er sich gezwungen, in Seemannsheimen zu schlafen.

Sein Einkommen schrumpfte noch weiter, als er kurz nach seiner Eheschließung mit Betty ein winziges Büro mietete und sich als der neueste und hungrigste der Horde von selbständigen Geschäftsleuten in Manhattan niederließ. Betty erinnert sich, daß er trotz ihrer Armut immer ein Taxi nahm, wenn er bei Besprechungen in anderen Stadtteilen erscheinen mußte. »Wer erfolgreich sein will, muß erfolgreich *wirken*«, war eines seiner Axiome. »Wer würde sein Vertrauen in einen Kerl setzen, der mit der U-Bahn kommt?«

Den großen Durchbruch schaffte er, als er sich bereit erklärte, gegen eine geringe Summe die Angelegenheiten von Buddy Knox in die Hand zu nehmen, einem jungen Popsänger, der 1956 mit dem Song *Party Doll* großen Erfolg gehabt hatte. Klein fand heraus, daß Buddy Knox' Plattenfirma ihm aus einer Mischung von schlechter Buchführung und Verachtung für einen so jungen Kerl heraus einen großen Teil dessen, was ihm an Gewinnanteilen zustand, nicht ausgezahlt hatte. Eine noch interessantere Entdeckung war die Mischung aus Verwirrung und Schuldbewußtsein auf den Gesichtern der Leute von der Plattenfirma, als Klein sie mit dieser Diskrepanz konfrontierte. Das Ergebnis war, daß Buddy Knox bekam, was ihm zustand. Kleins Provision betrug dreitausend Dollar – genug, um für sich und Betty den ersten neuen Wagen zu kaufen. Und die Unterhaltungsindustrie enthüllte ihm eine ganz neuartige Goldader.

Klein spezialisierte sich auf Klienten aus der Popmusik und dem Showbusineß. Er machte jedem einzelnen dasselbe verblüffend einfache Angebot: »Ich kann für Sie Geld finden, von dem Sie nie wußten, daß Sie es haben.« Und das fand er auch, wie er es für Buddy Knox gefunden hatte, in schwerfälligen, umständlichen Abrechnungsverfahren, in denen es verloren oder vergessen worden war, oder in Form von nicht bezahlten Auftrittshonoraren oder in fehlberechneten Prozentsätzen bei Einnahmen aus Kartenverkäufen. Dann trat er den betrügerischen Firmen in der Rolle des Racheengels gegenüber, der mit Vollstreckungs- und Haftbefehlen ausgerüstet war und gelegentlich sogar zusammen mit leibhaftigen Bezirkspolizeichefs erschien. Für eine Branche, in der das traditionelle Geschäftsgebaren auf einem nicht genauer erfaßbaren gegenseitigen Wohlwollen beruhte, war Klein ein traumatisches Erlebnis. Selbst Plattenfirmen, die ihre Musiker anständig behandelten und sie vertragsgemäß bezahlten, konnten nie hundertprozentig sicher sein, daß Kleins Einmischung nicht doch zu Ärger und Peinlichkeiten führen würde. »Von einer gewissen Größenordnung an *muß* eine Firma Fehler machen«, sagte Klein verbissen. »Es gibt keine Firma auf Erden, die nicht irgend etwas zu verbergen hat.«

In den frühen sechziger Jahren konnte er mit seiner Technik spektakuläre Erfolge für Steve Lawrence, Eydie Gorme, Bobby Darin und nicht zuletzt auch für Bobby Vinton verbuchen, einen jungen Schla-

gersänger, an den Klein bei der Hochzeit eines gemeinsamen Freundes mit der zermürbenden Frage herantrat: »Würdest du dir gerne hunderttausend Dollar verdienen?«
»Was muß ich dafür tun?« fragte der verblüffte Vinton.
»Nichts«, antwortete Klein, *»ich* muß etwas dafür tun.«
Kurz darauf traf bei Bobby Vinton ein Scheck über hunderttausend Dollar ein, und die Summe setzte sich aus nachträglich aufgespürten Auftrittshonoraren und Gewinnanteilen für Schallplatten zusammen.
Mit diesem entwaffnend einfachen Mittel lockte Klein nicht nur große Klienten an, sondern er errang auch eine Macht über sie, die unermeßlich viel größer war als die eines herkömmlichen Agenten, der Künstler vermittelte. »Das liegt doch auf der Hand ...«, sagt Kleins Neffe und Ex-Angestellter Ronnie Schneider. »Man drückt jemandem einen Scheck über hunderttausend Dollar in die Hand, und man ist ein Held ... man kann Wunder wirken. Danach tut derjenige alles, was man ihm sagt.«
Klein hatte in der Musikbranche zudem den Ruf, Verträge auffliegen zu lassen. Seine Fähigkeit, einen Klienten aus anscheinend unverbrüchlichen Schallplattenverträgen herauszubekommen, um ihn für wesentlich mehr Geld bei gegnerischen Firmen unterzubringen, war einfach unvergleichlich. Klein konnte während der Verhandlungen ein immenses Register an Verhaltensweisen ziehen, die sein Gegenüber schließlich aus der Fassung brachten; von der Obszönität eines Taxifahrers bis zu arroganter Herablassung; von der geheuchelten Naivität eines kleinen Jungen bis zum verschwörerischen Zwinkern und kumpelhaften Rippenstoß; vom schadenfrohen Frohlocken bis hin zum schmerzlichen Staunen darüber, daß die Welt sowenig Takt und Zartgefühl besaß. Zwei Dinge waren es, die ihn während dieser Marathons an Bluff, Galle und Miesmacherei in den Sitzungssälen aufrechterhielten. Das eine war sein unerschütterlicher Glaube daran, daß er, Allen Klein, der eigentliche Born aller Ehrbarkeit und Rechtschaffenheit sei. Das zweite war seine Bereitschaft, sich auf Prozesse einzulassen, die schließlich zu einer Zahl aufliefen, die geradezu auf einen Sammlerwahn schließen ließ. Als Klein den Gipfel seiner Karriere erreicht hatte, war seine Firma in mehr als fünfzig Prozesse verwickelt; die Bandbreite der Kläger reichte vom Fiskus bis zum Diner's Club.
Kleins Ambitionen, auch in der Filmbranche Fuß zu fassen, lassen sich bis zu einer Firma mit dem merkwürdigen Namen Hunger Incorporated und einem Film mit dem Titel »Without Each Other« zurückverfolgen, dessen Vorführung 1964 beim Filmfestival in Cannes das Ergebnis eines Geniestreiches war. Der Film wurde in der amerikanischen Fachpresse als Gewinner von fünf Preisen bezeichnet, obwohl die Jury, die die Preise vergab, ihn nicht gesehen hatte und er auch nicht offiziell beim Festival vorgeführt worden war. »Was ich in Cannes aufgezogen habe«, kann man häufig von Klein hören, und bei dieser Erinnerung lacht er in sich hinein, »also wirklich, das war einfach phantastisch ...«
Da es ihm nicht gelang, als Filmmogul vorwärtszukommen, obwohl er immer größere Bestände von Filmgesellschaften zusammentrug, widmete sich Klein ganz dem Markt der Popmusik, der über seine Erwartungen hinaus expandiert war. 1964 nahm er die Angelegenheiten von Sam Cooke in die Hand, einem schwarzen Sänger, der ganz oben auf der Twist-Welle mitschwamm. Klein handelte für Cooke einen bisher nie dagewesenen Vorschuß von einer Million Dollar bei der Plattenfirma RCA aus. Doch blieb Cook nicht viel Zeit, das Geld zu genießen. Im Dezember 1964 wurde er in einem abgelegenen Motel erschossen. Bei ihm war eine Frau, die nicht seine Ehefrau war.
Klein nahm seinen Mißerfolg im Jahre 1964, als es ihm nicht gelang, die Beatles zu annektieren, als einen momentanen Rückschlag hin. Er prahlte weiterhin damit, er werde Brian Epstein seinen Schatz noch abjagen, und er setzte sich sogar einen Stichtag, nämlich Weihnachten 1965. In der Zwischenzeit wandte er sich der Aufgabe zu, den damaligen Hauptgegner der Beatles in den Hitparaden für sich zu gewinnen, eine Gruppe von weißbehosten Londonern, die sich Dave Clark Five nannten. Seine nächste Eroberung war der junge südafrikanische Impresario Mickie Most, der eine Reihe von britischen Gruppen um sich geschart hatte, die es fast mit Epsteins Kreis aufnehmen konnten. Mit Dave Clark und Mosts übrigen Gruppen, den Animals und Her-

man's Hermits, hatte Allen Klein die »britische Invasion« praktisch in der Tasche.
Seine weitere Errungenschaft, der Folksänger Donovan, konnte als kleiner Vorgeschmack von Kleins kolossaler Wirkung auf das amateurhafte und einfältige Popmanagement Großbritanniens gelten. Donovan, ein leicht abgeschlaffter Siebzehnjähriger mit zigeunerhaftem Aussehen, war entdeckt worden, als er am Strand von Westcliffe-on-Sea Gitarre spielte. Zwei junge Agenten hatten ihn erfolgreich als die »Antwort« Englands auf Bob Dylan hochgespielt. 1965 beschloß Allen Klein, daß er Donovan haben wollte, und dafür flog er persönlich nach England. Wenige Tage später war Donovan sowohl für seine beiden Manager als auch für seine Plattenfirma Pye für alle Zeiten verloren. »Habe ich ihn von Pye gestohlen? Ich habe ihn von Pye gestohlen«, gibt Klein zu. »Aber damals hatte er noch nicht einmal einen Vertrag mit ihnen – und auch nicht mit Hickory in Amerika.«
Damit war es aus mit der berühmten »britischen Invasion«, die nicht mehr aus London kam, sondern, wie die Dinge jetzt lagen, in New York kurzgeschlossen war. Und alles spielte sich ab in einer Büroetage im Time-Life-Gebäude unter der Regie eines untersetzten Zweiunddreißigjährigen, der eine protzige Pfeife rauchte und unablässig Coca-Cola kippte, dessen liebste Freizeitkleidung gestrickte Wolljacken mit Kunstlederbesätzen waren, dessen Atem manchmal nicht gerade frisch roch, der ohne weiteres einen sechzehnstündigen Arbeitstag hinter sich brachte, bevor er in seine Villa zu seiner ihn anbetenden Familie am Riverside Drive zurückkehrte, der sich mit nichts mehr brüstete als damit, daß er – ungeachtet der Himalajas aus Papierkram, deren Anhäufung er täglich bewirkte und die ihm in transportablen Aktenschränken hinterhergetragen wurden – nie selbst eine Unterschrift unter irgend etwas setzte.

Ein oder zwei Tage nachdem Allen Klein Andrew Loog Oldham einen Rolls-Royce mit getönten Scheiben versprochen hatte, wie John Lennon ihn besaß, trafen die Rolling Stones mit Klein zusammen. »Wir sind alle mit Andrew ins Hilton gegangen, um ihn kennenzulernen«, erzählt Keith. »Und dann kommt doch dieser kleine, fette amerikanische Sonderling rein, raucht eine Pfeife und trägt das grausamste Zeug, das man sich vorstellen kann. Aber uns hat er gefallen. Er hat uns zum Lachen gebracht. Er war wenigstens keine fünfzig.«
Klein gelang es bei diesem ersten kurzen Zusammentreffen, die gesamte unterschwellige Unzufriedenheit der Stones in bezug auf ihr Einkommen zu aktivieren, das, an ihrem Erfolg gemessen, immer noch unerheblich war. Bill Wyman erinnert sich, daß selbst ihre letzte, unglaublich erfolgreiche Amerika-Tournee jedem von ihnen nur ungefähr sechshundert Dollar eingebracht hatte. »Wesentlich später kamen wir dahinter, daß Eric Easton und Andrew je etwa hunderttausend Dollar einkassiert hatten, weil ihre Prozente nach den Bruttoeinnahmen berechnet wurden. Wir bekamen nur Prozente von den Nettoeinnahmen.«
Keith Richard zeigte sich am stärksten von Kleins sachlich-klarem Auftreten beeindruckt. Keith war es auch, der die anderen überredete, bei dem Handel mitzumachen, den Oldham offensichtlich mit Klein abschließen wollte. »Ich habe gesagt, wir sollten versuchen, alles ganz anders zu machen ... aus der kleinkarierten englischen Szene rauszukommen. Klein war groß – er hatte die Animals und Herman's Hermits, die damals einfach Größen waren. Ich habe gesagt: ›Laßt jemanden die Sache in die Hand nehmen, der alles ändert oder alles ein für alle Mal versaut.‹ «
Keith' Biographin, Barbara Charone, berichtet, daß die Abmachungen weitestgehend im Dunkel des Scotch of St. James's ausgearbeitet wurden. Dabei kam es einmal dazu, daß Klein Andrew Loog Oldham anfauchte: »Wer macht hier die Platten?« Oldham deutete daraufhin auf Keith und sagte: »Der da.«
Ihr Übereinkommen sah so aus, daß Klein Andrew Loog Oldhams Geschäfte übernehmen und Oldham, wie er es selbst formulierte, freie Hand für kreative Aktivitäten bekommen sollte. Oldham sollte weiterhin die Verantwortung für die Plattenaufnahmen und die größeren Publicity-Ereignisse der Stones behalten. Verträge, die Planung von Tourneen und sämtliche profanen Einzelheiten, die zwangsläufig mit den Millionen verbunden waren, die er für sie abzusahnen versprach, sollten Allen Klein unterstehen.

Der Haken an dieser Strategie war Eric Easton, Oldhams Partner, der die Stones über längere Zeit finanziert hatte und dessen Büro in der Argyll Street, W. 1, ihr Stützpunkt in London und die Postanschrift ihres offiziellen Fan-Clubs war. Allen Klein hatte deutlich erkennen lassen, daß Eric Easton nichts mit diesem Handel zu tun hatte.
So ungeniert, wie es nur sein einundzwanzigjähriger Partner tun konnte, wurde Easton darüber informiert, daß die Stones ihn nicht mehr wollten und daß Oldham und sein neuer Partner bereit waren, ihn nach den vertragsmäßig festgesetzten Sätzen auszuzahlen. Eastons Reaktion darauf war, daß er einen Prozeß gegen Oldham anstrengte, weil er damit ihren ursprünglichen Management-Vertrag gebrochen hatte. Und gleichzeitig klagte Easton auch gegen Klein, der diesen Vertragsbruch bewirkt hatte. Sein erster Versuch, seinem jungen Gegner die Gerichtsunterlagen in die Hand zu drücken, wurde durchkreuzt – Oldham drehte sich einfach auf dem Absatz um und schlug Haken wie ein Kaninchen. »Früher oder später wirst du sie annehmen müssen, du ungezogener Kerl …«, schimpfte Eric Easton hinter ihm her.
Als Klein an Oldham herangetreten war, hatte er sich an sein gewohnt unfehlbares Timing gehalten. Der Zweijahresvertrag der Stones mit der Decca war im Juli 1965 ausgelaufen, und die Verhandlungen zur Vertragsverlängerung waren Mitte August immer noch nicht vollständig abgeschlossen. Eine Vertragsverlängerung, wie sie kurz vor dem Abschluß durch Easton und Oldham stand, hätte den Stones vierundzwanzig Prozent des Großhandelspreises oder etwa zehn alte Pennies für jede verkaufte Schallplatte eingebracht. Diese Situation gab Klein Raum für seinen klassischen Schachzug – seine »Ich nehme keinen Cent, ehe ich mein Können nicht unter Beweis gestellt habe«-Taktik. Er bot sich an, in die Verhandlungen mit der Decca einzusteigen, noch bevor Oldham und die Stones ihn offiziell engagieren würden. Damit wollte er zeigen, wie unendlich besser die Bedingungen waren, die er für sie aushandeln konnte.
Die Vertreter der Decca waren überrascht, als sie bei einem Treffen, das sie für die abschließende Diskussion über den neuen Vertrag mit Eric Easton gehalten hatten, plötzlich Allen Kleins gedrungene Gestalt erblickten, die an der Spitze von sämtlichen fünf Stones den Konferenzraum betrat. Bei diesem Anlaß wählte Klein die Taktik der gottesgleichen Herablassung. Er weigerte sich schlichtweg, sich mit irgend jemand anderem als mit dem Vorsitzenden der Decca, Sir Edward Lewis, persönlich auseinanderzusetzen.
Das Zusammentreffen zwischen Klein und Sir Edward, das daraufhin erfolgte, erinnerte auf fatale Weise an die verzweifelten Bemühungen eines ältlichen englischen Rassehundes, eine kläffende Promenadenmischung von seiner Halsschlagader abzuschütteln. Das Ergebnis war, daß Lewis dafür, die Stones behalten zu dürfen, bereit war, 1,25 Millionen Dollar Vorschuß auf die Gewinnanteile zu zahlen. Das Geld sollte von der amerikanischen Niederlassung der Decca an jene Firma ausgezahlt werden, die die Stones gemeinsam besaßen, an Nanker-Phelge Music.
Zum Nachfolger auf dem Posten des Agenten der Stones in Europa, den Eric Easton innegehabt hatte, machte Oldham Tito Burns, der früher einmal eine Tanzkapelle geleitet hatte und durch die erfolgreiche Abwicklung der Tourneen Cliff Richards als hervorragender Organisator bekannt geworden war. Tito Burns kannte Andrew Loog Oldham aus Zeiten, in denen er noch kein erfolgreicher Jungmanager war. »Ich habe ihn um 1960 herum kennengelernt, als ich in Juan-les-Pins Urlaub gemacht habe« erzählt Tito Burns. »Wir sind immer in ein englisches Café gegangen, das sich Butler's Tea Rooms nannte. Andrew war dort Kellner.«
Tito Burns hielt sich gerade in Kalifornien auf, als er die Aufforderung erhielt, sich mit Oldham und Allen Klein in New York zu treffen. »Allen war ich schon ein paar Jahre zuvor über den Weg gelaufen, als er mir aus heiterem Himmel fünfundzwanzigtausend Dollar für einen kleinen Musikverlag anbot, den ich gerade ins Laufen gebracht hatte. Ich habe nie verstanden, warum er ihn unbedingt haben wollte. Er sagte mir, es sei nur, um auf *irgendeine* Weise in der englischen Szene Fuß zu fassen.
Ich war sehr unentschlossen, ob ich nach New York fahren und ihn treffen sollte, aber schließlich habe ich es doch getan. Sobald ich den Raum betreten hatte, raunzte Allen mir quer durch den Raum zu:

›Was hältst du davon, Agent der Rolling Stones zu werden?‹ ›Nicht viel‹, habe ich geantwortet.«

Am 28. August berichtete der *Evening Standard* in London, daß die Rolling Stones einen neuen Manager, Allen Klein, und einen neuen Agenten, Tito Burns, hatten. Weiterhin wurde mitgeteilt, daß die Stones im Laufe der kommenden drei Jahre unter Mr. Kleins Aufsicht fünf Spielfilme drehen würden, die weitgehend von ihrer Plattenfirma Decca finanziert werden sollten, deren Vorsitzender »zwei Firmen in Übersee« überboten hatte, um dieses Privileg zu bekommen. Vom ersten dieser Filme, der den vorläufigen Arbeitstitel »Only Lovers Left Alive« trug, hieß es, das Drehbuch sei bereits im Entstehen.

Den Fleet Street-Journalisten, die über die Musikszene schrieben, erschien diese Geschichte vollkommen einleuchtend. Die Stones, die von ihrem neuen amerikanischen Mentor zu größerem Ruhm geführt werden sollten, traten eindeutig in die Fußstapfen der Beatles auf ihrem Weg von den Erfolgen in den Top Twenty zu den Kassenschlagern der Kinos. Fast niemand machte sich die Mühe, die empörte Gegendarstellung der Decca abzudrucken, die besagte, daß sie sich keineswegs bereit erklärt hätte, fünf Filme der Rolling Stones zu finanzieren (wenngleich in dem Vorschuß von 1,25 Millionen Dollar die Rechte für einen Film und einen Sound- Track enthalten waren).

Ebensowenig wurde bemerkt, daß »Only Lovers Left Alive« – ein Film, der eine Welt nach einem Atomschlag zeigen sollte, die nur noch von Teenagern bewohnt wurde – auch nach Monaten nicht über das Stadium des unfertigen Drehbuchs hinausgekommen war und dort wohl auch für alle Zeiten verharren würde.

Die Stones nahmen ihr Los als Filmstars genauso hin, wie sie ihre beiden neuen Beschützer hingenommen hatten: ohne ernstlich zu murren. Tito Burns war ihnen noch in guter Erinnerung, denn er hatte sie nach einem ihrer ersten Konzerte in der Albert Hall zum Weitermachen ermutigt. »Keiner von ihnen hat mir je auch nur die geringsten Probleme gemacht«, erzählt Burns. »Es lief alles auf der Ebene: ›'ello, Teat‹ oder ›Bis demnächst, Teat‹ oder ›Klar, Teat, wir lassen dich doch nicht sitzen.‹ Ich kann auch ehrlich sagen, daß sie das nie getan haben. Charlie Watts und ich haben natürlich stundenlang zusammengesessen und uns über Jazz und meine Zeiten mit den Big Bands unterhalten.«

Nur ein Punkt der neu getroffenen Vereinbarungen gab Tito Burns ein gewisses Rätsel auf. Für die nächste Europa-Tournee der Stones hatte er strikte Anweisungen von Allen Klein bekommen, sämtliche Konzerteinnahmen persönlich in Empfang zu nehmen und sie nicht auf das englische Bankkonto der Stones einzuzahlen, sondern direkt an eine Gesellschaft in Delaware, USA, zu überweisen.

Das erste, woran sich in New York die Machtübernahme Allen Kleins zeigte, war ein rund dreißig Meter hoher Anschlag am Times Square, der das Porträt der Stones von David Bailey in einer zwanzig auf dreißig Meter großen Vergrößerung zeigte und einen Aufdruck trug, dessen Autor man leicht erraten konnte, ehe man den Autor persönlich sah. Er stand unter einer Gruppe von verblüfften Broadway-Passanten und starrte durch getönte Brillengläser stolz nach oben.

»Der Sound, das Antlitz und das Bewußtsein von heute«, lautete Andrew Loog Oldhams Mitteilung an die New Yorker, »haben mehr mit der Hoffnung auf ein Morgen und der Realität der Zerstörung zu tun als die Blinden, die vor Angst und Ablenkung ihre Kinder nicht sehen können. Etwas, das gewachsen ist und sich in Beziehung gebracht hat. Fünf Abbilder der Kinder von heute. Die Rolling Stones.«

Oldhams neuer Partner hatte darauf bestanden, auf die schnelle ein Stones-Album in Amerika herauszubringen, das nur dazu dienen sollte, alle nur möglichen Einnahmen aus dem Schock von *Satisfaction* abzuschöpfen. Der Aushang am Times Square war ein Trick von Allen Klein, den er bereits bei dem verstorbenen Sam Cooke angewandt hatte. Aber das Album *December's Children* war weitaus weniger spektakulär: ein holpriger Zusammenschnitt aus den Liedern früherer LPs und Studioausschuß, den sie – wie man Keith unwillig vor sich hinmurmeln hörte – nie gewagt hätten, ihrem englischen Publikum vorzusetzen. Mit Klein am Ruder stellte sich schnell heraus, daß die Qualität der Quantität weichen mußte.

Die guten Plätze, auf die sie in Musikzeitschriften gewählt wurden, sowie auch die goldenen und silbernen Schallplatten konnten nicht den Druck vermindern, im endlosen Gerangel um den nächsten Hit, der es in die Top Twenty schaffte, anderen Gruppen um einen Schritt voraus zu bleiben. Ihr drittes britisches Album, *Out of Our Heads,* belegte zwar nachdrücklich, daß die Stones eine Vorliebe für die Soulmusik entwickelten (am klarsten in einer Version von Sam Cookes *Good Times*), doch es enthielt keine Nummer, die so stark war wie *Satisfaction*. Daher wurde es von Musikzeitschriften wie *Disc,* die selbst Mick Jagger als ein Evangelium ansah, als langweiliger Einheitskram abgetan. *Disc* deutete an, und folglich mußte es wahr sein, daß die Rolling Stones am Abrutschen waren.

»Man kann sich kaum vorstellen, unter welchem Druck wir standen, Hits rauszubringen«, sagt Keith. »Jede Single, die man damals machte, mußte besser und besser sein. Wenn die nächste nicht so gut lief wie die letzte, sagte einem jeder, daß man am Abrutschen war. Nach *Satisfaction* dachten wir alle: ›Wow ... haben wir Glück gehabt. Und jetzt haben wir uns Ruhe verdient ...‹, und schon kommt Andrew Loog Oldham rein und sagt: ›So, und wo bleibt die nächste?‹ Diese Einstellung muß man erst mal schnallen. Alle acht Wochen mußte man einen neuen heißen Song rausbringen, in dem in zwei Minuten alles gesagt wurde.«

Die neue Single *Get Off Of My Cloud* klaute schamlos Akkorde von *Twist and Shout,* und der Text – den Mick Jagger absichtlich in der doppelten Zeit herauskreischt – muß als erster Versuch angesehen werden, die englischen Top ten mit Marihuanarauch zu infiltrieren. Die Vision, »im neunundneunzigsten Stock« zu sitzen und sich »vorzustellen, daß die Welt stehengeblieben ist«, und auch das Bild eines kleinen fliegenden Mannes, der »wie ein Union Jack angezogen ist«, erinnerten an die offensichtlich heiteren und harmlosen Empfindungen von Trips, wie man sie 1965 erlebte. Zu einer Zeit, als für die meisten Leute in England das Wort »stoned« noch die Bedeutung von »beschwipst« hatte, konnte man solche Dinge in absoluter Sicherheit beschreiben und besingen; denn selbst die förmlichsten Angehörigen der Juke Box Jury konnte man dabei beobachten, wie sie begeistert auf und nieder hüpften, wenn Bob Dylan in *Rainy Day Woman* dazu aufforderte: »Everybody must get stoned ...«

Während der Amerika-Tournee, die am 29. Oktober mit den inzwischen üblichen »Probeläufen« in Kanada begann, trat Allen Kleins Einfluß deutlich zutage. Noch in derselben Woche ließ Kleins Büro verlauten, daß mit Bruttoeinnahmen von 1,5 Millionen Dollar zu rechnen sei, der größten Summe, die bis dahin in der Geschichte der Popmusik durch Kartenverkäufe erzielt worden war. Vorher hatten nur die Beatles auf ihrer Tournee 1964 die Eine-Million-Dollar-Marke überschritten (dabei war solche Panik bei den Finanzbehörden von Amerika entstanden, daß ein großer Teil des Geldes festlag, weil sich die Verhandlungen über das anglo-amerikanische Steuerabkommen in die Länge zogen).

Klein war bei den meisten Konzerten der Tournee persönlich anwesend. Er trug eine Strickjacke mit Lederbesätzen, über die sich Andrew Loog Oldham hinter seinem Rücken heimlich lustig machte. In Kleins Abwesenheit wurden die Tourneegeschäfte von seinem Neffen Ronnie Schneider abgewickelt, einem jungen Buchhalter, den sämtliche Stones wegen seiner humorvollen Art und seiner ständig aufgeregten Stimme mochten. Und wie Onkel Allen ihn angewiesen hatte, kassierte Ronnie Schneider jeden Abend persönlich die Prozente von den Kasseneinnahmen ein und verwahrte das Geld sicherheitshalber unter seinem Bett.

Ebenfalls mit auf Tournee war Kleins persönlicher Promotionman, Pete Bennett – ein Mann, dessen an die Mafia erinnerndes Äußeres zweifellos von Bedeutung war, wenn es um seine legendären Überredungskünste bei Rundfunk-Discjockeys und Produzenten ging. Pete Bennett war es, der *Get Off Of My Cloud* innerhalb von zwei Wochen nach dem Erscheinen in die amerikanischen Top ten gebracht hatte. Soviel hatte Allen Kleins Management immerhin schon erreicht. Zudem kamen die Stones in den Genuß – den Andrew Loog Oldham am meisten auskostete –, in der Öffentlichkeit von einem sizilianisch aussehenden Riesen in einem schwarzen Kammgarnanzug begleitet zu werden, der von Zeit zu Zeit gedankenverloren die Ausbeulung unter seiner linken Achsel abklopfte.

Der englische Fotograf Gered Mankiewicz – dessen Vater das Drehbuch zu Oldhams pubertärem Jugendtraum »Espresso Bongo« geschrieben hatte – reiste ebenfalls bei dieser Amerika-Tournee mit, um

seiner einzigartigen Bildersammlung, die mit der Fotografie auf dem Cover von *Out of Our Heads* begonnen hatte, weitere Schätze hinzuzufügen. Mankiewicz teilte sich ein Doppelzimmer mit Pete Bennett, und er erinnert sich an ihn, wie er bei weit offener Tür auf der Toilette sitzt, mit altmodischen Sockenhaltern, und erzählt, wieviel Ärger es ihm macht, handgemachte Schuhe für seine merkwürdig geformten Spreizfüße zu bekommen.
»Die Tournee verlief zum Teil recht deprimierend«, erzählt Gered Mankiewicz. »Mick war sehr niedergeschlagen – er schien Chrissie Shrimpton sehr zu vermissen. Und Charlie Watts vermißte seine Frau Shirley. Jeden Abend hat er sie in Sussex angerufen, und jedesmal wenn er auflegte, war er fast in Tränen aufgelöst.«
Während ihres New York-Aufenthaltes schlichen sich ständig Mädchen in ihr Hotel, das Sheraton City Squire. Sie bestachen Pagen und Etagenkellner, indem sie ihnen in Treppenhäusern und Dienstbotenaufzügen ihren Mund anboten.
Kurz nachdem die Hotelleitung darauf bestanden hatte, die Stones in das Sheraton Lincoln Square umzuquartieren, brach über New York ein absoluter Stromausfall herein. Und mitten in dieser totalen Finsternis traf Bob Dylan im Hotel ein, um Brian Jones zu besuchen. Er kam in Begleitung von Mitgliedern der »Electric Band«, mit der er seine puristischen Folkfans in letzter Zeit empört hatte. Brian, Dylan und sein Gitarrist Robbie Robertson tranken und rauchten und spielten bei Kerzenlicht, bis jemand eine Kerze umwarf und eines der Betten in Brand setzte.
»Brian hat Dylan in New York noch öfter getroffen«, erzählt Gered Mankiewicz. »Von den anderen Stones schien er sich mehr und mehr zurückzuziehen. Ich erinnere mich an eine entsetzliche Szene mit Brian. Eines Tages haben wir alle angehalten, um etwas zu essen. Brian sagte, er sei nicht hungrig, und er ist einfach im Wagen sitzen geblieben. Als alle anderen aus dem Restaurant kamen, beschloß Brian, jetzt sei er hungrig, und ging allein ins Restaurant. ›Komm jetzt, Brian‹, haben die anderen gesagt. ›Wir kommen zu spät. Wir müssen fahren.‹ Brian hat nur dagesessen und keine Notiz von ihnen genommen.
Schließlich hat ihn dann jemand – ich glaube, daß es Pete Bennett, dieser Riese war – einfach an Genick und Hosenboden gepackt, zum Wagen getragen und dort wieder abgesetzt.«
Zumindest äußerlich personifizierte Brian das, was den Stones ihren gefährlichen, unbezähmbaren Reiz gab. Brian hatte als erster die neue Londoner Mode übernommen – Capes, wehende Schals und breitkrempige Schlapphüte, wie man sie in letzter Zeit auf den Köpfen der Damen der Gesellschaft in Ascot gesehen hatte. Fotografen stürzten sich gierig auf diese exotische Figur, die ihnen wie eine Gestalt aus Grimms Märchen erscheinen mußte und wirklich darauf aus zu sein schien, die Dekadenz der Stones zu echtem Transvestitentum auszuweiten. Sein riesiger weißer Schlapphut, der auf goldenen Haarfransen saß, seine Capes und Pelze, seine gestreiften Röhrenhosen und seine hochhackigen Krokodillederstiefel erregten jedenfalls großes Aufsehen. Brian brachte sich in Los Angeles wieder ins Gerede, als er sich mit einem atemberaubend langbeinigen, soeben aus London eingetroffenen Mädchen, dessen Blondhaar es durchaus mit seinem eigenen aufnehmen konnte, in der Öffentlichkeit zeigte. Ihr Name war, wie die Presse herausfand, Anita Pallenberg; sie war eine deutsche Filmschauspielerin und Fotomodell für Werbeaufnahmen. In manchen Berichten verlautete, Brian habe seine Verlobung mit ihr bereits angekündigt.
Amerikas ablehnende Haltung den Stones gegenüber hatte sich, obwohl sie aus den Gesichtern einzelner Polizisten noch deutlich herauszulesen war, doch etwas abgeschwächt, denn allgemein begann man der Fähigkeit der Stones, Dollars zu scheffeln, Respekt zu zollen. Die Stadt Denver in Colorado beging ihr Eintreffen mit einem offiziellen »Rolling Stones-Tag«. Selbst Boston, dieser Reliquienschrein des Ostküsten-Konservatismus, verlieh ihnen die Ehrenbürgerrechte.
Diese Schmeicheleien konnten jedoch nicht die ungestüme Wildheit mildern, mit der die Stones ihr amerikanisches Publikum weiterhin begeisterten. Noch mehr als in England waren sie in Amerika das Gegengift gegen die schelmisch guten Manieren der Beatles geworden. »Die Beatles sagen: ›Komm gib mir deine Hand‹ «, schrieb Tom Wolfe in einer seiner treffenden Formulierungen, »aber die Stones wollen deine Stadt in Brand setzen.« Wolfe hatte da-

mit zwar nicht nur eine, sondern gleich zwei PR-Mythen geschluckt, doch sein Urteil bestätigte nur den Reiz, den die Stones auf ihr Publikum ausübten, für das Popmusik weit mehr war als nur Spaß. Diese zweite Tournee im Jahre 1965 spielte sich vor dem Hintergrund zunehmender Auseinandersetzungen an den bisher friedlichen Schulen und Universitäten Amerikas ab, und auch die studentischen Proteste gegen die inzwischen allgemein bekannten Schrekken des »Kriegs mit beschränkter Haftung« in Vietnam nahmen zu. Dieses Klima der Revolte wurde durch die Popmusik noch weiter angeheizt – durch die bitteren Polemiken eines Bob Dylan und die mit süßer Stimme vorgetragenen Proteste einer Joan Baez. In den Augen des amerikanischen Establishments waren lange Haare, die damit einhergehenden Kleidertrends und Gitarren nicht mehr einfach nur verrückt, sondern das Ganze nahm einen durchaus subversiven Charakter an. Es konnte auch kein Zweifel mehr daran bestehen, wer die Rädelsführer waren. Ob bei den Demonstrationen der Kriegsgegner, einem Friedensmarsch oder einem Sit-in – überall war mit Sicherheit ein Song der Rolling Stones zu hören. Die Tatsache, daß sich die Stones selbst, wie Mick Jaggers vorsichtige Interviews bewiesen, jedes politischen Kommentars enthielten, wurde kaum noch als Argument zur Kenntnis genommen. Denn ihre Musik wirkte wie eine Zeitbombe: Jedesmal wenn *Satisfaction* oder *Get Off Of My Cloud* gespielt wurde, ging ein weiteres solides Leben mit fester Freundin, frühem Zubettgehen, kurzem Haar und regelmäßigen Treffen der Studentenverbindung in Flammen auf.
Das letzte Konzert der Tournee vor einem Publikum von vierzehntausend Menschen im Sportstadion von Los Angeles fand trotz der starken Befürchtungen statt, daß vielleicht nur vier Stones auf der Bühne erscheinen könnten. Am 4. Dezember hatte Keith während eines Konzerts in Sacramento versehentlich mit dem metallverkleideten Hals seiner Gitarre ein Mikrophon berührt und einen Stromschlag erhalten, der ihn für sieben Minuten in tiefe Bewußtlosigkeit sinken ließ.
In jener Nacht in Los Angeles unterwarfen sich Keith und Brian einer weiteren Probe durch die neue Gattung von Rolling Stones-Fans. Sie besuchten die zweite »Acid Test Party«, die von Tom Wolfes Schriftstellerkollegen Ken Kesey und seinen Anhängern, »The Merry Pranksters«, gegeben wurde. Keith und Brian bestanden beide den geforderten Test, der darin bestand, eine von Menschenhand hergestellte Droge auszuprobieren, die so neu war, daß man sie bisher noch nicht gesetzlich verboten hatte: Lysergsäurediäthylamid, bekannt unter der Kurzform LSD.

Im fünfzehnten Jahrhundert lebten die Pallenbergs noch in Schweden. Sie waren eine reiche Sippe, deren bemerkenswertester Vertreter von Holbein zwischen Goldsäcken gemalt wurde. Anitas Ururgroßvater Arnold Böcklin, ein Deutsch-Schweizer, wanderte dann nach Florenz aus, um ein renommierter Maler der neoklassizistischen Schule des neunzehnten Jahrhunderts zu werden. Ihr Großvater und ihr Vater waren ebenfalls Maler, die in Rom lebten, aber auch familiäre und gesellschaftliche Kontakte nach Deutschland, Spanien und Frankreich unterhielten. Anita und ihre Schwester wuchsen so unbekümmert in der Gesellschaft von Malern, Musikern und Schriftstellern auf und lernten auch noch vier Sprachen fließend zu sprechen.
Im Teenageralter erlernte Anita das Restaurieren von Bildern und befaßte sich mit Medizin und mit Gebrauchsgrafik. 1963, im Alter von einundzwanzig Jahren, reiste sie mit ihrem Freund Mario Schifano, einem italienischen Fotografen, per Schiff von Rom nach New York, wo sie ihr Studium der Künste fortsetzen wollte. So verbrachte sie einige Zeit im Studio von Jasper Johns, beobachtete den berühmten Maler bei der Arbeit und kümmerte sich zum Dank um die Reinigung seiner Arbeitsutensilien. Außerdem war sie Schifano und anderen Modefotografen behilflich, indem sie für Fotomodelle einsprang, die ihre Termine nicht einhalten konnten. Allmählich erschienen Bilder des Mädchens mit dem strohblonden Haar, dem schlanken, vollblütigen Körper und dem aufregenden stupsnäsigen Lächeln in allen führenden Modezeitschriften.
Bereits 1965 hatte Anita Pallenberg Fototermine in allen europäischen Großstädten und daneben auch in mehreren Filmen des jungen westdeutschen Regisseurs Volker Schlöndorff mitgespielt. Gesellschaftliche Kontakte pflegte sie jedoch nach wie vor mit der Kunstszene. In London kannte sie Robert

Fraser, und durch Fraser lernte sie den Antiquitätenhändler Christopher Gibbs kennen. »Anita war damals absolut elektrisierend«, erzählt Gibbs. »Sobald sie einen Raum betrat, wandten sich ihr alle Köpfe zu. Sie hatte etwas katzenhaft Verspieltes an sich, eine gewisse Mutwilligkeit und Ungezogenheit. Als ich mich mit ihr unterhielt, stellte ich fest, daß sie hochintelligent und außergewöhnlich belesen war. Sie hatte sowohl die deutschen Romantiker als auch den gesamten Hermann Hesse gelesen.«

Im September 1965 hielt sich Anita für Modeaufnahmen in der Bundesrepublik auf. Sie war in München, als hier das Rolling Stones-Konzert stattfand, und spontan entschloß sie sich an diesem Abend, zu dem Konzert zu gehen und zu versuchen, die Stones kennenzulernen. Nach dem Auftritt überredete sie einen schwedischen Fotografen, sie hinter die Bühne zu schmuggeln. »Auf diese Weise habe ich Brian kennengelernt. Er war von allen Stones der einzige, der überhaupt mit mir geredet hat, und er sprach sogar ein bißchen Deutsch. Zwischen den Stones hatte es irgendwelche Unstimmigkeiten gegeben, Brian gegen die anderen, und er weinte. Dann sagte er: ›Komm heute nacht mit zu mir. Ich will nicht allein sein.‹ Da bin ich mit ihm gegangen. Er hat fast die ganze Nacht lang geweint. Das, was zwischen ihm und den anderen Stones vorgefallen war, mußte ihn ungeheuer fertiggemacht haben.«

Sie sah Brian in Paris wieder, als die Stones im Olympia auftraten, und auch auf ihren beruflichen Reisen nach London. Aus der Geschichte für eine Nacht in München wurde eine Liebesbeziehung, obwohl Brian damals eine feste Freundin hatte – ein französisches Modell namens Zou Zou – und obwohl Anita ständig in ganz Europa unterwegs war. »Ich habe mich in Brian verliebt – restlos in ihn verliebt. Er war einfach ein toller Typ. Talentiert, komisch und mit einer spontanen Grundhaltung: ›Machen wir. Probiert wird alles.‹ «

Anita Pallenberg war sich damals sehr genau bewußt, daß die anderen Stones sie mit Argwohn beobachteten. »Man konnte sehen, daß sie Blicke austauschten, die besagten: ›Wer ist denn der verrückte Vogel?‹ Vor allem Mick stand mir ausgespro-

Im September 1965 treten die Rolling Stones im Münchner Zirkus-Krone-Bau auf. Foto: Bilderdienst Süddeutscher Verlag

chen feindselig gegenüber. Es ist ihm trotzdem nie gelungen, mich wirklich einzuschüchtern. Selbst heute noch genügt mir ein Wort, um ihn kleinzukriegen. Aber er war derjenige, der am meisten dagegen hatte, daß ich so oft mit Brian und den Stones zusammen war. Er hat sogar Chrissie Shrimpton vorgeschrieben, sich nicht mit mir einzulassen.«

Brian kehrte in Hochstimmung aus Los Angeles zurück. Er hatte eine antike Berg-Zimbel und einen riesigen Klumpen »californian gold«-Haschisch mitgebracht, den ihm ein amerikanischer Gönner geschenkt hatte. Anita war für einen Fototermin nach München geflogen, doch wollte sie in wenigen Wochen wieder mit ihm zusammentreffen und zu ihm in sein neues, herrschaftliches Haus hinter dem ABC-Kino in der Fulham Road ziehen.

Selbst in Brians Abwesenheit tat sich einiges in diesem Haus. Das Gästezimmer war von einem jungen schottischen Filmstudenten namens Dave Thomson belegt, mit dem sich Brian im Vorjahr in Glasgow angefreundet hatte. Häufig stattete auch Brians französische Freundin Zou Zou dem Haus einen Besuch ab. Als Anita in Los Angeles mit den Stones zusammentraf, war sie über London angereist, und Brian hatte mit Thomson ausgemacht, daß sie ein paar Tage dortbleiben sollte, um sich eine Arbeitsgenehmigung für England zu besorgen. Kurz vor Anitas Ankunft aber war Zou Zou unerwartet aus Paris eingetroffen, und wie gewöhnlich hatte sie die Absicht, in Brians Zimmer zu wohnen. Dave Thomson gelang es noch im letzten Moment, sie loszuwerden.

Wenige Tage nach der Rückkehr der Stones wurde der erstaunte Thomson von dem sonst so schweigsamen Charlie Watts zur Seite genommen. Nach Charlies Angaben hatte sich Brian in Amerika so sehr mit Tabletten und Alkohol vollgepumpt, daß er zu verschiedenen Studio-Sessions nicht erschienen war, unter anderem auch zum Aufnahmetermin von *Satisfaction*. In Chicago war Brian sogar in ein Krankenhaus eingeliefert worden – und nur Charlie und Bill Wyman hatten sich überhaupt die Mühe gemacht, ihn dort zu besuchen. Ein amerikanischer Arzt hatte später zu Charlie gesagt, wenn Brian weiterhin soviel trinke wie bisher, könne ihn das innerhalb eines Jahres das Leben kosten.

Dave Thomson wußte nur zu gut, daß Brian schon vor der Tournee gewohnheitsmäßig zwei Flaschen Whiskey am Tag getrunken und eine Handvoll Tabletten geschluckt hatte, die Amylnitrat-Aufputscher, die für das ausschweifende Nachtleben eines Popstars unverzichtbar waren. Ein Arzt, den er gelegentlich aufsuchte – der ebenfalls im Besitz von Schlüsseln zu Brians Haus war –, zählte zu den freigebigsten Londoner Ärzten, die Drogen auf Rezept verschrieben, und er war das Vorbild für den Insider-Witz, den die Beatles mit ihrem Song *Dr. Roberts* machten. »Hasch und Gras«, sagt Thomson, »lagen im ganzen Haus frei auf den Tischen herum.«

Dave Thomsons ehrliche Freundschaft zu Brian war unter den Mitläufern und Schmarotzern, die sich an die Stones hängten, eine Ausnahme. Er hatte auch guten Grund zu glauben, daß Brians Unsicherheit einer zwar bestimmten, aber völlig irrationalen Quelle entsprang. Er erinnert sich, daß er, nachdem sie sich in Glasgow kennengelernt hatten, einmal ins Central Hotel ging, um Brian zu besuchen. Er fand ihn an der Tür eines Zimmers lauschend, in dem Andrew Loog Oldham und die anderen Stones sich unterhielten. »Sie sind alle da drin«, flüsterte Brian. »Sie versuchen mich abzuschieben.«

»Ich dachte, er sei einfach nur paranoid«, erzählt Dave Thomson. »Dann haben mich eines Tages Andrew, Mick und Keith im Wagen mit nach London genommen. Auf der ganzen Fahrt hat sich Andrew nur darüber ausgelassen, wie sie Brian ausbooten könnten.«

Thomson wußte auch von Brians zahlreichen vergeblichen Versuchen, Originalsongs zu schreiben, denn Brian glaubte, das werde ihn bei den Stones wieder mit Mick und Keith gleichstellen. Brian brachte es selbst unter Oldhams Schocktherapie nicht fertig, wenn der ihn mit Gene Pitney und einem Klavier in einem Hotelzimmer einschloß. Brians große Musikalität und die Leichtigkeit, mit der er ein halbes Dutzend Instrumente beherrschte, konnten das notwendige simple Schema von Akkorden und Rhythmen nicht herbeizwingen. Statt dessen begann er unter Dave Thomsons Einfluß sich mit Filmkompositionen zu befassen. Die beiden arbeiteten an einem surrealistischen Drehbuch, das in Skandinavien und in der Camargue verfilmt werden sollte.

Doch hatten sich Brian und die »Antriebsachse« der Stones noch nicht vollkommen voneinander entfremdet. Es gab immer noch Zeiten, in denen Keith Mick aus unerfindlichen Gründen sitzenließ, um wieder Wohnzimmer-Duos mit seinem alten Partner zu spielen. Keith hatte nach wie vor weder eine feste Freundin, noch hatte er sich fest häuslich niedergelassen. Wenn er zu Brian kam, zog er meistens gleich eine ganze Weile in dessen Gästezimmer ein und verbannte Dave Thomson auf das Sofa im Wohnzimmer. Thomson erinnert sich, daß Keith auch zugegen war und besonders zu Untaten aufgelegt zu sein schien, als überraschend Brians Ex-Freundin Linda Lawrence auftauchte. Sie war außer sich über Brians Verhältnis mit Zou Zou und darüber, daß er für seinen dritten Sohn, den zweiten Julian, nicht aufkam.

»Linda hat mich einfach links liegen lassen und ist ins Haus marschiert. Brian war oben und hat gezischt: ›Schieb sie ab, Mann!‹ Keith fand das Ganze zum Lachen. Er hat Brian immer wieder damit aufgezogen, wie häßlich das Kind sei und was für einen großen Kopf es habe.«

Wenn Brian sich seinen drei unehelichen Sprößlingen gegenüber auch gleichgültig gab, so war er doch in ständiger Panik, ihre Existenz könne entdeckt und von irgendeiner Zeitung wie *News of the World* laut ausposaunt werden. »Brian war gar nicht so viel schlimmer als andere Leute in der Musikbranche«, sagt Dave Thomson. »Alle Gruppen hatten dieselbe Einstellung zu den Mädchen, die ihnen nachliefen. Sie waren nichts weiter als Frischfleisch.«

Er lebte ständig in Angst, die Mädchen, mit denen er sich auf den Tourneen einließ, könnten minderjährig sein. Er hat mir einmal erzählt, daß, nachdem eine Vierzehnjährige mit ihm ins Bett gegangen war, *alle* Stones von der Polizei zu einem Verhör vorgeladen wurden. Nach jeder Tournee machte er sich Sorgen, man könnte ihm eine Vaterschaftsklage anhängen. Man darf nicht vergessen, daß es damals die Pille noch nicht gab. Die Mädchen haben einem einfach nur gesagt, daß man im letzten Moment einen Interruptus hinlegen soll. Ich kann mich erinnern, daß Brian mir erzählt hat, wie er sich über das gesamte Haar eines Mädchens ergossen hat.«

Zeitweise aber schien noch etwas anderes in Brian zu nagen – eine Angst, die tiefer ging als das, was mit ihm in der Gruppe passierte. Mehrere Monate lang hat er das Haus in der Fulham Street nicht vor Einbruch der Dunkelheit verlassen. Wenn das Telefon spätabends läutete, geriet er völlig außer sich. »Ich erinnere mich daran«, erzählt Thomson, »daß Bob Dylan einmal um drei Uhr morgens aus den Staaten angerufen hat. Brian wollte nicht glauben, daß es Dylan war, bis Albert Grossmann (Dylans damaliger Manager) ans Telefon kam, um ihm zu sagen, es sei Dylan.

Brian hat einmal zu mir gesagt: ›Sie wollen mich schnappen, Dave – irgend jemand in Amerika und irgend jemand hier. Ich weiß nicht, wer es ist, aber sie wollen mich schnappen.‹ «

Nachdem Anita Pallenberg in London eingetroffen und bei ihm eingezogen war, schien Brian seine frühere Arroganz wiederzugewinnen. »Er hat mich mitgenommen, als er sie in Heathrow abgeholt hat«, sagt Dave Thomson. »Wir sind in dem Rolls-Royce Silver Cloud rausgefahren, den Brian gerade von George Harrison gekauft hatte. Ursprünglich wollten wir gleich weiterfahren und seine Eltern in Cheltenham besuchen, um ihnen den Wagen zu zeigen. Brian wollte seinem Vater unbedingt beweisen, daß man auch als Musiker eine Zukunft haben konnte. Ich hatte den Eindruck, daß er immer noch verzweifelt darum kämpfte, daß seine Familie eine gute Meinung von ihm hatte.«

Als Brian Anita aus dem Flughafengebäude von Heathrow führte, trat ihm ein Flughafenfotograf entgegen. Dieses Bild von dem goldbehaarten, großäugigen Popstar und seiner erstaunlichen Neuanschaffung in ihrem Pelzmantel, der keiner war, dem geblümten Minirock und mit den langen Beinen in Wildlederstiefeln, die sich unterwürfig an ihn kuschelte, schien der Inbegriff des großen Glücks eines jungen Mannes zu sein. »Wir sind direkt zurückgefahren, damit Brian und Anita zusammen ins Bett gehen konnten.«

Brians Verwandlung setzte sich in den folgenden Wochen fort. Der vergrämte Außenseiter, den Dave Thomson erlebt hatte, der müde in einem Sessel hing und endlos Platten von Nina Simone hörte, saß jetzt eitel vor einem Spiegel, während Anita sein Haar so bleich tönte, daß es von ihrem nicht mehr zu unterscheiden war. Wie einer mitfühlenden

Krankenschwester gestand er ihr auch seine zahlreichen Neurosen wegen seines Aussehens ein. Störte es, daß seine Beine so kurz waren? Konnte man seine Zahnkronen sehen? Das Mädchen, dessen Körper absolut makellos war, versicherte ihm, daß auch er einfach »groovy« sei.

Anita bedeutete Brian nicht nur etwas wegen ihrer Schönheit: Mit ihr gewann er auch seine Macht zurück. Denn sie wirkte wie ein Ansporn auf sein gesunkenes Selbstvertrauen innerhalb der Gruppe. Schließlich konnte nicht einmal Mick Jagger einen solch »seltenen Vogel« vorweisen. Brian hatte Micks Unbehagen in Anitas Gegenwart sehr wohl bemerkt; auch war ihm nicht entgangen, daß Mick sich vor ihr in acht nahm, weil sie ihn mit einem einzigen Blick oder einem beiläufigen Satz außer Gefecht setzen konnte. Vielleicht konnte Mick Anita wirklich nicht leiden, aber er war gegen seinen Willen davon beeindruckt, wie sie mit Leuten wie Robert Fraser, Christopher Gibbs und mit Tara Browne, dem jungen Erben der Guinness-Millionen, und mit fast jedem umging, der jener hohen Gesellschaftsschicht entstammte, in der er, Mick, sich nach wie vor nicht sonderlich wohl fühlte.

Früher waren Brians engste Freunde ausschließlich Musiker wie Spencer Davis, Pete Townshend und George Harrison gewesen. Doch jetzt, mit Anita, wurde auch er in die Kunstszene und zu den Dinnergesellschaften in den noblen Villen von Chelsea geladen. Anita fand die meisten Popmusiker langweilig und sah in ihren Frauen Wesen, die durch den männlichen Chauvinismus, wie er im europäischen Norden herrschte, fast bis zur Sprachlosigkeit unterdrückt waren. Wenn John Lennon zu Besuch gekommen ist, hat er stets seine Frau Cynthia mitgebracht. Sobald die beiden ankamen, ist Cynthia nach oben gegangen, hat sich im Klo eingeschlossen und ist für den Rest des Abends nicht mehr herausgekommen.«

Brian hatte nicht nur eine erstaunlich schöne Freundin gefunden, sondern zugleich auch eine Komplizin, die eine noch größere Vorliebe für üblen Unfug hatte als er. Ronnie Schneider erinnert sich, welchen Aufstand die beiden in Kalifornien verursachten, als die Stones einen freien Tag hatten, den sie am Strand verbrachten, und sich alle winzige Motorboote mieteten. »Anita ist mit diesem Motorboot wie mit einer Mordwaffe umgegangen – sie hat alle gerammt, daß es nur so splitterte. Nach einer Weile hat Brian sein Boot gewendet und ist aufs Meer hinausgefahren. Die Bademeister haben mit ihren Glocken geläutet – und die Küstenwache sollte schon alarmiert werden. Brian fuhr einfach weiter und weiter hinaus. Hinterher habe ich zu ihm gesagt: ›Warum hast du das getan, Brian?‹ Er hat nur gegrinst und gesagt: ›Ich bin den Möwen gefolgt.‹ «

Ein unfreiwilliger Lauscher kann bezeugen, daß Anita bei ihren Bettspielen, die manchmal Tage dauern konnten, die führende Rolle spielte. Dave Thomson, der noch immer in Brians Gästezimmer wohnte, hörte eines Tages Geräusche, die darauf schließen ließen, daß Anita Brian in die geheimeren Sexualgenüsse einweihte. »Eines Abends habe ich sie sogar gesehen, wie sie mit einer verflucht großen Peitsche in ihr Zimmer gegangen ist. Dann habe ich gehört, wie sie Brian auspeitschte.«

Brian seinerseits hatte eine ungewöhnliche Neigung, die selbst Anita überraschte. Er steckte leidenschaftlich gern kleine Spielzeugautos und Spielzeugeisenbahnen in Brand. Seine Kindheitsliebe zu Eisenbahnen hatte in Form einer Modelleisenbahn überlebt, mit deren Schienen er den gesamten Fußboden des Wohnzimmers zubauen konnte. Anita fotografierte ihn dabei, daß er auf dem Boden herumkroch, winzige Lokomotiven mit Feuerzeugbenzin übergoß und in Brand steckte.

Ebenso war Anita die Anstifterin zu einer ausgefallenen Maskerade, als der deutsche *Stern* Brian für das Titelbild haben wollte. Sie überredete ihn, sich in der SS-Uniform der Nazis fotografieren zu lassen und unter einem Stiefelabsatz eine Puppe zu zermalmen. Der *Stern* wies das Foto zurück, und in der britischen Presse brach ein Tumult los, den Brian auch damit nicht ganz beschwichtigen konnte, daß er behauptete, alles sei als eine »Anti-Nazi-Kundgebung« gedacht gewesen. »Das war alles meine Idee«, erzählt Anita. »Es war wirklich fies, aber was zum Teufel soll das ... Er hat gut ausgesehen in der SS-Uniform.«

Offensichtlich gelang es Anita, die feminine Seite von Brians Persönlichkeit hervorzulocken, die er bisher in ausschweifenden sexuellen Beutezügen und mit seiner geradezu vorsätzlichen Zeugung von

Kindern unterdrückt hatte. »Es gibt sogar das Gerücht, daß es einmal mit ihm durchgegangen ist und er sich zu Mick ins Bett gelegt hat. Und eines Nachts hat er mich aus dem Bett geholt, damit ich ihn zurechtmache. Erinnern Sie sich noch an Françoise Hardy, die französische Sängerin? Brian sagte: ›Kannst du mich zurechtmachen wie Françoise Hardy?‹ Das habe ich dann auch getan, mit allem Drum und Dran – Schminke, Kleider, Perücke ...«

Anita nahm immer noch Jobs in Frankreich und Deutschland an und lud damit Brians Eifersucht auf sich – entweder er war am Boden zerstört und vergoß Tränen, wie er es bei ihr schon in München getan hatte, oder er wurde von plötzlichem Jähzorn gepackt. Wie schon andere Mädchen vor ihr, war auch Anita seinen Handgreiflichkeiten ausgesetzt. Er ging mit seinen Fäusten oder jedem beliebigen Gegenstand, den er gerade zur Hand hatte, auf sie los. »Er hat nach dem nächstbesten gegriffen – nach einem Tablett mit belegten Broten, nach einem ganzen Tisch – und es nach mir geworfen.« Als Anita eine Filmrolle bei Volker Schlöndorff annahm, riß Brian ihr das Drehbuch aus der Hand und zerfetzte es. Doch in diesem Fall konnte sie ihn mit dem Vorschlag beschwichtigen, er solle die Filmmusik komponieren.

Brians psychische Instabilität wurde jetzt noch durch die Wirkung des LSD verstärkt, das er seit seiner Bekanntschaft mit dieser Droge Ende 1965 regelmäßig nahm. Die Wirkung der Droge stand bereits in dem Ruf, etwas vom russischen Roulett zu haben und ganz und gar unvorhersehbare Visionen hervorrufen zu können: den »guten Trip«, auf dem die Welt wie Kristall funkeln konnte, und den »Horrortrip«, der alle Schrecken des Fegefeuers aufbot. Für Brian – wie ein paar Schnappschüsse zeigen, die in einem Keller in Soho aufgenommen worden sind – bedeutete ein guter Trip, daß er fröhlich grinste und herumsprang wie ein kleiner blonder Gnom. Ein schlechter Trip bescherte ihm Halluzinationen, die ihn völlig zerschlugen und wimmernd vor Furcht zurückließen. »Er hat Monster gesehen«, erzählt Anita Pallenberg. » ›Siehst du sie denn nicht?‹ hat er mich gefragt. ›Sie kommen alle aus dem Kleiderschrank! Sie sind einfach entsetzlich!‹ « Als er bei einer Plattenaufnahme der Stones auf einem Trip war, weigerte er sich, das Studio zu betreten, weil er schwarze Käfer sah, die überall herauskrochen.

7
»*It's down to me; the change has come . . .*«

Der Schauplatz ist ein vielbefahrener Verkehrskreisel im Westen Londons, und gegenüber liegt eines der Wahrzeichen der sechziger Jahre, die Cherry Bloom-Fabrik für Stiefelpolitur. Ein schwarzer Rolls-Royce löst sich aus dem Verkehr und fährt vor der Talgarth-Tankstelle vor. Ein halbes Dutzend Augenpaare wenden sich träge der Gestalt zu, die mit vorsichtigen, wankenden Schritten aussteigt. »Das ist doch Mick Jagger ... Oder nicht?« flüstert jemand. Seine Kollegen starren ungläubig die magere Gestalt an, die mit modischen Schals und Armreifen geschmückt ist wie eine eilig eingekleidete Puppe; üppige Haare sind nach vorn gekämmt und umrahmen wachsame Augen und verkniffene Lippen; die spindeldürren Beine auf den viel zu hohen Absätzen stolpern fast. Das soll die Gestalt sein, die ihnen Töchter, Freundinnen und junge Ehefrauen zu rauben droht? Die Vorstellung ist so verwirrend, daß Jagger nicht belästigt, nicht ruppig angefahren und noch nicht einmal wirklich erkannt wird. Der Moment vergeht, als hätten sich beide Seiten verlegen dazu verschworen, nichts zu sehen und nicht gesehen zu werden.

Seit der griechischen Antike hatten sich die Götter nicht mehr so sichtbar und zahlreich offenbart wie im Großbritannien von 1966 unter dem ausufernden Olymp der Popmusik-Industrie. Ebenso wie in jenen mythischen Zeiten gab es auch diesmal Götter in jeder Form und jeder Größe. Große, kleine, fette und dürre. Es gab welche mit frischen Gesichtern und andere, die von Akne befallen waren. Unter dieser vielfältigen Auswahl waren sogar solche vertreten, deren Haar bereits dünner wurde oder die ihre Toupets unbeholfen zurechtrückten. Und es gab auch jene, die angehimmelt wurden, als gehörten sie zu denen unter fünfundzwanzig, obwohl sie das liederliche und verkommene Äußere von Sittenstrolchen mittleren Alters hatten.

Die Anbetung der Fans ließ diese Vielfalt, unter der auch das Absonderlichste und die eigentümlichsten Ausformungen vorkamen, zu. Hinter den Schreien stand das Wissen, daß die Hitparadenstürmer des Augenblicks schließlich nichts weiter als Popquartette von Typen aus Liverpool, Manchester, Birmingham oder Stoke Poges waren. Das Geschrei war eigentlich schon zu einem Ritual geworden: Es hörte ebenso plötzlich auf, wie es begonnen hatte, und das einzige, was blieb, war aufgeweichte Wimperntusche. Ärzte und Psychologen, die diese Schreie analysierten – gewöhnlich für ein fettes Honorar von einem sonntäglich erscheinenden Revolverblatt –, waren sich darin einig, daß sie im Grunde harmlos waren.

Was hingegen die Frage von Mick Jaggers Einfluß auf »die Jugend« anging, war man nur in einem Punkt einer Meinung: daß er unter gar keinen Umständen als harmlos zu bezeichnen war. Nicht einmal Elvis Presley hatte zu seinen skandalösesten Zeiten eine derartige Macht ausgeübt, die so ausschließlich und beunruhigend physisch war. Presley hatte zwar den Mädchen Schreie entlockt, aber er hatte nie Jaggers Fähigkeit besessen, bei Männern Unbehagen zu erregen. Mick Jaggers Wirkung war eher die eines Ballettänzers und dessen widerstreitender Sexualität: ein Schwanenhals und geschminkte Hurenaugen, dazu eine zum Bersten pralle Hose. Daher ist es kaum verwunderlich, daß

die Lastwagenfahrer an der Talgarth-Tankstelle an jenem Tag 1966 ihre Blicke voller Unbehagen abwandten und zu der Fabrik für Stiefelpolitur hinüberstarrten.
Combo, die Zeitschrift für männliche Popfans, brachte die herrschende Verwirrung bereits 1964 mit einer Geschichte zum Ausdruck, in der Gerüchte, Mick Jagger wolle nach Schweden gehen und sich einer Geschlechtsumwandlung unterziehen, »kategorisch bestritten« wurden.
Diese Rätselhaftigkeit gehörte auch zu jenem Bild, das Jagger von sich selbst in der Öffentlichkeit zeichnete. Einerseits kultivierte er bewußt den Aspekt des proletarischen Gassenjungen, und auf der anderen Seite standen kokette Hinweise auf seine Sensibilität, seinen Scharfsinn und sogar seinen Intellekt; man hatte das Gefühl, daß Mick Jagger, während er in den Hitparaden aufstieg, zu gleicher Zeit stetig die gesellschaftliche Stufenleiter erklomm.
Niemand war ein anschaulicheres Beispiel dafür, wie die früheren Bollwerke des englischen Klassensystems unter dem Druck von außen und innen zusammengebrochen waren. In den Zeitschriften des neuen Trends, *Nova, Queen* und *London Life,* wimmelte es von Geschichten über Sprößlinge des englischen Adels, die mit einer stattlichen Erbschaft bedacht worden waren, in der Carnaby Street die Demokratie erlernt hatten und jetzt als geschäftige Manager, Herrenbekleider oder Kneipiers in der King's Road saßen. Ebenso zugkräftig waren die Geschichten von Jungen aus der Arbeiterklasse, die als Modemacher oder Fotografen groß herausgekommen waren und sich jetzt unerschrocken in der Welt des internationalen Jet-set bewegten. »Klassenlos« war das Wort des Augenblicks, und es paßte ohne diskriminierenden Beigeschmack auf Kleidung, Frisuren und vor allem auf die seltsamen Akzente, die all jenen gemeinsam waren, die in der Hoffnung, bei dem scheinbar endlosen Jugendboom abzusahnen, auf- oder abgestiegen waren. Klassenlosigkeit ließ sich ganz schlicht in Graden der Affektiertheit messen, und als solche führte sie zu einem Snobismus, der strenger hierarchisch gegliedert war als alles, was sie zu ersetzen behauptete. Mick Jagger, dessen Sprechweise zwischen schnodderigem Cockney und leicht lispelndem Volksschulenglisch abwechselte – und beides zielte unmittelbar auf einen gewachsenen sozialen Wert –, wurde zum Abgott dieser Klassenlosigkeit.
Jaggers Gesicht schien die nicht wenigen vertraute Empfindung auszudrücken, sich selbst jung, schön und reich vorzufinden in einer Ära, die mehr und mehr dazu neigte, Jugend, Schönheit und Finanzkraft zu verherrlichen. Was seinen Ausdruck so pikant machte, war, daß er auf eine solche Vergötterung nicht mit jener Ergebenheit reagierte, die man von jungen Göttern und Beatles erwartete, sondern mit Gleichgültigkeit, wenn nicht gar mit Feindseligkeit – einem schwelenden Groll, der durch Seidenkleidung, gutes Essen, Wein, Frauen und jede erdenkliche physische Verzärtelung nur noch angefacht wurde. Man spürte, daß das wahre Vergnügen daran, Mick Jagger zu sein, darin bestand, alles zu haben, aber sich durch nichts verführen zu lassen: ein mattes und ausgelaugtes, erlesen fotogenes Gelangweiltsein.
Diese Gesinnung klang auch überdeutlich aus der neuen Single der Stones heraus, *19th Nervous Breakdown.* Der Song war ein Schmähgesang gegen die Mädchen der oberen Klassen, wie sie auf den Partys der oberen Klassen anzutreffen waren – »düstere, dumpfe Geschichten« –, und indirekt auch auf ihre dümmlichen Anstrengungen, sich in die Schlange jener einzureihen, die sich abmühten, Mick Jaggers Blicke auf sich zu lenken. »Mir scheint, ihr habt in zu wenigen Jahren zu viel gesehen«, sang er, und das zweifellos mit demselben gespielt psychoanalytischen Anspruch, den er auch im wirklichen Leben einsetzte, wenn ihm etwas nicht paßte. Ein Großteil der satirischen Spitzen ging jedoch zwischen Keith' hyperaktiver Gitarre und den chaotischen »special effects« unter, zu denen auch der »Bombersturzflug« von Bill Wymans Baß zählte.
Nummern, die Blicke auf den anderen Jagger freigaben, sensibel, poetisch und verletzlich, waren geschickt wie Fallschnüre in die Plattenaufnahmen der Stones eingestreut. Die B-Seite von *19th Nervous Breakdown* war *As Tears Go By,* der Song, den sie ursprünglich für Marianne Faithfull geschrieben und jetzt mit einer Partitur für Streicher versehen hatten – eine ganz deutliche Anlehnung an Paul McCartneys *Yesterday* – und den Jagger mit großem Pathos vortrug. Chorknabenhafte Unschuld zeigt sich auch

in *Lady Jane,* einem Mini-Madrigal, das Jagger für das nächste Album der Stones geschrieben hatte. Bei dem Titel hatte er sich von dem Roman *Lady Chatterly* anregen lassen (es war Mellors Bezeichnung für Connies Vagina), und besagter Chorist scheint sich an mehrere Angehörige eines elisabethanischen Serails zu wenden.

Das vierte Album der Rolling Stones, *Aftermath* – erschienen im April 1966 –, festigte Jaggers neue persönliche Bedeutung, ohne dabei das Beziehungsgeflecht der Stones untereinander zu beeinträchtigen. Neu war auch, daß alle vierzehn Nummern Jagger/Richard-Songs waren und die Texte fast ausschließlich von Jagger kamen. Selbst Andrew Loog Oldham wurde in den Hintergrund gedrängt, und das war einer unerwarteten Laune der Decca zu verdanken. Die Firma hatte sich geweigert, den ersten Titelvorschlag für das Album, *Could You Walk on the Water?,* und die dazugehörige Fotografie der Stones, die darauf bis zu den Hälsen in einem städtischen Wasserspeicher steckten, zu akzeptieren. Der gewohnt extravagante Text Oldhams für die Plattenhülle wurde ebenfalls abgelehnt und statt seiner eine Äußerung Dave Hassingers, des Toningenieurs des RCA-Studios, verwendet. Oldhams Verdienste beschränkten sich auf die des »Produzenten«, und unter seinem alten Pseudonym »Sandy Beach« wurde er als derjenige genannt, der das neue, kränklich blaßrosa getönte Cover entworfen hatte.

Auf *Aftermath* mischten sich Jaggers wechselnde Posen spöttischer Frauenfeindlichkeit und jungenhafter Liebenswürdigkeit mit dem virtuosen Spiel von Brian Jones auf einer Skala von Instrumenten, wie man sie selten zuvor in einem Aufnahmestudio für Popmusik gehört hatte. Die erste Nummer, *Mother's Little Helper* – ein Spottlied auf eine tablettensüchtige Hausfrau –, begleitete Brian Jones auf einer indischen Sithar, einem Instrument, das George Harrison bereits für sich entdeckt hatte. Doch hier wurde es mit einem Gefühl für seinen fremdartigen, gebrochenen Klang gespielt, wie Harrison es bei *Norwegian Wood* von den Beatles nicht zustande gebracht hatte. Bei zwei Nummern, *Lady Jane* und *Waiting,* spielte Brian jene Zimbel – ein zierliches Saiteninstrument, halb Mandoline, halb Harfe –, die ihm der amerikanische Folksänger Richard Farina geschenkt hatte. Auf zwei weiteren Nummern, *Out of Time* und *Under My Thumb,* spielte er auf einer Marimba, dem afrikanischen Xylophon.

Brians Intros und Solos und Ausschmückungen zwischen den Liedstrophen verliehen *Aftermath* eine geradezu visuelle Qualität, wie sie kein Album der Stones je wieder einfangen sollte. Durch Brian bekamen Jaggers Songs des nackten männlichen Triumphs die Chamäleonfarben des »Swinging London«, sechs Monate bevor die Beatles auf ihrem Album *Revolver* dieselbe Stimmung heraufbeschworen. Am eindringlichsten war – und ist bis heute – *Under My Thumb* mit den Marimbaklängen, die nach unten kreisen zu einem seltsamen Potpourri aus Keyboard, arhythmisch eingesetztem Schlagzeug und merkwürdig »falsch« klingender Gitarre. Man sieht die King's Road, die weißen Courrèges-Stiefel, die Bistros und die ganzen dazugehörigen Nippes fast vor sich.

Under My Thumb, der triumphale Sieg über ein widerspenstiges weibliches Ich, war nicht gerade dazu geschaffen, Chrissie Shrimptons Herz zu erfreuen. Noch weniger ermutigend war *Out of Time,* das beharrlich spottete: »You're obsolete, my baby, my poor old-fashioned baby ...« Selbst Ian Stewart, der sich ausdauernd darin geübt hatte, vor sämtlichen internen Mißstimmigkeiten unter den Stones die Augen zu verschließen, konnte nicht übersehen, wie gezielt diese Anspielung war. Jetzt, wo Mick berühmt und »fashionable« war, hatte er anscheinend das Gefühl, an seiner Seite ein Mädchen zu brauchen, das berühmter und mehr »fashionable« war als Jean Shrimptons jüngere Schwester. Stew erinnert sich noch, wie Mick in Filmen und schillernden Zeitschriften eine Art Kandidatenschau betrieben hat, bis er sich schließlich für Julie Christie als ideale Verkörperung von Schönheit in Verbindung mit Berühmtheit und Stil entschied.

Während dieser Zeit war Chrissie Shrimpton weiterhin seine feste Freundin, und das trotz der gegenseitigen Erbitterung und der Konflikte, die Jaggers Texte zu *Aftermath* nur allzu deutlich anklingen lassen. Jagger, der Popstar, wollte nichts mehr mit den Verbindlichkeiten zu tun haben, die Jagger, der weniger vorsichtige Wirtschaftsstudent, vor achtzehn Monaten eingegangen war und die Chrissie mit ihrer Willensstärke und ihren gutbürgerlichen Prinzipien nach wie vor als bindend ansah. Selbst in ihrer glücklichsten Phase war diese Beziehung stürmisch gewesen. Doch jetzt wuchsen sich die anfänglichen Streitereien zu Dauergefechten aus, die oft auch noch vor Publikum ausgetragen wurden. Und jeder der unfreiwilligen Zuschauer fühlte sich unwohl in seiner Rolle, weil er sich im Gegensatz zu Chrissie Shrimpton darüber klar war, daß ihre Zeit sich dem Ende zuneigte.

Aber sein Leben und ihres waren so fest miteinander verflochten, daß Jagger noch davor zurückschreckte, die Knoten zu lösen. Fast ein Jahr lang hatten sie zusammengelebt, erst in einem beengten Souterrain in Bryanston Mews und später in Jaggers wesentlich komfortablerer Wohnung im Harley House in der Marylebone Road, die wöchentlich fünfzig Pfund Miete kostete. Chrissie hatte sogar ihren Sekretärinnenjob bei der Decca aufgegeben, um für Andrew Loog Oldham zu arbeiten. Als Mick Jaggers Freundin war sie selbst eine kleine Berühmtheit. In *Mod,* dem neuesten amerikanischen Fanmagazin, hatte Chrissie eine ganze Spalte »From London with Luv«, in der sie in intim vertrautem Ton aus der Umgebung der Stones und der Beatles erzählte. »Letzte Woche haben Mick und ich George und Pattie Harrison besucht ... Wir saßen in Georges Privatkino, tranken heiße Schokolade und sahen uns den Film ›Citizen Kane‹ an ... Ich glaube, Stevie Winwood ist der beste Sänger, den wir haben. (Au! Mick hat mir gerade einen Klaps versetzt.) ... Kürzlich habe ich meinen einundzwanzigsten Geburtstag gefeiert. Mick hat mir ein riesiges Schaukelpferd geschenkt, das ich Petunia getauft habe ...«

Ein Bildbericht über Jagger in einem anderen amerikanischen Magazin erzählt eine reichlich andere Geschichte. Wir sehen Jagger in den verschiedensten Posen vor einem vergoldeten viktorianischen Spiegel. Er räkelt sich vor einem Anbauregalsystem (auf dem, deutlich ins Bild gerückt, eine Korbflasche mit Rotwein steht), und wir sehen ihn beim Frühstück, umgeben von »übergroßen Tassen kantonesischen Designs«. Das Milieu ist eher das eines jungen Mannes aus der Zeit König Edwards, dessen einzi-

Mick Jagger und Chrissie Shrimpton, 18. August 1965. Foto: Keystone

ger häuslicher Gefährte ein diskret vorbeihuschender »gentleman's gentleman« ist.
Doch hatten die jungen Lebemänner mit Monokel, die ihren elterlichen Horst in Mayfair verließen, um im Sumpf von Soho oder Seven Dials Beute zu jagen, die Frauen nicht in so großer Zahl genossen wie dieser bleiche Londoner Emporkömmling in seinem Unterschlupf im Harley House. Die verwöhnte Herablassung, die in Gesellschaft von fast jeder Frau in Jaggers Gesicht zu sehen war, deutete darauf hin, wie leicht ihm jedes Sex-Abenteuer zuflog und wie wenig er von den Mädchen hielt, die sich ihm anboten, ganz gleich, in welcher Situation und wie kurz sie ihre Hand auch nur besitzergreifend auf seinen Arm legen durften. Zu seiner einzigartigen Ausstrahlung gehörte diese Aura der sexuellen Übersättigung, die so ausgeprägt war, daß sie aus sich heraus eine Art erschöpfter Jungfräulichkeit schuf.
Chrissie mußte annehmen, daß Mick auf den Tourneen nicht weniger aktiv als die anderen Stones an den rohen, halböffentlichen Orgien beteiligt war, mit denen sie sich die Zeit zwischen den Konzerten vertrieben. Während ihrer letzten Amerika-Tournee hatte sich ein neuer Mädchentyp herausgebildet: das »Groupie«, das unbeirrbar dieser oder jener englischen Popgruppe folgte, in der festen Absicht, einen oder auch alle Angebeteten (oder, wie es in einigen spektakuläreren Fällen vorkam, alle gleichzeitig) in ihr Bett zu ziehen. Brian Jones hat einmal die Geschichte erzählt, wie er eine andere Gruppe in ihrer Hotelsuite besuchen wollte und alle vier Mitglieder mit einem einzigen Groupie beschäftigt waren. »Komm her, Brian«, hatte einer von ihnen gerufen. »Für dich ist auch noch Platz . . .«
Mick verbarg solche Dinge vor Chrissie – wie er sie auch vor der ganzen Welt verbarg – hinter einer undurchdringlichen, »coolen« Maske. Journalisten, die ihn interviewten, mußten feststellen, daß er immer geschickter darin wurde, Fragen auszuweichen. Oder er antwortete ihnen mit einem überzeugend offenen und ehrlichen Gesicht, und erst später stellte sich heraus, daß auch das nur ein Täuschungsmanöver gewesen war, um keinerlei Information preisgeben zu müssen. Diese äußerst bequemen Anfälle von Gedächtnisverlust betrafen sein Zuhause, seine Herkunft, seine schulische Laufbahn und alle Details aus seiner Zeit an der London School of Economics. Die Welt mußte annehmen, daß Mick Jagger als Star geboren und aufgewachsen war, der selbst bei genauester Betrachtung so strahlend, weit entfernt und konturlos wie ein Gestirn am Himmel blieb.
Die Maske konnte plötzlich einmal verrutschen – wie zum Beispiel, als er in einem Wutausbruch Sir Edward Lewis, den Vorsitzenden der Decca, als »einen verdammten alten Idioten« bezeichnete oder als er bei der Europa-Tournee 1965 die westdeutsche Presse aus der Fassung brachte, indem er auf der Bühne im Stechschritt den Rhythmus von *Satisfaction* hinlegte. Es gab auch Momente, in denen seine angeborene Vorsicht und Befangenheit etwas ganz anderem wichen, etwas Bösem, fast Verschlagenem, wie man es mit dem jüngst wiederbelebten Kunstwort »camp« bezeichnet. So hat er sich einmal in der Kostüm- und Maskenabteilung der BBC fotografieren lassen, als er, angetan wie eine Hausfrau fortgeschrittenen Alters, mit einem Haarnetz unter einer Trockenhaube saß. Und als die Stones eine gesamte Sendung von Ready, Steady, Go als Gastgeber übernahmen, trat Mick mit Andrew Loog Oldham auf, und zusammen mimten sie das berühmte *I Got You Babe* von Sonny und Cher, lächelten einander liebevoll an und streichelten einander die Haare.
Wie ihn seine angeborene Vorsicht von vielem zurückhielt, so tat dies auch seine übermäßige Sparsamkeit. Fast immer fiel es ihm schwer, sich von seinem Geld zu trennen. Dabei flossen unter Allen Kleins Management die Einnahmen weitaus reichhaltiger. Alle Stones hatten ein ausreichend gefülltes Konto, um sich in unbegrenztem Maße Kleider, sonstige Kinkerlitzchen und kostspielige Autos kaufen zu können, und es reichte auch noch für das obligatorische abgeschiedene Landhaus, wie man es im Besitz eines jeden großen Stars erwartete. Eine Fanzeitschrift berichtete, daß sie sich auf der Suche nach interessanten Anwesen buchstäblich um die Ausgaben von *Country Life* streiten würden.
Charlie Watts hatte bereits ein Haus aus dem sechzehnten Jahrhundert in Sussex erstanden, das ursprünglich als Jagdhütte für den ersten Erzbischof von Canterbury entworfen worden und vor Charlie Watts von einem ehemaligen Oberstaatsanwalt, Lord Shawcross, bewohnt worden war. (Die führen-

den Angehörigen des Establishments mochten zwar offiziell über die Stones zetern, doch hatten sie nie etwas dagegen, ihnen ihre Häuser zu verkaufen.) Das Haus erwies sich als perfektes Refugium für eine zurückgezogene Ehe, wie Charlie sie mit Shirley in Shepard führte; es war ein geeigneter Ort für ihr Bildhauerstudio, für ihre Pferde und auch groß genug für seine Sammlerleidenschaften – Silber, Jazzplatten, Modellsoldaten und Erinnerungsstücke aus dem amerikanischen Bürgerkrieg. Charlies Vater, der frühere Paketbote, billigte die Wahl seines Sohnes, Mrs. Watts Wunsch dagegen wäre es gewesen, daß er sich »ein etwas moderneres« Objekt ausgesucht hätte.

Als nächster entschied sich Keith, der mit seiner Wahl zeigte, daß unter seinem zigeunerhaften Äußeren ein Hang zur englischen Romantik verborgen lag. »Redlands«, ein Haus in West Wittering, einem kleinen Ort in Sussex, war im fünfzehnten Jahrhundert gebaut worden und von einem Wassergraben umgeben. Ein Journalist, der dem Anwesen den ersten von etlichen unangekündigten Besuchen abstattete, fand die Haustür weit offen. Von den fünf bis auf halbe Höhe mit Holz verkleideten Zimmern war noch keines eingerichtet, in der Küche stand bergeweise schmutziges Geschirr, und in einer Bratpfanne lag noch eine angebrannte Wurst.

Mick dagegen blieb weiterhin in seiner alten Wohnung in London und lebte weiterhin mit seiner alten Freundin zusammen, die ihn kaum noch interessierte. Brian Jones Affäre mit Anita Pallenberg hatte seine Unzufriedenheit über sein Verhältnis mit Chrissie noch verstärkt. Anita war genau der Typ Mädchen, den er in Zeitschriften und Filmen für sich ausgesucht hatte. Zwar tat Anita so, als verachte sie ihn, doch scheint es, als hätte sie ihm mehr als nur einen langen Blick über Brians goldenes Haar hinweg zugeworfen. »Bei Anita hatte ich immer das Gefühl, daß Mick derjenige war, den sie *eigentlich* wollte«, sagt Dave Thomson. »Ich hatte das Gefühl, daß sie sich über die anderen Stones vorarbeitete, um an Mick ranzukommen.«

Allerdings gab es im Kreis der Stones noch ein anderes Mädchen, das Micks Ansprüche in jeder Hinsicht mehr als nur erfüllen konnte. Doch hatte es immer so ausgesehen, als sei sie nicht zu haben für ihn, und ihre Heirat verstärkte diesen Eindruck nur. Das änderte jedoch nichts daran, daß Mick Jagger im Verlauf jenes heißen, hektischen Sommers 1966, in dem die Zerwürfnisse mit Chrissie an Heftigkeit zunahmen, anfing, sie häufiger zu sehen und immer öfter an sie zu denken – an Marianne Faithfull.

Anfang 1965 drang das »Swinging London« bis zur Cambridge University, als diverse Journalisten aus der Fleet Street das Churchill College belagerten und darauf warteten, daß der meistbeneidete der Studenten, John Dunbar, versuchen würde, die Fakultät der schönen Künste zu betreten oder zu verlassen. Nach einem mehrtägigen Katz-und-Maus-Spiel hob Dunbar resignierend die Hände in die Luft und gab die Geschichte an Paul Buttle von der *Cambridge Daily News* weiter. »Marianne Faithfull heiratet Studenten aus Cambridge«, lautete der Zeitungsaushang, der noch am selben Abend in Petit Curry und der Trinity Street zu lesen war.

Für Marianne war es eine Zeit fast schizophrener Gegensätze. Einerseits war sie nach wie vor die siebzehnjährige Klosterschülerin, die die Absicht hatte, den ersten Jungen zu heiraten, mit dem sie je geschlafen hatte. Andererseits war sie eine berühmte Popsängerin, deren jungfräuliche Schönheit sie den Verführungsversuchen fast aller Männer aussetzte, die sie traf. Gene Pitney, der amerikanische Star, hatte bereits nachdrücklich versucht, sie zu überreden, mit ihm durchzubrennen. Eine Woche vor ihrer Heirat hatte dann Bob Dylan Marianne in seine Suite im Savoy gelockt und versucht, sie auf seine spezifische Weise für sich zu gewinnen. »Er hat sich vor mich hingesetzt und angefangen, mit unglaublicher Geschwindigkeit Songs zu schreiben. Er hat mich gefragt, wer John sei, und als ich gesagt habe: ›Ein Student‹, hat Dylan schrecklich verächtlich getan. Und die ganze Zeit über hat er Songs geschrieben – ein Blatt nach dem anderen hat er vollgeschrieben. Als schließlich klar war, daß er nicht an mich rankam, hat er sämtliche Zettel genommen und weggelegt. Ich habe nie auch nur gesehen, was er damals geschrieben hat. Ich wünschte, ich hätte wenigstens einen Blick darauf werfen können.«

Die Öffentlichkeit nahm Mariannes Heirat positiv auf, und als bald darauf ein Baby geboren wurde, Nicholas, unterließ man es sogar, die Monate ihrer Schwangerschaft an den Fingern zurückzurechnen.

Ihr Leben verlief weiterhin in einem fortwährenden Paradox – mal war sie die wohlerzogene junge Gattin und Mutter, die in zunehmendem Maß den Slang der Musiker annahm; dann wieder der Star der »Pop-Pakete«, der im Tourneebus hinten auf der letzten Bank saß und seine Nase in einen Roman von Jane Austen steckte.

Auch vor John Dunbar schien eine glorreiche Zukunft zu liegen. 1966 gründete er mit zwei jungen Partnern die Indica Galerie in Mason's Yard, W. 1. Die Galerie, die klein, aber von schlichter Eleganz war, sollte ganz den Werken der neuen Maler und Bildhauer des »Swinging London« gewidmet sein, während der angrenzende Buchladen sich auf Raritäten spezialisierte, radikale Literatur aus Quellen, die bei manchem bereits als »Underground« bekannt waren.

Dunbars Partner bei diesem wagemutigen Unternehmen waren Peter Asher, der Bruder von Paul McCartneys Freundin, und ein schmächtiger Junge, der nur unter dem Namen »Miles« bekannt war und mit Brian Jones in Cheltenham aufgewachsen war. Unterstützung durch die Brahmanen der Popmusik war ihnen von Anfang an sicher. So half Paul McCartney schon vor der offiziellen Eröffnung mit, die Galerie weiß auszustreichen. Gegen Ende desselben Jahres, anläßlich einer Ausstellung mit dem Titel »Unvollendete Gemälde und Objekte«, sollte John Dunbar die »Performance-Künstlerin« Yoko Ono dem abtrünnigen Beatle, an dem ein Maler verlorengegangen war, vorstellen – John Lennon.

Anfangs war Marianne von den Stones schockiert gewesen – von ihrem Äußeren, ihrer Ruppigkeit und vor allem von ihrer murrigen Gleichgültigkeit gegenüber den Gütern, mit denen das Leben sie überhäufte. Marianne konnte sich noch allzugut daran erinnern, wie es gewesen war, in den schäbigen Läden Readings darum zu bitten, anschreiben lassen zu dürfen. Der neue Starruhm der Stones brachte es unter anderem mit sich, daß ihnen von Boutiquen unbegrenzter Kredit angeboten wurde, denn natürlich durfte man damit rechnen, hundertmal mehr »in« zu sein, wenn man einen Rolling Stone zum Kunden hatte. »Sämtliche Stones hatten stapelweise Kleidungsstücke auf Kredit, und keiner von ihnen hat sie je bezahlt. Immer wieder habe ich deshalb mit Mick geschimpft. Das war etwas, was mir Eva von Kindheit an beigebracht hatte – ganz gleich, wie schlecht es einem geht, man muß Schulden bezahlen, um immer kreditwürdig zu bleiben.«

Der einzige Stone, zu dem sie sich anfangs hingezogen fühlte, war Brian; nicht so sehr wegen seines Aussehens, sondern wegen der sorglosen Boshaftigkeit, die er immer noch unter seinen Platinfransen hervor versprühte. »Ich wußte, daß zwischen Brian und den anderen eine psychische Kraftprobe stattfand, und daß Brian am Verlieren war. Und dann waren da auch noch die Mütter seiner unehelichen Kinder. Einmal waren wir alle bei Brian und Anita in der Courtfield Road, und plötzlich ist Linda, diese Ex-Freundin von ihm, mit Julian, seinem Sohn, auf der Straße aufgetaucht. Sie hielt das Kind auf dem Arm und ist direkt unter dem Fenster stehengeblieben. Dann hat sie das Baby hochgehalten, als wolle sie damit sagen: ›Und was fängst du *damit* an?‹ Brian hat nur aus dem Fenster geschaut und gelacht.«

Die junge Ex-Klosterschülerin hatte inzwischen alle Vergnügungen der schicken, jungen Londoner Gesellschaft kennengelernt. 1966 waren ihr »Gras« und »Hasch« längst gewohnt, und sie kannte auch die verschiedenfarbigen Pillen, mit denen ihre neuen Freunde sich während der genüßlichen nächtlichen Streifzüge die Augen offenhielten. Schließlich wurde sie eines Tages bei einer Party von Robert Fraser, dem Kunsthändler, in ein Nebenzimmer gebeten. Fraser deutete auf ein kleines weißes Häufchen Kokain auf dem Kaminsims und sagte, sie solle eine Prise davon schnupfen. »Ich wußte nicht, wie das ging. Also habe ich alles auf einmal geschnupft. Robert war *zutiefst* beleidigt.«

Die häusliche Idylle mit John Dunbar und dem kleinen Nicholas sollte nur kurze Zeit halten. Dunbar war zwar hochbegabt und auch phantasievoll, aber er war ein schlechter Geschäftsmann. In zunehmendem Maße stellte sich heraus, daß Marianne allein für ihren Mann, ihr Kind und das Kindermädchen, das bei ihnen im Haus wohnte, aufkommen mußte. Und so zog sie sich zunehmend aus Dunbars Kreisen zurück und war immer öfter in den Häusern mit den dicht vorgezogenen marokkanischen Vorhängen anzutreffen, in denen schwer der tarnende Duft von Räucherstäbchen hing und in denen

man die Rolling Stones und ihre Anhänger finden konnte.
Marianne behauptet, vor ihrer Affäre mit Mick Jagger mit zwei anderen Stones geschlafen zu haben – und damit können nur Keith und Brian gemeint sein. Keith zieht es vor, zu diesem Thema als Kavalier zu schweigen. Und im Falle Brians glaubt dessen Freund Dave Thomson, daß die Sache nicht über ein forschendes Betatschen hinausgegangen sei. »Brian hat mir erzählt, er sei einmal mit Marianne in einem Kleiderschrank eingeschlossen gewesen. Aber er sagte, er habe nichts weiter getan, als an ihr rumgefummelt.«
Mitte 1966 trieb der emotionelle und finanzielle Druck, unter dem sie stand, Marianne fast unbewußt in die Arme eines Menschen, von dem sie geglaubt hatte, ihn nicht leiden zu können – eines Menschen, von dem sie erstaunt feststellte, daß unter seiner äußeren Roheit und seiner anmaßenden Angeberei die empfindsamen Tiefen eines sensiblen und mitfühlenden Charakters lagen. »Ich bin zu Mick gegangen, weil ich einen Freund brauchte. Mick war nicht nur ein Freund, sondern zufällig auch Millionär.«
Ihre junge Assistentin, Jo Bergman – die im Leben der Stones noch eine Rolle spielen sollte –, drückt den Sachverhalt noch einfacher aus. »Marianne hat in einer eiskalten Wohnung gelebt. Als Mick anfing, sie zu besuchen, waren plötzlich überall elektrische Heizungen.«

Von Jagger hieß es zu diesem Zeitpunkt, er leide an »vollständiger Erschöpfung«, was im wesentlichen einem Zeitplan zuzuschreiben war, der die Stones im Februar wieder nach Australien und Neuseeland geführt hatte und sie dann nach kürzester Pause wieder auf eine Europa-Tournee schickte, die chaotischer verlief und größere Gewalttätigkeiten hervorrief als jede vorangegangene Konzertreise. Bei ihrem Auftritt im Pariser Olympia ging die Polizei mit Knüppeln und Tränengas gegen dreitausend Randalierer vor. Zwölf Polizisten wurden verletzt, von denen einer Bißwunden erlitt. Im Musicorama in Marseille segelte ein Stuhl aus dem Publikum auf die Bühne und schlug Jagger eine fünf Zentimeter lange Platzwunde über dem rechten Auge.
Knapp einen Monat später stand bereits wieder eine Tournee durch die USA und Kanada auf ihrem Terminplan. Jagger trat auch diese Tournee in einem Zustand sichtlicher Erschöpfung an. Ein Reporter berichtete, er sei aus dem Flugzeug gestiegen »mit einem lahmen Lächeln, das nur dank der messingbeschlagenen Epauletten auf seinen Schultern etwas strahlender wirkte«. Er schien die Neurose der neuesten Single der Stones auszuleben, *Paint It Black*. Der Sänger wird in dem Lied als ein lebendes Wrack bezeichnet, der sich wie Joyce' Stephen Daedalus von den schönen Mädchen abwendet, »until my darkness goes ...«
Die Tournee begann recht exklusiv mit einer Abbildung der Stones zwischen jungen Sprößlingen der amerikanischen Gesellschaft, mit zurückgekämmtem Haar auf dem Titelblatt von *Town and Country* und mit einem Presseempfang, den Allen Klein auf einer Yacht im Hafen von New York veranstaltete und von dem die Fanmagazine ausgeschlossen worden waren zugunsten der gehobenen Journalistenelite (wie zum Beispiel Linda Eastman von *Town and Country*). Wie ein verdrossener Gast berichtet, waren die Stones sichtlich reserviert und kurz angebunden. »Sie geben einem das Gefühl: ›Rühr mich nicht an, ich bin ein Rolling Stone.‹ Selbst dieser Manager ist so von sich eingenommen, daß es einfach nicht zu fassen ist ... Mick ist ein Hippie im wahrsten Sinne des Wortes. Wenn jemand etwas ehrlich Gemeintes sagt, verstummt er schreckensbleich ...«
Allen Kleins Liebe zu Rechtsstreitigkeiten ließ sich aus dem Werbegag herauslesen, mit dem Andrew Loog Oldham diese fünfte transkontinentale Reise der Stones aufzog. Oldham verkündete, er habe einen Fünf-Millionen-Prozeß gegen vierzehn New Yorker Hotels angestrengt, die die Stones als Gäste abgewiesen und somit deren »guten Namen« in Mißkredit gebracht hatten. Das war natürlich alles pure Erfindung und, wie die weiteren Ereignisse zeigten, noch dazu eine vollkommen überflüssige. Schlagzeilen, die ganz nach Oldhams Geschmack waren, loderten bereits wie Flammen mit jedem weiteren Vorrücken der Stones auf der amerikanischen Landkarte auf – wie man es aus den symbolischen Trickszenen alter Filme kennt, die ein Land unter dem Terror von Brand und Plünderung zeigen sollen.

Das erste Konzert in Lynn, Massachusetts, wurde nach nur einer Minute von der Polizei abgebrochen und das Publikum mit einer Brutalität auseinandergetrieben, die die erregte Begeisterung über den Stones-Auftritt in eine orgiastische Massenraserei verwandelte. Als die Stones vom Lynn Bowl-Auditorium abfuhren, wurden ihre Wagenfenster mit Holzbrettern bearbeitet, die aus den provisorischen Laufgängen herausgerissen worden waren. In Montreal unterbrachen die Stones ihr Spiel, um die Saalordner vor der Bühne auszubuhen, weil sie auf Mädchen, die versuchten, zu Mick Jagger ans Mikrophon zu kommen, einschlugen und sie mit Judogriffen niederstreckten. In Syracuse wurde ihnen vorgeworfen, sie hätten »die amerikanische Flagge verunglimpft, weil sie sie in der War Memorial Hall über den Fußboden gezogen hatten«. (Brian Jones hatte lediglich versucht, die Fahne als Souvenir mitzunehmen.) In Vancouver waren unter den sechsunddreißig Opfern des Konzerts Platzanweiser, denen man in den Unterleib getreten hatte, Polizistinnen, die erschöpft zusammengebrochen waren, Saalordner, die angeblich eine Gehirnerschütterung erlitten hatten, und Fans, die ihre gebrochenen Knochen gesundpflegen mußten. In Montreal, wo die Polizei die Fans dadurch gebändigt hatte, daß sie etliche von ihnen mit dem Kopf voran gegen eine hölzerne Absperrung gerammt hatte, betraten die Stones die Bühne durch ein Spalier von fünfzig niedergestreckten Körpern.

Das letzte Amerika-Konzert – und das sollte es für längere Zeit bleiben, als damals irgend jemand vermuten konnte – fand am 25. Juli auf Hawaii statt. Anschließend trennten sich die Stones, um Ferien zu machen, bevor sie Ende September eine neue England-Tournee antreten mußten. Von Brian Jones, der mit Anita Pallenberg nach Marokko gereist war, wurde berichtet, er habe sich bei einem »Kletterunfall« die rechte Hand gebrochen.

Pünktlich zur England-Tournee kam wieder eine neue Single heraus, *Have You Seen Your Mother, Baby, Standing in the Shadow,* deren verworrener (und reichlich bedeutungsloser) Titel nichts weiter war als ein Symptom für den Druck, der auf Jagger und Richard lastete, schon wieder einen Drei-Minuten-Hit zusammenzubringen, während sie gleichzeitig herumfliegenden Stühlen ausweichen mußten und mit losgerissenen Brettern angegriffen wurden. Bei diesem Song schien ihnen das Tourneechaos bis ins Studio gefolgt zu sein und der Aufnahme die unterschwellig böse Spannung von *Satisfaction* genommen zu haben. Jagger rasselte den unverständlichen Text atemlos herunter, als suche er die ganze Zeit nach dem nächsten Notausgang, und auch die anderen schlugen und kratzten auf ihren Instrumenten herum, als wollten sie bloß schnell wieder verschwinden können. Bei dem nicht weniger überstürzten Abmischen, mit dem der Song rechtzeitig für die nächste Ed Sullivan-Show fertiggestellt werden sollte, wurde dem Ganzen auch noch ein kathedralenartiges Echo unterlegt. Keith beharrt noch heute darauf, daß der Song ohne dieses Mischen einer der besseren der Stones hätte werden können und nicht notwendig einer ihrer schlechtesten.

In Amerika kam die Single in einer bebilderten Hülle heraus, die konservative Herzen in neuerlichem Entsetzen zucken ließ. Ein Foto zeigte die Stones als Gruppe alternder Transvestiten, und jeder von ihnen stellte einen bestimmten Typ »Schlampe« dar, der hervorragend mit dem jeweiligen Charakter zu harmonieren schien. Brian Jones (»Flossie«) trug die Uniform der weiblichen Luftwaffenangehörigen, dazu eine wasserstoffblonde Perücke, und blies Rauchringe in die Luft. Keith (»Mollie«) sah in seinem »Kostüm« mit Kamee-Brosche wie die Gemahlin eines Erzdiakons aus, die dem Laster des Trinkens anheimgefallen war. Jagger, dessen Lippen wulstig wie Würste geschminkt waren, trug ein Hütchen, als wollte er zum Ball der einsamen Herzen gehen, und neben ihm stand Charlie (»Millicent«) der über und über mit Pelzen behängt war. In der Mitte des Bildes stand ein Rollstuhl, auf dem Bill Wyman (»Sarah«) saß, ein mürrischer weiblicher Soldat, der seine spindeldürren Beine fast verknotet hatte.

Die England-Tournee begann am 29. September, begleitet von einer Flut langatmiger Nachrufe der Musikpresse, die sich damit befaßten, warum *Have You Seen Your Mother, Baby* weder in Amerika noch in Großbritannien Nummer eins geworden war. Wenn der Song angeblich auch »zu hoch für die Kids« gewesen war, so stimmten Leuchten wie Eric Clapton und Mike D'Abo doch darin überein, daß man keine perfektere Titelmusik für Konzerte hätte finden können, die in ihren Krawallen und Gewalttätigkeiten selbst Vancouver und Montreal noch in den Schatten stellten. Die englischen Fans, die man fast ein Jahr lang der Stones beraubt hatte, waren begierig darauf, das Versäumte nachzuholen. Der letzte Auftritt in der Royal Albert Hall wurde nach drei Minuten abgebrochen, als Jagger von drei Mädchen gleichzeitig angegriffen wurde und die schreiende Flutwelle sich auch nicht mehr dadurch aufhalten ließ, daß ein halbes Dutzend Fans willkürlich herausgegriffen, am Kragen gepackt, geschlagen und zurückgestoßen wurde.

Eine Filmsequenz, die an jenem Abend aufgenommen worden ist, zeigt die Stones in ihrer maßlos provozierenden Gleichgültigkeit – Mick Jagger mit neuem Haarschnitt und geblümtem Hemd; Keith mit Sonnenbrille, Kragenhemd und Krawatte wie ein erblindeter Mafioso; Brian Jones, in Samtkutte und mit langen Koteletten, lacht hysterisch, als der Strom ausfällt, die großen Lichter angehen und Schlagzeugteile über die Bühne rollen, während Charlie hastig durch einen Hinterausgang verschwindet und Brian selbst von der Staatsgewalt umgedreht und fortgeführt wird.

Während dieser Sommersaison swingte »Swinging London« seinem Zenit entgegen. Die Mädchen liefen in wespengestreiften Minikleidern herum, die die Oberschenkel nackt ließen, und die Jungen stolzierten in Beau Brummell-Zweireihern durch die King's Road. Dabei folgten ihnen Kameras des *Life Magazine,* die den sichtbaren Beweis dessen suchten, was ihre Schwesterzeitschrift *Time* gerade – und ein Jahr zu spät – mit dem Etikett »Die Modestadt Europas« versehen hatte.

Die Wirkung von *Time* und *Life* zeigte sich in einem amerikanischen Touristenboom, wie man ihn in London seit der letzten Königskrönung nicht mehr erlebt hatte. Die »In«-Subkultur war jetzt zu einem Subkontinent von Boutiquen, Bistros und Trödelläden angewachsen, in denen man alles das erhalten konnte, was an parodierter »Britishness« durch die Popmusik in ganz Amerika zur Manie geworden war. Es war eine Zeit, in der man ein Vermögen damit verdienen konnte, daß man Viktorianisches nachmachte und es in einem Laden verkaufte, den man »I Was Lord Kitchener's Valet« nannte. Und die Engländer mußten zusehen, wie auch noch ihre Nationalfarben vermarktet wurden und nicht mehr nur von der Flagge des Königreichs, sondern auch von den Plastiktüten der Carnaby Street strahlten. Der Hurrapatriotismus, der von den Massenprodukten ausging, führte natürlich auch zu einem Wiederaufleben der Originalvorlagen, und der Handel blühte und blühte während der Wochen der ungewohnten Sommersonne. Als England im August Westdeutschland schlug und die Fußballweltmeisterschaft gewann, schien es wahrhaftig, als sei Großbritannien wieder zu altem Glanz erstanden.

Die Beatles waren weiterhin die ersten Bürger von »Swinging London«. Im August hatten sie endgültig mit Live-Auftritten Schluß gemacht, und jeder hatte sich mit seiner individuellen Kriegsneurose auf sein eigenes Plutokratendasein zurückgezogen. Sie kamen nur noch zusammen, um Alben aufzunehmen, die ihren Aufstieg in dasselbe ikonographische Firmament wie den Portobello Road Market und I Was Lord Kitchener's Valet markieren sollten. *Revolver* von den Beatles gilt als die erste thematische Popplatte, weil sie in wie zufällig zusammengekommenen Bildern die sonnengetränkte Euphorie des London von 1966 einfängt. *Aftermath* von den Stones kann ähnliches für sich beanspruchen – und das sogar mit mehr Recht, denn die Vermischung der Arroganz einer Metropole mit fremdartigen, östlich anmutenden Klängen ist auf diesem Album durchgängiger gelungen. Doch die Stones waren zu berüchtigt, als daß man sie als Vorboten einer Epoche angesehen hätte.

Die Ära, die die Beatles offiziell ankündigten – und die Brian Jones vier Monate vor ihnen subtil prophezeit hatte –, nahm Gestalt an im Duft der Räucherstäbchen, die in einem schummrigen Wirrwarr aus bestickten Kaftans, bunt gewebten Schuhen, Gebetsketten, ledernen Fußschemeln und Tabletts aus gehämmertem Kupfer glimmten. Die Experimente der Beatles (und der Stones) mit der Sithar lösten eine Faszination für alles Fernöstliche aus, die durch die wechselseitig reagierende Popindustrie von Großbritannien auf Amerika übergriff. In England war die Wirkung fast ausschließlich kommerzieller Natur; in Amerika äußerte sie sich geballt intellektuell. In London waren die ersten Gerüchte über

junge Leute in Kalifornien zu hören, die angeblich alle Konventionen abgeworfen hatten, um in Wort und Geist dem Hinduismus zu folgen; sie trugen schulterlanges Haar, wallende Bärte und fließende Gewänder, Sandalen und Blumenkränze und taten nichts, als ein buddhaähnliches Wohlwollen zu zeigen und jene Substanzen zu sich zu nehmen, von denen es hieß, die Weisen des Ostens hätten durch sie ihre Weisheit und ihren inneren Frieden erlangt.
Ironischerweise veröffentlichte ausgerechnet die allgemein den Tories zugerechnete Londoner Zeitung *Evening Standard* erste Einzelheiten über die neuen Hippie-Kommunen in San Francisco und an der nordkalifornischen Küste und brachte den Slogan ihrer Anhänger nach England: »Turn on, tune in, drop out.« Bald darauf machte die *Sunday Times* England mit dem ersten Anführer – oder »Guru« – der Hippie-Bewegung bekannt, einem gewissen Timothy Leary, der Harvard-Akademiker gewesen war und seine Karriere geopfert hatte, um die »psychedelischen« (wörtlich: bewußtseinserweiternden) Eigenschaften der von Menschen hergestellten Droge Lysercsäurediäthylamit zu erforschen. Selbst die *Sunday Times* wußte jedoch nicht, daß es in der Pont Street in Knightsbridge bereits eine Einrichtung gab, die sich World Psychedelic Center nannte und bei der flüssiges LSD für jeden, der es wollte, gratis erhältlich war. Und zwar in Form kleiner Brotstückchen, auf die das LSD getröpfelt worden war.

Andrew Loog Oldham swingte ebenfalls einem Zenit entgegen, als der letzte große Geschäftsmann unter vierundzwanzig in der jugendbesessenen Hauptstadt. Mitte 1966 tat sich Oldham mit seinem alten PR-Verbündeten Tony Calder zusammen, um eine unabhängige Plattenfirma, die Immediate, zu gründen. Die Idee hatte er Phil Spectors Label Phillies – wem auch sonst – entlehnt. Und zudem hatte er sich auch von Berry Gordy's Motown inspirieren lassen. Wie Motown war auch Immediate als ein Team von Songschreibern, Arrangeuren und Produzenten angelegt, die mit Kennerblick Künstler herausgreifen sollten. Wie Motown so sollte auch Immediate seinen eigenen unverwechselbaren Stil haben, eine Aura des Erfolgs, die die Firmenprodukte schon in die Hitlisten brachte, ehe die Käufer sie auch nur gehört hatten. Man muß zugeben, daß diese Formel während des vierjährigen Bestehens dieser Plattenfirma ungewöhnlich erfolgreich war.
Der größte Aktivposten im festen Stamm des Hauses war das Songschreiber-Team Mick Jagger und Keith Richard. Um den beiden, sie waren der entscheidende Faktor in dem ganzen Plan, einen Anreiz zu geben, ermutigte Oldham Mick und Keith, sich erstmals als Plattenproduzenten zu versuchen. Jagger gab sein Debüt mit Chris Farlowe, einem untersetzten jungen Rhythm and Blues-Sänger, der *Out of Time* von *Aftermath* sang. Farlowes Version, die noch mehr als Jaggers Aufnahme von spöttischem Mitleid triefte, wurde im August 1966 die erste Nummer eins des neuen Labels. Keith' erste Produktion war das »Arandbee«-(R&B-)Orchestra, das ein Medley aus frühen Stones-Hits spielte und unter dem hochtrabenden Titel *Today's Pop Symphony* herauskam. Dabei ging es eigentlich nur darum, zu beweisen, daß die Jagger/Richard-Kompositionen ebenso viel Bestand hatten wie die von Lennon/McCartney.
Der Sitz von Immediate Records war dieselbe kleine Wohnung am Iver Court, Marylebone, in der Oldham wohnte und von der aus er auch die persönlichen und »kreativen« Angelegenheiten der Stones managte. Nachdem Tony Calder sich hier auch noch in einem vergleichbar luxuriösen Büro niederließ, blieben für die Angestellten wie Shirley Arnold nur noch Ecken und Abstellkämmerchen übrig. »Es war einfach schrecklich«, erzählt Shirley, »aber wir haben es hingekriegt. Das Schlimmste an jedem Bürojob ist die Langeweile. Bei Andrew wußte man wenigstens, daß es einem nie langweilig werden würde.«
Seit sie in Ken Colyers Club ohnmächtig geworden war und sich bei ihrem Erwachen als Sekretärin des Fanclubs der Rolling Stones wiedergefunden hatte, war Shirley Arnold in Oldhams Imperium unentbehrlich geworden. Die Stones mochten sie wegen ihrer direkten Cockney-Art, ihres gesunden Menschenverstandes, ihrer Zuvorkommenheit und ihres persönlichen Einsatzes für sie alle, der weit über die Pflichten einer Sekretärin hinausging. Wenn sie auf Tournee waren, hielt Shirley ihre Eltern auf dem laufenden, gab Nachrichten an sie weiter und versicherte auch jedesmal, daß der eine oder andere Pres-

seskandal kein Grund für mütterliche Sorge sei. »Mrs. Jagger konnte ich nie besonders gut leiden. Sie hat immer nur geklagt. Aber Doris Richards war einfach prima. Sie war für alle Schandtaten zu haben. Sie hat sogar mal mit Keith einen Joint geraucht, weil sie wissen wollte, was das eigentlich ist. Das komische war, daß die Stones alles Erdenkliche getan haben, um mich davon abzuhalten, irgendwelche Drogen auszuprobieren. Vor allem Keith – und das sogar zu einer Zeit, als er sich *alles* einverleibt hat. Mir hat mal jemand im Büro was angeboten, und Keith hat mir befohlen, das Zeug nicht anzurühren.«

Shirley hatte auch Eric Easton gemocht und es bedauert, daß er brutal abgeschoben worden war, als Oldham sich mit Klein zusammengetan hatte. Das erste, was sie von Klein sah, war nicht gerade ermutigend. »Er stand in einem T-Shirt im Büro und soff Whiskey aus der Flasche. Aber nachdem ich ihn kennengelernt hatte, mochte ich ihn mit der Zeit doch. Er war immer nett zu den Mädchen im Büro, und er hat nie vergessen, uns Weihnachtsgeschenke zu kaufen. Ich erinnere mich, daß er einmal jeder von uns einen zierlichen kleinen Parfumflakon aus Porzellan geschenkt hat.«

Oldhams neuer Status als Musikmogul, der zumindest theoretisch auf einer Ebene mit Sir Edward Lewis von der Decca stand, hatte ihn veranlaßt, sein fast schon zwanghaft lässiges Äußeres abzulegen. Er trug jetzt schicke Geschäftsanzüge, Brillengestelle mit Kristallgläsern und einen nach unten gebogenen Schnurrbart, wie er ihn in seiner Kindheit in den sonntäglichen Kinofilmen bei mexikanischen Banditen gesehen hatte. Außerdem feuerte er Reg, den Schlachter als seinen Chauffeur und Leibwächter und engagierte statt dessen einen sittsameren Rowdy namens Eddie.

Aber unter dem Zapata-Schnurrbart und den schalartigen Jackettaufschlägen war nach wie vor – wie Eric Easton bekümmert vermerkt hatte – ein ausgesprochen ungezogener Junge verborgen. Wenn Eddie ihn in dem Rolls-Royce herumfuhr, den Klein ihm vermacht hatte, gehörte es zu seinen Lieblingsbeschäftigungen, einen Mitfahrenden dazu aufzufordern, seine Tür zu öffnen, sich aus dem fahrenden Wagen herauszubeugen und Oldham, der sich aus der anderen Tür hinausbeugte, unter dem Wagen hindurch anzuschauen. Eines Nachts spielte er dieses Spiel mit dem Bühnenbildner Sean Kenny und merkte dabei gar nicht, daß ihnen ein Polizeiwagen dicht folgte. »Als die Bullen uns endlich angehalten hatten, haben sie uns beide verprügelt«, erinnert sich Oldham. »Ich nehme allerdings an, daß ich sie vorher auch recht unverschämt behandelt habe.«

Zusätzlich zu seinem normalen Rolls, erwarb er eine Miniaturausgabe, die auf ein Mini Minor-Fahrgestell aufgebaut worden war – das mit Abstand teuerste und unsinnigste Spielzeug der sechziger Jahre. »Es gab im ganzen Land nur zwei davon«, sagt Shirley Arnold. »Den ersten hatte John Lennon, und daher war Andrew seines Lebens nicht mehr froh, bis er auch so einen hatte. Die Stereo-Lautsprecher des Wagens waren *außen* angebracht. Andrew hat einmal mit zweien von uns zur Mittagszeit eine Fahrt darin unternommen. Ich werde nie vergessen, wie wir in diesem winzig kleinen Rolls mit den Lautsprechern außen durchs Westend geschossen sind. Die Leute sind Andrew nur so aus dem Weg gesprungen.«

Im Büro von Immediate wimmelte es von Jugendlichen, deren Können als Sänger und Songschreiber weniger von Bedeutung zu sein schien als ihre Schönheit. »Wir haben Andrew nie für wirklich schwul gehalten«, sagt Shirley Arnold. »Aber es hat ihm doch sehr gefallen, hübsche Jungen für sich arbeiten zu lassen.«

Shirley erinnert sich, daß er als Arbeitgeber unvermittelt von grenzenloser Nachsicht zu fast psychopathischer Grausamkeit wechseln konnte. »Eines Tages kam er rein und trug seinen wunderschönen, nagelneuen Wildledermantel. Ein Junge im Büro hat den Mantel bewundert, und Andrew hat ihn einfach ausgezogen und ihn ihm geschenkt. ›Wildleder hat mir noch nie gestanden‹, sagte er dazu. Dann gab es mal jemanden in der Firma, den er loswerden wollte. Andrew hat gewartet, bis der Betreffende etwas außer Haus zu erledigen hatte. Dann hat er ihm das Büro zertrümmert.«

Oldhams mannigfaltige Rollen als Chef der Plattenfirma und als großer Film-Mogul führten immer mehr dazu, daß er das Management der Stones delegierte oder nur nachlässig betrieb. Da Allen Klein ihre Amerika-Tourneen abwickelte und Tito Burns sich um die Europa-Tourneen kümmerte, bestand für ihn kein Grund mehr, mit ihnen zu reisen. Während der letzten zwei Jahre hatte sich um die Stones herum eine eigene Organisation von Roadies gebildet, die dafür verantwortlich waren, ihre Anlage zu transportieren und, was noch entscheidender war, sie davor zu beschützen, in Stücke gerissen zu werden. Tom Keylock, ein ungeschlachter Cockney, dessen Augen nur verschwommen hinter dicken Brillengläsern zu erkennen waren, hatte auch wieder den treuen Ian Stewart engagiert. Keylocks Einmannbetrieb für Wagenanmietungen stellte den Stones die Austin Princess-Limousine, mit der sie zwischen ihren Engagements herumreisten. Er war vom Chauffeur zum Leibwächter avanciert und setzte dabei außer seinen Muskeln auch Nahkampftechniken ein, die er in seiner Militärzeit bei den Fallschirmspringern erlernt hatte.

Ende 1966 war Andrew Loog Oldham schließlich selbst dazu zu vielseitig beschäftigt, sich weiterhin die Publicity-Mätzchen auszudenken, mit denen er bisher dafür gesorgt hatte, daß die Stones in der britischen Presse berühmt-berüchtigt blieben. Jene erfundene Fünf-Millionen-Klage war sein PR-Schwanengesang. Anschließend vertraute er das Medien-Image der Stones der Obhut von Les Perrin an, einem durch und durch konventionellen PR-Mann mittleren Alters von der Fleet Street. Diese Amtsübergabe an Perrin sollte sich als eine der klügsten Entscheidungen erweisen, die Oldham je getroffen hatte.

Er selbst hatte jetzt fast nur noch in Plattenstudios mit den Stones zu tun, in jenen nicht vorhersagbaren Momenten, wenn die Stones Tourneepause hatten und an Nummern für ein neues Album arbeiten konnten. Selbst hier bemerkte er den Einfluß, den der Leibwächter Tom Keylock hatte – vor allem auf Keith, der eine unheilbare Schwäche für harte Typen hatte, und auf Brian, der geradezu rührend dankbar für jeden, wenn auch noch so kleinmütigen Verbündeten, war. Außerdem hatte sich inzwischen »Spanish Tony« zu ihnen gesellt, ein Rauschgifthändler aus Soho, der mit Keylock um Keith' Gunst wetteiferte und Brians sowie auch Robert Frasers Hauptlieferant für Haschisch und Speed war.

»Diese ganzen Hofschranzen, Chauffeure und Leibwächter haben mich verrückt gemacht«, sagt Oldham. »Es war wie früher in der Schule. Man hielt entweder zu Mick oder zu Keith oder zu Brian. Alles hat damit angefangen, daß sie sich mit der sogenannten High-Society – den Frasers, den Donald Cammells – eingelassen haben. Außerdem hatte ich was gegen die Drogengeschichten, weil sie die Geschäfte gestört haben.«

Oldham behauptet, seine Geistesgegenwart habe die Stones einmal davor bewahrt, wegen ihres Drogenkonsums von der Polizei hochgenommen zu werden, lange vor jenem berühmten Zwischenfall in Kanada. Sie waren in den Olympic Studios in Barnes zusammengekommen, um an einer Nummer zu arbeiten, aus der schließlich *Let's Spend the Night Together* wurde. »Alle waren oben im Regieraum und rauchten. Von dort aus konnte man die gesamte Länge des Studios überblicken, und das war ein reichlich großer Raum. Plötzlich sah ich am entgegengesetzten Ende etwa acht Polizisten, die durch eine Tür traten und quer durch das Studio auf uns zukamen. Ich bin sofort aus dem Regieraum gerannt und habe die beiden ersten angehalten. ›Macht schnell‹, sagte ich. ›Habt ihr Knüppel?‹ Beide haben daraufhin ihre Knüppel rausgeholt. ›Genau‹, habe ich gesagt. ›Und jetzt schlagt sie gegeneinander.‹ Die Bullen schlugen ihre Knüppel gegeneinander. ›Perfekt‹, habe ich gesagt. ›Das ist genau das, was wir für die Nummer brauchen. Könnten Sie sich bitte hierhin setzen und das während der Aufnahme tun?‹ Sie setzten sich alle völlig verunsichert hin – vergaßen ganz, daß sie uns hochgehen lassen wollten –, und wir haben aufgenommen, wie zwei von ihnen ihre Knüppel gegeneinandergeschlagen haben. Ich glaube, das ist sogar auf der endgültigen Aufnahme mit drauf.«

Christopher Gibbs war es, der Brian und Anita zum erstenmal nach Marokko brachte. Sie begleiteten ihn, wenn er nach Tanger oder Marrakesch reiste, um Teppiche, Stoffe und Kuriositäten für seinen Laden in Chelsea zu kaufen. In Tanger wohnten sie gewöhnlich im noblen Hotel Minzah. Tagsüber besuchten sie mit Gibbs den Grand Socco-Bazar und wanderten durch die lärmenden Labyrinthe, über die sich die Sonnenstrahlen wie ein Gitterwerk legten. Abends aßen sie Kebab und Couscous und sahen sich die Akrobaten und die mit Silber behängten Bauchtänzerinnen an, zogen abwechselnd an einer blubbernden Hukah, deren nach Dung schmeckender Tabak mit der stärker duftenden Substanz des Ostens durchsetzt war, die man dort längst kannte, obwohl die Marokkaner sich nur langsam daran gewöhnten, sie »shit« zu nennen.

In den vierziger Jahren war Marokko für die literarischen Kreise Amerikas das, was Paris in den zwanziger Jahren gewesen war. Der große William Burroughs, der Pascha der New Yorker Avantgarde, lebte in Tanger und regierte über einen Hof ausgewanderter Künstler, zu denen auch der Schriftsteller Paul Bowles und der Maler Brion Gysin gehörten. Die sechziger Jahre brachten einen weiteren Zustrom aus Amerika und Europa, der die immer noch halbwegs zugänglichen Genüsse des »kif« und der männlichen Prostitution kosten wollte. Am Strand von Tanger konnte man Joe Orton sehen, den »schwarzen« britischen Stückeschreiber, der sich hier mit seinem späteren Mörder Kenneth Halliwell sonnte. Im hohen Atlas konnte man auf Truman Capote stoßen, der seiner letzten dramatischen Liebe entfloh oder sie verfolgte. Im Minzah konnte man Cecil Beaton sehen, der allein neben dem Brunnen frühstückte.

Marokko übte auf Brian Jones eine stärkere Anziehungskraft aus als alles andere, seit er zum erstenmal Elmore James gehört hatte. Es war nicht nur das Haschisch, das aus einer Wasserpfeife strömte oder im Kopf einer mit Schnitzereien verzierten Pfeife schwelte. Es waren nicht nur die Kleider, Kaftans, Djellabahs, Umhänge und Westen, die mit Glasperlen oder silbernen Pailletten bestickt waren und die Anita und er neben Kissen, Fußschemeln, Kupfer- und Goldsachen und Lampen aus gehämmerten Kupfer kofferweise für ihre neue Atelierwohnung kauften. In Marokko fand Brian ein Land, dessen Alltagsleben sowohl im Geistigen als auch im Weltlichen untrennbar mit Musik verbunden ist. Auf dem Grand Socco in Tanger, in der grün und weiß gekachelten Stadt Fes und vor allem auf dem großen Marktplatz aus rotem Lehm in Marrakesch faszinierte es ihn, Musiker zu sehen, die auf Flöten und Trommeln zarte, tausend Jahre alte Berbermelodien spielten. Diese Musik untermalte jeden Handel, jede Unterhaltung, jeden Gottesdienst und jeden Streit. Von Brion Gysin hörte er von den großen Musikern in Jajouka in den Ausläufern des Rifgebirges, deren Flötenmusik, die auf vorislamische Zeiten zurückging, so stark auf Gysin gewirkt hatte, daß er schwor, er könne keinen Tag mehr vergehen lassen, ohne sie zu hören. Brian hatte Gysin gebeten, ihn nach Jajouka mitzunehmen, weil er die meisterlichen Musiker hören und möglicherweise auch mit ihnen darüber sprechen wollte, Platten mit den Stones aufzunehmen.

Mick Jagger und Marianne Faithfull, 15. August 1967. Foto: Keystone

Christopher Gibbs erinnert sich in erster Linie an die ständigen Reibereien zwischen Brian und Anita auf dieser Reise im Sommer 1966. »Sie haben sich über alles gestritten – Autos, Preise, die Speisekarten in Restaurants. Brian hat nie eine Chance besessen, aus einem Streit mit Anita als Sieger hervorzugehen, aber er machte immer wieder den Fehler, es zu versuchen. Es kam zu schrecklichen Szenen, bei denen beide sich gegenseitig anschrien. Was beide dabei voneinander unterschied, war, daß Brian nicht wußte, was er tat, Anita es aber ganz genau wußte. Ich

glaube, in einem barmherzigeren Zeitalter hätte man Anita als Hexe bezeichnet.«
Gibbs war gemeinsam mit den beiden in Tanger, als das Londoner Büro der Stones verlauten ließ, Brian habe sich beim »Klettern« die Hand gebrochen. In Wahrheit hatte er Anita schlagen wollen, doch statt dessen hat er einen Fensterrahmen aus Metall getroffen.

In diesem Sommer begann auch Mick Jaggers Verhältnis mit Marianne Faithfull, und es entwickelte sich so behutsam, daß Marianne selbst eine Zeitlang so gut wie nichts davon mitbekam. Mick hüllte sich selbst bei einem so entscheidenden Schritt in Zweideutigkeiten und hielt sich alle Möglichkeiten offen. Als er sich von Chrissie Shrimpton löste, glaubten die meisten seiner Freunde, es sei wegen eines anderen Mädchens, das Tish hieß. Selbst als er endlich Anlauf zu einem Kopfsprung nahm und Marianne bat, ihn heimlich in Paris zu treffen, schien er sich immer noch alles offenhalten zu wollen. Donald Cammell, der Filmproduzent, erinnert sich an eine Party in Paris, bei der Mick die meiste Zeit damit beschäftigt war, den Schein aufrechtzuerhalten, daß er und Marianne sich nur zufällig getroffen hätten.
Bald darauf nahm er seinen ganzen Mut zusammen und sagte Chrissie endlich, daß zwischen ihnen alles aus sei. Chrissie nahm die Eröffnung schlecht auf und versuchte sogar einmal, als Mick nicht da war, sich im Harley House umzubringen. Es sollte nicht das letzte Mal sein, daß sein Wunsch, den Schein unter allen Umständen zu wahren, von Selbstmordversuchen durchkreuzt wurde.
Er machte sein Verhältnis mit Marianne so beiläufig wie nur möglich bekannt, indem er mit ihr in einer gemieteten Yacht eine ausgedehnte Kreuzfahrt vor der französischen Riviera machte. Abends gingen sie an Land und tanzten unerkannt in den Diskotheken an der Strandpromenade. »Mit einem Discjockey hatten wir uns besonders angefreundet«, erzählt Marianne. »Eines Abends habe ich ihn gefragt, ob er Speed hätte.« Der Discjockey schüttete ihr daraufhin einen ganzen Schwung Amphetamine italienischer Herkunft in die Hände.
Als sie nach London zurückkehrte, um zu Mick Jagger ins Harley House zu ziehen, glaubte Marianne, sie hätte bereits alle Aufputscher geschluckt, die der französische Discjockey ihr gegeben hatte. Das hatte sie auch – alle bis auf vier, die dort blieben, wo sie ihren Vorrat versteckt hatte – in der Tasche eines grünen Samtjacketts von Mick.

8
»Nobody knowing what to do, or when . . .«

News of the World nimmt einen einzigartigen Platz in einer Hauptverkehrsstraße der Londoner City ein, die mitsamt ihren düsteren Nebenstraßen unter dem Oberbegriff »Fleet Street« bekannt ist. Genaugenommen ist der Sitz von *News of the World* in der Bouverie Street, einem Seitenarm, in dem auch die satirische Zeitung *Punch* beheimatet ist. Im Lauf der Jahre hat *Punch* immer wieder probiert, die Veröffentlichungen der benachbarten Zeitschrift zu parodieren, doch jedesmal wieder mußte *Punch* einsehen, daß seine Bemühungen von der nächsten Ausgabe der Originalvorlage absolut in den Schatten gestellt wurde. Die *News of the World* liegt jenseits dessen, was man parodieren kann.

Einzigartig ist allein schon die erstaunliche Breite ihres Leserkreises. Mit einer wöchentlichen Auflage von sechs Millionen wird sie nur noch von Tokios *Asahi Shimbun* überrundet, der auflagenstärksten Zeitung auf Erden. Wenn man davon ausgeht, daß jede verkaufte Zeitung von drei Leuten gelesen wird, muß man einräumen, daß sich allsonntäglich etwa achtzehn Millionen Briten nach dem Mittagessen ermattet hinsetzen, diese große, altmodisch gedruckte Zeitung aufschlagen und in jene unverwechselbare Halbwelt eintauchen, in der Skandale und lüsterne Enthüllungen eine Koexistenz mit moralischer Empörung eingehen, die an das Zeitalter Gladstones erinnert.

Seit einem dreiviertel Jahrhundert erbaut *News of the World* ihre immense Lesergemeinde mit einer kaum abgewandelten Diät an Pfarrern, die als Sexfanatiker bloßgestellt werden, Pfadfinderführern, deren Homosexualität sich herausgestellt hat, Milchmännern, die Serails in den Vorstädten unterhalten, und methodistischen Laienpriestern, die in ihren »Liebesnestern« in Streatham überrascht werden. Diese Pechvögel werden unter dem heuchlerischen Alibi der Sorge um die öffentliche Moral mit einer voyeuristischen Würze ans Kreuz geschlagen, die wahrer Pornographie näher ist als alles, was die finstersten Gassen in Soho bieten können. Dasselbe trifft auch für die »Erkundungen« größerer gesellschaftlicher Übel zu, die die Zeitung in regelmäßigen Abständen unternimmt. Dabei herrscht die monotone Tendenz, sich die organisierte Prostitution vorzunehmen, und die Nachforschungen werden dann von »Geheimagenten« durchgeführt, die sich als Lockspitzel betätigen. Eine solche Erkundung wird erst als erfolgreich angesehen, wenn ein Reporter von *News of the World* berichten kann, daß jemand mit verbotenen Gunstbezeugungen an ihn herangetreten und er »mit einer Ausrede gegangen ist«, und wenn der unermüdliche Kämpfer für das Seelenheil seine Funde unter der althergebrachten Schlagzeile veröffentlichen kann: »Wir nennen die Schuldigen beim Namen«.

Zwar war diese Formel 1967 noch genauso zugkräftig wie 1907, doch *News of the World* war immer bereit, seinen rechtschaffenen Zorn auch auf aktuellere zweifelhafte Objekte, Steine des Anstoßes und Erreger öffentlichen Neides zu richten. Im Januar 1966 wurden Brian Jones' ärgste Befürchtungen wahr, als Pat Andrews, seine ehemalige Freundin aus Cheltenham, vor dem Gerichtshof London Südwest Alimente für ihren vierjährigen Sohn Julian einklagte. Am folgenden Sonntag erschien in *News of the World* eine ganzseitige Geschichte über Pat und ihre gegenwärtige Not als Verkäuferin mit elf Pfund

Verdienst pro Woche. Die Überschrift lautete: »Das Mädchen, das einen Rolling Stone liebte«. Das veranlaßte *The People*, in puncto Schmutzwäsche der größte Konkurrent von *News of the World*, zu einer Fortsetzung, die (unter der enigmatischen Überschrift »Brain Jones hat noch ein Baby«) über Linda Lawrence und die außergerichtliche Einigung berichtete, zu der sie Brian kürzlich genötigt hatte, um Unterstützung für seinen zweiten Sohn namens Julian zu bekommen.

Erst allmählich war es den nicht gerade überragenden Geistern in der Bouverie Street aufgegangen, daß sich aus der Welt der Popmusik eine unwiderstehliche Mischung aus Show-Biz-Skandalen und wortgewaltigen Kreuzzügen für die Moral zusammenrühren ließ. Für die Leser der Sonntagszeitungen war Popmusik in zunehmendem Maß gleichbedeutend mit Drogen. Sie stand für eine Perversion, die plötzlich aus den viktorianischen Novellen auferstanden und zu etwas geworden war, was praktisch bereits aus dem Transistorradio des eigenen Kindes ertönte. Drogen und der zunehmende Gebrauch, den »junge Leute« – durch die Popmusik eindeutig dazu ermutigt – von ihnen machten, waren Themen, von denen die Fleet Street inzwischen geradezu besessen war. Doch noch hing die Drohung nur vage in der Luft. Kein bestimmter Popstar stand vor Gericht. Daher machte sich *News of the World* im Februar 1967 auf ihre unnachahmliche Weise daran, die Namen der Schuldigen zu nennen.

Wenn die Stones es darauf angelegt hätten, sich selbst zum Angriffsziel Nummer eins zu küren, hätten sie das wohl kaum besser anfangen können. Am 22. Januar löste der Titel ihrer neuen Single *Let's Spend the Night Together* in der britischen Boulevardpresse einen Aufstand aus. Sicherlich war es ein suggestiver Titel, aber auch nicht suggestiver als ein Dutzend anderer Songs, die nächtliche Vergnügungen vorschlugen – von Bing Crosbys *Blue of the Night* bis Elvis Presleys *One Night With You*. Die Stones wiederholten lediglich, was in jenen Tagen den jungen Männern gegenüber einem Mädchen nur allzu leicht über die Lippen kam und umgekehrt. Natürlich konnte man von der Fleet Street nicht erwarten, daß sie etwas derart Simples begriff. In Amerika war die Empörung im Verhältnis sogar noch größer. Für die Ed Sullivan-Show mußte Mick Jagger den Text in »Let's spend some time together« umändern.

Eine unendlich viel ernstere Sache ereignete sich jedoch am 22. Januar, als die Stones im beliebtesten Fernsehvariété Großbritanniens auftraten, in Sunday Night at the London Palladium. Wöchentlich sahen etwa zehn Millionen dieses einstündige Schauspiel mit Jongleuren und Trampolinspringern und einem abschließenden »Star Spot«, der an einem Sonntag mit Frank Sinatra und am nächsten mit der Dame Margot Fonteyn besetzt sein konnte. Die Show war eine Wochenendtradition, die sich vor einer sichtbaren Kulisse abspielte und ein »Live«-Publikum hatte. Der abschließende Höhepunkt hatte schon immer darin bestanden, daß der Spitzenstar mit den anderen aufgetretenen Künstlern und mit federgeschmückten Showgirls, die zwischen gigantischen Buchstaben verteilt waren, die den Titel SUNDAY NIGHT AT THE LONDON PALLADIUM ergaben, eine runde Bühne bestieg. Zu schwülstiger Geigenmusik und dem fröhlichen Winken zum Abschied, begann sich die kleine Bühne mit den Künstlern und den gigantischen Buchstaben dann langsam zu drehen.

Seit dem legendären Auftritt der Beatles im Jahr 1963 waren die meisten bedeutenden Popgruppen im Palladium aufgetreten und hatten von der Drehbühne aus dem Publikum zugewinkt. Folglich handelte es sich um ein schlichtes Kopfjägergeschäft, als Lew Grade, der Boß des ATV-Senders, seinen alten Freund Tito Burns unter Druck setzte, er solle die Stones zu einem Auftritt überreden. »Ich mußte sie wirklich beschwatzen«, erzählt Burns. »Scharf waren sie nicht darauf. Aber es war nun mal die größte Fernsehshow. Ich konnte davon ausgehen, daß Lew Grade mir auf alle Zeiten dankbar sein würde.«

Zwei Stunden vor Sendebeginn nahm Tito Burns einen gequälten Anruf aus dem Londoner Palladium entgegen. Bei den Proben hatten sich die Stones schlicht geweigert, sich auf die Drehbühne zu stellen und dem Publikum zum Abschluß zuzuwinken. Burns begab sich eilig ins Palladium. Dort fand er Mick Jagger in einem geblümten Hemd vor. Jagger hatte eine heftige Auseinandersetzung mit Andrew Loog Oldham und dem Studio-Toningenieur der Stones, Glyn Johns, sowie dem Produzen-

ten der Show, Albert Locke. Allmählich wurde klar, daß Jagger derjenige war, dem das Herumgedrehtwerden und Winken nicht paßte. Seine Weigerung drückte er mit den Worten aus, er lasse die Stones nicht »zu einer Zirkusnummer« machen.
»Ich habe mein Bestes getan, um ihn zu überreden«, erzählt Tito Burns. »Ich habe gesagt, das sei nun mal Tradition und könne nichts schaden.« Doch Jagger blieb felsenfest bei seiner Weigerung. Albert Locke stapfte erbost davon, um sich ein alternatives Finale auszudenken, bei dem die Stones von der Bühne abtraten, während alle anderen sich drehen ließen und winkten. Oldham war in der Zwischenzeit aus dem Theater verschwunden. »Ich nehme an, er ist in seine Klinik gegangen«, sagt Tito Burns. »Er ist reichlich oft in diese Klinik gegangen, um dort drei Tage lang durchzuschlafen.«
Die »Beleidigung«, die die Stones dem Londoner Palladium, den anderen auftretenden Künstlern und Lew Grades Drehbühne zugefügt hatten, hielt sich als Stadtgespräch bis in die folgende Woche hinein. Noch am Donnerstag trafen bei der *Mail* so viele erboste Leserbriefe ein, daß sich eine ganze Seite damit füllen ließ. »Für wen halten die sich eigentlich?« stand in einem Leserbrief von (Mrs.) E. M. Smith aus Clive Yale, Hastings, Sussex. »Eine so abstoßende Sendung habe ich noch nie gesehen.« (Mrs.) E. M. Smith sollte schon kurze Zeit später wesentlich mehr Grund zum Staunen haben.

Am 5. Februar veröffentlichte *News of the World* unter der Überschrift »Geheimes aus dem Versteck der Popstars« einen groß aufgemachten Artikel, der sich in der dramatischen Stakkato-Schreibe von Reportern versuchte, die sich wie »Superdetektive« in die Unterwelt einschleichen.
In diesem Fall war die Unterwelt überraschenderweise in Roehampton angesiedelt, in einem Londoner Vorort, der hauptsächlich durch sein Krankenhaus bekannt ist, das sich auf künstliche Gliedmaßen spezialisiert hat. Nach Angaben von *News of the World* hatten sich in Roehampton wilde LSD-Partys in einem Haus abgespielt, das eine recht bekannte Popgruppe, die Moody Blues, gemietet hatte, doch häufig wurde dieses Haus auch von einer noch wesentlich berühmteren Gestalt aufgesucht – Mick Jagger von den Rolling Stones.
Als sie davon erfuhren, hatten die Spürhunde von *News of the World* natürlich sofort den Wunsch gehabt, Mick Jagger aufzusuchen und ihn auf dieses abscheuliche Verbrechen hin anzusprechen. Sie beschrieben ihre lange Nachtwache in einem Club, von dem es hieß, daß er dort Stammkunde sei – Blase's, in der Nähe der Oxford Street –, und ihren Triumph, als der bekannte Rolling Stone den Club betrat, sich mit einem Interview einverstanden erklärte und sofort alles offen zugab, was sie ihm anlasteten – ein Geständnis, das dadurch noch spektakulärer ausfiel, daß das Team von *News of the World* einen Hang dazu hatte, LSD mit Haschisch zu verwechseln.
»Ich steh' nicht mehr drauf, seit das alle machen«, zitierten sie ihren – äußerst gesprächigen – Interviewpartner. »Das Zeug hat heute einen schlechten Ruf. Ich erinnere mich noch an das erste Mal. Das war auf der Tournee mit Bo Diddley und Little Richard . . .«
»Während wir im Blase's waren«, fuhren die Auskundschafter fort, »nahm Jagger etwa sechs Benzedrinetabletten. ›Wenn ich die nicht hätte, könnte ich in solchen Kneipen nicht wach bleiben‹, sagte er . . . Später hat Jagger im Blase's einem Kumpel und einer Freundin ein Stück Haschisch gezeigt und sie zum Rauchen in seine Wohnung eingeladen.«
Die Verwechslung zwischen LSD und Haschisch war keineswegs der einzige Schnitzer, der den Spürhunden von *News of the World* in jener Nacht unterlief. Während der ganzen Zeit, in der sie mit Mick Jagger zu reden glaubten, hatten sie in Wirklichkeit mit Brian Jones gesprochen.

Jeder, der auch nur das Geringste über den wirklichen Jagger wußte, hätte den unglücklichen Stümpern sagen können, wie vollkommen ausgeschlossen es war, daß er öffentlich »Bennies« schlucken und Haschischbrösel aus der Tasche ziehen würde, von den zitierten kumpelhaften Geständnissen ganz zu schweigen. Jeder, der Jagger kannte, wußte, daß seine Einstellung gegenüber Drogen ebenso schüchtern und vorsichtig war wie gegenüber Frauen, Friseuren, Kleidern und der Farbe seiner Wagen. Er rauchte zwar mit Sicherheit Haschisch und hatte auch einige Male Kokain geschnupft, doch immer nur mit äußerster Diskretion. Aber der eigentliche Witz an der Geschichte war, daß Jagger selbst ein ungutes Gefühl dabei hatte, wie leichtsinnig Brian und Keith mit dem LSD umgingen. Er fürchtete sowohl die Wirkung auf die beiden als Menschen als auch das klare Risiko, daß sie damit auffliegen könnten. Erst eine Woche zuvor hatte er beim Verlassen von Keith' Haus in Sussex Donald Cammell seine dunklen Vorahnungen zugeraunt. Cammell erinnert sich, daß er sagte: »Wir haben das alles nicht mehr im Griff. Ich weiß nicht, wo das enden soll.«

Zu seinen Gewohnheiten im Harley House gehörte es, Sonntag morgens das Bett, das er mit Marianne teilte, unter einem Berg Zeitungen – ernste und Popmagazine – verschwinden zu lassen, und als erstes las er *News of the World*. Anfangs war er leicht belustigt, dann verblüfft und schließlich so außer sich vor Wut, daß er seine gewohnte Vorsicht in den Wind schrieb. An jenem Sonntag abend sollte er in Eamonn Andrews Talk-Show auftreten. Als Andrew behutsam die Drogenfrage ansprach, verkündete Jagger, die ganze Geschichte sei erlogen, und er werde umgehend eine Verleumdungsklage gegen *News of the World* anstrengen.

Das war, mit Robert Fraser formuliert, »der Oscar Wilde-Fehler« – den Rechtsweg zu beschreiten, um eine spezielle Unterstellung zu bestreiten, obwohl man die vorgeworfenen Sünden im allgemeinen begangen hatte. Ein ähnlicher Irrtum war es, sich einzubilden, daß *News of the World* schlicht zahlen und sich entschuldigen würde, wenn der Zeitung eine offensichtliche Verleumdung angelastet werden konnte, für die sie Schadenersatz leisten mußte.

News of the World tat das Nächstliegende, indem man auf weitere Quellen zurückgriff, um zu belegen, daß Jagger, selbst wenn er weder in Roehampton LSD genommen noch im Blase's »Bennies« geschluckt hatte, dennoch Drogen nahm und somit eine Bedrohung für die Gesellschaft darstellte. Wenn das nachzuweisen war, hatte er keine Chance mit seiner Verleumdungsklage. Die Schwierigkeit bestand jetzt darin, daß es *News of the World* gesetzlich untersagt war, weitere Nachforschungen anzustellen, ehe die Verleumdungsklage vor Gericht kam. Doch natürlich konnte niemand die Zeitung daran hindern, einen ausführlichen Bericht zu bringen, falls die Polizei Jaggers Haus durchsuchen und Drogen bei ihm finden sollte. Und kein englisches Gericht konnte eine Zeitung dafür bestrafen, daß sie das, was – wie spät auch immer – gefunden wurde, die Wahrheit nannte.

Jagger glaubte, daß sein Telefon angezapft worden sei. Sollte das tatsächlich gestimmt haben, dann war die Falle so offensichtlich, daß er sie durch eine einwöchige Telefonpause leicht hatte umgehen können. Statt dessen ließ Mick Jagger sich zu einer weiteren, noch kolossaleren Dummheit verleiten.

Für das nächste Wochenende nahm er eine telefonische Einladung von Keith zu einer Party an. Außer Marianne und ihm waren zu der Party in Redlands Robert Fraser, Christopher Gibbs, der Fotograf Michael Cooper, George und Pattie Harrison eingeladen und ein weiterer Gast namens Acid King David Schneidermann.

Schneidermann war erst drei Wochen zuvor unerwartet aus Kalifornien eingetroffen, doch im Kreis der nächsten Anhänger der Stones war er bereits vollkommen akzeptiert. Acid King David handelte nämlich mit LSD. In einem ledernen Diplomatenkoffer trug er Unmengen der begehrten Sorte, die sich »Sunshine« nannte und von einem berühmten Chemiker in San Francisco entwickelt worden war, mit sich herum. Die Droge hatte die Form von Pillen, die in psychedelischem Orange gehalten waren. Schneidermanns Aura war eine Mischung aus Hexenmeister und Butler. Bei privaten Wochenendpartys suchte er der Reihe nach jeden Gast in seinem Schlafzimmer auf und brachte ihm Tee und einen Sunshine-Trip ans Bett. »Inzwischen kann ich mir ein klareres Bild von ihm machen«, sagt Christopher Gibbs. »Ich nehme an, er war eine Art marktorientiertes Blumenkind. Er wußte mehr über Drogen als jeder andere, den die Stones je kennengelernt hatten. ›Was!‹ sagte er zum Beispiel. ›Du willst doch nicht etwa sagen, daß du noch nie etwas von Dimethyltriptomin gehört hast!‹«

Alles endete damit, daß Mick Jagger, während seine Feinde ihn genau überwachten, zusagte, mit Marianne nach Redlands zu kommen und sich von Acid King David seine erste Dosis LSD geben zu lassen.

Am kommenden Samstag abend folgten insgesamt

elf Gäste Keith' Bentley nach West Wittering, um einen angenehm ruhigen, entspannten Sonntag bei ihm zu verbringen. Es waren auch wirklich alle, die zum engsten Kreis um Jagger gehörten, erschienen: Marianne, Robert Fraser, Christopher Gibbs und Michael Cooper, außerdem George und Pattie Harrison und Frasers marokkanischer Diener Ali. Nur zwei Menschen in dieser Gesellschaft zählten nicht zu den engen Freunden und Vertrauten. Einer von ihnen war Acid King David Schneidermann, der andere Nicky Cramer, ein Blumenkind aus der King's Road. Keith konnte sich nicht erinnern, ihn eingeladen zu haben, doch er akzeptierte ihn trotzdem als Teil des ewigen Kontingents unbekannter Anhänger, an das er gewöhnt war.

In den folgenden zwölf Stunden wurde in Redlands weitgehend geschlafen. Bis zum späten Morgen ließ sich niemand blicken außer Acid King David, der seine Butlerrunde durch die fünf Schlafzimmer mit Tee und so viel Sunshine drehte, daß jeder Gast ermattet auf die Reise geschickt wurde, ohne sich auch nur aufsetzen zu müssen. Erst am frühen Nachmittag fand man sich in Keith' langgestrecktem Wohnzimmer mit hohen Dachsparren ein, entspannt und erheitert von den Visionen, die Acid King David ihnen verschafft hatte. Der Wintertag war mild und sonnig, und so beschlossen sie, mit mehreren Wagen eine »Mystery Tour« durch die ländliche Gegend von Sussex zu unternehmen und bei einem Haus vorbeizufahren, in dem früher der surrealistische Maler Edward James gewohnt hatte und von dem es gerüchteweise hieß, dort stehe ein Sofa in der Form von Mae Wests Lippen.

Sie fanden Edward James' Haus nicht, doch sie verbrachten angenehme Stunden damit, auf den leeren Straßen spazierenzufahren und durch die Wälder, die an Keith' Grundstück grenzten, zu laufen, bis sie an einen kleinen Strand mit Kieselsteinen gelangten. Michael Cooper fotografierte Keith mit Sonnenbrille und einem afghanischen Pelzmantel, wie er Luftsprünge auf den Kieselsteinen vollzog und anscheinend völlig sorglos war.

Sie fuhren zurück und kamen etwa um achtzehn Uhr am Haus an. Kurz darauf entschied George Harrison, daß er sich langweile, und er und Patty fuhren zu ihrem psychedelischen Bungalow in Surrey. Im nachhinein erscheint es, als sei mit George ein glückbringender Talisman aus dem Haus verschwunden. Keith zumindest ist nach wie vor davon überzeugt, daß sich die folgenden Ereignisse nicht zugetragen hätten, wenn ein Beatle, dessen Immunität fast unantastbar war, im Haus gewesen wäre. »Wenn ihr mich fragt«, hat Keith seitdem wiederholt gesagt, »dann waren sie längst da draußen und haben nur gewartet, bis George ging.«

Die acht männlichen Partyteilnehmer fanden sich im Wohnzimmer ein, das teils im altenglischen Stil gehalten und teils ein nach Räucherstäbchen duftender Bazar in Marrakesch war. Marianne Faithfull war nach oben gegangen, um ein Bad zu nehmen. Sie hatte keine Kleider zum Wechseln mitgebracht, und das, was sie angehabt hatte, war nach der Landpartie verknittert und schmutzig. Statt sich wieder anzuziehen, kam sie daher in ein Fell gewickelt, das sie von einem der Betten genommen hatte, wieder nach unten. Nach dem Abendessen – einem marokkanischen Buffet, das Robert Frasers Ali zubereitet hatte –, setzte sich die Gesellschaft vor den Fernsehapparat und hörte Musik von Bob Dylan, während sie auf den sonntäglichen Spielfilm warteten, der Jack Webb in »Pete Kelly's Blues« zeigen sollte. Es war, mit Christopher Gibbs Worten gesprochen, »ein Bild echten häuslichen Friedens«.

Gegen neunzehn Uhr dreißig bewegt sich ein Trupp von neunzehn Polizeibeamten mit den verschiedensten Fahrzeugen die lange, bewaldete Zufahrt hinauf, die Redlands mit der Straße nach Chichester verbindet. Der Hinweis, der eingegangen war, hatte dem Polizeirevier von West Sussex reichlich Zeit gegeben, die Razzia in großem Stil zu planen. So konnte sie es fast mit der Landung Wilhelm des Eroberers im nahe gelegenen Hastings aufnehmen. Der Polizeitrupp setzte sich aus Spezialisten des Rauschgiftdezernats sowie aus Polizisten des örtlichen Polizeireviers zusammen, sowohl in Zivil als auch in Uniform, und es waren auch drei Polizistinnen dabei, die die weiblichen Verdächtigen durchsuchen sollten. (Man rechnete damit, auf der Party drei Frauen vorzufinden – Marianne, Pattie Harrison und Anita Pallenberg.) Die Truppen wurden von Chefinspektor Gordon Dineley vom Polizeirevier West Sussex befehligt, der in voller Uniform und mit einer Mütze, die weiße Litzen zierten, erschienen war.

In Redlands hörte niemand den Polizeikonvoi. Das erste, was auf die Eindringlinge hinwies, war ein einzelnes Gesicht, das kurz hinter einer der Fensterscheiben zu sehen war. »Keith hat aufgeschaut und gesagt, draußen müsse irgendeine kleine alte Dame stehen«, erinnert sich Marianne. »Er dachte, es sei wohl irgendein Fan, der ein Autogramm haben wollte.«

Dann setzte ein heftiges Klopfen an der Haustür ein. Keith erhob sich widerwillig aus seinen Kissen, um zu öffnen. Die anderen sahen einen Moment später in ihrer sanften, leicht heiteren Benommenheit auf, und der Anblick, der sich ihnen bot, schien Marianne eine der vielen durch das LSD ausgelösten Halluzinationen zu sein, die nur diesmal reichlich lächerlich war. Chefinspektor Gordon Dineley stand mitten unter ihnen, in düsterer Pracht, wie ein Dienstmann aus einer anderen Galaxis, und verkündete, er habe gemäß dem Rauschmittelgesetz von 1964 einen Hausdurchsuchungsbefehl.

Daraufhin folgte eine kurze Pause, in der die Opfer die Polizisten angafften, die jetzt durch alle Ritzen ins Haus eindrangen, und die Polizisten auf eine Szene niedersahen, die später unter Eid als ein Bild geradezu unglaublicher Dekadenz geschildert werden sollte. Sie sahen die bis zur halben Höhe mit Holz verkleideten Wände an, die mit marokkanischen Teppichen behängt waren; die riesigen, bestickten Kissen, die auf dem Fußboden lagen; den Fernsehapparat, der stumm vor sich hinflimmerte, während Bob Dylans Stimme klagend und zynisch aus den Lautsprechern der Stereoanlage klang; die kleinen, fast kindlichen Gestalten in bestickten Gewändern, die zwischen Kissen und Weinflaschen lagen; das Haar, das kreideweiße Gesichter umrahmte, die den Polizisten zugewandt waren und noch nicht ganz den Ernst der Situation begriffen hatten; das spezielle Gesicht, das sich in den Gehirnen so vieler Polizisten wie der Aushang eines gesuchten Verbrechers eingeprägt hatte. »Der arme Mick ... Er konnte sein Pech kaum fassen«, sagt Marianne. »Er wagt zum ersten Mal, einen LSD- Trip zu nehmen, und schon stürzen achtzehn Polizisten durch die Tür.«

Marianne als einziges Mädchen unter acht Männern und nur mit einem Fell bekleidet, war das Detail, das dieser Szene ihre Unsterblichkeit verlieh. Die Decke war wirklich enorm groß; nach Keith' Angaben hätte man drei Mädchen von Mariannes Größe darin einmummen können. Dennoch sagte Sergeant Stanley Cudmore später aus, sie habe absichtlich versucht, ihn zu provozieren, indem sie das Fell von sich gleiten ließ und »Teile ihres nackten Körpers entblößte«, als er sie sich näher ansah, um sie auf die Symptome hin zu untersuchen, die gewöhnlich nach dem Rauchen von Cannabis auftreten.

In der Zwischenzeit stellte Chefinspektor Dineley Keith die formelle Frage, ob er der Besitzer des Anwesens sei. Keith – der bis zum Schluß die Würde bewahrte – bejahte dies und bat den Chefinspektor höflich, seinem Razzia-Kommando zu sagen, es solle nicht auf sämtlichen wertvollen Kissen herumtrampeln, die auf dem Boden lagen.

Die meisten Anwesenden, darunter auch Mick Jagger, glaubten in diesem Stadium noch, daß kein Grund zur Panik bestehe. Sie hatten zwar alle LSD geschluckt, doch im übrigen war keiner von ihnen im Besitz der Droge. Der gesamte Vorrat befand sich im Diplomatenkoffer von Acid King David – und der lag zufällig ganz offen und sichtbar mitten im Wohnzimmer.

Nur Robert Fraser hatte Grund, die bevorstehende Leibesvisitation zu fürchten. In einer Hosentasche trug Fraser nämlich eine kleine, geschnitzte Holzkiste bei sich, die vierundzwanzig Rationen Heroin enthielt, die ihm von Keith' wichtigstem Drogenbeschaffer, »Spanish Tony« Sanchez, geliefert worden waren. In einer anderen Tasche hatte er einen Klumpen Haschisch und ein paar Amphetaminpillen. Trotz seiner wirren Verfassung war Fraser klar, daß er zumindest das Heroin verschwinden lassen mußte. Er ließ unauffällig eine Hand in seine Hosentasche gleiten, um die Kiste zu öffnen, und dann begann er, die kleinen weißen Tabletten in den Saum seiner Tasche zu schütten.

Die Polizeibeamten waren jetzt über ganz Redlands verteilt. Sie öffneten Schränke, kippten Schubladen aus und prüften finster die kleinen Plastikbeutel mit Senf und Mayonnaise, die Keith von den diversen Auslands-Tourneen mitgebracht hatte. In dem Schlafzimmer, das sie mit Mick teilte, wurde eine kichernde Marianne von Detective Constable Rosemary Slade durchsucht – oder genauer gesagt, prüfend begutachtet, denn sie war nackt. Ein männlicher Polizeibeamter hatte bereits das grüne Samtjak-

kett an sich genommen, das Mick seit der Kreuzfahrt mit Marianne vor der französischen Riviera nicht mehr getragen hatte.
Unten im Wohnzimmer standen Jagger, Richard, Michael Cooper, Acid King David, Nicky Cramer, Ali, der Marokkaner, Robert Fraser und Christopher Gibbs in einer Reihe nebeneinander, um sich filzen zu lassen. Die Polizei hatte mittlerweile zwischen der Beute und den anwesenden »Gentlemen« unterschieden und behandelte sowohl Gibbs als auch Fraser mit einer fast unterwürfigen Höflichkeit. Der erste Fund wurde bei Acid King David gemacht – eine kleine Blechdose mit Cannabis und etwas, das der Polizist als »eine Kugel aus braunem Zeug« in seinem Notizbuch festhielt. Niemand jedoch versuchte, Acid King Davids Aktentasche zu untersuchen, die seinen LSD-Vorrat und auch alle anderen Arten exotischer Drogen enthielt und gut sichtbar zwischen den Kissen auf dem Fußboden lag. Als endlich jemand die Hand nach ihr streckte, rief Acid King David: »Öffnen Sie diese Tasche bitte nicht, sie ist voll mit belichteten Filmen.« Der Beamte zog seine Hand zurück und murmelte eine Entschuldigung.
Zu dem Zeitpunkt, als der junge Polizeibeamte, der ihn durchsuchen sollte, schließlich seine Taschen abklopfte, war es Robert Fraser bereits gelungen, sämtliche vierundzwanzig Heroinpillen aus dem geschnitzten Tablettendöschen zu schütteln. Der Polizist fand die Dose, untersuchte sie und fragte, wie die weißen Puderspuren in die Dose kämen. Fraser erwiderte, er sei Diabetiker; in dieser Dose trage er seine Insulinvorräte bei sich. Dann wurden die Tabletten aus seinem Taschensaum gefischt und einem vorgesetzten Beamten gezeigt, der gewillt zu sein schien, Frasers Geschichte zu glauben, daß sie nur Insulin enthielten. »Er hat sie mir wiedergegeben. Dann hat er gesagt: ›Eine sollte ich doch lieber behalten, um sie analysieren zu lassen.‹ In dem Moment wußte ich, daß ich dran war.«
Jagger war inzwischen durchsucht und für »clean« befunden worden. Jetzt zeigte ihm ein Wachtmeister das grüne Samtjackett und das kleine Glasröhrchen, das in einer der Taschen entdeckt worden war. Das Röhrchen enthielt die letzten vier Amphetamintabletten, die Marianne Faithfull vor drei Monaten von ihrem Freund, dem französischen Discjockey, bekommen hatte.
Trotz der beträchtlichen Bedrängnis gelang Jagger in diesem Moment das für ihn ganz untypische Kunststück, sich augenblicklich zu entscheiden. Er beschloß, daß er die Schuld um Mariannes willen auf sich nehmen müsse. Er bejahte, daß das Jackett ihm gehöre, und als er gefragt wurde, ob die Tabletten ebenfalls seine seien, erwiderte er: »Ja. Mein Arzt hat sie mir verschrieben.« Er nannte sogar den Namen eines Arztes – Dr. Dixon Firth – in Wilton Crescent, Knightsbridge. Auf die Frage, wozu er die Tabletten brauche, erwiderte er: »Um wach zu bleiben und zu arbeiten.«
Das Tablettenröhrchen landete bei der übrigen Beute – zwei geschnitzte Pfeifen, eine Dessertschale, die als Aschenbecher benutzt worden war und auf einem Nachttisch gestanden hatte, Robert Frasers Heroinbombe und Keith' amerikanische Zündholzheftchen und Senfbeutel. Dann wurde Keith formell darauf hingewiesen, falls einer dieser Gegenstände gesetzeswidrige Drogen enthielte, müsse er mit zusätzlicher Strafverfolgung rechnen, weil er den Gebrauch auf seinem Anwesen zugelassen habe. »Ich verstehe«, sagte Keith trocken. »Sie wollen mir alles anhängen.« Man verabschiedete sich – keine der beiden Parteien beschwerte sich je über Unhöflichkeiten der anderen Seite –, und Chefinspektor Gordon Dineley verschwand in seiner litzenverzierten Uniform mit seinem euphorischen Sonderkommando in den Wäldern des abendlichen Sussex.

Im nächsten Moment läutete das Telefon. Es war Brian Jones, der aus London anrief, um mitzuteilen, er habe gerade seine Arbeit an der Musik für Anitas neuen Film beendet, und in zwei Stunden könnten sich beide zu der Party gesellen. »Spar dir die Mühe«, sagte Keith zu ihm. »Wir sind gerade eben alle hochgegangen.«
Die Atmosphäre unter Keith' Partygästen war erstaunlich ruhig. Christopher Gibbs erinnert sich an »ein geradezu philosophisches Feeling – wie ›So mußte das kommen, und so ist es auch gekommen.‹« Zu diesem Zeitpunkt brachte niemand die Razzia mit etwas anderem in Verbindung als mit dem schon lange gehegten Wunsch aller britischen Polizisten, einem Rolling Stone unter irgendeinem Vorwand etwas anhängen zu können. Dank der extremen Unfähigkeit der Leute, die Chefinspek-

tor Dineley mitgebracht hatte, eine Durchsuchung durchzuführen, hatten alle, falls sie überhaupt etwas empfanden, das Gefühl, ungeschoren davongekommen zu sein. Daß die Beamten Acid King Davids LSD-Vorrat nicht gefunden hatten, schien nichts anderes als ein erstaunlicher Glücksfall gewesen zu sein. Die Anklage, die die Analyse von Mariannes Pep-Pillen und der marokkanischen Haschpfeife nach sich ziehen konnte, mußte eher geringfügig ausfallen.

Mit dieser neu gewonnenen Sicherheit blieben die Gäste in Redlands – alle bis auf drei. Robert Fraser mußte dringend nach London fahren. Mit ihm und Ali fuhr auch Acid King David Schneidermann, der seinen Diplomatenkoffer mit dem nicht beschlagnahmten Sunshine an sich drückte.

Fraser *war* in Panik – und das aus gutem Grund. Im Besitz von Heroin, der härtesten aller illegalen Drogen, ertappt zu werden, bedeutete fast sicher eine Gefängnisstrafe. Es bestand jedoch noch eine Chance, die sich auf der ungewöhnlichen Tatsache begründete, daß die Droge legal war, wenn sie einem registrierten Süchtigen von einem Arzt verschrieben worden war. Frasers einzige Hoffnung bestand darin, einen Arzt überreden zu können, ihm ein zurückdatiertes Rezept auszustellen. Auch Acid King David war ebenfalls völlig durcheinander und konnte es gleichzeitig noch gar nicht fassen, daß die Polizei nicht alle Anwesenden sofort zum Verhör und zur Anklageerhebung mit auf die Wache geschleppt hatte. »Ich habe ihm geraten, auf der Stelle das Land zu verlassen«, erzählt Robert Fraser. Das tat Acid King David auch noch in derselben Nacht. Er verschwand so spurlos, daß es einem Houdini Ehre gemacht hätte oder – wie es im nachhinein häufig hieß – einem Mann, der unter Decknamen reiste.

Als Fraser nach Hause kam, informierte er augenblicklich »Spanish Tony« Sanchez, den Dealer aus Soho, der ihm das Heroin verkauft hatte – und fast selbst auf der Party in Redlands erschienen wäre. »Spanish Tony« riet, die Chemiker der Polizei zu der Aussage zu bestechen, die konfiszierte Tablette enthalte nur Glukose. Er erbot sich, diverse »umgängliche Bullen«, die er im Westend kannte, darauf anzusprechen, ob der zuständige Mann annehmen werde, was unter korrupten Londoner Polizisten »ein Drink« heißt.

Die Erkundigungen, die »Spanish Tony« anstellte, waren ergiebig. Er brachte in Erfahrung, daß alles in Redlands beschlagnahmte Material für eine Bestechungssumme von siebentausend Pfund »verlorengehen« könnte. Mick und Keith wurden ohne die üblichen Formalitäten sofort von diesen Neuigkeiten unterrichtet. Andrew Loog Oldham, der in anderen Geschäften in Kalifornien weilte, wußte noch nichts von der Razzia. Zum allerersten Mal bewiesen die beiden Mitglieder der Stones Eigeninitiative. Die beiden blätterten eilig fünftausend Pfund hin, und Robert Fraser gelang es, den Rest zusammenzukratzen. Das Geld wurde in ein Briefkuvert gesteckt und in einer Kneipe in Kilburn von »Spanish Tony« seinem Kontaktmann bei der Polizei ausgehändigt.

Am folgenden Sonntag, dem 19. Februar, veröffentlichte *News of the World* neben der Fortsetzungsserie »Popstars und Drogen« auf der ersten Seite eine Geschichte, in der dieses heimtückische gesellschaftliche Übel mit frischem Exklusivmaterial belegt wurde. Die Razzia in Redlands wurde, wenn auch ohne Namensnennung der Beteiligten, mit so intimer Detailgenauigkeit beschrieben, als sei ein Reporter dabeigewesen. Es wurde berichtet, daß man bei einem »landesweit bekannten Star« Aufputschpillen gefunden hätte; daß außerdem Flaschen und »ein Aschenbecher« zur chemischen Analyse beschlagnahmt worden seien; daß außer den beiden »landesweit berühmten Personen«, denen eine Anklage wegen Rauschgiftbesitzes drohe, ein dritter den Schauplatz der Razzia im letzten Moment verlassen habe; daß in den Flug- und Seehäfen nach einem »Ausländer« Ausschau gehalten werde, falls dieser versuchen sollte, das Land zu verlassen.

Jeder einzelne Satz des Artikels roch nach einem Quidproquo. Es lag auf der Hand, daß *News of the World* die Exklusivrechte an der Geschichte bekommen hatte, weil Scotland Yard von der Zeitung über die Party unterrichtet worden war – und das mit exakten Angaben darüber, wer dortsein und was sich dort abspielen würde. Das führte zu der naheliegenden Schlußfolgerung, daß in Redlands tatsächlich jemand gewesen sein mußte, der als Spion für *News of the World* arbeitete.

Wer konnte der Verräter sein? Wenn man die vertrauenswürdigen Freunde der Stones ausschloß –

Christopher Gibbs, Robert Fraser, Michael Cooper und den Marokkaner Ali –, fiel der Verdacht natürlich auf die beiden Schmarotzer, die erschienen waren: Nicky Cramer, das Blumenkind aus Chelsea, und Acid King David Schneidermann.

Nicky Cramers Unschuld wurde auf eine Weise belegt, aus der zu ersehen ist, wie brutalisiert das Gefolge der Stones inzwischen war. David Litvinoff, ein gemeinsamer Freund von Mick und Keith, suchte das unselige Blumenkind auf und schlug es systematisch zusammen. Als Cramer dennoch nicht gestand, wurde er für unschuldig befunden.

Somit blieb nur noch Acid King David, das »marktorientierte« Blumenkind, das sich gar so schnell mit den Stones angefreundet hatte, und niemand konnte sich mehr recht daran erinnern oder erklären, wie das eigentlich gekommen war. Die zahlreichen Theorien, die angesichts des laufenden Dramas angestellt wurden, rückten seine Person in ein zunehmend bizarres Licht. Michael Cooper erinnert sich, im Gepäck von Acid King David nach Haschisch gesucht und dabei Pässe mehrerer Nationen gefunden zu haben. Cooper erinnert sich zudem an ein befremdliches Gespräch mit dem Amerikaner über Schußwaffen und Spionage, »... als würde er in dieser James Bond-Geschichte stecken, Sie wissen schon ... Dieser ganze CIA-Kram.«

Läßt man alle Spekulationen außer acht, blieb immer noch die Tatsache bestehen, daß die Polizei, die Redlands bis hin zu Brians Mayonnaisebeutelchen untersucht hatte, Acid King Davids Aktenkoffer voll LSD vollkommen ignoriert hatte. Was beschlagnahmt worden war, erschien im nachhinein plötzlich als eher symbolische Menge Cannabis. Und zudem hatte Schneidermann ungehindert Großbritannien verlassen können und war spurlos in Nordamerika untergetaucht.

Als die Geschichte von der Razzia erschienen war, bestand nur noch wenig Hoffnung, daß die Polizei sich dazu bestechen lassen würde, die ganze Sache zu vergessen. Wahrscheinlich hatte schon keine Aussicht darauf bestanden, noch bevor »Spanish Tony« seinem Kontaktmann bei der Polizei die siebentausend Pfund übergeben hatte. Als dennoch eine weitere Woche vergangen war und sich in der Sache immer noch nichts tat, sah es so aus, als ob das Geld doch in die richtigen Kanäle geflossen sei.

In der Zwischenzeit schien es geraten, sich möglichst weit von Großbritannien und den mit größter Wahrscheinlichkeit noch zu erwartenden üblen Nachreden zurückzuziehen. Zumindest in dieser Hinsicht hatten Mick und Keith Glück, denn ausnahmsweise herrschte bei ihnen zumindest beruflich ein angenehmer Leerlauf. Die Stones hatten gerade ein neues Album herausgebracht, *Between the Buttons,* und keine weiteren Verpflichtungen bis zum Beginn ihrer Europa-Tournee, der auf den 25. März festgesetzt worden war.

Marokko bot sich geradezu als Zufluchtsort an. Um das Risiko zu verringern, während der Reise belästigt zu werden, einigten sie sich darauf, getrennt zu fahren und sich mit Robert Fraser, Michael Cooper und anderen Freunden in Marrakesch zu treffen. Mick und Marianne wollten von Paris fliegen, Keith beschloß, in Begleitung von Brian Jones und Anita Pallenberg in seinem Wagen zu fahren.

In letzter Zeit hatten sich Keith und Brian einander wieder angenähert, und das lag hauptsächlich daran, daß seine Beziehung zu Marianne Mick stark in Anspruch nahm. Keith setzte es zu, daß er immer noch keine feste Freundin hatte, und so hatte er sich wieder Brian zugewandt, um jene Art von Junggesellendasein wiederaufzunehmen, die sie in Edith Grove ausgelebt hatten. Während der letzten Wochen hatte er mit Brian und Anita in ihrer großen Atelierwohnung in der Courtfield Road gewohnt.

Brian nahm ihn gern auf und genoß es, Keith wieder in seiner Nähe zu haben, denn damit war indirekt eine Ablehnung Micks verbunden. Kaum weniger freute er sich über die gegenseitige freundschaftliche Annäherung zwischen Keith und Anita. Diese Wochen, die dem völligen Zusammenbruch seiner Welt vorausgingen, waren besonders schön für Brian. Keith und Anita gaben ihm neuen Ansporn, und sein Prestige als Musiker war größer denn je. Um seine anfangs rasende Eifersucht zu beschwichtigen, hatte Anita dafür gesorgt, daß er den Soundtrack zu dem Film schreiben konnte, den sie mit Volker Schlöndorff drehen wollte. In dem Film mit dem Titel »Mord und Totschlag« spielte Anita eine Meuchelmörderin. Brian hatte sich mit Enthusiasmus auf das Projekt gestürzt und Glyn Johns beauftragt, bekannte freischaffende junge Musiker wie den Pianisten Nicky Hopkins und den Gitarristen Jimmy Page dafür zu gewinnen. Seine fertige Partitur, die eine immense Menge von Instrumenten vorsah – und Passagen von geradezu unheimlicher Atmosphäre hatte, die Brian selbst auf der Zimbel, auf der Sithar und der Klaviaturzither spielte –, wurde von Volker Schlöndorff, Glyn Johns und allen anderen, die sie hörten, für brillant befunden.

Im allgemeinen Auszug nach Marokko reisten Brian, Anita und Keith folglich als Dreiergespann. Keith wollte unbedingt die gesamte Reise mit der »Blauen Lena« zurücklegen, wie er seinen himmelfarbenen Bentley Continental nannte. Tom Keylock kam mit, um Brian beim Fahren abzulösen und die Grenzformalitäten zu übernehmen, und die dreitausend Kilometer lange Fahrt durch Frankreich und Spanien versprach, vergnüglich, entspannt und harmonisch zu verlaufen.

Die Blaue Lena überquerte den Ärmelkanal ohne Zwischenfälle und machte in Paris Station, damit ihre Insassen Mick und Marianne im Hotel George V. treffen und einen fünften Fahrgast, Donald Cammells Freundin Deborah, zu sich nehmen konnten. Sie fuhren weiter nach Süden, und Frankreich zeichnete sich schwach hinter den Lautsprechern der Autostereoanlage ab. Brian und Anita räkelten sich auf dem Rücksitz wie in Pelz gehüllte blonde Borgias, Keith saß vorne und lachte freundlich über Tom Keylocks Cockney-Geplapper. Der Chauffeur behauptete, sich bei den Fallschirmspringern Verletzungen zugezogen zu haben, die eine Hauttransplantation von seinem Hintern auf seine Nase nötig gemacht hätten – und häufig brüstete er sich mit dem Spruch: »Ich trage meinen Arsch größtenteils im Gesicht.« (Ein schlagfertiges Mädchen im Büro der Stones hatte daraufhin einmal erwidert: »Das ist wohl der Grund dafür, daß aus deinem Mund soviel Scheiße kommt.«)

Alles ging glatt, bis der Bentley Toulon erreichte. Brian, der auf der bergigen Strecke Anzeichen eines asthmatischen Anfalls gezeigt hatte, bekam plötzlich hohes Fieber und wurde mit Lungenentzündung ins Krankenhaus eingeliefert. Er bestand jedoch darauf, daß die anderen weiterfuhren. Wenn er sich besser fühlte, wollte er direkt nach Tanger fliegen und sie dort im Hotel Minzah treffen.

Als die Blaue Lena durch Montpellier, durch Béziers und dann nach Perpignan fuhr, stand für Tom Keylock, der sie nur im Rückspiegel sah, bereits fest, daß Keith und Anita auf dem besten Wege waren, mehr als nur Freunde zu werden. Keith war das Unvermeidliche inzwischen klar, doch er versuchte, dem zu entgehen, indem er vage Pläne schmiedete, sich mit dem anderen weiblichen Fahrgast, Deborah, abzusetzen. In Valencia verbrachten er und Anita die Nacht gemeinsam, doch am nächsten Morgen einigten sie sich stillschweigend, den Vorfall nur als ein einmaliges amüsantes Intermezzo anzusehen. »Ich war immer noch sehr vorsichtig«, erzählt Keith, »und ich habe mich sehr bemüht, das, was zwischen Brian und mir jetzt wieder lief, nicht kaputtzumachen.«

Mit Keith Richard war eine Reise bar jeder Dramatik undenkbar, wie Anita entdecken sollte, als sie in Barcelona anhielten und in einen Nachtclub gingen. Keith ließ sich auf einen lautstarken Krach mit ein paar Kellnern ein, die seine Diners Club-Karte nicht akzeptieren wollten, ehe er ihnen nicht seinen Paß zeigte. Während Keylock die Pässe holte, wurden Keith, Anita und Deborah zum Polizeipräsidium geschleift und bis sechs Uhr morgens verhört. Als sie wieder ins Hotel kamen, fanden sie eine Nachricht von Brian vor, in der er Anita Anweisungen gab, nach Toulon zurückzukommen und ihn abzuholen. Sie beschloß, so zu tun, als habe die Nachricht sie nicht erreicht.

Wenige Tage darauf nahmen sie die Fähre von Malaga nach Tanger und checkten im Hotel Minzah ein. Der Hotelangestellte an der Rezeption drückte Anita ein Bündel Telegramme und Telefonnachrichten von dem aufgebrachten Brian in die Hand. Keith – der immer noch eisern versuchte, fair zu bleiben – drängte Anita, mit Deborah nach Toulon zu fliegen und Brian abzuholen, während Tom Keylock und er nach Marrakesch weiterfahren würden.

Jagger war bereits im vereinbarten Hotel eingetroffen und mit ihm Robert Fraser und Michael Cooper. Sie warteten nur noch auf Marianne, die von Neapel aus kommen sollte. Zwei Tage später trafen Brian und Anita vom Flughafen ein. Brian hatte sich von seiner Lungenentzündung erholt, doch er wirkte ausgezehrt vor Erschöpfung und Argwohn. Er hegte die eindeutige Vermutung, daß sich zwischen Anita und Keith etwas abgespielt hatte, doch wollte – und konnte – er nicht direkt zu Keith gehen und seinen Verdacht offen aussprechen. Er lebte seine Unsicherheit auf gewohnte Weise aus – indem er Anita, wenn sie allein in ihrer Hotelsuite waren, verprügelte. Zum Glück ließen sich unter dem totenbleichen und kohlrabenschwarzen Make-up der sechziger Jahre die meisten der Spuren hiervon verbergen.

Die folgende Woche brachte allen anderen die erhoffte Entspannung. Man machte Einkäufe, trank Pfefferminztee und Scotch mit Cola, rauchte Gras und Gauloises, warf Acid ein und räkelte sich wie gewöhnliche Touristen am Swimming-pool des Hotels. In diese nach Chlor duftende Kulisse traten Brion Gysin, der Avantgardemaler, und Cecil Beaton, der Fotograf der feineren Gesellschaft, der sich auf Mick Jagger stürzte wie auf ein wehrloses Opfer und dessen Tagebücher die ganze Szene mit penetranter Weltfremdheit schildern.

> An diesem Dienstag abend bin ich sehr spät zum Abendessen nach unten gegangen, und zu meinem Erstaunen entdeckte ich Mick Jagger, der mit einer schläfrig wirkenden Zigeunerbande im Hotelfoyer saß. Robert Fraser, der zu dieser Gesellschaft gehörte, saß mit einem riesigen schwarzen Filzhut hustend am Swimming-pool ... Es war ein merkwürdiges Grüppchen. Die drei »Stones«: Brian Jones mit seiner Freundin Anita Pallenberg – schmutzigweißes Gesicht, schmutzig gefärbte Augen, strähnig-schmutziges Kanarienvogelhaar, barbarischer Schmuck –, Keith Richard in einem Anzug aus dem achtzehnten Jahrhundert mit einer langen schwarzen Samtjacke und unglaublich engen Hosen; und natürlich Mick Jagger ...
>
> Ich wollte nicht den Eindruck erwecken, daß ich mich nur für Mick interessierte, aber es ergab sich, daß wir nebeneinandersaßen, als er einen Wodka Collins trank und mit abgespreizten Fingern rauchte. Seine Haut ist so weiß wie eine Hühnerbrust und von feiner Beschaffenheit. Er hat eine angeborene Eleganz ...
>
> ... Ganz allmählich bröckelte die schüchterne Distanziertheit ab. Wir stiegen in zwei Wagen ... (Mein) Wagen war mit Pop-Art-Kissen, scharlachroten Fellen und Sexzeitschriften ausgestattet. Augenblicklich dröhnte aus der Gegend meines Nackens unglaublich laute Popmusik. Mick und Brian bewegten sich im Rhythmus dazu, und das Mädchen beugte sich vor und flüsterte mir schreiend zu, sie habe gerade eine Mörderin in einem Film gespielt, der bei dem Festival in Cannes gezeigt werde.
>
> ... Wir sind in ein marokkanisches Restaurant gegangen. Mick ... ist sehr zartfühlend und hat ausgezeichnete Manieren. Er ist sehr verständnisvoll, und seine kleinen Augen mit den Albinofransen nehmen alles wahr ... Er hat eine analytische Veranlagung und vergleicht alles, was er hier sieht, mit früheren Eindrücken in anderen Ländern.
>
> ... Er hat gefragt: »Haben Sie nie LSD probiert? Oh, das sollten Sie tun. Es könnte eine große Erfahrung für Sie sein: Diese Farben würden Sie nie vergessen. Für einen Maler ist das ein großartiges Erlebnis. Das Gehirn läuft dabei nicht auf vier Zylindern, sondern auf viertausend.«
>
> ... Als wir wieder ins Hotel kamen, war es drei Uhr ... Mick hörte sich noch zwei Stunden lang Popplatten an, und dann war er so müde, daß er sich schlafen legte, ohne sich auszuziehen ...
>
> Um elf Uhr erschien er am Swimming-pool. Ich konnte kaum glauben, daß der, der da auf uns zukam, derselbe Mensch war. Die sehr intensive Sonne, deren Einstrahlung von dem weißen Boden reflektiert wurde, ließ sein Gesicht als eine weiße, schwabbelige, formlose Masse erscheinen; ganz kleine Augen, eine stark gerötete Nase, dunkelblondes Haar. Seine ganze Figur, seine Hände und seine Arme waren unglaublich weiblich.
>
> Keiner von ihnen wollte sich unterhalten, sie sprachen nur in abgehackten Brocken miteinander. Sie konnten sich nicht entscheiden, was man tun könnte und wann.
>
> Ich bin mit Mick unter die Bäume gegangen, um ihn in der Mittagssonne zu fotografieren

... Er ist sexy und dennoch vollkommen geschlechtslos. Fast könnte er ein Eunuch sein. Als Modell ist er eine Naturbegabung.
Ihre Garderobe ist umfangreich. Mick hat mir die Reihen von Brokatjacken gezeigt. Alles ist schäbig und schlecht gearbeitet, und die Säume fransen aus. Keith hatte seine Hose selbst genäht, lavendel und mattrosa, und das Lederband, das die beiden Farben gegeneinander absetzte, war mit flüchtigen Stichen aufgenäht.
Brian taucht in einer weißen Hose mit einem riesigen schwarzen Quadrat auf der Rückseite am Swimming-pool auf. Das sieht sehr gut aus, obwohl die Säume aufgehen. Aber an ihren flachen, straffen, jugendlichen Figuren ohne Hintern und ohne Bauch sieht fast alles, was sie tragen, gut aus.

Die Stones und ihre Freunde hatten das gesamte zehnte Stockwerk des Hotels belegt. Brion Gysin erinnert sich an einen gemeinsamen LSD-Trip in einer der Suiten, bei dem sie die klagende Musik von Elmore James hörten. Keith hat an der Gitarre gezupft, Mick wie ein Irrer Pirouetten gedreht, und Brian Jones – der wie eine kleine pausbäckige Babypuppe aussah – ließ sich von Tom Keylock Intrigen ins Ohr flüstern. Als Tabletts mit Lebensmitteln hereingebracht wurden, ließen sie sie wie Schlitten über den Fußboden schlittern.
Mit fortschreitendem Abend und nachlassendem Trip gerieten sich Brian und Anita wieder in die Haare. Anita schnappte sich ein paar Schlaftabletten und schloß sich in ihrem Schlafzimmer ein. Brian winkte Tom Keylock zu sich und forderte ihn auf, ihm auf der Straße eine marokkanische Hure zu suchen. Die anderen überließen ihn seinem Schicksal und brachen in mehreren Wagen zu einem nächtlichen Ausflug in das Atlasgebirge auf.
Am nächsten Morgen herrschte eine unheilschwangere Atmosphäre am Swimming-pool, und ein Drama schien sich anzubahnen. Brian war am letzten Abend noch in die Stadt gegangen, mit zwei tätowierten Berberhuren zurückgekommen und hatte versucht, Anita zum Gruppensex zu zwingen. Als sie sich geweigert hatte, war sie von ihm so brutal zusammengeschlagen worden, daß sie glaubte, er wolle sie umbringen.
Anita saß jetzt auf einem Liegestuhl und tauschte leidenschaftliche Blicke mit Keith aus, der im Wasser auf- und untertauchte. Selbst Mick Jagger, der es vorgezogen hätte, sich aus allem herauszuhalten, konnte sich der wachsenden Spannung nicht entziehen. »Das wird verdammt heavy«, sagte er in regelmäßigen Abständen zu Robert Fraser, während er packte und sich über seine Hotelrechnung beklagte.
Dann kam Tom Keylock, um zu berichten, daß aus London gerade ein Aufgebot britischer Journalisten eingeflogen wurde. Offensichtlich galt ihr Hauptinteresse Brian, denn sie hatten die Hoffnung, er werde mit ähnlichen Dingen herausrücken, wie er sie im Blase's gesagt hatte. Keylock beauftragte Brion Gysin, mit Brian auf den Djemaa el-Fna zu gehen, den großen Hauptplatz. Dort sollte er marokkanische Musik mit ihm aufnehmen, Pfefferminztee trinken, Souvenirs kaufen, und vor allem sollten die beiden so schnell nicht wieder auftauchen.
Während Brian fort war, traf Keith Richard eine Entscheidung. »Ich war so davon angewidert, wie Brian Anita behandelt hat, daß ich sie einfach auf den Rücksitz des Wagens gezogen habe und abgefahren bin.« Anita erzählt dieselbe Geschichte – nicht die einer Entführung, sondern die einer Rettung. »Ich habe um mein Leben gefürchtet. Ich war hysterisch. Keith hat mich gerettet.«
Tom Keylock fuhr die beiden nach Tanger zurück. Dort nahmen sie die Fähre nach Malaga. Der spanische Zoll tat alles, um sie für die Flucht zu strafen. Auf der Suche nach Drogen zerlegte ein halbes Dutzend Zollbeamte die Blaue Lena bis auf das Fahrgestell. Der kleine Brocken Haschisch, den Keith bei sich hatte, war von Tom Keylock am nächstliegenden Ort versteckt worden – unter dem Tankdeckel.

Zwei Nächte später wurde Donald Cammell von heftigem Klopfen an der Tür seiner Pariser Wohnung geweckt. Es war Brian, der kein einziges Gepäckstück bei sich hatte und dauernd faselte: »Sie sind einfach losgefahren und haben mich sitzenlassen ...« In der Geschichte, die er heraussprudelte, kam auch eine geschnitzte Holzpfeife vor, die er gekauft hatte – an jenem Nachmittag mit Brion Gysin in Marrakesch. Er war mit der Pfeife zurückgekommen und hatte feststellen müssen, daß Anita, Keith, Tom Keylock und der Bentley fort waren.

Die Flüchtlinge waren inzwischen bis Madrid gefahren und hatten dort ein Flugzeug nach London genommen. Keylock hatten sie zurückgelassen, damit er die Blaue Lena in aller Ruhe nach Hause bringen konnte. Sie waren in einer kleinen Wohnung in St. John's Wood untergeschlüpft, die Keith schon seit längerem unterhielt. Dort wollten sie sich verstecken, bis Anita den Mut aufbringen würde, in die Courtfield Road zu gehen und ihre Kleider zu holen.

Die Hoffnung, daß es Spanish Tony gelungen sein könnte, die Chemiker, die die Analysen für Scotland Yard erstellten, zu bestechen, zerschlug sich eigentlich in dem Moment, als Keith nach England zurückkam. Am 18. März verbreitete der *Daily Mirror,* Mick Jagger und Keith Richard würden wegen eines Rauschgiftdelikts, das sich aus den Ergebnissen einer Razzia im Landhaus des letzteren ergebe, vor Gericht geladen werden. Wieder einmal gelang es der Fleet Street durch enge Zusammenarbeit mit Scotland Yard, den Lauf des Gesetzes zu beschleunigen. Wie der *Mirror* versprochen hatte, trafen die Vorladungen vier Tage später ein. Jagger wurde gemeinsam mit Robert Fraser und dem untergetauchten Acid King David Schneidermann angeklagt, Substanzen zu besitzen, die unter den »Dangerous Drug Act« von 1964 fielen. Keith wurde angeklagt, sein Haus zum Mißbrauch von Drogen »wissentlich zur Verfügung gestellt« zu haben. Die Anhörung des Falls durch das Gericht von Chichester wurde auf dem 10. Mai festgesetzt, danach konnte es dann zu einem Schnellverfahren kommen, oder die Verhandlung würde auf die nächste vierteljährliche Tagung des Gerichtes von West Sussex für Kleindelikte verschoben.

Ein gekränkter Spanish Tony suchte daraufhin seinen Kontaktmann auf und fragte, was aus den siebentausend Pfund geworden sei, die Jagger, Richard und Fraser als Schmiergeld bezahlt hatten. Daraufhin sagte man ihm, der Fall wäre niedergelegt worden, wenn nicht der Untersuchungsausschuß und *News of the World* unter einer Decke gesteckt hätten. Die vorzeitige Enthüllung dieser Razzia durch die Zeitung hatte ein Vertuschen des Ganzen unmöglich gemacht. Von den siebentausend Pfund gab es natürlich keine Spur mehr. Aber es tauchte auch nie ein Beweis dafür auf, daß irgendeinem Angehörigen des West Sussex Reviers das Bestehungsangebot je unterbreitet wurde.

»Das ärgert mich noch heute an der ganzen Geschichte«, sagt Keith. »Ich bin wie jeder englische Junge in dem Glauben aufgewachsen, daß Scotland Yard so sei, wie man es aus den Filmen kannte. Dann kommen die und wollen siebentausend Pfund von einem und geben einem das Gefühl, damit sei alles in Ordnung. Und Wochen später schnappen sie einen dann doch. In Amerika ist es eine Selbstverständlichkeit, daß man die Bullen besticht. Das gehört zum Geschäft. Aber in England besticht man sie, und sie verfolgen einen *trotzdem.*«

Brian Jones war inzwischen auch wieder in London. Er hatte sich von seiner Hysterie erholt und war entschlossen, Anita mit einem Glanzstück an Männlichkeit zurückzugewinnen. Als er herausfand, daß Anita bei Keith untergeschlüpft war, fuhr er dorthin und hämmerte an die Tür, bis sie plötzlich von Keith aufgerissen wurde. Brian kippte vornüber und knallte auf den Flurteppich. Dann folgte die erste von vielen qualvollen Szenen mit Anita, während derer sich Keith voller Unbehagen in ein anderes Zimmer zurückzog.

Anita wollte nicht zu Brian zurück – aber sie war bisher auch nicht bereit, zu Keith zu ziehen. Eine weitere Filmrolle – in Roger Vadims Weltraummärchen Barbarella – sollte sie ohnehin in Kürze zu Dreharbeiten nach Spanien bringen. Keith stand eine Europa-Tournee mit den Stones bevor, und die nächsten drei Wochen würde er mit Brian und dessen glühenden Vorwürfen bis hinauf auf die Bühne aushalten müssen.

Die Tournee war für die absehbare Zukunft als großer Abschied der Stones von Live-Auftritten gedacht. Wie die Beatles hatten auch sie es satt, unentwegt auf Tour zu sein und gleichzeitig unter dem Druck zu stehen, ständig neue Platten herausbringen zu müssen. Die zwangsläufige Erschöpfung daraus hatte sich schon deutlich auf ihrem letzten Album, *Between the Buttons,* gezeigt, auf dem mangelnder Ideenreichtum in Verbindung mit dem Zwang zur Überproduktion dazu geführt hatte, daß dem Ganzen ein seltsam mattes Echo nachhing wie einer Vaudeville-Aufführung in einem fast leeren Saal. Das Album enthielt Verirrungen der Stones wie

Back Street Girl, eine französische Valse musette mit Akkordeon und allem, was dazu gehört, und *Something Happened To Me,* das Keith mit nikotinverräucherter Stimme zu einer lächerlichen Begleitung herauskeucht. Die Platte endet damit, daß Jagger vielfältigen Rat für die Sicherheit auf den Straßen erteilt. »Remember ... if you're going out on your bike tonight ... wear white.«

Es war kein guter Zeitpunkt für eine Auslandsreise. Die Vorladung, die Mick und Keith in England erhalten hatten, brachte sie automatisch auf die Liste verdächtiger Rauschgifthändler, die an alle europäischen Zollbehörden weitergegeben wurde. So wurden die Zollformalitäten in Frankreich, Schweden, Westdeutschland und Griechenland für alle fünf Stones – selbst für den unschuldigen Charlie Watts, der nie mit Drogen zu tun gehabt hatte – zur Zerreißprobe. Ihre Koffer wurden durchwühlt, und bei der Leibesvisitation wurden sie von Zollbeamten roh behandelt. Sogar in ihren Hintern wurde nach geheimen Drogenvorräten gesucht. Vor jeder neuen Flughafenkontrolle wurde Brian von Tom Keylock so lange terrorisiert, bis er seine Pillen und sein Haschisch in der Toilette des Flugzeuges runterspülte. »Anderenfalls waren wir nicht sicher«, sagt Keylock. »Ich habe ihm gesagt, wenn er behaupten würde, er sei clean, und es dann doch nicht so sei, würde ich ihm die Fresse einschlagen.«

Die britische Presse war entschlossen, ihnen Schwierigkeiten zu machen – ganz gleich, welcher Art. Am 8. April berichtete der *Daily Express* von der »Kontroverse« zwischen Mick Jagger und dem Olympiachampion im Weitsprung, Lynn Davis, wegen des angeblich schlechten Benehmens der Stones in einem Hotel in Dortmund. Nach Davis' Angaben hatte der Frühstücksraum des Hotels unter den »Obszönitäten« gebebt, die man vom Tisch der Stones hatte hören können. »Mir war ganz elend, und ich habe mich geschämt, Engländer zu sein«, erklärte der hypersensible Athlet. »... Sie ziehen den Namen ihres Landes in den Schmutz ...« Mit diesen Unterstellungen wurde Jagger bei einer Pressekonferenz in Paris konfrontiert, die einberufen worden war, weil er sich über die ständige Belästigung durch die Zollbeamten beschweren wollte. »Wir streiten ab, uns schlecht benommen zu haben«, gab er zurück. »Wir haben uns kaum jemals in den Gemeinschaftsräumen dieses Hotels aufgehalten. Denn dort wimmelte es von Sportlern, die sich ausgesprochen schlecht benommen haben.«

Von Paris aus reisten die Stones nach Polen weiter, um dort ihr erstes und ihr letztes Konzert hinter dem Eisernen Vorhang zu geben. Der erste der beiden Auftritte im Kulturpalast von Warschau fand vor zweitausend ausgewählten Angehörigen der kommunistischen Partei und ihrer Kinder statt, während eine Masse gewöhnlicher Teenager, die keine Eintrittskarten bekommen hatten, draußen unter der Bewachung von Einheiten des polnischen Heeres wartete.

Zu ihrer großen Bestürzung konnten die Stones ihrem Publikum keine Reaktion entlocken, die über das höfliche Klatschen, wie es einem Kongreßredner gebührt hätte, hinausging. Während des ersten Auftritts kam Mick Jagger eine großartige Idee. Tom Keylock wurde beauftragt, um den Kulturpalast herumzufahren und auf der anderen Seite der militärischen Absperrung Singles der Rolling Stones zu verteilen. Die gesamte Menschenmenge stürmte gleichzeitig vor, um die Poster und Platten aufzuheben, und sie wurde mit Knüppeln, Tränengas und Wasserwerfern zurückgetrieben. Es war tatsächlich nur einem Wunder zu verdanken, daß die Soldaten, die auf der vorderen Treppe stationiert waren, mit ihren Maschinengewehren nicht wirklich das Feuer auf die Menge eröffneten.

An jenem Abend, noch vor dem Ende der Straßenschlachten, drückte ein polnischer Fotograf Tom Keylock mehrere Filmrollen in die Hand, die er aufgenommen hatte, als sich das Militär zum Gegenangriff vorbereitete. Bei ihrer Abreise aus Polen am nächsten Tag überredete Keylock Don Short, einen Berichterstatter des *Daily Mirror,* das Filmmaterial über die Grenze zu schmuggeln. Der konsternierte Short versteckte die Filme zwischen seinen Unterhosen. Auf dem Flughafen von Warschau verlor er dann die Nerven und gab sie Keylock zurück, der sich der Filme erfolgreich entledigte. Das einzige Opfer des polnischen Zolls wurde Les Perrin, der PR-Mann der Stones, denn er hatte vergessen, das Bargeld anzumelden, das er ausführte. Perrin konnte das Land nicht verlassen, ehe er sein überschüssiges polnisches Geld in einem Laden am Flughafen für

einen bodenlangen Bärenfellmantel ausgegeben hatte.
Kaum weniger unerfreulich verliefen die Dinge in Athen, wo die Stones das letzte Konzert für mehr als zwei Jahre geben sollten. Das neue faschistische Militärregime Griechenlands war noch nicht soweit, Rockkonzerte zu untersagen, doch es drückte seine Mißbilligung in Form von Hunderten bewaffneter Polizisten aus, die die Zuschauer im Stadion so weit zurücktrieben, daß für Jagger keine Hoffnung bestand, das Konzert damit krönen zu können, daß er an den vorderen Bühnenrand tanzte und Rosen aus einer Schale ins Publikum warf.
Statt dessen drückte er Tom Keylock den Korb in die Hand und sagte: »Okay, baby ... lauf!« Als Keylock auf die Polizeiabsperrung zurannte, bereiteten sich mehrere Beamte gleichzeitig darauf vor, ihn zu empfangen. Keylock schleuderte ihnen den Korb entgegen, verpaßte zweien oder dreien von ihnen einen Kinnhaken, wirbelte dann den Korb in die Luft, und während die Rosen niederprasselten, lief er um sein Leben.

9

»A Mars bar fills that gap«

Zu Hause in England war der Frühling gekommen, und – zur allgemeinen Überraschung – kam er auch nicht auf die Idee, es sich wie üblich doch noch einmal anders zu überlegen und Graupelregen niedergehen zu lassen. Die Knospen, die sich entfaltet hatten, und auch die hoffnungsfrohen Blüten gediehen unter einer frischen beständigen Sonne, die, als erst Ostern verging, dann Pfingsten, immer noch keine Neigung zu Wetterschwankungen zeigte. Der Frühling verschmolz ohne wahrnehmbaren Übergang mit einem Sommer, wie er den Engländern in jedem Jahrzehnt nur etwa einmal vergönnt ist und an den sie sich erinnern, wie sich andere Europäer an besondere Weinjahrgänge erinnern, die sie in dem Bewußtsein auskosten, daß bald wieder kalte Tage bevorstehen. Die siebenundsechziger Lese sollte besonders zu Kopf steigen. Dieser Sommer sollte für manchen das Ende eines Zeitalters markieren, für andere den Beginn eines neuen; für wieder andere verging eine gesamte Lebensspanne in einer einzigen schillernden Saison zwischen Juni und September, in der die parfümierte Luft unter dem Klang östlicher Saiteninstrumente erzitterte und dem Klingeln kleiner Glöckchen. Ausbrüche von Verrücktheit standen an der Tagesordnung, und sie waren nicht ungewöhnlicher als die Hitze, die täglich wiederkehrte und immer wieder eine neue Flut verrückter Schlagzeilen mit sich brachte; und Hysterie und Rachsucht führten eine strahlende Herrschaft über all das, was in die flimmernde Unwirklichkeit dieser anscheinend ewigen Sonne getaucht war.

Es herrschte bereits hochsommerliche Hitze, als am 10. Mai Mick Jagger und Keith Richard mit Robert Fraser in dem kleinen Polizeigerichtshof von Chichester saßen und darauf warteten, daß ihre Namen in einer Reihe mit geringfügigen Diebstählen und unwesentlichen Verkehrsverstößen, die die gewöhnliche Kost englischer Amtsgerichte ausmachen, aufgerufen wurden. Die beiden angeklagten Stones trugen gesetzte dunkle Anzüge und den Ausdruck niedergeschlagener Demut, den ihr PR-Mann, Les Perrin, gewissenhaft mit ihnen geprobt hatte. »Wir haben uns alle auf diese schmalen Bänke gequetscht – die Anwälte, die überregionale Presse und wir«, erinnert sich Keith. »Es war fast, als seien wir wieder in der Schule. Ich glaube, selbst zu dem Zeitpunkt haben wir noch mit nichts Schlimmerem gerechnet als mit einer Kopfnuß. Oder damit, daß man uns mit einem Lineal auf die Finger schlägt.«
Jagger hatte diese optimistische Einstellung jedesmal dann gegenüber Marianne herausgekehrt, wenn sie ihn gebeten hatte, sie zugeben zu lassen, daß die Tabletten, die man in seiner Jacke gefunden hatte, in Wirklichkeit ihr gehört hatten. »Mick sagte daraufhin jedesmal, seine Karriere könnte ein aufgeflogenes Rauschgiftdelikt vertragen, aber meine nicht«, erzählt Marianne. »Ich habe gemerkt, daß es ihm richtig Spaß gemacht hat, den englischen Gentleman zu spielen – der nicht zuläßt, daß man mich den Wölfen zum Fraß vorwirft.«
Robert Fraser war der einzige von den dreien, der Depressionen hatte und pessimistisch war. Fraser hatte von Anfang an erkannt, wie sehr es ihm bei seinem ernsten Verstoß gegen das Rauschgiftgesetz schaden mußte, in einem Atemzug mit zwei derart berüchtigten Mitangeklagten genannt zu werden. Das Gericht hatte seinen Wunsch nach einer ge-

trennten Verhandlung zurückgewiesen, und somit war der ehemalige Student aus Eton dazu verurteilt, die angestaute Empörung und den Groll gegen die Stones auch über sich ergehen zu lassen. Dazu kam, daß es erst wenige Wochen her war, seit Fraser wegen der angeblichen Anstößigkeit einiger Gemälde von Jim Dine, die in seiner Galerie in der Mount Street ausgestellt gewesen waren, mit der Staatsanwaltschaft zu tun gehabt hatte. Robert Fraser ahnte im Gegensatz zu Mick und Keith, welche Woge über diesen staubigen kleinen Gerichtssaal hereinbrechen und die drei bestürzten Polizeirichter überrollen würde, die in einem hell einfallenden Sonnenstrahl saßen.

Ein ortsansässiger Anwalt, der als Gerichtsbeamter fungierte, las die Anklage vor. Michael Philip Jagger – der Les Perrins Büroadresse »New Oxford Street, London, W. 1«, angab – wurde des Besitzes von vier Tabletten angeklagt, die Amphetaminsulfat und Methylamphetaminhydrochloride enthalten hatten und deren freier Konsum deshalb mit dem Drogengesetz von 1964 (Verhütung des Mißbrauchs) nicht zu vereinbaren war. Robert Hugh Fraser, wohnhaft Mount Street London, W. 1, wurde des Besitzes von Heroin und von acht Amphetaminkapseln angeklagt, die jenen ähnelten, die man in Jaggers Besitz gefunden hatte. Keith Richard – der unter seinem richtigen Familiennamen »Richards« angeklagt wurde –, wohnhaft Redlands Lane, West Wittering, wurde beschuldigt, sein Haus für das Rauchen von Cannabis zur Verfügung gestellt zu haben.

Alle drei plädierten auf »unschuldig«. Mr. Geoffrey Leach, der Jagger und Richard verteidigte, drückte sich dahingehend aus, daß er diese Unterstellungen abstreiten müsse und die Auslegungen der Staatsanwaltschaft, was die beschlagnahmten Indizien betreffe, ablehne. Mr. William Denny, der für Robert Fraser sprach, sagte, seinem Klienten sei daran gelegen, die frühestmögliche Gelegenheit zu ergreifen, sich für die ihm zur Last gelegten Vergehen zu verantworten.

Als die drei sich dazu entschieden hatten, ihren Fall vor einem höheren Gerichtshof verhandeln zu lassen, beanspruchten sie damit das Recht für sich, ihre Verteidigung für ihr Wiedererscheinen vor dem vierteljährlich zusammentretenden Gericht von West Sussex im Juni vorzubehalten. Die Verfahrensmaßnahmen erlaubten jedoch, daß der Vertreter der Anklage, Anthony McCowan, eine ausführliche Darstellung von seiten der Polizei vortrug. 1967 war es richterlichen Beamten noch nicht möglich, ein Berichterstattungsverbot anzuordnen, wenn zu vermuten stand, daß es vor der Hauptverhandlung zu Vorverurteilungen in der Öffentlichkeit kommen konnte. Fünf Wochen bevor auch nur ein Angeklagter ein Wort zu seiner Verteidigung geäußert hatte, konnten sich daher sämtliche englischen Zeitungen beliebig darüber ausbreiten, wie prächtig Chefinspektor Dineley zugeschlagen hatte.

Dagegen ließ es sich das Gericht angelegen sein, eine vierte Person, die in den Fall verwickelt war – aber leider gerade abwesend –, ausdrücklich zu verteidigen. Da Acid King David Schneidermann es unterlassen hatte, vor Gericht zu erscheinen, um zu der Anklage Stellung zu nehmen, im Besitz von Cannabis gewesen zu sein, erklärte das Gericht es für unsittlich, wenn sein Name in den Zeitungsberichten genannt werden würde.

Eine halbe Stunde später verließen Mick, Keith und Robert Fraser gegen eine Kaution von zweihundertfünfzig Pfund pro Person das Gerichtsgebäude und standen in der strahlenden Sonne dem Abschaum von Fotografen der Fleet Street gegenüber. Es wurde geschrien, gejubelt, und vereinzelt ertönten auch Buh-Rufe. Sie wurden von Les Perrin begleitet, den man in brenzligen Momenten schon dabei beobachtet hatte, daß er Mick Jaggers Hand hielt. In der Menge befand sich auch ein vertrautes und im Moment zutiefst besorgtes rundliches Gesicht. Allen Klein war aus New York gekommen, um an diesem Tag bei Gericht anwesend zu sein und während der bevorstehenden Verhandlung jederzeit zur Verfügung zu stehen.

Noch am selben Nachmittag um sechzehn Uhr machte das Rauschgiftdezernat eine Razzia in Brian Jones' Wohnung in der Courtfield Road. Man fand Brian mit einem japanischen Kimono bekleidet. Er hatte verquollene Augen und saß in dem Chaos, das eine Party, die sich über die gesamte vergangene Nacht gezogen hatte, hinterlassen hatte. Der einzige Gast, der noch geblieben war, war der vierundzwanzigjährige Prinz Stanislas Klossowski de Rola, ein

Schweizer Adeliger und Möchtegern-Popsänger, der im Kreis der Stones unter dem Namen »Stash« bekannt war.
Keiner der anderen Stones war so leicht festzunageln wie Brian. Über die gesamte Wohnung waren Beweise für Rauschmittelgebrauch verteilt. Brian hatte nicht den geringsten Versuch unternommen, die Spuren zu verwischen, obwohl er von mindestens zwei anonymen Anrufern gewarnt worden war, daß die Polizei auf dem Weg zu ihm sei.
Das Rauschgiftdezernat brauchte nur wenige Minuten zwischen den Diwans und den überdimensionalen Kissen zu suchen, um elf verschiedene Verdachtsstücke für eine chemische Analyse zu finden. Darunter waren ein Brocken Haschisch und ein Glasröhrchen, das Kokainspuren enthielt. Auf die Frage hin, ob das sein Kokain sei, wich Brian entsetzt zurück. »Nein, Mann... doch kein Kokain...« stammelte er. »Damit habe ich nichts zu tun. Ich rauche Hasch, aber ich bin kein Junkie.«
Auf eine unheimliche Weise schien ganz London im voraus gewußt zu haben, daß Brian Jones auffliegen würde. Als er mit Stash abgeführt wurde, um im Polizeirevier von Chelsea verhört zu werden, hatte sich bereits eine ganze Schar von Reportern und Schaulustigen in der Courtfield Road versammelt. Noch am selben Nachmittag wurde gegen Brian offiziell Anklage wegen Besitzes von Kokain und Cannabisharz erhoben. Stash wurde ebenfalls wegen Besitz von Cannabis verklagt, obwohl man weder bei seinen Sachen noch auf dem Diwan, auf dem er geschlafen hatte, Spuren der Droge gefunden hatte.
Am nächsten Morgen erschienen der blonde, ausgezehrte Stone und das Schweizer Prinzchen zehn Minuten lang vor dem Polizeirichter in der Great Malborough Street. Beide entschieden sich für eine Verhandlung vor einem Geschworenengericht in London und wurden gegen eine Kaution von zweihundertfünfzig Pfund pro Person freigelassen. Brians erster Schritt nach seiner Freilassung war, ein Telegramm an seine Eltern in Cheltenham zu schikken. »Macht euch bitte keine Sorgen. Zieht keine voreiligen Schlüsse, und denkt nicht zu schlecht über mich. In Liebe...«

Die genaue zeitliche Abstimmung der Razzia bei Brian und der Anklageeröffnung gegen Mick und Keith vor einem Geschworenengericht ließ keinen Zweifel mehr daran zu, daß die Rolling Stones jetzt über drei ihrer prominentesten und berüchtigtsten Mitglieder systematisch vom herrschenden Establishment angegriffen wurden, dessen Empfindungen sie so lange achtlos verspottet hatten. Nicht nur wegen ihrer eigenen Vergehen, sondern wegen der verhätschelten, leichtlebigen Selbstgefälligkeit der gesamten britischen Popgeneration, hatte man sie für eine Vergeltungsaktion herausgegriffen, die in den nachfolgenden Wochen trotz richterlichen Pomps und vergeblicher Bedachtsamkeit deutliche Züge eines mittelalterlichen Rachefeldzuges aufwies.
Die erste schwere Lektion für die in Schmeicheleien und Luxus gebetteten jungen Männer war es, erkennen zu müssen, wie wenige aus dem großen Kreis, der sie umgab, die Fähigkeiten und die Intelligenz – und im vorliegenden Fall überhaupt die Lust – hatten, ihnen die Hilfe zu geben, die sie jetzt dringend brauchten.
Selbst von der Firma, zu deren jährlichem Gewinn sie mit Millionensummen beitrugen, hatten die vier Musiker nur wenig zu erwarten. Sir Edward Lewis drückte zwar seine »Betroffenheit« über die mißliche Lage der Stones und deren mögliche Auswirkungen auf die Decca-Aktien aus, doch hielt er sich sorgsam aus allen Strategien heraus, die zu ihrer Verteidigung ersonnen wurden. »Die Stones gehörten nicht zum festen Stamm der Decca wie etwa die Beatles bei EMI«, sagt Andrew Loog Oldham dazu. »Die Beatles waren fest vom Hause EMI engagiert, und deshalb hat Sir Joseph Lockwood ihnen jede erdenkliche Unterstützung gegeben, als sie später selbst in Drogengeschichten verwickelt waren. Für die Decca hingegen waren die Stones freie Mitarbeiter, die sich selbst um sich kümmern mußten.«
Oldham selbst spielte eine erstaunlich kleine Rolle in dem Drama, das sich anbahnte. Von vielen Seiten wurde bemerkt, daß Allen Klein anscheinend das Management der Stones vollständig übernommen hatte. Aber wäre Oldham nicht gewesen, dann hätte es keinen Les Perrin gegeben, der die Choreographie des Auftretens und die Garderobe seiner beiden Schützlinge übernahm und der jede Variante durchspielte, was ihnen vor Gericht schaden oder Voreingenommenheit gegen sie auslösen könnte.

Perrin nutzte zudem seine weit gefächerten Kontakte in dem Niemandsland zwischen der Fleet Street und dem Parlament aus, um sich die Sympathien liberal gesinnter Parlamentsmitglieder wie Tom Driberg zu sichern – dessen Gunst Mick Jagger bereits gewonnen hatte. Auch Dick Taverne vom Innenministerium hatte er bereits für die Sache gewonnen. Als Taverne am 19. Mai in Wales sprach, nannte er den Fall Jagger-Richard als ein typisches Beispiel dafür, daß die Berichterstattung über offene Verfahren unausweichlich zu einer Vorverurteilung gegen jeden Angeklagten, der noch nichts zu seiner Verteidigung vorgebracht hatte, führen müsse.

Ehe noch der Verhandlungstermin für Mick und Keith herangerückt war, waren die meisten Zeitungen sich bereits darüber einig, daß er das Ende der Rolling Stones bedeuten mußte. So hätte es auch leicht kommen können, wäre nicht Mick Jagger gewesen, ein in dieser Phase völlig unerwarteter Kraftpol, der sich sowohl gründlich um seine und um Keith' Verteidigung kümmerte, als auch gleichzeitig Bill und Charlie, diese völlig verwirrten und unschuldigen Zuschauer, motivierte, wieder ins Studio zu gehen und an einem Album zu arbeiten, mit dem ihr Versagen auf *Between the Buttons* wiedergutgemacht werden sollte. Ein weiterer Ansporn kam Anfang Juni in Form des psychedelischen Folk-Meisterwerks der Beatles, *Sergant Pepper's Lonely Hearts Club Band,* einer Kombination aus drogengesprenkeltem Mystizismus und kindlich verspieltem Humor, das in einer historisch aufgemachten Hülle steckte, die die Beatles als Satin-Husaren zeigte, umgeben von Pop-art-Bildnissen anderer Künstler, Marihuanapflanzen und von einer Stoffpuppe, die den Aufdruck »Welcome Rolling Stones« trug.

Bei den ersten zögernden Versuchen im Studio stellte sich deutlich heraus, daß Brian Jones am Rande eines vollständigen Zusammenbruchs stand. Die Razzia in der Courtfield Road hatte nur wenige Tage nach seiner Rückkehr vom Filmfestival in Cannes und einer qualvollen Woche erzwungener Nähe zu Anita Pallenberg – sie war als Star eingeladen und er als musikalisch Verantwortlicher des westdeutschen Beitrags »Mord und Totschlag« –

Brian Jones neben Anita Pallenberg bei den Filmfestspielen von Cannes 1967.

stattgefunden. Brian wohnte in Cannes im selben Hotel wie Anita und Keith und hatte sie zu sämtlichen Partys und Empfängen begleitet, um eine Chance zu finden, Anita bitten zu können, zu ihm zurückzukehren. Doch das einzige, was passierte, wenn er sie allein erwischte, war, daß er wieder seinen unbeherrschten Wunsch verspürte, sie zu mißbrauchen und zu schlagen.

Seit Anita für ihn verloren war, hatte er sich aus der reichlichen Auswahl, die sich ihm von ganz allein bot, ein halbes Dutzend Mädchen herausgegriffen. Sein früherer Schulfreund aus Cheltenham, Peter Watson, erinnert sich, ihn einmal mit Schmuck behängt in der Tottenham Court Road gesehen zu haben; an seinen Armen hingen mit gierigem Blick zwei Paradiesvögel. Zum Abschluß ihrer Unterhaltung bot Brian Watson die Mädchen wie ein Päckchen Zigaretten an. Er sagte: »Hier ... Willst du eine?«

Dann hatte er sich Suki Poitier als feste Freundin zugelegt, ein Mannequin, dessen blondes Haar und dessen Gesichtsschnitt Anita mehr ähnelte als alles, was er sonst finden konnte. Suki hatte jenen Autounfall, bei dem Tara Browne, der Erbe des Guinness-Vermögens, ums Leben gekommen war, überlebt. Diesem grausamen Verkehrsunglück galt John Lennons bester Song *A Day in the Life*. Kurz nach der Razzia in der Courtfield Road zog Suki nun zu Brian und ertrug während der folgenden achtzehn Monate die schreckliche Prüfung, eine lebende Replik sein zu müssen.

Brian wurde jetzt von Geistern heimgesucht, und wie ein Geist sah auch er aus. Das Gesicht unter den goldenen Fransen war aufgedunsen und kränklich bleich; wenn seine Augen nicht glasig waren, zuckten sie hin und her und bestätigten so auf trostlose Weise das Chaos in seinem Kopf. Manchmal erschien er so betrunken in den Olympic Studios, daß er zu nichts anderem mehr in der Lage war, als sich zwischen seine Instrumente zu setzen und in einem komaartigen Schlaf zu versinken. Nahm er doch einmal eine Gitarre in die Hand, spielte er nicht selten, ohne sie zu stimmen, oder so schlecht, daß der gesamte »Take« unbrauchbar war. Mit der Zeit empfanden es die anderen als die einfachste Lösung, das Verstärkerkabel seiner Gitarre stillschweigend herauszuziehen.

Die Anklage und seine bevorstehende Verhandlung hatten ihn vom Haschisch abgebracht – und er schwebte plötzlich sogar in der paranoiden Angst, jemand anderer könne etwas in der Courtfield Road vergessen und die Polizei es finden. Aber dennoch spülte er weiterhin mit Scotch oder Weinbrand Barbiturate hinunter und setzte auch in sicheren Häusern seine Experimente mit neuen Spielarten des LSD fort. Sein engster Freund während dieser Zeit war Jimi Hendrix, der erstaunliche junge Bluesgitarrist, der das erste Idol des britischen Underground geworden war. Im Juni flog Brian nach Amerika, um Hendrix auf dem ersten Rockfestival aller Zeiten in Monterey, Kalifornien, spielen zu sehen. Zwar war er eigentlich nur als Zuschauer erschienen, der sich wärmstens für die neue Generation amerikanischer Bluesstars wie Hendrix und Janis Joplin interessierte, doch wurde er auch so zu einer Attraktion des Festivals und wanderte in seinen Seidengewändern und in seinem Berberschmuck zwischen den Nachtlagern der Hippies umher. »Brian und Jimi haben in Monterey zusammen STP geschluckt«, sagt Anita Pallenberg. »Das ist das Acid, mit dem man auf einen Zweiundsiebzig-Stunden-Trip gehen kann.«

Im grellen Licht, das die Jagger-Richard-Verhandlung umgab, wurde kaum Notiz davon genommen, daß Brian begann, regelmäßig einen Psychiater in der Harley Street, Dr. Leonard Henry, aufzusuchen. Dr. Henry erachtete seine Verfassung für so schlecht, daß er zu stationärer Behandlung riet und mit Dr. Anthony Flood, einem Kollegen aus der Harley Street, arrangierte, daß Brian für drei Wochen in Floods Privatklinik in Roehampton einquartiert werden sollte. Der Beginn dieser Behandlung durch Analyse plus Ruhigstellung war nicht gerade vielversprechend. Brian erschien herausgeputzt und in Begleitung von Tom Keylock und Suki Poitier und forderte für die Zeit der Behandlung ein Zweibettzimmer für Suki und sich. »Das ist nicht drin«, sagte Dr. Flood kurz und bündig. »Das erste, was ich tue, ist ohnehin, daß ich Sie für die nächsten zwei Tage schlafen lege.«

Die Ausgangsdiagnose des Psychiaters hatte viel mit diesem infantilen Drang zu tun, selbst in einem Zustand ausgeprägter Verzweiflung sexuelle Glanzleistungen zur Schau zu stellen. Er stellte zu Brians

Person fest: »Ängstlich, bedenklich depressiv, vielleicht sogar suizidgefährdet ... Er läßt sich leicht deprimieren und unterkriegen. Er kann sich nicht zufriedenstellend mit seinen Problemen auseinandersetzen, weil ihn das sofort ängstlich und depressiv macht ... Er hat kein großes Selbstvertrauen ... In vieler Hinsicht versucht er jetzt noch, erwachsen zu werden.«

Gleichzeitig beeindruckten Dr. Flood die Intelligenz und das sensible Wahrnehmungsvermögen, die trotz Brians Launenhaftigkeit und seiner Starallüren zu erkennen waren. Der Psychiater und der Patient freundeten sich in gewisser Weise miteinander an während ihren stundenlangen Unterhaltungen, die sich um Brians hypochondrische Besessenheit von allen Formen künstlicher Stimulanz drehten, um sein Interesse an Lokomotiven und Londoner Bussen, bis hin zu Fragen der Geschichte, der Philosophie und der Ethik. Bei einer Gelegenheit erzählte er Dr. Flood, er habe immer bereut, nicht die Universität besucht zu haben. Als Flood darauf erwiderte, mit fünfundzwanzig sei er dazu noch nicht zu alt, schien er sich ernstlich mit diesem Thema auseinanderzusetzen.

Die Behandlung schlug wohl auch an, bis Brian Dr. Flood eines Tages bat, ihm am Abend Ausgang zu geben, weil die anderen Stones – darauf beharrte er – ihn in den Olympic Studios brauchten. Der Arzt willigte unter der Bedingung ein, daß er spätestens um Mitternacht zurücksein und im Bett liegen müsse. Brian erschien erst am nächsten Morgen um sieben Uhr und war so vollgepumpt mit Alkohol und Mandrax, daß er kaum laufen konnte. Dr. Flood blieb nichts anderes übrig, als ihn ins Bett zu stecken und wieder von vorn anzufangen.

Eine Gerichtsverhandlung im Rahmen des vierteljährlichen Zusammenkommens eines Amtsgerichtes lief ohne Pomp und Formalitäten ab, ohne Perücken und Roben, ohne den Träger des Amtsstabes und den Kämmerer. Ein Rechtsgelehrter, der den Fall allein leitete, oder ein Vorsitzender, der sich mit Laienrichtern umgab, reichten aus, um das Beweismaterial zusammenzufassen und den Geschworenen bei der Urteilsfindung behilflich zu sein. Die Verhandlung Jagger-Richard-Fraser war insofern ungewöhnlich, als der Vorsitzende zugleich auch Richter war, der einundsechzig Jahre alte ehemalige Fregattenkapitän Leslie Kenneth Allen Block.

Das hatte nichts mit Blocks vielfältigen juristischen Verbindungen in London zu tun, sondern er bekam den Vorsitz über die skandalträchtigste Verhandlung in England seit den Zeiten Christine Keelers lediglich, weil er Grundbesitzer in Sussex war, dort Milchvieh hielt und Friedensrichter war. Als ein englischer Richter des klassischen Typs, der eine weltfremde und penible Ferne zu der Angelegenheit, die verhandelt wurde, damit verband, die versammelten Barrister hin und wieder mit seinen Witzen aufzumuntern – sollte er sich dem ungewöhnlichen Fall gewachsen zeigen.

Die dreitägige Verhandlung, die vom 27. bis zum 29. Juni dauerte, verwandelte den ruhigen Yachthafen Chichester in einen turbulenten öffentlichen Schauplatz, und die Menschenmengen, die einen Blick auf die Angeklagten werfen wollten, bestanden nicht nur aus hysterischen kleinen Mädchen. Die Polizei erhielt Verstärkung von Hundertschaften, die das Gedränge, das vor dem Gerichtsgebäude entstanden war – Fans, Reporter und Fernsehteams und jene, die die Presse ausnahmslos mit derselben Formulierung beschreibt: »Hausfrauen, von denen einige Einkaufstaschen bei sich trugen« –, unter Kontrolle halten sollten. Der strahlende Sonnenschein und die vielen Stände, an denen man Hot Dogs und Eis kaufen konnte, verliehen der Szene die Atmosphäre eines Rummelplatzes. Ein Hausierer hatte den Geistesblitz, mit einem Kleinlastwagen mit den notwendigen Geräten zum Stoffdruck zu erscheinen, um T-Shirts mit den Aufschriften »Free the Stones« und »Mick is innocent« zu verkaufen.

Die Verteidigung von Mick und Keith hatte der vierundvierzigjährige Michael Havers, QC (Geheimer Justizrat), ein zukünftiger Oberstaatsanwalt, übernommen, damals einer der hervorragendsten und teuersten Strafverteidiger. Havers war nicht nur wegen seines großen fachlichen Könnens hinzugezogen worden, sondern auch wegen seiner echten Empörung darüber, daß Jagger derart erbarmungslos für etwas verfolgt wurde, was im Grunde eine Lappalie war, und daß Keith offenkundig nur aufgrund eines fadenscheinigen Indizienbeweises gerichtlich belangt wurde. Nichtsdestoweniger brachte es die beiden Stones, die sich den Weg von ihrer Limousi-

ne ins Gericht freigekämpft hatten, vollkommen aus der Fassung, als sie sehen mußten, wie Havers und der Vertreter der Anklage Malcolm Morris, QC, sich freundschaftlich miteinander unterhielten wie Mitglieder desselben Clubs, derselben Studentenvereinigung, derselben Familie.
Mick Jagger wurde als erster von dem eingefriedeten Platz des altmodischen Gerichtssaals auf die erhöhte hölzerne Anklagebank gerufen. Als die vertraute puppenhafte Gestalt in einem hellgrünen Jackett, olivgrüner Hose, Rüschenhemd und vielfarbig gestreifter Krawatte erschien, entrang sich den gut achtzig Mädchen, die die kleine Zuschauergalerie fast überlasteten, ein unbeabsichtigtes Keuchen. Der Gerichtsdiener forderte Ruhe, doch es gelang ihm nicht – und konnte ihm auch nicht gelingen –, die unterschwellige weibliche Seelenqual zum Verstummen zu bringen, die sich im ständigen leisen Rascheln von Papiertaschentüchern und dem Knistern des Stanniols der Schokoladentafeln äußerte.
Die Aufgabe, die Michael Havers an jenem Vormittag bevorstand, war vergleichsweise einfach. Jagger bekannte sich als nicht schuldig, illegal im Besitz von Amphetaminen zu sein, und das ließ nur eine Möglichkeit der Verteidigung zu. Havers mußte die Geschworenen davon überzeugen – wovon er auch selbst überzeugt worden war –, daß Jagger diese vier Tabletten von einem Arzt verschrieben bekommen hatte, obwohl kein Rezept als Beweisstück vorgelegt werden konnte.
Im übrigen bestand Havers' Strategie darin, die Betonung darauf zu legen, daß es sich bei dem Vergehen, das Jagger vorgeworfen wurde, um einen ausgesprochenen Grenzfall handelte. Die Tabletten waren zwar in Großbritannien illegal, doch in anderen europäischen Ländern im freien Handel – und von ihren Herstellern, Lepetit in Milano, wurden sie als Mittel gegen weit verbreitete Leiden wie etwa Reiseübelkeit empfohlen. Ein Gesetz, das dazu bestimmt war, kriminellen und gewohnheitsmäßigen Rauschgifthändlern das Handwerk zu legen, wurde jetzt auf jemanden angewendet, dessen Verstoß, wie die Indizien bewiesen, absolut geringfügig war und der jedem ehrbaren Bürger hätte unterlaufen können, der sich im Ausland Tabletten gegen Reiseübelkeit kaufte und vergaß, sich ihrer vor seiner Rückkehr nach Großbritannien zu entledigen.
In knappen Strichen entwarf dann Malcolm Morris, der den Fall ganz offensichtlich für sonnenklar hielt, ein Bild der näheren Umstände des Polizeieinsatzes in Redlands, der Durchsuchung der Schlafzimmer im oberen Stockwerk und der Entdeckung der vier Tabletten in Jaggers grünem Samtjackett. Anschließend trat Detective Sergeant Stanley Cudmore mit seinem amtlichen Notizbuch in den Zeugenstand, um auszusagen, Jagger habe zugegeben, daß die Tabletten ihm gehörten, und habe behauptet, sie seien ihm von einem Arzt verschrieben worden, damit er »wach bleiben und arbeiten« könne. Sergeant Cudmore wurde ins Kreuzverhör genommen und vertrat die Ansicht, Jaggers Verhalten während der Razzia sei »durchaus erwachsen und kooperativ« gewesen.
Der einzige Zeuge der Verteidigung war Dr. Raymond Dixon Firth aus dem Wilton Crescent, Knightsbridge, Jaggers Arzt seit 1965. Dr. Dixon Firth bezeugte, daß Jagger ihn »schon eine Weile vor dem Februar« angerufen und nach Tabletten gefragt habe, die er auf dem Rückweg vom Popfestival in San Remo gekauft habe. Er habe sie eingenommen, um mit einer Phase fertig zu werden, in der er unter großem privatem Streß stand. Der Arzt hatte festgestellt, daß es sich um Amphetamintabletten handelte, und er hatte Jagger die Erlaubnis erteilt, sie weiterhin einzunehmen, solange er sich darauf beschränke, sie nur in Notfällen zu nehmen. Das war nach der Auffassung von Dr. Dixon Firth eine medikamentöse Verordnung, die besagte, daß Jagger absolut legal im Besitz der Amphetamine war. Er fügte hinzu, wenn Jagger in seine Praxis gekommen wäre, um sich etwas verschreiben zu lassen, was ihm ermöglichte, »aufzubleiben und zu arbeiten«, hätte er ihm als Arzt ebendieses Mittel verschrieben.
Richter Block drehte sich um und besprach sich kurz mit den drei anderen Laienrichtern – zwei Landbesitzern aus Sussex und einem Zeitungshändler aus Worthing. Dann wandte er sich an die Geschworenen, die sich aus elf Männern und einer Frau zusammensetzten.
»Dieser (Dixon Firth') Aussage kann nicht entnommen werden, daß der Angeklagte im Besitz eines Rezepts gewesen ist«, sagte er. »Ich möchte Sie daher darauf hinweisen, daß bisher nichts zur Entlastung von der Anklage vorgebracht worden ist.« Die Ge-

schworenen zogen sich zum Schein sechs Minuten lang zurück, ehe sie ihren obligatorischen Urteilsspruch verkündeten und auf schuldig erkannten. Richter Block wandte sich an Jagger, der jetzt stand und sich mit beiden Händen an der Brüstung festhielt. Aus der Zuschauergalerie über ihm waren Seufzer des Entsetzens zu hören, und die Stimmen klangen wie Meerwasser, das über einen Strand mit Kieselsteinen brandet. »Ich schlage vor, daß wir Ihr Urteil zurückstellen, bis die Verhandlung Ihrer beiden Freunde abgeschlossen ist«, fuhr der Richter fort. »In der Zwischenzeit kommen Sie in Untersuchungshaft.« Der Gefangenenwärter, der neben ihm erschienen war, nahm Jagger am Arm und führte ihn ab. Er brachte ihn in eine Zelle unter dem Gerichtssaal, in der er das Ende des Verfahrens dieses Tages abwarten sollte.

Robert Frasers Verhandlung war noch kürzer. Auf das Anraten seines Verteidigers William Denny hin hatte sich Fraser inzwischen für schuldig bekannt. Daher blieb nichts weiter zu tun, als auf die mildernden Umstände zu plädieren, die in Frasers ruhmreicher militärischer Laufbahn in Kenya während der Mau-Mau-Aufstände und in der harten Arbeit und dem Spürsinn bestanden, die erforderlich gewesen waren, als er anschließend in London seine erfolgreiche Galerie eröffnet hatte. Da er die Auffassung der Laien kannte, die Rauschgiftsüchtige als hilflose und rückgratlose Wesen ansahen, setzte Mr. Denny alles daran, zu betonen, wie verzweifelt Fraser gegen seine Abhängigkeit vom Heroin angekämpft hatte, wie er nach einem traumatischen Entzug wieder dieser Droge verfallen war, doch nichtsdestoweniger den Mut und die Entschlossenheit aufgebracht hatte, seinen Arzt anzurufen und ihn um Hilfe zu bitten. Er sei jetzt »vollständig geheilt«, sagte sein Verteidiger. »Es besteht kein Grund, aus dem er jemals wieder auf Heroin zurückgreifen könnte.«

Auch Frasers Urteilsspruch wurde aufgeschoben, bis Keith Richards Verhandlung abgeschlossen war, und so wurde auch er in Untersuchungshaft genommen und in eine Zelle gebracht, was damit gleichkam, daß er und Jagger die Nacht im Gefängnis verbringen mußten. Beiden wurde gestattet, sich kurz mit ihren Anwälten zu besprechen. Keith, der weiterhin auf Kaution frei war, war inzwischen mit Höchstgeschwindigkeit nach West Wittering gefahren, wo Jagger die vorangegangene Nacht verbracht hatte, um ihm etwas Frisches zum Anziehen, ein Buch (über tibetanische Philosophie) und ein Puzzle mit hundertvierundachtzig Teilen zu holen.

Dann wurden Jagger und Robert Fraser Handschellen angelegt, und sie wurden gemeinsam mit anderen Untersuchungshäftlingen eilig in einen grauen Polizeiwagen gezwängt und durch die Menge von rasenden Mädchen und erhobenen Filmkameras gefahren, um die achtunddreißig Meilen lange Reise in das Gefängnis von Lewes anzutreten.

Im Gefängnis von Lewes wurden die beiden gemeinsam in einem Raum des Gefängniskrankenhauses einquartiert. Jagger hat später zugegeben, daß er »zu Tode erschrocken und in Tränen aufgelöst« war. Ehe die Lichter verlöschten – zu einer Stunde, zu der ein Rolling Stone im allgemeinen daran dachte, aufzustehen –, wurden zwei Besucher zu ihnen hereingeführt. Die eine Besucherin war Marianne Faithfull, die Mick sechzig Zigaretten, ein Damespiel, Zeitschriften und frisches Obst brachte. Der andere Besucher war Michael Cooper, der in der Hoffnung, Jagger hinter Gittern fotografieren zu können, eine Miniaturkamera mitgebracht hatte. Als er das Gefängnis verließ, entdeckte ein Wärter die Kamera und konfiszierte den Film.

Am folgenden Vormittag, dem Morgen des 28. Juni, wurden Jagger und Robert Fraser vor sieben Uhr geweckt und bekamen ein kärgliches Frühstück vorgesetzt. Dann legte man ihnen für die Rückfahrt nach Chichester wieder Handschellen an. Einige der freundlicher gesonnenen Presseleute stellten bereits Fragen, ob es wirklich nötig sei, die beiden wie Mörder in Fesseln aus dem Gerichtssaal und wieder zurück zum Gericht zu führen. Ein Gefängnissprecher erwiderte daraufhin schließlich, das sei geschehen, weil ihre Wärter »keine gegenteiligen Anweisungen hatten«.

In Chichester wurden sie wieder in eine Zelle unter dem Gericht verfrachtet, wo sie darauf warteten, zur Verkündung des Urteils in den Gerichtssaal geführt zu werden, falls Keith Richards Verhandlung an diesem Tag abgeschlossen werden sollte. Ihr achtstündiges Warten war zwar unbequem und langweilig, doch sie mußten nicht auf alle fleischlichen Genüsse verzichten. Es wurde ihnen gestattet, sich von einem Hotelier das Mittagessen bringen zu lassen – Lammbraten für Mick Jagger und für Fraser einen kalten Lachssalat. Beide beschlossen ihre Mahlzeit in dem öden kleinen Backsteinkämmerchen mit Erdbeeren und Sahne als Nachtisch.

Über ihnen saß jetzt Keith Richard auf der Anklagebank. Er trug einen schwarzen Anzug mit langen Rockschößen und einen weißen Rollkragenpullover; sein verlebtes vierundzwanzigjähriges Gesicht war ausdruckslos unter dem zurückgekämmten schwarzen Haar, das so wüst aussah, als hätte auch er die Nacht auf einer Gefängnispritsche verbracht. Jetzt war kein Rascheln von Papiertaschentüchern von der Zuschauertribüne zu vernehmen. Der Gerichtssaal war in eine gebannte Stille getaucht, und das Schweigen wurde nur von der unterschwellig frohlockenden Stimme von Malcolm Morris durchbrochen und dem Geräusch des hektischen Mitschreibens, das von der übervollen Pressebank herüberdrang. Selbst der würdige Vertreter der *Times* wollte sich nichts von alldem entgehen lassen.

Heute wurde den Geschworenen zum ersten Mal ein vollständiger Bericht über die Razzia in Redlands vorgelegt, über die Entdeckung von acht Männern und einer jungen Frau, die Popmusik hörten, während sie auf den Fernsehapparat schauten, und es wurde auch von dem »intensiven, süßen, ungewöhnlichen Geruch« berichtet, der der Polizei sofort aufgefallen war. »... Im Salon, in dem Richard seine Gäste empfing, wurde bei einem von ihnen ein größerer Vorrat an Cannabisharz gefunden«, fuhr Malcolm Morris fort. »Das Verhalten eines der Gäste, der Frau, ließ so deutlich darauf schließen, daß sie unter dem Einfluß von Cannabis stand, daß dies auch Richard nicht entgangen sein konnte ... Es kann nicht der geringste Zweifel daran bestehen, daß er sein Haus für den Zweck zur Verfügung gestellt hat, dort Cannabis zu rauchen.«

Selbst jetzt erschien es noch so, als wäre die Quelle dieses »größeren Vorrats an Cannabisharz« von allen Seiten geschützt. »Es handelt sich um einen Mann, der nicht vor diesem Gericht steht und sich bis zu diesem Zeitpunkt auch nicht im Lande aufhält«, teilte Malcolm Morris den Geschworenen mit fester Stimme mit. »Die Namen oder die Identität anderer bei dieser Party Anwesender außer Keith Richard sind für Sie nicht von Belang.« Erst als Michael Havers Druck machte – und Richter Block scherzhaft bemerkt hatte, dieser Mann habe »die Flatter gemacht« –, fiel vor dem Gericht der Name von Acid King David Schneidermann. Doch wurde nur sein Nachname genannt, der in den meisten Berichten phonetisch als »Snidermann« wiedergegeben wurde.

Malcolm Morris nahm sein Thema wieder auf und erzählte den Geschworenen, Detective John Lynch vom Rauschgiftdezernat bei Scotland Yard beschreibe die Wirkung des Cannabisrauchens als Gelassenheit, Zufriedenheit und »einen Hang, Hemmungen abzulegen«.

»Man könnte glauben, daß es exakt diese Wirkung auf einen von Richards Gästen gehabt hat. Es handelt sich dabei um die junge Dame, die auf dem kleinen Sofa saß. Sie trug nichts weiter als ein helles Fell, das sie von Zeit zu Zeit fallen ließ, um ihren nackten Körper zu enthüllen. Sie war unbeeindruckt von allem und genoß die Situation offensichtlich sogar. Man brachte sie zwar nach oben, wo sich ihre Kleider befanden, um sie zu durchsuchen, doch als sie wieder nach unten kam, war sie nach wie vor nur mit dieser Felldecke bekleidet und nach Angaben einer Polizeibeamtin, die sich um sie kümmerte, in heiterer Stimmung – einer Stimmung, die nur ihrer unbeteiligten Sorglosigkeit entspringen konnte.

Uns soll nicht interessieren«, fuhr der Vertreter der Anklage fort, ohne auch nur mit den Wimpern zu zucken, »wer diese junge Dame war oder unter Umständen sein könnte. Es handelte sich um jemanden, der seine Hemmungen abgelegt hatte, und hatte sie ihre Hemmungen verloren, weil sie indischen Hanf geraucht hatte?«

Man kann nur mit Verwunderung diesen Versuch zur Kenntnis nehmen, Keith Richard eines Rauschgiftdeliktes zu überführen, indem man darauf anspielte, er habe gleichzeitig eine Sexorgie veranstaltet. Als er das tat, hätte Malcolm Morris ahnen müssen, daß er der Presse damit ein gefundenes Fressen vorwarf, das sich in anprangernden Schlagzeilen äußern würde – das ihr jene Brocken schmutziger Bezichtigungen vorsetzte, die die Frage von Schuld oder Unschuld irrelevant erscheinen ließen, sowie sie sich in eine runde Million kleinkarierter Gehirne eingenistet hatten. Nicht einmal der Fall

Christine Keeler hatte der Fleet Street das geboten, was Malcolm Morris ihr am 28. Juni 1967 vorsetzte. Allein die Erwähnung von »Nacktheit« hatte ausreichend Erregung bei den Journalisten ausgelöst. Bei der Erwähnung einer »Felldecke« trat etwas ein, was einem kollektiven Orgasmus nahekam.
An der Identität des nackten Mädchens konnte kein Zweifel bestehen. Marianne Faithfull hatte die Verhandlung von Anfang an verfolgt. Sie saß zwischen Allen Klein und Les Perrin, und ihr blondes Haar war über einer überdimensionalen Sonnenbrille hochgesteckt, und nur einzelne Strähnen fielen lose über den Kragen einer Seidenbluse: Sie stand schon im Blickpunkt vieler lüsterner Augen, ehe Malcolm Morris begonnen hatte, sie mit Worten auszuziehen. Obwohl sich beide Seiten darauf geeinigt hatten, daß ihr Name nicht genannt werden sollte, konnte jede Zeitung ihre Fotografie in Verbindung mit dem Artikel abdrucken, der von der Razzia berichtete. Beides konnte auf eine legal nicht angreifbare Weise nebeneinandergestellt werden – die Geschichte und das in Fell gehüllte Mädchen, das schamlos versuchte, Polizisten bei Ausübung ihrer Pflichten zu erregen. Ohnehin hatte sich bereits kreuz und quer über England das Gerücht unerklärlichen Ursprungs ausgebreitet, daß die Polizei beim Betreten von Keith Richards Wohnzimmer in eine Cunnilingus-Orgie hineingeraten sei, bei der Jagger einen Riegel Mars gelutscht hätte, der in Mariannes Vagina gesteckt haben soll. Der Marsriegel war ein so irrsinniges Detail, daß es die Geschichte anscheinend nur noch glaubwürdiger machte, in jenem Moment und für alle Zeiten. Niemand bedurfte einer Erklärung für den Satz, der auf der nächsten Ausgabe der Zeitschrift *Private Eye* vom Titelbild prangte: »Ein Riegel Mars füllt diese Spalte.«
Vier Zeugen von der Polizei sagten für die Anklage aus und bestärkten die Anwesenden in der Vorstellung, Marianne sei nicht nur durch den Genuß von Cannabis high gewesen, sondern sei zudem eine schamlose Nymphomanin. Die Polizeibeamtin Rosemary Slade bezeugte wahrhaftig, als der Durchsuchungstrupp eingetroffen sei, sei »Miss X« – wie Marianne völlig überflüssigerweise genannt wurde – »vollständig nackt« gewesen. Die Polizeibeamtin Evelyn Fuller beschrieb ihre »heitere Stimmung« und ihre »teilnahmslose Sorglosigkeit«, als sie ins obere Stockwerk geführt wurde, um durchsucht zu werden, und sie beschrieb ebenfalls, wie sie, sobald sie mit Mrs. Fuller allein gewesen sei, »absichtlich die Felldecke hatte fallen lassen« – ein nur allzu natürliches Vorgehen, sollte man annehmen, wenn man in ein Fell gehüllt ist und jemand einen durchsuchen will.
Diese Decke hatte einen weiteren dramatischen Auftritt, als Michael Havers Detective Sergeant Stanley Cudmore ins Kreuzverhör nahm, nachdem Sergeant Cudmore behauptet hatte, daß »man sehen konnte, daß sie darunter nichts anhatte«.
»War es eine große Decke?« erkundigte sich Havers.
»Ziemlich groß«, sagte Sergeant Cudmore.
»War sie größer als ein Pelzmantel?«
»Ja.«
»Es hat sich doch um eine Bettdecke gehandelt, oder nicht?« sagte Havers. »Ein Meter achtzig auf einen Meter achtzig. Hier – sehen Sie sich das an.« Mit Hilfe seines Assistenten breitete der Verteidiger die braun-weiß gestreifte Decke, die in auffallendem Orange eingesäumt war, auf der Bank der Barrister aus.
»Sie ist riesig«, sagte Michael Havers. »Sehen Sie selbst – sie ist etwa zwei Meter fünfzig auf einen Meter fünfzig groß.«
Havers eröffnete Keith' Verteidigung mit einer Ansprache an die Geschworenen, in der er sich bitterlich darüber beschwerte, daß sein Gegenspieler mit üblen Taktiken eine Person fertigmachen wolle, die keines Verbrechens angeklagt war und somit keine Gelegenheit habe, etwas zu ihrer Verteidigung zu sagen. »Formal gesehen, bleibt sie anonym, aber alles läuft darauf hinaus, daß sie als eine Nymphomanin beschrieben worden ist, die Drogen nimmt. Was würden Sie (die Geschworenen) empfinden, wenn Sie an der Stelle wären, an der sie im Moment ist, und wenn Zeugen in den Zeugenstand treten und sich zu Ihrem Verhalten äußern würden und Sie nichts dagegen tun könnten?
Erwarten Sie etwa von mir, daß ich dieses Mädchen in den Zeugenstand treten lasse? Das würde ich ihr niemals gestatten. Ich werde die Decke der Anonymität nicht von ihr reißen und sie dem Hohngelächter derer aussetzen, die ihr übelwollen. Der Name dieses Mädchens ist bisher nicht in den Schmutz gezogen worden. Wenn ich sie nicht vor diesem Ge-

richt erscheinen lassen kann, dann schlage ich vor, niemanden erscheinen zu lassen, der sich zu jenem Zeitpunkt in diesem Haus befunden hat.«

Havers' nächster Punkt waren die absolut zweifelhaften Mittel, durch die Scotland Yard ursprünglich den Wink bekommen hatte, eine Razzia in Keith Richards Haus zu veranstalten.

Dabei nahm er sarkastisch Bezug auf eine »gewisse überregionale Zeitung«, die »eine schwerwiegende und abscheuliche Anklage« gegen Mick Jagger erhoben und – wie Havers behauptete – versucht hätte, der Gegenklage zu entgehen, indem sie Jagger genau habe überwachen lassen, in der Hoffnung, ihn im Besitz von Drogen zu überraschen.

»In den fünf Tagen, die zwischen dieser Veröffentlichung und der Razzia lagen, wurde dieser Mann verfolgt und überwacht, wohin er auch ging und was er auch tat. Ein Lastwagen oder ein Pkw war ständig vor seiner Wohnung stationiert. Noch in derselben Woche gab diese bekannte Zeitung der Polizei einen Wink, sich in West Wittering umzusehen. Es *könnte* auf einem Zufall beruhen«, fuhr Havers fort, und in seiner Stimme schwang Ironie mit, »daß, weil eine bekannte Zeitung die Verleumdung über Mick Jagger veröffentlicht hat, eine bekannte Zeitung in der darauffolgenden Woche der Polizei einen Tip gegeben hat ... Mir fällt nichts Besseres ein, um eine bevorstehende Verleumdungsklage abzuwenden.«

An diesem Punkt beschloß Richter Block die Gerichtssitzung für diesen Nachmittag. Keith wurde weiterhin auf freiem Fuß belassen. Jagger und Fraser hingegen wurden wieder Handschellen angelegt, und sie wurden zu ihrer zweiten Nacht in Untersuchungshaft abgeführt. Ein Fotograf von einer Agentur machte eine Aufnahme, die berühmt werden sollte. Jagger, mit wirrem Haar und zerknitterter Kleidung hebt seinen Arm und den seines Bewachers, der durch die Handschellen an ihn gefesselt ist, um sein Gesicht gegen die Blitzlichter abzuschirmen. Die Gesellschaft hatte ihn endlich dort, wo sie sich ihn gewünscht hatte – in Ketten auf einem offenen Schinderkarren den Beschimpfungen und Flüchen, dem Buhen und Pfeifen des Pöbels ausgesetzt.

Am nächsten Morgen war die Reihe an Keith Richard, in den Zeugenstand zu treten. Ein fast hörbares Erschaudern begrüßte diesen unattraktivsten Angeklagten mit seiner modischen Kleidung und dem blassen, kränklichen Wolfsgesicht, das ein lebendiges Zeugnis für alle unappetitlichen Gewohnheiten abzulegen schien, die die Anklage beschrieben hatte. Das allerletzte, was von einer schon durch ihr Äußeres sich selbst derart belastenden Gestalt erwartet wurde, waren Artikulationsvermögen und Aufrichtigkeit und eine Geistesgegenwart, mit der er mehrfach, selbst im Kreuzverhör, den Vertreter der Anklage aus dem Konzept brachte.

Die ersten Fragen, die Michael Havers stellte, waren dazu gedacht, den Geschworenen zu verdeutlichen, wie wenig direkte Kontrolle ein Rolling Stone darüber hatte, was um ihn herum vor sich ging – und wie gering dementsprechend die Verantwortung sein sollte, die er für das Benehmen derjenigen zu tragen hatte, die in seinem Gefolge mitliefen. Dazu war ein kurzer Abriß über die Stones erforderlich, angefangen mit dem ersten Treffen zwischen Keith und Mick im Alter von sechs Jahren bis hin zu dem »vollständigen Fehlen eines Privatlebens und zu der ständigen Arbeit«, beides Bedingungen, unter denen sie alle bereits seit 1963 lebten.

»Brauchen Sie in irgendeiner Form Schutz vor Ihren Fans?« fragte Havers.

»Ja, sicher«, erwiderte Keith. »Ich brauche ein ganzes Heer.«

»Und weshalb brauchen Sie diesen Schutz?«

»Ich bin stranguliert worden«, sagte Keith, der sich bei dieser Erinnerung an den Hals griff. »Sie packen einfach nach einer Krawatte oder einem Schal und ziehen ... Meine Kleider sind mir abhanden gekommen«, fuhr er fort. Er grinste entschuldigend, als sich Gelächter im Gerichtssaal erhob.

»Und im Rahmen Ihrer Reisen müssen Sie auf Partys gehen und sind ständig unter Menschen?«

»Ja, ich lerne *Tausende* von Menschen kennen.«

Somit konnten sie nahtlos auf Acid King David Schneidermann übergehen, von dem Keith sagte, er habe ihn nur zweimal kurz gesehen, ehe Acid King David sich nach Redlands eingeladen hätte. Er fügte hinzu, die ganze Idee für eine Wochenendparty habe nicht von ihm gestammt. Keith selbst hatte erst am Vortag erfahren, daß das Fest steigen würde. Das führte zu dem Punkt, daß man von Popstars, wenn diese ihre eigenen Partys nicht selbst organisierten,

Die Rolling Stones kurz vor ihrem Abflug nach Amerika Anfang 1967. Unter anderem werden sie auch wieder in der Ed Sullivan Show auftreten. Foto: Keystone

kaum erwarten konnte, daß sie jeden kannten, der so ihre Gastfreundschaft in Anspruch nahm.
Auf Michael Havers' Betreiben schilderte Keith aus seiner Sicht ein Vorkommnis, das jetzt wie ein ganz normales Wochenende auf dem Lande klang – die Wagen, die am späten Abend in Redlands eintrafen, die Eier mit Speck, die es zum Abendessen gab, das Faulenzen im Bett am nächsten Morgen (unter Auslassung der Tatsache, daß Acid King David LSD verteilt hatte) und die nachmittägliche Spazierfahrt ohne bestimmtes Ziel, von der sie direkt vor dem Eintreffen des Rauschgiftstoßtrupps zurückgekehrt waren. Keith sagte, zu diesem Zeitpunkt sei er im oberen Stockwerk gewesen, um ein Bad zu nehmen und sich umzuziehen, und er habe keine Ahnung gehabt, was seine Gäste unterdessen taten.
»Brennen Sie in Ihrem Haus Räucherstäbchen ab?«
»Manchmal.«
»Warum?«
»Nun ja, das habe ich von den Fans übernommen, die mir häufig welche geschickt haben ... Ich mag den Geruch recht gern.«
»Hat das vielleicht noch einen anderen Aspekt?« fragte Havers. »Werden Räucherstäbchen angezündet, um den Geruch von Cannabis zu überdecken?«
»Nein, Sir«, sagte Keith mit fester Stimme.

Dann wurde ihm die Bruyèrepfeife gezeigt, deren chemische Analyse durch die Polizei ergeben hatte, daß sie Spuren von Cannabisharz enthielt. »Die Pfeife kommt aus Los Angeles«, sagte er. »Ich habe sie geschenkt bekommen.«

»Von wem?«

»Von einem Amerikaner – dem Roadmanager einer Gruppe.«

»Auf einer solchen Reise kann man eine Menge Zeug bekommen ... Einen ganzen Berg von diesem Zeug«, schlug Havers vor.

»Ja – immer. Wenn ich nach England zurückkomme, sind meine Koffer immer voll mit Krimskrams.«

»War Ihnen bekannt, daß an jenem Wochenende Cannabis in Ihrem Haus geraucht worden ist?«

»Nein, Sir.«

»Hätten Sie etwas Derartiges zugelassen?«

»Nein, Sir.«

Um dem eindeutig guten Eindruck entgegenzuwirken, den Keith bisher gemacht hatte, begann Malcolm Morris sein Kreuzverhör, indem er auf einen lang erprobten Trick der britischen Barrister zurückgriff, mit dem für gewöhnlich Leute niederen Standes ausgespielt wurden – die »Hab' ich das richtig verstanden«- oder »Wollen wir doch mal feststellen, ob du nur einigermaßen schwachköpfig oder ein absoluter Kretin bist«-Tour.

»Sie haben doch die Rede gehört, die Ihr Anwalt eingangs vor diesem Gericht gehalten hat, nicht wahr?«

»Ja, Sir.«

»Wurde diese Rede auf Ihre Anweisung hin gehalten?«

»Ja, Sir.«

»Er (der Anwalt) hat von den verschiedensten Dingen gesprochen, und im Verlauf dieser Einführungsrede ist sehr deutlich herausgekommen, daß Ihre Verteidigungsrede darauf beruht, daß Schneidermann im Rahmen einer heimtückischen Verschwörung von seiten der Zeitung *News of the World* bei Ihrer Wochenendparty eingeschleust worden ist. Baut darauf ein Teil Ihrer Verteidigung auf oder nicht?«

»Ja, das gehört zu meiner Verteidigung, Sir«, erwiderte Keith.

»Läuft Ihre Verteidigung darauf hinaus, daß Schneidermann von *News of the World* eingeschleust wurde, weil man versuchen wollte, Mick Jagger des Haschischrauchens zu überführen? Wollen Sie darauf hinaus?«

»Das will ich damit andeuten«, stimmte Keith zu.

»... Und wenn Sie ernsthaft andeuten wollen, daß dies ein Teil eines Komplotts war, dann ist dieses Komplott insofern merkwürdig, als nichts getan wurde, um Mick Jagger mit indischem Hanf in Verbindung zu bringen.«

»Er ist mit der Razzia als solcher in Verbindung gebracht worden, und das dürfte sicherlich ausreichen«, antwortete Keith.

»Wollen Sie damit sagen – und das wird die Geschworenen sicher interessieren –, daß *News of the World* keinen Schadensersatz wegen Verleumdung an Mick Jagger zahlen wollte und deshalb dafür gesorgt hatte, daß indischer Hanf in Ihrem Haus vorgefunden wird?«

»Ja«, sagte Keith.

»Wie wir wissen«, fuhr Malcolm Morris fort, »saß auf einem kleinen Sofa eine junge Frau, die nur mit einer Felldecke bekleidet war. Würden Sie mir zustimmen, daß man so, wie die Dinge gewöhnlich ablaufen, von einer jungen Frau erwarten kann, daß sie verlegen ist, wenn sie, bis auf eine Felldecke, in Gegenwart von acht Männern unbekleidet ist, von denen zwei nur zufällige Bekannte sind und ein dritter ein marokkanischer Dienstbote ist?«

»Nein, keineswegs«, erwiderte Keith.

»Sie wollen damit doch nicht sagen, daß Sie das als vollkommen normal betrachten?«

Hier flackerte endlich ein Schimmer der Verachtung für dieses Gerichtsverfahren bei Keith auf. Auch seine wachsende Verachtung für die Männer mittleren Alters in lächerlicher Kostümierung, sanktioniert von einer höher stehenden Kaste, die vor ihm standen und jede Frage formulierten, als hätten sie es mit einem zurückgebliebenen Kind zu tun, brach endlich durch.

»Wir sind keine alten Männer«, lautete seine inzwischen berühmte Reaktion. »Wir scheren uns nicht um moralische Bagatellen.«

Als Richter Block nach der Unterbrechung zur Mittagszeit zu seiner Zusammenfassung ansetzte, begann er mit einem erbosten Verweis auf die Auffas-

sung, die das Parlamentsmitglied Dick Taverne vor vier Wochen zum Ausdruck gebracht hatte, daß die uneingeschränkte Berichterstattung über das Verfahren von Jagger und Richard bei den Geschworenen zu einer Vorverurteilung führen könnte. »Dieser Gentleman«, erklärte Richter Block, »macht sich keine Vorstellung von der Qualität eines Geschworenengerichts von Sussex wie dem hier zusammengetretenen.« Da sich die Eigenheiten und Qualitäten eines Geschworenengerichts in Sussex im allgemeinen nicht von denen eines Geschworenengerichts in Surrey oder Hampshire unterscheiden, kann man daraus nur schließen, daß der Richter, wie es Richter nur allzuoft tun, den Geschworenen um den Bart ging, um sie für seine Sicht des Falles empfänglicher zu machen. Der salbungsvolle Vortrag, der folgte, enthielt mehrere deutliche Hinweise darauf, daß Richter Block auf schuldig hinauswollte.
Das ließ sich klar aus seinem eifrigen Bestreben ersehen, den Geschworenen zu verdeutlichen, sie sollten sich »von jeglichem Vorurteil freimachen (was da heißt, es unter keinen Umständen außer acht zu lassen), das Sie angesichts von Richards Art, sich zu kleiden, oder seiner Bemerkung zu kleinkarierten Moralvorstellungen empfinden könnten ... Die Streitfrage, über die Sie einen Urteilsspruch fällen müssen, ist eine vergleichsweise einfache. Sie müssen davon überzeugt sein, daß in diesem Haus Cannabisharz geraucht worden ist, als die Polizei dort eintraf, und Sie müssen davon überzeugt sein, daß Richard davon wußte.
... Sie müssen all das gänzlich aus Ihrer Vorstellung ausschließen«, fuhr Richter Block fort, »was Sie in den Zeitungen vielleicht über zwei Teilnehmer dieser Party gelesen haben, von denen es heißt, sie hätten entweder gestanden oder seien überführt worden, im Besitz gewisser Drogen zu sein ... Abschließend möchte ich Sie noch auffordern, alles außer acht zu lassen, was die Dame betrifft, der die Polizei unterstellt, in der einen oder anderen Form unzureichend bekleidet gewesen zu sein. Ich muß Sie bitten, sich von diesen Aussagen in keiner Weise negativ beeinflussen zu lassen.«
Mit dieser erstaunlichen Direktive – die als später

Mick Jagger beim Verlassen des Gerichts.

Gedanke auf die Stunden folgte, in denen unvergeßlich fürchterliche Einzelheiten über die »junge Dame« breitgewalzt worden waren, ohne daß Richter Block es für angebracht erachtet hatte, einzuschreiten und dieses Thema abzukürzen – erhoben sich die Geschworenen und verließen den Gerichtssaal. Sie zogen sich für kaum mehr als eine Stunde zurück. Um fünfzehn Uhr fünfundvierzig erhob sich der Sprecher der Geschworenen und verkündete, sie seien zu dem einstimmigen Urteil gelangt, auf schuldig zu erkennen.

Unter dem Keuchen und dem entsetzt ausgestoßenen »Nein« der Mädchen auf der Zuschauergalerie wurden Mick Jagger und Robert Fraser in den Gerichtssaal geführt und zur Verkündung des Urteilsspruchs neben Keith plaziert.

»Keith Richard«, setzte Richter Block an, »auf das Vergehen, dessen Sie nach allen Regeln überführt worden sind, steht eine vom Parlament verhängte Höchststrafe von bis zu zehn Jahren.« Als die neuerlichen Entsetzensschreie sich gelegt hatten, fuhr er fort: »Das besagt etwas über die Schwere dieses Verstoßes ... Unter den gegebenen Umständen werden Sie zu einem Jahr Gefängnis verurteilt. Ferner werden Sie fünfhundert Pfund von den Prozeßkosten tragen.«

Er wandte sich an Robert Fraser. »Robert Hugh Fraser – Sie haben sich schuldig bekannt, im Besitz eines äußerst gefährlichen und schädlichen Rauschgiftes gewesen zu sein ... Sie werden zu sechs Monaten Gefängnis verurteilt. Ferner werden auch Sie zweihundert Pfund zu den Prozeßkosten beitragen.«

Schließlich wandte er sich Mick Jagger zu. »Michael Philip Jagger – Sie sind für schuldig befunden worden, im Besitz einer potentiell gefährlichen und schädlichen Droge gewesen zu sein ... Sie werden zu drei Monaten Gefängnis verurteilt. Sie werden mit zweihundert Pfund zu den Prozeßkosten beitragen.«

Bei diesen Worten sackte Jagger in sich zusammen und schlug sich eine Hand vor die Stirn. Keith blieb mit weißem Gesicht und steifem Rücken stehen und sah starr vor sich hin. Robert Fraser blies seine Wangen auf, als schlüge ihm eisige Luft entgegen. Als die drei in einem Tumult aus Schreien und Schluchzen die Anklagebank verließen, weinte Mick Jagger deutlich erkennbar leise in sich hinein.

Die Nachricht über das von Richter Block gefällte Urteil waren bereits zu der Menschenmenge vor dem Gerichtsgebäude vorgedrungen. Als die drei die Treppe heruntergeführt wurden, hörten sie bereits die Sprechchöre: »Eine Schande!«, »Laßt sie frei!«

Am Vordereingang des Gerichtsgebäudes strömte eine sechshundertköpfige Menge auf die großen Eisentore zu und rangelte um die besten Plätze, von denen man einen Blick auf Mick und Keith werfen konnte, als sie zu dem Polizeiwagen gebracht wurden, der sie ins Gefängnis transportieren sollte. Ein Schrei erhob sich, als Keith Richards blauer Bentley auftauchte, in dem Tom Keylock und Marianne Faithfull saßen. Auch Marianne weinte, als Keylock sie ins Gerichtsgebäude führte. Sie durfte Jagger fünfzehn Minuten lang sehen, ehe er abtransportiert wurde, um seine Haft anzutreten.

Eine halbe Stunde später kämpfte sich ein Transportfahrzeug zum Schein einen Weg durch die Schaulustigen vor dem hinteren Eingang frei, und währenddessen wurden Jagger, Richard und Fraser eilends durch den vorderen Eingang getrieben und in einen Streifenwagen verfrachtet. Sobald sie Chichester hinter sich gelassen hatten, wurden sie in einen Mannschaftswagen mit sieben Mann Besatzung umquartiert. Der Wagen fuhr in Richtung London – oder zumindest erschien es seinen Passagieren so, soweit sie es erkennen konnten. Sie stellten fest, daß sie einem Ablauf unterworfen waren, dessen Teile exakter ineinandergriffen als der Zeitplan einer bestens durchorganisierten Tournee.

Ihr erster Halt war das Gefängnis von Brixton, diese finstere viktorianische Festung in dem kaum freundlicheren Getto im Süden Londons, wo nach Beschluß der Obrigkeit Mick Jagger getrennt von seinen Verbrecherkumpanen seine Strafe absitzen sollte. Keith und Robert Fraser, die mit Handschellen aneinandergefesselt waren, leiteten daraus ab, daß man sie beide zum gleichen Bestimmungsort bringen würde. Als der Wagen vierzig Minuten später wieder anhielt, standen sie am Ende einer langen, trostlosen Sackgasse vor einem gotischen Eingangstor, das wie die nachträglich errichtete Fassade eines Bischofspalastes im Tudor-Stil von zwei gleichen, burgartig anmutenden Türmen flankiert war.

Kein britisches Gefängnis weist in seinem Äußeren oder im Klang seines Namens so viel Ähnlichkeit mit dem auf, was es wirklich ist, wie dasjenige, das den Namen Wormwood Scrubs trägt.
Die Ereignisse der nächsten vierundzwanzig Stunden legen die interessante Möglichkeit nahe, daß das Hauptanliegen der Staatsgewalt, die die beiden Stones eingebuchtet hatte, darin bestand, ein rituelles Bad, eine Entlausung und einen Haarschnitt über sie zu verhängen und sie dann der Gnade ihrer Mitgefangenen auszuliefern, die sicher noch viel besser als Richter Leslie Block wissen würden, wie man zimperliche und perverse Popstars am angemessensten behandelte.
Falls dieser Gedanke je eine Rolle in den Überlegungen der Anklage gespielt haben sollte, so scheiterte er erbärmlich. Zwar wurden Jagger und Richard beide der Prozedur unterworfen, als Sträflinge erfaßt zu werden, sie mußten ihre Kleidung aus der Carnaby Street ablegen und gegen Overalls aus derbem blauem Stoff und schwarze Schuhe eintauschen, doch es wurde nicht der geringste Versuch unternommen, ihnen die Haare zu schneiden oder sie sonst irgendwie zu mißhandeln. Jagger bekam in Brixton eine Einzelzelle, von der er später sagte, sie sei »gar nicht soviel schlechter als ein Hotelzimmer in Minnesota« gewesen. Als Keith in »The Scrubs« zu seiner Zelle geführt wurde, riefen ihm andere Gefangene zu: »So ein Pech, Kumpel.« Sie warfen ihm Zigaretten zu – und fragten ihn, ob er Hasch wolle.

Die Obrigkeit schien sich in ihren weiteren Reaktionen an einem Gefühl auszurichten, das sich bereits bis in die höchsten offiziellen Ämter ausgebreitet hatte, und noch ehe es zu den ersten öffentlichen Protestkundgebungen kam, befand man, Richter Leslie Block habe in einem geradezu grotesken Maß über die Stränge geschlagen. In direktem Anschluß an die Urteilsverkündung hatte Michael Havers Berufung gegen den Schuldspruch und gegen das Urteil eingelegt, und sie war ihm bewilligt worden. Als Termin für die Vorverhandlung am Berufungsgerichtshof wurde bereits der folgende Tag, der 30. Juni, festgesetzt. Da Abschriften der Verhandlungen in Chichester notwendig waren, konnte der Fall vor dem Berufungsgericht nicht endgültig abgeschlossen werden, ehe die Gerichtsferien begannen, und somit lag auf der Hand, daß Jagger und Richard während der beiden nächsten Monate im Gefängnis bleiben mußten, wenn sie nicht eine Freilassung gegen Kaution bewilligt bekamen. Vor der Gerichtsverhandlung am folgenden Nachmittag wurde Michael Havers von dem Vertreter der Anklage, Malcolm Morris, aufgesucht, der ihm sagte, er habe »direkte Anweisungen«, dem Gesuch um Freilassung gegen Kaution nicht entgegenzutreten.
In der folgenden Nacht wurden von den Rolling Stones-Fans Protestkundgebungen abgehalten. Auf dem Piccadilly Circus hielten dreihundert Teenager in Kaftanen und mit Glöckchen eine Nachtwache um die Erosstatue herum. Andere versammelten sich, mit mehr Bezug zu dem Fall, in der Bouverie Street, um vor dem Gebäude von *News of the World* Schimpfkanonaden loszulassen. In Clubs und Diskotheken in ganz Großbritannien riefen Discjokkeys zu symbolischen Schweigeminuten auf oder spielten nonstop Stones-Platten. Als die Neuigkeiten in New York bekannt wurden, protestierten Gruppen amerikanischer Hippies wütend vor dem britischen Konsulat. Es wurde berichtet, daß andere britische Popgruppen sich freiwillig dazu bereiterklärt hatten, bei einem gigantischen »Freiheit für die Stones«-Konzert zu spielen, dessen Einnahmen in einer Lawine von Blumen angelegt werden sollten, um Richter Block darunter zu ersticken. Die spontanste Demonstration mitfühlender Solidarität gegenüber Kollegen kam von The Who. Sie spielten morgens eine Version von *It's All Over Now* und *Under My Thumb* ein, die noch am selben Nachmittag über Piratensender ausgestrahlt wurde. Dazu wurde eine lange Pressemeldung verbreitet, daß The Who bis zum Zeitpunkt der Freilassung von Jagger und Richard alles Erdenkliche tun würden, um die Songs der Stones im öffentlichen Bewußtsein zu halten.
Die Proteste kamen jedoch nicht nur aus der Sphäre der Popmusik. In Briefen an die *Times* – unter anderen auch in einem Brief des Dramatikers John Osborne – wurden die Härte des Urteils sowie die zahlreichen Ungereimtheiten – um es nicht härter auszudrücken – angeprangert, von denen die Verhandlung bestimmt worden war. Ein Zeitungsinterview mit Christopher Gibbs trug dazu bei, den

wilden Gerüchten über Sexorgien mit Marsriegeln etwas entgegenzusetzen. Es verlieh seiner Aussage Gewicht, daß dieser bisher nicht genannte Gast in Redlands, der beeidete, auf Keith' Party sei es rundum sittsam zugegangen, ein ehemaliger Eton-Student und ein Neffe des Gouverneurs von Rhodesien war.

Am 30. Juni erhob sich Michael Havers vor dem Berufungsgericht, um für Mick Jagger und Keith Richard Freilassung gegen eine Bürgschaft zu beantragen, die zu gewähren ein unergründlicher Mechanismus innerhalb des britischen Establishments bereits entschieden hatte. Havers brauchte bei der fünfundzwanzigminütigen Anhörung kaum seine Argumentation zu entwickeln, daß Mick Jagger weder ein Drogenabhängiger noch ein Drogenhändler sei und daß ihm ein Arzt, wenn auch nicht in schriftlicher Form, die Genehmigung erteilt habe, im Besitz von Amphetaminen zu sein. Außerdem sei eine unzureichende und unfaire Beweisführung ausreichend gewesen, um Keith Richard zu überführen, sein Haus zum Rauchen von Cannabis zur Verfügung gestellt zu haben. Lord Richter Diplock, der zugleich für seine beiden Kollegen des Berufungsgerichtes sprach, gewährte die Freilassung bis zur endgültigen Berufungsverhandlung nach Eröffnung der neuen Gerichtssitzungsperiode im September gegen eine Kaution von je fünftausend Pfund, zu der weitere Sicherheiten dazukamen, die sich auf insgesamt zweitausend Pfund pro Person beliefen. Dagegen lehnte das Gericht Havers' Antrag ab, Jagger und Richard zu gestatten, Großbritannien in der Zwischenzeit zu verlassen. Es wurde angeordnet, daß sie ihre Pässe abgeben mußten.

Robert Frasers Anwalt William Denny stellte für Fraser ebenfalls Antrag auf Freilassung gegen Kaution, solange sein Einspruch gegen das Urteil in der Schwebe war. Mr. Denny argumentierte damit, daß Fraser kein Heroinsüchtiger mehr sei, und zudem drückte er »Gefühle des Bedauerns« darüber aus, daß der Fall seines Klienten ebenso im Blickpunkt der Öffentlichkeit verhandelt worden war wie der Fall der beiden Stones. Sein Antrag auf Freilassung gegen Kaution wurde abgelehnt, jedoch mit dem Zugeständnis, daß sein Antrag auf Berufung noch vor dem bevorstehenden Ende der Sitzungsperiode eingeschoben werden sollte.

Um sechzehn Uhr dreißig war Mick Jagger frei. Er saß allein auf dem Rücksitz von Keith' Bentley und blickte schwach lächelnd auf eine Gruppe von Schulmädchen, die sich vor dem Gefängnis von Brixton versammelt hatten, um zuzusehen, wie er von Tom Keylock fortgefahren wurde. Um siebzehn Uhr zehn fuhr der Bentley vor den Wormwood Scrubs vor, um Keith abzuholen. Dann fuhr Keylock direkt in die Fleet Street, wo Les Perrin in einem Lokal, The Feathers, in aller Eile eine Pressekonferenz einberufen hatte. Die beiden Stones wirkten matt und mitgenommen, aber beeindrukkend gefaßt. Jagger berichtete den Reportern, er habe einen Teil seiner Zeit in Brixton damit verbracht, »Gedichte zu schreiben«. Auf die Frage, wie man ihn behandelt habe, antwortete er: »Man hat sich mir gegenüber sehr freundlich und hilfsbereit verhalten.« Keith – der in seiner Wut die Tür seiner Zelle mit den Füßen bearbeitet hatte – beschränkte sich darauf, abzustreiten, daß eine Auflösung der Stones je zur Diskussion gestanden habe. Jagger trank einen Wodka mit Zitrone und Keith einen Whiskey Mac, und der Besitzer des Lokals weigerte sich, dafür eine Bezahlung entgegenzunehmen.

Am nächsten Morgen saß Jagger wieder neben Marianne im Bett und auf ihrer Decke stapelten sich erneut die Zeitungen des Landes. Die Fleet Street hatte vollständig die Fronten gewechselt und begrüßte Micks Befreiung mit fast hörbarem Glockengeläut und Kanonenböllern. Selbst die Beatles hatten es nie zu einer derartigen Ausbeute an Schlagzeilen, die sich über die ganze Seite zogen, und an Kommentaren der Redaktionen gebracht. Unter diesen Kommentaren befand sich einer, der aus einer völlig unerwarteten Ecke kam und der Feder eines nicht weniger erstaunlichen Autors entsprang, und das verlieh den Worten um so mehr Gewicht, den Worten, die im nachhinein betrachtet, den exakten Moment festhalten, an dem alle plötzlich wieder aufhörten, verrückt zu spielen.

William Rees-Mogg hatte bis zu jenem Tag den Anschein erweckt, wenig mit seinen großen Vorgängern als Herausgeber der *Times* gemeinsam zu haben. Er war ein Mann mit schulmeisterlichem Gebaren, der etwas leicht Angestaubtes und Gelehrtenhaftes hatte und dessen eingestandene Vorliebe den Klassikern galt. Seine augenscheinliche Wirk-

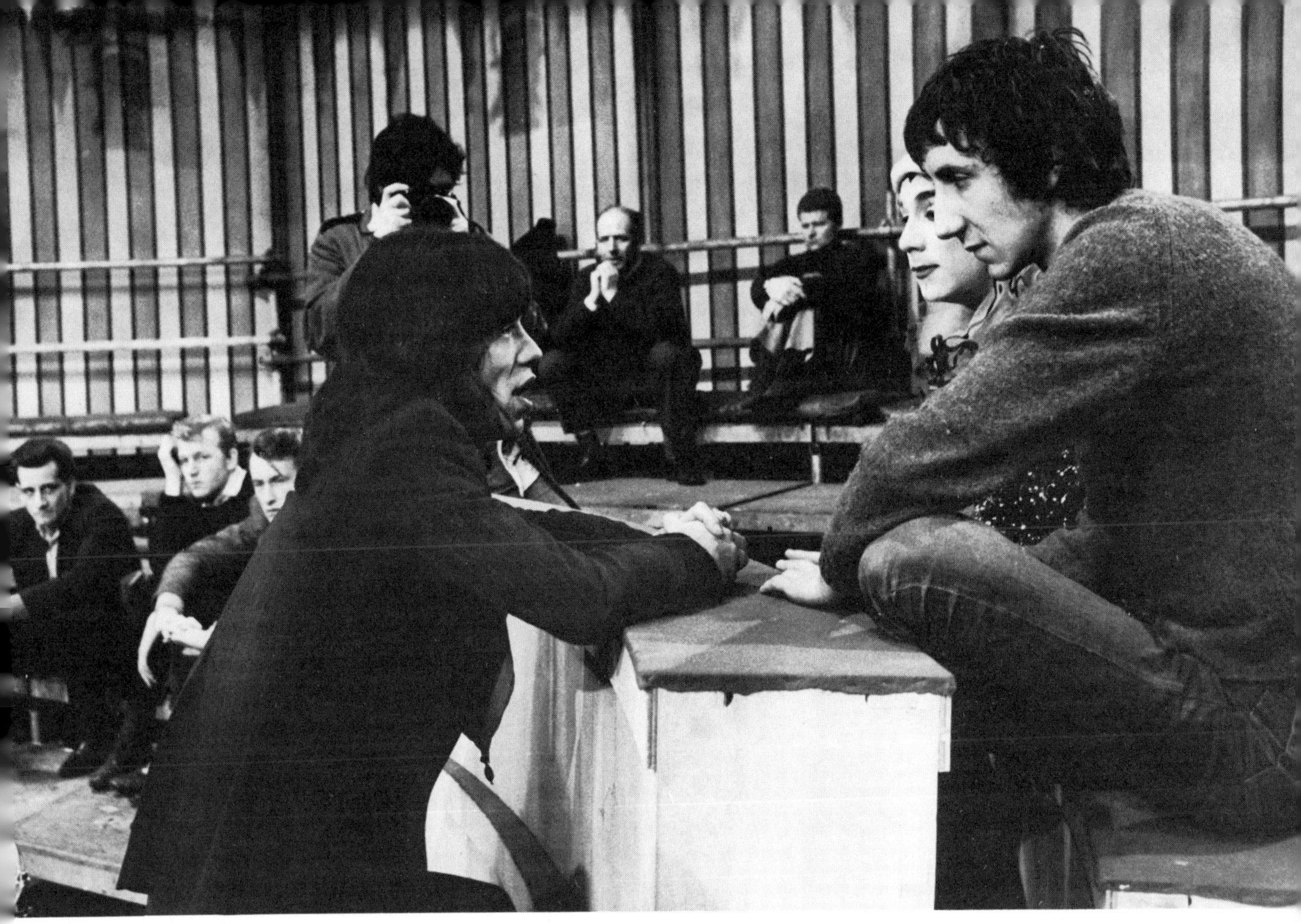

Mick Jagger und Pete Townsend von den Who. Foto: Marion Schweitzer

lichkeitsferne, mit der er den weltlichen Angelegenheiten eines Herausgebers aus dem Wege ging und harte Nachrichten scheute, schien darauf abzuzielen, die Zeitung in ihrer am wenigsten lohnenden Verkörperung zu erhalten, nämlich als reines Anschlagbrett für das britische Establishment.
William Rees-Mogg war in etwa der größtmögliche Gegensatz zu Mick Jagger, den Rolling Stones, Popmusik oder Teenagern. Nichtsdestoweniger erwiesen sich seine Instinkte als die eines Journalisten mit Courage und einem tiefen Empfinden für Gerechtigkeit. Am Samstag, dem 2. Juli, setzte sich der einflußreiche »erste Mann« der *Times* mit dem ganzen Gewicht seiner Persönlichkeit für den Fall Jagger ein. Rees-Mogg hatte den Artikel selbst geschrieben und ihm als Überschrift – was wohl nur Rees-Mogg tun konnte – ein Zitat von William Blake vorangestellt: »Who Breaks a Butterfly on a Wheel«.
»... Richter Block wies die Geschworenen dahingehend an, daß die Billigung eines Arztes keine rechtsgültige Verteidigung für die Anklage wegen Drogenbesitzes ohne ärztliches Rezept sei, und die Geschworenen erkannten auf schuldig. Mr. Jagger wurde nicht der Mittäterschaft an einem der anderen Drogenverstöße angeklagt, die im selben Haus begangen wurden. Es handelte sich um voneinander gesonderte Fälle, und es wurde kein Beweis erbracht, der darauf hinweisen könnte, daß er wußte, daß Mr. Fraser im Besitz von Herointabletten war oder daß der untergetauchte Mr. Sneidermann (sic) Cannabisharz besaß. Es ist wahrhaft kein Verstoß gegen das Gesetz, sich im selben Gebäude oder in Gesellschaft von Menschen aufzuhalten, die Drogen zu sich nehmen oder im Besitz von Drogen sind, und daraus läßt sich vernunftgemäß kein Vergehen herleiten ...
Man muß sich daher fragen, wie es kommt, daß dieser rein technische Verstoß, der losgelöst von den Vergehen anderer Leute betrachtet werden muß, als etwas erachtet wurde, was eine Inhaftierung recht-

fertigt. Im allgemeinen ist es ausgesprochen unüblich, daß die Gerichtshöfe Gefängnisstrafen über einen erstmals Straffälligen verhängen, solange es sich nicht um die erstrangigen suchterzeugenden Rauschmittel handelt und sich die Frage des Handels mit Drogen nicht stellt. Das normale Strafmaß ist Bewährung, und Zweck der Bewährung ist es, den Straffälligen zu ermutigen, daß er seine berufliche Laufbahn fortsetzt und in Zukunft die Drogenrisiken meidet. Daher ist es überraschend, daß Richter Block den Entschluß gefaßt hat, Mr. Jagger zu einer Gefängnisstrafe zu verurteilen, und dieses Urteil ist insofern noch überraschender, als es sich in Mr. Jaggers Fall um einen so geringfügigen Drogenmißbrauch handelt, wie er wohl kaum je zuvor vor einem Gericht verhandelt wurde.

Es wäre falsch, wollte man spekulieren, welches die Gründe des Richters waren, denn sie sind uns nicht bekannt. Dagegen ist es durchaus möglich, die Reaktion der Öffentlichkeit auszuwerten. Es gibt viele Leute, die diese Angelegenheit unter einem primitiven Gesichtspunkt betrachten. Sie sind der Meinung, daß Mr. Jagger ›bekommen hat, was er verdient‹. Sie verabscheuen das anarchische Element der Auftritte der Stones, mögen ihre Lieder nicht, beurteilen ihren Einfluß auf die Teenager als negativ, und in weiten Kreisen werden die Rolling Stones der Dekadenz bezichtigt.

Unter einem soziologischen Gesichtspunkt mag dies angemessen erscheinen, und auf einer emotionalen Ebene ist es sehr verständlich, aber es hat nicht das geringste mit diesem Fall zu tun. Man muß sich eine ganz andere Frage stellen: Hat Mr. Jagger dieselbe Behandlung erfahren, die er erfahren hätte, wenn er nicht die Berühmtheit wäre, der jetzt die gesamte Kritik und Ablehnung entgegenschlägt, die sein Ruhm wachgerufen hat. Wäre ein vielversprechender Student von einem Sommeraufenthalt in Italien mit vier Aufputschtabletten in der Tasche zurückgekehrt, hätte man es dann für richtig erachtet, seine berufliche Laufbahn zu ruinieren, indem man ihn drei Monate lang ins Gefängnis schickt? Hätte man es zudem für notwendig erachtet, ihn der Öffentlichkeit in Handschellen vorzuführen?

Es gibt Fälle, in denen ein einzelner in den Blickpunkt der allgemeinen Sorge um gewisse Aspekte des öffentlichen Anstandes tritt. Dazu gehört der Fall Stephen Ward mit seiner zweifelhaften Beweisführung und dem fragwürdigen Urteilsspruch, der Stephen Ward das Leben gekostet hat. In der Reaktion auf den vorliegenden Fall sind Elemente derselben Emotionen aufzufinden. Wenn wir einen Fall zum Symbol des Konflikts zwischen den gültigen traditionellen Werten Großbritanniens und dem Hedonismus erheben, dann müssen wir auch mit Sicherheit sagen können, daß zu diesen gültigen traditionellen Werten die Toleranz und die Unparteilichkeit gehören. Das britische Recht sollte sich vor allem dadurch auszeichnen, daß es gewährleistet, daß Mr. Jagger exakt dieselbe Behandlung erfährt wie jeder andere, nicht mehr und nicht weniger. In diesem Fall besteht jedoch nach wie vor der Verdacht, daß Mr. Jagger ein höheres Strafmaß bekommen hat, als man es bei irgendeinem anonymen jungen Mann für angemessen befunden hätte.«

Durch seine Einlassungen zu einem Fall, der erst noch in die Berufung gehen würde, hatte sich William Rees-Mogg dem Gericht gegenüber ungebührlich verhalten, und das konnte sowohl eine hohe Geldstrafe als auch Inhaftierung bedeuten. Es wurde kein Versuch unternommen, ihn zu verklagen oder auch nur zurechtzuweisen, und das bezeugt nicht nur die manifeste Menschlichkeit und moralische Gültigkeit seines Artikels, sondern auch den von offizieller Seite inzwischen eingeschlagenen Kurs, daß man Jagger nicht mehr ans Leder wollte. Am folgenden Tag handelte die *Sunday Times* das Thema auf ähnliche Weise ab. Mit der stillen Empörung, die Hugo Young in seinen Zeilen ausdrückte, ging sie dasselbe Risiko ein, und dort wurde ironisch die Tatsache erwähnt, daß die neue Drogengesetzgebung, die gerade dem Parlament vorgelegt wurde, das Verschreiben harter Drogen nicht mehr den Ärzten überlassen, sondern öffentliche »Behandlungszentren« damit beauftragen werde. Jagger, schrieb Hugo Young, sei dafür verurteilt worden, »die Lust an gesellschaftlicher Rache zu befriedigen«.

News of the World veröffentlichte eine Titelstory, die die »monströse Anklage« zurückwies, Schneidermann bei der Party in Redlands eingeschmuggelt zu haben, um die Verleumdungsklage Mick Jaggers gegenstandslos zu machen. »... Das kommt der Unterstellung gleich, wir hätten uns eines absolut skrupellosen Vergehens schuldig gemacht, wir hätten gar teil an einer kriminellen Verschwörung, die dazu diente, den Lauf der Gerechtigkeit zu verdrehen«, fuhr der Artikel in einem sich aufplusterndem Stil fort, der hier und auch an einigen anderen Stellen haarscharf danebenging (zum Beispiel kann eine Verleumdungsklage unter keinen Umständen als »der Lauf der Gerechtigkeit« bezeichnet werden).

Die Zeitung gestand ein, Informationen über Keith' Wochenendparty an die Polizei weitergegeben zu haben – »das war doch wohl unsere mindeste Pflicht« –, doch sie leugnete, Jagger in den vorhergehenden Tagen verfolgt oder ihm gar nachspioniert zu haben. Geschehen war nichts weiter, fuhr dieses Machwerk fort, wobei es von seiner erbosten Genauigkeit in eine genüßliche Verschwommenheit abglitt, als daß »ein Leser« angerufen und die betreffenden Informationen unterbreitet hätte. »Darauf hatte man den Herausgeber von *News of the World* aufmerksam gemacht. Da kein Zweifel an der Lauterkeit des Informanten bestehen konnte, entschied er, es sei unsere Pflicht, diese Information an die Polizei weiterzugeben.«

So ging es auf den hinteren Seiten drei Spalten lang weiter, und aus der empörten Selbstgerechtigkeit entwickelte sich eine gereizte nähere Schilderung der Vorkommnisse im Gerichtssaal, sodann eine Klage über die Demonstrationen in der Bouverie Street, die von »einer buntgescheckten Menge langhaariger junger Männer und Mädchen in Miniröcken und Hosenanzügen, die zu einem rhythmischen Tamtam tanzte und Sprechchöre von sich gab« abgehalten wurde. Ferner wurden »exklusive« Bilder von Keith Richard in einer Umgebung, die eindeutig sein abstoßendes Verhalten belegen sollte, veröffentlicht – ein Schlafzimmer, in dem Schnapsflaschen und Gitarren deutlich zu sehen waren. »Unter dem Bettzeug . . .«, lautete eine fettgedruckte Bildunterschrift, ». . . das hervorlugende Gesicht von Richard . . .« Niemand unter den achtzehn Millionen Lesern konnte daran zweifeln, daß *News of the World* wahrhaft an ihrer sauberen Gesinnung und journalistischen Integrität festhielt.

Bei der hohen Bemessung der Bargeldkaution, die man von Jagger und Richard gefordert hatte, war man noch davon ausgegangen, daß sie mindestens bis Anfang September nur auf Kaution in Freiheit sein würden. Doch am 4. Juli erhielt Michael Havers Nachrichten, die darauf hinwiesen, daß für ihre Behandlung in Chichester weitere Wiedergutmachung angeboten wurde.

Lord Oberrichter Parker hatte sich persönlich dafür eingesetzt, die beiden Berufungsanhörungen auf den letzten Tag der laufenden Sitzungsperiode vorzuziehen, auf den 31. Juli.

Der Höhepunkt dieses Sommers, bei dem man sich kneifen mußte, um festzustellen, daß man noch wach war, hatte seinen Ursprung in einer Idee eines Dreiundzwanzigjährigen, der für das Fernsehen recherchierte, John Birt hieß und erst kürzlich für die Granada-Fernsehserie World in Action engagiert worden war. Geboren war er am Mersey, zu dem er sich auch weiterhin hingezogen fühlte. Somit hatte Birt auch bislang keine große Zuneigung zu den Stones oder zu ihrer Musik gefaßt. Nichtsdestoweniger war er ebenso wie alle anderen Popfans über das entrüstet, wovon sich jetzt herausstellte, daß es, wenn auch durch die Stones ausgelöst, ein einvernehmlicher Angriff einer Generation auf die andere war. Nach John Birts Auffassung war diesem Thema eine hartnäckige Analyse in einer Sendung wie World in Action angemessen. Der verantwortliche Produzent, David Plowright, erklärte sich einverstanden, und für seine erste größere Fernsehdokumentation wurde John Birt damit beauftragt, eine halbstündige Sondersendung über Drogen, das Establishment und Mick Jagger zusammenzustellen. Ganz gleich, wie diese Sendung ablaufen würde – sie konnte mit Sicherheit nicht ausgestrahlt werden, ehe das Berufungsverfahren von Jagger und Richard am 31. Juli abgeschlossen war. »Komischerweise«, erzählt John Birt – inzwischen Programmdirektor von London Weekend Television –, »ist uns nie in den Sinn gekommen, daß die Berufung nicht gut ausgehen könnte. Wir sind bei der gesamten Planung hundertprozentig davon ausgegangen, daß Jagger freigesprochen wird.« Birt behielt seine Zuversicht auch nach einer Meinungsumfrage, die unter jener schweigenden Mehrheit durchgeführt worden war, die ihre Ansichten aus Blättern wie *News of the World* bezog. Diese Umfrage ergab, daß sechsundvierzig Prozent der Ansicht waren, Mick Jagger habe die Gefängnisstrafe verdient.

Das Konzept, das von John Birts Vorgesetzten akzeptiert wurde, war umwerfend simpel – eine Konfrontation zwischen Jagger, der frisch vom Berufungsgericht kam, und Mitgliedern des Establishments, das in letzter Zeit so sehr darauf aus gewesen war, ihn ans Kreuz zu schlagen: eine Gipfelkonferenz zwischen den Generationen, die im Konflikt miteinander lagen. Diese Konfrontation sollte live übertragen werden. Birt nahm Kontakt mit dem Büro der Stones auf, und nach dem rituellen Sich-die-Hacken-Ablaufen gelang es ihm, Jagger zu sehen und ihm seinen Vorschlag vorzulegen. Jagger erklärte sich im Prinzip einverstanden, doch dann wurde der Kontakt abgebrochen, während die Stones an dem neuen Album arbeiteten, dem Richter Block keineswegs den Garaus hatte machen können. Schließlich gelang es John Birt in seiner Verzweiflung, Mick Jagger zu Hause zu erreichen. Mick war persönlich am Telefon und erklärte sich, ohne daß weitere Überredungskünste nötig waren, bereit, sich zum Thema eines World in Action-Specials am 31. Juli machen zu lassen.

Es bot sich geradezu an, William Rees-Mogg den Vorsitz über dieses Streitgespräch anzutragen, und das sowohl wegen seiner Position als Herausgeber des bedeutendsten Presseorgans des Establishments in Großbritannien als auch aufgrund seiner persönlichen Initative, dem Fall Jagger eine moralische Perspektive zu geben. Man wollte auch einen Vertreter der Kirche hinzuziehen, und daher trat Granada an Dr. Mervyn Stockwood, den tatkräftigen und freimütigen Bischof von Woolwich heran. Zum Sprecher für das Parlament – in Ermangelung eines bereitwilligen Ministers – wurde Lord Stow Hill ernannt, der, wie Sir Frank Soskice, in der ersten Regierung Wilson Innenminister gewesen war. Rees-Mogg, ein frommer Katholik, erklärte sich unter der Bedingung mit einer Teilnahme einverstanden, daß ein Vertreter seines Glaubens hinzugezogen wurde. Schließlich fand sich auch ein Jesuitenpater, Father Thomas Corbishley, um das Gleichgewicht der Ökumene wiederherzustellen.

Der 31. Juli war wiederum ein Tag mit wolkenlos strahlendem Wetter. Bereits in der Morgendämmerung bildete sich vor dem Hohen Gerichtshof in der Fleet Street eine Schlange von Mädchen, die hofften, in jenen kleinen Sitzungssaal vorgelassen zu werden, in dem der Lord Oberrichter Großbritanniens persönlich den Vorsitz führte. Die schläfrigen Pressegebäude hallten vom Lärm eines batteriebetriebenen Plattenspielers wider, auf dem jemand passende Stones-Songs wie *Mercy Mercy* und *It's All Over Now* spielte.

Als Jagger und Richard eintrafen und beide aus dem schwarzen Austin Princess ausstiegen, wurden sie jubelnd empfangen. »Wie fühlt man sich, wenn man frei ist?« rief jemand – wahrscheinlich ein Zeitungsreporter – Jagger zu. »Prächtig«, rief Mick zurück. Er trug dasselbe olivgrüne zweireihige Jackett, das er bei seiner Verhandlung getragen hatte. Jagger wurde allein in den Hohen Gerichtshof geführt. Keith, der sich die Windpocken geholt hatte, war die Genehmigung erteilt worden, in einem Nebenraum zu warten, da man fürchtete, die Richter könnten sich anstecken.

Der Tag hatte bereits jetzt etwas von einer Fata Morgana, und das ließ es nur um so natürlicher erscheinen, daß der Lord Oberrichter von England, der mit zwei weiteren Berufungsrichtern in ehrfurchtgebietendem Konklave saß, ebenso wohlgesinnt, liebenswürdig und vernünftig erscheinen sollte, wie sich der kleine Amtsrichter als feindselig und böswillig erwiesen hatte. »Es war so ein netter, freundlicher Mann«, erinnert sich John Birt. Birt war mit seinem Fernsehteam von Granada im Gerichtssaal, und noch stand nicht hundertprozentig fest, ob World in Action an diesem Abend seine Sendung ausstrahlen würde.

Zwei Stunden später, während derer Keith abseits vom Geschehen wartete und sich bemühte, sich nicht dauernd zu kratzen, widerrief der Lord Oberrichter sowohl den Schuldspruch als auch das Urteil. Das Berufungsgericht verfügte, Richter Block habe »geirrt«, indem er bei seiner Zusammenfassung vor den Geschworenen von Chichester nicht betont hätte, wie nichtig die Indizien dafür waren, daß »Miss X« Cannabis geraucht hatte. Die drei Berufungsrichter stimmten darin überein, daß sie, wenn sie die Verhandlung geführt hätten, dieses düstere Mittel in der Beweisführung der Anklage nicht hätten gelten lassen. Somit konnte man Keith Richard nicht mehr dafür schuldig sprechen, er habe etwas »mit seinem Wissen geschehen lassen«, was die Anklage gar nicht hatte beweisen können.

In noch freudiger Erregung hörte man die Zuschauer nach Luft schnappen, als Lord Oberrichter Parker seine Entscheidung zum Fall Jagger verkündete. Das Gericht hielt den Schuldspruch gegen Jagger aufrecht, da die Amphetamine eindeutig unter die vom Parlament getroffene Definition ungesetzlicher Drogen fielen. Der unmittelbare Haftbefehl wurde jedoch außer Kraft gesetzt und die Strafe auf ein Jahr zur Bewährung ausgesetzt. »Das bedeutet«, teilte Lord Parker Mick Jagger mit, »daß Sie sich zwölf Monate lang gut führen müssen ... Falls Sie jedoch in dieser Zeit einen weiteren Verstoß gegen das Gesetz begehen sollten, würden Sie nicht nur für diesen neuerlichen Verstoß bestraft, sondern zusätzlich auch für den bereits begangenen.«
Jagger senkte den Kopf, als der Lord Oberrichter sagte: »Sie sind, ob Sie das wollen oder nicht, das Idol einer großen Anzahl von Jugendlichen dieses Landes. Das erlegt Ihnen eine große Verantwortung auf. Falls Sie sich strafbar machen sollten, ist es nur natürlich, daß aus dieser Verantwortung ein höheres Strafmaß resultiert.«

Vom Gerichtshof wurde Mick Jagger zu einer Pressekonferenz beim Sender Granada in Golden Square gefahren. Er traf dort neu eingekleidet ein, was seine Befreiung aus der formellen Atmosphäre des Gerichtssaals symbolisieren sollte – in einer Seidenhose in Violettönen, einem cremefarbenen Hemd, das rotbraun eingefaßt und grün bestickt war. Mit ihm erschien Marianne Faithfull, die den knappsten Minirock trug, den die meisten der versammelten Presseleute je gesehen hatten.
Die Pressekonferenz – die von World in Action als Vorspann für die nachfolgende Exklusiv-Sendung gefilmt wurde – zeigt Jagger, der von Ian Stewart und Les Perrin flankiert wird und keineswegs so cool und zynisch wie gewohnt ist. »Er hat vorher viel Valium bekommen«, sagt Marianne. »Er schien auch immer noch sehr ängstlich zu sein. Und er hatte das Gefühl, wenn er auch nur ein unangebrachtes Wort sagte, würde er geholt und direkt zurück nach Brixton ins Gefängnis gebracht werden.«
Alle Fragen, die mit seinem Drogenmißbrauch oder mit Drogen im allgemeinen in Verbindung standen, sind offensichtlich schon im voraus von Les Perrin abgeblockt worden, obwohl Jagger in seinem etwas benommenen Zustand bereit gewesen zu sein scheint, fast alles zu beantworten. Die Kamera verharrt auf einem älteren Journalisten mit Koteletten, die wie weiße Ohrenschützer aussehen. »Glauben Sie, daß Sie, wie Lord Parker gesagt hat, eine Verantwortung gegenüber der Jugend dieses Landes haben?« Jagger schüttelt seine zottige Mähne, als wolle er einen klaren Kopf bekommen. »Man hat mir diese Verantwortung *auferlegt* ... mich ins Rampenlicht gerückt. Ich versuche nicht, anderen Leuten meine Ansichten aufzudrängen. Ich propagiere nicht, wie manche Popstars, religiöse Ansichten. Ich propagiere auch nicht, wie manche Popstars, Einstellungen gegenüber Drogen.«
»Nehmen Sie die Art und Weise übel, in der man Sie behandelt hat?« fragt eine andere Stimme.
Wieder mischt sich Les Perrin ein. »Hören Sie – das muß ich unterbinden. Wir haben uns im voraus darauf geeinigt, was läuft und was nicht ...«
Als die Konferenz vorbei war, wurden Jagger und Marianne gemeinsam mit John Birt in einen weißen Jaguar mit einem professionellen Stuntfahrer hinter dem Steuer verfrachtet und mit rasender Geschwindigkeit über die Themse und zum Hubschrauberlandeplatz in Battersea gebracht. Ein gemieteter Helikopter trug sie dann flußabwärts zu dem Ort, den World in Action für Jaggers Gipfeltreffen mit dem Establishment ausgesucht hatte. John Birt erinnert sich an zwei Dinge während dieses Flugs. Das eine ist der schimmernde Glanz, in den London, das sich unter ihnen ausbreitete, gehüllt war, während sie nach Osten flogen. Das andere ist seine große Verlegenheit, als Jagger und Marianne, mit denen er sich auf eine kleine Sitzbank quetschte, anfingen, sich zu küssen und einander leidenschaftlich zu berühren.
Ihr Ziel, das erfolgreich vor allen Rivalen von Presse und Fernsehen geheimgehalten worden war, war ein georgianisches Landhaus, das dem Lord Lieutenant von Sussex, Sir John Ruggles-Brise, gehörte. Jaggers einzige Bedingung – die zweifellos durch erst kurz zurückliegende Erfahrungen mit fremden Räumlichkeiten ausgelöst wurde – war, daß die Diskussion im Freien stattfinden sollte. Dementsprechend waren die Kameras von World in Action bereits gegenüber einer rustikalen Sitzgruppe im Garten von Sir John Ruggles-Brises Anwesen auf-

gebaut worden. Während die anderen Diskussionsteilnehmer von London aus hierher chauffiert wurden, bat man Mick und Marianne ins Haus und wies ihnen ein Schlafzimmer zu, in dem sie sich »ausruhen« konnten.

»Wir glaubten, sie hätten wenigstens eine Stunde für sich, ehe wir mit dem Filmen anfangen würden«, sagt John Birt. »Dann hieß es ganz plötzlich, Jagger werde sofort gebraucht. Ich mußte nach oben gehen und an der Schlafzimmertür klopfen, um ihn zu holen. Es blieb lange still, und es war ganz offensichtlich, daß ich störte. Dann hörte ich Jaggers Stimme: ›Okay.‹ «

Nach William Rees-Moggs Worten hätte die Kulisse von Max Beerbohm gemalt sein können. Mit Sicherheit steckte ein Element gewisser altmodischer, allegorischer Karikaturen in dieser Szene im Freien, mit der rustikalen Bank, den vier Angehörigen des Tribunals aus dem traditionsverbundenen britischen Leben; Männer mit altmodischen halbmondförmigen Brillen und steifen Stehkragen, die für den Versuch, den Fremdling in ihren Reihen zu verstehen, ihren ganzen Intellekt einsetzten. Die Tatsache, daß alle vier Angehörigen des Establishments verschwitzt und zerknittert waren, während Jagger in seinem halsfreien Hemd so wirkte, als sei ihm kühl und bequem, verstärkte nur den Eindruck, daß es sich bei den anderen um ältliche Sendboten handelte, die kribbelig einem knabenhaften Potentaten gegenübersaßen. Auf einer rein symbolischen Ebene – wenn man die Tatsache außer acht läßt, daß alles bewußt für die Fernsehkameras aufgebaut worden war – war das der Moment von Mick Jaggers größtem Triumph. Die Gesellschaft, die ihn verspottet hatte, die ihn mißhandelt und schließlich versucht hatte, ihn zu zerstören, warf sich ihm jetzt mit der um Verzeihung heischenden Ehrerbietung, die einem verkannten Messias zusteht, zu Füßen. Er, den die Gesellschaft als den Zerrütter jugendlicher Moral gebrandmarkt hatte, war nun zum Sprecher für ebenjene Moral ernannt worden. Der Verleger, der Peer, der Bischof und der Jesuit versuchten ernstlich zu enthüllen, »was die jungen Menschen in diesem Lande *wirklich* denken«.

»Äh ... Mick ...«, setzte William Rees-Mogg mit seinem priesterlichen Lispeln an. »Wir wissen, daß heute ein ausgesprochen schwieriger Tag für Sie war ... Vielleicht könnte ich damit beginnen, daß ich Ihnen folgende Frage stelle. Sie werden oft als ein Symbol der ... äh ... Rebellion gesehen. Haben Sie ... äh ... das Gefühl, daß es heute viel in unserer Gesellschaft gibt, wogegen rebelliert werden sollte?«

Das körnige Schwarz und Weiß der alten Fernsehaufnahme ist ebenso schmeichelhaft für Jagger wie das Objektiv eines Beaton oder eines Bailey. Sein Gesicht ist ruhig, dem Anlaß entsprechend, und frei von jeder Provokation; die großen Lippen sind zu einem freundlichen Lächeln abgeflacht, die Augen wachsam und nicht ohne Toleranz. Wenn er spricht, entbehrt seine Stimme des Cockney oder des »black mammy«; eine Stimme, deren einziger Akzent auf einer vollkommenen Vernunft und Verständigkeit liegt und deren Beherrschung polemischer Ausdrucksweisen eine Herausforderung für jeden seiner Inquisitoren ist.

»Ich würde mein Wissen darüber nicht so hoch veranschlagen, daß ich von mir aus über dieses Thema doziert hätte. Ich habe mich nie zu einem Leitbild der Gesellschaft aufgespielt. Die Gesellschaft selbst ist es, die mich in diese Position gebracht hat.«

Lord Stow Hill, der frühere Innenminister mit seinem seltsamen, kleinen jungenhaften Schädel und dem schweren blauen Kinn, stellt die nächste Frage.

»Ihre Musik zu machen – Rhythmus und so weiter –, wie würden Sie sich selbst gern verstanden wissen?«

»Ich möchte, daß man sie nur als Musik versteht«, erwidert Jagger. »Nur so, daß ich Musik mache. Das ist es, worum es mir geht. Und natürlich darum, wie auch jedem anderen, es mir möglichst gutgehen zu lassen.«

So geht es weiter in dem verschwommenen, unwirklichen Zwielicht; der Bischof und der Jesuit stellen die nächsten Fragen, und der Popstar erwidert sie ruhig, klar und deutlich, während eine Brise die Locken kräuselt, die sein Gesicht umrahmen. Jagger hat, wie man feststellen kann, sein Talent, mit allen Stimmen gleichzeitig zu sprechen, zur Vollendung gebracht. Auf einer Ebene scheint er für die aufbegehrende Jugend zu sprechen, über die »Korruption« der Gesellschaft, über die Voreingenommenheit der Medien und darüber, daß das Gesetz nur Mehrheiten schützt. Dennoch spricht er zugleich auch für das Establishment, und das in den ermutigenden soziologischen Formeln des Establishments selbst. »Unsere Eltern haben zwei Weltkriege und eine Wirtschaftskrise mitgemacht. Wir haben nichts dergleichen durchgemacht. Ich bin sicher, daß Sie Ihr Bestes tun. Das mag es sein, was *Ihre* Generation betrifft...« Das Diskutieren um des Diskutierens willen macht ihm sichtlich zunehmend mehr Spaß. »Sie haben gerade eine Lehrbuchdefinition der englischen Verfassung von sich gegeben«, sagt er zu Lord Stow Hill. »So funktioniert es aber in der Praxis nicht.«

»... Aber würden Sie nicht auch sagen, daß gewisse Drogen – beispielsweise Heroin – ein Verbrechen gegen die Gesellschaft darstellen?«

»Es ist ein Verstoß gegen ein Gesetz«, sagt Jagger. »Ich kann darin keinen größeren Verstoß gegen die Gesellschaft erkennen als darin, wenn man aus dem Fenster springt.«

»Aber gewiß«, fährt Stow Hill beharrlich fort, »sollte ein wirkliches Verbrechen gegen die Gesellschaft doch entsprechend bestraft werden.«

»Man sollte die Menschen für Verbrechen bestrafen«, sagt Jagger, »nicht für die Ängste der Gesellschaft, die unbegründet sein können.« Spiel, Satz und Sieg für das unendlich subtile Wesen, das sich selbst zum lebenden Beweis seiner Argumente gemacht hat.

Wenige Wochen später erklärte *News of the World* in einem knappen Artikel – in jenem Stil, wie man ihn eher von einem Rechtsanwalt als von einem Journalisten erwarten würde –, daß Mick Jaggers Klage gegen die Zeitung fallengelassen worden sei. Ebensowenig war je wieder von Acid King David Schneidermann, alias English, zu hören, der als einziger hätte klären können, ob er wirklich nur ein kleiner Informant oder doch ein LSD-Hexer oder CIA-Agent gewesen war – oder, wie es einem heute scheinen will, die verrückteste Erfindung jenes unwirklichen Sommers, als die verführerische Sonne und der helle Klang österlicher Glocken eine so merkwürdige Verbindung mit journalistischer Schlamperei, staatlicher Rachsucht und zeitweiliger Unzurechnungsfähigkeit des englischen Rechtssystems eingingen.

Nach Meinung der klugen Köpfe von *News of the World* war der Zeitung ebenso vollkommen Genugtung widerfahren wie Jagger und Richard. So daß es bei der ganzen Affäre eigentlich nur einen Verlierer gab.

Robert Frasers Einspruch gegen seine Strafe von sechs Monaten wurde unter Ausschluß der Öffentlichkeit und ohne große Erregung außerhalb des Gerichtssaals zurückgewiesen. Als Gefangener 7854 kehrte er zurück nach Wormwood Scrubs, wo er vier der sechs Monate absitzen mußte. Er arbeitete während dieser Zeit hauptsächlich in der Küche. Beide, Mick und Keith, schickten ihm Briefe, die ihre ungewöhnliche Anteilnahme und Zuneigung erkennen ließen. Mick schrieb, daß er sich schon darauf freue, Robert wieder in Freiheit zu sehen, und Keith unterzeichnete seinen Brief mit »alles Gute von 7855«.

DRITTER TEIL

10

»Sing this all together – see what happens«

Der Mann, mit dem Marianne Faithfull seit Ende 1966 zusammenlebte, legte gegenüber Frauen eine Haltung an den Tag, die trotz seiner erst dreiundzwanzig Jahre alles in allem mit der eines stattlichen Paterfamilias mit Backenbart vergleichbar war. Was die Popstars der sechziger Jahre von ihren Frauen forderten, war weitgehend dasselbe, was schon die Viktorianer von ihren Gemahlinnen erwartet hatten – vollkommene Unterwürfigkeit, vollkommene Treue, die nicht unbedingt erwidert wurde, und die stumme, fleißige Zubereitung von Mahlzeiten sowie die Aufsicht über die Hausangestellten. So sah das melancholische Schicksal der drei ersten Beatles-Gemahlinnen aus, die in einer kostspieligen Umgebung so viele Monate in einer haremsartigen Absonderung verbrachten, daß sie bei den seltenen Gelegenheiten, wenn es ihnen gestattet war, dieses Gefängnis zu verlassen, auf ihren kreideweißen und von Kringellöckchen eingerahmten Gesichtern denselben erschreckten Ausdruck trugen wie Grubenponys, die zu lange unter Tage gehalten worden waren.

Kurz nachdem sie mit Mick Jagger ins Harley House gezogen war, kam es manchmal dazu, daß sein unverbesserlicher Chauvinismus Marianne in solche Verzweiflung stürzte, daß sie einfach aus der Wohnung rannte und die Treppen hinuntersprang. »Seltsam, aber ich habe immer dasselbe eingepackt – eine Fünfpfundnote und einen Brösel Haschisch. Ich habe mehrfach wirklich versucht davonzulaufen. Aber Mick hat mich immer im Treppenhaus eingeholt und mich wieder in die Wohnung geschleift.«

Die Drogengeschichte in Redlands war zwar monströs aufgebauscht worden, doch zweifellos hatte sie sowohl für Mick als auch für Marianne eine festigende Wirkung auf ihre eher zufällige junge Beziehung. Dadurch war es möglich geworden, daß Marianne den Jagger kennenlernte, dessen Ritterlichkeit ihre Karriere über die seine gestellt und mit allen Mitteln versucht hatte zu verhindern, daß ihr Ruf in den Schmutz gezogen wurde. Daraus lernte sie, daß Jaggers äußerlich kühle, geringschätzige Art eine Maske war und darunter das grundlegende Bedürfnis steckte, häusliche Sicherheit und Frieden zu finden. Sie sah zudem, daß er, losgelöst von seinem Publikum und seinen Anhängern, der Inbegriff von Normalität und Natürlichkeit war. Und weiterhin hatte sie bei ihrem Besuch an jenem ersten dramatischen Abend im Gefängnis von Lewes entdeckt, wie überraschend und hilflos er in Tränen ausbrechen konnte.

Es gab natürlich auch diejenigen, die munkelten, Jaggers Hauptinteresse an ihr gelte dem gesellschaftlichen Gepränge, das Marianne auf ihn übertrug – daß es ihn über alle Maßen reize, mit der Tochter einer echten Baronin zusammenzuleben. »Jedesmal wenn sie gemeinsam eine Party besuchten, stand es auf Micks Gesicht geschrieben«, sagt Donald Cammell. »Es war der reine Besitzerstolz. ›Schaut mal, was ich da habe, ist das nicht toll!‹«

Das Ende des Drogenfalls war der Beginn eines neuen gemeinsamen Lebens in jenem Haus, das Jagger schließlich für sich erwählt hatte. In dem Bewußtsein, sich nicht wie Keith, Bill und Charlie auf dem Lande vergraben zu können, hatte er eines der begehrtesten Anwesen von Chelsea erstanden – das Haus Cheyne Walk 48 an der Themse in der Nähe der Albert Bridge – und dafür vierzigtausend Pfund bezahlt. Das Haus war im eleganten Stil der Zeit Königin Annes gebaut, hoch, schmal, nicht ohne eine gewisse Asymmetrie, und es stand bescheiden zwischen den weit prunkvolleren, aber abweisenden anderen Bauten der Gegend.

Jagger bestand darauf, daß Nicholas, Mariannes dreijähriger Sohn von Dunbar, mit ihnen im Cheyne Walk wohnen sollte. Er hatte von Anfang an eine väterliche Zuneigung zu Nicholas gefaßt und war entschlossen, dem kleinen Jungen ein möglichst stabiles und sicheres Heim zu geben. »Mick fand es immer ganz schrecklich, daß John Lennon Cynthia nie ein Kindermädchen für ihren Sohn Julian besorgt hat«, sagt Marianne. »Im Grunde genommen konnte er alles, was ein Kindermädchen für Nicholas tun konnte, auch selbst tun – doch er hat trotzdem darauf bestanden, daß wir ein Kindermädchen brauchten. Er hat sich alle Bewerberinnen persönlich angesehen. Man hätte glauben können, er hätte sein Leben lang mit Dienstboten zu tun gehabt.«

Christopher Gibbs entwarf die Innenarchitektur des Hauses und richtete es mit geschmackvollen – und ausgesprochen kostbaren – Möbeln aus seinem Laden in Chelsea ein. Marianne machte ein paar zusätzliche Einkäufe, und das manchmal in einer Größenordnung, die den Salons ihrer Sacher-Masoch-Vorfahren in Wien angemessen gewesen wäre. Für einen prunkvollen Kronleuchter zahlte sie sechstausend Pfund – eine Summe, die Jagger normalerweise sprachlos gemacht hätte. »Seht euch das an!« sagte er zu ihren ersten Besuchern, die den Blick zur Decke wandten. »Sechstausend Mäuse für nichts weiter als *Licht!*«

Erst als sie auf dem Rückflug von Irland auf dem Heathrow Airport landeten und in der ganzen Schlange keinen Taxifahrer fanden, der bereit war, sie nach Chelsea zu fahren, wurde Marianne bewußt, wie berüchtigt sie jetzt als Paar waren. Zwar hatte das britische Establishment Jagger seinen Verstoß gegen die Rauschgiftgesetze verziehen, doch die britische Öffentlichkeit im großen und ganzen erschauerte weiterhin mit voyeuristischem Genuß bei Geschichten über Sexorgien und zweckentfremdete Marsriegel. Marianne, deren keusche Karriere und deren angemessene Heirat fast als ein öffentliches Gut angesehen worden war, hatte durch ihr Zusammenleben mit Jagger in jeder Hinsicht Unmut auf sich gezogen. »Ich weiß, daß es selbst heute noch Leute in England gibt, die einen Groll gegen mich hegen. Sie haben das Gefühl, ich hätte sie gewissermaßen im Stich gelassen – daß sie ihr Vertrauen in mich gesetzt haben und daß ich sie betrogen habe.«

Sie mochten zwar berüchtigt sein – aber sie zählten auch auf eine Weise zur Schickeria, zu der es Jagger von sich aus nie gebracht hätte. »Mick hat sich zwar damit gebrüstet, wie cool er ist, aber ihm ist bewußt geworden, daß die *wahre* Oberschicht ihm in der Hinsicht überlegen war«, sagt Marianne. »Dort war man auf eine Weise cool, die über die Jahrhunderte überliefert war. Das waren die Menschen, mit denen der Umgang am erholsamsten war, weil nichts, was wir je getan haben, sie zu schockieren schien. Vor allem nicht die älteren wie Tom Dryberg und Diana Cooper. Alles, was wir getan haben, hatten sie in den zwanziger Jahren schon einmal erlebt. ›Kokain‹, haben sie zu uns gesagt, ›meine Güte, in den zwanziger Jahren war ich bei Essensgesellschaften, bei denen jeder silberne Salzstreuer mit Kokain *gefüllt* war!‹ «

Die weitaus aufschlußreichste Schilderung von Mick Jagger und Marianne und ihrem Zusammenleben im Cheyne Walk hat Gina Richardson für *The Sunday Telegraph Magazine* geschrieben, eine begabte junge Journalistin, die wenig später unter tragischen Umständen bei einem Unfall ums Leben kam. Sie beschreibt das elegante Haus, das zur Mittagszeit hinter schweren Vorhängen lag; die Teppiche, die Wandbehänge, die glimmenden Räucherstäbchen und die beiden Personen, deren puppenhaft zarte Körper sie erscheinen lassen wie »Kinder, die das Haus hüten sollen, während die Erwachsenen ausgehen.« Sie gesteht ein, Jaggers physische Ausstrahlung als geradezu hypnotisch empfunden zu haben, doch sagt sie ebenso, daß diese Wirkung ziemlich von seiner Gewohnheit beeinträchtigt wurde, in ausgelatschten Pantoffeln im Haus herumzuschlurfen »wie eine Hausfrau«.

Die angebliche Feindschaft zwischen den Rolling Stones und den Beatles hat es nie gegeben. Mick Jagger im Gespräch mit John Lennon. Foto: Marion Schweitzer

Von Gina Richardson erfahren wir weiter, daß Marianne die kulturelle Weiterbildung Micks in die Hand genommen hat: Theater- und Opernbesuche und vor allem das Ballett, zu dem er sich von Natur aus hingezogen fühlte. Besonders beeindruckt hat ihn eine Aufführung des Royal Ballet von »Paradise Lost«, bei der die Hauptakteure durch ein überdimensionales Lippenpaar die Bühne betraten, das ungeheure Ähnlichkeit mit Jaggers Lippen aufwies. »Mick fand dieses Bühnenbild von Kenneth McMillan einfach phantastisch«, sagt Marianne. »Es war, als sähe er sich selbst auf der Bühne. Was glauben Sie denn, woher die Idee für das Markenzeichen von Rolling Stones Records stammt?«

Er hatte schon immer gierig Bücher verschlungen. Zu jenen Zeiten neigte er in seiner Lektüre zu dem herrschenden Modetrend, sich mit Philosophischem, Spirituellem und Mystischem zu befassen. Er schickte regelmäßig Bestellungen an seinen Freund Miles im Indica Bookshop, um begehrte Underground-Klassiker wie »Secret of the golden Bow« oder Charles Henry Fords »Book of the Damned« anzufordern. Miles erinnert sich, daß sein spezielles Interesse Büchern über Feen, Kobolde, Gnome und Elfen galt. Wie alle anderen Berühmtheiten des Pop, richteten er und Marianne in jenem Sommer ihr gesamtes Leben nach astrologischen Daten aus und zogen selbst für die kleinsten Entscheidungen das chinesische I Ging, das Buch der Wandlungen, heran. Sie warfen das Hexagramm, um auf Erklärungen in diesem Buch verwiesen zu werden, das – wie seine Hippie-Anhänger hingerissen betonten – selbst die Intelligenz eines Konfuzius verwirrt hatte.

Beide wurden von dem vorübergehenden Liebäugeln der Beatles mit der transzendentalen Meditation und dem Guru, der sie begründet hatte, dem Maharischi Mahesch Yogi, mitgerissen. Am Wochenende des Bankfeiertages im August 1967 schlossen sich Mick und Marianne der berühmten Pilgerfahrt der Beatles mit dem Maharischi an, um sich in einem Lehrerausbildungskolleg in Bungor im Norden von Wales unterweisen zu lassen. Das taten sie gegen den ausdrücklichen Rat von besser informierten Kennern des Undergrounds wie Miles, der von Freunden in Indien gehört hatte, der Maharischi sei wohl doch nicht unmittelbar göttli-

cher Abkunft. Das Wochenende kürzte sich jedoch von ganz allein ab. Am Montag erhielten sie die Nachricht, daß der Manager der Beatles, Brian Epstein, mit einer Überdosis an Barbituraten in London tot aufgefunden worden war.

Niemals zuvor hatten die beiden führenden britischen Popgruppen einander nähergestanden, nicht einmal in den weit zurückliegenden Zeiten der Poppaket-Tourneen. Die Hippie-Kultur hatte viel damit zu tun: In Kaftanen und Perlen erschienen die Beatles nicht länger als naive Provinzler, die Stones nicht länger als die großstädtischen Intellektuellen. Jetzt waren sie Brüder, die einen gemeinsamen Freund hatten. Die Heimtücke, mit der die Stones angeklagt worden waren, war ein Vorzeichen für Zeiten, in denen selbst der Talisman-Zauber der Beatles nicht mehr wirkte und sie wie jeder andere verknackt werden konnten. Die Beatles und Brian Epstein hatten gemeinsam mit mehreren anderen Berühmtheiten einen Brief an die *Times* unterschrieben, in dem sie zur Legalisierung von Marihuana aufriefen und damit gegen die über zwei der Stones verhängte Strafe protestierten.

Wenn die Beatles und die Stones auch weiterhin Rivalen um die Plätze in den Top twenty waren, so halfen sie einander inzwischen doch insgeheim in den Aufnahmestudios. Mick war mit Marianne zu dem Rummel erschienen, der in John Lennons Meisterwerk von *Sergeant Pepper, A Day in the Life,* gipfelte, und sie hatten in den Chor im Hintergrund von *All You Need Is Love* eingestimmt. Im August liehen Lennon und McCartney ihre Stimmen anonym für *We Love You* aus, der Single der Stones, deren Titel Micks und Keith' ironischer Nachtrag an Chefinspektor Gordon Dineley, Malcolm Morris, Richter Block und die *News of the World* war.

Die wachsende Unzufriedenheit der Beatles mit Brian Epstein war zum großen Teil daher gekommen, daß Allen Klein, der Manager der Stones, seine Sache weitaus besser machte. Paul McCartney hatte auch bereits 1965 vorgeschlagen, Klein als Ratgeber zu engagieren, damit er EMI zugunsten der Beatles herunterputzen würde, wie er die Decca zugunsten der Stones niedergemacht hatte. Zwar hatte Brian Epstein diesen Vorschlag erfolgreich abgewendet, doch es war ihm nie mehr wirklich gelungen, das volle Vertrauen seiner Schützlinge zurückzugewinnen. Sie hatten von Mick Jagger zu viele Geschichten über die Wunder gehört, die Allen Klein bewirken konnte. Nach Epsteins Tod war es kurzfristig zu ernsthaften Diskussionen zwischen den Beatles und den Stones gekommen. Eine gemeinschaftliche Investition in ein Studio und in ein Management-Büro, beides unter der Leitung des Sekretärs der Beatles, Peter Brown, standen zur Debatte. Diese Vorstellung rief aus den verschiedensten Gründen akutes Sodbrennen bei Klein hervor, und er flog augenblicklich nach London, um Peter Brown eine Warnung zu erteilen. Bei diesem Besuch unternahm er einen weiteren unbeholfenen Anlauf, das zu erobern, was sein Herz wirklich begehrte. Er wandte sich an Brian Epsteins Bruder Clive und knurrte: »Wieviel willst du für die Beatles haben?«

Die Diskussionen über eine Fusionierung gingen so weit, daß bereits der Standort des geplanten Studios festgelegt worden war – eine baufällige Fabrik in Camden Town in der Nähe des Regent's Park Canal. Es stellte sich jedoch heraus, daß die Pläne der Beatles auf einer Wünschelrutenphantasie fußten, die kunstvoll von ihrem geliebten Elektronikhexenmeister »Magic« Alex Mardas gefördert wurde. »Wir brauchen auch ein Hotel«, sagte Paul McCartney, »damit die Gruppen wissen, wo sie wohnen können, während sie die Aufnahmen machen. Und außerdem bauen wir einen Hubschrauberlandeplatz, damit ausländische Gruppen in Heathrow landen und von dort direkt hierher gebracht werden können ...« Als Mick Jagger vorsichtig auf die Kostenfrage zu sprechen kam, sah John Lennon ihn entgeistert an. »Ach... Das zahlen *wir* doch nicht«, sagte er. »Wir finden schon jemanden, der das zahlt ... Wie bei diesem Computer«, sagte er, an McCartney gewandt. »Was ist eigentlich aus diesem Computer geworden, den sie uns geschenkt haben?«

»Ich glaube, er steht noch in Ringos Garage«, sagte Paul McCartney unbestimmt.

Für Jagger war diese Entente mit den Beatles nicht frei von weitergehenden Absichten. Sein Übertritt zur Flower Power hatte eine glühende Sehnsucht in ihm wachgerufen, eine psychedelische Gruppe aus den Rolling Stones zu machen, was den Beatles mühelos gelungen war. Der Aufschub bei der Fertigstellung ihres bereits begonnenen Albums entsprang

vorwiegend dem Beharren Jaggers, es müsse ebenso viele mystische Saiten anrühren wie *Sergeant Pepper's Lonely Hearts Club Band.*
Diese Besessenheit führte die Stones geradewegs zu ihrem künstlerischen Tiefpunkt. *We Love You* ist eine Single, die gerade deshalb jeder ironischen Spitzfindigkeit entbehrt, weil sie den gescheiterten Versuch unternimmt, die Sommerhymne der Beatles, *All You Need Is Love,* nachzuahmen. Selbst die Zellentür, die in der Mitte des Songs zuschlägt, erscheint als eine direkte Entlehnung des Geräusches jenes berühmten Sargdeckels, der beim letzten Ton von *A Day in the Life* zuklappt.
Um *We Love You* zu propagieren, liehen die Stones einen weiteren Kniff, den die Beatles ihnen bereits vorweggenommen hatten – eine kurze Filmsequenz, deren Vorführung in der Sendung Top of the Pops beim Fernsehsender der BBC den Musikern die Mühe ersparte, selbst aufzutreten. Der Film arbeitete sogar mit einer fast klobigen Ironie, indem er Mick Jagger als den Angeklagten Oscar Wilde darstellte, Marianne als Lord Alfred Douglas und Keith Richard als einen hochgradig unglaubwürdigen Marquis von Queensbury. Es liegt auf der Hand, daß Top of the Pops damit nichts zu tun haben wollte.

Der Fairneß halber muß gesagt werden, daß niemals zuvor während der Aufnahme irgendeines Plattenalbums bei einer Gruppe das Handicap aufgetreten war, daß die drei wichtigsten Musiker abwechselnd vor Gericht oder im Gefängnis waren; auch ist es nie während einer solchen Zeit zu einem vergleichbaren Vernichtungskrieg zwischen den Musikern und dem Manager gekommen; niemand mußte es mit den tausend zufälligen Konflikten und Schikanen aufnehmen, von denen die Stones bedrängt waren, während sie zehn Monate daran arbeiteten, eine Musik zu produzieren, die Love, Peace und blumenbekränzte Seligkeit heraufbeschwören sollte. Es erscheint schon als ein Wunder, daß dabei überhaupt ein vollständiges Album herauskam. Wie bei der Aufführung eines Dramas durch Amateure, bei der die Schauspieler den Text vergessen haben, die Kulisse zusammenbricht und den Produzenten der Schlag trifft, muß man auch hier versuchen, die positiven Aspekte zu suchen.
Die Stones selbst sehen in *Their Satanic Majesties Request* bis heute den tiefsten aller Tiefpunkte in ihrer Karriere. »Dreimal sind wir fast an den Punkt gekommen, auseinanderzugehen, und das war ein solcher Anlaß«, sagt Bill Wyman. Keith gefällt das Album zwar heute besser als früher, und dennoch klingt es hauptsächlich nach Unentschlossenheit, Kompromissen und Langeweile im Endstadium. »Am Schluß ist wirklich Patchwork dabei herausgekommen. Die Hälfte war: ›Geben wir den Leuten doch das, wovon wir glauben, daß sie es wollen.‹ Die andere Hälfte war: ›Sehen wir zu, daß wir so schnell wie möglich rauskommen.‹ «
Die Platte stand unter dem überstarken Einfluß von *Sergeant Pepper,* und das drohte, alles zu ersticken. Die Beatles hatten sich von öffentlichen Auftritten zurückgezogen und an deren Stelle eine Studienshow gesetzt, deren Myriaden von technischen Effekten nur noch die Live-Atmosphäre verstärkten. Die Stones – oder zumindest Mick Jagger – hatten dieselbe Absicht, doch anstelle der verrückten Schrullen der Beatles trat eine naive Kampflust, die insgesamt auf nichts weiter abzielte als darauf, sich auf der verzauberten Insel ihrer Freunde gewaltsam Raum zu verschaffen.
Daher zermarterten sich Mick und Keith, wenn sie nicht vor Gericht standen oder nach der Willkür Ihrer Majestät in Haft behalten wurden, das Gehirn nach einer weißglühenden Bildwelt und nach Gitarrenläufen, die die hypnotische Kraft von hinduistischen Mantras haben sollten; Mick Jagger behielt Maharischi Mahesch Yogi im Augenwinkel und machte sich daran, einen Gesangsstil zu entwikkeln, der so unmelodiös und abstrakt klang, als sei seine Nase mit einer Wäscheklammer zugeklemmt. Und wenn ihnen die Inspirationen ausgingen – was eigentlich laufend geschah –, blieb jedesmal dieselbe Zuflucht zu göttlicher Hilfe. Die Hifi-Nadel wurde zurückgestellt auf *A Day in the Life, Within You Without You* oder *Lucy In the Sky With Diamonds.*
Anfang Juli, als Jagger und Richard gegen Kaution auf freiem Fuß waren und auf ihr Berufungsverfahren warteten und sich Brian Jones bereits einer stationären psychiatrischen Behandlung unterzogen hatte, war kaum ein Song auf diesem Album – das bis dahin noch keinen Titel trug – zu ihrer Zufrie-

denheit fertiggestellt. Die Beatles arbeiteten trotz ihrer inzwischen unbeschränkten Vollmachten in den Abbey Road-Studios weiterhin mit dem Produzenten George Martin zusammen, dessen musikalisches Können sie als formgebend und bildend für sich ansahen. Glyn Johns war zwar ein talentierter Toningenieur, doch in den Augen der Stones war er kaum mehr als ein Knöpfe drückender Handlanger. Immer häufiger kam Johns in die Olympic Studios und war sich nicht sicherer als die Mädchen, die auf der Schwelle standen, ob die Session wie vereinbart stattfinden würde.

Die Verzögerungen waren nicht ausschließlich auf äußere Einflüsse zurückzuführen. Glyn Johns konnte durch das Fenster seines Kontrollraumes sehen, daß die Stones oft bewußt alles verzögerten und welche explosive Wirkung das auf seinen Kollegen am Kontrolltisch hatte. Zu den äußeren Zwängen kam der kaum verhohlene Wunsch der Stones hinzu, ihre Sache schlecht zu machen, um ihrem Manager Andrew Loog Oldham zu trotzen, ihn zu provozieren und ihn auszubooten.

Das seit Jahren unterkühlte Verhältnis zwischen Oldham und den Stones war während der Drogengeschichte noch weiter abgekühlt, denn Oldham persönlich betrachtete diese Angelegenheit als reine Dummheit und Zeitverschwendung. Seine auffallende Zurückhaltung, als es darum ging, Mick und Keith zu helfen – und auch die zunehmenden finanziellen Vorbehalte, die sämtliche Stones ihm gegenüber hatten –, verstärkten den Verdruß nur um so mehr, als Oldham Anfang 1967 in den Olympic Studios auftauchte, um seine Svengali-Magie noch einmal für seine Jungs einzusetzen.

Seine Jungs zeigten ihre Ablehnung, indem sie Oldham stundenlang warten ließen, manchmal auch tagelang, oder indem sie das Studio nur zu dem einen Zweck betraten, alte Bluesnummern zu spielen und dabei genüßlich danebenzugreifen. »Ich habe das etwa sieben Wochen lang mitgemacht«, sagt Oldham. »Dann kam der Tag, an dem ich einfach gegangen bin. ›Von jetzt an‹, habe ich zu ihnen gesagt, ›könnt ihr euch in jeder Hinsicht direkt an Allen wenden.‹ «

Weitere Zeit wurde außerhalb des Studios damit zugebracht, ein Plattencover zu entwerfen, wobei Jagger darauf beharrte, es müsse noch ausgefeilter und kostspieliger als das Cover von *Sergeant Pepper* sein. Michael Cooper – der die Beatles für Peter Blakes Pop-art-Ruhmeshalle fotografiert hatte – wurde damit beauftragt, sich selbst zu übertreffen, indem er ein Porträt der Stones als mittelalterliche Troubadoure fotografierte, die um Jagger in einem sternenbesetzten Gewand und in einem spitzen Zaubererhut herum knieten. Die Stones halfen Cooper, die Kulisse in seinem Studio aufzubauen und die Körbe mit Blumen und Früchten hereinzutragen, die er als Requisiten bestellt hatte. Weitere Zeit verging damit, daß Michael Cooper Jagger in seinem Zauberermantel fotografierte, wie er allein dasaß und auf einem Bett aus zerknüllter Silberfolie die Arme um seine Knie schlang.

Coopers Fotografie wurde dann in ein Kunststoffquadrat übertragen, das wie ein Platzdeckchen auf dem fertigen Cover angebracht wurde: die Stones in vielfarbigem Drei-D vor einem Hintergrund aus Bergen, Planeten und Minaretts, zwischen verschwommenen Mustern, Blumen und Früchten arrangiert. Fünfzehntausend Pfund wurden für diesen Trick ausgegeben, der den Eindruck bewirken sollte, man sehe in eine Kristallkugel hinein, doch die Gefühle, die dabei hervorgerufen wurden, lagen der Reiseübelkeit näher und hätten auch dadurch entstehen können, daß man Sardinen ißt, die zur Füllung eines Kirschkuchens verwendet wurden. Der Herbst schritt weiter voran, und als unvermeidlich feststand, daß die Platte im Dezember erscheinen mußte, einigten sie sich endlich auf einen Titel, *The Rolling Stones' Cosmic Christmas*. Dann wurde Jagger durch die erste Seite seines Passes, den er fast eingebüßt hätte, zu einer besseren Idee angeregt. Diese kalligraphische Extravaganz verkündet, daß »Her Britannic Majesty's Principal Secretary of State for Foreign Affairs Requests and Requires« den Paßinhaber ungehindert passieren zu lassen. Jaggers Titel – der von den Nachwirkungen des Grolls gegen das Establishment geprägt war – war *Her Satanic Majesty Requests and Requires*. Als die Decca sich weigerte, eine derart himmelschreiende Verunglimpfung der Monarchin zu sanktionieren, wurde der Titel in

Brian Jones nach seiner Anhörung vor einem Londoner Gericht. Foto: Keystone

Their Satanic Majesties Request geändert, was dem Ganzen den weitaus treffenderen Sinn verlieh, formell zu einer diabolischen Gartenparty eingeladen zu werden.

Am 30. Oktober stand Brian Jones wegen der Drogenanklage vor Gericht, die seit dem vergangenen Juni drohend über ihm gehangen hatte. Er fuhr in seinem silbernen Rolls vor dem Gericht vor, und seine Kleidung war förmlich bis zum Exzeß: Nadelstreifenanzug, weißes Hemd und gepunktete Krawatte.

Brians Bereitwilligkeit, sich des Besitzes von Cannabis schuldig zu bekennen, hatte bewirkt, daß die Polizei darauf verzichtete, Indizien dafür zu erbringen, daß man in seiner Wohnung auch Kokain und Methedrine gefunden hatte. Er nahm ferner die Verantwortung für jegliches Cannabis auf sich, das zuvor von seinen Partygästen geraucht worden war, und somit entkräftete er die kaum aufrechtzuerhaltende Anklage wegen Rauschgiftbesitzes gegen seinen Gefährten Prinz Stanislas Klossowski de Rola, der gemeinsam mit ihm in der Patsche saß. Die Anklage gegen »Stash« wurde augenblicklich fallengelassen, und zugleich wurden ihm jämmerliche fünfundsiebzig Guineen dafür erstattet, daß man ihn zum Gericht bemüht hatte.

In Brians Fall blieb seinem Verteidiger, James Comyn, QC (Queens Counsel), nichts mehr zu tun, als um Gnade zu bitten und die mildernden Umstände anzuführen, daß Brian, abgesehen von LSD, nie mit harten Drogen zu tun gehabt hatte und zudem gelobt hatte, nie mehr Cannabis anzurühren. Sein Psychiater Dr. Leonhard Henry wurde hinzugezogen, um als Zeuge Brians verwirrte Gemütsverfassung zum Zeitpunkt seiner Verhaftung zu bestätigen und um Comyns Plädoyer zu stützen, man solle ihn nicht ins Gefängnis schicken. »Das würde seine geistige Gesundheit vollständig ruinieren«, sagte Dr. Henry. »Er würde in psychotische Depressionen verfallen ... Es wäre sogar durchaus möglich, daß er versuchen würde, sich etwas anzutun ...«

Brians Auftritt im Zeugenstand schien James Comyns Beschreibungen – »eines jungen Mannes mit einer strahlenden Zukunft, dem viel daran gelegen ist, weiter zu komponieren« – zu bestätigen.

»Ist es Ihre Absicht, nichts mehr mit Drogen zu tun zu haben?« fragte ihn Comyn.

»Genau das ist meine Absicht«, antwortete Brian. Es war fast ein Flüstern. »Sie haben mir nur Schwierigkeiten gemacht.« Nichts von alledem konnte den Vorsitzenden des Gerichts, Mr. R. E. Seaton, von seinem Entschluß abbringen, das zu bekämpfen, was er als »eine Plage, die sich im Augenblick in diesem Land immer weiter ausbreitet«, bezeichnete. Nach einer neunzigminütigen Gerichtsverhandlung wurde Brian zu einer Gefängnisstrafe von insgesamt zwölf Monaten verurteilt, und es wurden ihm zweihundertundfünfzig Guineen als Gerichtskosten angelastet. Als unter den Mädchen auf der Zuschauergalerie ein Tumult ausbrach, stellte James Comyn Antrag auf Berufung und fragte, ob Brian in der Zwischenzeit gegen Kaution freigelassen werden könne. »Nein«, erwiderte Mr. Seaton.

Der silberne Rolls-Royce blieb dort stehen, wo er ihn geparkt hatte, als Brian herausgeführt und mit dem übrigen Gefängnisfutter dieses Tages in einen grauen Wagen verladen und abtransportiert wurde, um seine Haftstrafe in Wormwood Scrubs abzusitzen.

Für ihn würden die Hippies keine Nachtwache bei der Erosstatue abhalten – und es sollte zu keinen Protestkundgebungen kommen, wenn man von den unbedeutenden Reibereien absah, die sich im weiteren Verlauf des Tages in der King's Road ereigneten, als die Polizei eine Gruppe von spontanen Demonstranten auseinandertrieb, darunter war auch Mick Jaggers jüngerer Bruder Chris. Die Gefängnisbelegschaft, die man ihrer früheren Beute wieder beraubt hatte, frohlockte, wieder einen »verdammten Langhaarigen« in ihrer Mitte zu haben, und diskutierte lautstark darüber, daß Brians goldene Strohmähne bald bis auf die Kopfhaut geschoren würde. Die anderen Häftlinge verhielten sich ihm gegenüber kühl und feindselig. In jener Nacht unter der rauhen Gefängnisdecke muß er alle Schrecken dessen erfahren haben, der vollkommen im Stich gelassen wird.

Sein bester Verbündeter in dieser Krise war Dr. Henry, sein Psychiater. Henrys erste Intelligenzleistung bestand darin, den Gefängnisarzt von Wormwood Scrubs anzurufen und zwingend zu erklären, wie viele Gründe aus psychiatrischer Sicht dagegen sprachen, Brian die Haare zu schneiden, und daß man ihn daher von dieser Gefängnisvorschrift befreien müsse. Am nächsten Tag erschien der Arzt mit James Comyn in einem Richterzimmer des Hohen Gerichtshofs, und beide ersuchten darum, Brian aus medizinischen Gründen gegen Kaution freizulassen; es mußten Sicherheiten von siebenhundertundfünfzig Pfund bereitgestellt werden, und der Bescheid war mit der Bedingung verknüpft, daß Brian sich einverstanden erklärte, sich der Untersuchung durch einen Psychiater zu unterziehen, den das Gericht bestimmte. Eine Stunde später wurde Brian sein verknitterter Anzug ausgehändigt, und man teilte ihm mit, er sei frei.

Jetzt, sechs Monate nach seiner kurzen Berühmtheit als läuterndes Fegefeuer, das in den Reihen der Popmusik gewütet hatte, war die gebieterische und frotzelnde Stimme von Richter Block wieder zu vernehmen. Beim Jahrestreffen des Landwirtschaftsverbandes von Horsham amüsierte Richter Block sein ländliches Publikum durch eine scherzhafte Version von Brutus' Empörung gegen den Pöbel in »Julius Caesar«: »You blocks, you stones, you worse than senseless things. Wir, Ihre Landsleute, ich und meine Mitrichter, haben unser Bestes getan, um diese Stones auf die Größe zu klopfen, die ihnen gebührt«, fuhr Richter Block fort. »Doch es sollte nicht sein. Das Berufungsgericht hat sie rollen lassen...«

Auch wenn es sich um eine private Gesellschaft handelte, hätte ein altgedienter Richter wissen müssen, daß es nicht anging, Witze über frühere Opfer seiner Gerichtsbarkeit zu machen, vor allem dann nicht, wenn gerade ein Berufungsverfahren gegen die Gefängnisstrafe eines anderen Rolling Stone anhängig und dieser auf Kaution frei war. Ein Minister der Labour Party, William Wilson, versicherte, er werde diese Sache vor den Lordkanzler bringen. Les Perrin, der PR-Mann der Stones – der Richter Blocks Rede in einem der Provinzblätter von Sussex gelesen hatte –, gab eine Presseverlautbarung heraus, die mehr von einer Schmähschrift hatte. »Ist es das, was man in Großbritannien von der Rechtsprechung erwartet? Ist dieser Mann ein typischer Vertreter derer, die das hohe, anerkannte Amt innehaben, Menschen zu verurteilen? Wie kann die Öffentlichkeit im Licht der Äußerung von Richter Block noch glauben, daß die Rolling Stones in ein vorurteilsloses Verhör genommen werden? Seine Aussage hat den Beigeschmack der Befangenheit – man rottet sich zusammen, um ›diese Stones auf die Größe zu klopfen, die ihnen gebührt‹. Es ist ein Jammer, daß er nicht die Berufsethik gegenüber Mr. Jagger, Mr. Richard und Mr. Jones aufgebracht hat, während eines schwebenden Verfahrens zu schweigen.«

Am 12. Dezember kam das fertige Album mit dem Rand aus Delfter Blau und Weiß und dem Technicolor-Plastikraster endlich in Großbritannien und Amerika in den Verkauf. Die lange Pause seit *Between the Buttons* und die Ereignisse des Sommers, die sie ins Gerede gebracht hatten, hatten der LP das größte Publikum verschafft, das es je für eine Rolling Stones-LP gab. Allein die Vorbestellungen in den Vereinigten Staaten beliefen sich auf fast zwei Millionen Dollar – eine Genugtuung für Allen Klein, wenn auch vielleicht sonst für niemanden. Bis auf die vernarrtesten Fans der Stones erkannten alle *Their Satanic Majesties Request* als das, was es war – als den Versuch einer Neuauflage von *Sergeant Pepper,* dem es an allen Qualitäten dieses Meisterwerks der Beatles ermangelte und in dem sich zugleich alle Verzögerungen, Konflikte und Kompromisse widerspiegelten, die alles verdorben hatten.

Die Beatles hatten ihre Alleinkontrolle über die Abbey Road-Studios dazu benutzt, einen Liederzyklus zu schaffen, der so abgerundet war wie eine Symphonie und doch die direkte Nähe zum Publikum besaß, wie man sie in einem Puppen- und Kaspertheater vorfindet. Das Beste, was die Stones auf ihrem Album zuwege brachten, war ein eher lascher Singsang *(Sing this All Together – See What Happens),* mit dem sie die A-Seite in einer Kakophonie aus Glöckchen, Rasseln und Gongs am Anfang und am Ende einrahmten. Dort, wo die Beatles komische Toneffekte eingesetzt hatten, um ihre Freude und ihre Lust am Spielen auszudrücken, hatten die Stones ähnliche Mittel lediglich eingesetzt, um die vielen sichtlich klaffenden Risse zu füllen. So hatten die Stones Klangfetzen aus einem Straßenmarkt und einem Striptease-Club, ein mehrfaches Kichern, Schnarchen, eine Stimme, die – schon zu deutlich hörbar – sagte: »Where's that joint?«, völlig willkürlich in die Platte eingestreut.

Nur ein Song, *She's a Rainbow,* zeigte Jaggers und Richards Qualitäten der schroff-sehnsüchtigen Manier von *Ruby Tuesday* oder *Lady Jane*. Der Rest war, ebenso wie das Cover, ein verschwommenes Gebilde, in dem man nur in vereinzelten Momenten die echten Stones erkennen konnte – zum Beispiel Keith' kehlige Gitarre in Bill Wymans ängstlicher Erstkomposition *In Another Land.* Zwischendurch flackerte für Momente auch die Virtuosität auf, deren Funke sich immer noch in Brian Jones entzünden konnte. Zwar hatte Brian (in lichten Momenten) bitteren Einspruch gegen das psychedelische Konzept erhoben, doch es waren seine marokkanischen Trommeln und die Percussion, die dem Album das Mystische verliehen, was sich überhaupt erahnen läßt. Brian spielt auch Mellotron in *2000 Light Years from Home,* dem Song, den Jagger in seiner Nacht im Gefängnis von Brixton schrieb – nach Glyn Johns Auffassung eine chancenlose Nummer, bis Brian sich hinsetzte und die verwunschenen elektronischen Effekte improvisierte.

Es ergab sich zufällig, daß das Datum des Erscheinens von *Their Satanic Majesties* auf den Tag fiel, an dem Brians Fall vor Lord Oberrichter Parker in Berufung kam. Hier wurde neben den Zeugenaussagen seiner beiden Psychiater die Akte hinzugezogen, die der vom Gericht ernannte psychiatrische Experte Dr. Walter Neustatter über Brian angelegt hatte. Darin ging es um Brians »extrem unausgeglichenes Gefühlsleben« und um seinen »gestörten Bezug zur Realität«, der aus sexuellen Ängsten entsprang, die nach Dr. Neustatters Auffassung an einen Ödipuskomplex grenzten. Gleichzeitig waren dem Arzt jedoch Brians beträchtliche persönliche Fähigkeiten, darunter auch die »Fähigkeit zu Einblicken, mit denen er seine Ängste bewältigen konnte« ins Auge gefallen. Dr. Neustatter bestätigte Dr. Henrys Ansichten, daß eine Inhaftierung zu einem vollständigen Zusammenbruch, möglicherweise sogar zu einem Selbstmord führen könnte.

Einmal mehr erwies sich der Lord Oberrichter in einem Ausmaß gnädig, das niederrangigeren Richtern abgegangen war. Von Brians zwölfmonatiger Gefängnisstrafe wurden ihm neun Monate erlassen. Statt dessen wurde er zu einer Geldstrafe von tausend Pfund verurteilt, und die Reststrafe wurde für drei Jahre zur Bewährung ausgesetzt. Ein weiterer Vorbehalt bestand darin, daß er sich auch künftig einer psychiatrischen Behandlung unterzog.

Einer der Stones, Mick Jagger, saß im Gerichtssaal, um Lord Parkers Urteil zu hören. Nach der Verhandlung blieb Brian gerade nur so lange, um den Reportern zuzunuscheln: »Ich möchte in Ruhe gelassen werden, um mein Leben wieder in den Griff zu kriegen«, ehe er auf dem Rücksitz seines silbernen Rolls verschwand. Die getönte hintere Scheibe zeigte die Daguerreotypie der Seelenqual, ein Gesicht, das in Händen und Ärmelrüschen vergraben war.

Er feierte seinen Freispruch mit einer Orgie aus Alkohol und Tabletten, die ihn innerhalb von zwei Tagen wieder krankenhausreif machte. Er war in seinem Haus zusammengebrochen, nachdem er aus einem Club zurückgekehrt war, wo er auf der Bühne mit der Band des Clubs Baßgitarre gespielt hatte. Während er die Saiten der Gitarre bearbeitete, begann er plötzlich gleichzeitig mit den Füßen auf sie einzutreten, erst nur ganz sachte, aber dann mit einer ständig zunehmenden Heftigkeit, bis schließlich nur noch Kleinholz von dem Instrument übrig war. Aber auch als es keine Baßgitarre mehr gab, spielte Brian unbeirrt darauf weiter; seine Finger strichen durch die Luft und griffen die Akkorde, und sein Gesicht war mit ernster Miene den Tönen zugewandt, die nur er hören konnte.

Der Wandel vollzog sich plötzlich wie ein chemisches Mysterium, als sei das Sonnenlicht ranzig geworden. Im einen Moment erschien es, als verteile die gesamte Jugend Amerikas und Europas Blumen und mache das Peace-Zeichen. Im nächsten war sie auf die Straße gegangen, warf Fenster ein und riß Pflastersteine aus den Straßen. Anstelle der Perlen und Kaftane waren urplötzlich Anstecker und Slogans getreten; anstelle der Gurus grimmig blickende studentische Aktivisten; anstelle der Happenings und Love-ins tobten Straßenschlachten, für die viele einst friedliebende Menschen sich mit Vorbedacht Stricknadeln besorgt hatten, um die Pferde der Polizei in den Bauch oder in die Hoden zu piksen.

Die Woge, die sich aus dem Nichts gebildet zu haben schien, brach im Jahre 1968 über Amerika und Europa herein: Es begann mit Studentenrevolten in Paris im Frühjahr und setzte sich im Lauf des Sommers in Berlin, Amsterdam, London, Washington, Detroit und Los Angeles fort – Revolten, Brände, Märsche und Demos, die gegen die undurchsichtigen Geschichten inszeniert wurden, die sich in Vietnam und in der Tschechoslowakei abspielten; Sprechchöre zorniger Bataillone von Jugendlichen setzten diesen Aufstand in Szene. Es war eine Revolution, deren Motive niemand wirklich verstand, am allerwenigsten diejenigen, die daran teilnahmen. Es war eine Wolke aus Blütenstaub, die schon bald fortgeweht wurde, doch was blieb, waren ein oder zwei fatale Samen, die sich in bestimmten Gemütern einnisteten und aus denen das erwuchs, was das nächste Jahrzehnt der Lösegeldforderungen bestimmen sollte. Die deutsche Baader-Meinhof-Gruppe, die Roten Brigaden Italiens, die irischen Provos – der gesamte Terrorismus, läßt sich auf denselben Ursprung zurückverfolgen, der mit dem Einbruch des Zeitalters des Wassermanns einherging.

Wie jede andere so brauchte auch diese Ära Hymnen. Doch diesmal stellte sich heraus, daß die Hymnenschreiber Nummer eins streikten. »You say you want a revolution«, schrieb John Lennon, »well, you can count me out.« Er, die größte Hoffnung der neuen zornigen Ordnung, zog es vor, seinen Protest damit auszudrücken, daß er eine Woche lang öffentlich mit seiner neuen japanischen Liebe im Bett blieb. Die übrige Popszene sang nach wie vor über San Francisco und Blumen. Es gab nur eine Quelle, der möglicherweise das Elixier der Anarchie – Hintergrundmusik für Gefechte, ein Soundtrack zum ausströmenden Tränengas – entspringen konnte.

Es mag zwar seltsam anmuten, aber es war nicht Keith, sondern Bill Wyman, der in einem Proberaum das entscheidende Riff auf einem Klavier anschlug, während er das Eintreffen der anderen erwartete. »Die nächsten, die kamen, waren Brian und Charlie. Ich habe ihnen dieses Riff vorgespielt, und wir haben etwa zwanzig Minuten lang daran herumgebastelt. Als Mick und Keith kamen, haben beide gesagt: ›Hey – was ist denn das? Klingt gut.‹ Mick ist rausgegangen und hat einen großartigen Text dazu geschrieben, und dann haben wir es sofort aufgenommen.«

Das Ergebnis war *Jumpin' Jack Flash,* die unbestritten beste Plattenaufnahme der Stones, ein zweiminütiges Meisterwerk, das noch heute wie von der kraftgeladenen Heimtücke eines sexuellen Poltergeistes erfüllt klingt. Wenn Jagger und Richard je eine göttliche Fügung erfuhren, dann war es in dem Moment, als sie der diffusen Psychedelik den Rükken zuwandten und zum schamlosen, fausttharten Rock zurückkehrten. Als Partner haben sie nie – bis heute nicht – besser zusammengearbeitet. Schließlich hatte Jagger die angemessene Litanei für Keith' Tonfolgen geschrieben, ein Märchen der Gebrüder Grimm (I was raised by a toothless bearded hag), und jede Strophe schilderte in sich einen Alptraum, der den von falschem Pathos triefenden zynischen Refrain zersetzte. Die Gitarre war eine fast sichtbare Parallele zu Jaggers Körper, ihre unverschämten Tiefen entsprachen seinem Springen und Stolzieren, ihre prickelnden Höhen seinen breitgezogenen, grimassierenden Lippen: »It's a-a-a-awright ...« Er ist nie deutlicher herausgekommen als im Klang dieser halb teuflischen, halb spielerischen, federnden Silhouette.

Am 12. Mai 1968 bei dem Konzert im Empire Pool von Wembley, bei dem die Sieger einer Wahl des *New Musical Express* auftraten, kam es zu einer unerwarteten Attraktion. Die Rolling Stones betraten die Bühne und setzten ohne jede Vorrede zu ihrer ersten öffentlichen Darbietung von *Jumpin' Jack Flash* an. Selbst auf dieses Publikum, das sich seiner Hysterie hingab, war die Wirkung unmittelbar und aufrüttelnd; der Song verschaffte sich Einlaß durch eine kollektive Ader: Ehe auch nur das Intro verklungen war, waren Tausende auf die Füße gesprungen. Sie stampften auf den Boden und sprangen herum wie vom Voodoo Besessene.

Gleichzeitig mit der Single kam am 24. Mai ein kurzer Werbestreifen heraus, wie man ihn im Pop oder im Rock noch nie gesehen hatte. Die Stones trugen Gewänder, die ebensogut einem Hippie, einem Mandarin oder einem Zauberer hätten gehören können; ihre Augen waren durch goldene Kriegsbemalung in die Breite gezogen, und sie waren aus erhöhenden Kamerawinkeln aufgenommen worden, die sie so fern von ihrem eigenen Tun rückten wie Inkapriester, die über Tempelriten nachgrübeln. Jagger war eine Geistererscheinung, die zwischen ihnen heraufbeschworen worden war, ein gewaltiger Kopf und ein noch gewaltigerer Mund, der sich teilte und mit lüsternem Hohn »a-a-a-awright« von sich gab wie ein Türsteher am Eingang zum Fegefeuer.

Die heftige Reaktion auf ihr Auftreten beim NME-Konzert und die Geschwindigkeit, mit der *Jumpin' Jack Flash* in den britischen und amerikanischen Hitlisten aufstieg, zerstreute auch den letzten Gedanken unter den Stones, daß ihre Zukunft in elektronischen Studio-Meisterwerken liegen könnte. Nach zwei Jahren bemühter Erhabenheit strahlte die Bühne einmal mehr ihre alte unwiderstehliche Anziehungskraft aus. Sie waren zwar gerade mit einem neuen Album beschäftigt und arbeiteten mit einem neuen Produzenten, doch die Stones – das heißt, die vier noch funktionsfähigen Stones – einigten sich darauf, wieder eine Tournee zu machen.

Dieser Weg stand ihnen jedoch nicht mehr halbwegs so offen wie bisher – vor allem nicht der finanziell einträgliche Weg durch Amerika. Zwei Jahre, in denen man mit Hippies, Aussteigern, Kriegsdienstverweigerern und mit ihnen verbundenen unpatriotischen Übeln zu tun gehabt hatte, hatten beim amerikanischen Establishment wieder die furchtsame Kriegslust von Passagieren einer von Indianern umzingelten Eisenbahn wachgerufen. Niemandem, der wegen Drogenbesitzes angeklagt worden war – oder, wie es die Einreisebehörde der USA formulierte, »eines Verbrechens von moralischer Verwerflichkeit« überführt war –, wurde auch nur ein kurzer Aufenthalt auf amerikanischem Boden gestattet. Als Mick und Keith im September des Vorjahres nach New York geflogen waren, um die Herstellung der Plattenhülle für *Their Satanic Majesties* zu überwachen, hatte man sie am Kennedy Airport aufgehalten, sie einem längeren Verhör unterzogen und ihnen nur eine zeitlich befristete Einreise gestattet, die von der Einsicht der vollständigen Akten ihrer Verhandlung in England abhängig gemacht wurde. In den achtundvierzig Stunden, die bis zur Aufhebung ihrer drohenden Ausweisung verstrichen, war Keith Richards Auftreten dem eines Chorleiters der Westminster Abbey würdig.

Am 21. Mai wurde die Amerika-Tournee für 1968, für die noch kein Termin festgelegt worden war, endgültig abgeblasen. Les Perrin, der PR-Mann der Stones, nahm in seinem Haus in Sutton den Telefonhörer ab und hörte eine vertraute lispelnde Stimme, die sagte: »Les ... Sie kommen durchs Fenster!« Brian Jones flog gerade zum zweiten Mal auf.

Der Gay Hussar in der Greek Street in Soho ist ein kleines, leuchtendrot gestrichenes ungarisches Restaurant, in dem man Wildkirschensuppe, kalten Hecht und Rotkraut bekommt, und aus irgendwelchen Gründen erfreut sich diese Küche bei Politikern, Schriftstellern und Zeitungsherausgebern besonderer Beliebtheit. 1968 konnte man unter der Menschenmenge, die um die Mittagszeit in das schickere Untergeschoß strömte, mehrfach ein Paar entdecken, das selbst in diesen halluzinogenen Zeiten nicht zusammenzupassen schien. Einer von beiden war Tom Driberg, der Parlamentsabgeordnete für Barking, Essex, der sich zugleich einen Namen als radikaler Journalist gemacht hatte. Der andere – bis auf die übergroßen Portionen, die er aß, so unauffällig, daß man ihn fast übersehen hätte – war Mick Jagger.

Seit er Jagger vor einem Jahr oder vielleicht auch etwas früher auf einer Gesellschaft vorgestellt worden war, hatte sich Driberg zumindest zweimal als ein einflußreicher Verbündeter erwiesen. Er war es gewesen, der im Parlament als erster auf die beklagenswerte Geschichte mit den Handschellen bei Mick Jaggers und Robert Frasers Verhandlung hingewiesen hatte. Außerdem hatte er auch den berühmten Brief an die *Times* unterschrieben, der ebenfalls die Unterschrift von Graham Greene und den Beatles trug, womit auch er trotz der möglichen Ablehnung, die dies bei der Mehrheit seiner Wähler in Essex finden konnte, zur Legalisierung der leichten Drogen aufgerufen hatte.

Ein gewichtiges Maß von Tom Dribergs Interesse an Mick Jagger war das eines älteren Homosexuellen, der sich insgeheim zu der rebellierenden Art der Jugend hingezogen fühlte. Doch nicht weniger war es auch das echte Bedürfnis, eine Macht zu verstehen und vielleicht auch von ihr zu profitieren, die dem Älteren, gerade weil er auch ein guter Journalist war, ehrfurchtgebietend erscheinen mußte. Nie zuvor in seiner langjährigen Karriere unter den Mächtigen des Landes hatte Driberg gesehen, daß potentieller Einfluß so systematisch vergeudet wurde. Diese Treffen im Gay Hussar dienten dem Versuch, Jagger davon zu überzeugen, er solle seine Macht und seinen Einfluß im Rahmen der konventionellen Politik geltend machen.

Die Überlegung, sich als Kandidat für eine Parlamentswahl aufstellen zu lassen, war etwas, womit Jagger schon lange geliebäugelt hatte – und auch im Lauf der kommenden Jahre sollte er noch öfter mit dem Gedanken spielen. Auf Dribergs Anregungen hin setzte er sich damit ernsthaft auseinander; das Interesse des Parlamentsmitglieds schmeichelte ihm, obwohl er – wie immer – wußte, wo dieses Interesse seinen Ursprung hatte. Doch selbst Tom Driberg mit seiner Redegewandtheit und vielen Flaschen ungarischen Stierbluts konnte Mick Jagger nicht dazu bringen, auch nur das Parteiprogramm der Labour Party zu lesen.

Nicht nur Jagger war von dieser Krankheit befallen. Dasselbe unbehagliche Gefühl hatte auch schon andere große Popstars beschlichen – daß Ruhm und Reichtum und ihr Idolcharakter sie von etwas ausschlossen, daß in der Zwischenzeit entscheidende Dinge spurlos an ihnen vorübergingen. Die Beatles hatten das so formuliert: Die Jahre ihrer Tourneen waren Jahre der Gefangenschaft gewesen. Ihnen erschienen das Wasser und Brot eines Sträflings kaum monotoner als ihre eigene endlose Übersättigung, die rituellen Extravaganzen und die rituelle Verschwendung, die das Millionärsgehabe eines Superstars auf die Öde einer Zelle ohne Licht und Luft reduzierten.

Keiner der anderen Stones sah sich mit diesem Problem der intellektuellen Unausgefülltheit konfrontiert. Charlie und Bill schienen zufrieden zu sein, die langen Intervalle zwischen den Studio-Sessions für ihre Alben mit Hobbys auszufüllen, sei es Fotografie oder das Sammeln antiken Silbers. Selbst Brian widmete sich in seinen ruhigeren Zeiten wieder den Lieblingsdingen seiner Kindheit, Lokomotiven und den verschiedenen Typen der Londoner Busse. Zwei Doppeldecker, die er gekauft hatte, waren bereits in einem Museum für das Verkehrswesen untergestellt. In dem Maß, in dem seine geistige Verwirrung zunahm, nahm auch der Drang zu, weitere alte Linien- und Ausflugsbusse zu erwerben. Shirley Arnold hatte im Büro der Stones oft mit empörten Verkäufern solcher Busse zu tun, die Brian gekauft hatte, wenn er betrunken oder stoned war, und deren Erwerb ihm dann augenblicklich wieder entfallen war.

Jumpin' Jack Flash

Keith machte den Eindruck, als genüge ihm sein Leben als Prototyp eines Rockstars. Keith hatte auf der Bühne eine ganze Ära von Gitarristen inspiriert, seine Wolfssilhouette nachzuahmen, und ebenso war sein Privatleben zum Modell für eine gesamte neue menschliche Spezies geworden. Seine Existenz war, mehr als durch alles andere, durch eine gewaltige Trägheit geprägt – Stunden, die er in Räumen ohne Licht verbrachte, deren Fußböden mit Plattenhüllen, Schnapsflaschen und Zigarettenstummeln übersät waren; die Tage und auch die meisten Nächte vergingen mit dem zähen Streben, nichts anderes zu tun, als ausgestreckt auf einem Sofa zu liegen, neben dem eine Lampe stand, deren Licht durch einen Batikschal gedämpft wurde, zu trinken, zu rauchen, der dröhnenden Stereoanlage zu lauschen und auf einer akustischen Gitarre zu klimpern.

Keith wohnte jetzt mit Anita Pallenberg zusammen, die meiste Zeit in Redlands, dem Haus in Sussex, dessen holzverkleidetes Äußeres nach wie vor keinerlei Hinweis auf die orgiastisch-zwielichtige Welt in seinem Innern gab. Von Zeit zu Zeit erhaschten die Anwohner einen Blick auf den heruntergekommen wirkenden Gutsbesitzer und seine erbarmungslos schöne Blondine, wenn sie in der Blauen Lena durch das nahegelegene West Wittering fuhren, und bei seltenen Gelegenheiten sah man die beiden auch, wenn sie aus einem der Läden traten. Ein Dorfbewohner, der sie oft gesehen hat, erinnert sich an die ungewöhnlich schwarzen Schatten um Keith' Augen, die schon zu sehen waren, bevor er anfing, Wimperntusche zu benutzen, und er erinnert sich auch daran, daß Keith Zigaretten rauchte, die immer doppelt so lang wie normale Zigaretten wirkten. Darüber, was sich hinter der gut zwei Meter hohen Mauer abspielte, die das Anwesen umgab, waren die schlimmsten Geschichten im Umlauf – er kreise mit seinem Miniaturluftkissenboot auf seinem See herum oder jage mit einer Schrotflinte Wasserratten und dabei begleite ihn angeblich sein gewaltiger Deerhound, der Syphilis hieß. Jagger konnte zwar wochenlang dasselbe weltabgewandte Leben eines Rockstars führen und dabei recht glücklich sein, doch immer wieder wurde er von dem Impuls aufgerüttelt – der im Einklang mit der neuen militanten Studentenbewegung stand –, daß er mehr aus seinem großen Namen machen sollte als nur wieder eine neue Platte. Was genau er allerdings tun konnte, war weiterhin eine problematische Frage. Der Weg der herkömmlichen Politik, den Tom Driberg ihm nahelegte, erforderte eine Hingabe und eine Selbstverleugnung, die absolut undenkbar für ihn waren. Wesentlich attraktiver war die Idee der totalen Revolution, ein Konzept, das so in Mode war, daß es selbst von fünfundzwanzigjährigen Millionären diskutiert werden konnte, während sie in ihren Stadthäusern im Stil der Ära Königin Annes Wein oder Tequila nippten. Bislang hatte von den Möchtegern-Revolutionären unter den Rockstars nur einer so etwas wie einen Plan für eine wirksame Veränderung der Gesellschaft aufgestellt. John Lennon hatte vorgeschlagen, die Wasserzufuhr des Unterhauses mit LSD zu durchsetzen, um zu sehen, was dabei herauskomme, wenn man das gesamte Parlament ausflippen ließe.

Man muß den Beatles in alle Ewigkeit zugute halten, daß sie eine gigantische, zum Mißlingen verurteilte Mühe auf sich nahmen, die revolutionären Lehren der Hippie-Kultur in die Praxis umzusetzen. Ihre Firma Apple, die im Sommer 1968 gegründet wurde, war ein Versuch, ihre gemeinsamen Millionen dafür einzusetzen, jungen Leuten aus jedem kreativen Kunstzweig zu helfen. Apple sollte, um Paul McCartneys Formulierung zu benutzen, »eine Art westlicher Kommunismus« sein – ein Geschäft frei von Habgier, das alle Beteiligten nur stimulieren und ihnen Freude bereiten sollte und dessen Antrieb Freundschaft und Offenherzigkeit sein sollten, die das Vorrecht aller unter dreißig waren.

Eine Philanthropie, wie sie die Beatles über jugendliche Musiker, Schriftsteller, Filmemacher, Dichter und Kasperltheaterspieler ausschütteten, bot den berechnenden und praktischen Köpfen der Stones keinen Anreiz. Marianne Faithfull erinnert sich daran, wie Chas Chandler, der früher bei den Animals gespielt hatte, Jimi Hendrix zum ersten Mal von New York nach London holte und an Jagger als einen potentiellen Mitsponsor herantrat. Jagger hatte »schlicht auf der Stelle kehrtgemacht«. Als Hendrix es bald darauf zu Ruhm brachte und mit seinen charismatischen Bühnenauftritten fast mit Jagger rivalisierte, bestärkte das Jagger nur in seiner Zurückhaltung gegenüber der Förderung neuer musikalischer Talente. Er mochte herausragend sein, doch Jimi

Hendrix gegenüber schien er eine vage Eifersucht zu verspüren, und er verdächtigte Hendrix sogar, er habe spätabends in einem Club im Westend versucht, ihm Marianne auszuspannen.
Seit dem Bruch mit Andrew Loog Oldham im Oktober 1967 war das Managementbüro der Stones in der Maddox Street nahe dem Piccadilly angesiedelt. Es war eine kleine Suite im obersten Stock, die früher als Unterkunft der Dienstmädchen des georgianischen Stadthauses gedient hatte; dieses Büro hatte nicht die entfernteste Ähnlichkeit mit der Pracht und dem Reichtum, womit die Beatles ihre neue Geschäftsfamilie umgeben hatten. Etwas Besseres hatte die Belegschaft, die für die Stones arbeitete, nicht bekommen, und viele Wochen lang war sie von Vermietern im gesamten Westend abgewiesen worden. Ihr Büro in der Maddox Street hatten sie schließlich nur durch einen Zufall erhalten, durch den Freund eines Freundes, der vorgegeben hatte, ein kleiner Musikverlag solle dort untergebracht werden. Die Erwähnung der Rolling Stones war dabei gewissenhaft vermieden worden.
Auf der Suche nach jemandem, der das Büro in der Maddox Street leiten könnte, trat Mick Jagger an Jo Bergman heran, die Amerikanerin, die für Brian Epstein im Beatles-Fanclub gearbeitet und später Mariannes Assistentin und Begleiterin gewesen war. Sie war sympathisch, sehr umgänglich und strahlte Ruhe aus. Sie sollte den größten Teil der organisatorischen Angelegenheiten, die für die Stones in Europa zu regeln waren, übernehmen und die Leitung über die kleine Belegschaft, deren eiserner Mittelpunkt nach wie vor die langjährige Sekretärin ihres Fanclubs war, Shirley Arnold. Shirley erinnert sich, mit welchem Eifer Jagger sich auf seine neue Rolle als Arbeitgeber und Geschäftsmann stürzte. »Er hat sich für die Sitzungen mit Anwälten und Buchhaltern begeistert und ist auch gern zu Verhandlungen erschienen, wenn Allen Klein sich in der Stadt aufgehalten hat.« In der Maddox Street war nichts von der Laschheit und Promiskuität zu spüren, die die Arbeitskräfte der Beatles bei Apple auszeichnete. »Mick hat alles peinlich genau genommen«, sagt Jo Bergman. »Er hatte gern das Gefühl, daß alles, was getan wurde – für ihn natürlich –, durchorganisiert war und zu optimalen Resultaten führte.« Wenn seine Augen, was selten vorkam, aus Gründen, die nichts mit dem stenografischen Können zu tun hatten, für eine Sekretärin aufleuchteten, wurde alles Folgende mit einer Diskretion abgewickelt, die einem Bourbonen-König für ein Verhältnis mit einer Scheuermagd geziemt hätte. Nur das errötete Gesicht des Mädchens und die teils losgelösten künstlichen Wimpern verrieten die beiden.
Neben den täglich eingehenden, fast gleich großen Stapeln Fan- und Feindpost der Rolling Stones wurden auch die zahlreichen elfenbeinfarbenen Umschläge über die Maddox Street geleitet, die von Hotels wie dem Connaught oder dem Dorchester durch Boten persönlich überbracht wurden und jedesmal die gleiche Bitte an Mick Jagger enthielten, die beigelegte Synopsis, Kurzfassung oder gleich das gesamte beigelegte Drehbuch zu lesen. Filmproduzenten auf beiden Seiten des Atlantiks konnten die Tatsache nicht fassen, daß Mick Jagger, der seit vier Jahren unvergleichliche Menschenmengen anlockte und eine mindestens ebenso wirkungsvolle Verkörperung weiblicher Phantasien war wie Rudolf Valentino, bisher in keinem Spielfilm aufgetreten war.
Die geplante Folge von drei Filmen, die Allen Klein angekündigt hatte, war inzwischen auf das selten zu vernehmende Gerücht unter Musikjournalisten zurückgeschrumpft, sie würden vielleicht doch noch etwas aus dem Drehbuch von »Only Lovers Left Alive« machen. In der Zwischenzeit blockte Klein alle Angebote, die von außen kamen, ab und beharrte darauf, sein ursprünglicher Plan werde doch noch ausgeführt werden. Außerdem hatte es in der letzten Zeit bei den Stones etwas zu viele Dramen im wirklichen Leben gegeben, und somit wollten sie nicht auch noch vor der Kamera weitere Dramen fabrizieren.
Es lag auf der Hand, daß ein so kokettes und sprunghaftes Wesen wie Jagger das Werben der Filmmogule und die schicken Essenseinladungen genoß; immer wieder erklärte er sich prinzipiell einverstanden, die ehrgeizigsten und unwahrscheinlichsten Rollen zu spielen, und mit Enthusiasmus stürzte er sich auf Drehbücher, die er dann ausnahmslos nach der zweiten oder dritten Seite zuklappte. In letzter Zeit hatten jedoch seine Ruhelosigkeit und der Wunsch nach einer Ausweitung seines Betätigungsfeldes bewirkt, daß er sich gezielt mit der Frage des

Schauspielens beschäftigte. Aufgrund seines Hangs zum Konkurrenzdenken fiel dabei auch ins Gewicht, daß Mariannes Karriere als Schauspielerin weiterhin von Erfolg gekrönt war. Sie war im Festival Theatre von Chichester in Tschechows »Drei Schwestern« aufgetreten und hatte von der Kritik einhelligen Beifall bekommen. Jetzt sollte sie in einem neuen Film von Roger Vadim mitspielen, »Girl on a Motorcycle«.

Gegen Ende des Sommers gelang es Jagger schließlich, ein Drehbuch zu Ende zu lesen und Gefallen daran zu finden. Der Film sollte »Performance« heißen. Der Drehbuchautor und vermeintliche Regieassistent war Donald Cammell, der Maler und alte Freund der Stones aus Paris. Es war die Geschichte eines jungen englischen Gangsters, der auf der Flucht vor Mitgliedern seiner eigenen Bande ist und dabei die Bekanntschaft eines exzentrischen und zurückgezogen lebenden Popstars macht. Fast ohne jedes Zögern erklärte sich Jagger einverstanden, den Popstar »Turner« zu spielen. Die Titelmusik sollte von Jagger und Richard geschrieben und von den Rolling Stones gespielt werden. Mit dieser Ausgangsbasis war es Cammell möglich, von Warner Brothers 1,8 Millionen Pfund als Finanzierung zu bekommen. Warner Brothers erschien das als eine recht sichere Investition. Dort nahm man an, man bekomme als Ergebnis einen fröhlichen, spritzigen Popmusikfilm wie »A Hard Day's Night« von den Beatles.

Marianne wurde für die Rolle der Freundin Turners in Betracht gezogen, ehe die Rolle schließlich an Anita Pallenberg ging. Es war eine klare Entscheidung – und es wäre Marianne ohnehin unmöglich gewesen, die Drehtermine im Winter einzuhalten. In diesem Sommer hatte sie festgestellt, daß sie ein Kind von Mick Jagger bekommen würde.

Diesmal erwischte die Razzia Brian um sieben Uhr dreißig morgens. Er war aus der Courtfield Road ausgezogen und wohnte vorübergehend in einer Mietwohnung im Royal Avenue Haus, einem Wohnblock in der King's Road. Ein lautstarkes Klopfen und Klingeln an der Wohnungstür weckte ihn, und er warf einen Blick durch den Spion. Dann stürzte er ans Telefon. Die Worte, die er Les Perrin gegenüber in Panik äußerte: »Les ... Sie kommen durchs Fenster!«, waren nicht allzuweit von der Wahrheit entfernt. Ein Polizist versuchte tatsächlich, durch den Müllschlucker in die Wohnung zu klettern.

Als Jo Bergman kurz vor neun Uhr im Royal Avenue Haus eintraf, ließ sie ein lächelnder Polizist in die Wohnung ein. Drei weitere kräftige Polizeibeamte standen über Brian, der einen flatternden Kimono trug, und zeigten ihm einen Klumpen Cannabis, von dem einer der Beamten behauptete, er habe ihn in einem braunen Wollknäuel in der Wohnzimmerkommode gefunden. Brian reagierte mit ungläubiger Bestürzung: »Nein ... Nur das nicht«, stöhnte er. »Das darf doch einfach nicht wieder passieren, wenn wir gerade auf die Füße kommen.«

Die Begleitumstände der Razzia erschienen bereits Jo Bergman als äußerst dubios. Die Polizei von Chelsea hatte Brian offensichtlich schon länger unter Beobachtung gestellt, denn man wußte sogar, daß er vor kurzem seine Adresse geändert hatte. Die frühmorgendliche Zeit des Überfalls und der Feuereifer, mit dem man sich Einlaß verschafft hatte, wiesen deutlich darauf hin, daß diese Polizisten, denen ihre Streife in der Morgendämmerung anscheinend langweilig geworden war, nichts Besseres zu tun hatten, als einen Rolling Stone zu belästigen. Es mutete seltsam an, daß sie Cannabis gefunden haben sollten, denn Brian war seit der Gnadenfrist, die ihm das Berufungsgericht eingeräumt hatte, mit diesem Zeug in absoluten Schrecken zu versetzen. Noch seltsamer schien es, daß der Stoff in einem Wollknäuel gesteckt haben sollte – nicht direkt ein Gegenstand, den man für gewöhnlich bei einem Popmusiker vermutet, und dazu kam, daß Brian keinen Versuch unternommen hatte, dieses Wollknäuel zu verstecken, ehe sich die Polizei den Einlaß gewaltsam erzwungen hatte. Jeder, der mit den Stones zu tun hatte, ist nach wie vor davon überzeugt, daß ihm der Haschklumpen von der Polizei untergeschoben worden ist; ein Teil einer fortwährenden Polizeioffensive, die darauf abzielte, Stones hinter Gitter zu bringen.

Im späteren Verlauf dieses Tages, des 21. Mai, wurde Brian wieder vor das Gericht in der Great Marlborough Street gebracht, und die Anklage lautete auf den Besitz von vierundvierzig Gramm Cannabisharz. Er wurde bis zur Verhandlung gegen eine Kaution von zweitausend Pfund freigelassen. Somit drohte ihm nun auch die Strafe aus dem vorhergegangenen Verfahren, die auf Bewährung ausgesetzt worden war.

Er verbrachte die Nacht unter der Obhut von Allen Kleins Neffen Ronnie Schneider und schlief in Schneiders Zimmer im Londoner Hilton. »Das Hotel wollte ihn nicht aufnehmen«, erzählt Schneider. »Ich habe gesagt, wenn sie Brian rauswerfen wollten, müßten sie mich auch rauswerfen. Er hat sich in dem freien Bett schlafen gelegt, geweint und meine Hand gehalten. Am nächsten Morgen hatten wir ein langes Treffen mit den Anwälten, die Brians Fall übernommen hatten. Brian hat sich immer wieder hinter mich gestellt und mich auf den Hinterkopf geküßt. Er hat gesagt, ich hätte ihn gerettet.«

Zu genau dem Zeitpunkt, als seine Bemühungen, sich als Person und als Musiker wiederzufinden, erste Erfolge zu zeitigen schienen, warf diese zweite Razzia Brian total auf den Nullpunkt zurück. Gemäß der Auflage des Berufungsgerichtes war er drogenfrei geblieben; die psychiatrische Behandlung durch Dr. Henry konnte als abgeschlossen betrachtet werden, und jetzt war er nur noch verpflichtet, seinem Bewährungshelfer regelmäßige Besuche abzustatten. Das tat er auch gewissenhaft, obwohl er die Beratungsstunden in dem trostlosen kleinen Regierungsbüro haßte und ihm der Hang seines Bewährungshelfers zuwider war, ihm lang und breit von seinen eigenen Kindern und von seinen familiären Problemen zu erzählen.

Auch im Studio war er wieder zum Leben erwacht, und die Rückkehr der Stones zu ihren Rhythm and Blues-Wurzeln und ihr qualitativ deutlich besserer neuer Produzent, Jimmy Miller, erfüllten ihn mit Optimismus. Er war von seinem Mellotron, seiner Flöte und den marokkanischen Pfeifen abgekommen und dazu zurückgekehrt, die Bottleneck-Bluesgitarre mit dem feurigen Schwung zu spielen, der bereits einige Nummern des Albums auszeichnete, aus dem *Beggars' Banquet* werden sollte. Der französische Regisseur Jean-Luc Godard filmte die Studio-Sessions als Teil eines polemischen Dokumentarfilms mit dem Titel »One Plus One«. Die Anwesenheit Jean-Luc Godards in den Olympic Studios und die Tatsache, daß dort allnächtlich Filmkameras standen, bewirkten natürlich auch, daß Anita Pallenberg häufig zu Besuch kam – und selbst das schien Brians Verfassung nicht mehr ins Wanken zu bringen. Er hatte mehreren Leuten nachdrücklich versichert: »Anita interessiert mich nicht mehr.«

Jetzt war er wieder der jämmerliche, unmögliche Brian von vor vier Monaten, dessen einziger Schutz gegen das Entsetzen, von dem er sich umzingelt fühlte, in Scotch und Tabletten bestand und darin, nach dem Telefonhörer zu greifen. »Wenn das Telefon um zwei Uhr nachts geläutet hat, wußte ich immer schon, wer dran ist«, erzählt Jo Bergman. »Er hat mir vielleicht eine Stunde lang von irgendeiner winzigen Kleinigkeit erzählt, die ihn gerade beschäftigte. Sobald er aufgelegt hatte, rief er sofort wieder zurück, um mir noch mal eine Stunde lang von genau derselben Kleinigkeit zu erzählen. Dann hat er *noch mal* zurückgerufen, weil er plötzlich schreckliche Ängste bei dem Gedanken hatte, er könne mich geweckt haben. Am nächsten Morgen stellte sich meistens heraus, daß ich nur einer von dem halben Dutzend Leute war, die von Brian im Laufe der Nacht angerufen worden waren.«

Les Perrins Frau Janey gehörte ebenfalls zu den Leuten, an die sich Brian ständig wandte, wenn er Bestätigung, einen mitfühlenden Zuhörer oder auch einfach nur menschliche Gesellschaft brauchte. »Er hat mich wegen jeder Kleinigkeit angerufen«, erzählt Janey Perrin. »Er hat angerufen, um mir zu sagen, daß er Zahnweh hat, Kopfweh, daß er den Wasserhahn in der Küche nicht abstellen kann. Einmal hat er mich aus dem Dorchester angerufen und gesagt, er werde jetzt Selbstmord begehen. Ich war derart außer mir, daß ich gesagt habe: ›Na gut, Brian – aber tu es wenigstens im Bad, damit es nicht soviel Dreck macht.‹ Daraufhin hat er fürs erste wieder die Kurve gekriegt. Bei einem anderen Anruf hat er geflucht, während er mit mir geredet hat. Als er mich anschließend noch einmal zurückgerufen hat, war er nahezu in Tränen aufgelöst bei der Vorstellung, daß ich ein böses Wort aus seinem Mund gehört haben könnte. Am Schluß hat er bei seinen Anrufen nicht mehr gesagt: ›Hier ist Brian‹, sondern: ›Hier ist dein anderer Sohn.‹ «

Brians Fall sollte im September vor Gericht kommen, und zwischen Mai und September geriet Brian immer wieder in Panik, die anderen Stones könnten insgeheim planen, ohne ihn auf Tournee zu gehen –

vielleicht sogar mit einem neuen Gitarristen, den sie statt seiner mitnehmen würden. Im August berichtete die englische Musikpresse, Eric Clapton sei von den Stones aufgefordert worden, bei ihnen mitzuspielen, wenn sich seine Supergruppe, die Cream, an Weihnachten auflöste. Es war eines der immer wiederkehrenden Themen von Brians spätnächtlichen Telefonanrufen, die er mit jedem führte, der bereit war, ihm zuzuhören: Daß seine Drogengeschichte *ihnen* eine perfekte Entschuldigung dafür bot, ihn abzuschieben. Zeitweilig erschien es ihm, als handele es sich bei der Polizei von Chelsea nur um bestellte Schauspieler, die für diese langfristige Verschwörung von sogenannten Freunden engagiert worden waren, um ihn erst seines Starruhms und dann seiner Frau zu berauben und ihn schließlich aus der Band auszustoßen, die er ins Leben gerufen hatte.

Trotz ihrer tief verwurzelten Wut auf Brian und ihrer äußerst beschränkten Bereitwilligkeit zu selbstlosem Handeln empfanden Mick und Keith in dieser neuen Krise, die er nicht verdient hatte, wirkliches Mitleid mit ihm, und sie bemühten sich abwechselnd, ihm moralische Unterstützung zu geben. Soweit sie wußten, konnte die Razzia bei Brian ein Vorzeichen dafür sein, daß einem von ihnen oder auch beiden Angriffe von seiten der Polizei bevorstanden. Vielleicht erwachte ihr Mitgefühl zu plötzlich, als daß Brian es als solches hätte erkennen können. Spanish Tony Sanchez erinnert sich an einen Sommertag in Redlands, an dem Mick Jagger mit Brian ins Haus gegangen ist, um sich ernsthaft mit ihm über seine bevorstehende Verhandlung zu unterhalten. Kurz darauf stürzte Brian durch die Flügeltür ins Freie und schrie: »Ich bringe mich um.« Daraufhin sprang er augenblicklich in den Wassergraben, der Keith' Haus umgab. Jagger sprang ihm nach, um ihn zu retten, und erst dabei stellte er fest, daß das Wasser nur einen Meter zwanzig tief war. Die beiden schwankten gemeinsam aus dem Graben. Brian lachte hysterisch, und Jagger war wütend, weil er sich seine neue Samthose ruiniert hatte.

Eine einfühlsame Entscheidung, die die anderen im Hinblick auf Brian trafen, war, daß er bis zu seinem nächsten Gerichtstermin soweit wie möglich von den Nachstellungen der Polizei in Chelsea, den Junkies aus seinem gefährlichen Umgang und den Presseleuten, die ihm jetzt auf Schritt und Tritt folgten, abgeschirmt werden sollte. Eine seiner zeitweiligen Freundinnen, Linda Keith, hatte kürzlich in seiner Wohnung Selbstmord begangen. Zwei andere Freundinnen hatten ihn gleichzeitig im Krankenhaus besucht und dabei eine emotionale Anspannung heraufbeschworen, die der Genesung des Patienten bestimmt nicht dienen konnte. Ferner trat die Mutter seines älteren Sohnes Julian ständig mit Geldforderungen an ihn heran, weil sie dem Kleinen eine winzige Schreibmaschine kaufen wollte.

Keith Richard machte den gutgemeinten Vorschlag, Brian solle so lange mit Suki Poitier in Redlands einziehen, und Keith' privater Chauffeur, Tom Keylock, solle sich um ihn kümmern. Dort hielt sich Brian von Juli bis September auf, und anscheinend war es ihm nur recht, von Erinnerungen an Anita umgeben zu sein. Die anderen trafen sich dort und versuchten zu proben, doch Brian brachte nicht mehr die Willenskraft für etwas anderes auf als für sein eigenes planloses und in gewisser Weise geheimnistuerisches Klimpern. Es gelang ihm, abstinent von Drogen zu bleiben, doch das kompensierte er damit, daß er mehr denn je trank. An einem Sonntag, an dem Mick und Marianne herausgekommen waren, um ihn zu besuchen, begrüßte er sie, schwer angetrunken, mit einem Wutanfall. Er ging mit Fäusten auf Mick los und bedrohte ihn anschließend mit einem Schnitzmesser. Marianne erinnert sich an sein keuchendes, aufgedunsenes Gesicht – das Gesicht, das in Jo Bergmans Augen nur zu deutlich sein Sternzeichen verriet. »Er war ein Fisch. Und sein Gesicht wirkte wirklich so, als würde er sich in Wasser zurückverwandeln.«

Der Bruch zwischen ihnen schien wieder gekittet zu sein, als am 24. September Mick und Keith zu Brians Verhandlung in London erschienen und miterlebten, daß er mit gänzlich unvorhersehbarer Milde behandelt wurde. Die Geschworenen befanden ihn des Besitzes von Cannabis schuldig. Doch der Vorsitzende, Reginald Stein, entschied, daß es sich um »einen Ausrutscher« nach bisher ernstlichen Bemühungen handele, auf den rechten Weg zu kommen. Brian wurde zu fünfzig Pfund und zu hundert Guineen Gerichtskosten verurteilt. Anschließend stellten sich Mick und Keith für die Fotografen mit ihm in Pose; sie legten ihre Arme um seine Schultern:

zwei strahlende jugendliche Götter von 1968, die jemanden flankierten, der ein älterer, unpäßlicher Verwandter hätte sein können.

In seinen krankhaften Zuständen von Angst und Depression kam Brian von Zeit zu Zeit wieder sein Plan in den Sinn, nach Marokko zurückzukehren und die Volksmusik aufzunehmen, die ihn dort so tief beeindruckt hatte – vor allem die wunderbaren Jajouka-Flöten im Vorland des Rifgebirges. Selbst diese strahlende Erinnerung schien von dem Gedanken daran befleckt zu sein, wie die Freunde ihn betrogen hatten. Die Rückkehr nach Marokko bedeutete eine Rückkehr zu dem Tag, an dem er Anita verloren hatte; als er vom Djemaa el-Fna zurückgekehrt war und feststellen mußte, daß sie und Keith und Tom Keylock und der Bentley verschwunden waren.

Die erste Reise nach Tanger, die er mit Suki Poitier und Christopher Gibbs unternahm, führte zu einer fast gespenstischen Wiederholung der letzten Nacht, die er und Anita gemeinsam verbracht hatten. »Plötzlich hat mich Brian angerufen und gesagt, daß ich in ihr Zimmer kommen solle«, erzählt Gibbs. »Suki lag bewußtlos auf dem Boden. Brian hatte sie offensichtlich ganz furchtbar zusammengeschlagen. ›Kannst du einen Krankenwagen anrufen, Mann?‹ hat er gesagt. Für Brian war es das Selbstverständlichste auf Erden, daß jemand anderer den Krankenwagen rief, der das Mädchen ins Krankenhaus bringen sollte, das er zusammengeschlagen hatte. ›Nein, Brian‹, habe ich daraufhin gesagt, ›du rufst jetzt selbst einen Krankenwagen an – und zwar schnell.‹ Auf diese Idee war er ganz eindeutig nicht gekommen.«

Im Frühjahr 1968 überredete er Glyn Johns, ihn auf eine Expedition zu begleiten, um die G'naou aufzunehmen, eine schwarze Volksgruppe, die im Gegensatz zu den Berbern auf Stahltrommeln und mit überdimensionalen Metallkastagnetten spielte. Brians Idee war, die Bezüge zwischen der afrikanischen und amerikanischen schwarzen Musik aufzuzeigen, indem er die Bänder mit den Aufnahmen der G'naou nach New York mitnahm und Jazz oder Soul mit ihnen untermalte. Als sie schließlich das Ziel der Reise erreicht hatten, war Brian entweder so betrunken oder so stoned, daß er die G'naou nicht mehr richtig hören konnte. Glyn Johns wurde es verständlicherweise zu dumm, und die Aufnahmen wurden ein Fiasko.

Im Oktober kehrte Brian in Begleitung von Suki, die nun schon lange unter ihm litt, und dem Toningenieur George Chkiantz nach Tanger zurück, denn er war entschlossen, die Riten des Pan-Festes aufzunehmen, die die Jajouka überliefert hatten. Brion Gysin und sein marokkanischer Partner Hamri trafen in Tanger mit ihnen zusammen und führten sie in das Dorf hinaus, das akustisch so perfekt gelegen ist, daß man einen Hund hören kann, der auf einem angrenzenden Berg bellt. Und man hört auch die Wellen, die sich ein halbes Dutzend Meilen tiefer an den Felsen brechen.

Fast zwei Tage und Nächte verbrachte Brian dort mit Suki; sie kifften und waren offensichtlich von der zarten, niemals abreißenden Flötenmusik hingerissen, die – durch die Fähigkeit der Jajouka, Luft auszustoßen, während sie einatmen – nicht einmal eine Atempause zu brauchen schienen. Nur wenige Europäer waren vor ihnen in diesem Dorf gewesen; noch weniger Europäer hatten je diese volkstümliche Version der Pan-Riten miterlebt, bei der Kinder wie Gestalten aus Höhlenmalereien in einem ehernen, unirdischen Licht tanzten.

Um vier Uhr morgens legte sich die ganze Gesellschaft in einer gemeinschaftlichen Hütte schlafen, aber um zwölf Uhr mittags begann das Fest von neuem.

Brion Gysin erinnert sich, daß gegen Abend zwei der Musiker ihre Instrumente beiseite legten und aufstanden, um sich an die Vorbereitungen für das Mahl zu machen, zu dem man die Besucher eingeladen hatte. Als sie einen Moment später an Brian und Suki vorbeikamen, trugen sie eine schneeweiße Ziege. Brian sah die Ziege mit ihren erschrockenen Augen unter den bleichen Zotteln, und ein erstickter Laut entrang sich seiner Kehle; flüsternd sagte er: »Das bin *ich*.«

Suki und Brion lächelten, denn auch sie erkannten eine gewisse Ähnlichkeit. Brian dagegen lächelte nicht. Er sah weiterhin fasziniert die Ziege an und flüsterte immer wieder: »Das bin *ich*«, während die beiden Männer die weiße Ziege in den Schatten einer Hütte trugen und einer von ihnen ein Messer mit einer langen Klinge hervorzog.

11

»*Ain't no room for a street-fighting man …*«

Die wenigen engen Freunde, die von Mariannes Schwangerschaft wußten, stellten überrascht fest, mit welcher ungekünstelten Freude Mick seiner Vaterschaft entgegensah. Es war ein weiteres Paradox seines Charakters, daß er einerseits zwar geradezu narzißtisch mit sich selbst beschäftigt war, andererseits aber kleine Kinder liebte und es genoß, sich um sie zu kümmern. Kinder ließ er so nah an sich herankommen, wie er es seinen engsten erwachsenen Freunden nicht gestattet hätte. Seine glücklichsten Stunden mit Marianne waren die, in denen er seine Residenz verließ, um nur mit ihr und ihrem dreijährigen Sohn Nicholas einen Tag auf dem Land zu verbringen. Für Nicholas war er weniger ein Vaterersatz als vielmehr ein größerer Bruder. Er spielte stundenlang mit dem kleinen Jungen, stieß seine Schaukel an, damit er hoch in die Luft flog, oder wirbelte ihn auf einer leeren Wiese bei Berkshire an den Armen herum.

Mick Jagger sah seinem ersten Kind sehnsüchtig entgegen; er wollte auch, daß Marianne seine Frau würde, sobald John Dunbar sich von ihr hatte scheiden lassen. Marianne hatte bisher immer Einwände dagegen erhoben, denn sie fürchtete sich davor, ein zweites Mal eine solche Bindung einzugehen – und es war ihr auch nicht ganz geheuer, sich auf eine so wortgewandte Schwiegermutter einzulassen. »Irgendwie«, sagt sie, »hatte ich immer das Gefühl, es könne nicht einfach noch eine Mrs. Jagger geben.« Dennoch spürte sie, daß ihre Entschiedenheit ins Wanken geriet, denn seit seiner Entdeckung, daß sie ein Kind von ihm trug, hatte Mick sie mit Zärtlichkeit und Fürsorge überschüttet.

Als diese Neuigkeiten veröffentlicht wurden, brach ein Proteststurm von Leuten los, die die Beziehung zwischen Mick und Marianne als ein »Leben in Sünde« bezeichneten. Marianne als der Schuldigere von beiden wurde auf der gesamten britischen Insel zum Thema von Kanzelpredigten und Gemeindebriefen. Selbst der Erzbischof von Canterbury widmete ihr einen Moment, um zu Fürbittgebeten für sie aufzurufen. Mariannes Schwangerschaft war es, was die sogenannten moralischen Leute gegen die freizügige Popwelt aufbrachte. Insbesondere lieferte das der unglaublichen Mrs. Mary Whitehouse Zündstoff, die sich selbst zur Bewahrerin der britischen Moral bei Personen des öffentlichen Lebens sowie auch bei Theaterproduktionen ernannt hatte, die sie vielleicht sogar gesehen hatte, vielleicht aber auch nicht.

Mick Jagger, der erklärte Sprecher der freizügigen Gesellschaft, erklärte sich schließlich bereit, Mrs. Whitehouse in einer Sondersendung der Fernsehshow von David Frost entgegenzutreten. Die Schulmeisterin aus dem Norden, die es gewohnt war, fast jeden Widerspruch zu überrollen, trug nicht den leichten Sieg davon, den sie sich für die althergebrachte Ehe versprochen hatte.

»Es ist nun mal eine Tatsache …«, sagte Mrs. Whitehouse, während sie Jagger über den Rand ihrer Brillen ansah und ihr strahlendes, metallisches Lächeln lächelte, »… daß Sie als Christ oder als gläubiger Mensch, wenn Sie diesen Schwur leisten, etwas in der Hand haben, etwas, das Sie einmal grundlegend akzeptiert haben, und das hilft Ihnen, mit späteren Schwierigkeiten fertig zu werden.«

»*Ihre* Kirche bejaht die Scheidung«, erwiderte Jagger. »Vielleicht akzeptiert sie unter Umständen sogar eine Abtreibung – habe ich recht, oder täusche ich mich? Ich verstehe nicht, wie Sie über diesen Bund als etwas Unlösbares sprechen können, wenn selbst die christliche Kirche eine Scheidung akzeptiert ...« Natürlich ging es über seine Kraft, einzugestehen, daß er Marianne gerne heiraten wollte, sie aber nicht heiraten konnte.

Nicholas spielte im Musikzimmer des Hauses am Cheyne Walk – ein kleines Gartenhaus, in dem es stark nach Katzen roch –, während sich Mick Jagger mit Keith zusammensetzte und versuchte, seine Gedanken über die politischen Unruhen in Worte zu fassen, denen er sich brennend gern mit halbem Herzen angeschlossen hätte. »Everywhere I hear the sound of marching, charging feet, boy,« sang er Keith' atemberaubendes Gitarrenriff an. »Summer's here and the time is right for fighting in the street, boy ...«

Man muß ihm lassen, daß er es in der Praxis ausprobiert hatte, als er sich an dem Tag, an dem Lady Bracknells Prophezeiung wahr geworden war, daß es zu »Gewalttätigkeiten auf dem Grosvenor Square« kommen würde, vor der amerikanischen Botschaft den Demonstranten gegen den Vietnamkrieg anschloß. Es dauerte nicht lange, bis die Presse Jagger in der Menge entdeckte und ihn von dem Schauplatz vertrieb, ehe die berittene Polizei über die Demonstranten hereinbrach. Als er an jenem Tag von seinem Gartenhaus zu seiner Villa blickte, wurde ihm bewußt, wem er die wahre Treue schwören mußte. Der unverschämte Kriegsschrei verhallte in einer Unentschlossenheit; die Leidenschaft gerann in Füßen, die noch kälter als Lennons Füße waren. »... but what can a poor boy do, 'cept to sing in a rock 'n' roll band ...«

Das Chaos war in einer wesentlich wirksameren Form vorhanden, die ihm jedoch entgangen war: in einem anderen neuen Song, dessen gesamte Aufnahme von dem Filmteam Jean-Luc Godards festgehalten worden war. Godard änderte nach den Dreharbeiten sogar den Titel seines Films in den Titel des Songs um: *Sympathy for the Devil.*

Schon vor *Jumpin' Jack Flash* hatte es diejenigen gegeben, die darauf aus waren, die Musik der Stones mit einem düsteren, bewußt eingesetzten Heidentum in Verbindung zu bringen. In Kenneth Anger, dem Filmemacher, Kenner des Okkulten und Schüler des berüchtigten Schwarzen Magiers Großbritanniens, Alistair Crowley, hatten sie einen glühenden Verehrer und leicht beunruhigenden Freund gefunden. Für Anger zeigte sich in den Konzerten der Stones die Macht, Kräfte wachzurufen, die nicht mehr wachgerufen worden waren, seit Crowley, »The Great Beast«, in seinem Frevlergrab lag. Der hingerissene Anger sah in Mick Jagger nicht weniger als einen modernen Luzifer und in Keith seinen diensttuenden Teufel, den Belzebub. Als solche plante er sie bereits in sein großes Traumwerk ein, eine Verfilmung des Epos der Schwarzen Magie, »Lucifer Rising«.

Dann gab es noch Anita Pallenberg, über deren Wissen über die Schwarzen Künste gemunkelt wurde, es sei weitaus mehr als oberflächlich. Ihr Einfluß auf die führenden Stones und deren engsten Kreis hatte den Verdacht aufkommen lassen, sie sei tatsächlich eine Hexe. Spanish Tony Sanchez, Keith' zeitweiliger Chauffeur und Leibwächter, behauptet, die Sammlung gräßlicher menschlicher Relikte gesehen zu haben, die angeblich von ihr benutzt wurden, um diejenigen zu verhexen, die sich Anitas Mißfallen zugezogen haben.

Auf einen Anstoß von Anita hin hatte sich auch bei Keith eine Faszination für Schwarze Magie und die Zauberei herausgebildet, und er war davon überzeugt – wie auch viele andere –, daß Kenneth Anger die Kräfte eines »Magus« oder eines Zauberers besaß. Keith und Anita spielten zwischendurch sogar mit dem Gedanken, eine heidnische Trauungszeremonie mit Anger als Geistlichem abzuhalten: Was sie zurückschrecken ließ, war – nach Angaben von Spanish Tony – eine unmißverständliche Warnung, sich nicht in Reiche zu begeben, die ihnen äußerst gefährlich werden könnten.

Auch Jagger liebäugelte kurzfristig mit den Teufelskulten. Es schmeichelte ihm ungemein, zum Luzifer erhöht zu werden, und er erbot sich, auf seinem neuen Moog-Synthesizer die Titelmusik zu Angers Film »Invocation Of My Demon Brother« zu komponieren. Seine Experimente mit den Schwarzen Künsten gingen jedoch keinen Schritt über seine angeborene Vorsicht hinaus. Anschließend trug er etwa ein Jahr lang deutlich sichtbar ein großes hölzernes Kruzifix.

Es war nicht Kenneth Anger, sondern die eklektisch belesene Marianne, die Jagger die Anregung zu einem Song gab, in dem Satan tatsächlich unter seinem Namen auftrat. Marianne hatte gerade »Der Meister und Margeritha« von Michail Bulgakow gelesen, einen surrealistischen russischen Roman aus den dreißiger Jahren, in dem der Satan dem zeitgenössischen Moskau einen Besuch abstattet, um sich ein Bild von den Auswirkungen der Revolution von 1916 zu machen. Bulgakows Satan ist es auch, der von George Sanders aufgegriffen wurde: eine einschmeichelnde, redegewandte Gestalt in einem makellosen Abendanzug und mit einer langen Zigarettenspitze, die eine tiefe Verbeugung macht und dabei schnurrt: »Gestatten Sie, daß ich mich vorstelle …«

Diese Formulierung regte Jagger zu einem Text von verwegener Geschmacklosigkeit an: einem Monolog eines urbanen Mephistopheles, der sich beliebt machen will und seine Einmischungen in die Angelegenheiten der Menschen von der Kreuzigung Christi über die russische Revolution bis hin zu Hitlers Blitzkrieg und der Ermordung der beiden Kennedys im Rückblick Revue passieren läßt. Ein ähnlich unwiderstehlicher Impuls im Studio löste den Song aus dem ursprünglichen Arrangement, das mehr von einem Folksong gehabt hatte, und machte mit Gewalt einen bongodurchsetzten Samba-Rhythmus daraus, dessen Wirkung mitreißender sein sollte als die eines jeden Blues. Während Jagger die Rechtfertigung des Teufels vortrug und anmaßende Höflichkeit mit dem kehligen Geschrei eines miesen Samurai ausstieß, brachen Anita Pallenberg und ihre Freunde im Kontrollraum in einen improvisierten »Woo-woo, woo-woo«-Chor aus. Als sie die Aufnahme hörten, schien dieser Chor untrennbar mit dem Song verschmolzen zu sein. Eine Untermalung durch einen sarkastischen Hexenzauber.

Im Einklang mit der vorherrschenden Atmosphäre, die von Zauberern, Kobolden, Popanzen und dem teuflischen Paradox bestimmt wurde, hatte Christopher Gibbs vorgeschlagen, das neue Album *Beggars' Banquet* zu nennen. Das endgültige Mischen wurde gerade noch rechtzeitig abgeschlossen, und das Ergebnis konnte auf dem Fest zu Mick Jaggers sechsundzwanzigstem Geburtstag in Spanish Tonys Vesuvio-Club am 26. Juli vorgespielt werden. Unter den Gästen waren John Lennon, Paul McCartney und andere Popgrößen, deren Meinung für Jagger besonders maßgeblich war. Sie spendeten augenblicklich und einhellig Beifall. Beim ersten wüsten Samba-Takt von *Sympathy for the Devil* strömte fast die gesamte Gesellschaft auf die Tanzfläche, und während des gesamten Albums wurde durchgetanzt. Für Jagger war es eine Nacht des Triumphs, der nur einen leichten Kratzer bekam, als Paul McCartney dem Discjockey des Clubs die neue Single der Beatles gab, damit er sie auflegen konnte; ein zweites Mal gerieten alle außer sich, während sie *Hey Jude* hörten.

Mit *Beggars' Banquet* hatten die Stones ein Album produziert, dessen Schlichtheit und Minimum an Geziertheit um so mehr ein Wunder war, wenn man sich an das verwaschene Klingklang von *Their Satanic Majesties* erinnerte: ein Album, dessen verwegene und oft geradezu gefährliche Themen verborgen in den direkten, nicht gekünstelten Stil des Blues und der Country-Music eingebettet waren. Die Aufrufe zum Aufstand und zur Blasphemie oder zur Hurerei werden von nichts weiter als den Tönen eines Hillbilly-Klaviers getragen. Vielschichtig Böses ist zwischen klar geschichteten akustischen Gitarren herauszuhören. Es ist ein Werk, mit dem die Stones in Territorien vordringen, die nie zuvor vom Pop erkundet wurden, und zugleich entdeckten sie den Geist von Eel Pie Island wieder. Die fesselndste Nummer neben *Sympathy for the Devil* – interessanter als das melancholische *No Expectations* oder der halb pornographische *Stray Cat Blues* – ist Jaggers innige Version von *Prodigal Son,* einem klassischen Gospel, der vierzig Jahre früher von Reverend Robert Wilkins geschrieben wurde. Selbst auf unvertrautem und riskantem Boden klappte alles. *Salt of the Earth,* ein Song für »die schwer arbeitenden Leute«, macht sich in den heutigen Zeiten wesentlich besser als die trügerische Hymne *All You Need Is Love.*

Das Cover von *Beggars' Banquet* war ursprünglich unter der künstlerischen Leitung von Jagger und Richard entworfen worden und hätte nichts weiter als die Wand einer Toilette zeigen sollen, die aus mittlerer Höhe aufgenommen worden war und auf der die Titel der einzelnen Songs und die Angaben zum

Studio als Graffiti zwischen Rohren, Papierhalter, einem schäbigen Wasserkasten und altbekannten Klosprüchen wie »God rolls his own« und »Wot! No paper!« eingestreut sein sollten. Es ist nicht besonders erstaunlich, daß sowohl die Decca als auch die amerikanische Plattenfirma der Stones, London, den Entwurf ablehnten. Die Stones – was in dem Fall heißen soll: Mick Jagger – weigerten sich, eine Alternative auch nur in Betracht zu ziehen. Die Veröffentlichung, vorgesehen für den 24. August, wurde auf September verschoben.

In Amerika fiel die Veröffentlichung von *Street Fighting Man* in einen Sommer, dem durch Mordanschläge und Rassenkrawalle seine schöne Unschuld bereits verlorengegangen war – tatsächlich hatte nur wenige Tage vor dem Erscheinen der Platte die Polizei von Chicago beim Parteitag der Demokraten unschuldige Delegierte im Auftrag von Bürgermeister Daley zusammengeschlagen. *Street Fighting Man* wurde als deutlicher Versuch der Anstiftung zu weiteren Gewalttätigkeiten angeprangert und von sämtlichen Radiosendern im Bereich Chicago boykottiert. Diesem Boykott schlossen sich Dutzende von anderen Sendern in den gesamten Vereinigten Staaten an.

Der Streit um die Toilettenwand auf der Plattenhülle artete inzwischen zu einem öffentlichen Austausch von Beleidigungen zwischen Jagger und Sir Edward Lewis aus. Von dem Vorsitzenden der Decca hieß es, er habe die Plattenhülle als »albern« und »anstößig« bezeichnet. Jagger gab daraufhin zurück, die Decca habe ja auch nichts Anstößiges daran gefunden, eine Platte von Tom Jones *(A-Tomic Jones)* mit einem Cover, das einen Atompilz zeigte, herauszugeben. Als nächstes forderte er die Decca auf, die anstößige Hülle verpackt in braunes Einwickelpapier herauszubringen, auf dem »Nichts für Kinder« stehen sollte. Sir Edward ging darauf jedoch nicht ein. Das Datum des Erscheinens wurde noch einmal verschoben, diesmal auf Oktober.

Während sich die Stones mit der Decca stritten, stritten sich ihre Manager, die ehemaligen und die neuen, untereinander in einem furiosen Fandango mit Partnerwechsel, Vorladungen und Verfügungen.

Seit mehr als drei Jahren schon hatte sich Eric Easton bemüht, Regreßforderungen geltend zu machen, weil Andrew Loog Oldham, der mit Allen Klein unter einer Decke steckte, ihm das Management der Stones entrissen hatte. Easton klagte Oldham wegen Vertragsbruch und Klein wegen Anstiftung dazu an. Erst mußte das Verfahren immer wieder wegen Oldhams Behendigkeit, mit der er jeder Vorladung aus dem Weg ging, verschoben werden. Anschließend bestand das Hindernis darin, daß Allen Klein immer wieder wie ein Irrlicht in London auftauchte und im nächsten Moment schon wieder verschwunden war, um sich anderen Ungelegenheiten in seinem Show Biz-Imperium zu widmen.

Im November 1967 gelang es Eric Easton dann endlich, Andrew Loog Oldham vor einen Richter des Hohen Gerichtshofs zu bringen. Es war eine ausgesprochen bizarre Angelegenheit, die zweifellos in dem Versuch der beiden Partner gipfelte, den anderen wegen Mißachtung des Gerichts ins Gefängnis zu bringen. Das Ergebnis war eine Verfügung von Richter Buckley, daß von den Gewinnen der Stones rund zwei Millionen Dollar festgelegt werden sollten, bis Eastons Klage gegen Oldham entschieden war.

Zu diesem Zeitpunkt war Andrew Loog Oldham längst nicht mehr als Manager der Stones aktiv – eigentlich war er sogar mit ihnen verfeindet, seit er während ihrer widerspenstigen Arbeit an *Their Satanic Majesties* abrupt das Studio verlassen hatte. Nach dem Rechtsstreit zwischen Oldham und Easton ergriffen die Stones die Gelegenheit, die ursprüngliche Abmachung mit ihren beiden Co-Managern anzufechten. Sie argumentierten damit, der Vertrag sei nur von einem von ihnen – Brian Jones – unterschrieben worden und rechtsgültig sei er ohnehin nicht, da Brian damals noch nicht einundzwanzig gewesen sei.

Nun waren in diesem Moment allerdings auch Oldham und Allen Klein nicht mehr das nette, aufeinander eingeschworene Zweiergespann, das einmal Eric Easton ausgebootet hatte. Der Streitpunkt waren die 1,25 Millionen Dollar Vorschuß auf die Gewinnanteile, die Klein der Decca 1966 abgerungen hatte und die – das nahm Oldham zumindest damals an – zugunsten der gemeinschaftlichen Firma, die er mit den Stones gegründet hatte, Nanker-Phelge Music Ltd., eingezahlt worden waren. Inzwi-

schen hatte er jedoch herausgefunden, daß das Geld statt dessen auf den Konten einer Firma gelandet war, die sich Nanker-Phelge *USA* nannte – eine von Nanker-Phelge Music völlig unabhängige Gesellschaft, die Klein eine Woche nach den Verhandlungen mit der Decca gegründet hatte. Er selbst war ihr Vorsitzender und Alleinaktionär. Das bedeutete mit anderen Worten, daß die 1,25 Millionen Dollar nicht als Kapital für die Rolling Stones existiert hatten, sondern als frei verfügbares Eigentum von Allen Klein und Company.
Oldhams Reaktion hierauf war – wenn er auch im Fall Eric Easton mit Klein verbunden blieb –, in Amerika Anklage gegen Klein zu erheben. Sein Vorwurf lautete, Nanker-Phelge USA sei von Klein nur gegründet worden, um Oldham, den Rolling Stones und Nanker-Phelge UK Ltd. »zu seinem persönlichen Nutzen und Vorteil« Geld zu entziehen.
Der Streitwert der Angelegenheit betrug 1,5 Millionen Dollar, doch die Klage versank rasch in dem Sumpf von Streit, der den untersetzten Klein nach allen Seiten hin umgab. Kleins beleidigtes Argument zu der Sache war: Da seine Gesellschaft die Verhandlungen mit der Decca geführt habe, sei es nur natürlich gewesen, daß seine Gesellschaft auch die daraus erzielten Gewinne erhalten habe; und da den Stones Tantiemen für einen Zeitraum von zwanzig Jahren garantiert waren, gehe der Name, den er für diese Verwaltungsgesellschaft gewählt habe, niemanden etwas an. Jedenfalls stand fest, daß, sobald die Klage eingereicht war, der Rechtsstreit mit Oldham sich in eine Schlange von rund fünfzig anderen Fällen einreihen mußte, in die Allen Klein verwickelt war.
Der Streit Oldham/Klein zog sich durch den größten Teil des Jahres 1968 – ein Jahr, in dem Klein seinen Einflußbereich in New York weiterhin vergrößerte, indem er erst das fast konkurse Plattenlabel Cameo-Parkway erwarb und dann die Anteile auf ein Vielfaches ihres Wertes »hochlobte«, indem er Gerüchte über Neuerwerbungen und Übernahmen von anderen Plattenfirmen in Umlauf setzte. Die einzige wirkliche Errungenschaft von Cameo-Parkway war die Firma Allen Klein & Company (unter deren Vermögenswerten befremdlicherweise Aktien von General Motors im Wert von exakt 1,25 Millionen Dollar aufgelistet waren).
Im Oktober 1968 trat Allen Klein an Andrew Loog Oldham heran und bot ihm ein Geschäft an. Er schlug Oldham vor, seine Klage zurückzuziehen, und zugleich wollte er ihm seine verbliebenen Rechte an den Rolling Stones abkaufen. Dafür bot er eine Million Dollar, die in Teilzahlungen abgegolten werden sollten. Das war, wie er nur allzu gut wußte, ein Angebot, das Oldham nicht ablehnen konnte.
Somit blieb nur der Pechvogel Eric Easton auf der Strecke, der nach wie vor versuchte, auf legalem Weg erstens eine Wiedergutmachung von einem fetten Kerl in New York zu bekommen, zu dessen weitaus bedeutenderen Anklägern jetzt die staatliche Kommission zur Überwachung des Wertpapier- und Wechselhandels zählte, und zweitens eine Wiedergutmachung von einem jungen Mann in London, den sein überstrapazierter Gemütszustand jetzt die Wochenenden unter der therapeutischen Aufsicht von Nonnen verbringen ließ. Am Montagmorgen schlossen die Nonnen die Tür auf, und Andrew Loog Oldham kehrte als jugendlicher Wirtschaftshai ins Leben zurück.

Der zuständige Mann von Warner Brothers, der sich von »Performance« einen Film in der Nachfolge von »A Hard Day's Night« erwartet hatte, wäre zweifellos von der ersten Szene begeistert gewesen, in der James Fox als Chas, der junge Cockney-Gangster, den Rolls-Royce eines feindlichen Barristers wie in einem Ritual mit Säure übergießt, dann dem gefesselten und geknebelten Chauffeur den Schädel kahl rasiert und dabei fröhliche Barbiermelodien vor sich hinpfeift. Die Szene, in der der Boß von Chas' Bande, ein kahlköpfiger Rohling mit behaarter Brust, der sich in Klischees über »Old England« ergeht, sich unter seiner Bettdecke aus rosa Satin verkrochen hat, während sein halbnackter Lustknabe sich ganz in der Nähe herausputzt, hätte ihm ebenso eine Warnung sein können, daß der Film mit Mick Jagger etwas anderes als die reine Familienunterhaltung war.
Als Jagger Anfang Oktober zu den Dreharbeiten erschien, hatte sich Donald Cammells Filmteam in dem baufälligen Terrassenhaus am Lowndes Square eingenistet, das als Unterschlupf für das zurückgezogene Popidol Turner ausgesucht worden war. Mit

Christopher Gibbs als Verantwortlichem für die Ausstattung nahm das Haus schnell das Aussehen einer Rolling Stone-Behausung an: in ein Vampirdunkel getaucht, mit exotischen Draperien behängt und an bestimmten, ins Auge springenden Stellen nicht allzu sauber. Hier sollte sich Chas, der nach einem wenig klugen Mord auf der Flucht vor dem Boß seiner Bande untertaucht, von Turner und seinen beiden Gefährtinnen in den Gebrauch von Drogen, Perücken und anderen sonderbaren Dingen einweihen lassen.

Lange hatte Mick Jagger mit sich gerungen, ob die Anforderungen der Rolle Turners seinem Image als Popstar nicht irreparablen Schaden zufügen könnten. Turner mußte während des Filmes nämlich weitgehend in vollem Make-up auftreten: Lippenstift, Puder und Rouge. Auf dem Höhepunkt des Magic Mushroom-Trips, den Chas zu bewältigen hatte, verwandelte sich Turner aus einem grell aufgemachten Popstar in einen Halbstarken der fünfziger Jahre in braunem Durchschnittsanzug und mit angeklatscht zurückgekämmtem Haar.

Die größte Sorge bereitete Jagger, daß die Rolle, wie sie in Donald Cammells Drehbuch herausgearbeitet worden war – der mürrische und zugleich verspielte Superstar, der in seinem Einsiedlertum etwas anmaßend Gelehrtes an den Tag legte –, nicht die geringste Ähnlichkeit mit seiner wahren Person aufwies. Auch in langen Diskussionen mit Cammell und Nicholas Roeg, dem Regisseur des Films, ließ sich keine Möglichkeit finden, Turner und Mick Jagger so miteinander zu verschmelzen, daß das Ganze vor der Kamera auch nur einen Moment lang glaubwürdig gewirkt hätte. Dann kam Jagger wie immer seine mimische Begabung zu Hilfe. Der Turner, den er zu spielen beschloß – und den er sehr wirkungsvoll spielte, wenn man einmal das insgesamt albern angelegte Konzept außer Betracht läßt –, war eine Mischung, die er an zwei enge Bekannte anlehnte. Äußerlich stellte er – tiefschwarz gekleidet, mit überdimensionalen Silbergürteln und diversem Tand herausgeputzt und grüblerisch – Keith Richard dar. Die großäugige, verschlagene Scheu und das sorglose Vergnügen daran, Chaos und

Mick Jagger, Anita Pallenberg und Michele Breton in einer Szene des Avantgarde-Films »Performance«.

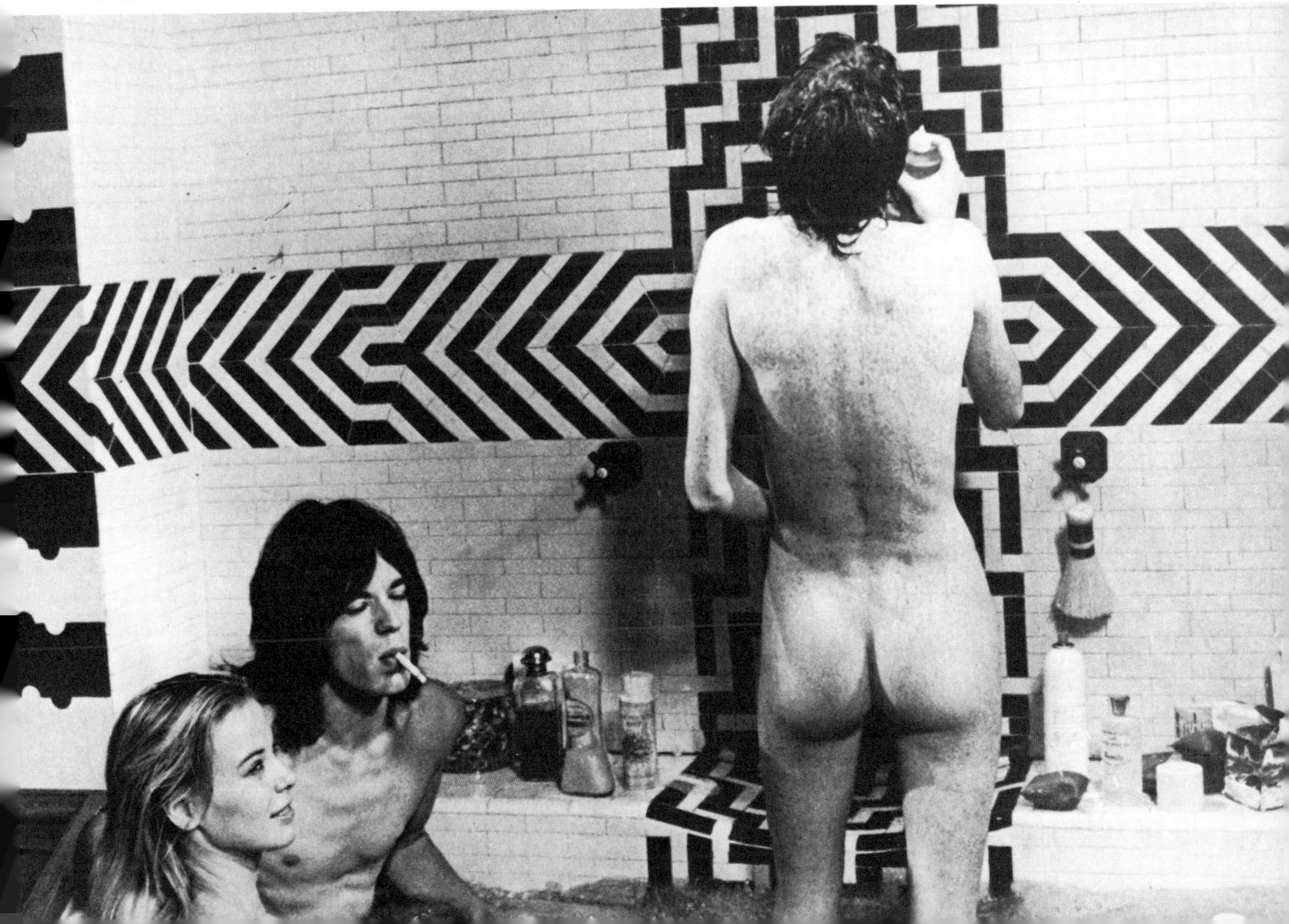

Schrecken um sich zu verbreiten, diese Darstellung von Turners Charakter war Mick Jaggers Interpretation der Wesenszüge von Brian Jones.
Zumindest war Turners Freundin mit Anita Pallenberg perfekt besetzt. Jeder erkannte in der Art der schlanken Blondine, die nur mit einem marmeladenfarbenen Pelz bekleidet war, wie sie Chas mit ihren grünen Augen und langen goldenen Beinen aus der Fassung brachte, eine perfekte Filmfassung von Anitas tatsächlichen, unheilvoll aufregenden Fähigkeiten wieder. Ihr Filmauftritt in diesem seltsamen Haus – unbeständig, indifferent und doch gleichzeitig im Besitz der Gabe, alle Beteiligten zu manipulieren – entsprach exakt ihrer Rolle bei den Stones. Sie verunsicherte den übertrieben »bürgerlichen« jungen Gangster in seiner sexuellen Identität – wie sie es anscheinend auch bei Brian getan hatte. An einem bestimmten Punkt der Prüfungen, die er über sich ergehen lassen muß, hält Anita Chas einen Spiegel vors Gesicht, und sie hält ihn so, daß er sein Spiegelbild direkt über ihrem entblößten Busen sieht. Diese Szene sollte auf James Fox eine bleibende Wirkung haben, und mehr als einer der anwesenden Filmleute fühlte sich an das erinnert, was man einmal über Anitas angebliche Hexenkünste geflüstert hatte.
Anfangs machten Mick und Keith sich noch darüber lustig, daß Donald Cammells Drehbuch es vorsah, Turner und seine Freundin in einem riesigen, mit Schnitzereien verzierten, antiken Baldachinbett zusammen mit einer androgynen Französin in ein Liebesspiel zu verwickeln. Als jedoch die Dreharbeiten begonnen hatten, merkte Cammell, wie unwohl Keith dabei war, daß Anita die Rolle von Micks Geliebter spielen sollte. Insbesondere schien ihm die Sexszene der beiden vor der Kamera Unbehagen zu bereiten. »Anita hat natürlich nicht das leiseste gegen seine Unsicherheit unternommen«, erzählt Cammell. »Sie schien ihm ganz im Gegenteil das Gefühl zu geben, Mick zu wollen, wie sie schon damals Brian das Gefühl gegeben hatte, Keith zu wollen. Während der weiteren Dreharbeiten am Lowndes Square hat sich Keith fast nie im Haus blicken lassen. Er hat draußen in seinem Wagen gesessen und manchmal etwas ausrichten lassen.«
Schließlich führte ihre gemeinsame Szene für den Film zu einer Entscheidung in der Haßliebe, die so lange zwischen Anita und Mick gelodert hatte. Als das Drehbuch den Kameras einen Vorwand lieferte, sich abzuwenden, liebten sich die beiden wirklich. In der endgültigen, stark gekürzten Version zeigt der Film wenig mehr als Anitas Lippen, die an Jaggers üppigen Lippen hängen, und ein filmgemäßes Gewirr aus verrenkten Gliedmaßen. Das, was herausgeschnitten wurde, war jedoch ohne Genehmigung zu einem gesonderten Kurzfilm zusammengesetzt worden, der ein paar Monate später bei einem Underground-Filmfestival in Amsterdam einen Preis gewann.
Keith wußte, was geschehen war, doch – wie schon vor ihm Brian – brachte er es nicht über sich, Anita direkt zu beschuldigen. Seine Vergeltungsmaßnahme bestand darin, die Arbeit mit Mick an jenem Jagger-Richard Song, der für den Film vorgesehen war, endlos hinauszuschieben – Turner, der sich in einer Halluzination von Chas in einen Bandenführer verwandelte, sollte den Song Chas vorsingen. »Keith hat sich schlicht geweigert, daran zu arbeiten«, erzählt Cammell. »Immer wieder habe ich Mick gefragt: ›Wo bleibt der gottverdammte Song?‹ Daraufhin hat Mick gesagt: ›Schon gut, er wird rechtzeitig fertig‹, aber er hat genau gewußt, was mit Keith los war.«
Schließlich war Cammell so verzweifelt, daß er sich selbst mit Jagger hinsetzte, um den Song zu schreiben; sie betitelten ihn *Memo From Turner*. Als die Stones zusammentrafen, um den Song aufzunehmen, war die gesamte Session von Keith' Widerstand geprägt. »Mit Keith, der im Studio gegen uns gearbeitet hat, klang der Song einfach gräßlich – steif und leblos«, sagt Donald Cammell. »Aber ohne den Song konnten wir den Film nicht fertigstellen. Keith wußte, daß es in seiner Macht stand, die gesamte Geschichte zu sabotieren. Irgendwann habe ich mir dann Mick allein vorgenommen. Ich bin mit ihm in eine Kneipe in der Berwick Street gegangen und habe gesagt: ›Mick, um Gottes willen, was ist mit dem *Song?*‹ Als wir dort an der Bar standen, brach er plötzlich in Tränen aus. Das konnte er jederzeit, wenn er sich einen bestimmten Effekt davon versprach – ganz wie John Gielgud! ›Es tut mir so leid‹, sagte er. ›Ich habe alles verpfuscht.‹ In dem Moment ist mir klargeworden, daß er entschlossen war, den Song hinzukriegen. Von diesem Zeitpunkt

Großes Finale im Rock'n'Roll-Circus für die BBC.

an wurden nach der bisherigen Unentschlossenheit alle Entscheidungen blitzschnell gefällt.«

Memo From Turner wurde von Jagger mit einer Gruppe fähiger Studiomusiker noch einmal aufgenommen, darunter Stevie Winwood und Jim Capaldi von der Flower-Power-Gruppe Traffic. Somit war »Performance« bar jeder Stones-Musik, denn für die musikalische Untermalung des Vor- und Nachspanns zog der musikalische Leiter Jack Nietzsche amerikanische Musiker hinzu – unter ihnen den bemerkenswerten Slide-Gitarristen Lowell George.

Während Jagger an »Performance« arbeitete, verbrachte Marianne die meiste Zeit in Irland. Sie hielt sich in einem Haus in der Grafschaft Galway auf, das sie von Molly Cusack Smith gemietet hatte. Diese Umgebung hatten sie gewählt, damit Marianne während der mittleren und letzten Monate ihrer Schwangerschaft ein Maximum an Ruhe und Frieden hatte. Sie war entschlossen, ganz besonders vorsichtig zu sein, denn ihr war noch lebhaft in Erinnerung, wie wenig sie auf ihre Gesundheit geachtet hatte, während sie mit Nicholas schwanger gewesen war. Zudem hatte ihr Arzt sie gewarnt, daß es zu Komplikationen kommen könne. Folglich entging ihr aber das Drama, das sich zwischen Mick, Keith und Anita abspielte, während sie ganz damit beschäftigt war, sich immer wieder glücklich auszumalen, welch einen Vater Mick abgeben werde. Sie wollten beide ein Mädchen und hatten schon einen Namen für sie ausgesucht – Carena.

Trotz aller Vorsicht verlor Marianne im siebten Monat ihrer Schwangerschaft das Baby, auf das sie und Jagger sich so sehr gefreut hatten. Und immer bleibt so etwas nicht ohne schreckliche Folgen. Wie jedes andere junge Paar weinten sie sich in ihrer tiefen Enttäuschung in den Armen des anderen aus: zwei Menschen wie Kinder noch, in diesem Haus für Erwachsene, zwischen denen die Bande der Liebe und Zuneigung nie mehr so stark sein sollten wie zuvor.

Am 5. Dezember wurde *Beggars' Banquet* mit vier Monaten Verspätung herausgebracht. Die Plattenhülle war in einem geschmackvollen hautfarbenen Ton gehalten und nur mit dem Titel und einem »RSVP« (»Um Antwort wird gebeten«) geschmückt. Der Streit um die Toilettenwand hatte sich bis in den Oktober hineingezogen, und die Decca hatte den Termin für das Erscheinen des Albums immer wieder hinausgeschoben, bis es fast schon so aussah, als würden die Stones im Jahr 1968 überhaupt keine Platte mehr herausbringen. Das Ergebnis war abzusehen gewesen: Die Kritiker und die übrige Öffentlichkeit überschlugen sich vor Begeisterung über *Beggars' Banquet,* die Stones dagegen erklärten sich für tödlich gelangweilt.

Sie machten ihre Haltung bei der Party deutlich, die zum Erscheinen des Albums im Quennsgate Hotel gegeben wurde – eine Parodie auf ein zeremonielles Bankett, die von Würdenträgern wie dem US-Botschaftsgesandten Lord Harlech besucht wurde und ihren Abschluß in einer Tortenschlacht fand und jeden der langhaarigen Ehrengäste derart in künstliche Sahne tauchte, daß er am Ende wie ein zerlaufener Schneemann aussah. Lord Harlech genoß die Tortenschlacht sichtlich. Auch Les Perrin schien es zu gefallen; ein Kameramann machte einen Schnappschuß, auf dem er das tröpfelnde Wurfgeschoß in der Hand hält und seine gewohnte Besonnenheit vergessen zu haben scheint. Eine andere Kamera hielt Brian Jones fest, der Mick Jagger mit, wie sich die Zuschauer einig waren, übertriebener Wucht eine Torte ins Gesicht klatschte.

Diese Stimmung sarkastischer Bonhomie, die die Stones ganz zu der ihren gemacht hatten, setzte sich in einer Weihnachtssondersendung fort, die Jagger für das Fernsehprogramm der BBC gestalten wollte – den berühmten Rolling Stones Rock 'n' Roll Circus. Die Sendung wurde am 11. und am 12. Dezember in den alten Ready, Steady, Go- Studios in Wembley aufgenommen. Die Rolling Stones traten live mit ihren Freunden auf, unter ihnen Superstars wie John Lennon und Eric Clapton. Als weitere Gruppen spielten The Who und Jethro Tull, und durch die Sendung zogen sich Einlagen von Jongleuren, Löwenbändigern und Clowns. Man hätte eine gewisse Ähnlichkeit mit der Magical Mystery Tour entdecken können, der Fernsehsondersendung der Beatles, die fast genau ein Jahr zuvor ausgestrahlt worden war. Doch dort, wo die Beatles kläglich versagt hatten, war Mick Jagger entschlossen, einen Hit zu landen.

Im Lauf der achtundvierzig Stunden, in denen fast ununterbrochen aufgenommen wurde, bot der Rock 'n' Roll Circus seinem riesigen Poppublikum, an das Karnevalshüte verteilt worden waren und das in den Phonwellen fast ertrank, viel Bestaunenswertes. Man sah John Lennon als Jongleur in Strumpfhose und Halskrause. Ihm assistierte Yoko Ono, deren schwarze Hexengewänder nur allzu überzeugend wirkten. Man sah den Bluesmusiker Taj Mahal in verblüffender Nähe mit dem Konzertpianisten Julius Katchen, dem schwarzen Topmodell Donyale Luna und dem fröhlichen Possenreißer Ken Kesey auftreten. Es wurde die nie dagewesene Sensation geboten, daß John Lennon seinen Song *Yer Blues* mit einer Ad-hoc-Gruppe spielte, die sich aus Eric Clapton an der Lead-Gitarre, Keith Richard am Baß und Mitch Mitchell von der Jimi Hendrix Experience am Schlagzeug zusammensetzte, während Yoko Ono, in einen schwarzen Sack gehüllt, in der Nähe auf dem Boden herumkroch. Während des Auftritts von The Who kam es zu der schon eher vorauszuahnenden Überraschung, daß aus Keith Moons Schlagzeug Wasser spritzte. Auch verschiedene andere Ungewöhnlichkeiten wurden dem Publikum geboten: Mick Jagger als Zirkusdirektor verkleidet, der mit einem bewegungslosen Tiger auftrat; Keith Richard mit Vampirgesicht und Schnurrbart; Brian Jones mit einem Zylinder, aus dem die Hörner eines Satyrs wuchsen – eine lüstern-farbenprächtige Gestalt, die nichts mit der schwachen, niedergeschlagenen Stimme zu tun zu haben schien, die ihren einzigen Satz herauspreßte: »Da kommen die Clowns.«

Schließlich gab es natürlich auch noch den Beitrag

der Stones selbst, der erst so spät am zweiten Abend aufgezeichnet wurde, daß der größte Teil des Publikums bereits nach Hause gegangen war: eine weit gefaßte Darbietung, die von alten Rhythm and Blues-Favoriten wie *Route 66* bis zu *Jumpin' Jack Flash* reichte; das Ganze bei einer Beleuchtung, die dem Sehvermögen wirklich schaden konnte, und als Höhepunkt *sechs* Versionen von *Sympathy For The Devil*. Dabei riß sich Jagger sein rotes T-Shirt herunter, um den Satan zu enthüllen, der auf seine Brust tätowiert war. Schließlich setzten sich die Superstars unter das verblüffte Publikum, um im Playback *Salt of the Earth* zu singen, wobei sie sich hin und her wiegten.

Der Rock 'n' Roll Circus wurde dann an jenem Weihnachten doch nicht im Fernsehen übertragen – er ist auch bis heute noch nicht gezeigt worden. Das Veto kam von Mick Jagger. Der Film gefiel ihm, doch was ihm nicht gefiel, war, wie er selbst bei der ganzen Sache abschnitt. Er hatte das Gefühl, The Who hätten ihm die Schau gestohlen.

Am 18. Dezember bestiegen – offensichtlich wieder miteinander ausgesöhnt – Mick und Keith in Begleitung von Anita und Marianne und ihrem dreijährigen Sohn Nicholas ein Schiff nach Rio de Janeiro. Sie wollten einen Monat lang durch Lateinamerika reisen. Es hieß, sie wollten sich von Kopfjägern und Pygmäen in den Regenwäldern des Amazonas tiefer in die Künste der Magie einweihen lassen. »Diese Reise ist uns sehr ernst«, teilte Keith dem *Sunday Express* mit, ohne eine Miene zu verziehen. »Wir hoffen, einen Zauberer zu finden, der sowohl die Schwarze als auch die Weiße Magie praktiziert. Er hat einen sehr langen, schwierigen Namen, den wir nicht aussprechen können – wir nennen ihn deshalb einfach ›Banana‹.«

In Wahrheit sollte es ein völlig normaler Urlaub werden. Mick hatte Mallorca vorgeschlagen, bis Marianne ihn daran erinnert hatte, daß er jetzt Millionär war. Für Keith bestand der erholsamste Teil der Reise in der Überfahrt nach Rio; sie verbrachten die Seereise zwischen Menschen gesetzteren Alters, die Gin-Longdrinks tranken, sich jeden Abend zum Essen umzogen und in Jagger und Richard und ihrem Anhang eine Art unerklärliche Zugabe zum Unterhaltungsprogramm des Schiffes sahen. »In der Bar haben wir immer wieder dasselbe Paar getroffen, und die beiden haben uns immer wieder dieselbe Frage gestellt: ›Wer *sind* Sie? Was hat das alles zu bedeuten? Jetzt geben Sie uns doch einen Hinweis, nur einen kleinen Wink.‹«

Nicholas Dunbars Haupterinnerung an diesen Urlaub ist die Zeit, die er gemeinsam mit seiner Mutter und Mick in einer einfachen Hütte am Rande eines langen weißen Strandes verbracht hat. Mick ist täglich mit ihm spielen oder paddeln gegangen, hat ihm dabei geduldig über die Hindernisse geholfen, die einem kleinen Jungen, der langsam selbständig wird, das Leben schwermachen, und ihm zum Beispiel beigebracht, wie man zum Pinkeln seine Hose aufknöpft. »Ich erinnere mich an seine Stimme, als er gesagt hat: ›Gib auf die scharfen Steine acht. Zieh deine Sandalen an.‹«

Zu ihrem einzigen Erlebnis in Zusammenhang mit Magie kam es durch einen reinen Zufall, als sie in eine Macumba-Feier gerieten – religiöse Riten, die kein Außenstehender sehen durfte. »Ich erinnere mich noch daran, wie diese Leute dich und Mick mit Steinen beworfen haben«, sollte Nicholas später Marianne erzählen.

Zu Hause in London traf Miles vom Indica-Buchladen auf einer der Partys, die nach wie vor allabendlich stattfanden, zufällig seinen alten Freund aus Cheltenham, Brian Jones. Er trug den schon gewohnten langschößigen Frack, die geblümte Krawatte und den breitkrempigen Hut, der seine goldenen Fransen auf seine Augen und Wangen preßte. Und wie gewöhnlich hatte er auch ein Mädchen bei sich, blond wie er selbst – oder wie jemand, den er zu vergessen hoffte und gleichzeitig fürchtete. Inmitten des Partygeschehens waren Brian und das Mädchen eingenickt. Sie schliefen inmitten der Tanzenden und des Lärms wie unschuldige Kinder im Wald.

An einem Spätnachmittag im Januar 1969 schlüpften zwei sorglose, schwarz gekleidete Gestalten aus einem weißen Rolls-Royce in das Art Deco-Foyer des Dorchester Hotel. Das Paar war inzwischen kaum noch zu unterscheiden, wenn man über John Lennons Bart und Yoko Onos nicht zu ignorierende Ausstrahlung, ihn ständig weiterzutreiben, einmal

hinwegsah. Fünf Minuten später saßen John und Yoko in einem Schlafzimmer, von dem aus man auf den Hyde Park sehen konnte, Allen Klein gegenüber. Für Klein war dies ein bewegender Moment. Er hatte die Beatles immer haben wollen. Daran hatte sich in den letzten vier Jahren nichts geändert, und in den achtzehn Monaten seit Brian Epsteins Tod war dieses Begehren seiner Erfüllung nie näher gewesen. Es war auch unbeschadet geblieben von dem Managementchaos, das Epstein als Erbe hinterlassen hatte: Klein war nur einer unter vielen gewesen, die beobachtet hatten, wie das Wagnis, das die Beatles mit ihrem Unternehmen Apple eingegangen waren, sich allmählich zu einer Katastrophe auswuchs. Und liebend gern hätte er drastisch gegengesteuert. Beim Rock 'n' Roll Circus der Stones war er John Lennon und Yoko Ono begegnet, und als er erkannt hatte, daß John sich von den anderen Beatles isolierte, hatte er Lennon privat mit Telefonanrufen überhäuft, die aber durchweg zu nichts führten. Im Januar 1969 hatte Lennon schließlich der Zeitschrift *Rolling Stone* gestanden, wenn Apple weiterhin mit der bisherigen Geschwindigkeit Verluste mache, sei er in sechs Monaten »am Ende«. Allen Kleins Augenblick war gekommen.
Bei seinem kurzen Treffen mit John und Yoko im Dorchester legte Klein trotz seiner Nervosität einen virtuosen Auftritt hin. Das Gespräch endete damit, das Yoko sich hinsetzte und nach Johns Diktat eine Nachricht an Sir Joseph Lockwood, den Vorsitzenden der EMI, tippte: »Dear Sir Joe – von jetzt an befaßt sich Allen Klein mit meinen sämtlichen Geschäften.«
Wenige Tage später trafen George Harrison und Ringo Starr mit Klein zusammen, und sie waren ähnlich beeindruckt. Sein Angebot erschien ihnen unwiderstehlich mitfühlend. Er wollte in das Unternehmen Apple einsteigen und sämtliche Schmarotzer und Verschwender auf die Straße setzen. Dann, indem er die Gesellschaften, die Brian Epstein um sie herum aufgebaut hatte, unter ihre Kontrolle brachte und anschließend ihre prozentualen Gewinne bei EMI neu aushandelte, wollte er sie reicher machen, als sie, die Beatles, es sich selbst je erträumt hätten. George und Ringo gefielen Kleins direkte Art und die verschrobene Bildhaftigkeit, mit der er über Finanzen redete. »Über Geld solltet ihr nicht einmal *nachdenken* müssen«, sagte er ihnen. »Ihr solltet einfach sagen können: ›F. Y. M. – Fuck You Money!‹«
Paul McCartney zog jedoch nicht mit. McCartney hatte sich noch nie etwas aus Rohdiamanten gemacht; zudem hatte er die anderen schon fast dazu überredet gehabt, Apple seinem künftigen Schwiegervater, dem New Yorker Anwalt Lee Eastman, anzuvertrauen und ihn die beiden Verwaltungsratsschlachten schlagen zu lassen, die ihnen bevorstanden. McCartney erschien nur zu einem einzigen Treffen mit Klein, und er ging kurz nach dem Beginn der Sitzung. Klein versteinerte. Dieses Verhalten brachte ihn in einem Ausmaß aus der Fassung, daß er seinen Traum fast aufgegeben hätte. »Das war sein Egotrip«, erzählt sein Neffe Ronnie Schneider. »Er wollte, daß alle *vier* ihn mögen. Ich habe zu ihm gesagt, er sei ja verrückt. ›Na und, zum Teufel!‹ habe ich gesagt. ›Das ist eine Mehrheitsentscheidung!‹«
McCartneys Abneigung und die Verachtung der Familie Eastman bestärkten die anderen nur in ihrem Entschluß, Klein zu ihrem Manager zu machen. Sogar Lee Eastmans Bemühen, ihnen zu verdeutlichen, wie tief Kleins Ruf in New York infolge der Cameo-Parkway-Affäre gesunken war, blieb vergeblich. Eastman erklärte ihnen auch, daß Klein im Moment vom Fiskus belangt wurde, weil er in zehn Fällen die Einkommenssteuerrückerstattung nicht weitergeleitet hatte.
Wie 1966 bei den Stones, kam Klein auch jetzt wieder mit seinem alten Dreh – »Ich nehme keinen Cent von eurem Geld, ehe ich euch nicht gezeigt habe, was ich kann«. Er würde inoffiziell mit den Eastman-Leuten »zusammenarbeiten« und sich die finanzielle Lage von Apple genau anschauen, während man die Strategien für die Sitzungsschlachten ausarbeitete. Doch wolle er keine Prozente nehmen, bis nicht *alle* Beatles bereit seien, ihr Vertrauen in ihn zu setzen.
Auf diese Neuigkeiten hin kam eine eigenartige Reaktion von Mick Jagger, der den Beatles Klein schon oft empfohlen hatte, doch jetzt nur noch äußerte, das alles sei »eine schlechte Idee«.

Das letzte gemeinsame Foto aus dem Jahr 1968. Brian Jones (rechts außen) ist schon deutlich von den Drogenexzessen gezeichnet.

Jagger war aus Südamerika mit einer tiefen Bräune zurückgekehrt, die ebenso schnell verging wie sein Vergnügen am anspruchslosen Leben. Gerade waren Pläne im Gespräch, den Rock 'n' Roll Circus unter Bedingungen neu aufzunehmen, die dafür garantierten, daß den Stones nicht wieder die Schau gestohlen wurde. Zirkusmanege sollte diesmal das Kolosseum in Rom sein. Ronnie Schneider hatte auf Kleins Anweisung hin auch tatsächlich die unsterbliche Kulisse für Micks zweite Aufnahme gebucht. »Ich bin zu Michael Lindsay-Hogg (dem Regisseur) gegangen und habe zu ihm gesagt: ›So, jetzt hast du dein Kolosseum.‹ Daraufhin hat er gesagt, er wisse gar nicht, was er dort filmen solle.«
Probleme gab es auch mit Warner Brothers. Dort hatte man inzwischen »Performance« gesehen und festgestellt, daß es sich keineswegs um einen netten, adretten Popfilm handelte. Der Gemahlin eines der Chefs bei Warner wurde bei der Vorführung so übel, daß sie sich tatsächlich übergab. Trotz erboster Proteste, darunter ein gemeinsames Telegramm von Donald Cammell und Jagger, weigerte sich Warner Brothers, »Performance« zur Aufführung freizugeben, ehe nicht weitreichende Schnitte und Änderungen vorgenommen worden seien.
Anfang 1969 bekam Jagger eine zweite Filmrolle angeboten – diesmal eine Hauptrolle, die in einem derart krassen Gegensatz zu seiner Person stand, daß er sich gegen seinen Willen geschmeichelt und herausgefordert fühlte. Er erklärte sich bereit, die Rolle des Ned Kelly zu spielen, eines berühmten irisch-australischen Banditen, der im ausklingenden viktorianischen Zeitalter wie ein Don Quichotte durch den australischen Busch gezogen war. Regisseur sollte Tony Richardson sein, dessen Gesellschaft Woodfall Film unter anderem den ausgezeichneten Film »Charge of the Light Brigade« produziert hatte. Ein zusätzlicher Anreiz war, daß man Marianne Faithfull die Rolle von Kellys Freundin angeboten hatte. Die Dreharbeiten sollten im folgenden Juli in Australien beginnen.
Die Notwendigkeit, das Jahr vorauszuplanen – insbesondere die Amerika-Tournee, die immer dringlicher wurde –, konfrontierte sie jedoch wieder mit einem Problem, dem sich Jagger ebenso wie die anderen Stones lange Zeit nicht hatte stellen wollen.

Im Mai 1969 ließ sich die Entscheidung nicht länger aufschieben. Man mußte einen Weg finden, Brian Jones zu feuern.

Auch jetzt machte man sich die Entscheidung nicht leicht. Brians unselige Pechsträhnen im Verlauf der letzten drei Jahre hatten sie zwar oft erbost, doch das konnte ihre Freundschaft aus früheren Zeiten nicht auslöschen – und jedem war bewußt, daß er ohne Brian vielleicht nicht dort wäre, wo er war. Noch im vorangegangenen Jahr hatten es sich die Stones aufgrund dessen, was als ein bodenloses Einkommen erschien, leisten können, Brian mitzuschleppen. In der diesjährigen Atmosphäre wachsender finanzieller Sorgen und Ängste konnten sie es sich nicht leisten, ihn *nicht* fallenzulassen.

Mit zwei Vorstrafen wegen Rauschgiftmißbrauchs bestand für Brian keine Hoffnung, eine Arbeitsgenehmigung, wie sie für eine ausgedehnte Amerika-Tournee notwendig war, zu bekommen. Der Umstand, daß er mit dem Einspruch gegen sein zweites Urteil Erfolg gehabt hatte – am 13. Januar –, konnte kaum als hilfreich angesehen werden. Die Einreisebehörden lasen nur die Schlagzeilen der Zeitungen. Es hatte auch kaum etwas darüber in den Zeitungen gestanden, daß Lord Oberrichter Parker gewichtige Gründe gefunden hatte, die polizeilichen Indizien bezüglich des Haschischs, das man angeblich in jenem braunen Wollknäuel gefunden hatte, anzuzweifeln.

Brian lebte jetzt außerhalb Londons – in einer Umgebung, die seiner bisherigen so unähnlich war, wie niemand außer Brian es hätte ersinnen können. Im November 1968 hatte er für zweiunddreißigtausend Pfund die Cotchford-Farm in der Nähe von Hartfield in Sussex gekauft, die früher A. A. Milne bewohnt hatte. Den Garten hatte er im Zustand eines heiligen Erinnerungsfeldes ewiger Kindheit belassen, und der Winnie-the-Pooh-Society war von ihm das Recht auf dauernden Zutritt eingeräumt worden. Es war sonderbar – oder paßte vielleicht gerade das? –, daß Brians Reise durch die sechziger Jahre ihn schließlich im House at Pooh Corner Ruhe finden lassen sollte.

Jagger hatte einen ganz speziellen Grund, neue Sympathie für Brian zu fühlen. Nachdem Brian Chelsea verlassen hatte, war der dortigen Polizei nichts Besseres eingefallen, als sich einen neuen Stone zu suchen, den sie belästigen und verfolgen konnte. Jagger war mit seinem neuen jungen Chauffeur Alan Dunn gerade durch die King's Road gefahren, als der Rolls von einem Streifenwagen angehalten worden war. Zwei Beamte hatten darauf bestanden, sowohl Jagger als auch den Wagen zu durchsuchen. Jagger hatte sich geweigert und Dunn beauftragt, sich um den Wagen zu kümmern und anschließend seinen Anwalt zu benachrichtigen, daß er unverzüglich kommen solle.

Am 28. Mai – dem Tag, an dem die Zeitungen erstmals von seiner neuen Filmrolle als Ned Kelly berichteten – öffnete Jagger die Tür seines Hauses am Cheyne Walk und sah sich ebenjenem CID-Mann gegenüber, der die letzte Razzia bei Brian angeführt hatte. Er war in Begleitung von einem halben Dutzend weiterer Polizeibeamter. »Ich kam gar nicht dazu, etwas zu sagen«, erklärte Jagger später. »Einer stellte seinen Fuß in den Türspalt, dann stürzten die anderen ins Haus. Sie haben mich ins Eßzimmer gesteckt, während sie das Haus durchsuchten.« Schon nach wenigen Minuten hatte der Polizeitrupp ein kleines hölzernes Kästchen zutage gefördert, das etwa vier Gramm Cannabis enthielt. Nach Jaggers Angaben wurde ihm daraufhin angeboten, den Beamten tausend Pfund zu zahlen, damit sie die Angelegenheit »vergäßen«.

Nachdem er dieses Angebot auf eine Weise abgelehnt hatte, die, nach seinen eigenen Angaben, die schlimmste Feindseligkeit provozieren mußte, wurden er und Marianne ins Polizeirevier von Chelsea gebracht und angeklagt. Am nächsten Tag erschienen sie gemeinsam vor dem Gericht in der Great Marlborough Street und erklärten sich gegen den Vorwurf, im Besitz von Cannabis gewesen zu sein, für nicht schuldig. Der Richter vertagte die Verhandlung auf den 23. Juni und forderte eine Kaution von fünfzig Pfund pro Person.

Daß die Drogenfahnder von Chelsea ihn zu ihrem bevorzugten Opfer auserkoren hatten, war für Jagger eine gründliche Lektion dafür, das Brian Jones sein Unglück vielleicht nicht nur selbst verschuldet hatte. Und obwohl noch immer feststand, daß Brian die Gruppe verlassen mußte, wenn die Stones überleben sollten, stimmte Jagger jetzt doch zu, daß die Sache so taktvoll und großzügig wie möglich abgewickelt werden sollte. Der Vorschlag an Brian, den sie gemeinsam mit Allen Klein ausgearbeitet hatten, war, daß er die Stones verlassen sollte, um den anderen damit eine neue Amerika-Tournee zu ermöglichen. Gegenüber der Presse und den Fans wollte man nur von einem zeitweiligen Ausscheiden sprechen, das es Brian erlauben sollte, an einigen Solo-Projekten wie dem Jajouka-Album zu arbeiten. Zuzüglich zu seinen Tantiemen aus den Verkäufen der Platten, die sie in den letzten Jahren gemeinsam aufgenommen hatten, sollte Brian in Anerkennung seiner Leistung für die Stones eine Summe von hunderttausend Pfund erhalten.

Der Weg, den Jagger ging, um Brian auf den unvermeidlichen Schock vorzubereiten, ließ Takt und sorgfältige Planung erkennen. Er und Keith setzten sich unabhängig voneinander mit Alexis Korner in Verbindung, dem früheren Blues-Mentor der Stones – und vor allem Brians. »Mick und Keith sagten mir, Brian sei krank und sie würden sich Sorgen um ihn machen«, erzählte Korner. »Weil er nicht mit ihnen reden wollte oder ihnen nicht mehr traute, baten sie mich, ihn aufzusuchen und mit ihm zu reden.« Korner, der sich noch gut an den Jungen erinnerte, der sich durch das Küchenfenster in der Moscow Road gezwängt hatte – an seinen gepflegten italienischen Anzug und an die »wunderbare Mischung aus guten Manieren und Grobheit« –, erklärte sich bereit, ihnen zu helfen. Am folgenden Wochenende fuhr er sogleich zur Cotchford-Farm hinaus.

Nachdem er seinen Wagen in der Auffahrt geparkt hatte, ging er auf das Haus zu, das in einem Garten gelegen war, der selbst einem Kosmopoliten wie ihm wie ein heiliger Park der Kindheit erschien. Es gab eine Sonnenuhr, in die die Silhouetten von Piglet und Eeyore eingearbeitet waren; die Brücke, auf der »Pooh sticks« erfunden worden war; und eine lebensgroße Statue von Christopher Robin, dem das lange Haar auf eine seltsam vertraute Weise ins Gesicht wehte.

12

»He hath awakened from the dream of life«

Mary Hallett kannte die Cotchford-Farm besser als jeder ihrer beiden berühmten Besitzer, der Autor oder der Popstar. Sie war in den beschaulichen Zeiten dort geboren worden, als Sussex noch eine entlegene Grafschaft war und das Haus aus dem sechzehnten Jahrhundert lediglich als Beigabe zu dem Land erschien, auf dem zwei Farmarbeiter und ihre Familien, die groß waren wie Familien zu King Edwards Zeiten, sich abplagten. Mary war eines von acht Kindern, die ihrem Vater beim Heumachen und Melken halfen und im Winter die Lämmer aus den Schneewehen retteten, bevor ihnen die Krähen die Augen aushacken konnten.

Als Cotchford in den zwanziger Jahren in A. A. Milnes Besitz überging, lebte Mary Hallett nur wenige Minuten Fußweg entfernt. Sie erinnert sich an das blitzende Automobil des Schriftstellers und an die landesweite Begeisterung für »Christopher Robin«, die Romanfigur, deren Vorbild die Anwohner der Umgebung täglich mit seinem Kindermädchen im Dorf sahen. »Er war wirklich ein niedlicher kleiner Kerl – aber er war auch reichlich ausgelassen. Er mochte meinen Bruder, der in den Ställen arbeitete, und oft hat er sich von ihm in die großen Kästen für das Pferdefutter einsperren lassen.«

Vierzig Jahre später, nachdem sich ihr Geburtshaus aus einer notdürftigen Unterkunft hart arbeitender Farmarbeiter in den schicken Landsitz eines reichen Mannes verwandelt hatte – Rasen gemäht, die Büsche künstlich zurückgeschnitten, selbst ein Swimming-pool war jetzt vorhanden –, lernte Mary Hallett die Cotchford-Farm von neuem kennen. Ihr damaliger Besitzer, ein Amerikaner namens Taylor, brauchte eine Haushaltshilfe, weil seine Frau krank geworden war. Es wurde vereinbart, daß Mary Hallett täglich kommen sollte, um das Haus sauberzuhalten und den Haushalt der Taylors zu führen.

Als sie im November 1968 erfuhr, daß die Taylors aus der Cotchford-Farm auszogen und diese von einem Rolling Stone gekauft worden war, der dort seinen ständigen Wohnsitz aufschlagen wollte, war Mrs. Hallett verständlicherweise zutiefst betroffen. Sie hatte zwar keine bestimmten Vorurteile gegen die Rolling Stones – schließlich gehörte sie einer Generation an, die eine Popgruppe nicht von der anderen unterschieden konnte –, doch hatte sie genügend über solche Leute gehört und gelesen, um zu wissen, daß sie wahrscheinlich nicht mit ihnen zurechtkommen würde. Auf die Anfrage des neuen Besitzers hin erklärte sie sich dennoch einverstanden, weiterhin, wenn auch erst einmal auf Probe, ins Haus zu kommen. So machte Mary Hallett schließlich die Bekanntschaft von Brian Jones. Diese Begegnung führte dazu, daß sie ihre sämtlichen vorgefaßten Meinungen über Popstars, die sie sich als zügellose, unbesonnene Vandalen vorgestellt hatte, von Grund auf revidierte. »Einen netteren, höflicheren Jungen hätte man sich nicht wünschen können. In all den Monaten, die ich für ihn gearbeitet habe, war er mir gegenüber die Freundlichkeit in Person. Und diese guten Manieren! Bei Brian hieß es nie: ›Ich will . . .‹ oder ›Tun Sie das und das . . .‹ Es hieß immer nur: ›Bitte, Mrs. Hallett, würde es Ihnen etwas ausmachen . . .‹

Er war großzügiger als jeder andere. Nachdem ich angefangen hatte, für ihn zu arbeiten, bemerkte er, daß ich keinen Telefonanschluß besaß. Auf der Stelle hat er mir einen legen lassen – und die Rechnung

wurde immer von ihm bezahlt. Jedesmal wenn es läutete, habe ich damit gerechnet, Brians Stimme zu hören. ›Oh, Mrs. Hallett …‹, sagte er zutiefst bekümmert, ›ich kriege dieses Feuer einfach nicht an. Meinen Sie, Sie könnten rüberkommen?‹
Es war ein Vergnügen, für ihn zu arbeiten – er war so verständnisvoll, und ihm ist nicht die kleinste Kleinigkeit entgangen. Eines Tages haben wir uns lange unterhalten, während ich saubermachte und er am Küchentisch saß. Ich habe gesehen, daß er in einer dieser großen altmodischen Familienbibeln las, wie wir sie hatten, als ich ein kleines Mädchen war. Ich entdeckte, daß er seine Bibel sehr gut kannte – besser als ich. Ich hatte immer das Gefühl, daß er ein sehr, sehr einsamer Junge war. Wenn ich einkaufen war und nach Hause kam, saß Brian oft auf der Türschwelle und hat mich erwartet.«

Auf der Cotchford-Farm, umgeben von Erinnerungen an Pooh, Piglet und Christopher Robin, geschah es eines Abends spät im Mai, daß Brian Jones aufhörte, ein Rolling Stone zu sein. Mick Jagger und Keith Richard fuhren aus London zu ihm hinaus, um sich endlich der Aufgabe zu entledigen, die sie mehr als ein Jahr vor sich hergeschoben hatten. Selbst Charlie Watts, der sie begleitete, hatte trotz seiner Großherzigkeit eingesehen, daß es keine andere Lösung mehr gab.

Die Szene verlief nicht annähernd so traumatisch, wie alle erwartet hatten. Mick und Keith taten so, als ob sie Brian nicht für immer feuern wollten; der seinerseits tat so, als sei er froh, gehen zu können. Sie einigten sich darauf, der Presse zu sagen, daß er aufgrund musikalischer Differenzen mit den anderen von sich aus gegangen sei. Brian erklärte sich bereit, nicht über diese Angelegenheit zu sprechen, bis Mick und Keith einen Ersatzmann für ihn gefunden hätten. Die vier trennten sich in freundschaftlichem Ton voneinander. Dann ging Brian in die Küche seines Hauses, legte den Kopf auf den frisch gescheuerten Holztisch und weinte.

Trotz der versprochenen Geheimhaltung konnte er es nicht lassen, am nächsten Tag im Büro der Stones anzurufen und sich seiner Verbündeten Jo Bergman anzuvertrauen. »Er hat gesagt: ›Du bist doch weiterhin für mich da, oder, auch wenn ich nicht mehr zu den Stones gehöre?‹ Ich habe gesagt: ›Ja natürlich, Brian, um Gottes willen‹.« Als der Musikjournalist Peter Jones ihn noch in derselben Woche in London traf, war Brians Gesichtsausdruck beschämt und triumphierend zugleich – als ob er eine große Dummheit begangen hätte, über die er sich trotzdem schrecklich freute.

Alexis Korner spürte bei seinen Besuchen in Cotchford Brians Erregung angesichts der Herausforderung, neu anzufangen; und das schien im Moment ohnehin der vorherrschende Trend bei Top-Musikern zu sein. Eric Clapton hatte die äußerst erfolgreiche Gruppe Cream aufgelöst, um sich mit Stevie Winwood von Traffic zu der experimentellen Heavy Metal Group Blind Faith zusammenzutun. Graham Nash hatte die Hollies verlassen und sich mit Steven Stills von Buffalo Springfield und Dave Crosby von den Byrds zusammengeschlossen und die neue Gruppe Crosby, Stills and Nash gebildet. Korner argumentierte damit, daß Brian mit seinem Ruf und seinem Freundeskreis an Virtuosen wie Lennon, Townshend und Hendrix noch schnell genug neue Gesellschaft finden würde.

Brian sprach auch bereits davon, nach dem Modell von Korners Blues Incorporated eine reine Bluesgruppe zu gründen, die gleichzeitig den Biß neuer amerikanischer Gruppen wie den Allman Brothers und Creedance Clearwater Revival haben sollte. Es war die Zeit des ersten großen »Swamprock«-Hits von CCR, *Proud Mary*. John Fogartys Stimme, die gegen den lahmen Schaufelrad-Rhythmus anzukämpfen schien, hallte wieder und wieder durch die Cotchford-Farm, während Brian seine Pläne vor Alexis Korner ausbreitete. »Er war auf eine unbestimmte Weise aufgeregt«, berichtete Korner. »Er hat angefangen zu reden, dann hat er sich unterbrochen und wieder eine Platte von Creedance aufgelegt. Dann hatte er schon wieder eine andere Idee. Er und ich würden gemeinsam eine neue Band begründen und wieder auf Tournee gehen. An dem Punkt mußte ich sagen: ›Nein, jetzt halt mal die Luft an, Brian.‹ «

Bei seinem ersten Besuch war Korner noch schokkiert gewesen von dem Wandel in Brians Äußerem. Von dem verhärmten Gesicht, dem Ansatz zu einem Wanst und besonders von der aufgedunsenen Haut, die weiß und schillernd gewesen war, »wie altes, kaltes Fett«.

Inzwischen hatten die Landluft, die ständige erholsame Ruhe und nicht zuletzt auch die starke Einbindung der Cotchford-Farm in eine rosige, sichere Kinderwelt dazu beigetragen, daß Brians Verfassung wieder wesentlich besser war. Brian kannte die Winnie-the-Pooh-Geschichten fast auswendig, und besonderes Vergnügen bereitete es ihm, Alexis die Sonnenuhr zu zeigen – unter der angeblich Milnes Originalmanuskripte vergraben waren – und die Brücke über den kleinen Bach, auf der Pooh und Christopher Robin das Spiel mit den Pooh-sticks erfunden hatten. Er war stolz darauf, der Hüter solch heiliger Schätze zu sein, als hätte ihm das Geld, das er für das Haus bezahlt hatte, gleichzeitig eine große Vertrauenswürdigkeit eingetragen.

Er erzählte Alexis, daß er sich vollständig von allen Drogen befreit habe – und er lebte in derartiger Angst davor, noch einmal aufzufliegen, daß er es noch nicht einmal zuließ, wenn jemand unter seinem Dach einen Joint drehen wollte. Er trank auch weniger und war von Whiskey und Cognac auf Bier und Weißwein umgestiegen. Was sein Asthma betraf – das immer wieder auftrat und ihn dazu zwang, im Sommer stets ein kleines Inhalationsgerät bei sich zu tragen –, so konnte man ihm glauben, daß es ihm seit Jahren nicht mehr so gut gegangen war.

Immer wieder beharrte Brian darauf, Alexis solle regelmäßig die Wochenenden mit seiner Frau Bobbie und ihrer Tochter Sappho auf Cotchford verbringen. Beide Korners erinnern sich daran, wie aufgeregt Brian an einem Wochenende war, weil er seine Eltern überredet hatte, ihn demnächst aus Cheltenham zu besuchen und eine ganze Woche bei ihm zu bleiben. »Er wollte ihnen zeigen, daß er in einem *richtigen* Haus wohnt«, erzählte Alexis Korner. »Das schien ihm wichtig zu sein – seinem Vater zu beweisen, daß seine Musik ihm ein durch und durch konventionelles Leben erlaubte.«

Trotz seiner freudigen Erregung wurde er doch immer noch von Ängsten und Befürchtungen heimgesucht, die er Alexis vor dem Kamin im Wohnzimmer oder – als der Sommer fortschritt – im Freien neben dem Swimming-pool anvertraute.

Am schlimmsten von seinen Ängsten war der nagende Zweifel, daß es sich bei dem Abkommen mit Mick und Keith um einen ausgefeilten Trick handeln könnte; daß sie jetzt, nachdem sie ihn überredet hatten, die Stones zu verlassen, die Abmachung nicht einhalten und ihn hereinlegen könnten, denn die versprochenen hunderttausend Pfund waren bisher nicht gezahlt worden. Brian brauchte das Geld, einerseits, um seinen sorglosen Lebensstil als Superstar aufrechterhalten zu können, und andererseits für die hohen Kosten, die ein so großes und altes Anwesen forderte.

Sein Bauunternehmer Frank Thorogood war ein ehemaliger Schulfreund von Tom Keylock, den Keylock bereits geholt hatte, um für Keith Richard in Redlands ausgedehnte Umarbeiten durchzuführen. Zusätzlich zu den zweiunddreißigtausend Pfund, die Brian für die Cotchford-Farm bezahlt hatte, fielen zehntausend weitere Pfund für die Renovierungsarbeiten an, die von Thorogood und einem vierköpfigen Team durchgeführt wurden, das Thorogood in Chichester angeworben hatte. Zu den Arbeiten gehörten das Restaurieren alter Balken in der Küche und das Verlegen neuer Steinfußböden im oberen Geschoß sowie die Entwässerung und Einebnung eines großen Feldes hinter dem Haus.

Inoffiziell bestand Frank Thorogoods Aufgabe darin, Brian im Auge zu behalten, während Tom Keylock abwesend war, um für die Stones zu arbeiten. Keylock erteilte ihm die Vollmacht, Geld von dem Londoner Büro der Stones abzuheben, wenn zusätzliche Ausgaben anfielen. Thorogood zog gleich ganz in der Cotchford-Farm ein und wohnte an den Wochentagen in einer Wohnung über der Garage, in der ihn zeitweilig eine Freundin besuchte, eine junge Krankenschwester aus der näheren Umgebung mit Namen Janet Lawson.

Brian in seiner Gutherzigkeit genoß jede Gesellschaft, und er stellte nicht nur Thorogood, sondern allen Gelegenheitsarbeitern sein Haus, sein Essen und seine Getränke zur Verfügung. Während die Küchendecke aufgebrochen blieb, daß man in ein Schlafzimmer im oberen Stock sehen konnte, sonnten sich die Bauarbeiter und Schreiner am Swimming-pool, aßen Hähnchen und tranken gekühlten Weißwein. Mrs. Hallett fand heraus – doch behielt sie es vorläufig für sich –, daß die Bauarbeiter, wenn sie im Dorfwirtshaus Getränke oder Zigaretten kauften, alles einfach auf Brians Namen anschreiben ließen.

Manchmal klagte selbst Brian bei Alexis über Thorogoods Faulheit und das Geld, das er ausgab, ohne daß man etwas dafür sah. Dann schlug seine Stimmung wieder um. Er legte *Proud Mary* auf und redete wieder über Bluesgruppen, die es noch nicht gab. Wenn die Korners ihn in seinem Winnie-the-Pooh-Garten zurückließen, lag er ausgestreckt neben dem Sprungbrett seines leuchtendblauen Swimming-pools und blickte in einen Himmel hinauf, der fast so blau war, wie Brian es aus Marokko kannte.

Mick Taylor war acht Jahre alt, als er zum ersten Mal in seinem Leben eine Gitarre sah. Seine Eltern – die selbst noch jung genug waren, um Rock'n' Roll-Fans zu sein – hatten ihn zu einem Konzert von Bill Haley ins Green Hippodrome von Golders mitgenommen.

Von der glitzernden, bernsteinfarbenen Silhouette auf Haleys Brust ging etwas auf den kleinen Jungen mit dem Babygesicht über, das seinem Leben fortan eine wunderbare Einfachheit verleihen sollte. Er hatte nichts anderes mehr im Kopf, als eine Gitarre haben zu wollen, auf ihr spielen zu lernen und das Gitarrespielen besser und besser zu lernen. Bereits im Alter von zwölf Jahren war er bei allen Amateurgruppen in Hatfield, Hertfordshire, dem trostlosen Ort für Luftfahrttechnik, in dem sein Vater als Monteur für die Havilland Ltd. arbeitete, ein gefragter Gitarrist.

Mick Taylor, der im übrigen schüchtern und ruhig war, brachte mit seiner Gitarre in der Hand den Mut zu allem Erdenklichen auf. Mit vierzehn ging er in ein Konzert im nahe gelegenen Welwyn Garden City, um sich John Mayalls Bluesbreakers mit Eric Clapton anzuhören. Er redete und redete, bis er sich den Weg hinter die Bühne freigekämpft hatte. Dort mußte er jedoch feststellen, daß Eric Clapton an diesem Abend nicht erschienen war. Der vierzehnjährige Schuljunge überredete John Mayall, ihn an Eric Claptons Stelle die Lead-Gitarre spielen zu lassen. Mayalls Zweifel lösten sich augenblicklich in Luft auf, als die Finger des Neulings loslegten. Als der Abend voranschritt und Mick Taylors Solos im-

Mick Taylor, der erste »Ersatzmann« für Brian Jones

mer länger wurden, wandte sich Mayall zu ihm um und lächelte ihn an wie ein Lehrer, der soeben ein Wunderkind entdeckt hat.

Er war erst siebzehn, als John Mayall ihn aufforderte, als Ersatz für einen anderen Zögling, der diese Schule des britischen Rock gerade erfolgreich abgeschlossen hatte, die Lead-Gitarre bei den Bluesbreakers zu spielen. Peter Green, der Nachfolger Claptons, verließ gemeinsam mit dem Baßgitarristen John McVie die Band, um die Urform von Fleetwood Mac zu gründen. Am Vortag hatte Mick noch in Hatfield in der Schule gesessen; am nächsten Tag war er bereits auf Tournee, als Starinstrumentalist der besten und zugleich auch der beschäftigtsten reinen Bluesband Großbritanniens.

Er blieb vier Jahre bei John Mayall, spielte fast jeden Abend und feilte seine Technik weiter aus. Gleichzeitig erwarb er sich bessere Nerven unter diesem autokratischen Bandleader, der seine Schüler nur so lange ausbildete, bis sie direkte Rivalen für ihn zu werden drohten. »John war ein totaler Egozentriker«, erzählt Taylor. »Er hat mal in einem Baum gewohnt – irgendwo in der Nähe von Manchester. Er hat Erotica gesammelt und seine sämtlichen Mundharmonikas an einem Gürtel an seiner Taille getragen. Jedes Gespräch, das man mit ihm führte, hat er mit einem winzigen Tonband aufgenommen.«

Als John Mayall im Mai 1969 eine neue Umbesetzung der Bluesbreakers ankündigte, wurde Mick Taylor klar, daß er inzwischen so gut geworden war, daß er Mayalls Seelenfrieden zu bedrohen begann und er sich besser eine andere Band suchte. Er spielte damals mit dem Gedanken, eine eigene Bluesband zu gründen. Dann rief John Mayall ihn plötzlich in Paddington an und fragte ihn, ob er Lust habe, Lead-Gitarrist der Rolling Stones zu werden. Mick Jagger hatte viele Leute, darunter auch Mayall, darauf angesprochen, ihm einen möglichen Nachfolger für Brian Jones zu nennen. Mayall hatte seinen ehemaligen Schüler als den besten jungen Virtuosen des zeitgenössischen Rock empfohlen. Es wurde vereinbart, daß Taylor in den Olympic Studios mit den Stones zusammentreffen sollte, wo gerade eine Session für ein neues Album stattfand, das spätere *Let It Bleed*.

Hochgradig nervös erschien Mick Taylor im Studio. Er glaubte, daß die Stones lediglich jemanden für die laufenden Aufnahmen bräuchten. »Ich kannte bis dahin keinen von ihnen. Der einzige, den ich schon einmal gesehen hatte, war Mick Jagger, als er vor einer Horde von Fotografen, die hinter ihm her waren, die King's Road hinuntersprintete.

Der erste, den ich dann kennenlernte, war ihr Produzent Jimmy Smith. Schließlich trafen die Stones selbst ein. Ich erinnere mich, daß Keith etwa drei Stunden zu spät kam. Es lief alles sehr locker und freundlich. Die Nummer, an der sie gerade arbeiteten, war *Live With Me*. Ich habe ein Riff dazu beigetragen – es schien gut zu passen. Ich dachte immer noch, es gehe um ein Probespielen und daß sie mich nur für dieses eine Album haben wollten. Erst nach der Session ist mir klargeworden, daß sie mich aufgefordert hatten, ein echter Rolling Stone zu werden.«

Das Angebot, das Jagger ihm machte, lief nicht auf eine sofortige Eingliederung in die Stones hinaus. Mick Taylor sollte für hundertfünfzig Pfund in der Woche als Angestellter der Stones arbeiten. Nur wenn sich die Dinge zufriedenstellend entwickelten, würde er seinen vollen Anteil von einem Fünftel der Konzerteinnahmen und der Plattengewinne erhalten.

Am 9. Juni wurde es Les Perrins Büro endlich gestattet, die vorbereitete Geschichte, Brian Jones sei aufgrund von Unstimmigkeiten musikalischer Art als Rolling Stone »zurückgetreten«, an die Presse weiterzugeben. Sein Ersatz sollte ein unbekannter Zwanzigjähriger sein, der auf den ersten Bildern, die in den Zeitungen veröffentlicht wurden, mit seinem runden, klaren Gesicht und dem dichten, welligen Haar so engelsgleich knabenhaft aussah, daß sogar Gerüchte aufkamen, die Stones hätten sich in Päderasten mittleren Alters verwandelt. Zudem hieß es von diesem anscheinend willigen Opfer der leibhaftig gewordenen Dekadenz, daß es weder trinke noch rauche und sich ausschließlich makrobiotisch ernähre.

Den Reportern, die ihn in Cotchford telefonisch erreichten, setzte Brian pflichtbewußt dieselbe Geschichte vor: eine bedauerliche Entscheidung, sich von den Stones zu trennen, »weil ich mit den anderen nicht mehr einer Meinung über die Scheiben bin, die wir rausbringen ... Ich sehne mich danach, meine eigene Musik zu machen ... Wir haben uns geeinigt, daß die einzige Antwort darauf die freundschaftliche Beendigung unserer Beziehungen sein kann.«

Der Plan, Mick Taylor erst allmählich während der Album-Sessions in die Gruppe zu integrieren, wurde jedoch plötzlich verworfen und in sein Gegenteil verkehrt, als Mick Jagger eine Einladung von Eric Clapton zum Auftrittsdebüt seiner neuen Supergruppe Blind Faith annahm. Das Konzert fand im Hyde Park statt, und – eine außergewöhnliche Neuerung! – es wurde kein Eintritt vom Publikum verlangt. Das Ergebnis überstieg die kühnsten Erwartungen. Eine hundertundfünfzigtausendköpfige Menge bedeckte die Rasenflächen vom Marble Arch bis zur Serpentine. Das metallische Donnern war an jenem Nachmittag bis in weit entfernte Stadtteile wie Fulham und Notting Hill zu hören.

Jagger war erstaunt über die Größe – und die wohlwollende Einstellung – des Publikums von Blind Faith. Ihm als Mick Jagger stellte sich natürlich auch die Frage, ein um wieviel größeres Publikum er selbst spontan anlocken könnte. Noch an Ort und Stelle kam es dazu, daß er gemeinsam mit Keith einen Vertreter des Konzertveranstalters Blackhill Enterprises aufsuchte und sich erbot, bei einem ähnlichen Ereignis mit den Stones aufzutreten, und zwar zum frühestmöglichen Termin. Es dauerte buchstäblich nur Stunden, bis sich die Neuigkeit verbreitete, die die neue, großzügige Haltung der Rockstars zu bestätigen schien. Die Rolling Stones würden mit ihrem neuen Gitarristen Mick Taylor am Samstag, den 5. Juli im Hyde Park ein »free concert« geben. Nicht einen Moment lang war dieses Konzert dazu gedacht gewesen, die Ära nach Brian zu eröffnen. Jagger selbst rief Shirley Arnold im Büro der Stones an und bat sie, sie solle versuchen, Brian zu überreden, daß er auch komme.

Sie hieß Helen Spittal – und wenn alles seinen gewöhnlichen Lauf genommen hätte, wäre ihr Name nie bekannt geworden. Ihr Gesicht war spitz geschnitten und blaß, ihr Haar hatte die übliche Madonnenlänge; um den Hals trug sie – wie ein Schütze seinen fünfundvierziger Colt – in ständiger Einsatzbereitschaft eine Instamatic-Kamera für fünfzig Shilling. Sie war sechzehn Jahre alt, und trotz der Konkurrenz um sie herum, die hart mit den Ellbogen arbeitete, war sie eindeutig Brian Jones' größter Fan.

Ursprünglich war sie lediglich ein Stones-Fan gewesen, der bereitwillig um fünf Uhr morgens aufgestanden war, um vom Haus der Eltern in Hampton nach Barnes zu laufen, weil ein Hoffnungsschimmer bestand, die Stones zu sehen, wenn sie nach ihren nächtlichen Plattenaufnahmen aus den Olympic Studios traten. Ganze Alben voller Instamatic-Abzüge, die bei schlechter Beleuchtung aufgenommen worden waren, zeigen, wie freundlich jedes dieser Zusammentreffen verlief – in erster Linie mit Mick Jagger. »Ich habe Brian bei den Olympic Studios gar nicht oft gesehen. Bei einem der wenigen Male, die er dabei war, ist er auf mich zugekommen und hat mich ausgeschimpft, daß ich so früh morgens allein auf der Straße sei und meinen Eltern Sorgen mache.«

Auch in Zukunft blieb Brian ihr gegenüber immer freundlich und besonnen – auf eine seltsame Art fast väterlich. Für gewöhnlich schimpfte er mit ihr, weil sie so früh oder so spät auf der Straße war und ihre Schularbeiten vernachlässigte. Bei seiner größten Verehrerin legte er paradoxerweise jegliche Scheu ab und stellte sich vor ihrer Instamatic-Kamera mit dem resignierten Grinsen eines armen Schluckers in Pose, das ausdrücken sollte: »Mein Gott, sehe ich schrecklich aus.« Auf einer verwackelten Aufnahme aus einer Straße in London, die von jemand anderem gemacht wurde, könnte das kleine Mädchen, das er an sich drückt, seine Tochter oder seine Nichte sein. Helen Spittal weigert sich bis zum heutigen Tage, daran zu glauben, daß er als sexueller Freibeuter berüchtigt war.

Da Brians Zuneigung zu Helen bekannt war und alle Beteiligten ihren wohltuenden Einfluß auf ihn vage spürten, wurden ihr durch das Büro der Stones Privilegien zuteil, die keinem anderen Fan je gestattet wurden. Tom Keylock teilte ihr mit, wann die Stones das nächste Mal zu Aufnahmen in die Olympic Studios kamen. Shirley Arnold gab Nachrichten von ihr an Brian und von Brian an sie weiter.

»Er hat oft gesagt, er werde mich einmal nach Sussex einladen, um mir die Cotchford-Farm zu zeigen. Wenige Tage nachdem er bei den Stones ausgeschieden war, bekam ich eine Nachricht von Shirley, daß

Brian einen Anruf von mir erwarte. Während wir am Telefon miteinander sprachen, hat er mich plötzlich gefragt, ob ich Lust hätte, zu kommen und den Tag dort zu verbringen.«

Jede einzelne Minute dieses Tages ist Helen noch lebhaft im Gedächtnis. Sie fuhr mit dem Zug nach Haywards Heath, rief Brian vom Bahnhof aus an, und er schickte ein Taxi, das sie abholen sollte. Sie erreichte die Cotchford-Farm bei strahlendem Sonnenschein. Brian erwartete sie mit seinen beiden Hunden in der Auffahrt. Er trug das gestreifte Matrosenhemd, in dem sie ihn oft fotografiert hatte, eine rot-schwarz gestreifte Hose und ein paar ausgelatschte Leinenschuhe.

Selbst Helens unkritischem Auge entging sein schlechter körperlicher Zustand nicht; insbesondere der schlaff hervorspringende Bauch unter dem Matrosenhemd. Brian selbst schien am besten um seine Verfassung zu wissen. Er führte sie durch den Garten und zeigte ihr stolz die Sonnenuhr und die Statue von Christopher Robin, doch fotografieren ließ er sich nur unter der Bedingung, daß sie die Abzüge nie aus ihrem persönlichen Album nehmen würde.

Mit ihm hielt sich Anna Wohlin auf der Cotchford-Farm auf, eine dreiundzwanzigjährige Schwedin, die – trotz der Proteste von Tom Keylock – vor etwa drei Wochen eingezogen war. Helen fiel Annas starke Ähnlichkeit mit Suki Poitier und auch allen anderen blonden Freundinnen auf, mit denen Brian versucht hatte, sich Anita Pallenberg neu zu erschaffen. Helen und Anna fühlten sich zueinander hingezogen, und je weiter der Tag voranschritt, desto persönlicher unterhielten sich die beiden miteinander. Anna erwähnte, welche Angst Brian davor hatte, jemand könne irgendwelche Drogen mit ins Haus bringen. Sie erzählte, er habe bei ihrer Ankunft ihr Gepäck durchwühlt, um sicherzugehen, daß sich nichts darunter befand, das ihm erneut die Polizei auf den Hals hetzen könnte.

Den größten Teil des Nachmittags verbrachten die drei am Swimming-pool; sie tranken Wein und unterhielten sich, während Frank Thorogood im Hintergrund herumschlich und sich mit, wie Helen schien, reichlich halbherzigen Baumaßnahmen befaßte. Sie fragte, ob Brian am übernächsten Samstag zum »free concert« der Stones im Hyde Park kommen werde. Er antwortete, daß damit nicht zu rechnen sei. »So wie die Stones mir gegenüber im Moment empfinden«, fügte er hinzu, »wäre ich wahrscheinlich der einzige, der Eintritt zahlen müßte.«

Er sprach viel über Creedance Clearwater Revival und sagte, *das* sei die Art von Musik, die er von jetzt an machen wolle. Er bestand darauf, mit Helen ins Haus zu gehen, um ihr auf der Stereoanlage in seinem Schlafzimmer *Proud Mary* vorzuspielen. Sie erinnert sich, daß Brian aus dem Fenster schaute und Frank Thorogood unten im Garten sah, während die Platte lief. »Plötzlich wurde er ganz seltsam. Er hat etwas gesagt wie: ›Dieser Mann tut nicht das, wofür er hier ist . . .‹«

Später saß Helen im Parterre auf Brians apfelgrünem Samtsofa, während er von seinen Plänen über eine neue Gruppe erzählte und völlig gedankenverloren Akkorde auf einer Gibson »Firebird«-Gitarre anschlug. »Er hat mich über die Schule ausgefragt. Ich habe ihm gesagt, ich müsse am nächsten Tag eine Englischarbeit schreiben. Daraufhin war er sehr beunruhigt – er hat mir gesagt, ich sollte jetzt besser zu Hause sein und dafür lernen. Dann hat er darauf bestanden, daß ich meine Eltern anrufe und ihnen sage, daß alles in Ordnung ist.«

Abends sahen sich die Mädchen Top of the Pops im Fernsehen an. Anna kochte zum Abendessen ein Huhn, das im Eßzimmer serviert wurde. Brian aß nichts, sondern lief unter den niedrigen Deckenbalken auf und ab und trank Rotwein aus einer Flasche, die er in der Hand hielt. Er sagte immer wieder, wie sehr er an Cotchford hänge – und daß er, wenn er einmal sterbe, hier begraben werden wolle.

Der 2. Juli, ein Mittwoch, war ein ereignisloser Tag auf der Cotchford-Farm – es war heiß, sonnig und still bis auf das Summen der Bienen. Ein Tag, an dem so viel Blütenstaub in der Luft war, daß die Opfer von Asthma und Heuschnupfen in ganz Großbritannien litten. Im ländlichen Sussex hing naturgemäß ein Maximum an Blütenstaub in der Luft. Mrs. Hallett hörte bei ihren Hausarbeiten häufig Brians gequältes Schnaufen und das Zischen seines atembefreienden Inhaliergerätes, das er in dieser Hitzeperiode selten außer Reichweite legte.

Mrs. Hallett erinnert sich, daß Brian an diesem Nachmittag einen Anruf erhielt, der ihn in einen absolut euphorischen Zustand versetzte. »Er kam hereing*erannt* und sagte: ›Mein Geld kommt aus Amerika, endlich! Jetzt wird alles gut!‹«

Tagsüber arbeiteten drei oder vier der Bauarbeiter mit Thorogood. Um achtzehn Uhr fuhren alle ab bis auf Thorogood, der sich mit seiner Freundin, der jungen Krankenschwester Janet Lawson, in die Wohnung über der Garage zurückzog.

Brian und Anna verbrachten den frühen Abend damit, daß sie sich mit Getränken erfrischten und sich im Fernsehen die »Laugh-In«-Show von Rowan und Martin ansahen. Um etwa zweiundzwanzig Uhr dreißig begab sich Brian in die Wohnung über der Garage und forderte Frank Thorogood und seine Freundin auf, zu Anna und ihm an den Swimming-pool zu kommen. Thorogood sagte später aus, daß Brian bereits reichlich betrunken gewirkt habe, er sei beim Gehen geschwankt und habe auch nicht mehr deutlich sprechen können.

Frank Thorogood und Janet Lawson begaben sich zu den Holzstühlen an der flachen Poolseite, wo sich Brian und Anna bereits mit Cognac-, Whiskey- und Wodkaflaschen niedergelassen hatten. Zwei Scheinwerfer, die Thorogoods Männer gerade installiert hatten, strahlten mit unirdischem Glanz auf das unbewegte Wasser in dem blau ausgekachelten Becken. Zu viert tranken sie die Cognacflasche und die Wodkaflasche so gut wie leer und etwa eine halbe Flasche Whiskey.

Von Zeit zu Zeit schluckte Brian eine schwarze Tablette, ein legal verschriebenes Beruhigungsmittel, das er für gewöhnlich abends zur Beruhigung seiner Nerven nahm und um auf den ineinanderfließenden Strömen von Musik und Alkohol dem Schlaf entgegenzugleiten.

Etwa um Mitternacht schien genau das Gegenteil davon eingetreten zu sein. Brian erwachte plötzlich aus seiner Benommenheit und kündigte an, er werde jetzt schwimmen gehen. Janet Lawson – eine ausgebildete Krankenschwester – sagte ihm, er sei jetzt nicht in der Verfassung, ins Wasser zu gehen. Auch Anna machte Einwände und sagte, sie wolle ins Bett. Brian ignorierte beide und ging ins Haus, um sich umzuziehen. Frank Thorogood, der inzwischen selbst reichlich angetrunken war, erklärte sich bereit, ihm Gesellschaft zu leisten. Thorogood mußte Brian dabei behilflich sein, auf das Sprungbrett über dem drei Meter tiefen Ende des Swimming-pools zu klettern. Das Wasser versetzte ihnen nur einen minimalen Schock, denn Brian hatte den Thermostat auf fast 28° Celsius eingestellt. Janet Lawson sagte später, beim Schwimmen seien ihr beide ausgesprochen »matt« vorgekommen, doch sie schienen keine schlechte Wirkung von dem Alkohol zu verspüren.

Auch Anna schwamm kurze Zeit und kam dann wieder aus dem Wasser. Sie klagte über die Nachtkühle und ging ins Haus, um sich wieder anzuziehen. Janet, eine Nichtschwimmerin, folgte ihr ins Haus, während sich Brian und Frank Thorogood in dem überhitzten Wasser noch im Kreis bewegten und über Belanglosigkeiten sprachen. Wenige Momente darauf verließ Thorogood den Swimming-pool mit der Bemerkung, er wolle ins Haus gehen, um Zigaretten zu holen. In dem von Scheinwerfern erleuchteten Wasserbecken inmitten des dunklen, stillen Gartens war Brian Jones jetzt allein.

Als Thorogood durch die Hintertür ins Haus trat, war Janet Lawson bereits wieder auf dem Weg in den Garten. Er erinnert sich, daß das Telefon gerade zu läuten anfing, als er an der Wohnzimmertür vorbeikam. Anna kam die Treppe herunter, um das Gespräch entgegenzunehmen, und sie sagte, es sei für sie. In diesem Augenblick hörten beide Janet Lawson um Hilfe schreien.

Thorogood stürzte, von Anna gefolgt, ins Freie und an den Rand des Swimming-pools. Die Scheinwerfer zeigten Brian, der am tiefen Ende mit dem Gesicht nach unten auf dem Boden des Swimming-pools lag und dessen Haare wie ein aufgeschlagener Fächer um seinen Kopf wehten.

Shirley Arnolds Eltern, die im Süden Londons wohnten, hatten gerade ihr erstes Telefon gelegt bekommen. Am 3. Juli kurz nach Mitternacht läutete es zum allerersten Mal. Shirley nahm selbst den Hörer ab. »Es war Tom Keylocks Frau. Sie hat was Ähnliches gesagt wie: ›Brian ist in den Swimming-pool gegangen, aber er ist nicht mehr rausgekommen.‹ Ich dachte, sie meinte, er sei in die Wälder gelaufen, und sie würden ihn nicht finden. Als ich den Hörer aufgelegt habe, dachte ich immer noch, sie habe sagen wollen, daß Brian ihnen abhanden gekommen sei. Ich habe sie kurz darauf zurückgerufen und sie

gefragt: ›Hat man ihn gefunden?‹ ›Nein‹, hat sie gesagt. ›Sie verstehen mich nicht: Er ist tot.‹«
Frank Thorogood hatte in heller Panik versucht, Tom Keylock zu erreichen, aber er hatte ihn weder zu Hause noch bei seinen anderen Arbeitgebern aufstöbern können. Während des Tages war Keylock von London nach West Wittering gefahren, um zwei Gitarren zu holen, die Keith Richard für die Aufnahmen an jenem Abend brauchte. Diese Fahrt hatte Keylock zwar in die Nähe der Cotchford-Farm geführt, doch er hatte keinen Anlaß gesehen, ihr einen Besuch abzustatten. Da die Session der Stones erst sehr spät beginnen sollte, ließ Keylock sich auf der Fahrt Zeit und machte eine Pause, um an einem Ort, den er heute nur noch als »eine Art Country-Club« in Erinnerung hat, eine Mahlzeit zu sich zu nehmen.
Zu dem Zeitpunkt, als er mit den beiden Gitarren für Keith in den Olympic Studios eintraf, waren die Stones bereits informiert worden, und sie saßen in ungläubiger Benommenheit herum. »Ich glaube, Brian ist tot«, teilte Mick Jagger ihm mit.
Keylock und Les Perrin trafen zusammen auf der Cotchford-Farm ein. Es war kurz nach drei Uhr dreißig morgens. Der Winnie-the-Pooh-Garten war überfüllt mit Polizisten. Brians Leiche war bereits abtransportiert worden. Am Rand des Swimmingpools lag nur noch das Handtuch, auf das seine Gäste während der Wiederbelebungsversuche anscheinend seinen Kopf gebettet hatten.
Die Größe des Polizeiaufgebots und die äußerst skeptische Haltung der Polizisten wies deutlich darauf hin, daß man irgendwie an einen Zusammenhang mit Drogen glaubte. Als Les Perrin um den Swimming-pool herumging, entdeckte er Brians Inhaliergerät, das auf dem Rasen lag. »Äußerst geschickt, Mr. Perrin«, lautete die sarkastische Antwort des Polizeibeamten, den er darauf hinwies. »Sie arbeiten wie ein guter PR-Mann. Wie haben Sie das gemacht – es durch Ihr Hosenbein fallen lassen?«
In der Zwischenzeit fuhr Keylock los, um Frank Thorogood im Polizeirevier von East Grinstead abzuholen und sich von dem betroffenen – und wieder äußerst nüchternen – Bauunternehmer die Umstände von Brians Tod erzählen zu lassen. Thorogood sagte, er habe drei Versuche gebraucht, um Brians Haar fest genug packen zu können und ihn an die Oberfläche zu holen. Thorogood und Anna Wohlin hatten ihn gemeinsam aus dem Swimmingpool gehoben, und Janet Lawson, die ausgebildete Krankenschwester, hatte sofort Wiederbelebungsversuche unternommen, Wasser aus Brians Mund gepumpt und seine Brust massiert. Als das wirkungslos blieb, hatte Anna mit Mund-zu-Mund-Beatmung weitergemacht. Einmal, während sie über ihm kniete, hatte sie gespürt, wie Brians Hand nach ihrer griff. Sonst blieb er regungslos.
Die Nachricht konnte gerade noch in die Morgenausgabe des *Daily Mirror* eingerückt werden – als Kurzmeldung unter »Drei Uhr dreißig, letzte Nachrichten« von Don Short, Les Perrins altem Kumpel aus der Fleet Street. Die beiden Abendzeitungen Londons, *News* und *Standard,* lieferten um die Mittagszeit in gleichlautenden, drei Zentimeter großen Schlagzeilenbalken die Bestätigung: »Tragödie im Swimming-pool. Brian Jones tot!
Es war eine Geschichte, die das simplifizierende Herz eines jeden Massenblattschreibers höher schlagen ließ. Am folgenden Tag brachten *Mail, Mirror, Express* und *Sketch* neben den groß aufgemachten Berichten über Brians Tod auf der Titelseite samt und sonders auch längere Berichte im hinteren Zeitungsteil, in denen chronologisch seine Kindheit in Cheltenham aufgerollt wurde, sein Aufstieg zum Ruhm als Rolling Stone, und nicht weniger ausführlich wurde über seine unehelichen Kinder geschrieben, seine Drogenvorstrafen und den bizarren Aspekt, daß er ausgerechnet im House at Pooh Corner gestorben war. Die Geschichte im *Express* leitete ihre Schlagzeile aus dem Kommentar Alexis Korners ab, Brian Jones sei »nie glücklicher gewesen« als nach seinem Bruch mit den anderen Stones. Der Artikel in der *Mail* endete mit einem Romanzitat von Winnie the Poohs Suche nach seinem verborgenen Schatz. »›Das ist komisch – ich weiß, daß ich hier ein Glas Honig hatte ...‹ Brian Jones hatte den Honig, er hatte ihn sogar für alle deutlich sichtbar beschriftet. Doch wenn er danach griff, schien er nicht dazusein ...«
Von den vielen Berühmtheiten des Pop, die um eine Stellungnahme zu Brians Tod gebeten wurden, fan-

Brian Jones versucht beim Rock'n'Roll-Circus der BBC ein trotziges Lächeln. Foto: Marion Schweitzer

den nur zwei wirklich denkwürdige Worte. George Harrison sagte: »Ich glaube, ihm fehlten Liebe und Verständnis.« Pete Townsend von den Who drückte es noch tiefgründiger aus: »Für Brian ist es ein ganz normaler Tag ... Eigentlich ist er doch jeden Tag gestorben.«

Die Stones selbst konnten auf die ewige Frage der Presseschnüffler: »Wie fühlen Sie sich jetzt?« nur antworten, sie seien völlig am Ende und müßten versuchen, ihre Tagespflichten durchzuziehen, einen Auftritt bei der BBC-Fernsehshow Top of the Pops, mit dem sie ihre neue Single *Hony Tonk Women* vorstellen wollten.

Anschließend begaben sich alle wieder in das Büro in der Maddox Street, als widerstrebe es ihnen, in ihrer Trostlosigkeit auseinanderzugehen. »Sie waren alle in einer schrecklichen Verfassung«, erzählt Shirley Arnold. »Charlie hat geweint. Mick ist auf und ab gegangen und über den Hundefreßnapf gestolpert, der auf dem Boden stand.« Shirley hatte noch am Tag seines Todes mit Brian telefoniert und ihm anschließend einen langen Brief geschrieben, in dem sie ihm versicherte, stets alles zu tun, um ihm zu helfen. Mick Taylor – der Brian nie kennengelernt hatte – konnte nur stumm dasitzen und innerlich das unausgesprochene Empfinden registrieren, »daß alles in eine Stimmung des Unausweichlichen getaucht war, als hätte jeder irgendwo damit gerechnet, daß es so kommen werde«.

Die drängendste Frage, die sich stellte, war, ob das »free concert« drei Tage später im Hyde Park stattfinden sollte. Jagger meinte, es sei zu spät, noch eine Veranstaltung abzusagen, mit der Tausende fest rechneten – und für die er persönlich bereits einige Unannehmlichkeiten auf sich genommen hatte. Für den Tag nach dem Konzert war sein Flug nach Australien gebucht, wo die Dreharbeiten zu dem Film über Ned Kelly beginnen sollten. Die Produzenten des Films, die seit Jaggers Cannabisdelikt in heller Aufregung waren, hatten gerade erst erfahren, daß die vom Gerichtshof der Great Marlborough Street verfügte Kaution es ihm ermöglichte, ins Ausland zu reisen. Jetzt fürchteten sie, daß das Konzert am 5. Juli ihm eine Ausrede bieten könne, nicht, wie versprochen, am 9. Juli zu den Dreharbeiten zu erscheinen. Sie hatten sogar schon angedeutet, daß sie ihn verklagen würden, falls er am Samstag im Hyde Park singen, aber am kommenden Montag nicht in Australien erscheinen sollte.

Charlie Watts, der niedergeschlagen in seiner Ecke saß, kam als erster mit dem Vorschlag heraus, der nicht nur den Fans ihr Vergnügen sichern sollte, sondern auch dem *Evening Standard* seine Gedenkausgabe, die bereits in Vorbereitung war, und der auch die sechs Granada-Fernsehteams nicht verärgerte, die bereits da waren; ebenso war die Bühnendekoration gerettet, die Mick Jagger bereits in der My Fish Boutique ausgesucht hatte, und nicht weniger ließen sich auch wieder die Ausgaben rechtfertigen, die bereits für Topfpalmen, afrikanische Stammestänzer und einen militärisch ausgerüsteten Personentransporter angefallen waren.

Charlie sagte: »Könnten wir es nicht als ... eine Art Gedächtnisfeier für Brian machen?«

Die Kavallerieoffiziere von der Kaserne in Knightsbridge, die in Paaren im Handgalopp auf der äußeren Sandbahn ritten, waren an jenem sommerlichen Samstagmorgen nicht, wie gewöhnlich, die frühesten Besucher des Hyde Park. Während die Sonne über den gefiederten Roßkastanien aufstieg und der glitzernde Tau auf den frisch gemähten Wiesen noch trocknete, rührten sich bereits die ersten, die nahe der provisorischen niedrigen Holzbühne in ihren Schlafsäcken übernachtet hatten. Die Kavallerieoffiziere trabten mit abgewandten Augen weiter. Enten, Wasserhühner und Kanadagänse kamen in Massen von ihrer Inselkolonie herüber, denn sie witterten, daß es heute mehr als gewöhnlich zu fressen geben würde.

Im Lauf dieses Morgens war in jedem Stadtteil von Swinging London ein bemerkenswerter Bevölkerungsrückgang zu verzeichnen. Die Antiquitätenläden in der Portobello Road, die Boutiquen und die Hypermarkets an der Kensington High Street, die Pubs von Chelsea, Fulham und Bayswater waren unerklärlich leer. Bis jetzt wußten nur die Taxifahrer, wohin sich die festlich gestimmte Menge gewandt hatte. Während sie die Bayswater Road auf und ab fuhren, hatten sie gesehen, daß das, was, gegen Mittag, wie ein gewaltiger Teppich aus halbbekleideten Menschen aussah, sich über der Halbinsel im Nordosten des Parks niedergesenkt hatte und sich, so weit das Auge reichte, hinzog.

Die sechs Granada-Filmteams waren ebenfalls schon früh an der Arbeit; sie filmten das Erwachen derjenigen, die die Nacht im Park verbracht hatten, um sich günstige Plätze zu sichern, und auch die verschiedenen ausgelassenen Unternehmungen, mit denen sich die Zuschauer die Stunden vertrieben, bis die erste »Aufwärm-Band« auf die Bühne kam. Da zu den Vorzügen des Hyde Park ein Polizeirevier mit angeschlossenem Hundezwinger zählt, waren diese Unternehmungen idyllischster und unschuldigster Natur. Man sah Personen beiderlei Geschlechts mit wildem Haar und entblößtem Bauch, die auf Liegestühlen saßen, Seifenblasen in die Luft steigen ließen oder wie Eleven aus der Zeit King Edwards in Nachen ruderten, die Enten fütterten oder auch nur in der spürbar zunehmenden Hitze durch den Park bummelten. Wenn die Liebe in den Stunden vor der Morgendämmerung auch notgedrungen auf feuchte Zeltplanen beschränkt geblieben war, so konnte man den Frieden nun doch überall spüren, und er blieb erstaunlicherweise sogar bestehen, als sich der menschliche Teppich erst bis zur Begrenzung der Park Lane ausbreitete und dann auch noch darüber hinausging, Lichtungen und Senken überzog, das Parkwächterhäuschen umbrandete und sich um die üppig dekorierte Bühne drängte. Von Polizeihubschraubern und unsichtbaren Monitoren aus wurde die Menschenmenge im Hyde Park auf etwa eine viertel Million geschätzt. Sie erwarteten die Rolling Stones, ohne in dieser Zeit irgendwelchen Schaden anzurichten.

Befragungen, die von Granada unter der viertel Million Zuschauer durchgeführt wurden, zeigten, wieviel Wohlwollen für die Stones die Konzertankündigung ausgelöst hatte. »... Sie geben einem das Gefühl, daß man es sich gutgehen lassen kann, ohne sich Sorgen machen zu müssen ...« »Sie sind nicht so wie die Beatles, die einfach sieben Tage im Bett liegen ...«

Eine andere Kameraeinstellung zeigte Tom Keylock mit funkelnder Brille und kirschroter Wolljacke, der den Hilfsordnern, die engagiert worden waren, um während des Auftritts der Stones die Bühne und ihre nähere Umgebung zu bewachen, kurze Anweisungen gab. Die Ordner waren von den Hell's Angels, einer englischen Imitation der gewalttätigen Motorradbanden in Kalifornien, die einheitlich schwarzes Leder trugen, unter dem Kinn geschlossene Nazihelme, Gürtel mit Nieten und Stiefel mit Stahlspitzen und auf dem Rücken hochtrabende Namen wie »Rocky X«, »Wild Child« und »Wild Little Willie« aus Metallnieten. Keylocks Anweisungen, die nicht deutlich zu verstehen sind, beziehen sich darauf, wie die ausgemachten Feinde der Hell's Angels zu behandeln waren, »the 'ippy«.

Obwohl der Hard Rock noch als zusätzlicher Faktor zu den ohnehin leicht entzündlichen Elementen wie heiße Sonne, schmelzendes Speiseeis, ausgedörrte Zwiebeln auf Hot Dogs hinzukam, konnte das der friedlichen Atmosphäre, die eher an ein englisches Gartenfest erinnerte, nichts anhaben. Diese Stimmung wurde geradzu personifiziert von dem Conférencier des Tages, Sam Cutler, der zu den unüberschaubaren Massen sprach. Seine von Love und Peace getränkte Stimme und der besorgt aussehende mexikanische Schnurrbart verliehen ihm die Aura eines Hilfsgeistlichen, während er im Interesse des Allgemeinwohls zu Nachsicht und Hilfsbereitschaft mahnte und zwischen den Auftritten von King Crimson, Screw, The Battered Ornaments und Alexis Korners New Church Band Ratschläge erteilte, was man gegen Krämpfe und Hitzschlag tun könne, dazu aufrief, die Bäume zu schonen, und die Namen von Kindern bekanntgab, die verlorengegangen waren und ihre Eltern am Bootshaus erwarteten.

Die Hell's Angels – und darauf wiesen bereits ihre verdutzten Vorstadtgesichter und ihre frisch gewaschenen Haare hin – hatten so viel Ähnlichkeit mit ihren kalifornischen Verwandten wie eine Süßspeise mit einem scharfen mexikanischen Gericht. Einmal war die Presseabsperrung vor der Bühne plötzlich von einer Gruppe Frauen, die hier absolut nichts zu suchen hatten, überschwemmt – unter ihnen Suzy Creamcheese und der »Hair«-Star Marsha Hunt, der die weiße Rehlederkleidung ausgezeichnet stand. »Schmeißt sie raus«, befahl der Anführer der Hell's Angels, »Wild Child«, einem anderen mit einer Hakenkreuzmütze. »Willst du etwa, daß ich *Gewalt* anwende oder so was?« fragte der mit der Nazikopfbedeckung entgeistert.

Noch ein anderes Kamerateam stand bereit, um Mick Jagger aufzunehmen, sobald er aus dem Haus Cheyne Walk 48 trat, und um dann in derselben

Limousine wie er, Marianne und Nicholas auf einer Umgehungsstraße von Chelsea nach Mayfair zu fahren und von dort auf einem verlassenen Schleichweg zur Ostseite von Hyde Park Corner. Jagger trug ein apricotfarbenes Hemd, das an der Taille geschlitzt war. Er wirkte aufgeregt wie ein Schuljunge vor einer Sportveranstaltung oder einem Wettschwimmen. »Ein phantastischer Tag, findet ihr nicht? Ja – was, Nicholas? Glaubst du, daß Charlie dir zuwinkt, Nicholas?«

Jeder kam allein zum verabredeten Treffpunkt, und das war nicht das Park Lane Hilton, wie es eigentlich auf der Hand gelegen hätte, sondern das wesentlich weniger auffällige Londonderry. Von ihrer Suite im zehnten Stock aus konnten sie den äußeren Rand ihres Publikums sehen und das dumpfe Dröhnen hören, das über die Baumwipfel herüberhallte. Bei ihnen befand sich auch Allen Klein, anscheinend nach wie vor stets willkommen. Er hatte den Kopf auf die Hände gestützt und trug – wie immer bei solchen Gelegenheiten – einen Ausdruck fast kindlichen Staunens im Gesicht.

Gegen fünfzehn Uhr rollte aus der Richtung Speaker's Corner ein Panzerwagen, wie sie seit kurzem in Nordirland eingesetzt wurden, so vorsichtig durch die nur noch leicht bekleidete Menge und die zusammengeklappten Liegestühle heran, als fahre er wirklich über die Falls Road in Belfast. In dem Wagen lagen ausgestreckt auf Matratzen die fünf Stones und ihre beiden »offiziellen« Fotografen Michael Cooper und Spanish Tony Sanchez. Ausgerechnet an dem Tag, an dem es am wenigsten erforderlich gewesen wäre, waren die Sicherheitsvorkehrungen der Stones vor dem Konzert besser denn je.

Von dem Panzerwagen verfrachtete man sie hinter der Bühne in einen Wohnwagenanhänger, wobei sie von ein paar hundert Fans beobachtet wurden, denn die Hell's Angels hatten den Versuch aufgegeben, die Fans einzuschüchtern. Von Zeit zu Zeit streckte Charlie Watts einen Arm durch ein Fenster, um einen Apfel oder eine Orange von den reichlichen Vorräten hinauszureichen. Inzwischen war die Bühne von allen schwächeren Teilen der Musikanlage und überzähligen Personen geräumt worden, die gewaltigen Verstärker der Stones wurden aufgebaut, und die Bühne mit der riesigen Vergrößerung eines Farbfotos von Brian Jones geschmückt. Tom Keylock und seine Helfer verteilten etliche braune Kartons auf der Bühne, und aus einem der Kartons befreite sich ein verräterischer weißer Schmetterling.

Was immer die viertel Million Menschen im Hyde Park von Mick Jagger erwartet haben mochte, niemand hätte je damit gerechnet, daß er die Bühne geschminkt – mit Lippenstift, Rouge und Lidschatten – betreten und ein weißes Rüschengewand tragen würde, das, trotz der weißen Weste und der Hose mit den ausgestellten Beinen, an nichts mehr erinnerte als an das Sonntagskleid eines kleinen Mädchens. Um den Hals trug er ein enges, mit Messingnieten besetztes Lederband, und über seiner Brust hing – interessanterweise – ein großes, hölzernes Kruzifix.

Er faltete die Hände im östlichen *Namaste,* blies Küsse von seinen Fingerspitzen in die Menge und begrüßte die viertel Million in seiner inzwischen vertrauten gedehnten Sprechweise, die von einem nicht näher bestimmbaren Ort zwischen Dartford und Memphis herzukommen schien.

»We're gonna have a good time – awright?«

Während die zustimmenden Rufe wie eine langsame Welle zurückfluteten und bis zu dem fernen Archipel Kensington und Knightsbridge vordrangen, brachte Jagger sein Gesicht nahe an das Mikrophon und warf seine kinnlangen Haarsträhnen zurück.

»Hört mal zu ... nur einen Moment. Ich möchte wirklich gern etwas zu Brian sagen ... Wie wir es empfinden, daß er gegangen ist, als wir nicht damit gerechnet haben ...«

Wie ein kleines Mädchen, das ein Geschenk versteckt, zog Jagger ein kleines in Kalbsleder gebundenes Buch hinter seinem Rücken hervor. Er schlug es auf, hielt es mit beiden Händen hoch, und warf noch einmal vor dem unwirklichen Hintergrund der Fernsehkameras und Topfpalmen seine Haare zurück; dann begann er, etwas vorzulesen, das vielleicht ein halbes Dutzend seiner viertel Million Zuhörer als eine Strophe aus Shelleys »Adonis« erkannten.

Peace, peace! He is not dead, he doth not sleep
He hath awakened from the dream of life
'Tis we who, lost in stormy visions, keep

With phantoms an unprofitable strife
And in mad trance strike with our spirit's knife.
Invulnerable nothings! We decay
Like corpses in a charnel. Fear and grief
Convulse us and consume us day by day
And cold hopes swarm like worms within our
living clay.

Über die weite, unruhige Menschenmenge hinweg hallte durch die Bühnenverstärker die gesamte neununddreißigste Strophe, vorgetragen von einer Stimme, die so frei wie nur denkbar von jeder Künstlichkeit war und der Aufrichtigkeit so nahe kam, wie es ihr möglich war. Jaggers Rüschen bauschten sich leicht in der Brise, als er eine neue Seite, die er sich mit einem Finger markiert hatte, aufschlug und die neununddreißigste Strophe in die zweiundfünfzigste Strophe überging:

The One remains, the many change and pass.
Heaven's light forever shines, earth's shadows fly.
Time, like a dome of many-coloured glass
Stains the white radiance of Eternity
Until Death tramples it to fragments – Die!
If thou would be that which thou doest seek.

Als Shelleys Worte in einem betroffenen Schweigen verhallten, hoben Tom Keylock und seine Helfer die Kartons auf und schüttelten Hunderte von weißen Schmetterlingen aus ihnen heraus. Später wurde behauptet, die meisten seien schon in den geschlossenen Kartons an Sauerstoffmangel gestorben. Es überlebten jedoch genug Schmetterlinge, um die Luft über dem dichtbevölkerten Rasen zu übersäen – und anschließend Haus- und Schrebergärten im Umkreis von mehreren Quadratkilometern zu verheeren.
Die Huldigung an Brian war beeindruckend gewesen, ja, geradezu anmutig – doch jetzt war sie vorüber. Der letzte weiße Schmetterling flog davon, das Mikrophon ertönte wieder.
Und schon beim ersten Ton von *Honky Tonk Women* flog Jaggers Lockenpracht auf ihre eigenwillige Art durch die Luft.

Das lange geplante Konzert im Hyde Park beginnt mit einer Gedenkfeier für Brian Jones. Foto: Marion Schweitzer

Für Mick Taylor verschwammen die nächsten Stunden hinter einem Schleier aus Hitze, Gesichtern, Körpern und Schweißgeruch und in einem Meer von Geräuschen, die zugleich verblüffend nah und unwirklich weit entfernt waren – wie das Rauschen in einer Muschel. »Ich werde immer wieder gefragt, ob ich nervös war, als ich gleich bei meinem ersten Auftritt mit den Stones vor einer viertel Million Menschen spielen mußte. Die ehrliche Antwort ist, daß ich es nicht weiß. Ich kann mich nicht erinnern. Es ging alles viel zu schnell.«

Die Filmteams von Granada bannten für die Nachwelt auf Zelluloid, was möglicherweise der musikalisch schlechteste Auftritt der Stones überhaupt war. Seit über einem Jahr waren sie nicht mehr aufgetreten, und durch die Aufregungen um Brians Tod hatten sie auch nur ein einziges Mal im Keller des Apple-Hauses der Beatles miteinander üben können. Kurz gesagt, es war einer jener Anlässe, bei denen Keith Richard auf die Bühne kam und aussah, als sei er gerade aufgestanden; und mindestens jeder zweite Ton, den er spielte, ließ vermuten, daß er randvoll mit Drogen sei.

Während dieser anfängerhaften musikalischen Darbietung, die ohnehin nur von wenigen Tausend auf dem Gras und ein paar weiteren Dutzend auf den Ästen der nächststehenden Bäume zu sehen war, bot Mick Jagger ein Schauspiel, das selbst jene, die von Sonne und Gras und Patschuliöl in fast komatöse Starre gesunken waren, in einen Zustand lüsterner Qual versetzte. Die Ausstrahlung der Gestalt auf der Bühne, die inzwischen ihr Rüschenjackett abgelegt hatte und in weißer Weste und Hose weitersang, war nach wie vor nicht eindeutig männlich. Das schulterlange Haar und der hervortretende Bizeps, die Schulmädchentaille und der sich wiegende Unterleib beschworen vor aller Augen dieselbe unbestimmbare Fata Morgana der Lust herauf. Sämtliche Bewegungen dieser Gestalt während des ganzen Konzerts lagen näher an Striptease als alles, was man je im Rock gesehen hatte. Und es kam der ungeheuerliche Moment, daß die Gestalt sich auf die Knie sinken ließ, ihr Haar über ein Handmikrophon ausbreitete, das zwischen ihren Schenkeln klemmte – und dann umschlossen ihre Lippen den Kopf des Mikrophons. Am hellichten Tag, vor fünfhundert-

tausend Menschen und sechs Fernsehteams schien Mick Jagger sich selbst einen zu blasen.

Das Finale war buchstäblich hypnotisch: Eine Version von *Sympathy for the Devil,* die fast zwanzig Minuten dauerte und in die, als sei es spontan dazu gekommen, afrikanische Tomtom-Spieler einfielen. Auf dem Höhepunkt des Ganzen erschien eine Truppe von eingeborenen Tänzern, deren federngeschmückter und mit grauer Farbe bemalter Anführer eine brennende Fackel durch die Luft wirbelte, als wolle er das drohende Verhängnis für diesen Tag noch einmal bannen ...

An diesem Tag herrschte Frieden, auch noch Stunden nachdem die Stones gegangen waren und unzählige Freiwillige herumliefen und Abfall in Hunderte von Säcken sammelten und die afrikanischen Stammesmitglieder, die wieder ihre Alltagskleider trugen, ihre Trommeln und Wurfspieße in ihren Ford Cortinas verstauten.

Nicht einmal der schlichteste Tod läßt sich mit einer Wolke von weißen Schmetterlingen abtun. Und dies war kein schlichter Tod gewesen, und auch niemals sollte er sich in einen solchen verwandeln lassen. Es schien, als könne die Welt Brian Jones nicht einmal in seinem Sarg in Ruhe lassen.

Am Montag, dem 7. Juli, als Mick Jagger auf halber Strecke nach Australien war und man die letzten Spuren des Abfalls aus dem Hyde Park beseitigte, wurde vor der Leichenschaukommission von East Grinstead die Anhörung zu Brians Tod eröffnet. In der ersten Reihe saß sein Vater, der kleine, steife, korrekte Luftfahrttechniker aus Cheltenham. Nur die tiefen Furchen, die sich während der letzten Woche in Lewis Jones' Gesicht gegraben hatten, verrieten seinen Kummer und seine tiefe Trauer.

Frank Thorogood, Anna Wohlin und Janet Lawson wiederholten ihre Schilderung dessen, was sich gegen Mitternacht um den Swimming-pool herum zugetragen hatte, und des Zufalls, der dazu geführt hatte, daß sie sich alle drei in ebendem Moment, als Brian auf den Grund gesunken sein mußte, im Haus aufgehalten hatten. Jeder von ihnen beschrieb noch einmal die darauffolgenden gemeinsamen Wiederbelebungsversuche, die in den platten, förmlichen Presseberichten eher wissenschaftlich kühl als – was wahrscheinlich war – hektisch, panisch und unbeholfen erschienen waren. Für Lewis Jones muß es geklungen haben, als sei sein Sohn in den Händen von Schutzengeln mit einer besonderen Ausbildung in Lebensrettung gestorben.

Dr. Albert Sachs, der Pathologe des Queen Victoria-Krankenhauses in East Grinstead, legte die Ergebnisse der Obduktion vor, die jeder plötzliche, unter ungewöhnlichen Umständen auftretende Tod automatisch nach sich zieht. Dr. Sachs erklärte, daß Brians Leber die doppelte Größe einer normalen Leber gehabt habe und »in einem fortgeschrittenen Stadium der Verfettung« gewesen sei. Auch sein Herz sei weit über das normale Maß vergrößert. Blut- und Urinproben hatten Alkohol in großen Mengen und »eine Amphetaminsubstanz« nachgewiesen, doch Rückstände von Barbituraten waren nicht festzustellen gewesen. Nach Dr. Sachs' Auffassung stand der Ertrinkenstod »in ursächlicher Verbindung mit Alkohol, Drogen und einem schweren Leberschaden«.

Freunde, Verwandte und Fans am Grab von Brian Jones.
Foto: Marion Schweitzer

Man hätte erwarten sollen, daß von Dr. Sachs' Beweisführung jene Meinung beseitigt worden wäre, – die der größte Teil der zeitunglesenden Öffentlichkeit Großbritanniens bereits gefaßt hatte – nämlich daß Brians Tod Selbstmord gewesen sei, den ein Überfluß an Ruhm, Geld, Sex und Privilegien ausgelöst hätte. Dann gab es noch die Aussage von Lewis Jones, daß Brian, als seine Eltern ihn am 18. Mai besucht hatten und auch während der folgenden Woche, die sie auf der Cotchford-Farm verbrachten, einen glücklicheren Eindruck gemacht habe als in den gesamten Jahren davor.

Die einzig sinnvolle Erklärung für den Krampf, der den überdurchschnittlich guten Schwimmer im warmen Wasser seines Pools plötzlich auf den Grund des Beckens gestoßen hatte, war das Asthma, an dem Brian seit seiner Kindheit litt. Anna Wohlin sagte aus, er habe beim Schwimmen oft das Gerät benutzt, das ihm bei einem Anfall das Atmen erleichterte, doch behauptete sie gleichzeitig, in den sechs Wochen, die sie mit Brian zusammengelebt hatte, keinen ernsthaften Asthmaanfall bei ihm erlebt zu haben. Sein Vater sagte, er sei als Kind akut asthmatisch gewesen, doch schien er später daraus »herausgewachsen zu sein«. Nur Brians Haushälterin, Mrs. Hallett – die nicht zu der Anhörung geladen war –, scheint das krampfartige Keuchen gehört zu haben, das ihn am Morgen seines letzten Tages befiel.

Laut Urteil des Leichenbeschauers, Dr. Angus Summerville, war Brians Tod auf einen Unglücksfall zurückzuführen. Wenn das Ergebnis einer derartigen Untersuchung auf etwas Komplizierteres als einen Unfall schließen läßt, gleichzeitig aber kein Schuldiger oder keine Schuldigen zu finden sind, bleibt nichts anderes, als das Pech des Verstorbenen zu beklagen.

Die Frage nach den Umständen von Brians Tod war damit jedoch nicht aus der Welt, sondern blieb Spekulationen anheimgegeben, die vierzehn Jahre später noch immer die Mühlen des Klatschs in der Fleet Street in Gang halten. Es wird gemutmaßt, daß es sich bei Brians Tod weder um einen Unfall noch um Fahrlässigkeit, noch um einen Selbstmord, sondern um Mord handelte – in seinem eigenen Swimming-pool soll er von einem Meuchelmörder ertränkt worden sein, und das aus einem Grund, der irgendwo in dem undurchschaubaren Chaos seiner siebenundzwanzig Lebensjahre verborgen liegt; getötet von einem Mörder, der nie gefaßt wurde.

Der Sache ebenso wenig nützlich war der Ruch des Unbehagens, der Verlegenheit und der Schuld – aber auch, wie gesagt werden muß, des echt empfundenen Unglücks –, den Brians Tod den Rolling Stones für alle Zeiten anhaften lassen sollte. Heute, da sie als Halbgötter dem gewöhnlichen Lauf der menschlichen Dinge fast enthoben sind, ist der Gedanke, sie hätten stets ihr Bestes für Brian getan, ebenso peinlich wie die mythische Vorstellung, daß sie sich damals in ihrer aufgestauten Erbitterung gewissermaßen gegen ihn verschworen hatten, um ihn ins Grab zu bringen.

Besonders Keith Richard hatte immer ernste Zweifel an den vorgeblichen Umständen von Brians Tod. Doch hat ihn seine Trägheit stets daran gehindert, der Sache wirklich auf den Grund zu gehen. In einem Interview mit *Rolling Stone* im Jahr 1971 behauptete Keith, zumindest den Versuch gemacht zu haben, die Wahrheit herauszufinden. Doch sei er überall auf eine Mauer des Schweigens gestoßen. »Es ist dasselbe Gefühl wie bei dem Mord an Kennedy. Man kommt der Sache nie wirklich auf den Grund.«

In den letzten Jahren sind die Mordtheorien ausgefeilter geworden. Ein angeblich enger Freund von Brian, Nicholas Fitzgerald, behauptete, im Besitz von Beweismaterial zu sein, das Brians Tod mit dem Schah von Persien und der CIA in Verbindung bringt. *Sun Day,* die Farbbeilage der (man höre und staune) *News of the World,* brachte im März 1983 unter der Überschrift »Wer ermordete einen Rolling Stone?« einen großangelegten Artikel, der Fitzgeralds Behauptungen in eine »Untersuchung« von vorhersagbarem journalistischem Niveau einbezog. Die Theorie von *Sun Day* – die mehr Fragen aufwarf, als Antworten gab – war, daß Brian von »rachsüchtigen Rauschgifthändlern« umgebracht worden sei, die sich in den Büschen am Rand des Swimming-pools verborgen gehalten hätten, bis er allein gewesen sei, und die dann seinen Kopf in einen Eimer Wasser getaucht und ihn auf diese Weise

Bill Wyman bei der Beerdigung von Brian Jones. Foto: Marion Schweitzer

ertränkt hätten, bevor sie ihn schließlich am tiefen Ende des Pools ins Wasser geworfen hätten.
Nicholas Fitzgerald, so wurde zitiert, habe ausgesagt, zwischen Brians Unglück im Swimming-pool und dem Eintreffen des Krankenwagens seien zwei Stunden vergangen – zwei Stunden, so wurde angedeutet, in denen Brians Leben langsam verlöschte, während andere, aus welchen Gründen auch immer, entkommen konnten. Die Nachforschungen von *Sun Day* erstreckten sich jedoch nicht bis auf das Telefonbuch von London, in dem Frank Thorogood noch heute verzeichnet ist, und auch nicht bis auf eine Einsichtnahme in den Obduktionsbefund, der Thorogoods Aussage bestätigt: daß Polizei und Krankenwagen innerhalb von fünfzehn Minuten zur Stelle waren.
Dieses und noch vieles andere kann als reines Im-Gerüchteschlamm-Wühlen von Journalisten abgetan werden, die ein reges Interesse daran haben, den »Fall« Brian Jones am Leben zu erhalten. Dasselbe gilt wahrscheinlich auch für zwei Personen, die den Stones 1969 nahestanden und, für dieses Buch interviewt, einerseits ihrer festen Überzeugung Ausdruck verliehen, daß Brian ermordet wurde, andererseits aber ein tiefes und sichtlich echtes Unbehagen bei der ganzen Angelegenheit empfanden und weder zitiert noch genannt werden wollten.
Nichtsdestoweniger spielten sich nach Brians Tod, um Keith Richards Formulierung gegenüber der Zeitschrift *Rolling Stone* zu benutzen, zweifellos einige »äußerst seltsame Dinge« ab.
Das erste war, daß Anna Wohlin als Gegenleistung für ihre schriftliche Zusage, der Presse niemals von der Nacht, in der Brian starb, zu erzählen, eine große Geldsumme erhielt. Laut Tom Keylock sollte damit verhindert werden, daß die Klatsch-Presse weitere Nahrung erhielt. Einem Blatt war es bereits gelungen, Anna über ihre Wiederbelebungsversuche an Brian auszufragen. Nachdem sie vor der Anhörungskommission ihre Aussage gemacht hatte, erhielt sie das Geld und wurde in das nächste Flugzeug nach Schweden gesetzt.
Eine weit weniger zufriedenstellende Erklärung existiert für das hektische Kommen und Gehen, das kurz darauf auf der Cotchford-Farm zu registrieren war, und für den der Jahreszeit nicht gerade gemäßen herbstlichen Geruch nach Rauch von Kartoffelfeuern, der zu Mary Halletts Haus hinüberwehte. Ein Anwohner, der früher manchmal im Garten der Cotchford-Farm gearbeitet hatte, erzählte ihr, daß dort mehr als nur ein Freudenfeuer entzündet worden sei und daß jemand Brians Kleider verbrannte.
Der häufigste Besucher war, wie Mrs. Hallett wußte, Tom Keylock, Brians ehemaliger »guter Geist«, der jetzt die Aufgabe hatte, seine Habseligkeiten zu ordnen – und das Begräbnis zu organisieren. In Keylocks Erinnerung war die einzige Besucherin Suki Poitier, Brians vorletzte Freundin, die kam, um Kleider und Sachen zu holen, die ihr gehörten. Andere Kleider, die nie aus den Koffern ausgepackt worden waren, rochen laut Keylock so »muffig«, daß er sich entschloß, sie zu beseitigen. Er kann sich jedoch nicht erinnern, etwas verbrannt zu haben. »Sagen wir mal so: Wenn Feuer angezündet worden wären, dann müßte ich derjenige gewesen sein, der sie angezündet hätte.«
Ein weiteres Rätsel umgibt Brians prächtige Stargarderobe, die *eindeutig* wertvoll war, und ebenso seine teuren Möbel, die marokkanischen Antiquitäten und die zahlreichen Musikinstrumente, die von der Cotchford-Farm abgeholt wurden, damit sie verkauft und Brians finanzielle Angelegenheiten geregelt werden konnten. Shirley Arnold, die Mr. und Mrs. Jones in jenen Monaten regelmäßig besucht hat, erinnert sich, wie wenig von Brians vielen Sachen bei seinen Eltern auch ankam. »Alles, was ihnen aus Cotchford geschickt worden war, hatten sie in der Garage liegen«, erklärt Shirley. »Und da war nur ein kleiner Teil von Brians Kleidern. Seine Gitarren oder seine anderen Instrumente haben sie auch nicht bekommen.«
Am befremdlichsten war jedoch die Enthüllung, die ein Jahr später folgte – daß Brian bei seinem Tod fast ruiniert gewesen sei und Schulden von nahezu zweihunderttausend Pfund gehabt habe. Sein Vermögen wurde auf dreiunddreißigtausendsiebenhundertvierundachtzig Pfund geschätzt – eine Summe, die fast schon durch den Verkauf der Cotchford-Farm erzielt wurde, für die er selber zweiunddreißigtausend Pfund bezahlt hatte. Bei seinem Tod konnte er nur wenige hundert Pfund auf seinem Bankkonto gehabt haben. Selbst die Summe, mit der die Stones ihn auszahlen wollten, hätte

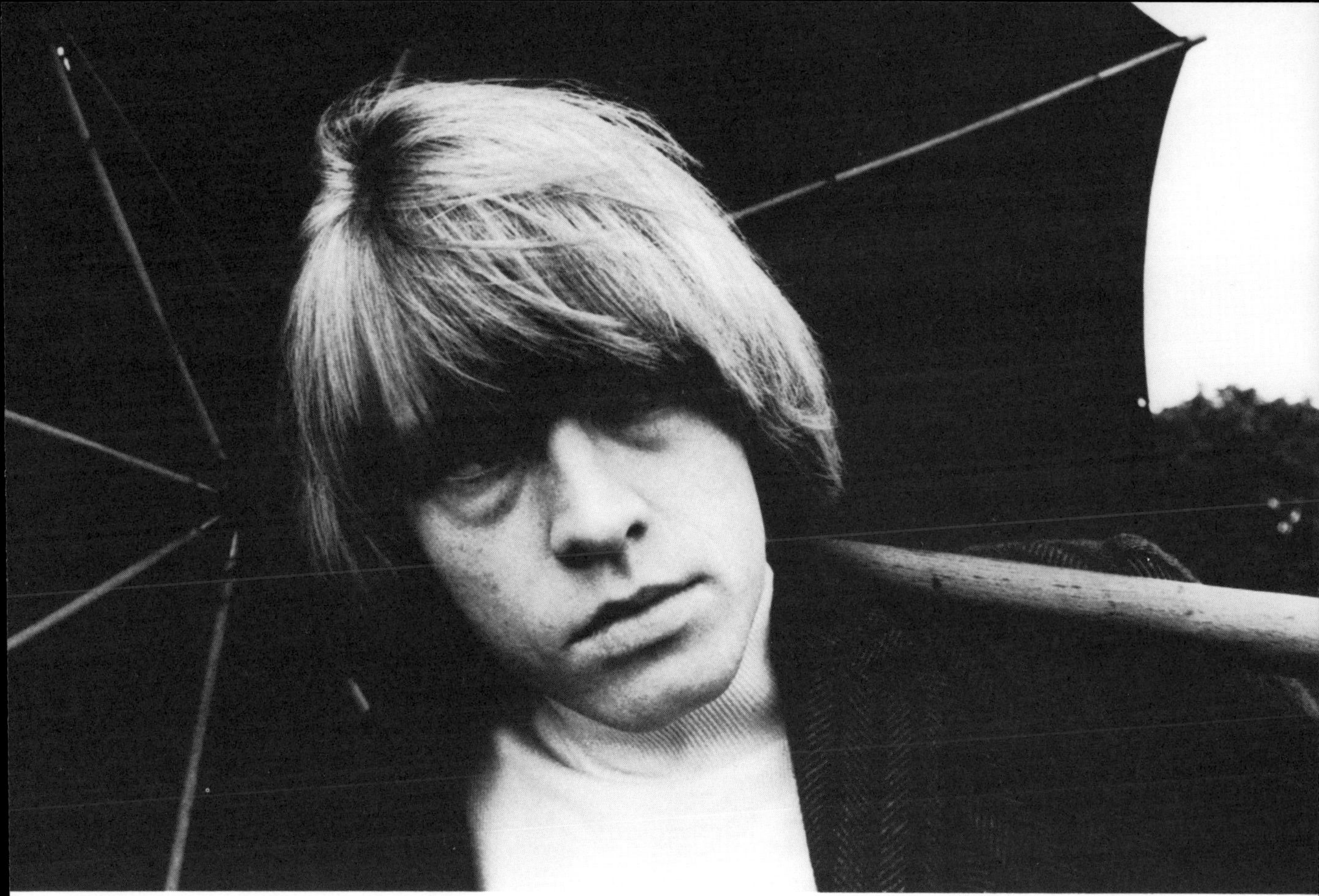

Brian Jones, einer der talentiertesten Gitarristen der Rock-Geschichte.

kaum mehr als die Hälfte seiner Schulden gedeckt. Ein Rolling Stone mit derartigen Verbindlichkeiten und ohne die geringste Chance, ihnen nachkommen zu können, kann ohne weiteres geglaubt haben – wie Brian es ja auch tat –, daß es jemand auf ihn abgesehen habe.

Die Trauerfeier fand am 10. Juli in der Pfarrkirche, wenige Schritte vom Haus der Eltern Brians entfernt, in der Hatherley Road in Cheltenham statt. Lewis Jones' Gesicht blieb regungslos, als sei es aus Granit gemeißelt, während er seine Frau, die vollkommen aufgelöst war, durch ein alptraumartiges Getümmel von Fans, Fotografen und ein Blumenmeer führte, das einem toten Gangsterboß Ehre gemacht hätte. Hinter dem Ehepaar Jones und Brians älterer Schwester Barbara mit dem Geistlichen Hugh Hopkins folgte Keylock, als Organisator der Bestattung, und mit ihm kam Suki Poitier, die Tücher und Geschmeide wie eine trauernde Zigeunerkönigin trug. Dann folgten Bill Wyman, Charlie Watts, Michael Cooper – der mit verschiedenen Nikons behängt war –, Spanish Tony Sanchez, Les Perrin und Linda Lawrence, die ausdauerndste unter Brians ehemaligen Freundinnen. Auf dem Arm trug sie einen seiner zwei unehelichen Söhne, die Brian beide aus lauter Böswilligkeit Julian genannt hatte.

Es war ein gigantisches Spektakel, das den Kirchenmann Hugh Hopkins in seiner Ansprache dazu inspirierte, einen heftigen Angriff gegen die Gottlosigkeit und den Materialismus des zwanzigsten Jahrhunderts loszulassen, der auf die meisten dieser überdrüssigen, rastlosen Gemeinde gemünzt war. Auch die Fürbitte für Marianne Faithfull durfte nicht fehlen, das letzte groß herausgestellte Opfer dieser gottlosen Welt. In seinem Nachruf auf Brian zitierte Pfarrer Hopkins erst das Gleichnis vom verlorenen Sohn aus dem Neuen Testament: »Dieser, mein Sohn, war verloren und ist wiedergefunden ...«, dann aus einem Telegramm, das Brian seinen Eltern 1968 in größter Sorge geschickt hatte: »Urteilt bitte nicht zu streng über mich ...«

Als später der Leichenwagen durch die Tore des

Friedhofs in der Priora Road fuhr, hob ein Polizist ganz spontan und ohne jede Ironie seine Hand zum Salut.

Noch eine andere Erinnerung sollte dem Ehepaar Lewis und Louisa Jones an ihren unerklärlich berühmten und berüchtigten Sohn bleiben. Es war die Erinnerung an einen Augenblick während ihres Aufenthaltes auf der Cotchford-Farm im Mai 1969, als Brian, der in einer Schublade wühlte, auf eine Fotografie stieß, die ihn starr in der Bewegung innehalten ließ. Sein Vater erinnerte sich daran, wie er das Mädchen auf der Fotografie anschaute – ihr strohblondes Haar und ihr kühn-verwegenes Lächeln – und leise vor sich hin murmelte: »Anita … Anita.«

13

»We're gonna kiss you goodbye«

Am 8. Juli, während Mick Jagger in ihrer Hotelsuite in Sydney noch seinen »Jet-Lag« ausschlief, war Marianne aus dem Bett gestiegen und durch das dämmrige Zimmer zu ihrem Toilettentisch gegangen. Was sie dort im Spiegel sah, gab ihr den endgültigen Anstoß, ihr Leben zu beenden. Sie nahm das Telefon, rief nach dem Zimmerservice und verlangte eine Tasse heiße Schokolade. Dann nahm sie ein Fläschchen mit 150 Tuinal-Schlaftabletten und begann den Inhalt methodisch zu schlucken, indem sie jeden Mund voll Tabletten mit einem Schluck Schokolade hinunterzwang. Nachdem sie genug Barbiturate geschluckt hatte, daß man damit drei Menschen hätte töten können, ließ sich das Mädchen, das einmal wie eine Schöpfung von Renoir ausgesehen und sich jetzt in einen Alptraum von Breughel verwandelt hatte, neben seinem geliebten Rockstar nieder und wartete auf den Tod.

Die Erfahrung, fast gestorben zu sein, kann Marianne – wie andere, die nur noch durch einen Zufall wieder ins Leben zurückgerufen wurden – mit lebhafter, fast wehmütiger Genauigkeit beschreiben.

»Ich erinnere mich, in einem großen, grauen, stillen Raum gewesen zu sein, ohne alle Atmosphäre, weder Kälte noch Sonne, noch sonst irgendeine Witterung. Und Brian Jones war da. Ich erinnere mich, mit Brian gesprochen zu haben und daß er sich unheimlich freute, mich zu sehen. Er sagte, daß er frierend und verängstigt aufgewacht sei und nicht gewußt habe, wo er sich befinde. Er habe dauernd nach einem vertrauten Gesicht gesucht. ›Ach, ich bin so froh‹, beteuerte er immer wieder, ›ich bin so froh, daß du hier bist.‹

Brian und ich begannen, den großen, grauen, stillen Raum zu durchqueren, wir gingen nicht, sondern liefen eher, mit langsamen, langen Schritten. Brian redete genauso, wie es immer seine Art gewesen war, völlig hoffnungslos, aber mit Humor. ›Hey, Mann – so'n Scheiß ... Wachte heute morgen auf, griff nach dem Pillenfläschchen und stellte fest, daß ich tot war ...‹

So gingen wir weiter bis dahin, wo das Land zu Ende war – wie eine Fläche an ihrer Kante. Brian wendete sich zu mir um und sagte: ›Ab hier muß ich allein weitergehen.‹ Dann hörte ich in weiter Entfernung hinter mir drei Stimmen, die nach mir riefen. Eine davon war die meiner Mutter. Eine war Nicholas' Stimme und eine Micks.«

Jagger war aufgewacht, hatte entdeckt, daß sie bewußtlos war, und sofort nach Hilfe gerufen. Denn es ging nicht nur darum, ihr Leben zu retten, genauso galt es, eine Schädigung ihres Gehirns zu verhindern, die eine derartige Überdosis Tabletten jederzeit verursachen konnte. Von allen traurigen Erinnerungsstücken der Rolling Stones-Saga ist keines quälender als jenes Foto, das ein australischer Fotograf machte, als Marianne auf einer Bahre aus dem Hotel getragen wurde. Das Gesicht unter der rauhen Decke hätte das eines toten Kindes in einem viktorianischen Medaillon sein können.

Während Brian Jones' Begräbnis in aller Welt feierlich begangen wurde, lag sie sechs Tage lang im Koma, und der Geistliche Hugh Hopkins rief zu Bittgebeten für ihre Genesung auf. Die meiste Zeit blieb Mick Jagger an ihrem Bett – zu diesem Zeitpunkt war er ironischerweise mehr als je zuvor ihr Beschützer. Als einmal ein englischer Journalist bis zum St. Stephen's-Krankenhaus durchkam und tatsächlich auch in Mariannes Zimmer eindrang, mußte Les Perrin Jagger daran hindern, tätlich zu werden. »Den kriege ich schon ...«, knurrte er Perrin an. »Ich *krieg'* ihn schon.«

Die Verzweiflung, die sich ihrer bemächtigt hatte, war nicht nur aus ihr selbst gekommen. Sechs Wochen vor Brians Tod und dem Konzert im Hyde Park hatte sie am Royal Court Theatre die Ophelia in »Hamlet« gespielt. »Ich hatte mich ganz und gar in die Stimmung einer Selbstmörderin versenkt, ganz unabhängig von dem, was um mich herum geschah. Und ich hatte sogar meine Haare kurz abgeschnitten. Dann vermischte sich in meinem Kopf alles, was mit Brian und meiner Rolle als Ophelia zu tun hatte. Als ich damals in der Hotelsuite aufwachte und in den Spiegel sah, dachte ich, es sei Brian, der mich anblickte.«

Nachdem sie wieder zu Bewußtsein gekommen war und gemerkt hatte, daß Jagger bei ihr war und ihre Hand hielt, versuchte sie, ihm alles zu erklären. Was sie nicht erklären konnte – und er nicht einmal annähernd begriff –, war, daß Sterben, wie Brian und Ophelia es getan hatten, die einzige Abhilfe zu sein schien für ein Leben, wie sie es mit Jagger führte.

Während der zwei Monate, die Jagger in Australien verbrachte, um dort in einem Film den größten Volkshelden des Landes zu spielen und gleichzeitig Pläne zu schmieden, wie die Rolling Stones vor der drohenden finanziellen Katastrophe zu bewahren wären, erholte sich Marianne.

Sehr früh zeigte sich, daß das Ned Kelly-Projekt – das in der Euphorie der freigebigen sechziger Jahre geplant und von der Publicity eines dem Volkshelden nur wenig ähnlichen Stars gefördert worden war – unter schlechten Vorzeichen stand.

Jagger gab sein Bestes für die Rolle, er arbeitete an seinem irischen Akzent und der finsteren Miene eines Strauchdiebs, während er über Machart und Qualität des Films, wie auch alle anderen Schauspieler, vollkommen im unklaren gelassen wurde. Die Produktion wurde auch noch dadurch behindert, daß viele Australier empört waren, den Robin Hood ihrer Nation von einem »weibischen englischen Hasenfuß«, wie es manche ausdrückten, dargestellt zu sehen. Es gab sogar Drohungen einer echten Räuberbande, Jagger zu entführen und ihm das Haar zu scheren. Bei den Außenaufnahmen waren die Zustände oftmals chaotisch, und Jagger protestierte bei Tony Richardson gegen den albernen Text, den er lernen sollte, und dagegen, daß die Ersatzdarstellerin für Marianne, Diane Craig, gezwungen worden war, zu spielen, ohne ihre Textpassagen zu kennen. Während einer anderen Szene ging eine Pistole los und verletzte Jagger an der linken Hand. Als er Marianne besuchte, gab er vor, der Verband gehöre zu seinem Ned Kelly-Kostüm.

Im September, nachdem die Aufnahmen beendet waren, flogen Marianne und er zusammen nach Indonesien, um dort Ferien zu machen, die die Verheerungen des Sommers wieder ausgleichen sollten. Solange sie allein blieben, war auch alles gut. Doch als sie nach London zurückgekehrt waren, wurde Jagger von seinen alten Gedanken wieder eingeholt. Und auch Marianne war wieder so verzweifelt wie zuvor.

Wieder einmal fand sich ihre leidenschaftliche und ungestüme Natur gefangen im starren Gold eines Bildes, das nur für die Öffentlichkeit gedacht und so undurchdringlich und lückenlos geschützt war, als ob Jaggers Persönlichkeit tatsächlich in Bernstein versiegelt gewesen wäre. »Das Schlimmste im Zusammenleben mit Mick war seine eiserne Verhaltensregel, daß man *niemals* Gefühle zeigen durfte, damit die Leute nicht merkten, daß man vielleicht nicht wirklich cool war. Mit der Zeit verschloß ich mich immer mehr. Ich erinnere mich, an einem jener Urlaubstage mit den anderen in Marokko mitten im Atlasgebirge plötzlich in Tränen ausgebrochen zu sein.«

In den drei Jahren ihres Zusammenlebens hatte die physische Anziehungskraft zwischen den beiden unweigerlich nachgelassen. Marianne mußte sich der Tatsache fügen, daß Jagger, wenn er neben ihr in ihrem marokkanisch drapierten Himmelbett lag, das nur tat, um das Buch, zu dessen Lektüre sie ihn kürzlich überredet hatte, durchzublättern. Sie mußte zur Kenntnis nehmen, daß sein Verlangen nach ihr abgenommen hatte und er immer häufiger das »droit de seigneur«, das er über die Hälfte aller Frauen der westlichen Welt hatte, ausübte. »Micks andere Affären haben mir in der Tat zu schaffen gemacht. Aber das war nicht so schlimm wie das Gefühl, von dieser ganzen Superstar-Geschichte an die Wand gedrückt zu werden. Manchmal denke ich, daß es geholfen hätte, wenn mehr zu trinken dagewesen wäre – und nicht nur Dope. Wenn Mick und ich uns ein paarmal zusammen betrunken hätten, hätten wir vielleicht eine Chance gehabt.«

Er konnte immer noch ein kunstvoll überzeugender Liebhaber sein, der sie mit Geschenken und Blumen zurückzugewinnen suchte, wenn sie wütend war oder sich ihm entfremdet hatte. Eine von Mariannes unbedeutenderen Klagen richtete sich gegen seinen extremen Geiz. Um den Haushalt im Cheyne Walk zu führen – und eine Frau *muß* den Haushalt für ihren Herrn und Meister führen –, bewilligte er ihr nur fünfundzwanzig Pfund. Andererseits hatte er für ihre Mutter, die Baronin Erisso, ein kleines Landhaus gekauft. Und bei ihrem Sohn Nicholas war er weiterhin die Freundlichkeit und Großzügigkeit in Person.

Der Zerfall ihrer Liebe war auch abzulesen an dem Landhaus, in dem sie einmal zusammen hatten leben wollen, in jener fernen Zeit, die nun schon achtzehn Monate zurücklag, als es noch Jaggers größte Freude zu sein schien, Nicholas an den Armen im Kreis herumzuwirbeln oder seine Schaukel immer höher der Sonne entgegen zu schwingen.

Der Antiquitätenhändler Christopher Gibbs war damals beauftragt worden, einen Besitz für sie ausfindig zu machen, der, wie stillschweigend vorausgesetzt wurde, um keinen Deut weniger stattlich sein durfte als Bill Wymans neue Villa in Suffolk, Gedding Hall. »Das Ganze zog sich außerordentlich in die Länge«, erzählt Gibbs. »Wenn Mick, Marianne und ich uns aufmachten, ein Haus, das ich gefunden hatte, anzuschauen, konnte es passieren, daß Marianne sagte: ›Könnten wir nicht unterwegs in Henley zu Mittag essen?‹ ›Aber Marianne‹, sagte ich dann, ›Henley liegt nicht auf unserem Weg, wir fahren nach Shropshire.‹ ›Aber es *könnte* doch auf dem Weg liegen!‹ Das Ergebnis war, daß eine Fahrt von zwei Stunden schließlich sechs oder sieben Stunden dauern konnte.«

Gibbs' bester Fund war Stargroves, eine pseudogotische Verrücktheit in der Nähe von Newbury in Berkshire, die dem exzentrischen Sir Henry Cardon

Mick Jagger in seiner Rolle als »Ned Kelly«. Foto: Marion Schweitzer

gehört hatte und nun für die bescheidene Summe von zwanzigtausend Pfund zum Verkauf stand. Mick und Marianne fuhren mit einem Haufen Leute, unter denen sich auch Terry Southern befand, hin, um sich in stockfinsterer Nacht das Haus anzuschauen. »Wie auch immer, ob stockfinster oder nicht, irgendwie hat alles gestimmt.«

Ausführliche Pläne für die innere und äußere Instandsetzung des Anwesens wurden in Angriff genommen. Ein ältlicher Wärter, der zusammen mit dem Besitz erworben worden war, schlurfte mit Marianne herum und lauschte verwirrt ihren Entwürfen für Irrgärten und mittelalterliche Kräutergärten. Jagger hingegen schien, kaum daß er es gekauft hatte, das Interesse an dem Anwesen schon wieder verloren zu haben. Monate später waren die Renovierungsarbeiten noch immer nicht abgeschlossen. Eine so dichte Atmosphäre von Wirrnis und Unentschlossenheit, wie sie nun über dem gotischen Gebäude lag, hätten nicht einmal viktorianische Geister hervorbringen können.

Auch für Jagger war dies eine Zeit tiefer Depression und starker Ängste. Nicht einmal sein Talent, zu übersehen, was er nicht sehen wollte, konnte ihn blind machen für Mariannes übermäßigen Drogenkonsum, und auch seine berühmte »Coolness« konnte seinen Zorn nicht bremsen, wenn ihre Sorglosigkeit einer »grande dame«, was Hasch und Tabletten anging, ihnen die Tore zum Gefängnis von Brixton wieder weit öffnete. Dank Marianne lastete bereits eine unglückliche Marihuana-Geschichte auf ihnen und setzte Jaggers ganze Strategie, die Stones vor dem Ruin zu retten, aufs Spiel. Am schlimmsten war, daß das Hasch, Speed und Koks begonnen hatten, Mariannes Aussehen zu verändern. Das strahlende, ungewöhnlich anmutige Gesicht war hohlwangig geworden, die großen, glänzenden Augen verschwommen und trübe, die Stimme rauh und deutlich tiefer. Jemanden, der das Leben nach Aussehen und Profit bemaß, mußte es schmerzen, sehen zu müssen, wie ein solcher Schatz seinen Wert verlor.

Nur noch schlimmer wurde alles durch die Ankunft von Keith Richard und Anita Pallenberg, die im Cheyne Walk Nr. 3 einzogen, ein paar hundert Meter weiter östlich. Der Umzug war geplant worden, um einerseits Mick und Keith die gemeinsame Song-Schreiberei zu erleichtern, und andererseits, um Anita von den Einschränkungen des Landlebens zu befreien. Für fünfzigtausend Pfund erwarben der König und die Königin der Rockmusik von Anthony Nutting, einem ehemaligen Minister der Tory-Regierung, ein Herrenhaus im Stil von Queen Anne. Sie zogen im August 1969 ein, jenem Monat, in dem Anita ihr erstes Kind, Marlon, zur Welt brachte.

Marlon Richard öffnete seine Augen in holzgetäfelten Räumen aus dem achtzehnten Jahrhundert, die Anita in marokkanische Haschischhöhlen verwandelt hatte, deren elegant geschwungene Decken Lampen aus getriebenem Metall trugen, die mit falschen Rubinen und Smaragden besetzt waren. Der Salon im ersten Stock, wo früher Tory-Ladies ihren Tee genippt hatten, war nun Drogentrips gewidmet – oder möglicherweise noch exotischeren Riten –, vor einem Altar, der von einem Kamin und zwei riesigen Kerzenständern gebildet wurde. An der Decke hing eine facettenreiche Kugel aus Spiegelglas, die, in langsame Drehung versetzt, die Wände und Gesimse und alles, was sich sonst noch im Raum befand, in gespenstisch tanzende Lichtflecken tauchte.

In ihren geheimen schwarzen mitternächtlichen Stunden hatten Keith und Anita schon lange die »Speedball«-Achterbahn zugunsten des vermeintlich sicheren reinen Heroins aufgegeben. Wie alle vor ihnen hatten auch sie nie in Betracht gezogen, abhängig werden zu können. »Heroin ist eine langsame Verführung«, erzählt Keith. »Man probiert es und hört wieder auf. Man stellt fest, daß man sich hinterher nicht schlechter fühlt als nach einer kräftigen Erkältung. Man sagt: »He, Sie haben mich angelogen. Ich bin noch nicht süchtig. Genau dann ist man süchtig. Der Körper braucht es, und man wird alles versuchen, um wieder ranzukommen.«

Keith und Anita gaben Marianne den endgültigen Anstoß, alle Vorsicht über Bord zu werfen. Gegen Ende 1969 hatte auch sie im Glauben, daß sie, wann immer sie wolle, wieder damit aufhören könne, begonnen, Heroin zu nehmen. »Die Leute glauben immer, daß ich schon ein Junkie war, als ich noch mit Mick zusammen war, aber das stimmt nicht. Zu dieser Zeit war es immer noch ein Experiment, das ich ganz bewußt anging.«

Das Ende dieses Jahrzehnts, das im September langsam näherrückte, ließ ein Vorhaben, das Mick Jagger seit langem heimlich geplant und vorbereitet hatte, immer dringlicher werden, ein Vorhaben, mit dem verglichen Sindbads Befreiung ein Kinderspiel gewesen war. Die Rolling Stones wollten sich von Allen Klein trennen.
Jetzt glaubten auch Keith, Bill und Charlie, wovon Jagger schon seit langem überzeugt war, daß Klein loszuwerden der entscheidende erste Schritt sein mußte, um eine Situation wieder in Ordnung zu bringen, die so grotesk geworden war, daß sie höchstens ein anderer von Kleins Klienten geglaubt hätte: Auf dem Höhepunkt ihrer Karriere als Konzert- und Plattenstars waren die Stones nahezu pleite. Wenn sie überhaupt noch eine Chance hatten, sich in die Siebziger hinüberzuretten, so lag sie in dem Konzept, das Mick ausgebrütet hatte, nämlich fast wieder ganz von vorne anzufangen.
1966 hatte ihnen Klein versprochen, er werde größere Summen für sie verdienen, als Popstars jemals vorher verdient hätten. Dieses Versprechen hatte Klein zweifellos gehalten. Eine erste ungefähre Schätzung, die Mick Jagger nach eigenen Berechnungen vorgenommen hatte, belief sich auf annähernd zehn bis siebzehn Millionen Dollar aus Plattentantiemen und Tournee-Einnahmen, die Allen Kleins Gesellschaft für die Stones eingenommen haben mußte. Ihr Fehler war es gewesen, zu glauben, daß diese Einnahmen – wie ein Bargeld-Hauptgewinn in gewissen einfältigen Quiz-Sendungen im Fernsehen – auch sofort an sie verteilt werden würden. Das hatte natürlich keineswegs zu Kleins Geschäftsstrategie gehört.
Einen Vorgeschmack von Kleins Fähigkeiten, die Einnahmen, die er für seine Klienten erwirtschaftete, in finanzielle Unternehmungen zu stecken, deren verwirrendem Einfallsreichtum selbst seine Klienten nicht immer folgen konnten, hatte ihnen seine Verwendung der 1,25 Millionen Dollar, die die Decca auf die Einnahmen aus Tantiemen vorgeschossen hatte, gegeben. So konnte er – was er auch lautstark tat – verkünden, daß solche Tricks nur zum Wohle seiner Klienten angewendet wurden, um sie von der ermüdenden Arbeit, ihre Millionen selbst zu verwalten, zu befreien und ihnen auf lange Sicht regelmäßig Dividenden zu sichern anstelle von lästigem Kapital. Ohne Kleins finanzielle Augenwischerei jedoch blieb es bei derselben ärgerlichen Tatsache: Die Stones hatten siebzehn Millionen Dollar verdient, aber das Geld war nicht auf ihren Bankkonten, sondern auf dem von Klein.
Die läppischen ein oder zwei Millionen, die ihnen ausbezahlt worden waren, hatten sie in dem überschwenglichen Vertrauen der sechziger Jahre, daß da, wo die ersten Millionen hergekommen waren, auch noch mehr zu holen sei, ausgegeben. Klein hatte sie in dieser Einstellung mit seinem ständigen »Whaddaya want?« und »Ya got it« auch noch kräftig bestärkt. Die Stones hatten ein Vermögen verschwendet, aber das war noch nicht einmal das Schlimmste. Sie hatten jedoch achtlos alles ausgegeben, als ob jeder Dollar und jedes Pfund ihnen allein gehört hätte. Mitte 1969 war dann der Tag der Abrechnung für das sorglose Leben seit 1966 gekommen. Die heimischen Steuerbehörden hatten angefangen, sich intensiv für ihre Geldangelegenheiten zu interessieren.
Die Verpflichtung von Prinz Rupert Loewenstein zu seinem persönlichen Finanzberater achtzehn Monate zuvor hatte Jaggers Enttäuschung über Klein noch weiter vertieft. Auf einer Party Loewensteins hatte Jagger zum erstenmal seinen Hyde Park-Püppchen-Anzug getragen. In einem Gespräch mit dem Gastgeber hatte Jagger ihn als Geschäftsmann kennengelernt, der entschieden mehr nach seinem Geschmack war als der ungehobelte Buchhalter aus New Jersey. Prinz Rupert war ein echter Nachfahre des österreichischen Kaiserhauses, dessen Anzug aus der Savile Row – hätte es der historische Zufall nur gewollt – ebensogut eine goldbesetzte Uniform hätte sein können wie sein *pince-nez,* ein stolzes Habsburger Monokel. Da aber nun einmal der Gang der Geschichte entschieden hatte, daß Prinz Rupert Reiche eher verwalten sollte, als sie besitzen, hatte er in weiser Voraussicht einige plebejische Eigenschaften entwickelt, in erster Linie eine Stimme mit dem leisen, berechnenden Klicken eines Rechenbretts und Augen, aus denen die grellen Farben der Spielautomaten von Las Vegas die Visionen von hoheitsvoller Macht verdrängt hatten.
Prinz Rupert Loewenstein wartete mit einer gewissen aristokratischen Verlegenheit auf jenen fernen Tag, da man Allen Klein dazu überreden könnte, die

Stones ziehen zu lassen, und er ihre sämtlichen Geschäfte als Manager übernehmen würde. Der Zeitpunkt für solch einen Wechsel konnte kaum weniger günstig sein als im Augenblick. In wenigen Monaten – um genau zu sein, Mitte 1970 – lief der Vertrag mit Decca Records aus. Es würde zu einem spektakulären Wettkampf zwischen anderen Plattenfirmen, die die Stones verpflichten wollten, kommen, weil – wie allgemein bekannt war – sie eher Harakiri begangen hätten, als wieder bei der Decca zu unterschreiben. Bei seinen Besuchen in London konnte man Klein bereits mit den Geschäften prahlen hören, die er plante. Inzwischen erwog Prinz Rupert die Möglichkeiten einer Strategie von höflichem Briefwechsel und mandarinhafter Freundlichkeit, was so gar nicht Kleins Methoden waren.

Normalerweise hätte Klein sich eine solch kunstfertige Untergrabung seiner Macht strengstens verbeten und wäre sofort mit entsprechenden Schritten dagegen angegangen. Aber Klein war bis über beide Ohren in ganz andere Geschäfte verstrickt. Seit letztem Mai hatte er seine Aufmerksamkeit auf vier Persönlichkeiten konzentriert, die sogar in diesem Stadium der Unordnung die Stones noch bei weitem in den Schatten stellten. Drei der vier Beatles hatten inzwischen Klein als ihren Manager anerkannt und es ihm ermöglicht, in das Apple-Haus einzuziehen, um mit seinem Meisterstück zu beginnen, die verstreuten Millionen wieder einzusammeln. Den ganzen Sommer lang hatte sich die Presse überschlagen mit Artikeln über das Gemetzel, das Klein unter den wehrlosen Hippies von Apple anrichtete, und über seine Vorzimmergeplänkel mit Anteilseignern der Beatles wie der EMI, Sir Lew Grade und dem Triumph Investment Trust. Nur wenige dieser Artikel erwähnten überhaupt, daß Klein auch die Rolling Stones managte. Die Ausnahme bildete die *Sunday Times,* deren hervorragendes »Insight«-Team eine ausführliche Untersuchung über Allen Kleins Geschäftsmethoden angestellt und sich dafür auf sein Verhältnis zu Andrew Loog Oldham, Eric Easton und dem 1,25-Millionen-Dollar-Vorschuß der Decca gestützt hatte. Der »härteste Profit-Profi im Popdschungel«, wie ihn »Insight« taufte, reagierte prompt mit einer Verleumdungsklage.

Die Stones wollten vielleicht nichts mehr mit Klein zu tun haben. Aber dennoch nahmen sie es ihm übel, daß er sie wie kleine Mitläufer neben den Beatles behandelte. Mitte August hatten sich die Beziehungen zwischen Klein und ihnen – gelinde gesagt – abgekühlt. Als Keith Richard den Vertrag für das Haus am Cheyne Walk Nr. 3 unterzeichnete, benötigte er zwanzigtausend Pfund, um den Kaufpreis aufbringen zu können. Sein persönlicher Ratgeber, Tom Keylock, wurde zu Klein nach New York geschickt mit dem Auftrag, nicht ohne das Geld nach Hause zu kommen. »Ich bin einfach immer weitergegangen, bis ich in Allens Büro stand«, sagt Keylock. »Er war so überrascht, daß ich es geschafft hatte, bis zu ihm vorzudringen, daß er mir das Geld für Keith sofort bewilligte.«

Geld war auch das Problem, mit dem sich Jagger beschäftigte, während er sich in Australien mit dem schrecklichen *Ned Kelly*-Text abmühte. Die einzige Möglichkeit für die Stones, genügend Geld heranzuschaffen, um ihre beträchtlichen persönlichen Ausgaben zu decken, war, die seit Mitte 1968 oft erwogene, aber wieder verworfene Amerika-Tournee endlich anzutreten. Zunächst einmal waren sich alle darüber einig, daß es gut für sie wäre, wieder unterwegs zu sein, und auch darin waren sie einer Meinung, daß Allen Klein auf keinen Fall in ihre Vorhaben einbezogen werden sollte. Aber es mußte dafür gesorgt werden, daß man sich nicht so sehr von Klein entfremdete, daß er gerichtliche Schritte gegen sie unternehmen würde, womit es ihm möglich gewesen wäre, sämtliche angesammelten Tantiemen bis zu einer Gerichtsentscheidung einzufrieren, und auf die konnte man unter Umständen Jahre warten.

Jaggers Plan war es, Ronnie Schneider anzusprechen, Kleins Neffen und rechte Hand bei der mühseligen »Reorganisation« von Apple. Schneider war immer wie ein brüderlicher Freund zu den Stones gewesen, vor allen Dingen zu Brian und Keith. Außerdem hatte ihn die offensichtliche emotionale Fixierung seines Onkels auf die Beatles enttäuscht, und er hielt Ausschau nach einer Möglichkeit, sich als Manager selbständig zu machen. Klein, der immer noch tief in die Auseinandersetzungen um die Verwaltung der Beatles-Gelder verstrickt war, stellte ihm frei, die Stones-Tournee in die Hand zu nehmen, vorausgesetzt, er tue das von Kleins Büro aus.

Als sich das als undurchführbar erwies – und zwar umgehend –, waren die Vorbereitungen bereits zu weit vorangeschritten, als daß man noch etwas hätte ändern können. Ronnie Schneider hatte die Rolling Stones übernommen.

Die Neuigkeit, daß die Stones wieder auf Tournee gehen wollten, führte zu einer vorübergehenden Ablenkung von dem Lieblingsthema der Fleet Street: die Beatles, Apple und Klein. Ein Radioreporter fragte sogar George Harrison, was er darüber denke, warum Jagger und Co. wieder auf Tournee gingen. »Ich glaube, sie brauchen das Geld«, antwortete George spontan. »... und ihr neuer Gitarrist ist phantastisch.« Auch Keith Richard sprach von einer neuen Dimension der Feinheit, die Mick Taylor in die Band eingebracht hatte. »Es hat einige Zeit gedauert, bis wir uns aufeinander eingespielt hatten.« (»Right«, stimmte der Interviewer eifrig zu.) »Aber jetzt haben wir uns zusammengefunden.« (»Right.«) »Wir freuen uns wirklich darauf, bald wieder auf der Bühne zu stehen ...«

Tatsächlich waren alle gespannt darauf, in ein Milieu zurückzukehren, das kaum mehr Ähnlichkeit hatte mit jenem, in dem sie sich ihren ersten Ruhm erworben hatten. Auf ihrer letzten Tournee 1967 war es für eine Popgruppe immer noch ausreichend gewesen, dafür zu sorgen, daß eine Konzerthalle mit Geschrei erfüllt wurde. Doch während der vergangenen zwei Jahre hatte sich der Pop zum Rock entwickelt – aus einem einfachen Überfluß an Sounds war eine Kultur entstanden: ein *Bewußtsein*. Rock war nicht nur um tausend Watt lauter, er war auch tausendmal ernster gemeint. Diese Ernsthaftigkeit betraf gleichermaßen die Bands (nicht mehr länger Gruppen) – die gewaltige Songs schrieben, die ebenso schwer zu stoppen waren wie Ozeandampfer – wie auch das Publikum, das mit einer Aufmerksamkeit zuhörte, die fast schon eine vergleichbare Virtuosität verlangte. Nur wenige von den ehemaligen Popgruppen hatten den Sprung auf den Rock-Subkontinent gewagt. Selbst die Beatles sollten hieran letztlich scheitern, und das nicht so sehr wegen der finanziellen Schwierigkeiten, in die sie verstrickt waren, als vielmehr wegen ihrer Angst davor,

Auf jede Tournee bereitet sich Mick Jagger gründlich vor.

daß die Leute ihnen vielleicht nicht mehr zuhören würden, wenn sie wieder öffentlich auftreten würden – wie Paul McCartney es wollte.

Natürlich hatte Jagger im Hyde Park etwas von dieser neuen Stimmung mitbekommen und sich freundlich akzeptiert gefühlt. Und ebenso hatte er früher als andere die Bedeutung einer neuen in San Francisco beheimateten Rockzeitschrift erkannt, die entscheidend mitbestimmen sollte, wer mit der neuen Musik zu Ruhm gelangen würde. Dem Eindruck, den die Rolling Stones früher auf Jann Wenner, ihren Gründer und Herausgeber, gemacht hatten, verdankten sie diese nicht zu unterschätzende Hilfe, daß die Zeitschrift *Rolling Stone* genannt wurde. Wenner war sowohl ein begeisterungsfähiger Herausgeber als auch ein guter Kumpel, für den die Freundschaft mit Stars eine Conditio sine qua non für den Erfolg war. Er konnte Jagger sogar dazu überreden, sich finanziell an einer britischen Ausgabe des *Rolling Stone* zu beteiligen, wobei man Jagger natürlich versprach, daß er eine gewisse redaktionelle Kontrolle übernehmen würde. Das Projekt geriet jedoch ins Stocken, als seine Londoner Mitarbeiter sich als hippiehaft ungeeignet und lasch erwiesen. Wenner – dessen Maximen sich eher an Lord Beaverbrook als an Buddha orientierten – stoppte die Finanzierung, entließ das Personal und schloß die Büros.

Da keiner der Angestellten der Stones wußte, wie man im Jahre 1969 eine Rock-Tournee auf die Beine stellte, wandte sich Jagger hilfesuchend an seine alten Freunde, die Who, die schon Erfahrungen mit dem neuen Tourneestil gesammelt hatten. Die Who liehen den Stones ihren Tourneeorganisator Peter Rudge, der seine Karriere damit begonnen hatte, Gruppen für Maitanzfeste in Cambridge zu engagieren. Jaggers Auftrag an Rudge war – eingedenk des früheren Ärgers mit amerikanischen Veranstaltern –, eine Mannschaft zusammenzustellen, die gewährleistete, daß sie von allen äußeren Behinderungen und Störungen verschont blieben. Die Stones wollten mit ihrem eigenen Personal, ihren eigenen Leuten für Sicherheit und PR-Arbeit und ihrem eigenen Ansager, Sam Cutler, reisen. Um den Veranstaltern auch noch die letzten Nebeneinkünfte zu nehmen, wollten sie sogar selbst die Bands für das Vorprogramm verpflichten. Sie wählten dafür das verheiratete Soul-Duo Ike und Tina Turner und ihr altes Bluesidol B. B. King aus. Keith reagierte prompt auf Vermutungen, daß das Vorprogramm vielleicht fast zu gut sein könnte. »Ich *will* ein starkes Vorprogramm«, sagte er immer wieder. »Wenn sie gut sind, wird mich das nur anspornen.«

Das entscheidende aber, wie alle wußten, würde Jaggers Bühnenauftritt sein. Konnte er in einer Welt, in der der langhaarige Rockstar zum Allgemeinplatz geworden war, zum mähneschüttelnden Klischee, noch einmal unüberbietbar wie früher Spektakel und Überraschung auf die Bühne bringen? Je länger er darüber nachdachte, desto häufiger fiel ihm dabei eine Gestalt ein, deren Sprünge die Herzen des Publikums immer wieder hatten höher schlagen lassen. Schließlich rief er Jo Bergman an und sagte: »Such mir einen Diaghilew.«

Die unmittelbare Reaktion der Veranstalter in ganz Amerika ließ nicht den leisesten Gedanken daran aufkommen, daß die Stones ihre Zugkraft als Konzertattraktion verloren haben könnten. An seinem einzigen Telefon wurde Ronnie Schneider mit Ferngesprächen aus Übersee belagert, mit denen den Stones buchstäblich jede Summe oder Garantie angeboten wurde, die sie nur fordern konnten. Ein erschöpfter Showman war bereit, vier Millionen Dollar für ein Konzert zu zahlen, das wie ein Weltmeisterschaftskampf im Boxen über einen bestimmten Fernsehkanal übertragen werden sollte. Trotz all seiner Nervosität war Schneider vorsichtig genug, den Tourneeplan zwischen etablierten Veranstaltern und Arenen mit hohem Prestigewert wie dem Los Angeles Forum und dem New Yorker Madison Square Garden aufzuteilen. Die eingetroffenen Vorschußzahlungen gaben der Tournee die unerläßliche finanzielle Grundlage – vor allem, weil Ronnie Schneider die Schecks nicht mehr auf die überall für den Vorverkauf zuständige Agentur, Williams Morris Inc., sondern auf die von den Stones selbst dafür gegründete Gesellschaft, Stone Tours, ausstellen ließ.

Amerikas Ohren wurden gleichzeitig mit nicht weniger als drei neuen Rolling Stones-Alben konfrontiert. Das erste war eine Sammlung von Golden Oldies mit dem Titel *Through The Past Darkly,* die Brian Jones gewidmet war – dessen Präsenz tatsäch-

lich aus jedem Stück herauszuhören war. Hinzu kam eine Werbeplatte mit vierzehn Titeln, die an zweihundert Radiosender verteilt wurde in der Hoffnung, daß damit so etwas wie eine vollständige Geschichte der Stones gesendet werden würde, von *Route 66* bis hin zu *Love in Vain,* einem vorzeitig veröffentlichten Titel aus ihrem neuen Album *Let It Bleed.*
Let It Bleed war mittlerweile fast fertig abgemischt und sollte Anfang Dezember auf dem Höhepunkt der Tournee in den Handel kommen. Wie dieser Höhepunkt aussehen sollte, konnte natürlich noch keiner ahnen – ebensowenig, wie grausam zutreffend der Titel des Albums sein würde.

»Sind Sie jetzt irgendwie zufriedener (more *satisfied*) als bei Ihrem letzten Aufenthalt hier?« fragt eine lakonische Journalistin Mick Jagger.
Für eine amerikanische Pressekonferenz ist diese Frage so außergewöhnlich geistreich, daß sich sogar Jagger dazu herabläßt, einen Schimmer von Belustigung zu zeigen.
»Sie meinen finanziell?« frotzelt er, begierig darauf, zu sehen, wie die Medien über sie herfallen werden.
»Sexuell, philosophisch?«
»Finanziell und philosophisch zufrieden.«
Ort des Geschehens ist der superschicke Rainbow Room im sechzigsten Stock des Rockefeller Centre in New York. Man schreibt den 25. November, zwei Tage vor dem Auftritt der Stones im Madison Square Garden. Nichts kann die aufkommende euphorische Stimmung bremsen. Um den weißgekleideten Jagger herum surren und blitzen die Nikon-Kameras. Hilfreiche Hände bringen immer wieder das Mikrophon in Stellung, über das er mit breitem Grinsen eine etwas ausführlichere Nicht-Antwort als gewöhnlich gibt.
»... finanziell ziemlich zufrieden. Sexuell sowieso. Philosophisch bemüht ...«

»Erwarte nicht, daß sie schreien«, flüsterte jemand Jagger als letzte Warnung zu, bevor er am 7. November auf die Bühne des Los Angeles Forum stieg. Und tatsächlich bestätigten die achtzehntausend, über deren Köpfe die breiten Lichtbündel von Suchscheinwerfern kreisten, mit ihrer murmelnden Zurückhaltung alles, was die Stones über die beruhigende Wirkung »ernsthafter Rockmusik« gehört hatten.
Dies änderte sich erst, als die Scheinwerfer ausgeschaltet wurden, um das kleine Universum in eine schwindelerregende Dunkelheit eintauchen zu lassen, und eine Stimme in gewaltigem, unverfrorenem Englisch verkündete: »Ladies and Gentlemen, da sind sie wieder, nach drei Jahren, die größte Rock'n' Roll-Band der Welt ...« Noch ehe Sam Cutler »Rolling Stones« sagen konnte, war alles in der Dunkelheit aufgesprungen und schrie sich die Lunge aus dem Hals.
Auf einer in grelles, psychedelisches Flackerlicht getauchten Bühne war plötzlich eine Gestalt mitten im Sprung zu erkennen. Sie war wahrscheinlich nicht von einem Diaghilew eingekleidet worden mit ihrem schwarzen Unterhemd, dessen Träger frech von der Schulter gerutscht war, und ihren mit Glitzersteinen besetzten Goucho-Hosen, die von einem breiten, üppig mit Nägeln beschlagenen Gürtel gehalten wurden. Um den nackten Hals hing ein knielanger Schal wie der, mit dem Isadora Duncan sich erdrosselt hatte. Auf ihrem Kopf saß ein riesiger, überdimensionaler »Uncle Sam«-Zylinder. Die gespannte Aufmerksamkeit und Würde von Woodstock schmolz dahin in der Konfrontation mit einer Stimme, die auf kaum noch menschliche Art und Weise eben gerade noch die Tonart traf, während sie die Geschichte ihrer untermenschlichen Genesis herausschrie:
»Aah was bawn in a cross-fire hurri-caayne ...«
Keith Richard, in glitzerndem Orange und mit Ohrringen wie ein in Ketchup getauchter Zigeuner, spielte eine durchsichtige, fast obszön aussehende Gitarre. Charlie Watts an seinem Schlagzeug schien in letzter Minute seine Kleidung mit einem Bauarbeiter getauscht zu haben. Bill Wyman war über und über in faustisches Rot gehüllt; nur Mick Taylor, der sich unter seiner wolligen Haarpracht und in bauschigen Fledermausärmeln versteckte, entsprach dem Stil der Westküste, sein jungfräuliches Gesicht zur Seite gewandt, während er feierlich – wie ein nachdenkliches Mädchen aus einer Novelle von George Eliot – seinem cigenen Spiel folgte.
Sie wirkten, kurz gesagt, exotisch, fremdartig und stolz unverändert. Ihre alten Songs über Londoner Püppchen und ihre neuen über Hitler, Satan, Auf-

stand und Vergewaltigung hatten immer noch die gleiche Ausstrahlung von Sünde und Laster und stachen wie Fixernadeln oder Vampirzähne in die Ohren des Publikums. Daß sie die alten Songs wieder aufnahmen, schien gerade in einer solchen Zeit zügellosen Aufbegehrens genauso bewundernswert wie, daß sie es wagten, die neuen zu spielen. Den meisten der zahlreich anwesenden seriösen Rockmusik-Kritiker verursachten Mick Jaggers Bühneneffekte genauso viel Unbehagen wie eine Hand, die ihnen allen ans Knie gelangt hätte. Die Szene, als Mick Jagger bei *Jumpin' Jack Flash* seinen mit Nägeln beschlagenen Gürtel abnahm, um damit die Bühne zu peitschen, stellte für die meisten von ihnen eine viel zu deutliche Anspielung dar, die sie in ihren Berichten lieber verschwiegen. Für Albert Goldmann, einen nicht mehr ganz so jungen Akademiker, der mit dem übermächtigen Verlangen zu kämpfen hatte, »hip« zu schreiben, war der entscheidende Augenblick gekommen, als das Publikum im Forum bei *Street Fighting Man* aufsprang und im Takt mit hochgerissenen Armen und geballten Fäusten mithämmerte.

»Jawoll«, schrieb Albert Goldmann in der *New York Times* in deutsch gefärbtem Akzent: »So ist es richtig, meine Freunde. Das war guter alter Rock'n'Roll, wie er einem Sturmbannführer das Herz erwärmt. Okay – sie drücken dir keine Fackel in die Hand und verpassen dir auch keine Armbinde, lassen dich nicht zur Sonnwendfeier den Rhein runterfahren wie in den wahrhaft guten alten Tagen. Aber du kannst immer noch vor Vergnügen quietschen und mit Tausenden von guten Kameraden die Hüften schwingen, Augen, Ohren und Seele auf den Führer geheftet, immer noch dich ausplotzen, während er es dir im Marschrhythmus besorgt, und vor allen Dingen, Jungs und Mädels, wird euch immer noch einer abgehen, nich' wahr, bei dem guten alten Gruß mit dem hochgestreckten Arm, na, ihr wißt schon, was er bedeutet.

Keine Frage, der Führer würde Gas aus seiner Kugel herausgepestet haben, hätte er im Forum mit dabeisein dürfen.«

Aber nicht einmal Albert Goldmann wäre es gelungen, wenn er versucht hätte, ehrlich zu sein, dem Vorprogramm der Stones-Tournee '69 seinen überragenden Standard absprechen – zunächst B. B. King in seinem grauen Flanellanzug, der seiner Gitarre Lucille einschmeichelnde Klänge entlockte, dann Ike und Tina Turner, die aufregendsten Erotik-Stars des schwarzen Soul, ein lakonischer Gitarrist, der scheinbar völlig desinteressiert auf der Bühne stand, während seine Ehefrau, die halbnackte Zulu-Prinzessin, mit dem Handmikrophon wie mit einem erigierten Penis spielte, es mit ihren juwelenbesetzten Fingern liebkoste und mit der Zunge traktierte, mit Stöhnen und Seufzen eine Fellatio vorspielte, an der alle teilhaben konnten. Keiner hat Mick Jaggers Bühnenshow stärker beeinflußt als Tina Turner. Er wurde nie müde, ihr zuzusehen und mit seinem Körper ihre Bewegungen aufzunehmen wie eine Datenbank, die mit Informationen gefüttert wird.

Die Einnahmen aus den beiden ausverkauften Vorstellungen im Forum beliefen sich auf zweihundertsechzigtausend Dollar und übertrafen damit den bisherigen Höchstgewinn, den die Beatles an einem Abend hatten erzielen können. Die Einnahmen aus dem Vorverkauf waren sogar fünfmal so hoch wie bei den Beatles. Am übernächsten Abend stürmten zweitausend Fans, die keine Karten bekommen hatten, das Stadion in San Diego. Sechsundvierzig von ihnen wurden wegen Vergehen, die von Drogenbesitz bis zu Steinwürfen auf Autos reichten, festgenommen.

Eine neue Gefahrenquelle bei Tourneen war der gewaltige Andrang von politischen Gruppen, die, von Love und Peace abgekommen, sich krasseren Formen des Protests zugewandt und nun die große Gruppe der Rockkonzerthörer als Zielscheibe für ihre Propaganda ins Auge gefaßt hatten. Besonders die Black Panthers hatten sich an die Stones-Tournee angehängt, einerseits, weil schwarze Musiker an ihr beteiligt waren, und andererseits, weil Jagger selbst in seiner revolutionären Phase verschiedentlich Sympathie für die Aktionen der militanten Neger hatte erkennen lassen. In Oakland forderten die Panthers, daß Jagger sich öffentlich zu ihnen bekennen sollte, andernfalls drohte man, ihn zu ermorden. »Ich ging hinter die Bühne«, berichtet Ronnie Schneider, »und Ike Turner rief mir zu: ›He, Ron – wenn du vor den Panthers Angst hast, dann bleib bei uns.‹ Alle ihre Leibwächter – und auch Ike und Tina selbst – trugen fünfundvierziger Colts bei sich.«

Besonderen Spaß bereitet hatte es Schneider als dem Manager der Tournee, daß er Bill Graham übers Telefon anschreien konnte: »Offen gesagt, Bill, – was hast du eigentlich jemals wirklich *zustande* gebracht?« Zugestandenermaßen war alles, was Graham bis dahin geschafft hatte, die San Francisco Mime Troup zu leiten, Bob Dylans Amerika-Tournee 1964 zu organisieren, aus Fillmore West die einzige ernst zu nehmende Konzerthalle für Rockmusik zu machen und durch seine Verbindungen zu Jefferson Airplane und Greatful Dead zum einflußreichsten und bestgeachteten Veranstalter für Rockmusik in Kalifornien zu werden. Nichtsdestoweniger hatte er nur wenige der Auftritte der Stones zu organisieren und mußte sich dabei mit Ronnie Schneider über Dinge absprechen, die er gewohnt war, alleine zu entscheiden. Die Auseinandersetzungen zwischen den beiden waren immer heftiger geworden, bis Ronnie Schneider in Oakland bei einem Streit darüber, wer auf der Bühne stehen sollte und wer nicht, mit seiner Aktentasche auf Bill Graham einschlug.

Als die Tournee Dallas erreicht hatte, sorgten Neuigkeiten aus London für einen verzweifelten Auflauf von Jaggers Höflingen vor der Tür seines Motelzimmers. Britische Zeitungen berichteten, daß Marianne Faithfull London verlassen hatte und in Begleitung von Mario Schifano, einem ehemaligen Liebhaber von Anita Pallenberg, nach Rom gereist war. Auf Fragen von Reportern hatte Marianne klar und deutlich gesagt, daß sie Jagger wegen Schifano, den sie ihren »Märchenprinzen« nannte, verlassen würde.

Jagger war, wie vorauszusehen gewesen war, außer sich vor Wut. Zwar hatte er selbst eine halb öffentliche Affäre mit der schwarzen Schauspielerin Marsha Hunt gehabt, aber auf den Gedanken, daß auch Marianne sich über ihre Beziehung, die in den letzten Zügen lag, hinwegtrösten könnte, war er anscheinend nie gekommen. So in aller Öffentlichkeit als Betrogener dazustehen, versetzte seinem Stolz einen fürchterlichen Schlag. Alle draußen im Licht der Scheinwerfer würden Bescheid wissen. Sie würden wissen, daß es in dieser Welt einen noch besseren Liebhaber als Mick Jagger gab. Trotzdem forderte sein Image unerbittlich den Tribut. Er mußte Rouge und Puder auflegen, seinen Isadora Duncan-Schal

Es gab Zeiten, da konnte sich Mick Jagger nichts Schöneres vorstellen als einen Spaziergang mit Marianne Faithfull und Nicholas, Mariannes Sohn.

umwerfen, an seinen »Uncle Sam«-Zylinder tippen und wie Nijinsky mit seinem Pseudodixie-Schrei »Hi Y'all ...« ins Rampenlicht springen.

Trost fand er in der rasenden Hektik des Herumreisens, im Wirbel der Räder ihres Wagens, eingehüllt in seinen silbernen Mantel, in der Bereitwilligkeit eines Harems von Mädchen, die es mehr oder weniger als ihre Berufung betrachteten, mit Rockstars zu schlafen. Den Stones standen durch Gottesurteil solch berühmte Groupies wie Miss Mercy, Susie Suck oder die höchst denkwürdigen Plaster Casters, benannt nach ihrer ungewöhnlichen Methode, die Männlichkeit ihrer Eroberungen »plastisch« festzuhalten, zur Verfügung. Trotz der Herausforderung, die sich aus den konkurrierenden Gipsabdrücken schon von selbst ergab, konnte kein Zweifel an dem letztlichen Traumziel der Groupies aufkommen. Es geht die Sage von einem wählerischen – wenn auch nicht allzu wählerischen – Mädchen, das nach den nächtlichen Anstrengungen mit dieser oder jener Musiklegende jedesmal wieder festzustellen pflegte: »Er war großartig – aber er war nicht Mick Jagger.« Schließlich, heißt es, kam der Tag, an dem Jagger selbst sie in sein Hotelzimmer bat. Am nächsten Morgen bestürmten ihre Freundinnen sie neugierig. »Wie war er denn?«, fragte eine. »Er war großartig«, gab die Hochgeehrte zur Antwort, »aber er war nicht Mick Jagger ...«

Die Kameras von Film und Fernsehen zeigten stets den höhnischen, über den Dingen stehenden Jagger, wie er eher in den Wunschträumen der Groupies als in der Wirklichkeit existierte, und der in der Pressekonferenz im Rainbow Room am 25. November einer Journalistin souverän zur Antwort gab, er sei »finanziell und sexuell zufrieden, philosophisch aber immer noch bemüht«. Der wirkliche Jagger, so wie er war, wenn ihn keiner beobachtete, hatte verzweifelte Telefongespräche mit Marianne in Rom geführt und sie unter Tränen angefleht, wieder zu ihm zurückzukommen.

»Philosophisch müde, hat er gesagt?« unkte die *New York Tribune*.

»Identifiziert ihr euch mit der revolutionären Jugend Amerikas?« versuchte es ein anderer Fragesteller.

»Wir stehen hinter euch«, lachte Jagger, »sozusagen auf den Fersen.«

»Was ist mit dem Vietnam-Krieg?«

»Bringt das hinter euch, so schnell ihr könnt.«

»Was halten Sie davon, daß John Lennon seinen MBE-Orden der Queen zurückgegeben hat?«

»Er hätte es schon tun sollen, als er ihn erhielt.«

»In den Zeitungen war zu lesen, ihr würdet ein ›free concert‹ geben. Stimmt das?«

»Ja, wir werden ein ›free concert‹ geben«, antwortete Jagger. »Es wird am 6. – äh – Dezember in San Francisco stattfinden, aber *nicht* im Golden Gate Park, sondern irgendwo in der Nähe, in einem etwas größeren Rahmen.«

Am Beginn der fürchterlichen Geschichte stand der Wunsch nach einer netten Geste. Es fing damit an, daß die Stones, was äußerst selten geschah, eine kollektive Gewissensregung verspürten.

Wenn sie auch finanziell und sexuell mit dem offiziellen Abschluß der Tournee zufrieden sein konnten, so mußten sie sich doch eingestehen, daß der Tournee eine Welle von Verärgerung gefolgt war. In fast jeder Stadt hatten sie die Veranstalter wegen der hohen Gewinnanteile, die sie bekommen hatten, wegen ihrer egomanischen Rockstar-Arroganz, den Verspätungen bei den Auftritten, ihrem unmäßigen Bedarf an Buffets und Wein und wegen ihrer kleinlichen Gereiztheit, wenn B. B. King oder Ike und Tina Turner zuviel Aufmerksamkeit erhielten, angegriffen. Die am häufigsten geäußerte Kritik betraf die Eintrittspreise, die angeblich um fünfzig Prozent höher gelegen hatten als bei vergleichbaren Rock-Attraktionen. Die Stones hätten, so hieß es, den Teenagern systematisch und kaltblütig das Geld aus der Tasche gezogen, um ihre zwei Millionen an Einnahmen zusammenzubekommen.

Die meisten dieser vernichtenden Artikel erschienen zwar in Zeitungen, denen die Stones wenig Aufmerksamkeit schenkten. Aber auch Teile der Underground-Presse hatten begonnen, ihre rücksichtslosen triumphalen Erfolge kritischer zu kommentieren. Am schärfsten äußerte sich Ralph J. Gleason, einer der Mitbegründer der Zeitschrift *Rolling Stone* und ein einflußreicher Kolumnist des *San Francisco Chronicle*.

»Brauchen die Rolling Stones wirklich das ganze Geld?« fragte Gleason in seiner Kolumne. »Wenn sie auf die schwarzen Musiker wirklich so abfahren, wie jede Note, die sie spielen, und jede Silbe, die sie von sich geben, es vorgeben, ist es dann nicht selbstverständlich, wenn man eine Show mit Ike und Tina Turner macht, daß man ihnen auch ihren Anteil an der Ausbeute zukommen läßt? Wieviel können die Stones überhaupt nach Merry Old England mitnehmen? ... Wenn man sechs oder sieben Dollar dafür zahlen muß, um die Stones aus einer Entfernung von vierhundert Metern zu hören, nur weil die Künstler eine solche enorme Gage verlangen, so sagt das etwas sehr Übles über die Einstellung der Künstler zu ihrem Publikum aus. Es heißt nichts anderes, als daß sie ihr Publikum verachten.«

Tatsächlich waren die Eintrittspreise zwischen viereinhalb und siebeneinhalb Dollar nur unwesentlich höher als der Betrag, den fanatische Rockanhänger damals zahlten, um Blind Faith oder die Doors zu sehen. Die Stones selbst waren über die Spitzenpreise von achteinhalb Dollar im LA Forum entsetzt gewesen und hatten öffentlich bekanntgeben lassen, daß diese nicht von ihnen, sondern vom Management festgesetzt worden waren. »*Rolling Stone* hat einfach abgedruckt, was Gleason schrieb, ohne es nachzuprüfen«, sagt Ronnie Schneider. »Das war alles Quatsch – genauso wie die Behauptung, die Stones hätten Ike und Tina Turner schon bei ihrer Verpflichtung übers Ohr gehauen. Sie haben sogar B. B. King bezahlt, obwohl er bei der Tournee auch umsonst mitgemacht hätte.«

Nichtsdestoweniger war es zum Eklat gekommen. Jagger hatte Gleasons vom *Rolling Stone* abgedruckten Artikel gelesen und war empört über die Behauptung, er nehme sein Publikum aus. Die passende Antwort darauf lag auf der Hand und hatte sich auch schon bei früheren Gelegenheiten bewährt. Die Stones würden sich mit einem »free concert« bei Amerika bedanken.

Für solch ein Vorhaben kam nur eine einzige Stadt in Frage: San Francisco, wo Hippies, Acid, Liebe und Rockmusik zuerst zueinandergefunden hatten. Hier war die Heimat von bedeutenden Bands, die dabei mitwirken konnten; hier wurde auch die Zeitschrift *Rolling Stone* gedruckt. Hier waren nicht nur die Quellen des Rockbewußtseins zu finden; es war außerdem auch der wärmste Ort, der sich für ein Konzert im Dezember unter freiem Himmel denken ließ. Jaggers Idee kam genau zum richtigen Zeitpunkt. Sechs Monate waren seit dem Wunder Woodstock vergangen. Die Zeit war reif für einen weiteren großen Aufzug von ausgeflippter »togetherness«. Was als ureigenes Projekt der Rolling Stones begonnen hatte, wurde sofort ein Anliegen der Gemeinschaft von Supergruppen, angeführt von den überwältigenden und anspruchsvollen Greatful Dead. Die Dead hatten schon angeboten, ebenfalls aufzutreten und mit den Leuten der Stones zusammen die Organisation zu übernehmen. Und auch Jefferson Airplane, Santana, Crosby, Stills, Nash and Young sowie die Flyin' Burrito Brothers zeigten großes Interesse daran, mit von der Partie zu sein.

Zu diesem altruistischen Interesse kam noch die Zusage, daß alles im Film festgehalten werden sollte. Jagger hatte die ganze Zeit schon vorgehabt, die Stones auf ihrer Tournee filmen zu lassen und daraus ein Kinoereignis zu machen, was ihr Hyde Park-Konzert merkwürdigerweise nie geworden war. Obwohl Jagger an einem einzigen Tag so viele Leute angelockt hatte wie die Rocksensation Woodstock innerhalb von drei Tagen. Es ließ ihm einfach keine Ruhe, daß der Woodstock-Film in Kürze überall in Amerika anlaufen würde, während »The Stones In The Park« nur ein einziges Mal im englischen Fernsehen gesendet worden war.

Sein ursprünglicher Kandidat für ein Konkurrenzprojekt zu Woodstock war der Kameramann und Regisseur Haskell Wexler gewesen. Wexler hatte den Job zunächst angenommen, war aber wieder ausgestiegen, als die Tournee erst zur Hälfte abgewickelt und noch kaum etwas gedreht worden war. Erst in New York fand Jagger in Albert und David Maysles eine geeignete Alternative – zwei filmende Brüder, die sich vor allem mit einem faszinierenden *cinema verité*-Bericht über die erste Reise der Beatles nach New York einen Namen gemacht hatten. Die Maysles filmten die Stones im Madison Square Garden und bei zwei anderen Auftritten, hatten damit aber noch lange nicht genug Material im Kasten. »Dann hörten wir, daß in San Francisco ein ›free concert‹ stattfinden sollte«, sagt David Maysles. »Wir konnten uns zunächst nicht entscheiden, ob das eine lohnende Sache werden könnte.«

Nach ihrem letzten bezahlten Auftritt auf dem Miami Pop Festival reisten die Stones nach Alabama, um in den Muscle Shoals-Studios an Songs für ein Album zu arbeiten, aus dem später *Sticky Fingers* werden sollte. Ihr Mitarbeiterstab, geleitet von Jo Bergman, zog in das Büro der Greatful Dead in Marin County nördlich von San Francisco, wo das neue Woodstock in weniger als zwei Wochen organisiert werden sollte. Rückblickend erscheint es unbegreiflich, daß Leute, die sich so intensiv mit der Deuterei guter und böser Vorzeichen beschäftigten – Leute, für die es hauptsächlich auf die »vibes« ankam –, jene Kräfte nicht sahen oder spürten, die das ganze Unternehmen bereits auf die Katastrophe zusteuern ließen. Während des ganzen Sommers hatte sich eines immer wieder gezeigt – zu Love and Peace gehörte auch die Kehrseite: Unruhe, Aggression und Haltlosigkeit. Zwei Rockfestivals, die nach der großen Idee von Woodstock geplant worden waren, hatten dann unter Gewaltexzessen gelitten, die entweder durch verhängnisvolle Drogenexzesse oder ganz bewußt von militanten Hippiegruppen provoziert worden waren, die sich mit Namen von Märtyrern des achtzehnten Jahrhunderts schmückten, wie etwa die Diggers und die Weathermen. Die Auseinandersetzungen vor und hinter der Bühne der Rockmusik waren so ritualisiert worden, daß *Rolling Stone* sich verpflichtet fühlte, teilweise als politisches Flugblatt zu erscheinen und dieses Jahr zum »Jahr der amerikanischen Revolution« zu erklären, wobei der Name des eigenen Landes mit einem faschistischen »k« buchstabiert wurde. Vor allem ein Geschehnis drückte diesen Umschwung mit schreckenerregender Klarheit aus. Ein bärtiger Apostel von der Haight-Ashbury namens Charles Manson hatte seine selbstgeschaffene »Familie« in das Haus der im achten Monat schwangeren Hollywood-Schauspielerin Sharon Tate geführt und dann zugesehen, wie sie und drei ihrer Freunde systematisch in Stücke gehackt wurden.

Und über allem schwebte wie ein Soundtrack zur neuen Barbarei *Let It Bleed* – die rauhe, dunkle Beschwörung von *Gimme Shelter;* die mörderische Verspieltheit von *Midnight Rambler* mit zusätzlichem Text von Albert de Salvo, dem Würger von Boston. Durch die Stones war Zerstörung »cool« geworden und der Teufel ein Rockstar. Sie hatten Millionen von Anleitungen zum Abschlachten verkauft. Sie waren die Hausgötter der wirren Rebellen aus den Vorstädten. »Welcome Rolling Stones«, begann eine der typischen Wandzeitungen, »unsere Genossen im verzweifelten Kampf gegen die Wahnsinnigen, die die Macht innehaben. Die revolutionäre Jugend der Welt hört eure Musik und ist inspiriert zu noch todbringenderen Aktionen. Wir werden eure Musik spielen, wenn wir die Gefängnisse zerschlagen und die Gefangenen befreien, wenn wir die Schulen zerschlagen und die Schüler befreien, wenn wir die Militärstützpunkte zerschlagen und die Armen bewaffnen, wenn wir den Wärtern und Generälen ›burn, baby, burn‹ auf die Bäuche tätowieren und eine neue Gesellschaft aus der Asche unserer Feuer schaffen ...«

Im Haus der Greatful Dead in Marin County versicherten unterdessen Leute, die noch in der Stimmung von vor sechs Monaten lebten, einander, daß es diesmal das größte Love-in und Freak-out überhaupt geben werde. Schon jetzt hatte das Konzert einen ganzen Haufen von angeblichen Organisatoren angezogen, unter denen wirklich jede Gruppierung aus der Musik- und Politszene von San Francisco wie auch die Aktivisten von der Basis vertreten waren. In der sich täglich versammelnden, diskutierenden Menge konnte man Jerry Garcia und Phil Lesh von den Greatful Dead mit Rock Scully, ihrem Manager, finden genauso wie Jo Bergman und Ronnie Schneider vom Troß der Stones, Sam Cutler, ihren Ansager, und John Jaymes, ihren Sicherheitschef, Chet Helmes von Family Dog, Emmett Grogan von den Diggers, David Crosby von Crosby, Stills, Nash and Young, sowie Dutzende von Halbberühmtheiten der Bay Area, Agitatoren, Rumlungerer und Journalisten.

Auch hier waren die Brüder Maysles immer dabei und filmten, was aussah wie das Vorspiel zu einem großartigen Rockereignis. So waren die Maysles auch am Flughafen von San Francisco, um die Ankunft von Chip Monk festzuhalten, einem sanft lächelnden Jungen im Afro-Look, der die außerordentlich gelungene Bühne von Woodstock gebaut und den Auftrag erhalten hatte, sein Meisterwerk hier zu wiederholen. Chip Monk verschwand lächelnd in dem überschäumenden Tumult, den ein Reporter vom *Rolling Stone* trocken so beschrieb: »Treffen von zwei, drei oder zehn Leuten in den kleineren Büroräumen lösten sich nach wenigen Minuten in ein Durcheinander auf ... Überall herrschte eine Atmosphäre hektischer Geschäftigkeit, aber in Wirklichkeit passierte gar nichts.«

Ein bis dahin noch überhaupt nicht geklärtes Problem war, ein gut zugängliches freies Grundstück zu finden, dessen Besitzer die Zustimmung zu einer Invasion von einer halben Million Rockfans und dem Aufbau eines richtigen Zeltlagers geben würde. Eigentlich hatten alle angenommen, daß der Golden Gate Park, die nächstliegende und geeignetste Anlage, zur Verfügung gestellt werden würde, doch hatte sich bis zur Ankündigung des Konzerts noch niemand mit der Parkverwaltung von San Francisco in Verbindung gesetzt. Als dies schließlich doch noch geschah, erfuhr man, daß die Parkverwaltung eine Kaution von vier Millionen Dollar als Sicherheit für etwaige Schäden an städtischem Eigentum und die Kosten der später notwendigen Aufräumarbeiten verlangte. Also wurden auch mit anderen großen

Landbesitzern im Gebiet von San Francisco hektische Telefonate geführt. Aber die hatten bei dem Vorschlag eher Visionen von Müll und Exkrementen als von Love and Peace, und lehnten es empört ab, ihren unbebauten Grundbesitz, wie gewünscht, kostenlos zur Verfügung zu stellen.

Das Problem schien gelöst, als Craig Murray, der Geschäftsführer der Sears Point-Autorennbahn, sein Land kostenlos anbot und mit nur geringfügigen Auflagen, deren wichtigste die war, daß alle Gewinne aus dem Konzert vietnamesischen Waisenkindern zugute kommen sollten. Die Rennbahn war ideal, groß genug, leicht zugänglich für Massen von Menschen, und man kannte sich dort auch mit dem Versorgungsproblem für große Zuschauermassen aus und hatte auch noch die erforderlichen sanitären Einrichtungen. Murrays Angebot wurde freudig angenommen. Chip Monk fuhr mit seinen Bühnenarbeitern und Beleuchtern hinaus nach Sears Point, um mit den Aufbauten zu beginnen.

Erst als die Bühne schon fertig war und Zehntausende von Hippies ihren Rucksack für die Fahrt nach Sears Point schnürten, zeigte sich der Haken bei der Sache. Die Sears Point-Rennbahn gehörte der Filmways, einer in Los Angeles ansässigen Filmgesellschaft, deren Einstellung sich als erheblich weniger philanthropisch als die Craig Murrays erwies. Zu den von Craig Murray angebotenen Konditionen fügte die Filmways in letzter Minute noch die Forderung nach den Exklusivrechten für den Vertrieb aller beim Konzert entstandenen Filmaufnahmen hinzu, andernfalls sollte ihr eine Million Dollar in bar ausgezahlt sowie eine Bürgschaft von einer weiteren Million Dollar für etwaige Schäden auf dem Gelände hinterlegt werden.

Kurz darauf stellte sich heraus, daß die Filmways einen guten Grund für diese offen niederträchtige Haltung hatte. Eine ihrer Tochtergesellschaften, die Concert Associates, hatte die zwei Auftritte im Los Angeles Forum veranstaltet, wobei die Stones drei Viertel der Bruttoeinnahmen von zweihundertsechzigtausend Dollar aus dem Kartenverkauf eingesteckt, unmäßige Forderungen bei der Versorgung hinter der Bühne gestellt und – wie Concert Associates behauptete – ihre Zusage für ein Wiederholungskonzert im Forum nicht eingehalten hatten. Bei diesen schlechten Erfahrungen konnte man von Filmways nicht erwarten, daß sie bei irgendeiner Sache, die die Stones betraf, großzügig sein würde. Ronnie Schneider seinerseits lehnte es rundheraus ab, die Filmvertriebsrechte abzugeben oder die geforderten Summen zu zahlen. Vierundzwanzig Stunden bevor das Konzert auf der bereits fertigen Bühne beginnen sollte, war mit der Sears Point-Rennbahn als Veranstaltungsort kaum noch zu rechnen.

In diesem fast schon hoffnungslosen Augenblick, als die Greatful Dead-Fraktion handlungsunfähig durcheinanderlief und die Stones ankündigten, wenn nötig, auch auf einem leeren Parkplatz zu spielen, trat eine schillernde neue Gestalt ins Licht der Veranstalter-Szene: Melvin Belli, San Franciscos berühmtester Starverteidiger, ein weißhaariger Showman der Justiz, der Jack Ruby, den Mörder von Lee Harvey Oswald, verteidigt hatte, aber auch von Gastrollen in Soap Operas im Fernsehen her bekannt war. Mick Jagger hatte das Vertrauen in die Greatful Dead-Hippies verloren und gab Mel Belli den Auftrag, die vertrackte Situation mit Sears Point und der Filmways zu entwirren und möglichst doch noch in letzter Minute ein anderes Konzertgelände zu finden.

Die Kameras der Maysles liefen in Bellis Büro mit, als der »King of Torts« im braunen Beau Brummel-Anzug mit grellgelbem Hemd seinen großen Geist vom Fall ›Charles Manson‹ dem Dilemma des Free Rock-Festivals von San Francisco zuwandte. Bellis ursprünglicher Vorschlag war, wie Ronnie Schneider sich erinnert, etwas ungewöhnlich. »Er sagte: Ihr könntet einfach loslegen, das Konzert in Sears Point geben und es darauf ankommen lassen, ob sie euch verklagen. Vielleicht kommt es gar nicht dazu.«

Die Szenerie – Mel Belli, der am Telefon mögliche Kandidaten für die Bereitstellung eines Geländes ins Kreuzverhör nahm, während Schneider und John Jaymes zuschauten und im Nebenzimmer die Manson-Zeugen warteten –, gab der ganzen Krise etwas Surrealistisches. Schließlich glaubte man einen möglichen Mäzen gefunden zu haben, aber der machte mit wachsender Verärgerung in der Stimme immer neue Einwände geltend, und Bellis nervtötende, im Gerichtssaal geschärfte Ironie schien ihn nur noch weiter zu reizen. »... Sie verstehen meine Schwierigkeiten nicht, ich habe Schwierigkeiten mit

der Zeit«, zischte dieser unbekannt gebliebene Zeitgenosse, »meine Leute brauchen mehr Zeit, um das klarzukriegen ... Ich sehe nur Ärger auf mich zukommen – bei der ganzen Geschichte wird mir nur der Arsch auf Grundeis gehen ...« »Nun ja, ich bin kein Spezialist für Darmerkrankungen«, erwiderte der Anwalt in verbindlichem Ton.
Erstaunlicherweise fand Mel Belli im Verlauf jenes Freitagmorgens doch noch einen Auftrittsort. Der Besitzer der Altamont-Rennbahn in der Nähe von Livermore in Kalifornien, ein Mann namens Dick Carter, rief an und machte das Angebot, sein Land sogar zu noch günstigeren Bedingungen als den anfänglich für Sears Point unterbreiteten zur Verfügung zu stellen. Die einzige Auflage war, daß das Konzert umsonst sein mußte, daß die Organisatoren eine Summe von fünftausend Dollar für die späteren Säuberungsarbeiten garantierten und daß eine Versicherungspolice im Werte von einer Million Dollar abgeschlossen würde, um eventuell größere Schäden abzudecken.
Das Gelände, etwa vierzig Meilen südöstlich von San Francisco, war eine Auto-Crash-Rennstrecke, die man in ein Wiesengebiet von zweiunddreißig Hektar Größe hineingeschnitten hatte, und auf dem Papier schien es mehr als geeignet, die erwarteten dreihunderttausend Zuschauer aufnehmen zu können. Die entscheidende Frage war, ob Chip Monk und sein Technikerteam es in den verbleibenden zwanzig Stunden schaffen würden, die Bühne, die sie in Sears Point errichtet hatten, auseinanderzunehmen, sie mit allen ihren Hilfstürmen und Generatoren die fünfundsechzig Meilen zur Altamont-Rennbahn zu transportieren und sie dort rechtzeitig für den Konzertbeginn am folgenden Mittag wieder zusammenzusetzen. Monk – der einzige Held, den dieses Unternehmen hervorbringen sollte – war der Meinung, daß es mit zusätzlichen freiwilligen Helfern zu schaffen sei, wenn alle die Nacht durcharbeiteten.
Noch am Nachmittag hatte Mel Belli die Verhandlungen mit dem philanthropischen Mr. Carter, einem schmalgesichtigen Mann, der Haaröl benutzte und ein Oberlippenbärtchen trug, abgeschlossen. »Der Sheriff möchte wissen«, stichelte Belli mit dröhnender Stimme, »wer ins Klo geht und wo.«
»Die Sache ist perfekt!« verkündete der *Rolling Stone* in einer überschwenglichen, in letzter Minute eingeschobenen Mitteilung. »Es wird ein kleines Woodstock werden, und was noch aufregender ist, es wird ein *spontanes* Woodstock werden.« Den ganzen Abend lang stand diese Meldung auf dem Sendeplan der Rock-Radiosender und lenkte den Strom von Pilgern von Sears Point nach Altamont. Und nur einige wenige konnten die allgemeine Euphorie nicht teilen. »Sie werden es nie schaffen«, meinte Bill Graham, der aus dem großen Schatz seiner Erfahrungen als Veranstalter schöpfen konnte. »Sie sollten es absagen, oder alles wird ihnen in den Händen explodieren ...« Andere, die – wie es auch schon vor Woodstock versucht worden war – ein Horoskop aufgestellt hatten, mußten zu ihrer Bestürzung feststellen, daß am 6. Dezember der Mond im Zeichen des Skorpions stehen und eine Zeit von Chaos und Gewalt mit sich bringen würde.

Wer eigentlich zuerst die Idee aufbrachte, Hell's Angels als Ordner einzustellen, daran kann sich heute keiner mehr erinnern. Einige behaupten, es sei Rock Scully, der Manager der Greatful Dead, gewesen; andere erinnern sich, daß Emmett Grogan von den Diggers vorgeschlagen hatte, die Stones sollten von einer Ehrengarde »aus einer Hundertschaft Angels auf ihren Maschinen zur Bühne eskortiert werden ... und niemand würde es wagen, sich ihnen zu nähern.«
Die Idee entbehrte nicht einer gewissen Logik. Bei früheren Rockkonzerten im Gebiet von San Francisco hatte man es für besser gehalten, die Angels gleich einzuladen, als ihre unerbetene Ankunft in einer Stimmung von Feindseligkeit zu riskieren. Ihnen einen gewissen offiziellen Status einzuräumen, hatte sich als noch wesentlich besseres Besänftigungsmittel erwiesen. So wurden im Geiste der Bruderschaft des Wassermanns und in der frommen Hoffnung, daß derselbe Trick wieder klappen werde, verschiedene Abteilungen der Hell's Angels überall in Nordkalifornien angesprochen und eingeladen, in Altamont als »Ordner« in Aktion zu treten.
Man hatte sie nicht als Leibwächter für die Stones eingestellt, wie in allen späteren Berichten behauptet wurde. Richtig ist, daß Leute aus der Umgebung der Stones, vor allem Sam Cutler, ihr Ansager bei Kon-

zerten, dafür waren, die Angels zu holen. Alles, was sich Sam Cutler und auch die Stones unter dem Begriff »Hell's Angels« vorstellen konnten, waren pikkelgesichtige Jungs mit frisch gewaschenen Haaren, die ein so dekorativer und friedfertiger Bestandteil des Hyde Park-Konzerts vor fünf Monaten gewesen waren.

Doch waren die kalifornischen Hell's Angels aus ganz anderem Holz geschnitzt. Sie waren straff organisierte halbkriminelle Gangs, deren faschistische Lederkleidung und Abzeichen überdeutlich ihren wahren Charakter widerspiegelten. Ihre gruppenweise verübten sadistischen Repressalien gegen jeden, der auch nur in Verdacht geraten war, sich über ihre Bruderschaft abfällig geäußert zu haben, hielten sogar die Polizei davon ab, sich mit ihnen einzulassen. Und Gnade dem, der einem Angel, seiner Freundin, seinem Gruppenabzeichen oder gar seiner neurotisch glitzernden Maschine mit dem extra hohen Lenker auf der Autobahn nicht den nötigen Respekt zollte.

Schriftsteller wie Hunter S. Thompson und Emmett Grogan, die in ihrer Brutalität und Verdrecktheit eine Offenheit erblickten, wie sie sonst im modernen amerikanischen Leben nicht mehr vorkam, hatten ihnen in den letzten Jahren zu einem gewissen Chic verholfen. So war es einerseits Taktik, aber andererseits auch »groovy«, mit diesen echten Großstadtkriminellen einen sichtbaren Kontrapunkt zu den mythischen Einzelgängern und Vagabunden der Rockmusik zu setzen.

Mittlerweile war es an diesem stürmischen 5. Dezember, einem Freitag, sechs Uhr abend geworden. Die schwache Wintersonne war in der frostigen Dämmerung verschwunden. Auf den Hügeln um Dick Carters Rennbahn konnte man Scharen von Menschen ausmachen, deren merkwürdig sturer, fatalistischer Trott – wie auch ihre Perlenketten, Zöpfe und zusammengerollten Decken – sie aussehen ließ wie Rothäute auf dem Weg zu ihren neuen Jagdgründen. Die ersten Zuschauer hatten Altamont erreicht.

Was sie am Ende ihrer Reise erwartete, war alles andere als ein reizvoller Anblick. Das Gras auf den kahlen Böschungen, die sich an drei Seiten der Rennbahn hinzogen, hatten die Auspuffgase ausgebleicht, und vereinzelt standen die zertrümmerten Karosserien der in den Auto-Crash-Wettkämpfen zu Wracks gewordenen Wagen herum. Splitter von rostigem Blech und Glasscherben knirschten unter den Sandalen. Alles sah trostlos und verloren aus – was es im Grunde auch war. Die Rennbahn von Altamont stand schon lange am Rande des Bankrotts. Und in Dick Carters Augen war dies eine Chance, dem Gelände ein »neues Image« zu geben.

Die frühzeitig Angekommenen stellten ihre Zelte auf und entzündeten, als die Nacht kälter wurde, Feuer aus den Latten des Zaunes, der um das Gelände lief. Andere zwängten sich hinter die Armaturenbretter der ausgeschlachteten Autowracks, um sich dem Schlaf oder der Liebe hinzugeben. Auf dem tiefer gelegenen Gelände unmittelbar neben der Rennbahn arbeitete Chip Monks Truppe von Freiwilligen unter Bogenlampen daran, die Bühne aufzustellen. Die Stimmung war gut wie in einem Pfadfinderlager, im Licht der Bogenlampen wurde Ball gespielt, und an den Lagerfeuern gab es Gitarrensongs und gute Trips. Tosender Beifall begrüßte die Ankunft von acht alten Lastwagen, jeder mit einem Dutzend Ein-Mann-Toiletten beladen, in denen man – fälschlicherweise – erst die Vorhut der sanitären Anlagen vermutete.

Die Stones selbst kamen um drei Uhr morgens in einem Wagen mit Ronnie Schneider an. Mick Jagger, angetan mit einem rosa Umhang und einer Ballonmütze aus Samt, inspizierte Chip Monks fast fertige Bühne und stolzierte zwischen den Lagerfeuern herum wie der junge König Heinrich bei einem Besuch seiner Truppen vor Agincourt. Als ihm jemand demokratischerweise einen Joint hinhielt, ließ er zunächst die Fernsehscheinwerfer ausschalten, nahm dann einen »Hit« und gab den Joint anschließend wieder zurück. Die Atmosphäre hätte zu dieser Zeit nicht besser sein können. Keith Richard gefiel die Stimmung der Menge so gut, daß er für den Rest der Nacht dablieb, um zu reden, zu rauchen und sich schließlich auf dem Gras schlafen zu legen.

Als am Sonntagmorgen die blasse Wintersonne aufging, waren schon hunderttausend auf dem Gelände, und stündlich trafen weitere Tausende ein, die ihre Wagen acht Meilen entfernt auf einem befestigten Teilstück einer halbfertigen Autobahn abgestellt und sich dem Indianertreck die Zufahrtsstraße hinab, über die Hügel oder längs der Eisenbahn-

geleise entlang angeschlossen hatten. Aus der Vogelperspektive glich der Anblick einem riesigen gepflügten Acker mit abwechselnd erdbraunen oder jeansblauen Furchen, die sich wie von kleinen Erdstößen erschüttert über eine sich blasser abzeichnende Halbwüste bewegten.
Im Umkreis von einer halben Quadratmeile um Chip Monks Bühne wurden die Böschungen von wetterfest gekleideten Leibern besetzt gehalten, die ihre wertvollen Zentimeter Raum mit soviel Hingabe verteidigten, als ob die unmittelbare Gefahr bestünde, daß die Erde sich jeden Augenblick auf den Kopf stellen könnte. Hier und da konnte man das eine oder andere von den Dutzenden von Filmteams, die Albert und David Maysles spontan zusammengestellt hatten, zwischen Beinen und Rükken herumstolpern sehen. Die Maysles wollten typische Bilder der Hippie-Szene einfangen, und sie wurden nicht enttäuscht. Wohin auch immer die Kameras gerichtet wurden, überall gab es bemalte Gesichter, tätowierte Körper und Babys, die gerade gestillt wurden, zu sehen. Von Zeit zu Zeit sprang irgendeine halbnackte Gestalt in der Beglückung eines guten oder in der Qual eines schlechten Trips auf, um das wirbelnde Derwisch-Ritual eines Freakouts zu zelebrieren. Alles schien genau nach Plan zu laufen bei dem, was die Organisatoren inzwischen »Woodstock West« nannten.
Die Hell's Angels trafen ungefähr um zehn Uhr morgens ein. Hochrufe und sogar Beifall wurden laut, als das Röhren der 850er Maschinen die Menge wie einen feinen Schleier zerteilte und die dreckgeschwärzte Schwadron ihre schweren Stahlrösser in feierlicher Anordnung – zunächst die San Franciscoer Abteilung, dann die aus San Bernadino, Oakland und schließlich die aus San José – den Hügel hinunterwuchtete. Für ihr leibliches Wohl hatten die Angels in einem gelben Schulbus Vorräte an Bier, billigem Rotwein und noch gefährlicherem billigem LSD mitgebracht. Als sichtbare Zeichen ihrer Ordnerfunktion hatten sie Ketten, Messer und Schlagringe dabei, und als ihre ganz spezielle Art von schlagendem Argument auch noch abgesägte und mit Blei beschwerte Billardstöcke.
Weinflaschen und Joints wurden der durchziehenden Armada entgegengehalten und gnädig von ihr akzeptiert. Ein Mädchen, das vor einer der Maschinen hatte zur Seite springen müssen, wagte es, sich lauthals zu beschweren. Der Angel hielt an, wartete, bis seine Freundin abgestiegen war, ging dann auf das andere Mädchen zu und schlug ihr ins Gesicht.
Bis zum Mittag, dem festgesetzten Zeitpunkt für den Beginn des Mammutkonzerts, hatte die ausgelassene Stimmung auch auf jenem Teil des Geländes, der nicht von den Hell's Angels kontrolliert wurde, bereits beträchtlich gelitten. Der strahlende Sonnenschein war von Wolken und grauem, trübem Licht abgelöst worden, das den ganzen deprimierenden Charakter der Altamont-Rennbahn erkennen ließ. Die wenigen dürftigen Möglichkeiten, die man zur Verpflegung und Unterhaltung der Zuschauer bereitgestellt hatte, waren von den 300 000 längst überrollt worden. Vor dem kleinen Bestand an transportablen Toiletten hatten sich hundert Meter lange Schlangen gebildet. Und die neunzehn Ärzte in ihren verstreuten Erste-Hilfe-Stationen waren schon allein durch die Opfer schlechter Drogen, die augenscheinlich von organisierten Syndikaten in Umlauf gebracht worden waren, überlastet. Die wenigen Vorräte an Gegenmitteln wie Thorazin gingen rasch zu Ende, und für die meisten Opfer konnte nichts anderes getan werden, als sie an mit Seilen abgesperrten Plätzen zu verwahren, wo sie sich wie halbtote Pestopfer schüttelten und in Schmerzen wanden. Was bis zu diesem Moment geschehen war, hatte eher ein riesiges, ständig wachsendes Elendsgebiet entstehen lassen – dessen Bewohner entweder durch chemischen Horror gelähmt oder in bewußtlose Langeweile versunken waren – als ein Woodstock West. Bisher war noch keine Note gespielt worden; nicht einmal die Lautsprecheranlage funktionierte richtig.
Unten auf der Bühne, die mittlerweile mit Roadies und Hell's Angels so überfüllt war wie ein leckgeschlagenes Rettungsboot, erregte sich Sam Cutler, mit buschigem Schnurrbart und in abgewetzter Ledermontur, über einen Schwarzen, der einfach heraufgeklettert oder eher -gestiegen war, denn der Bühnenrand lag unerklärlicherweise nur ungefähr gut einen Meter über dem Boden.
In einem Tonfall von Love and Peace, den er sich offenbar nur mit größter Mühe abringen konnte, sagte Cutler: »Ich möchte, daß du von der Bühne verschwindest, Baby, *bitte.*«

»In Ordnung, Mann«, erwiderte der Quälgeist ebenfalls in einem Ton, in dem man eigentlich nur Abmachungen mit Freunden trifft. »Weißt du, ich kann das verstehen.« Kaum aber hatte Cutler ihm den Rücken zugewandt, war er wieder oben.
»Ladies and Gentlemen«, verkündete Sam Cutler schließlich über die immer noch schwankende Lautsprecheranlage. »Wir präsentieren Ihnen Santana, die erste Band auf der besten Party 1969 ...«
Santanas Mischung aus kraftvoller Latin-Big-Band-Musik und den von Carlos Santana leidenschaftlich gespielten Passagen auf der Sologitarre, war die jüngste Entdeckung in der Rockmusik. Als die Bläser ihren mächtigen Sound entwickelten, der Gedanken an Vergnügen und Fiesta aufkommen ließ, hatte die gute Stimmung an diesem Tag fast wieder die Oberhand gewonnen. Überall waren Leute aufgesprungen, die tanzten und ihre Kaftanärmel schüttelten wie heruntergekommene achtarmige indische Gottheiten. »Das war fast schon die pure Ekstase«, schrieb Sol Stern von der Illustrierten *Ramparts* später. »Wenn ich mich umdrehte, war alles, was ich hinter mir bis zum klaren blauen Horizont sehen konnte, voller Menschen. Es war wie mitten in einem Orkan, umgeben von Energie und Aufruhr. Ich dachte, daß alles doch noch gutgehen würde – daß die Macht der Musik alles im Gleichgewicht halten könnte.«
Ungefähr nach der Hälfte von Santanas Programm entstanden zunächst so blitzartig, daß man es kaum mit den Augen verfolgen konnte, längs der Bühne bis zu den Gerüsten an den Ecken, wo Massen von Hell's Angels dem einfachen Publikum gegenüberstanden, kurze Schauer von Gewalttätigkeit. Ein blonder Junge, der versucht hatte durchzubrechen, ging in einem Hagel aus Schlägen und Tritten von Motorradstiefeln unter. Ein älterer Freak mit einem mexikanischen Schnurrbart, der sich ausgezogen hatte, um einen schrumpeligen Pilz von Penis und hängende Brüste zu entblößen, stand nach mehreren Hieben der bleibeschwerten Billardstöcke der Angels anscheinend in Gedanken versunken herum. Ein Fotograf, der den Vorfall festhalten wollte, wurde mit Schlagstöcken niedergemacht und auch, als er schon blutend auf dem Boden lag, weiter zusammengetreten, bis man ihm schließlich seine eigene Kamera ins Gesicht rammte.
Während auf der Bühne umgebaut wurde, versuchte Sam Cutler, wie alle um ihn herum es verlangten, die Brutalität der Angels mit umgänglicher Freundlichkeit und Takt in den Griff zu bekommen. Santanas Auftritt war auch von einer Kanonade voller Bierdosen, die vom Schulbus mit dem Nachschub der Angels aus geworfen wurden, begleitet gewesen. Cutler schickte nun einen Unterhändler zu den für den Bus verantwortlichen Angels, der anbot, den ganzen Biervorrat für 500 Dollar aufzukaufen. Auf diese Weise konnte das Bier *auf* der Bühne gelagert und seine Verwendung als Wurfgeschoß verhindert werden. Dies war der Anlaß für eine der nachhaltigsten Legenden von Altamont: daß die Hell's Angels von den Leuten der Rolling Stones für Bier im Werte von 500 Dollar angeheuert worden seien.
Als nächste traten Jefferson Airplane auf, eine Band aus psychedelischen Kammermusikern, deren Hauptfigur die perläugige, rachsüchtige Schönheit Grace Slick war. Die Airplane hatten sich immer für die Hell's Angels eingesetzt, ja sogar Konzerte zu ihren Gunsten gegeben. Grace Slick, mit ihrem rabenschwarzen Haar und ganz in Jeans gekleidet, versuchte, einen kollegialen Ton anzuschlagen, und sagte: »Würden die Hell's Angels bitte die Bühne übernehmen?« Jefferson Airplane spielten *We Can Be Together,* und die Gewalt brach von neuem hervor – kurze Schauer von schwarzem Leder, weißen Abzeichen, ein Gesicht oder ein erhobener Arm unter dreschenden Schlagstöcken. »He, wir sind cool ...«, protestierte Grace Slicks Stimme über die Sound-Anlage. »Laßt uns alle ganz cool bleiben. He, ihr da unten – warum sollen wir uns *prügeln?«*
Jefferson Airplane spielten *Revolution* mit seinem hoffnungsvollen, emphatischen Refrain »up against the wall, motherfucker«. Wie Kriegerameisen schlossen sich mehr und mehr Angels um einen jungen Schwarzen zusammen. Marty Balin, der Sänger der Airplane, sprang von der Bühne, um einzugreifen, und wurde bewußtlos geschlagen. Paul Kantner, der Rhythmusgitarrist, sagte ins Mikrophon: »Ich möchte euch allen erzählen, was geschehen ist. Die Hell's Angels haben gerade Marty Balin für eine Weile k.o. geschlagen.« Auf der anderen Seite der Bühne griff sich ein bärtiger Angel ein freies Handmikrophon. »Ist das hier an, oder was?« krächzte seine Stimme los. »... redest du mit *mir?«*

»Ich rede nicht mit dir«, antwortete Kantner über den Verstärker. »Ich rede mit diesen Leuten.«
»Fuck you«, brüllte die Stimme des Angel zurück.
Die Hippies konnten es nicht verstehen. Für das, was geschah, hatten sie nicht einmal Worte.
»Es ist irre da oben auf der Bühne«, sagte einer. »Mann, es ist einfach *irre.*«

Jefferson Airplane waren immer noch auf der Bühne, als der von den Stones gecharterte Hubschrauber fünfzig Meter entfernt auf einem Asphaltstreifen niederging, der ein besonders sicherer Abflug- und Landeplatz für die Musiker sein sollte. In Wirklichkeit war es dort jedoch genauso überfüllt und ging es dort genauso chaotisch zu wie überall sonst auf dem Gelände. Kein Versuch wurde unternommen, die Stones abzuschirmen oder sie auf einem anderen Weg als mitten durch die Menge, die nach einem Blick auf Mick Jagger gierte, zu dem Wohnwagen, der als Garderobe diente, zu bringen. Schon nach wenigen Schritten sprang ein Jugendlicher nach vorn, schon ziemlich verwirrt von billigem Acid, schlug Jagger ins Gesicht und schrie: »Ich hasse dich, du Arschloch. Ich bring' dich um.« Leibwächter stießen den Jungen zurück und Jagger, der sichtlich erblich und betroffen war, weiter. Jagger versuchte, es leichtzunehmen, und ordnete an, daß keine Maßnahmen gegen seinen Angreifer eingeleitet würden.
Als sich die Nachricht von Jaggers Ankunft verbreitete, schien es zu einer kurzen Unterbrechung der Gewalttätigkeiten vor der Bühne zu kommen. Noch besser wurde es, als die Flying Burrito Brothers mit Keith' neuem Freund Gram Parsons ihren gefälligen, besänftigenden Country-Rock spielten. Die Stones in ihrem Wohnwagen hinter der Bühne hatten immer noch keine Ahnung, daß es Probleme gegeben hatte, und sie beschäftigten sich mit den vertrauten Tätigkeiten des Sich-Einstimmens und Hofhaltens. Jagger, nun wieder ganz er selbst, ließ sich draußen auf der Treppe sehen und begann, auf den Büchern, Plattenhüllen und Einberufungsbescheiden, die man ihm entgegenhielt, Autogramme zu geben. Danach ging er zusammen mit Keith hinaus, um sich die Zuschauer anzusehen und sogar für ein paar Minuten zu den Burritos auf die Bühne zu steigen.
Wenn einer von den Stones den Wohnwagen verließ, konnte man beobachten, daß ihn überallhin eine Schutztruppe von drei bis sechs offensichtlich bis an die Zähne bewaffneten Hell's Angels begleitete.
Tatsächlich aber hatten die Stones, wie Ronnie Schneider bestätigt, kein Vertrauen zu dieser angriffslustigen Phalanx und hatten ihre eigenen persönlichen Leibwächter angestellt, um sich genauso wie vor verwirrten Fans auch vor den Angels zu schützen. Ihre beiden Hauptwächter, ein harmlos aussehender Weißer und ein hünenhafter Schwarzer namens Tony Fuches, bekamen schnell Ärger mit den Hell's Angels. Dem weißen Leibwächter wurde auf einem Bühnenaufgang eine Zigarette auf der Hand ausgedrückt. Weitere Angels waren hinzugeeilt, um sich dem Angriff anzuschließen, bis sie plötzlich ein Zeichen ihres Anführers – des berühmten Sonny Barger – sich wieder zurückziehen ließ. Glaubt man Schneider, so handelte es sich bei dem weißen Leibwächter um einen FBI-Agenten, den nicht einmal die Hell's Angels herauszufordern wagten.
Tony Fuches, der schwarze Leibwächter, brachte seine Anwesenheit auf direktere Weise zur Geltung. Von zwei Angels zugleich bedroht, schlug er gleichzeitig beiden so hart ins Gesicht, daß er sich selbst dabei beide Handgelenke brach. Danach wurde Tony Fuches von keinem Angel mehr belästigt.
Mittlerweile waren Crosby, Stills and Nash mit ihrem Neuzugang Neill Young auf der Bühne. Ihre Chorknabenharmonien waren über die noch schwächer gewordene Anlage kaum zu hören. Stills, Nash und Young hatten überhaupt nicht spielen wollen und sich erst nach langen Überredungsversuchen von David Crosby dazu bewegen lassen. Ihr nervöser und fahriger Auftritt war das Startsignal für das erneute Hervorbrechen des Chaos. Immer wieder umringten Hell's Angels einzelne Gruppen von Zuschauern und schlugen sie zusammen – Männer und Frauen, ja sogar ihre eigenen Anhänger und neue Mitglieder ihrer verschiedenen Abteilungen. Dann preschte eine zehn Mann starke Gruppe mitten ins Publikum und ließ ihre Schlagstöcke nach rechts und links niedersausen. Crosby, Stills, Nash and Young beendeten ihren Auftritt, zogen ihre Gitarrenkabel aus den Verstärkern und stürzten, ohne sich im mindesten dafür zu interessieren, ob man ihnen

Beifall spendete oder nicht, zu ihrem rettenden Hubschrauber.

Eine gewisse Beruhigung trat ein, als man Bahren herbeischaffte, um die Gestürzten aufzusammeln; die so entstandenen Lücken wurden von hinten sofort wieder geschlossen. Sein Mikrophon dicht an den Lippen, spielte Sam Cutler seinen letzten Trumpf aus. »Die Rolling Stones werden nicht erscheinen, bis *alle* die Bühne geräumt haben«, sagte er.

Cutlers Worte waren augenscheinlich das Zeichen für ein gutes Dutzend »Offiziere« der Angels, angeführt von Sonny Barger, ihre Motorräder mitten durch die Menge zu lenken und sie in einer schrägen Linie direkt vor der Bühne abzustellen. Später sollte Sonny Barger darauf bestehen, daß ihn die Organisatoren des Konzerts ausdrücklich darum gebeten hätten, diese Barrikade aus glitzernden, unangreifbaren Motorrädern zu errichten. Sam Cutler und Rock Scully sollten sich genauso sicher sein, daß zu keinem Zeitpunkt jemand einen derartigen Wunsch geäußert hatte.

Zu all diesen sich immer bedrohlicher zusammenziehenden Gefahren kam noch die gewohnte anmaßende und lässige Mißachtung der Stones für die Tatsache, daß die Leute sie endlich auf der Bühne sehen wollten. Mehr als je zuvor hatten sie sich auf dieser Tournee angewöhnt, durch ständige Verzögerungen die Spannung, die Erwartung und die halb bewundernde Erbitterung darüber, daß sie es sich wieder einmal leisten konnten, auf nichts und niemanden Rücksicht zu nehmen, weiter aufzuheizen. Im Umfeld der Bühne kursierte das Gerücht, sie seien schon längst fertig, aber Mick Jagger wünsche vollkommene Dunkelheit, damit das Bühnenlicht seine Kleidung und sein Make-up optimal zur Geltung bringen könne.

Es wurde schnell dunkel. Als es auch immer kälter wurde, machte man Feuer aus den Überresten des Rennbahnzaunes oder aus Müll. Eine Rauchwolke mit dem üblen Beigeschmack von verkohltem Wachspapier und brennendem Cellophan stieg auf und senkte sich auf die noch immer dunkle Bühne. Den Ärzten im daneben gelegenen Erste-Hilfe-Zelt, die nach zusätzlicher Beleuchtung verlangt hatten, wurde bedeutet, daß das die Wirkung von Jaggers Auftritt verderben würde. Hinter der Bühne ließ der Pilot des Hubschraubers der Stones Ronnie Schneider wissen, er sei zu nervös, um, wie abgesprochen, mit seiner Maschine das Ende des Auftritts abzuwarten. Tony Fuches, der schwarze Leibwächter, versicherte, daß er, wenn nötig mit Waffengewalt, den Piloten zwingen werde, zu bleiben.

Als die Stones schließlich im Schein eines teuflisch roten Spotlights auf die Bühne traten, wurden sie von einer dichten Eskorte von Hell's Angels beinahe völlig verdeckt. Jagger, der einen orangefarbenen Umhang und seinen Uncle-Sam-Zylinder trug, mußte sich seinen Weg zu dem niedrig gelegenen Bühnenrand buchstäblich freikämpfen. Die Angels waren nicht mehr dazu da, die Bühne zu schützen. Sie hatten sie eingenommen, um ihre eigene Macht zur Schau zu stellen, wobei die Stones nur noch die Rolle von an die Leine genommenen Maskottchen zu spielen hatten. Jumpin' Jack Flash durfte nur noch in einem winzigen Freiraum zwischen den blutrot angestrahlten Angels herumhüpfen. »Fellers ...«, rief er immer wieder mit gezwungener Belustigung. »Macht ihr mir ein bißchen Platz? Würdet ihr *bitte* zurücktreten, Fellers?«

Mitten bei *Carol,* sogar bei dieser gutgelaunten Rock'n' Roll-Nummer, begannen wieder die Schlagstöcke auf die Köpfe unmittelbar neben Jaggers silbernen Stiefeln niederzusausen. Draußen in der Dunkelheit, weit weg von der verrauchten roten Arena, fanden Keith Richards Akkorde langsam Beachtung. Jungen und Mädchen zogen sich in der feuchten Kälte nackt aus und warfen sich wie schwache weiße Märtyrer nach vorn gegen den rauhen Lederkordon, so als ob sie geradezu darum betteln wollten, geschlagen und zusammengetreten zu werden. Das Dutzend Fotografen direkt vor der Bühne hielt eingedenk dessen, was dem Kollegen passiert war, die Kameras sorgfältig verborgen.

Nur die Filmteams der Maysles, jedes versehen mit einer Wache der Angels, nahmen fleißig alles auf, was es zu sehen gab.

Jetzt war der Moment gekommen, wo – je nachdem, welcher der Versionen man Glauben schenkt – entweder Mick Jagger von seiner Intuition verlassen wurde oder seine Eitelkeit die Oberhand über ihn erlangte. Das Ergebnis war jedenfalls eine grenzenlose Dummheit. In seinen Umhang gehüllt, trat er in der gezierten Haltung, die er für diese seine anmaßendste Maske entwickelt hatte, nach vorn. »Permit me to introduce myself ...«, sang Satan in seinem modischen, orangefarbenen Satin vor einer Szenerie, deren tatsächliche Höllenhaftigkeit er nicht sehen konnte oder nicht sehen wollte.

Die Wirkung trat so plötzlich ein, als ob sich die Erde geöffnet hätte. Links unterhalb von Jagger sanken unter den Schlägen der Hell's Angels Köpfe zur Seite. Der teufelsbeschwörende Samba-Beat ging unter im ohrenbetäubenden Geheul von rückkoppelnden Gitarren. Mitten in einer Textzeile unterbrochen, suchte Satan verzweifelt nach Worten, die ihn wieder auf die Hippie-Ebene bringen konnten. »Brüder und Schwestern ... Brüder und Schwestern, nehmt euch *zusammen*. Ich meine euch *alle* – bleibt jetzt cool. Bleibt jetzt cool. Wir können alle cool bleiben. Bleibt jetzt alle cool, nehmt euch zusammen ...«

Für einen Moment verharrten die niedersausenden Schlagstöcke, als ob diese Ermahnung tatsächlich Gehör gefunden hätte. »Okay«, sagte Jagger, der offenbar glaubte, ein ähnliches Wunder zustande gebracht zu haben wie James Brown bei den Rassenunruhen, »ich denke, wir sind jetzt cool – wir können grooven.« Ein unsicherer kleiner Scherz machte deutlich, daß er die Situation vor sich immer noch nicht begriffen hatte. »Immer wenn wir mit dieser Nummer anfangen, passiert etwas Komisches ...«

Was geschah, war überhaupt nicht komisch und schien von allem Anfang an darauf hinauszulaufen, daß *Sympathy For The Devil* nicht über die ersten paar Takte hinauskommen würde. Auch ein erneuter Versuch, den Song wieder aufzunehmen, scheiterte. Aus dem Handgemenge unter Jagger hatte sich ein nacktes Mädchen mit Gesicht, Brüsten und Armen durch eine Lücke nach vorn gearbeitet, um einen Moment lang flehentlich nach ihm zu greifen, bis sich die Mauer aus schwarzem Leder wieder um sie schloß. »Fellers«, protestierte Jagger zaghaft, »braucht ihr fünf Mann, um mit so etwas fertig zu werden?«

Mittlerweile war die Bühne mit Angels so überfüllt wie eine Kneipe zur Sperrstunde. Außerdem streifte noch ein herrenloser, riesiger und äußerst häßlicher Schäferhund herum und schnüffelte an Charlie Watts' Bass-Drum und Byll Wymans Hosen. Während Jagger tatenlos herumstand, kam ein Angel aus Oakland mit einem Kinnbart wie ein Mormonenältester auf ihn zu und begann, ihm mit drohender Miene etwas ins Ohr zu flüstern. Im Gegensatz zu Jagger fehlte es Keith Richard nicht an Entschlossenheit. Wütend drohend schrie er die Angels am Bühnenrand an, endlich mit dem, was sie taten, aufzuhören. Angsterfüllt stürmte das Bühnenpersonal nach vorn, um ihn zurückzuhalten, aber Keith hörte nicht auf, zu schreien und zu drohen. »Der Typ da ... wenn er nicht sofort aufhört, Mann ...«

»Äh ... Leute«, fing Jagger wieder an. »Wer kämpft hier und warum? Weshalb *kämpfen* wir hier?«

»Der Typ da unten«, rief Keith, der immer noch auf ihn zeigte, »wenn er sich nicht abregt, Mann ...«

»San Francisco ... es hätte so großartig werden können. Don't fuck it up ...« Es war schon außergewöhnlich, Jaggers wirkliche Stimme zu hören, unverfälscht, zaghaft und beinahe zitternd. Verlassen stand er da, eine plattfüßige Gestalt, eingehüllt in seinen Umhang, vernichtet und unfähig, die erschreckende Wahrheit zu begreifen, daß das Publikum ihn völlig ignorierte.

»Ich kann nicht mehr tun, als euch aufzufordern, als euch zu bitten, euch zusammenzunehmen. Ihr könnt es schaffen.«

Um Jaggers eindringliche Aufforderung an alle, sich wieder hinzusetzen, zu unterstreichen, begannen Mick Taylor und Bill Wyman, eine langsame instrumentale Passage zu improvisieren. Hinter ihnen auf einem Wohnwagen, der den Greatful Dead gehörte, bedeutete David Maysles seinem Kameramann Baird Bryant, weiterzufilmen, um dieses bisher noch nie vorgekommene Ereignis, daß die Stones besänftigende Kaufhausmusik spielten, festzuhalten. Jagger selbst stand immer noch hilflos herum. Unmittelbar neben ihm starrte ihn das durch die unwirkliche Perspektive verzerrte Gesicht eines Hell's Angel an – mit seinen vor Boshaftigkeit blinden Augen und seinen bärtigen Lippen, die sich öffneten und schlossen wie bei einer giftigen rosa Anemone.

Sechs Meter von der Bühne entfernt teilte sich plötzlich die Menge, um eine breite Allee wie zur Begrüßung eines siegreichen Helden freizugeben. Mitten hindurch lief ein junger, vor Energie sprühender Schwarzer in einem weißen – oder vielleicht hellgrünen – Anzug. Ein oder zwei Sekunden lang wirbelte diese ungewöhnlich hagere und elegante Gestalt, den rechten Arm hochgereckt, wie um nach dem olympischen Feuer zu greifen, in dem Halbdunkel zwischen einer Gruppe Hell's Angels und einem Mädchen in einem weißen, gehäkelten Minirock herum. Nur für einen kurzen Augenblick zeichnete sich die dunkle, langgezogene Silhouette des Gegenstands, den er in der Hand trug, auf dem Häkelwerk ab. Dann rollte die schwarze Flut wieder an und begrub ihn unter sich.

Eigentlich hätten wenigstens zwei oder drei von den Tausenden, die tatenlos dabeistanden, den Mord an dem achtzehnjährigen Meredith Hunter, begangen von einem Hell's Angel, der die Abzeichen der Oakland-Abteilung, einen Totenschädel und gekreuzte Knochen, trug, bezeugen können müssen. Keiner auf der Bühne hatte ihn beobachtet, schon gar nicht die Stones, die zu diesem Zeitpunkt damit beschäftigt waren, sich wieder zu sammeln, um weiterzuspielen. Sogar für Baird Bryant, den Kameramann auf der Bühne, ging alles viel zu schnell, um in seinem Sucher mitzuverfolgen, was er gerade aufnahm. David Maysles, der als Bryants Tonassistent fungierte, hatte nur ein Aufflackern wahrgenommen – »wie eine Kordel, etwas, was man durch die Luft schwenkt«.

Nicht einmal, als sie Mick Jagger dabei filmten, wie er sich nach vorn bückte, um etwas zu hören, was man ihm zuschrie, hatten Kameramann und Tonassistent begriffen, was geschehen war. Die Aufforderung, die Jagger dann weitergab, unterschied sich kaum von schon vorher Gehörtem. »Wir brauchen einen Arzt – und zwar sofort. Laßt ihr bitte den Arzt durch? Es ist jemand verletzt worden ...« Was Jagger nicht sehen konnte, war, daß die Leute, die um Meredith Hunter herumstanden, ihre mit seinem Blut getränkten Hände emporstreckten, um das schreckliche Ausmaß seiner Verwundungen zu demonstrieren.

Die Stones hatten sich wieder gesammelt und spielten schon weiter, als ein junger Arzt in einer grünen Armeejacke sich seinen Weg zu der Stelle, wo Me-

Essener Rocker sind zum »Schutz« der Stones engagiert worden. Foto: Marion Schweitzer

redith Hunter lag, freigekämpft und den Verletzten von den wenigen angsterfüllten Jungen, die versucht hatten, das Blut mit heißem Kaffee aus ihren Pappbechern wegzuwaschen, übernommen hatte. Als der Arzt Hunter endlich ins Erste-Hilfe-Zelt hinter der Bühne transportiert hatte, war die Vorstellung schon wieder voll im Gange. »Under mah thumb«, sang Mick Jagger, »a Siamese cat of a girl . . .« Es hätte gut und gerne dasselbe Mädchen sein können, das in seinem gehäkelten Minirock neben dem jetzt nicht mehr notwendigen Krankenwagen stand und schrie: »Sie können sein Herz nicht mehr hören . . . Ich will nicht, daß er stirbt . . .«

Eigentlich war der Krankenwagen bestellt worden, um die Stones die fünfzig Meter bis zu ihrem Hubschrauber zu bringen. »Ich war draußen und suchte nach dem Fahrer, damit er sich um den Jungen, der verletzt worden war, kümmerte«, berichtet Ronnie Schneider. »Ich stieß auf einen Bullen – den ersten, den ich an diesem Tag zu sehen bekam. Während wir da rumstanden, hörte der Bulle über sein Walkie-talkie, daß der Junge tot war.«

Unterdessen spielten die Stones weiter, gingen von *Under My Thumb* zu *Midnight Rambler* über, dann zu *Queenie* und *Brown Sugar* und meisterten alles mit jener klaren Brillanz, die der Terror so häufig hervorbringt. »Wir wußten, daß es, wenn wir aufhören würden, *wirklich* zu einem Aufstand kommen würde«, sagt Mick Taylor. Sie spielten sogar, wie im Programm vorgesehen, *Street Fighting Man* mit Jaggers mittlerweile grotesk anmutenden Worten: »We're gonna kiss you good-bye.«

Während die Stones von der Bühne eilten, machten sich die Angels über die restlichen Biervorräte her und schrien laut heraus, daß die »Party« jetzt erst richtig losgehe. Drüben auf dem Asphaltstreifen zwängten sich vierzehn Leute in den achtsitzigen Hubschrauber der Stones. Noch bevor die Luke sich geschlossen hatte, hob er ab, die Plexiglaskuppel vollgestopft mit Gestalten in Lederkleidung und Stiefeln, darunter Mick Jagger mit schweißverklebtem, angsterfülltem Gesicht.

In dieser Nacht kam es nicht zu dem üblichen Trinkgelage nach dem Konzert. Sogar Keith Richard schien keinen anderen Wunsch zu haben, als seine müden Knochen in einem Brokatlehnstuhl zu vergraben, an einer Flasche Jack Daniels zu nippeln und verdrießlich ins Leere zu starren. Mick Taylor schloß sich in seinem Hotelzimmer ein und schob den Riegel vor die Tür.

So schockiert sie auch alle waren, sie hatten noch immer nicht begriffen, was für ein Gemetzel sich buchstäblich unter ihren Augen zugetragen hatte. Der *San Francisco Chronicle* bezeichnete das Altamont-Festival am nächsten Morgen als großartigen Erfolg, der nur durch einige Todesfälle geringfügig beeinträchtigt worden sei. Außer Meredith Hunter waren noch drei weitere Jugendliche zu Tode gekommen; zwei waren in ihren Schlafsäcken von einem Wagen überfahren worden, der dritte in einem Bewässerungsgraben ertrunken. Der *Chronicle* zog es vor, den Akzent auf Sam Cutlers Behauptung, daß das Ereignis buchstäblich Leben hervorgebracht habe, zu legen. Cutler zufolge waren vier Babys während des Tages geboren worden. Dick Carter, der Besitzer der Rennstrecke, war, wie berichtet wurde, zufrieden mit seinem ersten Vorstoß ins Pop-Veranstaltungsgeschäft und schon dabei, ein noch größeres Festival zu planen, mit, wie er hoffte, den Beatles als Hauptattraktion.

Die Londoner Zeitungen schlossen sich der Version von einem von den Stones inspirierten Freak-out an, bei dem sich auf fast kosmische Art und Weise Tod und Geburt die Waage gehalten hätten. »Stoned«, frotzelte der *Daily Express* und rief damit diesen längst vergessenen B-Seiten-Titel unbeabsichtigt wieder in Erinnerung. Bei ihrer Ankunft in London zeigten sich die Stones verständlicherweise wenig gesprächig. Keith Richard bezeichnete einem Reporter von UPI gegenüber Altamont sogar als »im Grunde gut organisiert, aber die Leute waren müde, und ein paar haben die Nerven verloren«.

Die Wahrheit kam erst spät in der Nacht dieses Sonntags durch eine ausführliche Untersuchung, die der San Franciscoer Rocksender KSAN durchgeführt hatte, zutage. Zahlreiche Anrufer berichteten übereinstimmend von den gräßlichen Begleiterscheinungen in Altamont und von der rücksichtslosen Brutalität, deren Zeugen sie geworden waren. Trotz der naheliegenden Furcht vor Repressalien der Angels ließ sich Sam Cutler zu der Aussage bewegen: »Mir hat überhaupt nicht gefallen, was viele sich gestern haben zuschulden kommen lassen.« Um die Ausgewogenheit der Sendung zu gewährleisten, ließ man auch den Hell's Angel Sonny Barger zu Wort kommen, der sich bitterlich darüber beklagte, daß die Angels Opfer der Überheblichkeit und Unentschlossenheit der Rockstars geworden seien. »Ich bin nicht hingekommen, um irgendwas zu bewachen, Mann ... Sie haben uns einfach verarscht.« Sonny Barger zufolge hatte der Ärger angefangen, als man mehreren Angels vor der Bühne ihre Motorräder umgestoßen und eines sogar angezündet hätte. »Ich bin kein Peace-Lahmarsch, Mann – mein Motorrad kriegt keiner, Mann. Jeder, der das versucht, kriegt eins drauf – und sie *haben* eins draufgekriegt.«

Außerdem kam heraus, daß während des Festivals überhaupt keine Babys geboren worden waren. Am nächsten kam dem noch, daß eine junge Frau verkündet hatte, sie sei schwanger, bevor sie von einer Überführung gesprungen war und sich dabei verschiedene schwere Verletzungen zugezogen hatte.

Der vernichtendste Bericht erschien erst sechs Wochen später im *Rolling Stone Magazine*. Ein Artikel von zwanzigtausend Worten, verfaßt von einer Gruppe von *Rolling Stone*-Reportern, die dabeigewesen waren, rekonstruierte das ganze chaotische Geschehen mit einer Fülle von Untersuchungsmaterial, wie man es bisher im Underground-Journalismus nicht gekannt hatte. Unter den Aussagen von Augenzeugen war auch eine Beschreibung davon, wie Meredith Hunter, ein augenscheinlich noch nie mit dem Gesetz in Konflikt geratener schwarzer Teenager aus Berkeley, von einem Hell's Angel an den Haaren gerissen und auf seinen »fiesen Blick« hin von einem weiteren halben Dutzend Angels angegriffen worden war. Hunter, hieß es weiter, hatte versucht zu fliehen, war aber, als er auf die Bühne zurannte, von hinten mit einem Messer attackiert worden. Leute, die unmittelbar danebenstanden, hatten gesehen, wie er einen Revolver aus seiner Manteltasche gezogen und hochgerissen hatte. Dann hatte sich ein Angel auf ihn gestürzt, mehrere Male mit einem zwanzig Zentimeter langen Messer auf Hunter eingestochen, den blutend am Boden Liegenden geschlagen und getreten, ja, sich sogar auf den Kopf des Opfers gestellt, um dann wegzugehen, als ob nichts geschehen wäre. Meredith Hunter war durch zahlreiche Stichwunden im Rücken, an der Seite und der Schläfe, deren Blutung man mit der unzureichenden medizinischen Ausrüstung nicht hatte stillen können, getötet worden. Die einzigen Worte, die man ihn zu seinem Angreifer hatte sagen hören, waren: »Ich wollte nicht auf dich schießen.« *Rolling Stone* kam zu einem eindeutigen Ergebnis. Die Hauptschuldigen an Altamont waren weder Mel Belli noch Dick Carter oder gar Sonny Barger, sondern die, deren Namen die Zeitschrift in ihrem Titel trug. Die Stones wurden durchweg als unglaublich überheblich geschildert, blind für alle warnenden Vorzeichen und gleichgültig gegenüber all den furchtbaren Folgen. Dies war energischer, ja sogar mutiger Journalismus, wenn auch geschmälert durch Ungenauigkeiten und Unklarheiten. Die Journalisten des *Rolling Stone* hatten immer noch keine Vorstellung davon, wie gerade ihr Herumreiten auf überhöhten Eintrittspreisen Jagger in seinem Entschluß, ein »free concert« zu geben, bestärkt hatte. Genausowenig konnten die Schreiber sich enthalten, ein nur zu gut passendes Detail zu betonen: daß die Stones gerade *Sympathy for The Devil* spielten, als Meredith Hunter erstochen wurde. Der beißendste Kommentar überhaupt galt der überstürzten Abreise der Stones aus San Francisco, die anderen das Aufsammeln von Scherben und Leichen überlassen hatte. »... Scheiß auf Mel Belli. Wir brauchen keinen Jet-set-Anwalt mittleren Alters, um zu hören, was die Stones zu sagen haben. Wir wollen es von ihnen selber hören. Ist es schon zuviel verlangt, wenigstens etwas Betroffenheit, wie zurückhaltend auch immer, zu bekunden? Vor ihren Augen ist ein Mensch gestorben. Ist ihnen das scheißegal? Ja oder nein?«

Bill Graham – der Konzertveranstalter, dessen Meinung und Erfahrung man so geflissentlich ignoriert hatte – war direkter in seiner wütenden Anklage. »Ich frage Sie, Mr. Jagger, wer Ihnen das Recht gab, dieses ›free festival‹ so durchzuziehen? Und erzählen Sie mir nicht, Sie hätten nicht voraussehen können, wie es enden würde. Wer gibt Ihnen das Recht, so abzureisen, wie Sie es getan haben, mit einem Dankeschön an alle für die wundervolle Zeit und an die Angels für ihre Unterstützung? Was hat er diesem Land hinterlassen? Zu jedem Auftritt kam er zu spät. Für jeden beschissenen Auftritt ließ er die Veranstalter und das Publikum bluten. Wer gibt diesem

Gott das Recht, dieses Land auf solche Art und Weise heimzusuchen? Aber wissen Sie, was für mich die größte Tragödie dabei ist? Dieser Scheißkerl ist ein großartiger Entertainer.«

Am 8. Januar 1970 wurde ein zweiundzwanzigjähriger Hell's Angel namens Alan Passaro in Oakland in Kalifornien wegen Mordes an Meredith Hunter beim Altamont-Festival am vorangegangenen 6. Dezember vor Gericht gestellt. Passaro gab zu, auf den schwarzen Jungen eingestochen zu haben, behauptete aber, dies sei in Notwehr geschehen, nachdem Hunter die Waffe, die er durch die Luft geschwenkt hatte, auch tatsächlich abgefeuert habe. Passaro behauptete außerdem, daß er nur für geringfügige Wunden verantwortlich sei und jemand anderer den entsetzlichen Schnitt in Hunters linker Schläfe, die Zertrümmerung der oberen Wirbelsäule und den Stich durch die Anzugjacke in den Unterleib verursacht haben müsse.

Das wichtigste Beweismittel der Anklage war ein Dokumentarfilm, der zu dieser Zeit überall in Amerika anlief. Es war der Tatsachenbericht der Maysles-Brüder, der in aller Eile herausgebracht worden war, um mit der Reklame der gerade abgeschlossenen Tournee schnell Geld einzuspielen und nach der neusten Beschwörungsformel der Stones für das Chaos »Gimme Shelter« benannt worden war.

Der Höhepunkt des Films – den bisher nicht einmal der Kameramann zu Gesicht bekommen hatte – wurde zum wichtigsten Beweisstück im Mordprozeß von Oakland. Dreimal täglich überall im Land war auf der Leinwand zu sehen, wie Meredith Hunter umgebracht wurde.

Nur dank »Gimme Shelter« hatte man den Angreifer als Sträfling in einem kalifornischen Gefängnis ausfindig machen können, in dem er für ein wenige Tage nach Altamont verübtes Drogendelikt einsaß. Doch hatten Passaros »Engelsbrüder« der Polizei bereits Hunters geladenen Revolver übergeben, so daß den Richtern keine andere Wahl blieb, als Passaro von der Mordanklage freizusprechen.

Was die Geschworenen zu sehen bekamen, waren auch die erfreulichen Momente der Tournee: die wilden Szenen im Madison Square Garden, das sorgfältige Abmischen von *Wild Horses* in den Muscle-Shoals-Studios, eine spritzige Pressekonferenz, bei der eine Journalistin fragte: »Sind Sie jetzt zufriedener?« und Mick Jagger – mit Barett, Schal und Lippenstift verblüffend an die junge Lesley Caron erinnernd –, der seine eigene Schlagfertigkeit auf dem Monitor mitverfolgt:

»Finanziell – einigermaßen. Sexuell sowieso. Philosophisch bemüht«, war Jaggers Stimme von der Leinwand zu hören.

»Quatsch«, kommentierte seine Stimme im Vorführraum.

Es folgte schließlich der verhängnisvolle Moment in der vom roten Spotlight erhellten Dunkelheit, als Mick Jagger hilflos neben den wirklichen Teufeln stand, die seine Maskerade beschworen hatte; die Menge, die zurückwich, um eine breite Gasse zu öffnen; die langbeinige, herumstolzierende Gestalt in ihrem weißen oder hellgrünen Maßanzug; die verschwommene Einstellung, in der sich ein Hell's Angel nähert, ein Totenkopfabzeichen, ein zustechendes Messer, ein Revolver, der sich auf dem Häkelrock eines Mädchens abzeichnet, und noch einmal in Zeitlupe: ein Mord im Rampenlicht wie ein Moment bei einem großartigen Sportereignis, ein Mann, der zweimal stirbt, um die Dramatik zu unterstreichen.

Man konnte sehen, wie die Stones sich einige Wochen später im Vorführraum noch einmal alles anschauten und überlegten, ob der Film überhaupt herauskommen sollte: wie Charlie Watts, weiter von dieser unseligen Geschichte entfernt als je zuvor, vor sich hinsann: »Es war alles so seltsam, es war einfach unwirklich ...«; wie Mick Jagger augenscheinlich entsetzt war über das, was er gesehen hatte, und trotzdem, in seinem Bedürfnis, scheinbar über den Dingen zu stehen, Haltung bewahrte wie immer.

»Oh, dear, was für eine Schande«, waren seine letzten Worte zu Altamont, zu Meredith Hunter, zu den niedergeschlagenen Massen von Hippies, die in der letzten Einstellung des Films wie Flüchtlinge einem neuen, unwirtlichen Jahrzehnt entgegenwandern.

Schließlich steht Jagger auf und wirft sich den Schal über die Schulter, »Okay ... bis demnächst.«

14

»The Stones like France tremendously«

Das neue Jahrzehnt saß da, unerwünscht und von niemandem willkommen geheißen, eine nicht vertraute Ziffer, die mit ihrem bleichen, grauen, abgeschlafften Licht augenblicklich jeden Spaß und jeden warmen Regenbogen ausschloß. Überall lagen die Trümmer der ausgelassenen Fete herum, die nun beendet war; Überreste eines Karnevals, die von denjenigen, die nicht an den Feierlichkeiten teilgehabt hatten, unter den Füßen zertreten oder weggekehrt wurden. Plötzlich sah man Pakistanis in geblümten Hemden. Busfahrer ließen sich Backenbärte bis auf die Krägen wachsen. Peers des Königreiches ließen sich mit indischen Gurus ein. Weibliche Zollbeamte am Flughafen von Moskau übernahmen den Minirock. Palästinensische Terroristen überquerten die Grenze nach Israel, um mit Dynamit den Kindergarten eines Kibbuz zu sprengen, und dabei trugen sie ausgebleichten Jeansstoff, auf den Flicken mit dem Zeichen des Wassermanns oder verspielte Schmetterlinge aufgenäht waren.
Der Hit des Tages war kein harter Rock und auch kein labyrinthisches psychedelisches Machwerk, sondern ein trauerumflortes Klagelied von Simon and Garfunkel, das sich *Bridge Over Troubled Water* nannte. »When you're weary ... feeling small«, sang Art Garfunkel mit einer Stimme, die vor Mitleid mit all denen zerrissen war, die in den siebziger Jahren aufgewacht waren, sich die Augen gerieben hatten und nun feststellen mußten, daß sie sechsundzwanzig Jahre alt waren.

Das Entweichen der Magie drückte sich am nachhaltigsten in der Auflösung der Beatles aus. Sie war zwar noch nicht offiziell bekanntgegeben worden, doch sie war für jeden klar ersichtlich in »Let It Be«, diesem Film, dem eine Art Fehlgeburt beschieden war und der ihre vorletzten Plattenaufnahmen zeigte. Allen Klein hatte den Film auf eine Öffentlichkeit losgelassen, die auf die in ihm enthaltenen melancholischen Szenen eher unvorbereitet war. Keine Spur jenes allmächtigen Zaubers war den vier bärtigen Gestalten mehr verblieben, die sich während ihrer trostlosen Proben abwechselnd zankten und Trübsal bliesen. Das Apple-Haus, in dem Klein herrschte, war ein frostiges Rechnungsbüro. Paul McCartney tobte vor Zorn auf seiner Farm in Schottland. George Harrison lungerte unglücklich herum. Ringo Starr spielte kleine Rollen in schlechten Filmen. John Lennon war mit Yoko zu einem Dutzend verschiedener verrückter Kreuzzüge aufgebrochen. Sein letzter Akt der Abtrünnigkeit bestand darin, seinen eigenen Leuten die Pressearbeit für ihn aus der Hand zu nehmen und sie dem PR-Mann der Rolling Stones, Les Perrin, zu übergeben.
Das sieben Jahre währende Rennen, sei es um die Plätze in den Hitparaden oder bei den Beliebtheitswahlen von *Melody Maker,* in Clubs und Schlafzimmern und in Millionärsvillen, hatte endlich einen Sieger hervorgebracht. Die Beatles brachen alles ab. Doch die Stones brachen auf.
Am 30. Juli 1970 bestätigte Les Perrins Büro, daß die Stones ihre geschäftlichen Beziehungen mit Allen Klein beendet hätten und fortan von Prinz Rupert Loewenstein vertreten würden, der Leopold Josephs Handelsbank zugehörte. Ferner wurde bekanntgegeben, daß die Stones ihre Beziehungen mit der Decca sowie auch mit deren Niederlassung in den Vereinigten Staaten, London, beendet hatten.

Die Gruppe und ihre Handelsbankiers waren bislang unentschlossen, auf welche der einundzwanzig verschiedenen Plattenfirmen die angeblich darum wetteiferten, die Stones unter Vertrag zu nehmen, die Wahl fallen sollte.
Der Bruch mit Allen Klein scheint diesen sonst so vorausahnenden Gentleman erstaunlich überraschend getroffen zu haben. Am 3. Juli hatte *Variety* ausführlich über seine Pläne berichtet, den Stones eine Geschäftsstruktur zu geben, die viel von Apple, dem eher erfolglosen Unternehmen der Beatles, haben sollte. Vor allem, berichtete *Variety,* würden sie eine eigene Plattenfirma gründen, und dieses Label sollte von jener Firma vertrieben werden, die sich glücklich schätzen durfte, dieses Privileg erworben zu haben. Zwei Monate später drehte sich der Robin Hood des Pop um, und er mußte feststellen, daß ein Pfeil in seinem Rücken steckte.
Dem Pfeil folgte frontal ein massives Armbrustgeschoß. Die Stones erhoben vor dem obersten Gerichtshof des Staates New York Anklage und forderten neunundzwanzig Millionen Dollar Schadenersatz von Allen Klein. Zudem stellten sie die Behauptung auf, er habe seine Position als ihr Manager dazu benutzt, »sich persönliche Vorteile zu verschaffen und sich zu bereichern«.
Der Bruch mit der Decca hatte zwar schon lange angestanden, doch Sir Edward Lewis' Leute unternahmen noch in letzter Minute den Versuch, einen derart gigantischen Aktivposten davon abzuhalten, das Lager zu wechseln. Die Decca schloß sich dem irrsinnigen Werben hoffnungsvoller Plattenfirmen an, das deutlich ihre Europa-Tournee 1970 prägte. In Paris trat man an Ronnie Schneider heran und fragte ihn, ob es der Decca vielleicht möglich sei, eine Kleinigkeit zum Wohlbefinden der Stones beizutragen. Schneider sagte, es sei eine nette Geste, wenn ihre Rechnung im Hotel George V beglichen werde. Mit dem größten Vergnügen, sagte der Mann von der Decca, dem nicht klar war, daß das George V den VIPs unter seinen Gästen nach wie vor die Möglichkeit einräumte, Waren aus Pariser Geschäften anliefern zu lassen, die an der Rezeption bezahlt wurden.
Die Größenordnung dieser Rechnung zeigte der Decca unmißverständlich, wie die Dinge standen. Daraufhin wurden die Beziehungen mit eisiger Höflichkeit abgebrochen. Die Decca unterrichtete die Stones darüber, daß sie nach dem noch bestehenden Vertrag verpflichtet waren, noch eine weitere Single abzuliefern. Die Stones lieferten pflichtgemäß ein unbrauchbares Studiogedudel ab, das den Titel *Cocksucker Blues* trug.
Für den Geschmack derjenigen, die sich noch an die Treibholzträume der sechziger Jahre klammerten, waren sie in der Tat zu munter in das neue Zeitalter eingetreten. Altamont erschien im Rückblick als das vorsätzliche Ersticken all dessen, was schön war, und die Stones hatten dem zugesehen, so teilnahmslos wie Wachtposten einer Gaskammer. Auch in Großbritannien hatte man inzwischen den Sonderbericht der Zeitschrift *Rolling Stone* sowie auch die äußerst kritischen Folgeberichte in Zeitungen wie der *Sunday Times* gelesen. In den Reihen der Rockkultur empfand man durchweg Widerwillen gegen den scheinbaren Mangel an Gewissensbissen und das sichtliche Ausweichen der Stones vor Diskussionen und Tadel. (Es verhält sich auch tatsächlich so, daß sie nur knapp einer Anklage der Beihilfe zum Mord an Meredith Hunter entgingen; von Farmern aus Altamont wurden sie zu diesem Zeitpunkt auf achtzigtausend Dollar Schadenersatz verklagt, und sie selbst strengten eine Klage gegen die Besitzer der Rennbahn von Sears wegen des erzwungenen Schauplatzwechsels in letzter Minute an.)
Die Vierzehn-Städte-Tournee im August und September, die sie durch Europa unternahmen, bestätigte nur ihren sichtlichen Wunsch, das Schema des neuen Jahrzehnts auf die fast schon zwangsläufigen Gewalttätigkeiten und Brandstiftungen festzulegen, die jedem einzelnen ihrer Auftritte folgten. In Paris rief die Straßenschlacht um das Olympia herum die Unruhen an der Sorbonne im Jahre 1968 in Erinnerung; Polizisten, die Tränengas einsetzten, und Wagen, die umgekippt waren und brannten. In West-Berlin wurden fünfundsechzig Polizisten verletzt und einundzwanzig Fahrzeuge beschädigt. Die Attacken wurden von Fans geführt, die keine Eintrittskarten für die Berliner Deutschlandhalle bekommen hatten. Genauso war es – mit fast ermüdender Ähn-

Am 16. September 1970 sind die Stones wieder in Berlin. Diesmal in der Deutschlandhalle. Foto: Ullstein Bilderdienst

lichkeit – in Hamburg, Helsinki, Mailand und Göteborg. Polizeieinsätze mit Knüppeln, niedergeprügelte Leiber, herumrasende Krankenwagen mit merkwürdig ausländischen Sirenen: All das verschwamm in den siebziger Jahren auf den Fernsehschirmen zu einem einzigen Bild, das kaum noch bewirken konnte, daß jemand von dem Essenstablett auf seinen Knien aufblickte.

Man muß Mick Jagger in gewisser Weise hoch anrechnen, daß er die Herausgabe eines Films gestattet hat, dessen Höhepunkt ihn in einem Licht zeigt, das erschreckend wenig schmeichelhaft für ihn war. Er hatte die Gebrüder Maysles beauftragt, »Gimme Shelter« zu drehen; er hätte die Freigabe leicht verhindern oder statt dessen fordern können, daß man die belastendsten Szenen schnitt: Seine Entscheidung, den Film ungeschnitten freizugeben – obwohl mit großer Wahrscheinlichkeit ein Widerhall bei der Europa-Tournee zu erwarten war –, scheint im wesentlichen auf den dreißigtausend Dollar beruht zu haben, die er persönlich in diesen Film investiert hatte. Er suchte jedoch Rat bei seinem alten Freund, dem Filmemacher Donald Cammell, der ihm das sagte, was die Vorführung des Films in den seither vergangenen vierzehn Jahren immer wieder bestätigt hat: daß »Gimme Shelter« ein häßliches Meisterwerk ist.

Die abfälligen Bemerkungen von seiten der Kritik, die Jagger für »Gimme Shelter« über sich ergehen lassen mußte, waren harmlos im Vergleich zu den Anwürfen, mit denen er für seine Rolle als Ned Kelly, der australische Gangster, gesteinigt wurde, als der Film im Juli 1970 seine unklugerweise lauthals vorangekündigte Premiere hatte. Es bleibt ein Rätsel, wie ein Regisseur wie Tony Richardson ein so jämmerliches Machwerk zustande bringen konnte. Der ganze Film schien aus nichts anderem zu bestehen als aus Männern mit Schlapphüten auf Pferden, die sehr schnell auf nicht näher bestimmte Ziele zuritten, während eine (verblüffenderweise amerikanische) Stimme, die unterlegt war, die Ballade von Ned Kellys Heldentaten herausschmetterte. In fast jeder der holprigen Szenen war Mick Jagger zu sehen, der sich durch einen unpassenden Kinnbart auszeichnete und in einem schlecht nachge-

ahmten irischen Dialekt gegen die »steifen Engländer« wetterte. Die gesamte Wut der Kritik, die die Regie verdient gehabt hätte, wurde unfairerweise auf Jagger abgeladen. Ein Zeitungskritiker schrieb, Jagger sei »so tödlich wie Salat von gestern«; ein anderer schrieb, in Ned Kellys selbstgemachter Rüstung sehe Jagger aus wie »ein Sardinensonderangebot«. Jagger selbst distanzierte sich spöttisch von dem Film. »Ned Kelly – ein unglaublicher Mist! Ich habe nur mitgemacht, weil ich gerade nichts anderes zu tun hatte.« Donald Cammell glaubt sich zu erinnern, daß Jagger, nachdem er den fertigen Film gesehen hatte, in Tränen ausgebrochen ist.

Jean-Luc Godards Film »Sympathy for the Devil«, der die Stones bei ihrer Arbeit an *Beggars' Banquet* zeigt, kam ebenfalls 1970 in die Öffentlichkeit. Auch »Performance«, der Wachtraum von 1968, der Jaggers Leinwanddebüt mit James Fox und Anita Pallenberg hätte sein sollen, erschien in diesem Jahr. Eine Umgruppierung im Management von Warner Brothers und die allgemeine Paranoia, die in Hollywood wegen des drohenden geschäftlichen Rückgangs ausgebrochen war, führten endlich dazu, daß der Film in reichlich verstümmelter Form doch noch herauskam. Hier war Mick Jagger zumindest kein Lacherfolg. Seine Darstellung Turners – die weitgehend als eine Darstellung seiner selbst interpretiert wurde – erhielt mildes Lob, das im Vergleich mit den Reaktionen der Kritik auf Ned Kelly wie ein Begeisterungssturm klang. Trotz all seiner Mängel und der plumpen Eingriffe des Studios schien »Performance« mehr dem Jahr 1970 zuzugehören als irgendeiner Phase der sechziger Jahre. Der Film war zwar noch nicht generell freigegeben worden, doch es sollte ein Kultfilm werden, der überall dort, wo er durch einen Zufall im filmischen Hinterland auftauchte, für volle Häuser sorgte.

Jaggers Karriere und sein Privatleben waren in einem Umbruch begriffen, der es mit dem des neuen Jahrzehnts aufnehmen konnte. Dazu äußerte er sich sogar während der Europa-Tournee, denn seine innere Unsicherheit ließ ein Interview von so gut wie nie dagewesener Offenheit zustande kommen. »Man kommt an den Punkt, an dem man alles ändern muß – sich ein neues Aussehen, neue Geldquellen, ein neues Geschlecht und eine neue Frau zulegen muß, wenn man im Geschäft bleiben will.«

Sich eine neue Frau zuzulegen, erwies sich für ihn als ein weitaus schmerzlicheres Unterfangen, als man diesen beiläufigen Worten hätte entnehmen können. Er war immer noch in Marianne verliebt, und er war auch durch die Vertrautheiten und die Gewöhnung dreier Jahre mit ihr verbunden. Zu seinem eigenen Erstaunen ging seine Liebe so weit, ihr den Ausrutscher mit Mario Schifano und die für ihn daraus resultierende weltweite Demütigung zu verzeihen. Auch vorangegangenen Dezember, direkt nach Altamont, war er wieder als ihr Beschützer aufgetreten, als sie – durch Mariannes italienischen Märchenprinzen noch sichtlich einander entfremdet – gemeinsam vor dem Gerichtshof in der Great Marlborough Street erschienen, um sich wegen der Drogenanklage zu verantworten, die noch auf den Juni des vergangenen Jahres zurückging. Die Zeugenaussage der Beamten, die die Verhaftung vorgenommen hatten, bestätigte unabsichtlich, daß Jagger versucht hatte, Marianne während dieses Polizeieinsatzes zu beschützen und zu beschwichtigen. Er hatte gesagt: »Mach dir keine Sorgen ... es geht schon in Ordnung ... dir wird nichts passieren ...«

Am Ende verurteilte das Gericht ihn zu einer Geldstrafe von zweihundert Pfund, doch Marianne wurde freigesprochen.

Das häusliche Glück im Cheyne Walk 48 war weiterhin im Abnehmen begriffen. Jagger war ständig unterwegs; er machte Aufnahmen mit den Stones, konferierte mit seinen neuen Ratgebern – oder er traf sich mit Marsha Hunt. Mariannes Heroinsucht nahm zu, sie verblühte sichtlich, und ihr Verhalten war unberechenbar und irrational. Wie sie selbst zugibt, verlor sie mehrfach in Restaurants das Bewußtsein und fiel mit dem Gesicht vornüber ins Essen.

Als im August 1970 Jaggers Tournee herangerückt war, war der Druck der unausweichlichen Veränderungen kaum noch zu ertragen. Letztendlich erwies sich Marianne als entschiedener von beiden. »Ich wußte, daß eine Phase zu Ende gegangen war«, erklärt sie. »Ich wußte, daß nichts mehr so bleiben konnte, wie es einmal gewesen war.« Daher schnappte sie sich eines Nachts Nicholas und ein paar Kleider aus ihrem Kleiderschrank im oberen Stockwerk und ging.

Bianca Jagger. Foto: Marion Schweitzer

Eine Zeitlang schien Jagger genügend Trost in seiner Affäre mit Marsha Hunt zu finden; das beeindruckende schwarze Mädchen, das von einer Wolke aus Afrohaar umrahmt war, faszinierte und amüsierte ihn, und zugleich stellte sie keine Bedrohung für die Unabhängigkeit seines neu errungenen Junggesellendaseins dar. Alles, was sie sagte, und das recht direkt, war, daß sie gern ein Baby hätte und sich ihn als Vater wünschte.

Seine zahllosen anderen Affären waren flüchtig. Er nahm die Gewohnheit an, sein nie fertig restauriertes Landhaus in Berkshire nachtweise als eine Art Hotel zu benutzen. Zwei Jahre nach dem Kauf von Stargroves hatte er nur wenige Nächte unter dem gotischen Dach des Hauses verbracht. Zum Hüten des Hauses hatte er abwechselnd seine Eltern, seinen jüngeren Bruder Chris und einen jungen Mann namens Maldwin Thomas engagiert, der ihm in Knightsbridge öfter die Haare geschnitten hatte. Maldwin gewöhnte sich daran, spätnachts von Jagger geweckt zu werden, der mit einer zeitweiligen Gefährtin Einlaß in das kleine Gästehaus begehrte. Noch nach Monaten hatte er sich nicht damit abgefunden, daß Marianne wirklich endgültig gegangen war. Er schrieb ihr und rief ständig im Haus ihrer Mutter in Berkshire an. »Am Schluß«, sagt Marianne, »habe ich mit voller Absicht zugenommen. Es war eine bewußte Entscheidung, fett zu werden – ich wollte zeigen, daß ich keinen Marktwert mehr habe. Als Mick dann kam und mich sah, ist ihm der Unterkiefer runtergefallen. Ich wußte, daß das wirklich das Ende war.«

Nach dem Auftritt der Stones im Pariser Olympia wurden sie einander zunächst förmlich vorgestellt. »Mick – das ist Bianca«, sagte Donald Cammell, als er den Rockstar, der gern allem aus dem Weg ging, auf ein Mädchen hinwies, das alles um sich herum mit der leicht verächtlichen Teilnahmslosigkeit einer edlen ägyptischen Katze beobachtete.

»Ihr beide werdet eine große Romanze miteinander erleben«, fügte Donald, einer Eingebung folgend, hinzu. »Ihr seid füreinander geschaffen.«

Ihr Name, Bianca Perez Mora Macias, wehte den Wohlklang edler Abstammung in Jaggers Ohren, und das selbst dann noch, als ihre erstaunliche und einzigartige Schönheit sich in seinen umherschweifenden Augen festsetzte. Es war die strenge Schönheit Lateinamerikas, raubvogelhaft und herablassend, doch weicher geworden durch die Jahre, die sie in ihrer Wahlheimat zugebracht hatte; eine Inkaprinzessin, die wie ein Dior-Mannequin gekleidet war. Ihre Eleganz hatte etwas Absolutes, das alle anderen Frauen im Raum zu schlechtgekleideten Gattinnen von Büroangestellten herabstufte. In diesem Moment stand ihm gegenüber alles, was er je gewollt und gebraucht hatte, darunter auch ein fortwährendes Spiegelbild seiner selbst. Donald Cammell, der sich diplomatisch und dezent zurückgezogen hatte, war die fast gespenstische Ähnlichkeit in den Gesichtern der beiden nicht entgangen. Narziß blickte in den Teich und war verloren. Die darauffolgende Nacht verbrachten sie in Donald Cammells Wohnung. Sie lehnten das Angebot des freundlichen Amerikaners, mit ihm und seiner äthiopischen Freundin Myriam einen Vierer hinzulegen, ab. Als Cammell am nächsten Morgen erwachte, war alles so verlaufen, wie er es erwartet hatte: Mick und Bianca waren gemeinsam fortgegangen.

Bianca Perez Mora Macias war die Tochter eines wohlhabenden nicaraguanischen Geschäftsmannes. Ihr Onkel hatte während des Batista-Regimes als Botschafter Nicaraguas in Kuba gelebt. Ein entfernter Cousin ihrer Mutter war in der Botschaft Nicaraguas in Paris Kulturattaché gewesen und anschließend als Botschafter nach Bonn gegangen. Während Biancas Kindheit in Managua stand Nicaragua wie schon seit vierzig Jahren unter der Herrschaft des korrupten Folterregimes Somozas. Ihr Vater war unpolitisch, aber Biancas Mutter haßte Somoza abgrundtief. Von Frauen wurde jedoch erwartet, daß sie keine politischen Überzeugungen hatten, wie Bianca feststellte, als sie und ihr Bruder Carlos sich studentischen Protestkundgebungen anschlossen, die gegen das fast jährliche Gemetzel demonstrierten, das Somoza unter der Opposition anrichtete.

Ihre Eltern ließen sich scheiden, und ihre Mutter, für die nicht entsprechend gesorgt war, sah sich gezwungen, in Managua ein kleines Restaurant zu eröffnen. Sosehr Bianca ihren Vater auch anbetete – dem sie bis auf seine grünen Augen in jeder Hinsicht ähnlich war –, rebellierte sie doch heftig gegen das Prinzip der männlichen Vorherrschaft, das er re-

präsentierte. Sie gelobte sich, sich nie derart beherrschen und anschließend wegwerfen zu lassen.
1960, im Alter von siebzehn Jahren, bekam sie ein Stipendium von der französischen Regierung für ein Studium am Institut für politische Wissenschaften in Paris. Ihre Mutter ermutigte sie und ihren Bruder Carlos, Nicaragua zu verlassen, denn sie sagte, daß vor allem Carlos, wenn er weiterhin bleibe, wahrscheinlich ein Opfer des Somoza-Regimes werde.
In Paris geriet Bianca in einen gesellschaftlichen Sog, der die Fertigstellung ihrer Dissertation in den politischen Wissenschaften endgültig vereitelte. Sie wurde die Freundin des britischen Schauspielers Michael Caine, der sie nach London mitnahm, sie prahlend im Dorchester vorzeigte und in Thea Porters Boutique in Soho Kleidereinkäufe mit ihr tätigte. Als sie Mick Jagger kennenlernte, war sie gerade sehr in Eddie Barclay verliebt, den Boß der führenden Plattenfirma Frankreichs. Barclay war ein wesentlich älterer Mann, in dem Bianca, wie sie selbst zugab, eine Vaterfigur sah. Da er bereits verheiratet war, hielt sie die Affäre für hoffnungslos. An Jagger reizte sie nicht nur, daß er berühmt und faszinierend und komisch und intelligent war, sondern auch, wie sie später sagte, daß er jung war.
Ihre Wirkung auf ihn war geradezu hypnotisch. Während der Zeit, in der sich die Stones in Paris aufhielten, verbrachte er Tag und Nacht jede freie Minute mit ihr. Sie flog den Stones nach Rom nach, um ihn dort wiederzutreffen, und für den Rest der Tournee reiste sie mit ihm. Er bat sie, mit ihm nach England zurückzukehren; sie erklärte sich einverstanden. Nie hatte er so viele übereilte und unwiderrufliche Entscheidungen getroffen.
Es war nur natürlich, daß Biancas Eintreffen Schockwellen über die Hotelschlafzimmer rechts und links neben Jaggers weitläufiger Königssuite aussandte. Niemand, der ihn näher kannte, hatte ihn je so vollkommen – und so unerschrocken – verliebt erlebt. Bianca ihrerseits trug nur noch zu der geflüsterten Verwirrung bei: ein Geschöpf, das sich den geschäftlichen Angelegenheiten und den Zwängen, die Jaggers Antriebskraft waren, geradezu eigensinnig entzog. Alles, was die Stones für die Abwicklung ihrer Europa-Tournee vereinbart hatten, wurde über den Haufen geworfen. Bianca wurde wie ein Parvenü behandelt, eine dahergelaufene Prinzessin, die man zwar mit äußerster Zuvorkommenheit behandelte, hinter deren Rücken aber neiderfüllter Klatsch und abfällige Spitznamen für sie ins Kraut schossen.
Die giftigsten Pfeilspitzen wurden aus dem Harem der Stones verschossen, in dem Anita Pallenberg wie eine aufgeblähte Begum über Mick Taylors Frau Rose und Bill Wymans schwedische Freundin Astrid regierte. Es wurde gemunkelt, Anita habe immer noch eigene Absichten auf Mick. Fest steht, daß Biancas Eintreffen einen Hauch hochexplosiver europäischer Exotik mit sich brachte, die zu viel mit dem gemein hatte, was Anita selbst in den Jahren ausgestrahlt hatte, ehe die mutwilligen Exzesse, das Heroin und die Geburt eines Kindes ihren Tribut gefordert hatten. Daher setzte Anita gegen Bianca alle üblen Reserven ihres Unfrieden stiftenden Charakters ein. Sie lieh sich Biancas Kleider unter dem Vorwand aus, daß ihre eigenen noch nicht ausgepackt seien, und dann verstreute sie die exquisiten Capes und Jacken auf dem Fußboden und ließ sie dort liegen. Spanish Tony Sanches berichtet, Anita sei mit dem Ansinnen an ihn herangetreten, »jeden erdenklichen Schmutz« über Bianca auszubreiten – am besten, daß sie in Wirklichkeit ein Mann sei, der sich einer Geschlechtsumwandlung unterzogen hätte.
Rom ist nie der ideale Ort für eine Berühmtheit gewesen, um dort eine klammheimliche Romanze zu beginnen. In diesem Falle sah die Berühmtheit keine Möglichkeit, einen Fuß vor die Tür zu setzen, ohne eine Horde von Paparazzi anzulocken, die gierig die Verfolgung aufnahmen. Die Belästigungen wurden so schlimm, daß Jagger schließlich auf einen Fotografen zulief und ihm einen Fausthieb versetzte. Das zog eine beträchtliche Geldstrafe wegen Körperverletzung nach sich, und es wurde vereinbart, daß sich in Zukunft Jaggers Leibwächter mit den Paparazzi abgeben sollten. So wurde es in Wien gehandhabt, während Jagger entkam, indem er über eine Mauer kletterte. Das Ergebnis war wie zu erwarten. Als er mit Bianca nach London zurückkehrte, war die Geschichte ihres Verhältnisses längst durch die internationale Presse gegangen. Am Flughafen Heathrow nahm Jagger Ausflucht zu dem Klischee, daß sie »nur gute Freunde« seien. Bianca fixierte die Quälgeister mit einem finsteren Stirnrunzeln und ver-

kündete: »Ich habe keinen Namen. Ich spreche kein Englisch.«

Im November 1970 wohnte sie bereits mit Mick in Stargroves; die Stones waren alle nach Stargroves gezogen, um zu versuchen, dort ihr neues Album, *Sticky Fingers,* fertigzustellen. »So, wie es mit Mick und Bianca stand, war an Arbeit kaum zu denken«, erzählt Shirley Arnold. »Sie ist einfach ins Studio gekommen und hat ihm schöne Augen gemacht ... er hat die anderen Stones stehenlassen und ist mit ihr nach oben gegangen.«

Im selben Monat gebar Marsha Hunt im St. Mary's Hospital in Paddington eine Tochter. Obwohl die Presse argwöhnte, wer der Vater war, widerstand Marsha zunächst jedem Reiz, seinen Namen zu nennen. »Wir wollten bewußt ein Kind haben«, war alles, was sie sagte. »Jetzt haben wir nichts mehr mit ihm zu tun. Am Anfang glaubte ich, daß ich mir viel aus ihm mache, aber später habe ich herausgefunden, daß ich ihn eigentlich überhaupt nicht kenne ...«

1970 mußte Bill Wyman feststellen, daß seine Schulden an nachträglich zu zahlender Einkommenssteuer sich auf £ 118 000 beliefen. Für den vernünftigsten und vorausblickendsten unter den Stones war es ein um so größerer Schock, als er sich mit der Rache konfrontiert sah, die die britische Steuergesetzgebung für alle Großverdiener bereithält, die nicht zeremoniell die Hälfte ihres Einkommens bis zu dem Tag zur Seite legen, an dem die Regierung sie einfordert. Bill mit seinen mathematischen Fähigkeiten erfaßte augenblicklich die Hoffnungslosigkeit seiner Lage. »Wenn man erst mit £ 118 000 im Rückstand ist, kann man das *nie* mehr aufholen. Das gesamte Geld, das man verdient, um diese Schulden abzuzahlen, wird schließlich wieder versteuert. Dann arbeitet man sein Leben lang für die Regierung. Und man ist auch noch selbst schuld, obwohl man sich nichts vorzuwerfen hat. Man hat nichts weiter getan, als einen Rat anzunehmen. *Irgend jemandem* muß man doch trauen können.«

Bills Schulden waren eine bescheidene Summe, verglichen mit denen von Mick und Keith, deren Einnahmen durch das Copyright von Songs ihren Anteilen an den gemeinsamen Einnahmen der Stones mindestens gleichkamen. »Ich habe einfach nicht daran gedacht«, sagte Mick Jagger später, »und keiner der Manager, die ich hatte, hat je daran gedacht, obwohl alle gesagt haben, daß sie dafür sorgen, daß meine Steuern bezahlt werden. Nach acht Jahren Arbeit mußte ich dann feststellen, daß nichts bezahlt worden war und ich Unsummen von Schulden hatte ...« Die gesamten Nachhutgefechte, die ihre Buchhalter ausfochten, würden die kolossalen Summen wahrscheinlich nur um einen Bruchteil vermindern. Die Finanzbehörde würde die Stones notfalls zur Ader lassen.

Die einzige Alternative dazu, die Zähne zu fletschen und die Schulden abzuzahlen – und ihre gesamten amerikanischen Profite abzuschreiben –, wurde ihnen von Prinz Rupert Löwenstein erklärt. Wenn sie im Geschäftsjahr 1971/72 aus Großbritannien verschwänden, könnten sie den gesamten Steuerzahlungen für ihre Einnahmen 1969/70 entkommen. Derselbe Orakelspruch werde sich rückwirkend für jedes folgende Jahr bewähren, in dem sie den Beweis erbringen konnten, ihren Wohnsitz nicht im Vereinigten Königreich gehabt zu haben.

In jenen Zeiten, in denen dem Steuerexil immer noch vage Assoziationen zu W. Somerset Maugham anhafteten, war es fast unvermeidlich, daß die Wahl auf Frankreich fiel. Für Mick Jagger war Paris – insbesondere im Licht seiner jüngsten Erlebnisse – der einzig mögliche Ersatz für London. Weitaus mehr als die Beatles hatten die Stones in Frankreich stets als ultrachic gegolten. Zudem gab es dort immense Steuervorteile für eine Popgruppe, die einen internationalen Markt hatte und ihr Domizil in einem Land aufschlug, das relativ frei von Kontrollen war, die die Deviseneinfuhr beschränkten. Um das alles zu krönen, kamen noch die Sonne, das Essen und die Getränke des Landes hinzu.

Im September 1970 begannen die Verhandlungen zwischen Prinz Rupert und dem führenden französischen Anwalt für Finanzen, Maître Michard-Pellissier, über die Tunlichkeit einer Massenabwanderung der Stones nach Paris im folgenden April. Die Verhandlungen wurden im Oktober fortgesetzt, als die Stones auf einer Tournee nach Paris kamen – und sie wurden offensichtlich nicht durch die Fahrzeuge beeinträchtigt, die rund um das Olympia herum brannten. Der *Evening Standard* in London bekam durch seinen gewitzten Pariskorrespondenten

Sam White vorzeitig Wind von dem Plan; zu Prinz Ruperts fragloser Erleichterung wurde das Thema von den Schlagzeilen vertrieben, die Mick Jaggers neue Liebe machte.

Die offizielle Verlautbarung kam im März 1971 heraus, zu Beginn einer kurzen Großbritannien-Tournee, die dadurch ein Maximum an Zugkraft bekommen sollte. Selbst die vornehme *Times* und der *Telegraph* schickten Reporter nach Newcastle-upon-Tyne, die dort die Neuigkeiten erfahren sollten, daß die Stones Großbritannien verließen, um sich gemeinsam in Frankreich niederzulassen. Es wurde herausgestrichen, daß dieser Entschluß nichts mit der Einkommenssteuer zu tun hatte, und derart unfreundliche Schlüsse sollten auch nicht aus ihrem geplanten Umzug im April, direkt vor Beginn des neuen britischen Steuerjahrs, gezogen werden. »Dies ist kein Fall von Steuerflucht«, sagte Les Perrin grob geschätzt ein dutzendmal täglich. »Die Stones sind einfach begeistert von Frankreich.«

»Wer mich kennt«, fügte Jagger grinsend hinzu, »der weiß, daß ich wahrscheinlich häufiger nach Großbritannien komme als in den vergangenen Jahren ...« Mit seiner saloppen blauen Schirmmütze und seinem Maximantel aus grauem Wildleder sah er bereits wie ein Franzose aus. Bianca begleitete ihn auf dieser Abschiedsreise nach Coventry, Manchester und Glasgow; beide stellten sie sich mit Schmollmund für Fotografen in Pose und unterhielten sich die meiste Zeit französisch miteinander. Da er an sich nie an einem Ort verwurzelt gewesen war, bereitete es Jagger keine Schwierigkeiten, seine beiden wenig geliebten englischen Besitztümer abzuschließen und sich in das Vagabundenleben eines Steuerflüchtlings zu fügen. Wesentlich härter war der Umzug für Bill und Charlie, die sich häuslich niedergelassen hatten – und noch härter für Mick Taylor, der bis dahin noch keine nennenswerten Summen verdient hatte und dennoch genötigt war, seine Frau und sein neugeborenes Baby aus ihrer Umgebung herauszureißen, um den anderen ins Ausland zu folgen. Was Keith betrifft, so weigerte er sich schlicht, anzuerkennen, wie schnell die Tage bis zum fünften April vergingen. Er lag weiterhin flach ausgestreckt neben seiner mit einem Batikschal verhängten Lampe im Cheyne Walk Nummer 3, als habe er alle Zeit auf Erden zur Verfügung.

Bill Wyman, der Baßgitarrist der Stones. Foto: Marion Schweitzer

Wo in Frankreich sich die Stones niederlassen würden, blieb bis circa eine Woche vor ihrer Abreise ungeklärt. Paris war bereits in einem früheren Stadium ausgeschieden, als ein Hinweis darauf gefallen war, daß Jagger, der wegen Drogenmißbrauchs vorbestraft war, rund um die Uhr unter polizeilicher Beobachtung stehen könnte. Die Suche wurde daraufhin an die Riviera verlegt. Ein Sonderkommando des Stones-Büros reiste, angeführt von Jo Bergman nach Cannes und sah sich entsprechende Anwesen an der ganzen Côte d'Azur an, die zur Vermietung standen. Gerüchte kamen in Umlauf, die Grundstücksmakler seien aufgefordert worden, Häuser ausfindig zu machen mit Badezimmern, in denen sich bis zu acht Menschen aufhalten konnten, um dort »Orgien im römischen Stil« abzuhalten. Ein Besuch des Teams in Mougins, einem exklusiven Weiler, der Pablo Picasso und Prinz Sihanouk von Kambodscha Unterschlupf geboten hatte, löste derartige Bestürzung unter den Einwohnern aus, daß der Bürgermeister seine nächste Wahlkampagne

ausschließlich mit dem Gelöbnis durchzog, er werde es niemals dulden, daß sich die Rolling Stones in seinem Einflußbereich niederließen.
Bis Mitte März hatte nur Charlie Watts ein Anwesen gefunden, das nach seinem Geschmack war – und charakteristisch für ihn war, daß es sich um einen abgelegenen Bauernhof in der Provence handelte. Die anderen sollten gemeinsam in Cannes wohnen, während Joe Bergman die Suche nach Badezimmern in einer orgiengerechten Größe fortsetzte. Jo hatte sich bereit erklärt, mit ihnen auszuwandern, und sie hatten das Büro in London unter Shirley Arnolds Obhut zurückgelassen. Die Stones verabschiedeten sich von London mit einem Konzert im Round House am 14. März, und diesem Konzert folgte ein im Fernsehen übertragener Auftritt an einer der Stätten ihrer Anfangszeit, im Marquee Club. Keith – der inzwischen zur offenen Rebellion übergegangen war – saß bis fast zu dem Moment zu Hause im Cheyne Walk, in dem die Kameras anliefen. Dann schwang er sich wütend und barfuß in seinen Bentley, fuhr nach Soho, stellte den Bentley auf einer doppelten Mittellinie ab, stapfte in den Club und nahm seinen Platz auf der Bühne ein. Es war Pech, daß das Marquee noch denselben Manager hatte, Harold Pendleton, der Keith früher so oft geringschätzig behandelt und auf die Palme gebracht hatte. Es war ein noch größeres Pech, daß Pendleton als Gratiswerbung ein großes Neonschild hinter den Stones aufgehängt hatte, auf dem MARQUEE CLUB stand. Beides bewirkte, daß Keith – als eine Wiederholung historischer Taten – seine Gitarre auf Harold Pendletons Kopf zerschlug und aus dem Club geschleift werden mußte; seine nackten Füße rutschten über den Boden.
Am Tag der Abreise brach Jo Bergmans Sonderkommando über den Cheyne Walk Nummer 3 herein, sammelte alles auf, was um Keith herumstand – Einrichtungsgegenstände, Flaschen, halbvolle Aschenbecher, Kleider, Schals, Marlons Spielzeug –, packte alles in Kartons, transportierte es über den Kanal nach Frankreich und arrangierte sämtliche Gegenstände in derselben Anordnung wieder um Keith herum, als er sich in seinem neuen Zuhause in St. Jean Cap Ferrat niederließ.

Am 7. April, zwei Tage nachdem sie ihr Exil offiziell bezogen hatten, unterzeichneten die Stones einen neuen Plattenvertrag mit Kinney Services, dem amerikanischen Stammhaus des in New York sitzenden Labels Atlantic. Sie hatten sich Atlantic wegen des guten Rufs ausgesucht, den dieses Label in der Soulmusik hatte, und weil es dem Vorsitzenden von Atlantic, Ahmet Ertegun, mit Leichtigkeit gelungen war, unter den Mogulen der Plattenfirmen, die im vergangenen Jahr um sie geworben hatten, den günstigsten Eindruck zu machen. Ertegun war von Geburt her Armenier und Sohn des Gesandten Mustafa Kemal in Washington. Mit seinem Flair, seiner Phantasie und seinem unverbesserlichen Hang zur amerikanischen Popkultur hatte er eine einzigartige Bresche in die Musikindustrie geschlagen. Schwarze Künstler von Ray Charles bis Otis Redding verdankten ihre expertenhafte und unparteiische Verbreitung weitgehend dem kleinen, bärtigen, kahlköpfigen Gentleman in seinen funkelnd polierten Alligatorschuhen.
Unter allen Mogulen, die um die Stones wetteiferten, war Ertegun auch derjenige gewesen, der ohne ein Blinzeln Prinz Ruperts Bedingung akzeptiert hatte, einen riesigen Vorschuß für sechs Alben zu bezahlen, die im Lauf von vier Jahren vorgelegt werden sollten. Diese Platten würden auf dem eigenen Plattenlabel der Stones, Rolling Stones Records, herauskommen, und sie sollten von Atlantic hergestellt und vertrieben werden. Boß des neuen Labels sollte Marshall Chess sein, dessen Vater Leonard das berühmte Chess Label in Chicago begründet hatte. Dollarverhandlungen in Millionenhöhe und puristische Empfindungen schienen in jeder Hinsicht eine perfekte Verbindung miteinander eingegangen zu sein.
Andy Warhols Entwurf für das neue Label mit all seinen üppigen visuellen Begleiterscheinungen ließ keinen Zweifel offen, für wen dieser neue Handel am erfreulichsten verlaufen war. Jaggers eigene pralle Lippen klafften in einem leuchtendroten Namenszug auf, und seine unverwechselbare Zunge hing geifernd aus dem Mund, als wolle sie die versprochenen Millionen aufschlecken. Marianne Faithfull fand besonders viel dadurch heraufbe-

Keith Richard lauscht verträumt der Musik einer anderen Rock-Gruppe. Foto: Marion Schweitzer

schworen, denn sie erinnerte sich daran, wie sehr Jagger vor Jahren, als sie ihm Bildung vermittelte, das Bühnenbild im Royal Ballet bewundert hatte, das wie ein offener Mund aussah.
Am 16. April brachte das neue Label sein erstes Produkt heraus, eine Single mit drei Nummern: *Brown Sugar, Bitch* und *Let It Rock*. Eine Woche darauf erschien *Sticky Fingers,* ein Album, dessen Verpackung nicht weniger als sein Inhalt das neue Zeitalter der Befreiung zur Schau trug. Die Plattenhülle, die ebenfalls von Andy Warhol entworfen worden war, zeigte die Leistengegend von Jeans, deren Hosenlatz ein echter Reißverschluß war, und wenn man ihn aufzog, wurden Mick Jaggers Lippen und seine Zunge freigelegt. Die Rückseite des Plattencovers war die Rückseite der Jeans. Dort, wo Sir Edward Lewis einen Herzschlag bekommen hätte, zwinkerte Ahmet Ertegun nur gelassen.
Brown Sugar wurde augenblicklich zum Jagger/Richard-Klassiker, in dem sich Keith' sich träge wiederholendes Riff mit dem Rhythmus von Jaggers hüftenschwingendem, gedehntem Dixiegesang zu einem Preislied rassistischer Sexismen vermischte, in dem es ebensogut um Marsha Hunt hätte gehen können wie um braunes mexikanisches Heroin oder um Cunnilingus mit einer Plantagensklavin, wobei Mick Jagger als Simon Legree fragt: »Wie kommt es, daß du so gut schmeckst?« *Brown Sugar* war die anzüglichste Nummer, die sich auf *Sticky Fingers* finden ließ. Bis auf *White Horses* – eine eindringliche Erinnerung an die Liebe zu Marianne – war der Rest wenig mehr als ein Glossar des Drogenjargons. »Cocaine eyes«, »speed freak jive«, »cousin cocaine«, »sister morphine« schlichen sich, gehüllt in glatte, erfinderische Gitarren- und Saxophonpassagen, ins Ohr ein. Die Seriennummer des Albums lautete wahrhaftig COC 59100. Das Ganze erschien klanglich als eine funkelnagelneue Brillanz – und dennoch fehlte es irgendwo an etwas nicht klar Definierbarem. Die sechziger Jahre fehlten.
In der Zwischenzeit hatte die Decca nach Möglichkeiten gesucht, den Absatzmarkt zu überschwemmen, und sie hatte eine Zusammenstellung alter Stones-Nummern unter dem Titel *Stone Age* herausgebracht und in eine Plattenhülle verpackt, die sehr viel Ähnlichkeit mit dem Entwurf für *Beggars' Banquet* aufwies, den Sir Edward Lewis vor drei Jahren energisch abgelehnt hatte. Die Stones haßten diese Zusammenstellung so sehr, daß sie hundert Pfund für Zeitungsanzeigen ausgaben, in denen sie ihre Fans warnten, diese Platte sei von unterdurchschnittlichem Niveau.

Am 11. Mai rief Mick Jagger Shirley Arnold in London an und teilte ihr mit, er werde Bianca zwei Tage später in Saint Tropez heiraten. Dann gab er ihr eine Liste der sechzig Personen durch, die er als Hochzeitsgäste ausgesucht hatte. Die Liste reichte von Paul McCartney zu Lord Litchfield, dem Cousin der Königin. Shirley mußte sie alle innerhalb von vierundzwanzig Stunden kontaktieren und dafür sorgen, daß sie ein eigens gechartertes Flugzeug aus London nahmen.
Sein Entschluß, Bianca nach nur sieben Monaten einer – wenn auch noch so ungestümen – Affäre zu heiraten, hätte für Jaggers Freunde ein Hinweis darauf sein können, wie sehr ihn der Bruch mit Marianne getroffen hatte und wie verzweifelt er sich eine Ehefrau wünschte. Bianca war zwar inzwischen schwanger, doch trotz ihres katholischen Glaubens war sie nicht gerade darauf versessen, zu heiraten. So, wie die Dinge standen, sahen Jaggers Freunde und Möchtegernfreunde in dieser Eheschließung nichts weiter als einen katastrophalen Fehler. Es war bekannt, daß die anderen Stones nichts für Bianca übrig hatten – daß vor allem Keith mit Anita im Rücken sich dieser Ehe erbittert widersetzte. Bianca wurde als eine Bedrohung der Partnerschaft Jagger/Richard und somit als eine Bedrohung für die gesamte Zukunft der Stones angesehen. Yoko Ono hätte ihr sagen können, daß man sich ohne weiteres drei weitere zusätzliche feindselige verschwägerte Cliquen einhandeln kann, wenn man in eine Supergruppe einheiratet.
Zu dem Hochzeitsfest am 13. Mai sollten eine standesamtliche und eine kirchliche Trauung gehören. Da Bianca Katholikin war und Jagger auf dem Papier anglikanisch, mußte er einwilligen, sich vorbereitend in den Glauben seiner zukünftigen Frau einweisen zu lassen. Dem fügte er sich bereitwillig, auf französisch, und er beeindruckte den ansässigen Abbé, Fr. Lucien Baud, mit seiner Intelligenz und seiner Aufnahmefähigkeit. Er schien alles richtig machen zu wollen. Das war auch der Grund, aus

Mick und Bianca Jagger auf dem Weg zum Standesamt. Foto: Marion Schweitzer

dem er die Vorbereitungen für die Hochzeit erst im letzten Moment delegierte – er wollte verhindern, daß das Ganze zu einem »Zirkus« ausartete.

Der Widerspruch zwischen seinem Wunsch nach Schlichtheit und der Tatsache, daß er seinen Presseagenten mobilisierte, schien Jagger im Verlauf der Ereignisse völlig zu entgehen, für die sich die Umschreibung »Zirkus« als zu milde erweisen sollte. Das Bedürfnis, laufend Aufmerksamkeit zu erregen, muß eine Krankheit sein, die selbst von ihren ärgsten Opfern nicht erkannt wird. Mehr kann man nicht aus der scheinbaren Zwangshandlung schließen, daß Jagger, der Pläne und Listen streng geheimhielt, gleichzeitig die ganze Welt bei seiner Hochzeit zugegen haben wollte und somit einen ganz persönlichen, gefühlsmäßig wichtigen Tag seines Lebens auf das Niveau eines Treffens in einem Biergarten zurückschraubte.

Die Weltpresse war schon sehr früh in das Geheimnis eingeweiht worden. Ganze Flugzeugladungen mit Reportern und Fotografen flogen am 12. Mai gleichzeitig mit dem gecharterten Jet vom Flughafen Heathrow ab, der Paul und Linda McCartney mit ihren Kindern, Ringo Starr, Eric Clapton, Keith Moon, Ossie Clark, Joe und Eva Jagger und weitere Erwählte nach Frankreich brachte. Sie standen unter der Obhut von Les Perrins Frau Janey. »Sogar auf diesem kurzen Flug haben sämtliche Musiker Rauschgift geraucht«, erzählt Janey Perrin. »Ich habe mir solche Sorgen gemacht – ich habe mich fast zu Tode gefürchtet. ›Okay‹, habe ich gesagt, ›du, du und du – seht euch vor, daß ihr das Zeug loswerdet, ehe wir landen.‹«

Der Hochzeitstag begann mit einer Auseinandersetzung zwischen Mick und Bianca über den Ehevertrag, den beide unterzeichnen mußten. Das französische Gesetz verlangt, daß ein Paar, das den Bund der Ehe eingeht, festlegen muß, ob eine Gütertrennung zwischen dem Besitz der beiden beibehalten wird oder ob sie sich zu einer Gütergemeinschaft entschließen. Ein französischer Ehevertrag ist ein kaltblütiges Dokument, in dem der gesamte Besitz des Bräutigams aufgelistet wird, an dem die Braut teilhaben oder nicht teilhaben darf. Jagger wollte von

Bianca die Einwilligung, daß sie im Falle einer Scheidung auf jeden Anspruch auf seinen Besitz verzichten werde. Bianca war außer sich über diese kalte Berechnung, und sie flehte Mick an, die Eheschließung abzublasen. Sein Kind werde sie trotzdem bekommen, sagte sie, und sie könnten ja zusammenleben. Mick wurde zornig und sagte: »Willst du mich vor aller Welt zum Narren halten?« Mit Alan Dunn, Micks Assistent, als Zeuge wurde der Vertrag schließlich unterzeichnet.

In der Zwischenzeit wartete Bürgermeister Marius Estezan im Hôtel de Ville darauf, die standesamtliche Trauung unter einem Porträt des Präsidenten Pompidou durchzuführen. In Frankreich gibt es bei standesamtlichen Trauungen keinen Ausschluß der Öffentlichkeit. Der Rummel an Fotografen und Fernsehscheinwerfern war im Rathausinnern nur unbedeutend geringer als draußen in der Sonne.

Nach einer zwanzigminütigen Verspätung wurde dem Bürgermeister mitgeteilt, Jagger denke nicht daran, zu erscheinen, ehe der Saal nicht von allen nichtgeladenen Gästen geräumt sei. Der Bürgermeister erwiderte darauf, dies sei ein öffentliches Ereignis und die Öffentlichkeit habe ein Recht darauf zu bleiben. Anfragen bei dem Polizeibeauftragten führten zu derselben Auskunft. Der Bürgermeister legte seine offizielle Schärpe mit den Farben der Trikolore ab und sagte, wenn das Paar nicht innerhalb von zehn Minuten erscheine, werde die Eheschließung nicht stattfinden.

Dieses Ultimatum gab Les Perrin telefonisch an Jagger weiter, der seinen Schlupfwinkel noch nicht verlassen hatte. »Dann spiele ich eben nicht mit ... Es ist alles abgeblasen«, erwiderte Jagger. Janey Perrin hörte, wie ihr stoischer Mann mehrfach geduldig wiederholte: »Sei nicht albern ... Sei doch nicht albern ...«

Fünfzig Minuten nach dem festgelegten Zeitpunkt betraten die Braut und der Bräutigam gemeinsam das Rathaus. Bianca trug einen weißen Hut mit einer gewaltigen Krempe und ein enganliegendes weißes Kleid, das fast bis zu den Brustwarzen ausgeschnitten war. Sie war berückend schön. Jagger in einem blassen Anzug mit Weste und einem geblümten Hemd mit saloppem Kragen sah aus wie die meisten unter den Herren ohne Damenbegleitung, die samstags abends zum Tanz gehen. Faustkämpfe unter den französischen Fotografen, die sich um die besten Plätze balgten, lenkten die Aufmerksamkeit von der Tatsache ab, daß die Braut im vierten Monat schwanger war.

Jagger wollte noch einmal kehrtmachen, doch Les Perrin lenkte ihn mit sanfter Gewalt zum Tisch des Bürgermeisters, während er Bianca hinter sich her zerrte. Die standesamtliche Trauung wurde schließlich doch noch vollzogen, und währenddessen klackten unentwegt die Auslöser. Der Bürgermeister sah sich somit gezwungen, seine Stimme zu erheben, bis nur noch ein gereiztes Quieken übrigblieb. Die offiziellen Trauzeugen – und niemand verstand so recht, warum – waren Roger Vadim, der französische Regisseur, und der Filmstar Natalie Delon. Hinter ihnen stand Keith in einem Zustand wutentbrannter Aufgelöstheit; er schien sich eindeutig flüsternd mit Anita zu zanken.

Oben auf dem kalkweißen Hügel wartete Jaggers theologischer Unterweiser, Abbé Baud, in der hübschen Fischerkapelle von St. Anne vor einer Gemeinde, deren Umfang Les Perrin durch den simplen Trick, das Hauptportal abzuschließen, strikt eingeschränkt hatte. Als das jungvermählte Paar aus seinem Leihwagen, einem Bentley, sprang und von Fotografen des *Paris Match* und von radikalen studentischen Demonstranten bedrängt wurde, mußte es an das Portal der Kirche hämmern, um eingelassen zu werden. Endlich hörte man die beiden, ließ sie herein, und die kirchliche Trauung begann. Die Braut wurde – und wieder wußte niemand so recht, warum – von Lord Litchfield, dem Cousin der Königin, zu ihrem Bräutigam geführt. In seiner Ansprache bezog sich der Abbé auf seine Gespräche mit Jagger. »Sie haben mir gesagt, daß die Jugend Glück, gewisse Ideale und Glauben sucht. Ich denke, daß auch Sie das suchen, und ich hoffe, daß Sie sie heute mit Ihrer Eheschließung finden.« Auf Biancas Wunsch hin spielte der Organist Bachs Hochzeitsmarsch und die Titelmusik des Films »Love Story«.

Der Empfang wurde in einem kleinen Theater neben dem Café des Arts abgehalten. Lord Litchfield, diesmal in seiner Eigenschaft als Gesellschaftsfotograf, bewegte sich ständig umher und fotografierte die Gesichter der Berühmtheiten. Bianca hatte sich umgezogen und trug jetzt einen weiten Rock, eine

Bluse, die ihren Busen sehen ließ, und einen mit Ziermünzen benähten Turban, und es gelang ihr damit, selbst Brigitte Bardot an die Wand zu spielen. Es kam zu einem peinlichen Moment der Hilflosigkeit, als Keith Richard einen Aschenbecher durch eine Fensterscheibe wirbelte, doch die Spannung ließ nach, als Keith ohnmächtig zu Boden fiel. Später stellte sich der Bräutigam auf die Bühne, und es kam zu einer improvisierten Darbietung mit Steven Stills und Doris Troy. Bianca, die wütend zu sein schien, zog sich allein in ihre Hotelsuite zurück. Im nachhinein äußerte sie Freunden gegenüber, durch die Auseinandersetzung über den Ehevertrag, die Anwälte und durch das Handgemenge während der Trauung habe ihre Ehe bereits an ihrem Hochzeitstag geendet.
Die Party zog sich durch die ganze Nacht, und niemand kümmerte sich um die verschiedenen Kleinkinder, die im Halbschlaf im Marihuanarauch kauerten. Man kann sich darüber streiten, welcher Anblick melancholischer war: der jener vernachlässigten Kinder der Superstars oder der Anblick von Joe und Eva Jagger, die immer noch im Saal umherliefen und eine Gelegenheit suchten, ihrem Sohn ihr Hochzeitsgeschenk zu überreichen.

Als Marianne von der Hochzeit erfuhr, war sie auf dem Weg nach Paddington, um von dort mit dem Zug zu ihrer Mutter nach Berkshire zu fahren. Sie erinnert sich, in ein indisches Restaurant getaumelt zu sein und dort eine Weile später ohnmächtig mit dem Gesicht in einen Teller mit Curry gefallen zu sein. Man ließ sie entfernen, und sie verbrachte die Nacht im Polizeirevier Paddington Green.
»Am nächsten Morgen, als sie mich rausgelassen haben, haben sie gemerkt, daß ich eine Berühmtheit war, und man hat mich gebeten, mich ins Gästebuch einzutragen. Es war ein brandneues Polizeirevier: Der einzige Eintrag im Gästebuch war der Namenszug des Innenministers im Rahmen der offiziellen Eröffnung.« Marianne setzte ihre Unterschrift unter die des Innenministers und trat schwankend ins Freie und auf die Marylebone Road.

Vor ihrer Abreise aus England hatten sich Keith und Anita einer ärztlichen Behandlung wegen ihrer Heroinsucht unterzogen. Keith machte seine Kur in Redlands mit dem berühmten »Dr. Smith«, während Anita, die nur noch unverständliche Dinge vor sich hinmurmelte, in eine Klinik im weit entfernten Middlesex eingeliefert worden war. Für keinen von beiden bestand Hoffnung, solange man sie nicht strikt voneinander getrennt hielt.
Die Tortur eines Heroinentzugs – der »cold turkey« aus John Lennons trostlosem Song – ist damit verglichen worden, sich nackt auf einem Bett aus Stacheldraht zu wälzen, während man gleichzeitig eine Flasche Desinfektionsmittel schluckt. »Man schwitzt ... man schreit ... man hat Halluzinationen«, sagte Keith, und diese Aussage kann fast als wissenschaftlich distanziert angesehen werden. »Ich kann mich erinnern, daß ich absolut sicher war, hinter der Tapete eine Nadel und Stoff zu finden, wenn es mir bloß gelingen könnte, dranzukommen.« »Dr. Smith«, eine Krankenschwester mit der heiteren Art einer ländlichen Hebamme, steckte ihm immer wieder Kapseln mit Rauschgiftersatz unter die Zunge.
»Wenn man es durchsteht, ist man in zweiundsiebzig Stunden clean. Aber das ist nicht das Problem. Das Problem kommt erst dann, wenn man sich wieder in seine gesellschaftlichen Kreise begibt – und alle handeln mit Drogen, oder sie sind Junkies. Fünf Minuten später ist man wieder voll drauf.«
Keith' neues Zuhause an der Riviera war Nellcôte, eine riesige Villa im romanischen Stil auf einem Hügel über Villefranche-sur-Mer, um die sich eine mit Balustraden umfaßte Terrasse zog, von der es einen spektakulären Ausblick auf die Berge und das Cap Ferrat gab. Die Miete betrug tausend Pfund wöchentlich, und es bestand gleichzeitig die Möglichkeit, das Anwesen für zwei Millionen Pfund zu erwerben, falls es seinem neuen Mieter genehm sein sollte.
Die hellen, ätherischen, eleganten Salons wurden wie alle seine bisherigen Behausungen so verwandelt, daß Keith sich wohl fühlte – was da heißen soll, daß sie Ähnlichkeit mit einem Motelzimmer annahmen, in dem kürzlich die Polizei gewütet hatte. Plattenhüllen, Weinflaschen, verstreute Kleider, halb gerauchte Joints fanden ihren Platz auf dem Flügel und dem marmornen Kaminsims. Das Baby Marlon kroch ungewindelt an den brokatüberzogenen Sofas vorbei. Nellcôte entwickelte sich zum Zentrum des Exils der Stones, denn das vertraute

Durcheinander brachte in das eher gestelzte ausgebürgerte Leben der anderen eine gewisse Kontinuität und sogar Trost und Behagen. Hier war der Treffpunkt für Angestellte, geschäftliche Ratgeber, Leute von Plattenfirmen, andere Musiker und alle Spielarten von Menschen, die sich von der zusätzlichen Distanz – ob von London oder von Kalifornien aus – selten abschrecken ließen, ihrem begehrlichen Drang zu folgen, mit Keith und den Stones »rumzuhängen«. »In der ganzen Zeit, die wir dort gewohnt haben, waren wir nie miteinander allein«, sagt Anita. »Tagtäglich waren zehn Leute zum Mittagessen da … fünfundzwanzig zum Abendessen …«

Das Exil entfernte die Stones wenn möglich noch mehr voneinander als ihr bisheriges Leben in England. Bill und Charlie wohnten zwar in der Nähe, doch sie zogen es vor – zweifellos ein weiser Entschluß –, ihre Häuser ihrem Privatleben vorzubehalten und wenig öffentliches Aufsehen zu erregen. Jagger hatte eine Villa in St. Tropez gemietet, doch er und Bianca verbrachten den größten Teil des Sommers in Paris, wo sie sich in Mistinguetts liebster Sommerfrische aufhielten, im L'Hôtel. Von Juni bis September war Mick Taylor, der mit Rose in einem weitaus weniger prunkvollen Haus auf dem Hügel von Nellcôte wohnte, Keith' häufigster Gefährte. An einem Wochenende war die Schar derer, die in Keith' Haus rumlungerten, so groß, daß Keith und Anita an Taylors Tür klopften und fragten: »Können wir reinkommen? Wir brauchen ein wenig Ruhe und Frieden.«

In den ersten Wochen schien es Keith zu genügen, den typischen Beschäftigungen nachzugehen, denen man sich an der Riviera widmet: Essen, Trinken, Sonnenbäder, Schwimmen und Segeln. Wann immer es ihm gelang, irgend jemanden zu bewegen, sich von dem Fußboden in Nellcôte zu erheben, um eine Mannschaft zusammenzutrommeln, ging er mit ihm in seinem Boot »Mandrax« segeln. Das Heroin hatte seine Freude am Leben im Freien nicht abgetötet – nach zwei, fünf, ja sogar zehn Jahren als Junkie war er Mick in dessen ausgeprägtesten Phasen des gesunden und sportlichen, drogenfreien Lebens physisch noch überlegen. »Als wir in Frankreich waren, ist Mick voll auf Tennis abgefahren. Er hat es sehr ernst genommen. Ich hatte nicht mehr gespielt seit den Tennisclubzeiten, als ich mit meinen Eltern in Dartford gespielt habe. Trotzdem konnte ich mich noch auf den Platz stellen und Jagger jederzeit völlig fertigmachen.«

Er fand auch Zeit für seine Vaterrolle. Der zweijährige Marlon hatte bisher wenig Häuslichkeit erlebt, sondern hauptsächlich chaotische Hotelsuiten, in denen Shirley Arnold ihn ins Bett brachte. Marlon lernte das Laufen auf einer Konzertbühne der Rolling Stones; Barbara Charone schreibt, die ersten Worte, die er je gesprochen habe, seien »Zimmerservice« gewesen. Jetzt, in Villefranche, hatte er endlich die Möglichkeit, Kind zu sein. Keith widmete ihm täglich einen großen Teil seiner Zeit und trug ihn durch die Gegend. Er hatte ihn vor seine schmächtige Brust gebunden, auf der er früher außer dem Riemen seiner Gitarre und dem baumelnden Kokainlöffel keine Einengung geduldet hatte.

Wie sein ungebührliches Benehmen bei der Hochzeit hatte ahnen lassen, begann Keith Anfang Mai gegen sein neues Leben zu wüten, und er schob alles auf Jaggers Verliebtheit, auf Bianca und auf die Pariser Gesellschaft. Größeren Ärger brachte der Juni – einen heftigen Streit zwischen Keith und dem Hafenmeister von Villefranche, der versucht hatte, sich einzumischen, als Keith nach einem unbedeutenden Zusammenstoß auf einen Italiener einschlug. Spanish Tony Sanchez, der zu der Zeit in Nellcote zu Gast war, erzählt, Keith habe ein Spielzeuggewehr auf den Hafenmeister gerichtet und wäre daraufhin von dem Beamten fast mit dessen großkalibriger Waffe erschossen worden.

Im Lauf der Monate war es unvermeidlich, daß er und Anita einander bestärkten und wieder auf das einzig mögliche Heilmittel gegen ihre geteilte und angeekelte Langeweile und Übersättigung zurückgriffen. Mit Spanish Tony traf auch ein Kokainvorrat ein, der in einem Spielzeugklavier verborgen war, das der Dealer Marlon mitgebracht hatte. Heroin bezogen sie über einen französischen Pusher mit Kontakten zur korsischen Unterwelt, die den Rauschgifthandel in Marseille in der Hand hatte. Sie waren inzwischen zunehmend vom Schnupfen zum Fixen übergegangen: Sie kauften die Droge in Lie-

Mick Jagger und Keith Richard bei einem Auftritt der Amerika-Tournee 1975, die fast eine Million Zuschauer anlockte. Foto: Marion Schweitzer

ferungen im Wert von je viertausend Pfund, und diese Dosis reichte selten länger als einen Monat.

Im ganzen Sommer wimmelte es in den Strandcafés von Villefranche von Drogenhändlern aller Arten und jeder Hautfarbe, die eifrig darauf versessen waren, ihre Ware loszuwerden und – wenn sie Glück hatten – auch an den Orgien teilzunehmen, von denen es gerüchteweise hieß, daß sie allnächtlich oben in Nellcôte abgehalten würden. Wenn man den Gerüchten glauben durfte, hatten diese Orgien weniger mit dem alten Rom zu tun und mehr mit den wilderen Hillbilly-Regionen von Kentucky. Ein englischer Student, der hoffte, am Haschischhandel teilhaben zu können, wurde in eine Unterhaltung mit einem Franzosen gezogen, die die legendäre Geschichte mit dem Marsriegel absolut konventionell erscheinen ließ. »Les poules ... ja, ja, das stimmt«, sagte sein Nachbar nickend. »Hühnchen. Sie tun es mit Hühnchen ...« Er bezog sich dabei nicht auf die Küche von Nellcôte.

Keith und Anita waren keineswegs die einzigen Berüchtigten. Im Juni wurde Charlie Watts' Frau Shirley in einen Streit mit einem Zollbeamten am Flughafen von Nizza verwickelt und in ihrer Abwesenheit zu sechs Monaten Gefängnis wegen Beleidigung verurteilt. Das Berufungsgericht in Aix-en-Provence wandelte das Urteil später in fünfzehn Tage mit Bewährung um, was ihr erlaubte, wieder in das Land einzureisen. Verständlicherweise war Charlie grenzenlos bestürzt über diesen ersten Makel auf seinem Familiennamen.

All das gab Keith' Meinung mehr Gewicht, Frankreich habe eine negative Wirkung auf die Stones, und das beste Heilmittel sei, in ein Studio zu gehen und mit der Arbeit an einem neuen Album zu beginnen. Ihr »Mighty Mobile«, ein fahrbares Fünfundsechzigtausend-Pfund-Studio, das mit allen Wundern der Technik, darunter auch Fernsehen, ausgerüstet war, war den Stones nach Frankreich gefolgt. Dazu kam, daß Nellcôte ein Untergeschoß hatte, das sich problemlos in einen zusätzlichen Studioraum umfunktionieren ließ.

Eine neue LP war zweifellos fällig Anfang 1972, denn Jagger plante wieder eine Tournee der Stones durch Amerika. Atlantic wollte einen besonderen Knüller haben, um die Tournee zu starten und somit auch der Flut der schlechten Sampler-Alben, die Decca auf den Markt brachte, entgegenzuwirken (ganz zu schweigen von der ständig wachsenden Zahl der Raubpressungen von LPs, die während früherer Konzerte illegal aufgenommen worden waren). Keith stellte deshalb seine Villa der Gruppe zur Verfügung, ihren Session-Musikern und dem zusätzlichen Personal, das für den Aufbau und die Überwachung des improvisierten Studios im Keller gebraucht wurde. Anita hatte sich sogar bereit erklärt, für sie zu kochen. Die Arbeiten an der LP, die den provisorischen Titel *Tropical Disease* erhielt und erst später in *Exile on Main Street* umbenannt wurde, starteten Ende 1971 als das größte Hausfest in Keith Richards Karriere als Gastgeber. »Ich kann mich daran erinnern, daß sich fünfzig Leute gleichzeitig zum Mittagessen hinsetzten«, sagt Mick Taylor. »Es war wie in einem Ferienlager.«

Jagger kam aus Paris, wo er Bianca gut versteckt in ihrer Suite im L'Hôtel zurückgelassen hatte. Da sie im achten Monat schwanger war, hatte sie sich geweigert, eine Stones-Aufnahme-Session zu ertragen und ihre frühere Bekanntschaft mit Anita zu erneuern. Später sollte sie behaupten, daß sie vor jedem zurückschreckte, der mit den Stones zu tun hatte, außer Bill und Charlie, und daß sie – während sie ihre Nähe nicht ertrug – von den Gerüchten geplagt wurde, Mick hätte eine Affäre mit Anita.

Jagger war sichtlich hin- und hergerissen zwischen den Verpflichtungen seiner Frau gegenüber und denen gegenüber der Band, und er versuchte, Frieden zu bewahren, indem er – wann immer möglich – zu Bianca zurückeilte. »Mick ist wieder nach Paris abgehauen«, sagte Keith den anderen dann immer maliziös und weckte erneut die Spekulation, Bianca habe eine viel ältere Liebesaffäre zu verdunkeln als Jaggers mit Marianne.

Die Aufnahmen sogar im Keller einer prachtvollen französischen Villa hatten sich als entsetzlich schwierig herausgestellt. Der Platz war so knapp, daß Nicky Hopkins, der Pianist, in einer abgetrennten Nische sitzen mußte. Wie in Frankreich üblich, flakkerte immer wieder der Strom und fiel gelegentlich auch ganz aus. Dann unterbrach der gegenwärtige Küchenchef, ein Franzose namens Fat Jack, den künstlerischen Fluß, indem er zu viele Küchengeräte einschaltete und damit die Sicherung zum Durchbrennen brachte.

Keith und Anita waren eines Nachts so vollgepumpt mit Heroin, daß sie ihr eigenes Bett in Brand setzten. Eine weitere Unterbrechung der Aufnahmen erfolgte, als ein Dieb sich durch eine offenstehende Tür in Nellcôte einschlich und mit dem größten Teil von Keith' unschätzbarer Gitarrensammlung entkommen konnte.
Am 21. Oktober gebar Bianca in der Belvedere-Klinik eine Tochter. Jagger verkündete, sie solle Jade heißen, »weil sie uns so kostbar und regelrecht vollkommen ist. Ich war schon immer ein guter Vater«, fügte er hinzu, »aber dieses Kind macht es einem besonders leicht, einer zu sein.« Er rief Keith an, um ihm mitzuteilen, daß er auch in den nächsten drei Wochen nicht nach Villefranche zurückkehren werde. Die Stones sollten die Instrumentalteile aufnehmen, und er werde den Gesang einfügen, wenn er Zeit dazu habe.
Es heißt, und diese Behauptung ist von Anita Pallenberg so gut wie bestätigt worden, daß *Exile on Main Street* mit Strom aufgenommen wurde, der auf ungesetzliche Weise dem staatlichen französischen Eisenbahnsystem abgenommen wurde. Die noch entscheidendere Energie für dieses Album wurde einem Körper abgezapft, in dem die mörderischste aller Drogen das Talent, großartige Tonfolgen hervorzubringen, nicht dämpfen oder ersticken konnte. Keith selbst drückt das so aus: »Während ich ein Junkie war, habe ich immerhin gelernt, Ski zu laufen, und ich habe *Exile on Main Street* gemacht.«

Am 12. Mai 1972 wurde bekanntgegeben, daß der Prozeß um die 29 Millionen Dollar, den die Stones gegen Allen Klein angestrengt hatten, außergerichtlich geregelt worden war. Einzelheiten wurden nicht bekannt, nur, daß »alle erheblichen Differenzen« zwischen den Parteien geklärt worden waren und daß beide Parteien mit aller Klarheit feststellten, Kleins Firma ABCKO Industries habe in Zukunft nichts mehr mit dem Management oder der Vertretung der Rolling Stones zu tun.
Der Prozeß hätte sich noch über Jahre hinziehen und die in Amerika festgelegten Tantiemen der Stones verschlingen können, wäre nicht die Intervention von Ronnie Schneider gewesen, Kleins Neffen, der inoffiziell für Mick Jagger arbeitete, um eine schnelle Regelung zu erwirken. Jaggers Angebot, das durch Schneider unterbreitet wurde, bestand darin, die Anklage fallenzulassen, sobald Klein sich bereit erklärte, das Bargeld freizugeben, das er gehortet hatte, und Schadensersatz zu zahlen. Da Ronnie Schneider wohlüberlegt Tonbandaufnahmen von seinen Gesprächen mit seinem Onkel sowie auch mit Mick Jagger machte, besteht noch heute die Möglichkeit, in diese Transaktionen hineinzuhören. »... wenn er Lust hat, treffen wir uns mit ihm«, sagt Jaggers Stimme. »... Diese alte Geschichte zieht sich sonst nur ewig hin ...« »Das Geld ist da«, sagt Kleins Stimme. »Die Zahlungen werden garantiert ...« An einem bestimmten Punkt fügt er eher kläglich hinzu: »Ich glaube, Mick Jagger mag mich immer noch ...«
Ronnie Schneider verdiente nicht das geringste daran, daß er die zurückgehaltenen Millionen der Stones freibekam. Sie zahlten jedoch immerhin seine Telefonrechnung.

Lieber Veranstalter,
wir wissen, daß es so etwas in Amerika nicht gibt, doch in den eher barbarischen Ländern Europas sind wir häufig auf Garderoben gestoßen, in denen Handtücher und Seife fehlten. Wir hätten gern die Sicherheit, uns mit diesem Problem nicht mehr auseinandersetzen zu müssen. Eine saubere Gruppe ist eine glückliche Gruppe.

Annehmlichkeiten, die im Umkleidebereich hinter der Bühne bereitstehen sollten:
Pro Auftritt zwei Flaschen Chivas Regal, Dewars oder Teachers Scotch.
Pro Auftritt zwei Flaschen Jack Daniels Black Label.
Pro Auftritt zwei Flaschen Tequila (dazu Zitronenschnitzel und Salz).
Drei Flaschen eisgekühlte Liebfrauenmilch.
Pro Auftritt eine Flasche Courvoisier oder Hine.
Frisches Obst, Käse (vorzugsweise keine in Kunststoff gelagerte Ware), dunkles Brot, Butter, Hähnchenschenkel, Roastbeef, Tomaten, eingelegte Gurken etc.
Alka Seltzer.

Herzlichst die Rolling Stones

Hinter dieser albernen Verachtung und Arroganz verbarg sich ehrliches Zittern und Beben. Zwei Jahre hatten die Schrecken von Altamont nicht in die Ferne rücken können: Auf die eine oder andere Weise erwiesen sich die siebziger Jahre als ein Nonstop-Altamont. Die allgemeine Stimmung dieser Zeit war so, daß selbst Mick Jagger jene Reaktionen fürchtete, die er gewollt oder ungewollt hervorrief. »Es soll bloß niemand sagen, ich hätte mich nicht gefürchtet, Mann«, sagte er am Ende der Tournee 1972 zu einem Reporter. »Ich habe fast in die Hose gemacht vor Angst.«

Jagger hatte den Wunsch gehabt, mit einer Show nach Amerika zurückzukehren, die eine stillschweigende Entschuldigung für das Gemetzel in Altamont ausdrücken sollte, indem sie sich auf kleine Theater beschränkte, in denen alle genug sehen konnten und nicht die Gefahr bestand, daß jemand getötet wurde. Unglücklicherweise war es zu spät, und die Stones konnten die finanziellen Maßstäbe nicht mehr zurückschrauben, die weitgehend von ihnen selbst eingeführt worden waren. Bei einer Angelegenheit, die als Bruttoertrag zwei Millionen Dollar abwerfen mußte, konnte die Hauptsorge nur die sein, wie man die zwei Millionen Dollar am besten zusammenbekam. Was dabei herauskam, war eine unerbittliche Zusammenstellung von Städten, Auftrittstermine in riesigen Arenen wie derjenigen, wo sie kaum mit dem Leben davongekommen waren, und sie mußten vor einem Publikum spielen, für das es inzwischen gang und gäbe geworden war, Kokain zu schnupfen und mit Flaschen nach der Band zu werfen.

Ihre Proben fanden in der Schweiz statt, in Montreux, in der Nähe der Klinik, in der sich Anita Pallenberg vor der Geburt ihres zweiten Kindes von Keith Richard mit einem Entzug von ihrer Heroinsucht heilen lassen wollte. Ein kleines Mädchen, Dandelion, wurde am 17. April in die Welt der Rolling Stones hineingeboren. Es war anscheinend unbeschadet geblieben von den Drogen, die Anita bis zum fünften Monat ihrer Schwangerschaft genommen hatte.

Peter Rudge, der Cambridge-Absolvent – der jetzt zu größten Ehren kam, indem er den Rockgruppen ihre Reisen organisierte –, klügelte in Los Angeles bereits einen Einsatz aus, dessen gesamte labyrinthische Verschlungenheit auf der simplen Prämisse basierte, daß nicht das geringste dem Zufall überlassen bleiben durfte. Die Stones wollten diesmal mit einer eigenen Bühne reisen, die von Chip Monk gebaut und gewartet werden sollte: eine gewaltige weiße Kulisse, über die ineinander verschlungene Seeschlangen aufragten, als Hintergrund ein zwölf mal fünf Meter großer Spiegel und sechs eintausendfünfhundert Watt starke Super-Trooper-Spotlights, und die Bühne selbst sollte mit einer Lösung aus Wasser und Seven-up eingerieben werden, damit man leichter auf ihr tanzen konnte. Die gesamte Ausstattung, Beleuchtungskabel, Stützböcke, Gabelstapler, sollte in Möbelwagen zu Lande reisen. Die Stones und ihr ausgewählter fünfzig Mann starker Tourneestab würden in einer privaten DC-7 reisen, deren Rumpf Jaggers Mund und seine herausgestreckte Zunge schmückten. Peter Rudges Terminpläne und die vielfältigen und subtil abgestuften Ausweise, die einen Zugang zum Bereich hinter der Bühne gestatteten, wurden von ihm selbst gegengezeichnet und trugen die kunstlosen Buchstaben STP – Stones Touring Party.

Zu dem Zeitpunkt, zu dem die Stones nach Los Angeles flogen, um Probeaufnahmen in einem Tonstudio von Warner Brothers zu machen, waren die Verkaufsziffern von *Exile on Main Street* in die Nähe der Achthunderttausend-Grenze angestiegen. Die UKW-Frequenzen schienen nichts anderes mehr ins Land zu tragen als ihre neue Single *Tumbling Dice*. Das neumodische Klicken der Kartenverkaufscomputer löste einen Geldregen aus. In Detroit waren für die zwölftausend Plätze in der Cobo Hall hundertzwanzigtausend Käufer erschienen. In Chicago waren die sechsunddreißigtausend Eintrittskarten für die beiden Auftritte im International Amphitheatre innerhalb von fünf Stunden ausverkauft. In der weiteren Umgebung von Los Angeles war der Schwarzmarktpreis für eine Eintrittskarte im Wert von sechs Dollar fünfzig auf fünfundsiebzig Dollar oder den Gegenwert dieser Summe in Haschisch gestiegen.

Zwei strahlende Gestalten unter den PR-Leuten der Rockmusik, Gary Stromberg und Bob Gibson, waren engagiert worden, um die nationale Presse mit Geschichten über die Stones zu bombardieren, während sie gleichzeitig Mick Jagger zum unnahbarsten

Interview-Partner seit Greta Garbo machten. Alle größeren Zeitschriften wollten eigene Berichterstatter für die Tournee abbeordern, und sie wetteiferten mit der Konkurrenz, indem sie Autoren mit »großen Namen« heranzogen. Damit sollte das angesprochen werden, was man untergründig als Mick Jaggers literarische Ader erkannt hatte. Das Angebot des *Saturday Review* war William Burroughs (sinnigerweise sowohl ein Heroinsüchtiger als auch ein allgemein bekannter Romancier), doch war man schließlich gezwungen, ihn durch Terry Southern zu ersetzen. *Rolling Stone* gewann Truman Capote in der Hoffnung, es könne sich ein nicht frei erfundenes Drama ereignen, das es mit »Kaltblütig« aufnehmen konnte. Die Tournee sollte von Robert Frank gefilmt werden, den Jagger von einer Fotosammlung her kannte, die Jack Kerouac der Nachwelt ans Herz gelegt hatte. Literarischer und auch gesellschaftlicher Snobismus sollte die Garderobenräume der Stones bevölkern, wenngleich am Schluß auch die vereinten literarischen Talente nicht ein vernünftiges oder originelles Wort über die Tournee zustande bringen sollten.

Sechs Monate zuvor hatte in New York ein Konzert für die Flüchtlinge von Bangladesh stattgefunden, das George Harrison (gemeinsam mit Allen Klein) organisiert hatte und bei dem Harrison mit Bob Dylan, Leon Russell, Ringo Starr und anderen aufgetreten war. Dieses Konzert hatte der Rockszene und ihrem Starkult eine gewisse Würde verliehen. Doch all das und noch mehr sollte die Tournee der Stones wieder vergessen machen.

Es war der Sommer, in dem Gouverneur George Wallace aus Alabama in einem Einkaufszentrum in Maryland niedergeschossen und für den Rest seines Lebens verkrüppelt wurde; in dem palästinensische Guerillas in Trainingsanzügen bei der Münchner Olympiade in das olympische Dorf eindrangen und zwei Drittel der israelischen Mannschaft ermordeten; in dem sich das fanatische Konfessionsgemetzel in Nordirland auf Polizisten, Milchmänner und Teenager ausweitete. Der moderne Terrorismus erfaßte das Prinzip, daß er, um in einer von Medien dominierten Welt wahre Wirkung zu zeitigen, den Mord so wahllos praktizieren mußte wie die Monster aus den Geschichtsbüchern von Attila bis Hitler. Was konnte Mick Jagger in einer Welt tun, die ohne ein Zwinkern zu David Bowie und Marc Bolan aufsah und sich auch durch Elton Johns überdimensionale Lolita-Sonnenbrille nicht aus der Fassung bringen ließ? Jagger hatte sich an die Frage von Journalisten gewöhnt, wann er sich zur Ruhe setzen werde. »Es gibt einen Zeitpunkt, zu dem ein Mann etwas anderes tun muß«, gab er zu. »Ich kann noch nicht endgültig sagen, was es letztlich sein wird. Ich will nicht mein Leben lang Rock'n'Roll-Sänger sein. Der Gedanke, so zu enden wie Elvis Presley, ist mir unerträglich. In Las Vegas zu singen, und diese ganzen Frauen kommen rein mit ihren Handtaschen ... das ist wirklich krank ...«

Der Jagger der Tournee im Jahr 1972 war ein Jagger, der entschlossen war, alle Gerüchte darüber auszurotten, seine Körperkräfte hätten in irgendeiner Hinsicht nachgelassen. Auf seine Anweisung hin wurde das erste Dutzend Stuhlreihen bei jedem Konzert von der Presse und den VIPs geräumt und ausschließlich denen vorbehalten, die zählten, den Achtzehnjährigen, die ihn am besten mit sich selbst vergleichen konnten. Der einteilige Overall mit der rosa Schärpe schmiegte sich schillernd an knochige Hüften und an einen Hintern, der so winzig wie zwei Kragenknöpfe war. Es wurde ihm zum Ritual, jeden Abend während der Vorstellung den vorderen Reißverschluß zentimeterweise aufzuziehen, von den kleinen Brustwarzen und dem Kruzifix, das er trug, bis hinunter zu dem Schatten praller Männlichkeit – oder war es nicht doch ein Venushügel? Es gab immer noch niemanden, der auch nur annähernd dazu in der Lage war, dieses tanzende Paradox aus einem Athleten und einem Stripper zu porträtieren, diese ewige Unentschiedenheit zwischen dem beuteheischenden Satyr und einem furchtsamen Faun mit schimmernden Augen.

Außer Jaggers purpurrosa Selbstverzückung ergoß sich über die Konzertbesucher noch eine Sturzflut von neuem Songmaterial, das für ein Doppelalbum ausgereicht hätte und zwischen die erwarteten Oldies eingestreut wurde – *Rocks Off, Rock This Joint, Shake Your Hips, Casino Boogie;* das alte, verkrustete Elixier der sechziger Jahre mit einem sprudelnden

Folgende Seiten:
Wieder auf Tournee, 1975. Foto: Marion Schweitzer

Coca-Cola

Aufguß aus dem Bebop der Fünfziger, dem Reggae Jamaikas und dem beseelten Saxophonspiel Bobby Keyes. Als den erlesenen Egoisten, die sie waren, gelang es den Stones immer noch irgendwie, ihre Verbundenheit und Ehrerbietung gegenüber der schwarzen Musik in ihrer reinsten und schlichtesten Form auszudrücken. Als Vorprogramm hatten sie Stevie Wonder ausgesucht, den blinden Wunderknaben des Motown Soul. Stevie Wonders Auftritt, selbst schon eine ausreichende Show, wurde keineswegs herabgewürdigt, und es wurde ihr sogar ein subtiler Vorrang als »Das Eigentliche« eingeräumt, das seiner unnachahmlichen Nachahmung voranging.

Am 4. Juni überquerten die Stones wieder die Grenze der Vereinigten Staaten, um im Seattle Coliseum zu spielen. Am selben Tag wurde in Kalifornien Angela Davis, die Aktivistin der Black Power, für nicht schuldig jener geschickt eingefädelten Anklage befunden, die auf Mordverschwörung lautete. »Wer ist heute freigelassen worden?« fragte Jagger sein Publikum im Coliseum. »Angela Davis ist heute freigelassen worden. Verdammt stark ...« Die Stones spielten *Sweet Black Angel,* einen Song, der Angela Davis gewidmet war und für viele das pièce de résistance auf *Exile on Main Street* darstellte. Anschließend wurde alles Radikalpolitische auf der ersten Party der Tournee vergessen, die in einem Luxushotel stattfand, in dem durchreisende englische Gruppen die Sportart eingeführt hatten, Steaks und Fisch, beides beim Zimmerservice bestellt, als Köder für die Pressehaie aus dem Fenster zu hängen.

Die Rückkehr der Stones nach San Francisco am 6. Juni, zum ersten Mal, seit sie vor den Verheerungen Altamonts geflohen waren, stellte Peter Rudges Sicherheitsvorkehrungen auf eine frühe und schlüssige Probe. Entscheidend war die Wiederannäherung mit Bill Graham, der die Stones für zwei Auftritte in seiner fünftausend Plätze fassenden Winterland-Arena gebucht hatte, ohne ihnen zu garantieren, daß sie seinem Zorn wegen ihres Verhaltens bei ihrer Tournee '69 entgehen würden. Jagger ergriff die Initiative, ging mit ausgestreckter Hand auf Graham zu und sagte: »Hallo, Bill! Wie geht's?« Der Veranstalter taute auf und gestand großzügig ein, daß er 1969 selbst vielleicht auch nicht »gerade der Netteste« gewesen war.

Um jede Offensive von seiten der Hell's Angels, desillusionierter Blumenkinder und auch der Freunde von Meredith Hunter abzuwehren, wurden die Stones in einem Hotel eingekerkert, das Ähnlichkeit mit einem Geschützstand aus dem Zweiten Weltkrieg hatte. Im Winterland engagierte Bill Graham ein Sonderkommando von siebenundfünfzig Polizisten, um sicherzugehen, daß niemand mit einem Motorrad auch nur in die Nähe des Orts der Veranstaltung kommen konnte. Zwei restlos ausgebuchte Stones-Auftritte erteilten diesem Vorgehen in Grahams Augen die Absolution, und offensichtlich sahen auch alle anderen in San Francisco das ähnlich. Nichts wies auf Zwischenfälle hin, bis die Stones in ihren Jet nach Los Angeles stiegen und es einer Frau in Hot pants gelang, einen Stapel Dokumente, die mit Altamont zu tun hatten, Mick Jagger unter die Nase zu halten. Sekunden später stand die Frau auf der Rollbahn und keuchte: »Er hat mich geschlagen ... dieser hundsgemeine Kerl ...« Währenddessen beugte sich Keith Richard aus dem Flugzeug und warf ihr die Anklageschriften und Vorladungen nach.

In San Diego wurden während der Auftritte der Stones die von der Polizei errichteten Barrikaden verheizt. Das in Verbindung mit der Hitze erinnerte Jagger an einen Auftritt in Schottland vor langer Zeit, als sie geglaubt hatten, der Saal habe Feuer gefangen – es stiegen auch wirklich Dampfschwaden aus dem Publikum auf. In Tucson, Arizona, war die Polizei am Ort des Gastspiels vorsorglich mit Tränengas ausgerüstet worden. In dem aufsteigenden Rauch, der den Polizisten ebenso viel zu schaffen machte wie den Randalierern, wurden dreihundert Verhaftungen vorgenommen. Ein Streifenpolizist warf einen Steinbrocken durch die Windschutzscheibe eines Wagens und zerschmetterte einem siebzehnjährigen Mädchen im Wagen die Nase.

In Denver filmte Robert Frank Keith und seinen Freund Bobby Keyes, als sie einen Fernseher aus dem Fenster ihres Hotelzimmers im zehnten Stock warfen. Keith zählte weitere Beschäftigungen auf, die sich für gelangweilte Musiker an einem Sonntag anboten: zum Beispiel den kleinen Servierwagen

Was ein Rock-Sänger leistet, ist harte Arbeit. Foto: Photo Selection

des Zimmerservice in das Fernsehgerät zu rammen oder einen Feuerwerkskörper mit wasserunempfindlicher Zündschnur die Toilette hinunterzuspülen – in der Hoffnung, die Toilette eines anderen Gastes drei Etagen tiefer in die Luft zu sprengen.

In Chicago war die Sicherheit zumindest zwischen den Auftritten gewährleistet; die Stones hatten eine Einladung erhalten, in der Villa Hugh M. Hefners zu wohnen, des Begründers und Herausgebers der Zeitschrift *Playboy*. Drei Tage lang vertrieben sich die Stones und die Stevie Wonder Band genüßlich die Zeit in den zahlreichen Salons und Saunas und Whirlpools und privaten Flipperräumen von Hefners Villa. Sie kosteten die weißbehandschuhten Dienstboten, die rund um die Uhr betriebsbereite Küche und andere einzigartige Annehmlichkeiten aus, die es Hefner ermöglicht hatten, fast ein Jahrzehnt lang keinen Fuß vor die Tür zu setzen. Jedes Sofa in jedem Raum – um einen Außenstehenden zu zitieren – »pulsierte vor Frauen«; Bunnys aus den Playboy-Clubs oder Playmates, die so schillernd und schimmernd waren wie die Seiten, die sie schmückten. Hefner selbst hielt sich mal hier und mal dort auf. Die Tischmanieren seiner Gäste pikierten ihn zwar, doch er ging seelenruhig seinem gewohnten Zeitvertreib nach: Fernsehen. Die Stones wurden eingeladen, sich zu ihm in den privaten Swimming-pool unter seinem Schlafzimmer zu gesellen, doch zu ihrer Enttäuschung stellten sie fest, daß es bei dieser Einladung wirklich nur um ein Bad ging.

Eine weitere enttäuschte Teilnehmerin dieser Party war Bobbie Arnstein, Hefners einstige Freundin, die jetzt seine persönliche Assistentin war und dementsprechend oder auch zufällig an nervöser Appetitlosigkeit litt. Als Gegenreaktion auf mehrere Tage des selbstauferlegten Hungerns aß Bobbie Arnstein ein gewaltiges Abendessen, das sie mit Käse und Zwiebeln und auf ihrem Zimmer mit einem Stück Schwarzwälder Kirschtorte abschließen wollte. Kurz darauf klopfte es an ihrer Tür, und sie war erstaunt, als Mick Jagger dortstand, der eine eng sitzende weiße Lederhose trug. Sekundenlang bemühte sich Bobbie Arnstein, Jaggers Annäherungen zu erliegen, doch gleichzeitig versuchte sie, ihn ihren Zwiebelatem nicht riechen zu lassen, und sie sorgte auch dafür, daß er den Teller mit dem Stück Schwarzwälder Kirschtorte nicht sah, der auf einem Stuhl stand. Als sie sich abwandte, verlor Jagger das Gleichgewicht; er taumelte rückwärts gegen den Stuhl und setzte sich mit seiner weißen Lederhose direkt auf das Kuchenstück.

Den meisten Spaß im ganzen Haus scheint Charlie Watts gehabt zu haben, der sich mit Hefners Koch über seine Zeiten als Fahrer bei den Chicago Mobs unterhielt. »Ich schlafe auf Tourneen nicht«, sagt Charlie, »weil ich niemanden habe, der mit mir schläft. Also unterhalte ich mich mit Leuten, und ich zeichne.«

In Kansas City traf Truman Capote ein, eine kleine Person mit dunkler Brille und breitkrempigem Filzhut, der in Begleitung von Jackie Onassis' Schwester Prinzessin Lee Radziwill kam. Die Herausgeber von *Rolling Stone* hätten auf die Idee kommen können, daß Capote selbst viel zu sehr Primadonna war, um eine Beziehung zu Mick Jagger herzustellen, und daß bei einem Zusammentreffen der beiden nur blühende Keifereien herauskommen konnten. Jagger konnte Capote nicht leiden, weil er »alle zum Lachen bringen wollte«; Capote beschrieb Jagger als »einen ängstlichen kleinen Jungen ... etwa so sexy wie ein kleiner Bengel beim Pinkeln«. Solche Bonmots sprechen sich natürlich schnell herum.

Dennoch wurde es Capote gestattet, sich den Auftritt von einem ungestörten Platz auf der Bühne aus anzusehen, wobei er umfangreiche Notizen für den Artikel niederschrieb, den er letztendlich nie schrieb. Prinzessin Lee Radziwill spielte ebenfalls die Musikjournalistin und flitzte in den ungesicherten Korridoren hinter der Bühne herum wie auf einem UNO-Empfang. Keith empfand anscheinend keinen Geschmack an seinem somit bekundeten Aufstieg in die Hautevolee, und am späteren Abend wurde beobachtet, daß er vor dem Hotelzimmer der Prinzessin stand und schrie: »Prinzessin Radish, jetzt komm schon, Alte, unten gibt's 'ne Party.« Capote erwies sich als ebenso unempfänglich für Schreie wie: »Wach auf, du alte Tunte!« Keith und Gary Stromberg – die beide eine vage Erinnerung an Capotes Ruhm als Reportagejournalist von Massen-

Aus dem Rock-Rebellen ist ein Mitglied des internationalen Jet-Set geworden. Mick Jagger im Gespräch mit Tennessee Williams. Foto: Marion Schweitzer

morden hatten – beschmierten seine Tür von außen mit Tomaten-Ketchup.
Dennoch wurde es Capote gestattet, mit ihnen in der »Lapping Tongue« zu reisen, dem Privatflugzeug der Stones, und er kam so in den Genuß der dauernd geöffneten Bar, der ständigen Buffets und der Aufmerksamkeiten von seiten der Stewardessen »Ruby T.« und »Brown Sugar«. Denselben Vorzug genossen auch Terry Southern und Robert Frank, wobei letzterer emsig Szenen für einen der vielen Stones-Filme drehte, denen es nicht bestimmt war, je das Dunkel der Kinos zu erhellen. Unter den völlig umsonst gedrehten Szenen der Tournee war auch eine, die Robert Frank auf einem inneramerikanischen Flug gedreht hatte; in ihr wurde ein Groupie von Technikern der Tourneebegleitung vollständig entblößt, während Mick Jagger und Keith Richard im Gang herumtanzten und Bongos und Tambourin spielten. Nach Angaben von Capote (dessen Interesse an solchen Dingen zwangsläufig äußerst begrenzt war) vögelte dann der sogenannte Tourneearzt das Mädchen, das mit dem Sicherheitsgurt auf seinen Schoß gebunden war. Als das Flugzeug landete, war es dem Arzt noch nicht gelungen, seine Hose wieder hochzuziehen, und beim Aussteigen hielt er sie mit einer Hand fest.
Bei ihrem Eintreffen in Washington am 4. Juli wurde den Stones abgeraten, eine Nachmittagsvorstellung mit Feuerwerk zu geben, bei der Jagger mit den Reithosen und dem Dreispitz des Amerikanischen Freiheitskrieges auftrat. In Indianapolis flog einer von Keith' geliebten Anhängern dabei auf, daß er Drogenhändler in die Zange nahm, um Prozente zu kassieren, und er wurde nach allen Regeln der Kunst von einem der schwarzen Leibwächter zusammengeschlagen.
In Detroit versteckten Chip Monk und Gary Stromberg einen Hähnchenschenkel in der Schale mit Rosenblättern, die Jagger am Schluß von *Street Fighting Man* über das Publikum streute. In Philadelphia verbargen die Rosenblätter ein Stück rohe Leber; beim nächsten Auftritt war es ein ganzer Schweinefuß.
In Montreal wurde einer der Wagen mit der technischen Ausrüstung von französischen Separatisten mit in die Luft gesprengt. Während Bombensuchtrupps den Bühnenbereich nach drei weiteren

Sprengladungen absuchten, kam es auf der Straße zu einem Aufstand der dreitausend Besitzer gefälschter Eintrittskarten. Als sie auf dem Weg nach Boston in Warwick, Rhode Island, aus dem Flugzeug stiegen, schlug Keith Richard den Pressefotografen eines Lokalblatts, der Jagger belästigt hatte. In dem darauffolgenden Handgemenge wurden Keith, Jagger, Marshall Chess, Robert Frank und ein schwarzer Leibwächter namens Stan Moore verhaftet. Als am selben Abend um acht Uhr fünfzehntausend Menschen in den Boston Garden, den Schauplatz des nächsten Konzerts, strömten, waren Jagger, Richard und ihre Gefährten noch sechzig Meilen entfernt in den Zellen eines Polizeireviers in Warwick eingeschlossen. Der Bürgermeister von Boston, Kevin White, sorgte dafür, daß die fünf gegen Kaution freigelassen und mit fünf Stunden Verspätung unter Polizeigeleit schleunigst zum Boston Garden gefahren wurden. Stevie Wonder hatte die Menschenmenge mit seinem zweistündigen Auftritt bei Laune gehalten. Als Stevie nicht mehr singen konnte, trat Chip Monk auf die Bühne und las aus »Die Möwe Jonathan« vor.

In New York fand ein geheimes Treffen zwischen Peter Rudge und einigen Hell's Angels statt, die bestrebt waren, die Altamont-Geschichte »auszubügeln«, die, so behaupteten sie, ihrer Brüderschaft sechzigtausend Dollar Gerichtskosten verursacht hatte. Als Rudge keine Entschädigung anbot, brach eine Flut von Morddrohungen über die Stones herein. Sie kamen unter Decknamen in getrennten Hotels unter – Mick und Bianca als Mr. und Mrs. Shelley, Bill und Astrid als Lord und Lady Gedding und Keith als Count Ziggenpuss. Alle Beteiligten wurden angewiesen, kein Essen über den Zimmerservice zu bestellen, weil ein Giftanschlag nicht auszuschließen war.

Das letzte Konzert der Tournee fand am 26. Juli, Mick Jaggers Geburtstag, im Madison Square Garden statt. Auf der Bühne wurde eine Tortenschlacht veranstaltet, und das siebzehntausendköpfige Publikum sang »Happy Birthday to You«. Dem folgte eine Party im St. Regis Hotel; unter den Gästen waren Andy Warhol, Prinzessin Lee Radziwill, Tennessee Williams und andere Mitglieder der neuen Rockelite. Im Mittelpunkt, an einem Tisch, der mit so viel Luxus überhäuft war, daß es schon fast an Obszönität grenzte, saß Jagger in einem Jackett mit weißen Satinrevers, die flach auf seiner schmalen Brust lagen, und schlang heißhungrig in sich hinein, während Ahmet Ertegun in sein immer aufmerksames Ohr flüsterte. Er war jetzt neunundzwanzig – das Alter, in dem Nijinsky seinen letzten öffentlichen Auftritt hatte.

15
»Hey Mick – what's happening?«

Das neue Zeitalter brauchte seine eigenen Idole. Eines fand es in einer Familie von singenden und lächelnden Mormonen, deren jüngstes – und am glühendsten verehrtes – Mitglied erst elf Jahre alt war. Wie John Peel, ein intelligenter Discjockey, feststellte, war die Musik der siebziger Jahre von dem Moment an, in dem Little Jimmy Osmond *Blue Suede Shoes* sang, mehr oder weniger zum Untergang verdammt. Um dieses fröhliche Kind herum nahm eilends ein grausiges Pantheon Gestalt an, zu dem David Cassidy, Gary Glitter und die Bay City Rollers gehörten. Elton John, das Genie, das den Vorsitz dieser Garde führte, maß sein Talent nach Kahlköpfigkeit und hochhackigen Schuhen. Die schwarze Musik verschwand fast unter Barry Whites schnaufender Wucht. Um die Albert Hall bildeten sich doppelte Schlangen, die die Carpenters sehen wollten.

In den sechziger Jahren schien kein Tag vorüberzugehen, ohne daß irgendwer irgendwo einen brandneuen Song schrieb. In den siebziger Jahren bedurfte es dessen nicht. Die Songs der siebziger Jahre waren Songs aus den sechziger Jahren, um gar nicht erst von Songs der fünfziger und der vierziger Jahre zu sprechen, die mit einem Minimum an Aufwand wieder aufgefrischt wurden, um dem vorherrschenden nostalgischen Trend nach Zeiten entgegenzukommen, die nur unbedeutend besser waren als die gegenwärtige. Die Magie wich aus der Musik und ging in die Technik über. Diese langen Studioschaltpulte, die mit Lämpchen und Knöpfen ausgerüstet waren wie das Kontrollzentrum eines U-Bahn-Netzes, brauchten immer weniger Input, um ihre vielspurige und hohle Perfektion auszuspucken. Superstars der sechziger Jahre wurden zu einer Millionärsminderheit, um die ein Ruhm gerann, der zwar nie nachlassen konnte, jedoch völlig machtlos war, wenn es darum ging, sie in den zeitgenössischen Hitparaden über Karen Carpenter oder Donnie Osmond aufsteigen zu lassen. Manche überstanden – wie John Lennon – das ganze Jahrzehnt unbeschadet auf einer Woge der Gutwilligkeit. Andere nahmen – wie Paul McCartney – tapfere Anstrengungen auf sich, umzulernen und sich das neue, nichtssagende Idiom anzueignen. Wieder andere – Jimi Hendrix, Janis Joplin, Jim Morrison – fanden eine endgültige Lösung, um sich die Peinlichkeit des Alterns zu ersparen.

Neben dem Osmonds-Phänomen, dem David-Cassidy-Phänomen, dem Phänomen der Bay City Rollers konnte man manchmal noch Blicke auf das erhaschen, was im Gegensatz dazu wie ein altmodisches Kostümdrama wirkte, das unter peinlich genauer Beachtung des vorher Dagewesenen von Schauspielern aufgeführt wurde, denen es bestimmt war, auf Lebzeiten auf eine Rolle festgelegt zu werden. Es spielte keine Rolle, wann; und es spielte auch keine Rolle, welches neue Teenie-Talent in die vorgefertigten Gewölbe des Fanjubels stieg. Die Stones lagen immer noch im Rennen. Die Schlagzeilen, die sie machten, rochen nach wie vor gefährlich.

Im Dezember 1972 stellte die Polizei von Nizza einen Haftbefehl für Keith Richard und Anita Pallen-

Folgende Seiten:
Wieder auf Tournee, 1975. Foto: Marion Schweitzer

berg aus. Die Anklage lautete auf angeblichen Heroinmißbrauch in ihrer Villa Nellcôte. Aus Sam Whites Kolumne im *Evening Standard* geht hervor, daß sämtliche Stones während des vergangenen Jahres unter ausgedehnter polizeilicher Beobachtung gestanden hatten, einschließlich regelmäßiger systematischer Beschattung und Erkundung ihrer Villen und sogar Infiltration ihrer privaten Kreise durch Gendarme, die sich als Drogenhändler ausgaben. Unmittelbar vor Beginn der Tournee durch die Vereinigten Staaten mußten alle fünf vor einem Untersuchungsgericht in Nizza erscheinen. Jagger, Wyman, Watts und Mick Taylor wurden nach ausgiebigem Verhör für nicht schuldig befunden. Nicht so Keith, gegen den es vernichtendes Beweismaterial gab, nämlich den drogensüchtigen Ex-Küchenchef von Nellcôte. Zu dem Zeitpunkt, zu dem der Haftbefehl vollstreckt werden sollte, weilten Keith und Anita jedoch in absoluter Sicherheit in der Karibik.

Das setzte dem Steuerexil der Stones an der Riviera ein rechtsgültiges Ende. Nach Beendigung der Aufnahmen in Jamaika, aus denen das Album *Goat's Head Soup* werden sollte, kehrten alle fünf ins »gute alte England« zurück, und es wurde gesagt, daß sie selbst es so bezeichneten. Dort wollten sie Weihnachten verbringen. Die Jaggers waren im Cheyne Walk, als am Heiligabend ein Erdbeben Managua, die Hauptstadt Nicaraguas und zugleich auch Biancas Geburtsort, verwüstete. Versuche, Kontakt mit ihrer Mutter aufzunehmen, erwiesen sich als unmöglich. Am zweiten Weihnachtsfeiertag erhielt Les Perrin in seinem Haus in Sutton einen Anruf, in dem er aufgefordert wurde, Managua auf dem Luftwege mit Medikamentenlieferungen zu versorgen. Am Tag darauf flogen Mick und Bianca nach Jamaika und von dort aus weiter nach Managua; sie hatten Typhusserum im Wert von zweitausend Dollar, das sie unterwegs aufgetrieben hatten, bei sich. Managua bot ein Bild fast völliger Zerstörung; weder Biancas Mutter noch ihr Vater waren in der Stadt aufzufinden. Nachdem Jagger Aufrufe über die Rundfunksender organisiert hatte, meldeten sich schließlich beide, die sicher in der nicht weit entfernten Stadt Leon untergekommen waren.

Bianca blieb in Managua, während Jagger nach Los Angeles zurückkehrte, um ein Benefizkonzert der Stones für den 18. Januar 1973 zu organisieren, bei dem 280 000 $ für die Heimatlosen in Managua eingenommen wurden. Das nächste Problem bestand darin, das Geld hinter dem Rücken von Präsident Somoza ins Land zu schaffen, der alle Notlinderungs- und Wiederaufbauorganisationen überwachte und eifrig darauf versessen war, sein persönliches Vermögen auf Kosten der Opfer des Erdbebens zu verdoppeln. Bianca ersuchte Senator Jacob Javitts um Hilfe, während Mick und die Stones für ihre Fernost- und Australasien-Tournee probten.

Japan wurde von der Tourneeliste gestrichen, weil die Regierung den Stones unter keinen Umständen die notwendigen Visa ausstellen lassen wollte. Australien erklärte Keith Richard aufgrund seines Heroinkonsums zur Persona non grata, ließ sich dann jedoch erweichen und gestattete den Stones die Einreise trotz einer peinlichen Begebenheit in Honolulu auf dem Weg nach Hongkong, als in Bobbie Keys' Saxophon eine Spritze gefunden wurde. Das Werbeplakat der Tournee zeigte Australien, das Jaggers Zunge herausstreckte, um die Boeing der Stones willkommen zu heißen. Auf dieser Reise zog sich Les Perrin eine Hepatitis zu, die der Anfang einer anhaltenden Verschlechterung seines Gesundheitszustandes sein sollte.

Im Juni 1973 ging Marsha Hunt in London vor Gericht, gab Mick Jagger als den Vater ihrer einjährigen Tochter Karis an und forderte einen gerichtlichen Entscheid über die Unterhaltszahlungen. Jagger, der privat nie abgestritten hatte, daß Karis sein Kind war, zog sich hinter die Täuschungsmanöver juristischer Ausflüchte zurück und forderte einen Aufschub, um Blutuntersuchungen vornehmen zu lassen. Im Stones-Lager heißt es, er sei zwar jederzeit bereit gewesen, den Unterhalt zu zahlen, doch die Tatsache, daß Marsha vor Gericht gegangen war, habe ihn gereizt. Die Streitigkeiten wurden privat beigelegt: Karis' Unterhalt wurde von ihrem Vater bezahlt.

Am 26. Juni lagen Keith und Anita im Cheyne Walk im Bett, als die Polizei sich mit einem Durchsuchungsbefehl Zutritt in das Haus verschaffte und es vom Dach bis zum Keller durchstöberte. Keith, Anita und ihr Freund »Stash« wurden zum Polizeirevier von Chelsea gebracht und des Besitzes von Cannabis, Mandrax und chinesischem Heroin angeklagt.

Keith persönlich wurde zusätzlich noch des illegalen Besitzes eines 38er Smith and Wesson-Revolvers sowie hundertfünfzig Schuß Munition beschuldigt. Nach Angaben von Keith hatte einer der zahllosen Leute, denen sie die Benutzung des Hauses während ihres Aufenthaltes an der französischen Riviera gestattet hatten, die Drogen dortgelassen. Nach ihrer Freilassung in der Great Marlborough Street gegen eine Kaution von tausend Pfund schlugen sie ihr Lager in Redlands auf, das vier Tage später aus unerfindlichen Gründen in Flammen aufging. Keith trug Marlon und Dandelion sicher ins Freie, und auf einen Wortschwall Anitas hin – die aus ungeklärten Gründen patschnaß war – begann er, an Möbeln zu bergen, was ihm möglich war. Zu dem Zeitpunkt, zu dem die Feuerwehr von Chichester das Feuer gelöscht hatte, hatte Redlands kein Strohdach mehr und war völlig ausgebrannt.

Am 31. August kam das karibisch inspirierte Album *Goat's Head Soup* in einer Plattenhülle heraus, auf der Mick Jaggers Gesicht durch die Falten eines Schleiers zu sehen war, wie ihn die Damen im viktorianischen Zeitalter bei Automobilausfahrten trugen. Das Album, das für den Geschmack vieler Leute zu langsam war, wurde von der aus ihm ausgekoppelten Single, dem Smashhit *Angie,* und auch durch jenen Skandal in den Schatten gedrängt, der wegen einer Nummer entstand, die den Titel *Starfucker* trug und in deren Text Vaginalsprays, »pussy« und »giving head to Steve McQueen« vorkam. Ahmet Ertegun bestand darauf, daß der Titel in *Star Star* abgeändert wurde, und auf sein Betreiben hin wurde auch die Zusicherung von Steve McQueen eingeholt, daß er Atlantic keine Verleumdungsklage anhängen werde. Trotz alledem verbannte die BBC den Song aus allen Sendern. Zur gleichen Zeit konnte man Jagger anonym auf Carly Simons *You're So Vain* hören, einem Lied, das angeblich ihm gewidmet war und viele deutliche Bezüge aufwies wie »You had me several years ago« und »Your scarf it was apricot«.

Es war reiner Zufall, wenngleich auch ein unglücklicher, daß David Baileys Foto, das er von Jagger für das Cover von *Goat's Head Soup* machte – dieses Gesicht, das hell durch die Gaze schimmerte –, eine unheimliche Ähnlichkeit mit der Marianne Faithfull früherer Jahre aufwies.

Marianne war eine der anonymen hohläugigen Vogelscheuchen geworden, eine von den Dutzenden von Rauschgiftsüchtigen, die schon immer auf dem Piccadilly Circus und in seinen Seitenstraßen und Fußgängertunneln herumlungerten, weil sie hofften, sich dort die tägliche Fixe erkaufen oder erbetteln zu können. Mariannes Treffpunkt mit den Heroinhändlern, die ihr Geschäft im kleinen betrieben, war ein Stück Mauer in der Great Windmill Street, ganz nahe dem berühmten Vaudeville-Theater. In den frühen siebziger Jahren nahm sie achtzehn Monate lang wenig mehr wahr als diese Mauer in der Windmill Street. Dort hielt sie sich täglich auf, den ganzen Tag lang, und auf dem Tiefpunkt der Menschenwürde wartete sie auf den nächsten Einstich in ihrem Arm.

Diese Erfahrung war nicht nur ein Greuel für sie. »Auf gewisse Weise«, sagt sie, »fand ich es faszinierend. Bis dahin hatte ich mein Leben lang im Mittelpunkt der Aufmerksamkeit gestanden. Immer bin ich angeschaut worden. Jetzt erkannte mich niemand mehr. Ich habe zugesehen, wie die Welt vorüberzog. Und von den Leuten, mit denen ich in dieser Szene zu tun hatte, ist mir nie etwas Böses widerfahren. Ich bin nicht ausgeraubt worden. Ich bin nicht vergewaltigt worden. Aus irgendwelchen Gründen hat mich die gesamte Unterwelt unglaublich zart behandelt.«

Aufgrund ihres Verhältnisses mit Mick Jagger hatte sich John Dunbar schließlich doch von Marianne scheiden lassen, kurz bevor Jagger und sie endgültig auseinandergingen. Nach Mario Schifano hatte sie eine Affäre mit einem Antiquitätenhändler, der Oliver Musket hieß. Er war nett zu ihr und unterstützte sie in ihren Bemühungen, von ihrer Sucht loszukommen. Endlich erklärte sie sich auch zu einem Entzug bereit, und zwar in einem Krankenhaus, das – ausgerechnet – in Dartford, Kent, lag.

Der Rockstar wurde ein männliches Mannequin im flatterhaften gelben Anzug und mit weißen Pumps, und er lehnte sich an seine lateinamerikanische Schönheit zurück, die im Moment wie Scarlett O'Hara gekleidet war, bis hin zum Sonnenschirmchen, und so wurde sie an den künstlich angelegten Wegen des Dachgartens des Biba fotografiert. Die Fotografin war Leni Riefenstahl, deren bis dahin bedeutendster Auftrag es gewesen war, die Berliner Olympiade für Adolf Hitler zu filmen. Man kann die Buchstaben durcheinanderschütteln, solange man will, und was dabei herauskommt, ist nach wie vor Mick und Bianca und alles, was in London um 1974 herum als chic galt.

Da man zu Recht annahm, daß alberner Schnickschnack das perfekte Gegenmittel gegen die häßlichen Lebensumstände der siebziger Jahre war, hatte die Fleet Street gerade die Klatschspalte wieder eingeführt. Ein Thema von vorrangigem Interesse für diese Boswells späterer Zeiten waren die Jaggers; man konnte sie nach Mitternacht im Tramp sehen, unter den Mitgliedern des Oval oder in Heathrow, wenn sie eine ihrer unermüdlichen Reisen nach New York oder in die Karibik antraten. Gemeinsam mit Prinzessin Margaret, Roddy Llewellyn, Lord Hesketh und dem Ehrenwerten Colin Tennant gehörten sie zu der festen Besetzung an fettgedruckten Namen, und das sie umgebende Geschehen war ebenso festgelegt und voraussagbar wie in jeder Soap Opera; der geringste Ersatz für ein interessantes Ereignis war ausreichend für einen Schnappschuß oder eine Schlüssellochspalte.

Während einer kurzen Periode wurde die Mode nach Biancas unbestreitbar origineller Garderobe gestaltet – die Vamp-Gewänder und die runden randlosen Hüte der vierziger Jahre und vor allem die Kollektion an kurzen Ausgehstöckchen, die besonders typisch für sie waren. Die Mode war auf der Suche nach einem solchen Erwachsenen-Look gewesen, der die x-beinigen Püppchen der sechziger Jahre ablösen sollte. Mädchen, die im Rainbow Room des Biba saßen, Cocktails nach alten Rezepten tranken und Manhattan Transfer hörten, waren alle bis zu einem gewissen Grad nach dem Vorbild der neuen Mrs. Jagger ausstaffiert. Und in ganz Großbritannien riefen zwanzigjährige Mütter ihren zweijährigen Töchtern zu: »Laß das, Bianca!«

Bianca hatte von Anfang an darauf bestanden, daß Mick und sie Individualisten waren und daß sie beabsichtigte, ihre Persönlichkeit zu bewahren und selbst Karriere zu machen. Es war unvermeidlich, daß sie seit ihrer Eheschließung mit einer Flut von Angeboten überschwemmt worden war, als Fotomodell zu arbeiten oder Filmrollen zu spielen. Als Fotomodell trat sie nur selten in Erscheinung, aber dann hatte das Ganze eine enorme Publicity und führte regelmäßig zu Dramen. Bei einer Wohltätigkeitsveranstaltung für Oxfam im Hotel Grosvenor House trug sie ein tief ausgeschnittenes Kleid, eine zweifarbige Perücke, und in der Hand hielt sie ein kurzes Stöckchen mit einem Silberknauf. Für die Modewelt wurde sie das, was Maria Callas mit ihren Koffern und Hutschachteln und Zofen und Schustern in ihrem Gefolge für die Oper war. Es ist allgemein anerkannt, daß die Rolle des Mannequins als Primadonna auf Bianca zurückgeht. Sie begann auch mit der Arbeit an einem Spielfilm, »Trick or Treat«, den der tatkräftige David Puttnam produzierte.

Innerhalb der Organisation der Stones rief Bianca weiterhin nur Ablehnung, Abneigung und Spott hervor. Janey Perrin, Les' Frau, erinnert sich nur allzu gut daran, daß Bianca in London immer mit einem Bündel Zwanzigpfundnoten in der Handtasche herumlief und anrief, um darüber zu klagen, daß sie alles ankotze. Shirley Arnold graute vor dem Trara, das Bianca veranstaltete, wenn Wagen geschickt wurden, die sie abholen sollten; Shirley erzählt, Bianca habe einmal einen Chauffeur fortgeschickt, weil er sich geweigert hatte, die Finger zum Gruß an die Mütze zu legen. »Diese Autovermietung hatte jahrelang für uns gearbeitet – aber damit war es aus. Sie haben gesagt, daß Bianca zu weit geht und daß sie sich das beim besten Willen nicht mehr gefallen lassen.«

Die anhängliche Shirley deprimierte es, mitanzusehen, wie wenig Glück diese Ehe Mick gebracht zu haben schien. Wenn sie nicht gerade für Modeaufnahmen vor den Kameras stand, waren immer häufigere und wütendere Streits zwischen ihm und Bianca zu hören. Bianca wurde als die Goldgräberin angesehen, die Jaggers Namen erbarmungslos nutzte, um ihren eigenen Ehrgeiz als Fotomodell und Filmschauspielerin zu fördern, und wenn man ihre Pläne durchkreuzte, brach sie in Wut aus. Man erzählte sich Geschichten über ihre Vernarrtheit in sich selbst, die Stunden, die sie täglich vor dem Spiegel und in Schönheitssalons verbrachte. Wesentlich ernster zu nehmen waren die Unterstellungen, daß sie ihre Mutterpflichten gegenüber der dreijährigen Jade vergaß. Sie schien es Jade übelzunehmen, daß sie sie im Cheyne Walk festhielt, während sich Mick unterwegs vergnügte. Sie wechselte zwischen übertriebener Mütterlichkeit und Phasen offensichtlicher Gleichgültigkeit, in denen sie das kleine Mädchen einem Kindermädchen überließ, um wieder einmal einen Tag im Ricci-Friseursalon zu verbringen. Dasselbe Kindermädchen kümmerte sich auch um Mick Taylors Tochter Chloe und rächte sich für den niedrigen Lohn, indem es die Kinder in der Badewanne mit den goldenen Schallplatten ihrer Papis spielen ließ.

Bianca mag arrogant, stolz und temperamentvoll gewesen sein. Gleichzeitig war sie ein absolut altmodischer, ja selbst puritanischer Mensch, und ihre Unzufriedenheit entsprang seit 1974 weitgehend der Tatsache, daß ihre Ehe nicht dazu geschaffen war, in konventionellen, altmodischen Bahnen zu verlaufen.

Jaggers Besessenheit vom Geld, die sich sowohl darauf erstreckte, es zu machen, als auch darauf, sich daran zu klammern, hatte unter anderem dazu geführt, daß sie bis dahin noch kein festes Zuhause hatten, und Biancas Unbehagen gegenüber Jaggers Einstellung zu diesen Dingen war seit ihrem Hochzeitstag nur gewachsen. Sie reisten ständig zwischen Amerika, Frankreich und England hin und her und zogen immer gerade noch rechtzeitig weiter, ehe Mick als Steuerzahler eingestuft wurde. Es mag unglaubwürdig klingen, aber es gab sogar eine Phase, in der sie »inoffiziell« im Cheyne Walk wohnten und sich bückten, wenn sie an den Fenstern vorbeigingen.

Bianca rebellierte gegen ihre Unterwerfung – soviel schlimmer als die ihrer Mutter – unter ein Regime, das zeitweise fast so repressiv erschien wie das Somozas. Sie gab dem Imperium der Stones den Spitznamen »der Nazistaat«. Sogar als Jaggers Ehefrau sah sie sich gezwungen, wie jeder andere um Einlaß in seinen engsten Kreis zu bitten und mit anderen um Aufmerksamkeiten und Gunstbezeugungen zu wetteifern – um so mehr, wenn diese Gunst etwas mit Geld zu tun hatte. Als sie nach dem Erdbeben in Nicaragua geblieben war, hatte sie Ahmet Ertegun in New York anrufen und Erteguns Assistenten dazu überreden müssen, Mick zuzureden, daß er ihr die Miete für das Haus schickte, in dem sie wohnte.

Bianca fühlte sich von den schmutzigen und unmoralischen Seiten des Lebens der Stones abgestoßen, insbesondere von Keith und Anita. Ihre kühle Aussage: »Mit denen habe ich nichts zu tun«, entsprang hauptsächlich der Angst, so zu werden wie Anita – oder Marianne. Ihr einziger Gesprächspartner unter den Rolling Stones war paradoxerweise Charlie Watts. Sie respektierte Charlie, weil er an seinen Prinzipien festhielt und nie viel Aufhebens von sich machte, und auch, weil Charlies Frau Shirley – wie Bianca glaubte – die einzige Frau eines Stone war, mit der Mick nie gevögelt hatte.

Als Shirley Arnold nach neun Jahren aus dem Büro der Stones ausschied, trafen Mick und Bianca getrennt bei ihrem Abschiedsfest ein. Jeder von beiden hatte Shirley ein Geschenk »von uns beiden« mitgebracht. Vor Shirleys Augen wurde ein wütender Streit vom Zaun gebrochen, weil sich die beiden nicht einigen konnten, welches von beiden Geschenken das gemeinsame, offizielle Geschenk war. Außenstehenden erschien es, als sei der einzige Zweck jeglichen Gesprächs zwischen den beiden nur noch der, den anderen zu verletzen.

Shirley hatte es aufgegeben, auf die Beförderung zu warten, die sie sich bei den Stones verdient hatte, und sie hatte ein Angebot angenommen, für Billy Gaffe zu arbeiten, den bekanntermaßen schwulen Manager von Rod Stewart und den Faces. Stewart, ein alter Kumpel der Stones aus den sechziger Jahren, war inzwischen ein großer Star geworden und ähnlich berüchtigt wie Jagger, weil er die Orgien im Rahmen seiner Tourneen mit einer Polaroid-Kamera festhielt. Als Stewart und die Faces im Kilburn State Theatre in London spielten, gesellte sich Jagger hinter der Bühne zu ihnen, um sich mit ihnen zu betrinken und Cockneylieder zu singen wie *My Old Dutch.* »Wie wär's, wenn ihr mit mir nach Hause kommt?« sagte er später. »Ich denke, daß ich noch Schnaps habe.« Das war nicht die Stimme eines Jet-setters, und ebensowenig war es die Stimme eines Mannes, der es kaum erwarten konnte, nach Hause zu kommen und seine Frau und sein Kind zu sehen.

1971 starb Talitha Getty, die Schwiegertochter des reichsten Mannes der Welt, unter mysteriösen Umständen an einer Überdosis Heroin. Sie hatte im Cheyne Walk in Chelsea gelebt, wenige Häuser von Mick und Keith entfernt, und sie hatte die beiden

in ihrem Haus in Marokko zu Gast gehabt. 1972 beging der mit den Stones befreundete Fotograf Michael Cooper Selbstmord, nachdem er so hoffnungslos süchtig geworden war, daß er einen Rollstuhl brauchte. 1973 starb Gram Parsons, Keith' Lehrer im Country-Rock, plötzlich in Kalifornien und wurde verbrannt, ehe eine Leichenobduktion durchgeführt werden konnte.
Bei jedem Todesfall sagten die Leute in etwa dasselbe: »Das kommt davon, wenn man zu eng mit den Rolling Stones zu tun hat. Am Schluß versucht man, so zu leben wie sie. Die Stones verbrauchen die Leute.«

Zumindest ein potentielles Opfer kam gerade noch rechtzeitig davon. Als sich die Stones im Dezember 1974 darauf vorbereiteten, in München ein neues Album aufzunehmen, stieg Mick Taylor plötzlich aus der Gruppe aus. Ihn hatte Jaggers Weigerung desillusioniert, das Repertoire der Stones auszuweiten, die auf ihrem oberflächlichen, sich selbst denunzierenden Album von 1974 *It's Only Rock'n' Roll* nur allzu deutlich geworden war. Der engelsgleiche, nichtrauchende Vegetarier war inzwischen ein Heroinsüchtiger, wenngleich er auch, wie er sagt, die Schwelle zur ständigen Versklavung noch nicht wirklich überschritten hatte. Mick Taylor lief in der Tat um sein Leben. In einer offiziellen Verlautbarung hieß es, er »wolle einen Ortswechsel«.
Keith Richard schickte ihm ein Telegramm mit dem Inhalt: »Danke für die fünf letzten Jahre – es war ein Vergnügen, mit dir zu spielen.« Jagger, der über diesen Treuebruch in einem Augenblick, in dem er ihm ungelegen kam, eingeschnappt war, würdigte Taylors Wert für die Stones gehässig herab, wenn man ihn fragte, welche Qualifikationen Taylors Nachfolger mitbringen müsse. »Wir werden zweifellos einen brillanten, einsachtzig großen, blonden Gitarristen finden, der in der Lage ist, sich selbst zu schminken.«
Etwa ein Dutzend berühmter Namen wurde abwechselnd hochgespielt, indem es hieß, sie würden Taylors Platz einnehmen, darunter Jimmy Page, Peter Frampton, Jeff Beck, Steve Marriott, Shuggie Otis und Chris Spedding. Die Sessions für das Album, erst in München, dann in Rotterdam, dienten zum Vorspielen einer kurzen Namensliste, auf der Rory Gallagher, Robert A. Johnson, Wayne Perkins und Harvey Mandel standen. Perkins und Mandel trugen beide Solos zu dem Album bei, das erst mehr als ein Jahr später herauskam – *Black and Blue*.
Wayne Perkins, Keith' Kandidat, hatte es so gut wie geschafft, Jaggers lange Unentschiedenheit zu beenden, als bekannt wurde, daß Rod Stewarts Gruppe, die Faces, bald auseinandergehen würde und daß ihr Leadgitarrist, Ronnie Wood, ein neues Betätigungsfeld brauchte. Ronnie Wood mochte mehr falsche Noten gespielt haben als jeder andere Gitarrist des britischen Rock. Aber sein Haar stand vom Kopf ab. Seine bereiften Handgelenke waren genau das richtige. Seine Beine waren spindeldürr und so x-beinig, daß es aussah, als müsse er ständig pinkeln. Er brachte Mick zum Lachen. Er würde mit Keith zurechtkommen. Er paßte zu ihnen.

Die getroffene Vereinbarung sah so aus, daß sich die Stones Woody von den Faces »leihen« würden, damit er auf ihrer Amerika-Tournee 1975 einspringe. Der diplomatische Sprachgebrauch konnte in der Musikindustrie niemanden täuschen, schon deshalb nicht, weil man wußte, daß Keith Richard öfter in Woodys Haus in Richmond zu Besuch war und sich in »The Wick« wohl zu fühlen schien, während sie einen Gleichklang zwischen ihren Gitarren herzustellen suchten. Kurz darauf bekam »The Wick« unerwartet Besuch vom Rauschgiftdezernat. Man deckte jedoch dabei nichts weiter auf als die Tatsache, daß Woodys Frau Chrissie mit einer Bekannten im Bett lag. Der freundlichste Musiker der Faces – der früher mit Gary Glitter in einer Wohnung gewohnt hatte – war bereits mit seinen neuen Freunden unterwegs.
Das Hauptproblem, das sich bei der Tournee 1975 stellte, war, wie sie Keith an den Einwanderungsbehörden vorbeibekommen sollten, die das bloße Rauchen von Cannabis bereits als »ein Verbrechen von moralischer Verwerflichkeit« ansahen. Keith hatte eine hohe Geldstrafe für seinen Heroinraubbau an der Riviera gezahlt und konnte jetzt, rein technisch gesehen, wieder nach Frankreich einreisen. Für die Drogen und den 38er Smith and Wesson, die im Cheyne Walk gefunden worden waren, hatte er nur eine geringe Strafe gezahlt, weil es ihm halbwegs gelungen war, die Richter der Great

Marlborough Street davon zu überzeugen, daß seine Untermieter das Zeug dortgelassen hatten. Ein kurzzeitiges Visum für einen nur durch seine Arbeit bedingten Aufenthalt in Amerika zu bekommen, war dennoch ebenso unwahrscheinlich wie die Vorstellung, daß man Dracula Einlaß bei einer Blutspenderveranstaltung gewährt hätte.
Um Blut ging es offensichtlich auch, als Mick Jagger an Walter Annenberg, den US-Botschafter in London, herantrat, um ein Quidproquo für eine Spende in Höhe von fast einer Million Dollar an den Pan American Development Fund auszuhandeln. Spanish Tony Sanchez berichtet, die Bedingung für Keith' Einreise nach Amerika habe darin bestanden, daß sein Blut keine Spur von Heroin aufwies. Infolgedessen kam die Geschichte in Umlauf, er habe sich dem gefügt, indem er eine komplette Bluttransfusion über sich habe ergehen lassen. Keith selbst streitet das ab, obwohl er sich einmal in einer Schweizer Klinik aufhielt, wo bei ihm ein Blutaustausch gemacht wurde. »Ich habe nur Unsinn gemacht. Bei manchen Leuten bin ich reingekommen, habe mein Jackett aufgemacht und gesagt: ›Na – wie gefällt euch mein ausgetauschtes Blut?‹ Mehr war das alles nicht – ein Witz.«
Die Stones kündigten in New York ihre neuerliche Tournee mit einem spontanen Auftritt auf der offenen Ladefläche eines Lastwagens an, der durch die Fifth Avenue rollte. Diesmal umfaßte die transportierte Ausrüstung dreizehn Gelenkfahrzeuge, hun-

Mick Jagger und Ron Wood. Foto: Marion Schweitzer

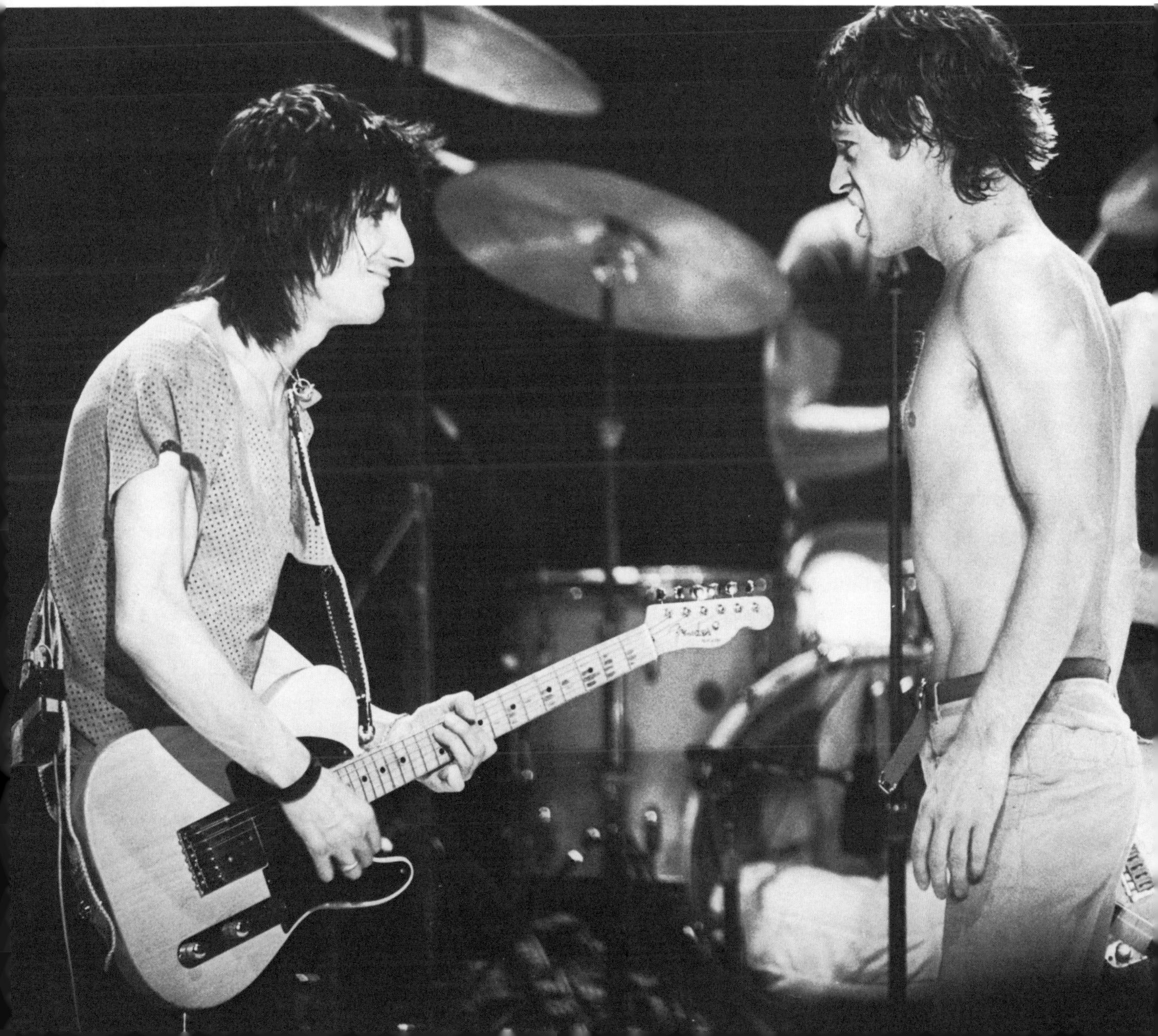

dertfünfzig Tonnen Beleuchtungskörper und eine Bühne, die noch kostspieliger und ausgefeilter war: eine riesige Blume, deren – angeblich kugelsichere – Blütenblätter sich entfalteten und die Stones als wirbelnde Pollen enthüllten. Bei *Star Star* (vormals *Starfucker*) schoß ein gigantischer Gummiphallus auf Jagger zu, den er knuffen und knautschen konnte. Es war zugleich auch die Tournee, auf der die Stones es erstmals wieder wagten, *Sympathy For the Devil* zu spielen. Abgesehen von einem Feuerwerkskörper wurden die Mächte des Bösen durch nichts heraufbeschworen.

Erboste Kampagnen gegen die Stones waren inzwischen fast nur noch eine so kosmetische Frage wie die Farben auf Mick Jaggers Gesicht. Rupert Murdochs Supermarktblatt *The Star* forderte lauthals eine Austreibung »dieses dämonischen Einflusses auf unsere Kinder« und schlug dabei fast denselben Ton an, in dem es kürzlich vor dem Nahen von Bienenschwärmen gewarnt hatte, die Menschen töten konnten. Der Pfarrer einer Kirche in Florida machte die bedeutsame Beobachtung, daß von tausend unverheirateten Müttern in seiner Gemeinde neunhundertvierundachtzig schwanger geworden waren, während sie Rockmusik hörten.

Trotz alledem war die Tournee fast bar von Ungehörigkeiten, die Schlagzeilen machen konnten. Es wäre sogar völlig ohne Zwischenfälle abgegangen, wenn nicht Keith Richard gewesen wäre, der einen Versuch unternahm, mit Woody und dem Sicherheitsmann der Stones, Jim Callaghan, von Memphis nach Dallas zu fahren. In Fordyce, Arkansas, wurde Keith' Leihwagen von einem nicht gekennzeichneten Polizeifahrzeug angehalten. Da der Beamte das Kokain fälschlicherweise für Zahnpulver hielt, wurden Keith nur sein rücksichtsloser Fahrstil und das Tragen eines Messers zur Last gelegt.

Bianca reiste nicht mit Mick und besuchte ihn auch während der Tournee nicht. Sie hatte sich geweigert, sich wieder mit »dem Nazistaat« einzulassen. Jagger äußerte sich herablassend zu ihrer Abwesenheit: »Es besteht wirklich kein Anlaß, aus dem man Frauen auf eine Tournee mitnehmen sollte, solange sie dabei keine bestimmte Aufgabe zu erfüllen haben. Der einzige andere Grund wäre der, sie zu vögeln. Andernfalls langweilen sie sich nur. Sie sitzen ständig rum und klagen.« Nichtsdestoweniger erklärte er sich einverstanden, sich in seiner Garderobe mit Liza Minnelli in einem Arm und Raquel Welch im anderen fotografieren zu lassen.

Woody war als Stone vollkommen flügge geworden, als im April 1976 eine Europa-Tournee mit neununddreißig Auftritten angekündigt wurde, die dazu bestimmt war, Jagger während des gesamten Frühjahrs und Sommers ständig in Bewegung zu halten. Als *Black and Blue* nach elf Monaten auf Eis am 20. April herauskam, zeigte die Plattenhülle Woodys Ameisenbärgesicht, das zwischen den anderen schwebte, als stünden sie alle für einen neuen Mount Rushmore in Pose. Das Album enttäuschte viele mit seinen eher hohlen Versuchen im Idiom der schwarzen Volksmusik, im Disc-Funk und Salsa und wegen der hörbaren Diskrepanz zwischen der Band, die immer betont eine Nummer besser war, und den »Gast«-Gitarristen, die sich um Mick Taylors Job beworben hatten. Jetzt konnte man aus Ronnie Woods Solos auf *Cherry Oh Baby* und *Hey, Negrita* schließen, daß der musikalisch nur Zweitbeste gewonnen hatte.

Europa bewies noch schlüssiger als Amerika, daß eine Rechnung nicht mehr aufging, in der die Stones schlicht als Musiker, die auch auf der Bühne auftraten, angesehen wurden. Sie waren ein Synonym für Glamour und Gefahr, und die Macht dessen überwog bei weitem jedes Album, das sie machen konnten; sie dominierten augenblicklich jedes Jahr, in dem sie sich entschlossen, wieder an die Oberfläche zu kommen. Bis zum Mai 1976 glaubte man, daß sich die britischen Popfans aus nichts anderem als aus Abba und Brotherhood of Men etwas machten. Als die Stones zum ersten Mal nach drei Jahren wieder ein Konzert in London gaben, trafen fast eine Million schriftliche Kartenvorbestellungen ein. Auch als sie die geplante Serie von drei Konzerten im Earls Court verdoppelten, konnte damit nur ein Zehntel der Nachfrage gedeckt werden. Jagger beeindruckte seinen britischen Veranstalter Harvey Goldsmith damit, daß er persönlich sich den unfreundlichen Schuppen ansah und die Sitzmöglichkeiten und die Publikumssituation überprüfte. »Er ist der Boß«, hörte man Goldsmith ehrerbietig flüstern. Als Mick Jagger nach einer Probe den Earls Court verließ, hielt er seinen Wagen an und teilte gratis Eintrittskarten an Jungen und Mädchen auf

Szenen einer Ehe

der Straße aus. Auf seine Anweisung hin wurde die Schlange vor dem Kartenschalter mit Gratiserfrischungen versorgt.
Trotz aller Mühen, die Harvey Goldsmith und Mick Jagger auf die Organisation verwandten, war der erste Auftritt im Earls Court eine Katastrophe, was größtenteils auf ein Tonsystem im Wert von 500 000 £ zurückzuführen war, das der Kritiker von *Melody Maker* mit einem Bahnsteiglautsprecher verglich. Die Lotusbühne und der gigantische Phallus schienen ein gekünstelter theatralischer Ersatz für das zu sein, was die Stones früher geboten hatten und dessen einzige Ausschmückung das Unbändige gewesen war. Vier Songs von *Black and Blue* wurden, um den *Times*-Rezensenten zu zitieren, »eher hingenommen, als daß man sich darauf stürzte«. Dann mußte sich das Publikum eine Stunde lang mit Stones-Nostalgie zufrieden geben, deren Akzente Schauer von Konfetti und Wasser waren, beides ausgeteilt von einer Gestalt, die – was zählen die um das Vierfache gestiegenen Ölpreise, die unaufhaltsame Inflation, die Übergriffe der Araber – die Kontinuität des englischen Way of Life geradezu zu symbolisieren schien.
Wieder wäre die Tournee ohne Skandale verlaufen, wenn nicht Keith Richards riskanter Drang gewesen wäre, sich ans Steuer eines Wagens zu setzen. Nach dem Stafford-Konzert fuhr er mit seinem Bentley auf der M1 nach London zurück, und dabei nickte Keith einen Moment lang ein: Der Bentley kam von der Straße ab, krachte durch einen Zaun und kam auf einem gepflügten Feld zum Stehen. Keith, Anita, Marlon und zwei weitere Insassen wurden kräftig durchgeschüttelt, doch sie waren nicht verletzt, und Minuten darauf fuhr zufällig ein Polizeiwagen vorbei, und ein freundlicher junger Polizist beugte sich mit dem Angebot aus dem Wagen, sie zur Newport Pagnall-Werkstatt mitzunehmen. Als er Keith Richard erkannte, war sein Verhalten gleich weniger herzlich. Eine Durchsuchung des Bentley förderte eine silberne Halskette mit einem Schnupfröhrchen, das noch weißen Kokainstaub enthielt, und ein Stück Löschpapier zutage, von dem ein Labortest ergab, daß es mit LSD getränkt war. Keith wurde auf Besitz von beiden Drogen angeklagt und dann gegen Kaution freigelassen, um die Europa-Tournee fortsetzen zu können.

Am 21. August traten die Stones zum ersten Mal seit Altamont wieder bei einem Rockfestival auf und spielten auf dem Gelände des Knebworth House in Hertfordshire vor einer zweihunderttausendköpfigen Menge. Außer ihnen spielten Todd Rundgren, Lynard Skynyrd und 10 CC. Die Stones kamen mit einer vierstündigen Verspätung, und ihr Auftritt wurde von dem Kritiker der *Times* als »eine seicht dahinplätschernde Parodie« beschrieben. 10 CC, der Erfolg des Nachmittags, hatten Stunden zuvor einen Song gespielt, in dessen Text Worte vorgekommen waren, die der *Times*-Rezensent nur allzu treffend fand: »Old men of rock'n'roll come bearing music. Where are they now? They are over the hills.«
In Knebworth trat Les Perrin zum letzten Mal als Presseagent der Stones auf. Der Hepatitis, die er sich auf der Tournee '73 in den Fernen Osten zugezogen hatte, war ein Schlaganfall gefolgt, von dem er sich nie mehr ganz erholen sollte. Er war anfällig und zerbrechlich geworden, doch er bestand darauf, zum Knebworth-Festival zu erscheinen. Als Jagger seine Entschlossenheit erkannte, schickte er einen Wagen, der ihn abholen sollte, und er erteilte strikte Anweisung, dafür zu sorgen, daß Les sich nicht übernehmen würde. Dieses eine Mal in ihrem Leben mußten sich die Stones um Les Perrin kümmern.
Die Dinge leichtzunehmen, fiel dem tatkräftigen kleinen Mann mit dem altmodischen Anzug schwer. Sein Versprechen an alle Journalisten lautete gleich: »Sie können mich rund um die Uhr anrufen.« Sein unbeirrbarer gesunder Menschenverstand hatte Jagger viele Feuerproben der Medien heil überstehen lassen. Trotz seiner unbestreitbaren Integrität hatte Les den berüchtigten Ruhm der Stones geteilt; sein Telefon war laufend angezapft worden, seine Frau Janey war von einem Sonderdezernat von Scotland Yard aufgesucht worden. Sein PR-Job für das scheinbar Kriminellste, was die Popmusik zu bieten hatte, hatte in den sechziger Jahren sogar dazu geführt, daß echte Kriminelle, die er damit beeindruckt hatte, an Les Perrin herangetreten waren und seine Hilfe erbeten hatten, um in der Presse besser wegzukommen. Reggie Kray persönlich hatte unter dem Decknamen »Mr. James« mehrfach angerufen und Janey Perrin gefragt, ob Les es sich nicht doch noch einmal überlegt habe und sich der Sache der Brüder Kray annehmen werde.

Eine der klaren Entscheidungen, die Jagger während dieser Europa-Tournee traf, bestand darin, einen Nachfolger für Les Perrin zu suchen. Er hatte bereits jemanden in Betracht gezogen – den früheren Musikjournalisten Keith Altham. Es wollte jedoch keiner der Stones Les das Gefühl geben, daß man ihn abschob.
Sein Zusammentreffen mit Jagger in Knebworth verriet die gegenseitige Zuneigung, die beide gewöhnlich hinter einer kurz angebundenen Forschheit verbargen. »Du hast mir einen Brief geschrieben ...«, sagte Jagger. »... Warum hast du nicht darauf geantwortet?« fragte Les Perrin. »Ich hatte keine Briefmarke«, sagte Jagger. Er legte Nachdruck auf jede Antwort, indem er Les' Schlapphut jedesmal etwas tiefer über seine Augen zog.
Auf dem Rückweg vom Knebworth-Festival entdeckte ein Filmteam der BBC Bianca Jagger, die ganz in Weiß neben ihrer Limousine stand, die sie in einen Graben gefahren hatte, und sie versuchte, per Anhalter nach London zu kommen. Die BBC-Leute nahmen sie in ihrem Wagen mit. Auf der Rückfahrt rauchten sie mit ihr einen Joint, den Bianca herumreichte, und sie stellten überrascht fest, daß Bianca ausgesprochen freundlich, warmherzig und komisch sein konnte.

Eine Erfrischung nach getaner Arbeit. Foto: Marion Schweitzer

1977 war Jerry Hall nur einfach »Jerry«, ein einundzwanzigjähriges amerikanisches Fotomodell, das international gefragt war wegen ihres goldblonden Haares, ihres hübschen Pferdegesichts und ihres fröhlichen Mundes, der selbst dann noch zu erkennen war, wenn er für Lippenstiftwerbungen auf den englischen Bussen fünfzigfach vergrößert abgebildet wurde. Befreundet war sie mit Bryan Ferry, einem Rocksänger aus wesentlich neueren Zeiten als die Stones. Die jeweilige Karriere von beiden brachte zwar längere Trennungen mit sich, doch es schien ein festes Paar zu sein. »Da kommt Jerry«, sagte Ferry, wenn wieder einmal ein Bus mit ihren Lippen vorüberfuhr.
Als Bryan Ferry aus Amerika vernahm, daß Jerry ihn wegen Mick Jagger verlassen hatte, war er in London und bereitete sich gerade auf eine Tournee mit seiner Gruppe Roxy Music vor. Seine spontane Reaktion entsprach seiner Abstammung von der Tyneside. Er sagte, er werde rüberfliegen und Jagger die Nase einschlagen. Freunde redeten ihm das aus, indem sie ihn darauf hinwiesen, daß Jagger zur Zeit überaus fit wirkte und es ihm durchaus in gleicher Münze zurückzahlen könnte.
Jerry faszinierte Jagger aus Gründen, die es schwer verständlich erscheinen lassen, wie er sich je eine Frau wie Bianca hatte aussuchen können. Sie hatte nichts Überzogenes, Stolzes oder Überzüchtetes an sich. Jerry Hall war eine übersprudelnde Texanerin, die Tochter eines Fernfahrers, deren Hobbys Reiten und Fußhakeln waren, und ihr gesellschaftliches Auftreten zeichnete sich lediglich durch eine Serie von Faux pas aus, über die sie selbst am lautesten lachte. Dieses Gelächter – vielleicht auch das Fußhakeln – schien um so bezaubernder und befreiender auf einen Mann zu wirken, der fünf Jahre mit einem Spiegelbild seiner selbst verbracht hatte, das sich nur insofern von ihm unterschied, daß es die Stirn gerunzelt hatte.
Anfangs schien sich die Geschichte mit Jerry nicht von den Affären mit vielen sehr jungen Frauen zu

unterscheiden, die Jagger hatte, während er nach außen hin krampfhaft den Schein zu wahren suchte, daß seine Ehe intakt sei. Bianca bestärkte seine Vorstellung von einer Beziehung, die tiefer ging als bloße Monogamie. »(Mick) schläft mit vielen Frauen, aber er hat selten wirklich eine Affäre mit ihnen«, sagte sie. »Sie versuchen alle nur, ihn zu benutzen. Jede dieser Frauen ist ein Niemand, der versucht, jemand zu sein. Mick würde sagen ›Na los – mach schon‹, wenn ich eine Affäre mit jemandem anfangen wollte ... Aber er weiß, daß ich es nicht täte.«

Die Freunde, die sie gemeinsam hatten, hatten sich längst an das unangenehme Schauspiel gewöhnt, das Mick und Bianca in ihrem Versuch boten, diese Fassade vor der Öffentlichkeit aufrechtzuerhalten. Bei einer Dinnerparty in New York, die der Designer Halston gab, erschien Bianca allein in einem Smoking; Mick erschien erst nach dem Abendessen und trat mit der betonten Unauffälligkeit aus dem Hintergrund, in der Bianca seine größte Arroganz sah. Sie beschimpfte ihn wegen seiner Art, Leute zu behandeln, die ihn zu gesellschaftlichen Anlässen einluden. Er verspottete sie damit, sie gebe zuviel auf den »ganzen verdammten Jet-set-Kram«.

1977 lebte eigentlich bereits jeder von beiden sein eigenes Leben. Während man Mick mit Jerry Hall sah, wurde Bianca in Gesellschaft von Ryan O'Neal, dem Schauspieler, Helmut Newton, dem Fotografen, und während eines kurzen Intermezzos auch mit Jack Ford, dem Sohn des Präsidenten der Vereinigten Staaten, gesehen. Sie lebte die meiste Zeit in New York und gehörte zu dem Kreis um Andy Warhol, Halston, Truman Capote und The Factory, eine Diskothek, vor der sich allabendlich Schlangen bildeten, die nach den berühmten Gesichtern Ausschau hielten, die dort eintrafen. Ein gemeiner Schnappschuß aus dieser Zeit zeigt sie in der Factory, wo sie neben William Burroughs sitzt. Bianca sieht aus wie ein ernstes kleines Schulmädchen, das gebannt an den Lippen des großen Mannes hängt, um etwas Bedeutsames von ihm zu hören. Unglücklicherweise sind die Lippen des großen Mannes um einen Strohhalm geschlossen, der in einer Colaflasche steckt.

Die Ehe bestand wegen Mick Jaggers Ansehen in

Mick Jagger und Jerry Hall. Nicht zuletzt schätzt er an ihr, daß sie selber gut verdient.

der Öffentlichkeit und wegen Jade, der von ihm vergötterten Tochter, weiter. So, wie die Dinge standen, war Jades Leben ohnehin schon recht zusammenhanglos, denn sie pendelte zwischen New York, London und Joe und Eva Jagger in Westgate-on-Sea hin und her. Wann immer er Zeit dazu fand, widmete sich Jagger ausschließlich ihr. Er holte sie von der Vorschule ab und ließ sich dort Zeit, um sich mit den Lehrern über ihre Fortschritte und ihr Betragen zu unterhalten. Ihre Lehrer waren der Ansicht, daß es kritisch um sie stand. Es konnte vorkommen, daß sie eine Art Anfall bekam und eine ganze Schulstunde über den Haufen warf; im nächsten Moment kletterte sie ihren Lehrern auf den Schoß und rollte sich wie ein kleines Kätzchen zusammen. Oft schien sie sich Aufmerksamkeit und Zuneigung zu suchen, wie es auch – weniger offen – ihre Mutter tat.

Bianca hielt sich in Kalifornien auf, als 1978 Mick und Jerny ganz offen gemeinsam nach Los Angeles flogen. Bianca hatte bereits mit einem Anwalt gesprochen, aber nur auf einer »Was wäre, wenn«-Basis. Jetzt entschloß sie sich, die Scheidung einzureichen.

Keith' Richards drittes Kind von Anita Pallenberg, der zweite Sohn, nach dem er sich so lange gesehnt hatte, wurde im März 1976 in Genf geboren. Sie nannten ihn Tara nach Tara Browne, dem Guinness-Erben, der unter so tragischen Umständen und so jung gestorben war. Dann begab sich Keith in euphorischer Hochstimmung mit den Stones auf eine Europa-Tournee. In Frankfurt wurde bekanntgegeben, daß Keith und Anita, die seit sieben Jahren zusammenlebten, schließlich doch noch die Absicht hatten, zu heiraten. Keith betonte immer wieder, die Hochzeit finde aus rein praktischen Gründen statt, damit Anita einen britischen Paß bekomme, der auch den drei Kindern die englische Staatsbürgerschaft garantierte. Termin und Ort der Eheschließung wurden nicht verlautbart. Keith spielte kurzfristig mit dem Gedanken, sich bei dem Earls Court-Konzert auf der Bühne trauen zu lassen.

Am 4. Juni starb der zehn Wochen alte Junge. Als Todesursache wurde offiziell ein Grippevirus angegeben.

Keith erfuhr diese Nachricht in Paris kurz vor einem Bühnenauftritt mit den Stones. Trotz seiner Betroffenheit beharrte er darauf, den Auftritt nicht abzusagen. An jenem Abend hatte sein Gesicht Ähnlichkeit mit einem Totenschädel.

Während der weiteren Tournee ertränkte er seine Verzweiflung in maßlosem Lärm und Licht, der Flasche Southern Comfort auf seinem Verstärker und der Gesellschaft seines zweiten Sohnes. Im Alter von sieben Jahren hatte Marlon Richard längst seine Rolle als Kind gegen die eines Freundes und Vertrauten seines Vaters eingetauscht. Er war mit Keith auf der Bühne, saß auf dem nächsten Barhocker; zu jeder Nachtstunde, wenn sie in ihrer Hotelsuite mit Videokassetten, Spielzeug und dem Telefon, das sie gemeinsam benutzten, spielten, nahm Marlon die Gesellschaft seines Vaters geduldig hin.

Keith' und Anitas verschlingende Liebe zu Marlon, die sich nach dem Tod ihres Babys verdoppelt hatte, stand in erschreckendem Gegensatz zu ihrer offensichtlichen Gleichgültigkeit ihrer Tochter Dandelion gegenüber. Das kleine Mädchen litt an einem Sprachfehler und konnte im Alter von fast vier Jahren kaum reden. Anita schien sie abzulehnen und behandelte sie mit einer Lieblosigkeit, die bewirkte, daß sich andere aus dem Kreis der Stones – vor allem Mick und Bianca Jagger – um das Mädchen kümmerten. Als Dandelion in Paris erkrankte, war es Bianca, die sie ins Krankenhaus brachte und sie dort besuchte. Trotz der immensen Verhätschelung fehlte es auch Marlon an der sich auf Alltäglichkeiten erstreckenden Sorge, die ein Kind braucht. Bianca brachte ihn eines Abends ins Bett und mußte feststellen, daß sie ihm die Socken nicht ausziehen konnte; sie klebten buchstäblich an seinen Füßen. Marlon erzählte ihr, daß er das Paar schon seit fast einem Monat trug.

Während Marlon zu ihren Füßen spielte, sahen Keith und Anita einander wie Gefangene in einer Zelle an, die mit allen Annehmlichkeiten ausgestattet war, die man telefonisch bestellen konnte. Sie waren gemeinsam zu einem lebenslänglichen Luxus verurteilt, aus dessen Langeweile und mangelnder Abwechslung es nur eine einzige Flucht gab – die Nadel, die sie in ihre Venen stachen. Anita schien fast glücklich in ihrer Sucht – sie nannte das Heroin »Henry« –, und sie genoß es, andere – wie zum Beispiel Mick Taylors Frau – in seinen Gebrauch

einzuweisen. Sie zog Keith unbarmherzig mit seiner Unfähigkeit auf, mit seiner Gewohnheit »umzugehen«, beispielsweise dann, wenn er sich bemühte, die Spritze vor dem Zimmermädchen oder dem Kellner des Hotels zu verstecken. Sie verachtete ihn auch dafür, daß seine Sexualität unter der Droge litt. Wenn sie es satt hatte, Kokain zu schnupfen und Kleider anzuprobieren, schlenderte sie in das gemeinsame Schlafzimmer: Im nächsten Moment rief sie Keith mit einer Stimme, die anfangs quengelig war und dann spöttisch wurde.

Seine Eifersucht zu wecken, wie sie es bereits bei Brian Jones getan hatte, war ein Trick, der Anita selbst in ihrer damaligen heruntergekommenen Verfassung noch gelang – ungekämmt, mit vom Rauschgift unnatürlich geweiteten Augen und verfaulenden Zähnen. Als die Stones die Aufnahmen in Jamaika machten, löste sie einen derartigen Skandal aus, indem sie sich mit den Rastafariern herumtrieb, daß Keith ohne sie nach London zurückkehrte. Nicht lange darauf wurde sie verhaftet und von der Polizei übel zusammengeschlagen, ehe sie nach England zurückkehrte und in Keith' verzeihende Arme wankte. 1976 hatten die beiden wieder Krach, weil Anita sich in Clubs der neuen Punk-Rock-Szene aufhielt, in denen Teenager sich die Beine zusammenbanden und sich Sicherheitsnadeln durch die Backen steckten. Der Archetyp des Punk-Gitarristen, den sich viele wilde junge Gruppen als Vorbild nahmen, schrieb Anita streng vor, sich von solchen Lokalen fernzuhalten.

»Ich habe mir oft gedacht«, sagt Marianne Faithfull, »wenn man abends mit Anita ausgeht, stehen die Chancen gar nicht schlecht, daß man umgebracht wird.«

Die gegenseitige Toleranz, die die Stones während so vieler Versuchungen und Abirrungen zusammengehalten hatte, zeigte Ende der siebziger Jahre ernstliche Anzeichen einer Überbeanspruchung. Während Mick Jagger mit seiner neuen Freundin einen weiteren gesellschaftlichen Aufstieg erlebte, versank Keith Richard mit Anita immer tiefer in die Heroinsucht. Je respektabler Mick wurde, desto mehr schien Keith' Entschlossenheit zuzunehmen, der

Mick Jagger am 7. Juni 1982 in Hannover. Foto: Bilderdienst Süddeutscher Verlag

Mick Jagger, 1982 in München. Foto: A. Till

Mick Jagger, 1982 in München. Foto: A. Till

Ronny Wood, 1982 in Hannover. Foto: A. Till

Gesetzlosigkeit der sechziger Jahre verhaftet zu bleiben; er fuhr Wagen zu Schrott, trug Schußwaffen und Messer bei sich, verwüstete Hotelzimmer und ließ seine Zähne schwarz werden. Zum ersten Mal seit ihrem sechsten Lebensjahr lagen ihre gegensätzlichen Charaktere in offenem Konflikt miteinander. Keith kritisierte Mick wegen seines gesellschaftlichen Aufstiegs, der sich in dem »theatralischen Mist« widerspiegelte, mit dem er die Tournee '75 herausgeputzt hatte. Mick sah mit Geringschätzung auf Keith' Unfähigkeit herab, seine Sucht geheimzuhalten, und er verachtete die Schuljungenstreiche, die Keith ihm mit Woody spielte, wenn die beiden beispielsweise in Jaggers Hotelsuite eindrangen, auf Jaggers Bett herumhüpften und dabei schrien, sie seien »die Trampolini Twins«.

Das Unterfangen, mit Mick und Keith gleichzeitig zurechtzukommen, war für Bill Wyman und Charlie Watts schon fast schizophren geworden. Bill zumindest schien die Mühe satt zu haben. Sein erstes Soloalbum – *Monkey Grip,* 1974 herausgekommen – hatte ihm gezeigt, daß er nicht für den Rest seines Lebens auf der Bühne im Hintergrund stehen mußte, und fast wäre er 1975 direkt nach Mick Taylor ausgestiegen. Selbst dem stoischen Charlie behagte die keifende Atmosphäre zwischen Mick und Keith nicht, und er sprach davon, wegzugehen, um in einer Jazzband wieder Ruhe und Frieden zu finden.

Die erste Hälfte des Jahres 1977 war bereits verplant. Im Februar würden sich die Stones in Toronto treffen und in einem kleinen Club, der sich El Macombo nannte, eine Reihe von Konzerten geben. Diese Clubtermine sollten die Grundlage eines Live-Albums werden, und zugleich würden sie dadurch für die Nordamerika-Tournee im folgenden Jahr in Übung bleiben.

Am 13. Februar wurde Keith Richard vor dem Aylesbury Crown Court des Besitzes des Kokainschnupfers für schuldig befunden, der in seinem Bentley gefunden worden war, den er im vergangenen September in Buckinghamshire zusammengefahren hatte. Die Geschworenen lehnten den Einspruch seines Verteidigers ab, das Schnupfröhrchen habe nicht ihm gehört, doch sie akzeptierten, daß das LSD, das außerdem im Wagen gefunden worden war, durchaus jemand anderem hätte gehören können. Keith wurde zu einer Geldstrafe von siebenhundertfünfzig Pfund sowie zu Prozeßkosten in Höhe von zweihundertfünfzig Pfund verurteilt und verwarnt: Falls er einen weiteren Verstoß gegen das Rauschgiftgesetz in Großbritannien begehe, werde er ins Gefängnis kommen. Während der dreitägigen Verhandlungen war Mick Jagger ganz unerwartet aus Los Angeles eingeflogen, um Keith moralischen Beistand zu leisten und für ihn auszusagen, falls das notwendig sein sollte. Als er gemeinsam mit Mick das Gerichtsgebäude verließ, bezeichnete Keith den Urteilsspruch der Geschworenen als »einen guten alten englischen Kompromiß«.

Am 20. Februar brauten sich wieder Unstimmigkeiten zusammen, als Mick wie geplant in Toronto eintraf, um für die Auftritte im El Macombo zu proben, und feststellen mußte, daß Keith England noch gar nicht verlassen hatte. Nach fünf weiteren Tagen, während derer die Stones ihn in Kanada erwarteten, trödelte Keith weiterhin in Redlands herum und

zeigte sich nach wie vor taub für die transatlantischen Anrufe. Er reagierte selbst auf ein wütendes Gemeinschaftstelegramm der anderen nicht: »Wir wollen spielen. Du willst spielen. Wo bleibst du?«
Am 25. Februar entdeckten Zollbeamte, die am Flughafen von Toronto Anitas Gepäck durchsuchten, ein Klümpchen Haschisch und einen angekohlten Löffel, von dem sich später herausstellte, daß er mit Heroin verkrustet war. Man behielt Anita dort und verhörte sie, doch anschließend wurde sie freigelassen – bis zum Abschluß der Analyse des Löffels und einer blauen Tic-Tac-Pfefferminzpastille, die man ebenfalls bei ihr konfisziert hatte.
Drei Tage darauf brach ein Trupp der Königlichen Kanadischen berittenen Polizei über Keith' Suite im Harbor Castle Hilton herein. Die Beamten kamen mit einem Haftbefehl für Anita. Offen über die Hotelsuite verstreut, fanden die Beamten Kokain und knapp dreißig Gramm reines Heroin im Wert von zweitausendfünfhundert Pfund – und diese Menge reichte aus, um nicht nur Anklage wegen Drogenbesitzes, sondern auch wegen beabsichtigten Handels zu erheben.
Keith wurde ins Polizeipräsidium von Toronto gebracht und wegen eines Vergehens eingesperrt, auf das nach den kanadischen Gesetzen eine Höchststrafe von lebenslänglicher Haft steht.
Mick Jagger hatte die Absicht gehabt, den Besuch in Toronto ganz diskret und mit möglichst wenig öffentlichem Aufsehen zu gestalten. Statt dessen sahen sich die Stones – wegen des anscheinend andauernden Abstiegs von Keith in den Drogenwahnsinn – plötzlich vor dem Jüngsten Gericht.
In den folgenden achtundvierzig Stunden, während derer die Weltpresse ihre direkt bevorstehende Auflösung heraustrompetete, versuchten die Stones, in einem Lagerhaus in der Innenstadt von Toronto zu proben, doch sie wurden von Reportern und Kamerateams des Fernsehens belagert. Ein zusätzliches Handicap stellte Margaret Trudeau dar, die abenteuerlustige Frau des kanadischen Premierministers, die sich irgendwie mit Ronnie Wood zusammengetan, eine Suite im Harbor Castle gebucht hatte und sich dort unter sorgloser Mißachtung politischer Konsequenzen mit den Stones aufhielt.
Am 2. März verließ Jagger unter dem Vorwand, daß Jade Blinddarmentzündung habe und Bianca nicht

Mick Jagger und Bill Wyman, 1982 in Hannover. Foto: A. Till

da sei, um sich um sie zu kümmern, plötzlich Toronto und flog nach New York. Keith hielt die abendlichen Proben ohne ihn ab. Er trug einen Schaffellmantel und gab spitze Bemerkungen von sich wie: »Gehen wir doch wieder ins Hotel und lesen die ganzen Bücher von Mick, damit wir endlich auch gebildet sind.«
Jagger war am 4. März zurück, als die Stones mit ihren drastisch beschnittenen Bandaufnahmen begannen, die vor einem Live-Publikum im El Macombo Club aufgenommen wurden und sich anstelle der ursprünglich geplanten fünf Nächte auf nur zwei beschränkten. Obwohl alles dagegen gesprochen hatte, waren sie bei beiden Auftritten brillant, und Keith, dem das, was drohend über seinem Kopf schwebte, keinerlei Sorgen zu bereiten schien, gelangen Anklänge an Chuck Berry, wie man sie seit Keith' früher Jugend im Crawdaddy Club nicht mehr gehört hatte.

Als er am 7. März vor Gericht erschien, wurde ihm mitgeteilt, daß er zusätzlich wegen Besitzes von sechs Gramm Kokain angeklagt wurde. Am darauffolgenden Tag kehrte er in denselben Gerichtssaal zurück und wurde wegen beabsichtigten Heroinhandels angeklagt. Er wurde gegen eine Kaution von fünfundzwanzigtausend Dollar für eine Woche freigelassen, und sein beschlagnahmter Reisepaß wurde ihm wieder ausgehändigt.

Im Lauf des Tages setzte eine sichtliche Auflösung der Stones ein. Jagger teilte Keith mit, er werde nach New York fliegen, und das tat er auch nach einer knappen telefonischen Verabschiedung. Auch Woody ließ seinen Freund nach langem Ringen im Stich und folgte Jagger nach New York. Margaret Trudeau kam ebenfalls mit und rief damit in der Presse Gerüchte wach, sie und Jagger hätten in Toronto eine Affäre miteinander gehabt. Es gab dem Drama einen surrealen Aspekt, wenn man die wütenden Reaktionen von Premierminister Trudeau auf die Unterstellungen hörte, seine Frau sei in einem Bademantel vor Jaggers Hotelsuite gesehen worden: Eine Zeitlang erschien es tatsächlich so, als hätten die Stones den Zusammenbruch der Trudeau-Regierung sowie auch ihren eigenen beschleunigt.

Bill Wyman und Charlie Watts blieben bis zum 10. März in Toronto, doch dann flogen auch sie nach Hause, um wieder ihr eigenes Leben zu führen, dem alle Früchte der Jagger/Richard-Partnerschaft versagt geblieben waren, und folglich konnte man nicht von ihnen erwarten, daß sie sich in die abschließende Krise dieser Partnerschaft hineinziehen ließen. Kurz darauf suchten Keith, Anita und Marlon die Niagarafälle auf. »Soll ich springen?« fragte Keith, und seine Frage war nicht rein rhetorisch.

Die Zukunft der Rolling Stones war im April und im Mai 1977 in der Schwebe. Während Keith abgeschnitten, im Stich gelassen und nur gegen Kaution frei in Toronto saß, tauchte Mick Jagger unentwegt in den Klatschspalten auf und gab abstoßende, nichtssagende Voraussagen ab, wie es weitergehen werde, wenn Keith lebenslänglich ins Gefängnis komme; und die Welt, die mit wesentlich aktuelleren Skandalen beschäftigt war, fragte sich, ob das wirklich noch von Interesse war.

Keith verbrachte seine Zeit in Toronto damit, sich die Playback-Aufnahmen aus dem El Mocambo anzuhören, Songs für das Soloalbum aufzunehmen, das er vielleicht eines Tages machen würde, und begeistert zuzusehen, welche ungeheuerlichen Mengen an Kohlehydraten Marlon in sich hineinschlang. Anita schmückte ihre Hotelsuite mit Zeitungsschlagzeilen, die eine Chronik der miteinander verwobenen Dramen, einerseits Drogen, andererseits Margaret Trudeau, darstellten: STONE WEGEN HEROINHANDELS ANGEKLAGT. IST DAS DAS ENDE? FRAU DES PREMIERMINISTERS IN STONES-SKANDAL VERWICKELT. DIE MAGGIE MYSTERY TOUR. MAGGIE UND MICK IN NEW YORK STREITEN TECHTELMECHTEL AB. AUFLÖSUNG DER STONES IM GESPRÄCH SAGT JAGGER. HE MICK – WAS GEHT HIER VOR?

Im Juni gelang es Keith' Anwälten schließlich, durchzusetzen, daß er Kanada für die Monate bis zur Verhandlung seines Falles verlassen durfte, um »seinen Beruf auszuüben«. Man hatte ihm ein Sondervisum ausgestellt, das ihm die Einreise nach Amerika ermöglichte, um in New York im Stevens Psychiatric Centre seine Heroinsucht behandeln zu lassen. Dort wurden Anita und er mit neuroelektrischer Akupunktur behandelt, einer neuen Heilmethode, die die Schrecken des Entzugs mildert, indem dem Gehirn leichte Elektroschocks zugeführt werden. Keith' Visum untersagte es ihm, sich über einen Umkreis von dreißig Meilen um die Klinik hinauszubewegen, und daher mußten ihm die Bänder für das neue Stones-Album *Love You Live* von Jagger überbracht werden. Die Kluft zwischen den beiden schloß sich bei einem Zechgelage, das einen höchst ungewöhnlichen Ausgang nahm – Jagger wurde ohnmächtig. Die Krise war vorüber. Die untergeordneten Stones wurden benachrichtigt, daß sie sich in Paris einfinden sollten, um jenes Album aufzunehmen, aus dem *Some Girls* werden würde.

Keith' Fall kam nicht vor Oktober 1978 zur Verhandlung. Dafür, daß Keith sich schuldig bekannte, wurde die Anklage auf Drogenhandel zurückgezogen und auf den reinen Drogenbesitz beschränkt. Obwohl die Anklage eine Gefängnisstrafe forderte, war Richter Lloyd Grabur von Keith' sichtlich entschlossenen Bemühungen beeindruckt, sich für alle

Mick Jagger und Keith Richard, 1982, in Hannover. Foto: A. Till

Zeiten heilen zu lassen. Die Strafe wurde für ein Jahr auf Bewährung ausgesetzt, doch es wurde ihm zur Bedingung gemacht, sein Entzugsprogramm fortzusetzen. Eine weitere Urteilsklausel bestand darin, daß die Stones, um den Ärger, den sie Toronto gemacht hatten, wiedergutzumachen, ein Wohltätigkeitskonzert für ein Blindenhilfswerk veranstalten sollten.

Die kanadische Regierung legte Berufung gegen die Milde des Urteils ein, doch der Urteilsspruch blieb bestehen. Keith Richard – um seine eigene Formulierung in einer Nachricht an seine Mutter Doris zu zitieren – war nicht länger »der Verfallende«.

Nach der Amerika-Tournee '78 ist nicht mehr viel zu vermerken bis auf das Funkeln des winzigen Diamanten, der in Mick Jaggers rechten oberen Schneidezahn eingefügt wurde, und die unverblümte Heftigkeit, mit der er sich darum bemühte, zu verhindern, daß seine ihm fremd gewordene Gattin 12,5 Millionen Dollar von seinem Vermögen kassierte.

Marsha Hunt hatte den kalten Hauch seiner Knausrigkeit bereits zu spüren bekommen, die noch zu wachsen schien, je mehr Millionen und Villen Mick vereinnahmte. Er brüstete sich damit, nie irgendeiner Frau irgend etwas gegeben zu haben, und diese Prahlerei bewahrheitete sich auch dann, als Chrissie Shrimpton, seine Jugendfreundin, versuchte, einige seiner pubertären Liebesbriefe zur Veröffentlichung an *News of the World* zu verkaufen. Mit Hilfe seiner einflußreichen britischen Anwälte verhinderte Jagger diese Transaktion. Er drohte Chrissie mit einer Klage wegen Bruchs des Urheberrechtes.

Als Bianca mit der Begründung, daß es »unüberbrückbare Differenzen« zwischen ihnen gebe, die Scheidung einreichte, sperrte Jagger augenblicklich ihre gesamten laufenden Konten in New York. Er ließ auch die Möbel aus dem Cheyne Walk 48 abholen und sagte Jade, sie würden fortgebracht, um »repariert« zu werden. Jade konnte nicht verstehen, weshalb die antiken Wandbehänge im Eßzimmer

repariert werden sollten, und sie fragte ganz unschuldig, ob jemand darauf herumgelaufen sei.
Bianca wollte den Fall in Kalifornien vor Gericht bringen, weil dort ungeachtet eines französischen Ehevertrages einer geschiedenen Ehefrau automatisch die Hälfte des Vermögens ihres Ehemannes zugesprochen wird. Zu diesem Zweck verpflichtete sie sich Marvin Mitchelson, einen Hollywood-Anwalt, der durch die Abfindung berühmt geworden war, die er Lee Marvin für dessen ehemalige Geliebte abgerungen hatte. Bianca hoffte naiverweise, Mitchelson würde sich nicht an die Presse wenden. Kurz darauf erfuhr die Presse von Marvin Mitchelson, daß Bianca 12,5 Millionen Dollar forderte – die Hälfte der geschätzten Einnahmen Jaggers während ihrer Ehe –, und bis zur endgültigen Regelung kamen dreizehntausendvierhundert Dollar monatlich für ihren Unterhalt hinzu sowie ein Vorschuß von fünfzigtausend Dollar auf die Anwaltsgebühren.
Bianca gab später zu, daß es unklug von ihr gewesen sei, einen so provozierenden Anwalt wie Mitchelson zu engagieren, doch sie sagte, das sei nur eine natürliche Reaktion auf das Angebot von hunderttausend Dollar gewesen, das Jagger ihr als private Regelung vorgeschlagen hatte. Nachdem sie die Sache über mehrere Monate hingezogen hatte, gelang es Jaggers Anwälten, den Fall vor die weitaus weniger unterhaltsbewußten Richter des Hohen Gerichtshofs von Großbritannien zu bringen. Dort endete schließlich Ende 1980 die Ehe; der Spiegel zerbrach. Biancas endgültige Abfindung belief sich auf eine Million Dollar.
Für die Jugend von 1979 gab es keinen langen, verweilenden Sommer voller Hoffnung, daß ein goldenes Zeitalter sich bis in alle Ewigkeit erstrecken könnte, wie für die Jugend von 1969. 1979 jung zu sein war gleichbedeutend damit, vorzeitig gealtert zu sein, wie sich auch die Mode ihre Ideen aus den fatalistischen Schlangen deprimierter Arbeitsloser holte. Die Helden der Rockmusik waren diejenigen, die am erfolgreichsten darin waren, sich selbst so häßlich, verlottert und illusionslos zu geben wie ihr Publikum. The Police, The Specials, Madness, Duran Duran: Allein schon die Namen wirbelten jedem Verachtung entgegen, der je in der Musik etwas Schillerndes und Illusorisches gesehen hatte; sie kleideten sich wie die mißbilligenden Eltern von Fans, die einst Anhänger der Stones gewesen waren.
Im Cheyne Walk in Chelsea reihten sich zwei Häuser aus der Zeit Queen Annes, die von ihren Besitzern zugunsten eines Steuerexils aufgegeben worden waren, in die Gesellschaft der zweitrangigen Heiligtümer Londons ein. Nummer 48 lag untadelig verriegelt und ruhig da. In Nummer 3 brannte noch häufig Licht in den Fenstern. Dort wohnte eine Reihe von Untermietern unter der Bedingung, die Überbleibsel von Keith Richards letztem hastigem Aufbruch nicht anzurühren. In allen Räumen lagen halb ausgepackte Kisten, kostspieliges Kinderspielzeug, alter Flitter aus den sechziger Jahren und einzelne Skistiefel herum. Ein Doppelsitz aus einem Flugzeug, der alle Anzeichen aufwies, daß er gewaltsam aus seiner Verankerung gerissen worden war, lag auf dem Fußboden des eleganten Salons im Parterre, von dem aus der Blick auf die Albert Bridge fiel.
Über der Wendeltreppe, die im schwachen Lichtschein edelsteinbesetzter marokkanischer Lampen lag, war Keith' purpurnes Musikzimmer mit dem psychedelischen Klavier genau in dem Zustand aufzufinden, wie er es zurückgelassen hatte. Ebenso der eigentümlich kahle »Tripraum« mit seinen mittelalterlichen Leuchtern und dem Schrein für Jimi Hendrix. Die verspiegelte Glaskugel ließ sich noch anschalten und sandte tanzende Lichtsprenkel in holzgetäfelte Ecken, in denen früher so viele Kissen und gleichgültige Wesen herumgelegen hatten.
1981 lieh sich Anitas Freundin Molly Parkin das Haus für einige Monate. Sie schlief in Keith' und Anitas Zimmer im obersten Stockwerk – in dem geschnitzten Holzbett, das in »Performance« zum Einsatz gekommen war –, und sie kam zu der Überzeugung, daß es in diesem Haus spuke. Wenn sie nachts allein im Bett lag, hörte sie das Schlurfen von Schritten auf der Treppe und den Klang von Stimmen in den unteren Räumen, als setze das Haus seine nie gewollte und unglaubliche Vergangenheit neu in Szene.

Mick Jagger, 1982 in Hannover. Foto: A. Till

Epilog

»Something happened to me yesterday«

ALLEN KLEIN verlor den Kern seines Wirtschaftsimperiums 1971, als Paul McCartney einen erfolgreichen Prozeß vor das Hohe Gericht brachte, um die Partnerschaft der Beatles aufzulösen. Klein hatte zwar nominell noch die Kontrolle über Apple und die beiden weniger wichtigen Begründer der Firma, George Harrison und Ringo Starr, doch der Robin Hood des Pop schien die meisten Pfeile aus seinem Köcher verschossen zu haben. 1979 verklagte ihn das amerikanische Finanzamt wegen Einkommenssteuerhinterziehung in sechs Fällen, darunter war eine Klage, in der es um zweihundertsechzehntausend Dollar ging, die er angeblich mit dem Verkauf von Alben der Beatles eingenommen hatte, die als kostenlos weitergegeben deklariert worden waren. Aufgrund der Zeugenaussage seines früheren Partners Pete Bennett wurde er zu einer Geldstrafe von fünftausend Dollar und zwei Monaten Gefängnis verurteilt. Seit den späten siebziger Jahren hat sich sein Interesse von der Musik auf Spielfilme (»The Greek Tycoon«) und Bühnenproduktionen für den Broadway verlagert.

ANDREW OLDHAM hat das »Loog« aus seinem Namen gestrichen – und zugleich auch viele der dazugehörigen Übeltaten –, nachdem er Ende der sechziger Jahre nach New York gezogen ist. Er ist immer noch in der Plattenbranche tätig, und bis vor kurzem hat er seine geschäftlichen Angelegenheiten von einem kleinen Büro im Broadway Brill Building aus getätigt, nicht weit vom Standort seines berühmten Anschlags am Times Square im Jahre 1966.

Mick Jagger, 1982 in München. Foto: A. Till

Er ist mit einem kolumbianischen Filmstar verheiratet und verbringt alljährlich mehrere Monate in Bogotá, von dem er sagt, dort sei es wie im England Mitte der fünfziger Jahre. Zwar hat er seine sämtlichen farbenfrohen Wahnvorstellungen aufgegeben, doch er wäre immer noch gern Laurence Harvey, der in jenen verzauberten, nach Kaffee duftenden Straßen von Soho herumlungert und mit den Fingern schnippt. Sein bisher letztes Projekt bestand darin, eine Musikproduktion für das alte Cameo-Parkway-Label zu überwachen, und zwar für – man höre und staune – Allen Klein.

MICK TAYLOR strebte den individuellen Starruhm mit einem der kostspieligsten und egozentrischsten Soloalben an, die die mittleren siebziger Jahre trotz ihrer ungewöhnlich hohen Maßstäbe gesehen haben. Das Album hatte keinen Erfolg, und seit der Zeit hat sich Mick auf den stilleren Ruhm eines Session-Gitarristen verlegt. Erst kürzlich war er auf Bob Dylans Album *Infidels* (von 1983) zu hören. Seine Jahre mit den Stones haben eine unterschwellige Erbitterung hinterlassen. Manchmal beschreibt er sich als »den einzigen Leadgitarristen, der sie je verlassen und weitergelebt hat«. Dennoch hat er sie während ihrer Amerika-Tournee 1981 in Kansas City hinter der Bühne aufgesucht und ist dann mitaufgetreten, um ein paar Nummern mit ihnen zu spielen, wobei er einmal mehr bewiesen hat, daß er der einzige Virtuose ist, den die Stones jemals hatten.

ANITA PALLENBERG ist kaum als das behexende, langbeinige Mädchen aus den sechziger Jahren wiederzuerkennen, dessen Macht innerhalb der Stones einmal an das Übernatürliche zu grenzen schien. Seit der Trennung von Keith hat sie gewaltig zugenommen, sich verschiedene Krankheiten und einmal sogar einen Hüftbruch zugezogen. Insgesamt ist sie das traurigste Opfer unter den vielen gewesen, die die Stones in ihrem Kielwasser zurückgelassen haben. Wenn sie ihr Leben auch einsam und zurückgezogen verbringt, so ist es doch nach wie vor von eher zufälligen, ungewollten Dramen und Skandalen durchzogen. 1980 brachte sich ein Teenager in Anitas Haus auf Long Island mit einer Schrotflinte auf ihrem Bett um. 1983 geriet sie im Hotel Grosvenor House in London in eine Razzia und wurde nach Drogen durchsucht; kurz darauf fiel ihr Name in einer weit hergeholten Verbindung mit der Stephen-Waldorf-Schießerei. Sie ist sich darüber im klaren, daß die Leute ihr unterstellen, während ihrer Zeit mit den Stones Zauberkünste praktiziert zu haben – sie sagt dazu nur, sie wünschte, es wäre wahr. Heute spricht sie fast mütterlich von Keith; sie spielt seine Bänder mit dem Stolz, mit dem die Eltern sie spielen könnten, und sie warnt ihn, sich »vor diesen amerikanischen Mädchen in acht zu nehmen«. In ihrer Handtasche trägt sie eine Fotografie von Dandelion bei sich, der elfjährigen Tochter der beiden, die Keith' Mutter zu sich genommen und in Angela umbenannt hat. »Sieht sie Keith nicht wahnsinnig ähnlich?« sagt Anita liebevoll. »Wissen Sie, Keith und ich lieben und respektieren einander nach wie vor. Das ärgerliche ist nur, daß wir nicht zusammen leben können. Die Menschen, die Keith wirklich lieben, warten alle darauf, daß er aus der Art von Leben, wie er es im Augenblick lebt, herauswächst und daß er die Arschlöcher aufgibt, mit denen er sich umgeben hat ... Ich bin immer sein größter Fan gewesen.«

ALEXIS KORNER blieb weiterhin eine Vaterfigur der britischen Bluesmusiker, während er mit Nachfolgegruppen von Blues Incorporated zusammenarbeitete und bei Rundfunk und Fernsehen eine abwechslungsreiche Karriere machte. Mit seiner warmen, vom Whisky rauchigen Stimme, die jeden Samstagabend im BBC Radio One ein breitgefächertes Musikprogramm ansagte, war er nach wie vor der beste Freund, den ein Bluesmusiker in einem fremden Land haben konnte. Anfang 1983 starb er plötzlich und unerwartet.

BIANCA JAGGER lebt in New York und tut sich dort hauptsächlich durch ihre Arbeit für Nicaragua, ihr Geburtsland, und andere mittelamerikanische Länder hervor, die soziale Probleme haben oder von Kriegen gerüttelt werden. Zu dieser Arbeit gehören das öffentliche Sammeln von Geldern, Konferenzen über die Behebung von Mißständen der Länder und auch einmal ein Besuch in einem höchst gefährlichen Kampfgebiet. Es setzt sich zunehmend mehr die Meinung durch, daß sie gröblich falsch beurteilt worden sein könnte.

MARIANNE FAITHFULL kam aus der Windmill Street zurück, um sich eine Karriere als die ernsthafte Musikerin aufzubauen, die sie immer zu werden gehofft hatte. Die Stimme, die so schüchtern gewesen war, war jetzt rauh und nikotinfleckig, ein Produkt der Lektionen ihrer dreißig Lebensjahre, erbitterter Lebensmüdigkeit und gleichzeitiger Sorglosigkeit und Zuversicht. Sie hat drei hochgeschätzte Alben herausgebracht, in Irland einen Song auf Platz eins der Hitlisten gelandet, und in Westdeutschland ist sie eine Art Kultfigur geworden. Trotz ihres Jargons aus der Popszene und der Gesten, derer sie sich bedient, ruft ihr Auftreten heute starke Assoziationen an das einer emigrierten österreichischen Gräfin hervor. »Vere Dignum Iustum Est«, zitiert sie, wenn sie von dem peinlichen Stones-Buch spricht, das der Ex-Drogenlieferant der Stones, Spanish Tony, geschrieben hat. Abgesehen von einem vereinzelten Fehltritt in der Mitte der siebziger Jahre, hat sie alle Angebote abgelehnt, ihr Leben mit Mick Jagger für Geld zu vermarkten. 1977 heiratete sie den Gitarristen Ben Brierley, den sie zu Punkrockzeiten kennengelernt hatte, als er unter dem Namen »Ben E. Ficial« auftrat. 1982 wohnten sie und Ben in Chelsea, nur wenige Straßen vom Cheyne Walk entfernt, und sie mußten auch damals noch die routinemäßigen Schikanen der Polizei und der Presse über sich ergehen lassen. Sie waren so arm, daß Ben seine Gitarren verkaufte und Marianne die Bilder, die vor langer Zeit von ihr gemalt worden waren, als sie in einem Kornfeld von Renoir zu leben schien. »Ich bin immer knapp bei Kasse«, gesteht sie ein. »Das war ich immer, und das werde ich immer sein. Aber eins kann ich immer noch sagen: Ich werde als kreditwürdig angesehen.«

CHARLIE WATTS nimmt immer noch bei jeder Gelegenheit das erste Flugzeug nach Hause und kehrt zurück zu seiner Frau, seinem Haus, seinen Pferden, seinem antiken Silber und seiner Sammlung von Käppis, Säbeln und langläufigen Colts aus dem amerikanischen Bürgerkrieg. Zwischen seinen Pflichtterminen mit den Stones spielen er und Ian Stewart in einer Bluesgruppe, die in Kneipen auftritt und sich Rocket 88 nennt. Stew brachte sowohl Charlie als auch Bill Wyman dazu, sich den anderen Superstars ihres Jahrgangs anzuschließen, die 1983 in dem Benefizkonzert für die Sklerose aufgetreten sind.

BILL WYMAN, der so viele Jahre lang ein zweitrangiger Stone war, kommt immer mehr zu seinem Recht als Komponist, Fotograf und wandelnde Enzyklopädie des britischen Pop. Er bringt Solohits heraus und hat 1980 die Originalmusik für den Film »Green Ice« geschrieben. Seither hat er eine Single in den Top twenties gelandet und an einem Text-Bild-Band mit Marc Chagall zusammengearbeitet. Von Chagall sagt er, ihn kennengelernt zu haben, sei »interessanter, als Chuck Berry getroffen zu haben«. Er hat einen großen Vorschuß dafür bekommen, die Musik für eine Broadway-Show zu schreiben, und er hat begonnen, sowohl an einer offiziellen Geschichte der Stones als auch an einer Videochronik seines eigenen Lebens zu arbeiten. Neben der Musik interessiert er sich für Archäologie, Astronomie und die australischen Aboriginals, und er ist Mitglied der Königlichen Gartenbaugesellschaft. Mit seinen Gourmet- und Weinvorräten und seinen gespeicherten Fakten kann er im Alter von siebenundvierzig Jahren behaupten, »vollständig im Frieden mit mir selbst« zu leben. Dank der günstigeren Steuergesetzgebung in England, sind er und Astrid Lundstrom – seine feste Lebensgefährtin und energische persönliche Agentin – aus Frankreich zurückgekehrt, um in London zu leben. Bill hofft, dort un-

Bill Wyman, 1982 in Hannover. Foto: A. Till

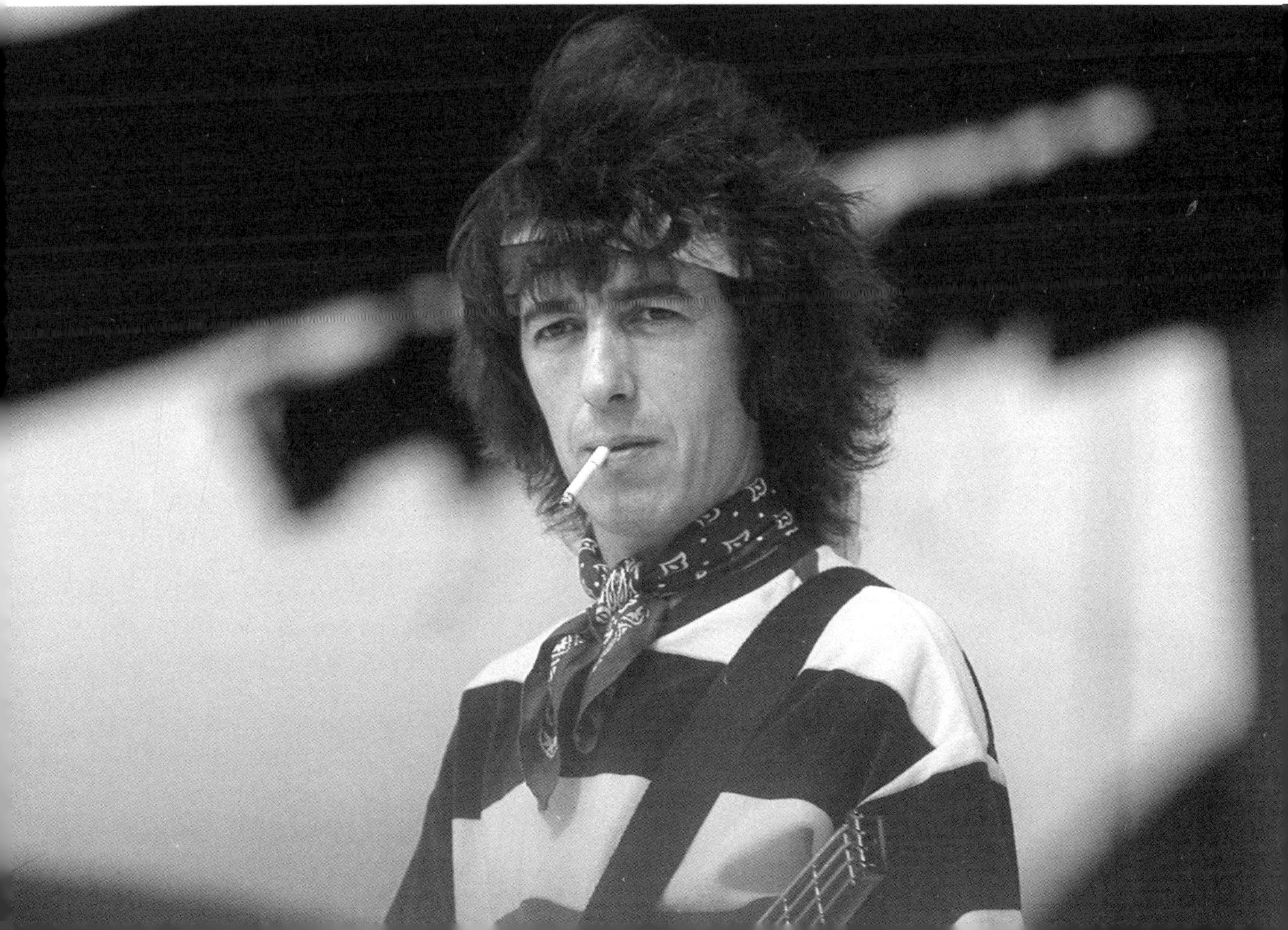

Mick Jagger und Jerry Hall. Foto: Marion Schweitzer

ter anderem eine Gesellschaft zu Ehren von Tony Hancock gründen zu können.

KEITH RICHARD hat das »s« wieder an seinen Nachnamen angehängt, um damit seinen Wunsch zu beweisen, wieder Kontakt mit seinem Vater aufzunehmen, den er nicht mehr gesehen hatte, seit er ein achtzehnjähriger Missetäter war. Bert Richards hatte sich von Doris getrennt und lebte allein im Ruhestand – ohne einen Gedanken daran, von seinem Millionärssohn zu profitieren –, als Keith 1976 seine Adresse herausfand und brieflichen Kontakt mit ihm aufnahm. Während der Tournee der Stones im Jahre 1982 trafen sie sich schließlich in London, und Bert nahm Keith spontan in seine Arme. Diese Episode war symbolisch für Keith' Wunsch, nach seiner zehnjährigen Heroin-Odyssee wieder zu einem normalen Leben zurückzukehren – ein Wunsch, der sich, wie es scheint, nur durch einen endgültigen und unwiderruflichen Bruch mit Anita Pallenberg erfüllen ließ. Später lernte er Pattie Hansen kennen, die er 1984 geheiratet hat, eine selbstbewußte junge amerikanische Schauspielerin, die überall herumerzählt, daß der Vampir »ein prima Typ« sei. Er mag immer noch Waffen, Messer, lange Wörter, häßliche Hunde, noch häßlichere Leibwächter, große Wagen und – am allermeisten – das Gitarrensolo von Scotty Moore auf Elvis Presleys *You're Right, I'm Left, She's Gone*. Er verhängt die Lampe jedes beliebigen Hotelzimmers, das er gerade belegt, immer noch mit einem Batiktuch. Nach wie vor rechnet er damit, daß jeder Polizist, der auf ihn zukommt, ihn umdreht und mit erhobenen Armen an die Wand stellt – doch heute wollen die Polizisten im allgemeinen, wenn überhaupt, nichts weiter als ein Autogramm von ihm.

MICK JAGGER gab seinem britischen PR-Mann vor der Europa-Tournee der Stones 1982 den Laufpaß und engagierte statt dessen den sechsundzwanzigjährigen Alan Edwards, der die PR für viele neue junge britische Gruppen übernommen hatte. Wie schon andere vor ihm, war auch Edwards erstaunt

Keith Richard, 1982 in München. Foto: A. Till

»Aah . . . wright!« *Foto: Photo Selection*

über die verschiedenen Ton- und Stimmlagen, die Jagger der Presse vorsetzt – »ein bißchen Sex« für die *Sun,* ruhige Intelligenz für die *Sunday Times,* Ferienlagerrotzigkeit für *Time Out.* Der von ihm angenommene Snobismus zeigte sich einmal mehr, als er viele bedeutende Presseleute als Interviewer ablehnte und sich anschließend bereit erklärte, mit John Mortimer zu reden, einem Geheimen Justizrat und Bühnenautor, der die Bearbeitung von »Wiedersehen mit Brideshead« übernommen hatte und erst vor kurzem »Alexis Korner« für eine Kreuzung in Birmingham hielt. Abgesehen von der Arbeit an einem neuen Stones-Album hat Jagger seit der Tournee fast nichts getan, und dennoch ist es ihm gelungen, fortwährend Schlagzeilen in der internationalen Presse zu machen. 1983 hat er mehrere Millionen Dollar von Lord Weidenfeld als Vorauszahlung dafür bekommen, daß er seine Autobiografie schreibt. Er setzte sich mit fast so vielen Ghostwriters auseinander wie mit Anwälten vor seiner Scheidung, bis seine Entscheidung auf John Ryle fiel, den zweiten Verantwortlichen für den Literaturteil der Londoner *Sunday Times,* eine Autorität, was die esoterische französische Literatur angeht, und zudem ist Ryle – was ebenfalls von Bedeutung sein könnte – auch außergewöhnlich schön. Eine Synopsis des geplanten Buches wurde den britischen Paperback-Verlagen auf äußerst geheimnistuerische Weise angeboten – etliche Verlage lehnten das Angebot, ohne zu zögern, ab. 1983 lief Jerry Hall mit dem Millionär Robert Sangster fort, doch sie kehrte zu Jagger zurück und erklärte wenig später, daß sie ein Kind von Jagger bekomme. Jagger hat die Tatsache bestätigt, daß die beiden heiraten werden, doch er hat sich dagegen verwahrt, einen Termin anzugeben. Nach wie vor gibt er sich verschlossen, wenn es um Informationen geht. Bei einem Interview, das er der Zeitschrift *Rolling Stone* kürzlich gab, kam so wenig heraus, daß die Zeitschrift von ihrem üblichen Frage-Antwort-Schema abrücken mußte. Die Frage, die am häufigsten gestellt – und am wenigsten beantwortet – wird, ist die, ob Jagger beabsichtige, auch als über Vierzigjähriger noch mit den Stones auf der Bühne herumzuspringen. Nichts spricht dagegen, daß er das tun sollte – vor allem deshalb nicht, weil es ihm restlos zu widerstreben scheint, andere, ernstere Alternativen auszuprobieren. Mögliche Filmrollen gibt es für Jagger immer noch genug. Die Aura seiner Persönlichkeit ist das geblieben, was sie immer war – vertraut exotisch, außergewöhnlich irdisch. Sein Ehrgeiz ist allem Anschein nach grenzenlos, und gleichzeitig scheint er unheilbare Angst davor zu haben, etwas zu riskieren.

THE ROLLING STONES brachten Ende 1983 ein neues Album heraus, und damit einher ging ein Video-Werbefilm, den die BBC für zu aggressiv fand, um ihn in der Fernsehsendung Top of the Pops zu zeigen. »Videofilm der Stones aus dem Verkehr gezogen« schrien die Titelseiten aller britischen Boulevardblätter. Selbst auf den Höhen der Wogen der sechziger Jahre wäre dieser Umstand nur mit einem zweispaltigen Füllsel auf einer beliebigen Innenseite gewürdigt worden. Solange die Fleet Street an der Rupert Murdoch-Hirnlosigkeit leidet, können die Stones für alle Zeiten weitermachen. Solange ein dilettantischer Engländer sein wahrstes Spiegelbild in einem weißgesichtigen Zigeuner sieht und die Glimmer Twins sowohl Jagger als auch Richards noch in den Schatten stellen, können die Stones für alle Zeiten weitermachen. Solange es Menschen gibt, die Geld dafür bezahlen, eine Legende aus einer Entfernung von fünfhundert Metern und fünfzehn Jahren zu sehen, können die Stones für alle Zeiten weitermachen. Aufgrund dessen, was sie waren und wovon die Leute glauben, daß sie es noch sind, können die Stones für alle Zeiten weitermachen.

Danksagung

Ohne die Hilfe seiner Hauptpersonen hätte dieses Buch nicht geschrieben werden können. Ich bedanke mich bei den Rolling Stones für die Informationsmöglichkeiten, die sie mir während ihrer Tournee 1981/82 gewährt haben, und ich bedanke mich zudem für die aufschlußreichen Interviews mit Mick Jagger, Keith Richards und Bill Wyman. Im übrigen habe ich auch auf Gespräche zurückgegriffen, die ich in den Jahren seit 1965, in denen ich für die *Sunday Times* und verschiedene andere Zeitungen gearbeitet habe, mit ihnen und auch mit Charlie Watts, Ron Wood und dem verstorbenen Brian Jones führte.

Für ihre Hilfe, Großzügigkeit und Offenheit bin ich Andrew Oldham, Marianne Faithfull, Anita Pallenberg, Robert Fraser, Christopher Gibbs und dem kürzlich verstorbenen Alexis Korner besonders verpflichtet.

Mein aufrichtiger Dank gilt ebenfalls: Keith Altham, Shirley Arnold, David Bailey, Dr. W. Bennett, Jo Bergman, John Birt, Tito Burns, Donald Cammell, Barbara Charone, Tamara Glenny, Giorgio Gomelsky, Brion Gysin, Mary Hallett, Keith Howell, Glyn Johns, Lewis Jones, Tom Keylock, Laurie Lewis, Ken Llewellyn, Lord Litchfield, Astrid Lundstrum, Gered Mankiewicz, Albert Maysles, David Maysles, Miles, Molly Parkin, Janey Perrin, Dick Rowe, Ronnie Schneider, John Spinks, Helen Spittall, Ian Stewart, Dick Taylor, Dave Thompson, Frank Thorogood, Mike Turner, Keith Vyse, Robert Wallis, Peter Watson, Leslie Woodhead.

Obwohl verläßliche Quellentexte zu den Stones – wie im übrigen zu allen anderen Sujets des Pop auch – äußerst rar sind, waren folgende Bücher von Nutzen für mich und sind zur weiteren Lektüre empfehlenswert: »The Rolling Stones – the First 20 Years« von David Dalton (Thames & Hudson, 1981); »Up and Down with the Rolling Stones« von Tony Sanchez (William Morrow, 1979); »Keith Richards« von Barbara Charone (Futura, 1979); »Stones Touring Party« von Robert Greenfield (Michael Joseph, 1974).

Für Ermutigungen und Anregungen möchte ich mich besonders bedanken bei Angela Miller, Jack Artenstein, Michael Sissions, Peter Matson, Roger Houghton, Russell Miller, Caroline Taggart und Lucy Sisman.

Personenregister